༄༅། །སྤྱོད་འཇུག་རྩ་འགྲེལ་བཞུགས་སོ།།

《入菩薩行注釋》

རྩ་བ། རྗེ་བཙུན་ཞི་བ་ལྷ།
འགྲེལ་པ། མཁན་པོ་གཞན་དགའ།
ལོ་ཙཱ་བ། དཀོན་མཆོག་ཕུན་ཚོགས།

原著/寂天菩薩
原注/堪布賢噶・賢遍曲吉囊瓦
翻譯/劉哲安（昆秋彭措）

H.E NUPA KONCHOK TENZIN RINPOCHE

ནུབ་པ་ལྷ་བྲང་།

ཨོཾ་སྭ་སྟི།

རྒྱལ་སྲིད་སྤངས་ཤིང་ཞི་བའི་ནགས་སུ་གཤེགས། །འཇམ་དབྱངས་དགེ་བའི་བཤེས་ཀྱིས་རྗེས་བཟུང་ཞིང་། །བློ་སྦྱོང་གཞུང་གི་རྒྱལ་པོ་སྤྱོད་འཇུག་གཞུང་། །མཛད་པའི་ཤཱན་ཏ་དེ་བར་སྙིང་ནས་གུས། །སེམས་ཅན་གཤེས་ལ་ཡོད་པ་དགེ་བའི་ཁམས། །བློ་སྦྱོང་བདུད་རྩིའི་ཆབ་ཀྱིས་དྲི་མ་སེལ། །དོན་གཉིས་མཐར་ཕྱིན་འབྲས་བུ་མངོན་གྱུར་པའི། །གཞུང་བཟང་འདི་ཉིད་ཐུགས་ཀྱི་དབུས་སུ་ཚོངས། །འདས་པའི་ལོ་ཟླའི་ནང་རང་རེ་ཚང་མ་ནད་རིམས་ཀྱི་དཀའ་ངལ་འཕྲད་བཞིན་པའི་སྐབས། ཐེ་ཝན་ནོར་བུའི་གླིང་ནས་དགེ་བསྙེན་མ་ལྷུ་ཧུད་ལིང་གིས་བྱམས་བརྩེའི་མེ་ཏོག་བཞད་པའི་བསྐུལ་མ་མཛད་པ་དང་ཆོས་གྲོགས་སངས་རྒྱས་ལགས་ནས་བརྟན་པར་བླངས་བ། སྐད་གཉིས་སྨྲ་བ་ཐན་དཀོན་མཆོག་ཕུན་ཚོགས་ཀྱིས་རྒྱ་ཡིག་ཏུ་ཕབ་སྒྱུར་མཛད་པ། འབྲི་འབར་རྒྱལ་དཀོན་བསྟན་གྱིས་དེབ་ཏུ་བསྒྲིགས་པ་སོགས་འདིའི་དཔེ་སྐྲུན་གྱི་ལས་ཞབས་སུ་གཏོགས་པ་ཚང་མར་རང་ཉིད་ནས་སྙིང་ཐག་པ་ནས་ཐུགས་རྗེ་ཆེ་ཞུ། ས་སོགས་འབྱུང་བ་ཆེན་པོ་དང་། །ནམ་མཁའ་བཞིན་དུ་རྟག་པར་ཡང་། །སེམས་ཅན་དཔག་ཏུ་མེད་པ་ཡི། །རྣམ་མང་ཉེར་འཚོའི་གཞིར་ཡང་ཤོག །ཅེས་རྒྱལ་སྲས་བདག་ཉིད་ཆེན་པོའི་ཐུགས་ཀྱི་བཞེད་དགོངས་ཀྱི་ཞབས་འདེགས་སུ་འགྱུར་བའི་སྨོན་འདུན་ཞུ།

རྡུས་དྲ་ར་གསང་ཆེན་སྒྲུབ་སྡེ་ནས་སྤྱི་ལོ་༢༠༢༣ ཟླ་བ་ ༠༢ ཚེས་ ༡༥

ཉིན་ཕུལ།།

Drikung Kagyu Rinchen Ling Monastery, G.P.O. Box. No.: 6022, Nayapati Sundarijal Road, Kathmandu, Nepal

捨棄王位進入寂靜林，
得善知識文殊所攝受，
造下修心巨著入行論，
寂天菩薩我由衷敬禮。
眾生本性所具如來藏，
修心甘露能令彼除垢，
能使二利圓滿證佛果，
如此妙論當於心中持。

去年當我們受疫情所苦，適時有寶島台灣的女居士吳慧玲以慈悲香華做敦請，桑吉法友發心錄影，翻譯者劉哲安老師負責翻譯成漢文，直跋給貢覺丹增排版成書，如是總總，一切為出版此書奉獻己力之人，我在此表達由衷的感謝。

願此如地等四大，
以及空大般常在，
又願此為無量眾，
種種養性之所依。

願以此善，成為廣弘大佛子寂天菩薩意趣之助力。

2023年2月15日努巴仁波切寫於度母大密閉關中心

བྱང་ཆུབ་སེམས་དཔའི་སྤྱོད་པ་ལ་འཇུག་པའི་ས་བཅད།

《入菩薩行》科判

རྒྱལ་སྲས་ཞི་བ་ལྷའི་རྣམ་ཐར།

རྒྱལ་སྲས་ཆེན་པོ་ཞི་བ་ལྷ་ནི། དུས་རབས་བདུན་པའི་མཇུག་དང་བརྒྱད་པའི་འགོ་སྟོད་ཙམ་དུ་བྱོན་པར་ཆོད་དཔག་བྱེད། འདིའི་ལོ་རྒྱུས་ནི།

ཛ་མཚར་ཅན་གྱི་གཏམ་བདུན་ཞེས་གྲགས་ཏེ། །

ལྷག་པའི་ལྷ་མཉེས་ནཱ་ལེན་དྲའི། །

བཀོད་པ་ཕུན་ཚོགས་རྫོད་པ་བཟློག །

ཡ་མཚན་ཅན་དང་སྦྱང་པོ་དང་། །

རྒྱལ་པོ་མུ་སྟེགས་ཅན་བཏུལ་བའོ། །

༡ [illegible]

དེ་ལ་དང་པོ་གང་དུ་འཁྲུངས་པའི་ཡུལ་ནི། རྡོ་རྗེ་གདན་གྱི་ནུབ་ཕྱོགས་ཡུལ་འཁོར་མོ་བཟང་ཞེས་བྱ་བ་སྟེ་ཡུལ་དེར་ཡབ་རྒྱལ་པོ་དགེ་བའི་གོ་ཆ་དང་། ཡུམ་རྡོ་རྗེ་རྣལ་འབྱོར་མའི་སྤྲུལ་པར་གྲགས་པ་ཞིག་ཡོད་པ་དེ་གཉིས་ཀྱི་སྲས་སུ་རྒྱལ་སྲས་བདག་ཉིད་ཆེན་པོ་འདི་བསམ་བཞིན་དུ་སྐུ་འཁྲུངས།མཚན་ཞི་བའི་གོ་ཆ་ཞེས་བཏགས། མཐུན་པའི་དངོས་པོ་རྣམས་ཀྱིས་བསྐྱེད་བསྲིངས། སྐུ་ན་ཕྲ་མོ་ནས་རིག་གནས་ཐམས་ཅད་ལ་མཁས་པའི་ཕུལ་དུ་ཕྱིན། དགུང་ལོ་དྲུག་ལོན་པའི་ཆེ་སྐབས་པའི་བརྟུལ་ཞུགས་འཛིན་པའི་གྲུབ་ཐོབ་ཞིག་དང་མཇལ་ཏེ་འཇམ་དཔལ་རྣོན་པོའི་དབང་དང་སྒྲུབ་ཐབས་ཞུས་ནས་སྒོམ་བཟླས་ལ་འབད་པས་རིང་པོར་མ་ཐོགས་པར་རྗེ་བཙུན་འཇམ་པའི་དབྱངས་ཞལ་གཟིགས། གདམས་པ་མང་དུ་སྩལ།

དུས་རེ་ཞིག་ན་ཡབ་རྒྱལ་པོ་འདས་ནས་རྒྱལ་སྲས་བདག་ཉིད་ཆེན་པོ་དེ་ཡུལ་ཁམས་དེའི་འབངས་ཐམས་ཅད་ཀྱིས་བློ་མཐུན་པར་རྒྱལ་པོའི་ཁྲི་ལ་འཁོད་པར་གསོལ་བ་བཏབ་པ་ན།

 ཚེ་རབས་མང་པོར་རྒྱལ་སྲས་ཀྱི་སྤྱོད་པ་ལ་བསླབས་ཏེ་གོམས་པ་གློང་དུ་གྱུར་པ་ཞིག་ཡིན་པས་

寂天菩薩傳記

殊勝佛子寂天菩薩，約莫生於公元七世紀末至八世紀前葉，其生平事蹟，有七個稀有故事為人所稱道，即：

本尊歡喜住爛陀，
圓滿莊嚴除爭辯，
以及調伏怪見者，
乞丐以及外道王。

1.令本尊心生歡喜

寂天菩薩生於印度金剛座西方（譯註：有另說是南方）一處叫作“賢域”之地，其父名為善鎧，是一國之王，其母據說是一金剛瑜伽母的化身。寂天菩薩依己心願，生為二人之子，最初名叫寂鎧，養育彼時有種種順緣。寂天菩薩自小便對一切學問特別精通，年至六歲某日，偶得拜見一隱世禁行成就者之機緣，求得《銳利文殊》的灌頂與法門，精進修誦後不久便親見文殊本尊，而獲賜諸多教授。

某日其父殯天之後，當地所有大臣以及百姓一致請求寂天菩薩即任王位，彼時寂天菩薩雖然有累生修習佛子行的串習力，對於世間的圓滿沒有一時一刻的眷戀，卻因為習慣於維護他人尊嚴，不忍折退臣子們的請求，故許諾眾人自己將掌管朝綱。

སྲིད་པའི་ཕུན་ཚོགས་ལ་ཆགས་པའི་སྐབས་མེད་པ་ཞིག་ཡིན་ནའང་གཞན་གྱི་ངོ་བསྲུང་བ་ལ་གོམས་པས་ཡུལ་དེའི་འབངས་རྣམས་ཀྱི་ངོ་མ་ཟློག་པར་རྒྱལ་སྲིད་ལ་ཕེབས་པར་ཞལ་གྱིས་བཞེས་ཏེ་ནང་པར་ཁྲི་ལ་མངའ་གསོལ་རྒྱུའི་དོ་ནུབ་རྨི་ལམ་ན། སང་རང་ཉིད་སྡོད་པར་འགྱུར་བའི་གདན་ཁྲི་དེ་ལ་རྗེ་བཙུན་འཇམ་འབྱངས་བཞུགས་ནས། བུ་གཅིག་འདི་ནི་ང་ཡི་སྟན་ཡིན་ཏེ། །ང་ནི་ཁྱོད་ཀྱི་དགེ་བའི་བཤེས་གཉེན་ཡིན། །ང་དང་ཁྱོད་གཉིས་སྟན་གཅིག་ལ་འདུག་པ། །འདི་ནི་རྣམ་པ་ཀུན་ཏུ་རིགས་མ་ཡིན། །ཞེས་གསུངས་པ་རྨིས་པས་མནལ་སད་པ་ན་རྒྱལ་སྲིད་ཀྱི་དཔལ་ལ་ལོངས་སྤྱོད་མི་རིགས་དགོངས་ཏེ། གྲོས་ནས་ན་ལེནྡྲར་པཎྜི་ཏ་ལྔ་བརྒྱའི་ཁྲུ་མཆོག་རྒྱལ་བའི་ལྷ་ལས་རབ་ཏུ་བྱུང་སྟེ། མཚན་ཞི་བའི་ལྷ་ཞེས་བཏགས།

༢ ཀུ་ལི་ཀ་རར་བཞུགས་པ།

མཁན་པོ་ལ་བསྙེན་ཏེ་སྡེ་སྣོད་གསུམ་ལ་སྦྱངས་པས་མཁས་པའི་ཕུལ་དུ་ཕྱིན་པར་གྱུར་ཅིང་རྗེ་བཙུན་འཇམ་པའི་དབྱངས་ལ་ཡུན་དུ་ཆོས་གསན་ཏེ་མདོ་སྔགས་ཀྱི་བཀའ་དང་གདམས་ངག་མ་ལུས་པ་ཐུགས་སུ་ཆུད། ཕྱི་ནང་གི་གཡེང་བ་ཐམས་ཅད་བཅད་དེ། ནང་དུ་ཡང་དག་འཇོག་ལ་རྩེ་གཅིག་ཏུ་བཞུགས་པས་ས་ལམ་མཐོན་པོར་ཕྱིན་ཞིང་བསླབ་པ་ཀུན་ལས་བཏུས་པ་དང་། མདོ་སྡེ་ཀུན་ལས་བཏུས་པ་སོགས་རྒྱལ་སྲས་ཀྱི་སྤྱོད་པ་རླབས་པོ་ཆེ་སྟོན་པའི་བསྟན་བཅོས་རྩོམ་པ་སོགས་ནང་དུ་མཁས་པའི་བྱ་བ་རྣམ་པ་གསུམ་དང་ས་ལམ་གོང་ནས་གོང་དུ་འཕར་བ་དང་གཟུངས་དང་སྤོབས་པ་དང་རང་དང་གཞན་གྱི་ཚེ་རབས་བརྒྱ་སྟོང་དྲན་པའི་མངོན་པར་ཤེས་པ་དང་རྫུ་འཕྲུལ་གྱི་ཡུལ་ལ་ཐོགས་པ་མེད་པར་འཇུག་པ་སོགས་ནང་དུ་རྒྱལ་སྲས་སའི་དབང་ཕྱུག་གི་མཛད་པས་དུས་འདའ་ཡང་ཕྱི་རོལ་དམ་པ་མ་ཡིན་པའི་སྐྱེ་བོ་རྣམས་ཀྱི་ངོར་འཚོ་བ་བསྙེན་པ་དང་། ཉལ་བ་དང་། བཤང་གཅི་འདོར་བ་མ་གཏོགས་གླེགས་བམ་ཀློག་པ་སོགས་གཞན་གང་ཡང་མ་མཛད་པས་བྷུ་སུ་ཀུ་སྟེ་འདུ་ཤེས་གསུམ་པ་ཞེས་གྲགས་སོ།།

༣ བཀའ་བབ་ཕྱག་ལེན་ཆགས་པ།

3 དེའི་ཚེ་མངོན་ཤེས་མེད་པ་རྣམས་ཀྱིས་རབ་ཏུ་བྱུང་བའི་བྱ་བ་ནི་འཁོར་ལོ་གསུམ་གྱི་རོལ་པར་

在清晨即將紹承王位灌頂的夜晚，寂天菩薩夢見自己就要即位的寶座上，坐著至尊文殊菩薩，並對他說：“孩兒啊，這是我的寶座，而我是你的善知識，你我二人同一座，此理完全不通”。不久，寂天菩薩醒來當下，即明白自己不該掌朝把政，故而逃至那爛陀寺，在五百班智達的首座-“勝者天”面前出家，獲賜法名“寂天”。

2.住那爛陀寺

寂天菩薩依止堪布勝者天學習三藏典籍而變得極為通達，又長久在至尊文殊座前聞法，故對於一切顯密經教與訣竅都非常精通，能斷離一切內外的放逸；內證修為上，能專一住於正等定中，達到極高道地；又撰寫了《學集》、《經集》等論，以闡述高尚的佛子行。如是種種，內證上具有智者三種事，道地功德亦漸漸增長，能過目不忘、智慧開啟，又能知自己與他人五百世，並且神通無礙。雖然內證上已有如此菩薩境地的威儀，然而外相上，在凡俗眾人眼中卻只看到飲食、睡眠、如廁三事，沒有研讀經書等其他行為，故眾人以綽號“布穌估”（三想者）笑稱之。

3.圓滿莊嚴那爛陀寺

彼時無神通的眾人以為，所謂出家事，完全就在於三輪作用

གནས་པ་ཤ་སྟག་ཡིན་པ་ལ། འདི་ནི་གང་དང་ཡང་མི་ལྡན་པས་དད་པས་བྱིན་པ་ལ་ལོངས་སྤྱོད་དུ་མི་རུང་བས་བསྐྱོད་པར་བྱ། དེ་ཡང་མདོ་འདོན་རེས་བྱས་པས་རང་བྱུད་དུ་འགྲོའོ་སྙམ་ནས་མདོ་འདོན་པར་གསོལ་བས། རྒྱལ་སྲས་འདིས་དེ་ལྟ་བུ་བདག་གིས་ག་ལ་ནུས་ཞེས་ཞལ་གྱིས་མ་བཞེས་པས། སླར་ཡང་ནན་ཏན་བསྐྱེད་དེ་གསོལ་བས་དེ་ལྟར་ན་བགྱིའོ་ཞེས་ཞལ་གྱིས་བཞེས་པ་ན་བརྣས་པ་བྱེད་པ་དེ་དག་གིས་དཔལ་ན་ལེནྡྲའི་དགེ་འདུན་ཐམས་ཅད་འདུས་པའི་དབུས་སུ། འཇིག་བྲལ་གདོང་ལྡས་བཏེགས་པའི་ཁྲི་མཐོན་པོ་བཤམས་ནས་དེ་ལ་ཇི་ལྟར་འཛེག་པ་དག་ཀྱང་མི་ཤེས་སོ་སྙམ་པ་ན། རྒྱལ་སྲས་འདིས་ཕྱག་གིས་ཙུང་ཟད་མནན་ནས་སྟེང་དུ་ཐོགས་པ་མེད་པར་གཤེགས། དེ་ནས་མདོ་སྔོན་ཆད་གྲགས་པ་ཞིག་འདོན་ནམ། མ་གྲགས་པ་ཞིག་འདོན་ཞེས་བཀའ་སྩལ་པས་སྔོན་མ་གྲགས་པ་ཞིག་གསུང་བར་ཞུ་ཞུས་པས། བདེ་གཤེགས་ཆོས་ཀྱི་སྐུ་མངའ་སྲས་བཅས་དང་། །ཕྱག་འོས་ཀུན་ལའང་གུས་པར་ཕྱག་འཚལ་ཏེ། །བདེ་གཤེགས་སྲས་ཀྱི་སྡོམ་ལ་འཇུག་པ་ནི། །ལུང་བཞིན་མདོར་བསྡུས་ནས་ནི་བརྗོད་པར་བྱ། །ཞེས་པ་ནས། གང་ཚེ་དངོས་དང་དངོས་མེད་དག །ཅེས་པའི་བར་གསུངས་ནས། དེ་ཕྱིན་གསུང་བཞིན་དུ་རྫུ་འཕྲུལ་གྱིས་ནམ་མཁའ་ལ་འཕགས་ཏེ་ཇེ་མཐོ་ཇེ་མཐོར་མཁའ་དང་མཁྱེན་པ་འགྲན་པ་བཞིན་དུ་གཤེགས་ནས་མཐར་སྐུ་མི་སྣང་བར་གསུང་གྲག་པའི་སྒྲ་ནས་རྫོགས་པར་བརྗོད་དེ་གཤེགས་སོ།།

དེའི་ཤུལ་དུ་རྣ་བའི་མངོན་པར་ཤེས་པ་དང་། མི་བརྗེད་པའི་གཟུངས་ལ་དབང་འབྱོར་པའི་པཎྜི་ཏ་རྣམས་ཀྱིས་གཟུང་བཏུས་པ་ན། ཁ་ཆེ་བ་རྣམས་ཀྱིས་ལེའུ་དགུ་ཡོད་པར་གཟུང་ཞིང་། ཡུལ་དབུས་པ་རྣམས་ཀྱིས་ལེའུ་བཅུ་ཡོད་པར་བཟུང་བ་དང་། བསླབ་པ་ཀུན་ལས་བཏུས་པ་ཡང་། །ངེས་པར་ཡང་དང་ཡང་དུ་བལྟ། །ཡང་ན་རེ་ཤིག་མདོར་བསྡུས་པ། །མདོ་སྡེ་ཀུན་ལས་བཏུས་པ་བལྟ། །ཞེས་གསུངས་པའི་བསྟན་བཅོས་གཉིས་པོ་ཡང་ཇི་ལྟར་ཡིན་ཐེ་ཚོམ་དུ་གྱུར་པ་ན། དུས་ནམ་ཞིག་གི་ཚེ་ལྷོ་ཕྱོགས་མཆོད་རྟེན་དཔལ་ཡོན་ཅན་ཞེས་བྱ་བ་ན་བཞུགས་པ་ཐོས་ཏེ། དགེ་སློང་གཉིས་སྤྱན་འདྲེན་དུ་བཏང་བས། མ་བྱོན་པར་གཞུང་གི་ཚད་ཡུལ་དབུས་པ་རྣམས་ཀྱིས་བསྡུས་པ་ལྟར་ཡིན། བསླབ་བཏུས་དང་མདོ་བཏུས་གཉིས་པོ་པོ་ཏིའི་སྦོང་ཁང་གི་གདུང་གསེབ་ན་པཎྜི་

之中（聞思、禪修、羯磨），而此人（寂天菩薩）毫無可取之處，不堪受用施主信財，故欲將之驅逐出寺。適逢誦經者需要輪值，眾人便趁機延請寂天菩薩誦經，以達成其主動離寺之效。“這種我做不了”寂天菩薩一口回絕，又眾人再次殷切延請，“那麼好吧”。當寂天菩薩接受了以後，彼等欲做欺凌之人，又於那爛陀寺所有僧眾聚集處中央，架設了一個由不壞五面獅子所抬起的法座，正當眾人皆以為無論是攀或爬皆不能登上此法座的時候，寂天菩薩稍稍以手微按，即毫無阻礙地登上了法座。

“要講誦過去聽聞過的經典，還是講誦不曾聽聞過的經典”寂天菩薩問，眾人答：“請講誦不曾聽聞過的經典”。而當寂天菩薩從“具足法身善逝及子等，一切應禮恭敬亦禮已，善逝之子律儀趣入法，當依教典總攝而宣說”講誦到“何時實有無實有”，之後一邊誦經一邊以神通躍上天空，越昇越高，似乎表示智慧高與天齊，直至身形不可見，隨著誦經聲的結束，寂天菩薩也離去無蹤。

留在現場的僧眾，有的人有天耳通，有的人有不忘總持之能，而在眾位班智達集結誦文之時，喀什米爾的班智達所記全文是九品，中原的班智達所記全文是十品；又誦文中言：“一切學處之總集，務必屢屢閱讀之，亦或時而可閱讀，總攝彼義之經集”。眾僧亦不知所謂《學集》與《經集》二書所指究竟為何，當此疑惑之時，某日聽說寂天菩薩正在南方吉祥功德塔，寺方遂派兩名比丘前往，欲迎請寂天菩薩回寺，雖最終迎請未果，但是確定了誦文如中原班智達所記，共為十品，而《學集》與《經集》二書，寂天菩薩用班智達精細字體書寫，存放在寺內寂天菩薩禪修房的樑縫裡。同時，寂天菩薩又完整傳授了《入菩薩行》、《學集》與《經集》的口訣。

ཏའི་ཡི་གེ་བྲ་མོ་བྲིས་ནས་ཡོད་ཅེས་གསུངས་ཤིང་སྤྱོད་འཇུག་དང་བསླབ་བཏུས་གཉིས་ཀའི་མན་ངག་རྣམས་ཀྱང་རྫོགས་པར་གནང་ངོ༎

༤ རྩོད་པ་བཟློག་པ།

དེ་ནས་རྒྱལ་སྲས་ཞི་བ་ལྷས་སེམས་ཅན་གྱི་དོན་ཇི་ལྟ་བུ་ཞིག་བྱ་སྙམ་དུ་མངོན་པར་ཤེས་པས་གཟིགས་པ་ན། རྩོད་པས་རྒྱུད་འཁྲུགས་པའི་སེམས་ཅན་མང་པོ་ཞིག་གི་དོན་བྱ་དགོས་པར་གཟིགས་ནས་ཤར་ཕྱོགས་སུ་བྱོན་ཏེ་རྩོད་པ་ཆེན་པོ་བྱེད་པ་ཞིག་གི་འཐབ་ཟླ་མཛད་པས། རྫུ་འཕྲུལ་གྱིས་ཐམས་ཅད་འདུམས་པར་གྱུར་ཏེ་བདེ་བ་ལ་བཀོད་དོ༎

༥ ཡ་མཚན་ཅན་འདུལ་བ།

དེ་ནས་ཡང་སེམས་ཅན་གྱི་དོན་ཇི་ལྟ་བུ་ཞིག་བྱ་དགོས་སྙམ་དུ་དགོངས་པ་ན་ལྟ་བ་ངན་པའི་གཡང་སར་ལྷུང་བ་མང་པོ་ཞིག་འདུལ་དགོས་པར་གཟིགས་ནས་ཡུལ་མ་ག་དྷའི་ནུབ་ཕྱོགས་ཧ་ཅང་མི་རིང་བ་ཞིག་ན། ཡ་མཚན་ཅན་གྱི་ལྟ་བ་ལོག་པ་འཛིན་པ་ལྔ་བརྒྱ་གནས་པ་དེ་དག་གི་འཁོར་དུ་བཞུགས་ནས་དེ་རྣམས་མགུ་བར་མཛད་དོ༎

དེ་ནས་རྒྱལ་སྲས་བདག་ཉིད་ཆེན་པོ་འདིའི་མཐུ་ཕུན་སུམ་ཚོགས་པ་དང་། ལོག་པར་སྨྲ་བ་དེ་དག་གི་སྔོན་གྱི་སྨོན་ལམ་རྣམ་པར་དག་པའི་མཐུས་དུས་ནམ་ཞིག་གི་ཚེ་ཞག་བདུན་གྱི་བར་དུ་བུ་ཡུག་ཆེན་པོ་བྱུང་བས་བཟའ་བཏུང་ཆད་དེ་ཉོན་མོངས་པར་གྱུར་ནས་སུ་སྐྱོང་ནུས་པ་དཔོན་དུ་བསྐོ་ཞིང་བསྐོ་བ་ཉན་པར་བྱས་པ་དང་། སློབ་དཔོན་གྱིས་འབྲས་ཆན་ལྷུང་བཟེད་གང་བླངས་ཏེ་བྱིན་གྱིས་བརླབས་ནས་ཐམས་ཅད་ཚིམ་པར་མཛད་དེ་ཕྱིར་གྱི་ལྟ་བ་ངན་པ་དེ་རྣམས་བསྒྱུར་ཕྱུང་སྟེ་ཐུབ་པའི་བསྟན་པ་ལ་བཙུད་དོ༎

༦ སྤྲང་པོ་འདུལ་བ།

དེ་ནས་ཡང་སེམས་ཅན་སུ་ཞིག་ལ་ཕན་གདགས་པར་བྱ་སྙམ་དུ་མངོན་ཤེས་ཀྱིས་གཟིགས་པ་ན་མུ་གེས་ཉམ་ཐག་པའི་འགྲོ་བ་མང་པོ་ཞིག་ལ་ཕན་གདགས་དགོས་པར་གཟིགས་ནས་མུ་གེ་ཆེན་པོ་བྱུང་བས་སྤྲང་པོ་སྟོང་ཙམ་ཞིག་བྲུ་བ་ཚ་བས་ཉེན་ཏེ་འཆི་བ་ལ་ཐུག་པ་ན། རྒྱལ་སྲས་བདག

4遣除爭辯

之後，佛子寂天菩薩琢磨著應該如何為眾生做點事，而施展起神通觀察，發現有許多有情因為爭辯擾亂了心境，寂天菩薩觀察此事當有所為，故前往東方，作為一大辯論師的對手，並用種種神通調解眾人，讓眾人獲得安樂。

5.調伏怪異邪見者

之後，寂天菩薩又開始琢磨應當如何為眾生做點事，發現有許多人墮入邪見的深淵，寂天菩薩看出這些人得受到調伏，故前往摩羯陀國以西的不遠處，作為彼等持怪異邪見的五百人的門徒，並滿足彼等種種要求。

後來，一方面是因為寂天菩薩具有圓滿威力，另一方面又是因為彼等邪見論師的宿世清淨願力現前，有一天颳起了連續七天的大暴雪，眾人因為斷水斷食而煩惱不已，故說："誰能討來吃食，大家就奉他為領袖，都聽從他的安排"。不久，寂天菩薩便化緣到滿滿一缽米飯，並以法力加持，令所有人都吃飽，使他們紛紛放棄了過去的種種邪見，進入佛門之中。

6.調伏乞丐

之後，寂天菩薩又開始琢磨該幫助哪些有情，而施展起神通

ཉིད་ཆེན་པོ་འདིས་འཚོ་བར་སྨྲར་ཞིང་ཆོས་བསྟན་ཏེ་བདེ་བ་ལ་བཀོད་དོ༎

༄ རྒྱལ་པོ་བྱམས་པའི་སྟོབས་ཀྱི་རྟོགས་བརྗོད།

དེ་ནས་ཡང་རྒྱལ་བའི་བསྟན་པ་ལ་བྱ་བ་ཇི་ལྟར་བྱ་སྙམ་དུ་དགོངས་པ་ན་རྒྱལ་པོ་གདུག་ཅན་ཞིག་བཏུལ་ན་སྐྱེ་འགྲོ་མང་པོ་དང་བསྟན་པ་ལ་ཕན་ཆེ་བར་གཟིགས་ནས་ཤར་ཕྱོགས་སུ་ཕེབས་ཏེ་ཨ་རི་བི་ཤ་ན་ཞེས་བྱ་བའི་རྒྱལ་པོའི་ཕོ་བྲང་གི་ཉེ་ལོགས་ཀྱི་བཞི་མདོ་རྣམས་སྤྱུལ་ཞིང་བཞུགས་པ་ན།

མ་ཙ་ལའི་གནོད་པ་ཞེས་བྱ་བ་འཚོ་བ་མ་ཕྱིད་པས་གཞན་གྱི་ཧྲས་འཇོམས་པ་ལ་དགའ་ཞིང་། སྙིང་རྗེ་མེད་པ་དྲག་ཤུལ་ཅན་རྩུབ་པ་མི་བསྲུན་པ་མང་དུ་གནས་ཏེ། ཡུལ་གཞན་ནས་ཀྱང་དེ་དང་ཚུལ་མཚུངས་པ་དུ་མ་འདུས་པ་གྲངས་ཤིན་ཏུ་མང་པ་དག་རྒྱལ་པོ་དེའི་འཁོར་པ་ལ་བསླུས་ནས་འོངས་པ་ན། རྒྱལ་པོ་དེ་མི་དགའ་བར་གྱུར་ཏེ། གནོད་བྱེད་འདི་རྣམས་འཁོར་པ་ཀུན་གྱིས་མགུ་བར་བྱས་ན་ནི་བདག་གིས་རྒྱལ་སྲིད་ཐོབ་པའང་ཆུ་ཤིང་གི་སྙིང་པོ་ལྟར་འགྱུར་ལ། འདི་དག་རེ་བ་བཞིན་མ་བགྱིས་ན་ནི་སྐྱེ་བོ་གཡོན་ཅན་འདི་དག་གིས་བདག་གི་ལུས་སེམས་གཉིས་སོ་སོར་འབྲལ་བར་གདོན་མི་ཟའོ་སྙམ་ནས་རྒྱལ་པོ་དེ་མྱ་ངན་གྱིས་ནོན་པ་ན༎

རྒྱལ་སྲས་བདག་ཉིད་ཆེན་པོ་འདིས་རྒྱལ་པོ་དེ་ལ་ཐུགས་བརྩེ་བས་དེ་དག་བསྲུང་བར་ཞལ་གྱིས་བཞེས་ཏེ་སྐུ་བསྲུང་མཛད་པ་ན། བདག་ཉིད་ཆེན་པོ་འདིའི་མཐུ་ཚད་མེད་པས་གནོད་བྱེད་དེ་རྣམས་ཟིལ་གྱིས་མནན་ཏེ་རྒྱལ་པོ་འབངས་དང་བཅས་པ་བདེ་བར་མཛད་པ་ན། རྒྱལ་པོ་འཁོར་བཅས་ཤིན་ཏུ་དང་དེ་བཀུར་སྟི་ཕུན་སུམ་ཚོགས་པས་མཆོད་པ་ན། དམ་པ་འདི་ལ་རྗེ་བཙུན་གྱི་ཕྱག་ཆར་བཅངས་པའི་ཤིང་གི་རལ་གྲི་ཞིག་མ་གཏོགས་མཚོན་ཆ་གཞན་མེད་པ་གྲོགས་ཕྲག་དོག་ཅན་གྱིས་མཐོང་བ་ན་གྲོགས་ངན་དེས་མ་བཟོད་པར། རྒྱལ་པོ་ལ་འདི་ནི་སྐྱེས་བུ་གཡོན་ཅན་ཞིག་སྟེ་མཚོན་ཡང་ཤིང་གི་རལ་གྲི་ཞིག་ལས་མེད་པས་ལྷ་ཉིད་ཀྱི་སྐུ་སྲུང་བར་མི་ནུས་པས་བརྟག་འཚལ་ལོ་ཞེས་གསོལ་བ་ན། རྒྱལ་པོ་ཁྲོས་ཏེ། རྒྱལ་སྲས་བདག་ཉིད་ཆེན་པོ་འདི་ལ་ཁྱོད་ཀྱི་རལ་གྲི་ཕྱུང་ཤིག་ཅེས་སྨྲས་པས། ལྷ་ཉིད་ལ་གནོད་པར་འགྱུར་རོ་ཞེས་གསུངས་པ་ན་གནོད་ཀྱང་བླ་

觀察，發現有很多眾生很可憐，受飢荒所苦需要幫助，因為飢荒的緣故，有上千名乞丐挨餓瀕臨死亡，寂天菩薩為他們續命，並開示佛法，使他們獲得安樂。

7.調伏國王與外道

之後，寂天菩薩又開始琢磨應當如何為佛教做點事，發現有一個很壞的國王，如果能夠調伏他的話，佛教乃至很多人都會得到很大的利益。因此寂天菩薩來到東方，一處叫做"阿日比夏那"（譯註：又另一說是阿帝夏瓦ཨ་ཏི་ཤ་ཀ）的王城，城外附近有一十字路口，寂天菩薩就在那裡遊走並住下。

彼時，當地飽受"瑪雜拉"的肆虐，即是有一大群兇暴猙獰之徒，表現出對生活的不滿，喜好打劫他人財富，對他人毫無憐憫可言；其他地方的情況也大致如此，為數眾多的一群群暴徒正在各地聚集，因覬覦國王的財富而在前來的路上。國王因此而憂心重重，他心裡想："如果把這些錢財全都拿去滿足他們，就算我能保下王位，也如芭蕉樹一般，沒有實質的意義；可是如若不滿足他們，朝中這群奸佞也肯定要讓我身首異處"。

正當國王頭疼不已的時候，寂天菩薩以極大的憐憫心，承諾將由自己擔任他的護衛來保護他；由於寂天菩薩法力無邊，這些來犯的暴徒全被鎮壓，而國王以及臣民百姓也全都安然無殃，因此得到了國王及其眷屬的尊敬及供養。彼時，有一個懷有嫉妒心的友人，看到寂天菩薩所配戴的武器，僅僅是「一把木劍」（這是文殊菩薩所持的利器），這個惡友頓時忍受不了，就對國王進饞言："此人乃一奸佞，所配武器唯木劍一把，絕無保護陛下之能，願陛

ཡིས་ངེས་པར་ཕྱུང་ཞིག་ཟེར་རོ།། འོ་ན་ལྷའི་སྤྱན་གཅིག་བཀབ་སྟེ་གཅིག་གིས་གཟིགས་ཤིག་ཅེས་གསུངས་པས། དེ་ལྟར་བྱས་ཏེ་རལ་གྲི་ཕྱུང་བས་དེའི་འོད་ཟེར་མིག་གིས་མ་བཟོད་དེ་མིག་གཅིག་ཞར་བ་དང་། བཟོད་པར་གསོལ་ཏེ་སྐྱབས་སུ་སོང་སྟེ་ཆོས་ལ་བཙུད་དོ།།

དེ་ནས་ཡང་བདག་ཉིད་ཆེན་པོས་མངོན་པར་ཤེས་པས་གཟིགས་པ་ན་རྒྱལ་བའི་བསྟན་པ་ལ་ལོག་པར་འཁྲུ་བའི་མུ་སྟེགས་མང་པོ་ཞིག་འདུལ་དགོས་པར་གཟིགས་ནས་དཔལ་གྱི་རིའི་ལྷོ་ཕྱོགས་སུ་བྱོན་ཏེ། ཨུ་རྫྙ་སྨའི་སྤྱོད་པ་ཞེས་པ་སྤྲང་པོའི་ཆ་བྱད་གཅེར་བུ་ཁྲུད་མ་ཕོ་བའི་ཚོགས་མས་འཚོ་བར་བྱེད་པ་ན། ཁ་ཊི་བི་ཧ་རའི་རྒྱལ་པོའི་བྲན་མོ་ག་ཙ་མ་ཧས་ཁྲུད་མ་ཕོ་བའི་ཆུའི་ཟེགས་མ་སློབ་དཔོན་གྱི་ཞབས་ལ་ཕོག་པས་ལྟགས་བསྲེགས་ལ་བྲན་པ་ལྟར་ཁོལ་བ་མཐོང་། དེའི་ཚེ་རྒྱལ་པོ་དེ་ལ་མུ་སྟེགས་ཀྱི་སྟོན་པ་ཤང་ཀར་དེ་བ་ཞེས་བྱ་བས་ནང་པའི་པཎྜི་ཏ་དང་རྩོད་ཅིང་རྫུ་འཕྲུལ་འགྲན་པར་བྱས་ཏེ། དེ་ཡང་སུ་ཕམ་པ་དེ་སུ་རྒྱལ་བའི་བསྟན་པ་ལ་འཇུག་ཅིང་དེའི་ཆོས་དང་གཙུག་ལག་ཁང་སོགས་ཀྱང་མེར་སྲེག་པར་བྱེད་པས་ཁྱོད་ཀྱིས་གནང་བར་མཛད་ཅིང་དྲང་པོར་བཞུགས་སུ་གསོལ། ཞེས་གསོལ་བ་ལྟར། རྒྱལ་པོས་ཕོ་ཉ་བཀྱེ་སྟེ་ནང་པའི་དགེ་འདུན་རྣམས་བསྡུས་ནས་དོན་དེ་བསྙད་པ་ན་སུས་ཀྱང་ཁས་ལེན་མ་ནུས་པས་རྒྱལ་པོ་མྱ་ངན་དུ་གྱུར་པ་ན། བྲན་མོ་ག་ཙ་མ་ཧས་རྒྱལ་པོ་ལ་ཐར་མཐོང་བ་དེ་བཤད་པས། དེ་ལྟ་བུའི་སེམས་དཔའ་ཆེན་པོ་དེ་ག་ན་འདུག་ཀྱང་ཆོལ་ཅིག་གསུངས་ནས་ཕྱོགས་ཀུན་དུ་བཙལ་བས་ཤིང་སྡོང་གཅིག་གི་དྲུང་ན་བཞུགས་པ་དང་མཇལ་ནས། མུ་སྟེགས་ཀྱི་རྩོད་པ་དང་རྫུ་འཕྲུལ་ཕམ་པར་མཛད་དགོས་པར་གསོལ་བ་བཏབ་པས། དེ་ལྟ་བུ་ཁོ་བོས་ནུས་ཀྱི་ཆུ་བུམ་པ་གང་། རས་ཡུག་གཉིས། མེ་རྣམས་སྟ་གོན་གྱིས་ཤིག་གསུངས་ནས་དེ་ལྟར་བྱས་སོ།།

དེ་ནས་སྐྱེ་བོའི་ཚོགས་མང་པོ་འདུས་པའི་དབུས་སུ་གདན་ཁྲི་བཤམས་ཏེ་རྒྱལ་པོ་དང་། གཡས་གཡོན་དུ་སེམས་དཔའ་ཆེན་པོ་དང་མུ་སྟེགས་ཀྱི་སྟོན་པ་རྣམས་འཁོད་ནས་རྩོད་པས་བདག་ཉིད་ཆེན་པོ་འདིའི་ལུང་དང་རིགས་པའི་མཐུ་ཕུལ་དུ་བྱུང་བས་ཕྱིར་རྒོལ་དེ་ཉིད་སྤོབས་པ་ལན་མེད་དུ་མཛད་དོ། །སླར་ཡང་མུ་སྟེགས་བྱེད་དེས་རྫུ་འཕྲུལ་འགྲན་པར་ཆས་ཏེ་བར་སྣང་

下明鑒”。國王聽後震怒，說：“佛子，拔出你所配之劍”。“陛下，此劍一出，將壞陛下雙眼”寂天菩薩道。“即便如此，也非拔不可”國王又說。最後，寂天菩薩說：“陛下真若想看，請遮蔽一眼”。照做之後，甫一出鞘的劍光，即令國王的眼睛難受異常，當場瞎了一眼，之後國王懇求饒恕，並至心皈依，一心向法。

之後寂天菩薩施展神通觀察，發現有很多極端仇恨佛教的外道需要被調伏，因此來到吉祥山的南方，修一種叫做“鄔粗瑪”的行持，即是示現乞丐相，裸體，依靠污水和扔棄的食物殘渣維生。彼時，卡帝比哈羅當地的國王，宮中有一侍女名叫噶雜摩訶，有一日潑灑污水之時，水滴濺到寂天菩薩的腳上，她看到水滴頓時沸騰起來，猶如滴落到燒紅的鐵板上一般。那時候，一名喚作“香迦羅提婆”的外道教主對國王說：“啟稟陛下，我等將同佛門班智達辯論，並競賽神通，落敗之一方，將為對方之門徒，且燒毀自宗經書及寺院。願陛下許諾我等之請，並維持立場之公正”。如此，國王即傳太監召集佛門僧眾，當場宣說此事，然而竟無一僧敢應，國王為此極為頭疼。是時，噶雜摩訶侍女將先前所見盡數稟告，國王旋即指示：“務必找到此大菩薩，無論他在何方，速去”。此女遍尋各地，終於在一樹下拜見到寂天菩薩，之後侍女祈求說：“務請菩薩於辯論和神通上擊敗外道”“這些我能做到，但是要準備好一瓶水，兩匹布，還有火種”。寂天菩薩如此交代，侍女回：“謹遵菩薩教誨”。

之後，便在眾人聚集處中央鋪設好了座墊，國王在中間，而寂天菩薩和外道教主各踞左右。辯論時，由於寂天菩薩精通經論和佛理，使得答辯者無從應答；又外道教主開始比起了神通，他要在天空上畫一幅大自在天的壇城，然而才剛畫好東門，寂天菩薩為了

ལ་དབང་ཕྱུག་ཆེན་པོའི་དཀྱིལ་འཁོར་བྲིས་ཏེ་ཤར་སྒོ་ཙམ་ཟིན་པ་ན། བདག་ཉིད་ཆེན་པོ་འདིས་ཟད་པར་རླུང་གི་ཏིང་ངེ་འཛིན་ལ་སྙོམས་པར་ཞུགས་པས་འཚུབ་མ་ཆེན་པོ་ལང་སྟེ་རྫས་དང་ཤིང་དང་གྲོང་ཁྱེར་ཐམས་ཅད་ཀྱང་འཁྱིལ་ལ་མ་འཁྱིལ་ལ་ཐུག་པར་ལྡེག རྒྱལ་པོ་དང་བཙུན་མོ་དང་དེར་ཚོགས་པའི་མི་རྣམས་ཀྱང་བདས། དཀྱིལ་འཁོར་དང་བཅས་པའི་མུ་སྟེགས་ཀྱི་སྟོན་པ་ཡང་འཁོར་རླུང་གིས་བདས་པའི་བྱེའུ་བཞིན་དུ་ཕྱོགས་མཚམས་ཐམས་ཅད་དུ་འཕྱེར་ཞིང་མུན་པ་ཆེན་པོར་གྱུར་ཏོ།།

དེ་ནས་བདག་ཉིད་ཆེན་པོ་འདིས་སྨིན་མཚམས་ནས་འོད་ཕྱུང་སྟེ་རྒྱལ་པོ་དང་། བཙུན་མོ་ལ་ལམ་བསྟན་ནས་མདུན་དུ་བཀུག་སྟེ་གོས་དང་བྲལ་ཞིང་རྡུལ་གྱི་གཡོགས་པ་ལ་ཆུས་བཀྲུས་ནས་རས་གསར་པ་གཡོགས་མེ་ལ་བསྲོས་ཏེ་བདེ་བར་བྱས་སོ། །དེ་ནས་མུ་སྟེགས་ཀྱི་ལྷ་ཁང་རྣམས་བཤིགས་མུ་སྟེགས་ཀྱི་གཙོ་བོ་དང་རྗེས་སུ་འཇུག་པ་མང་པོ་སངས་རྒྱས་ཀྱི་བསྟན་པ་ལ་བཙུད་པས་ད་ལྟའི་བར་དུ་ཡང་གནས་དེ་ལ་མུ་སྟེགས་ཕམ་པའི་ཡུལ་ཞེས་གྲགས་སོ།།

བདག་ཉིད་ཆེན་པོ་འདིའི་མཛད་པ་དེ་དག་ཐམས་ཅད་བསྟན་པ་དང་སེམས་ཅན་གྱི་དོན་དུ་མཛད་པ་ཤ་སྟག་སྟེ། རྒྱལ་བས་མི་ནི་ཨ་མྲའི་འབྲས་བུ་དང་མཚུངས་པས་ཕྱི་སྨིན་ལ་ནང་མ་སྨིན་པ་དང་། ནང་སྨིན་ལ་ཕྱི་མ་སྨིན་པ་དང་། ཕྱི་ནང་གཉིས་ཀ་སྨིན་པ་དང་། ཕྱི་ནང་གཉིས་ཀ་མ་སྨིན་པ་སྣ་ཚོགས་སུ་ཡོད་པར་གསུངས་པ་ལྟར་སོ་སོ་སྐྱེ་བོ་རང་དགའ་བ་དག་གིས་གཞན་གྱི་རྒྱུད་ཚོད་ཤེས་པ་ཤིན་ཏུ་དཀའ་བས། སློབ་དཔོན་དེས་རང་ཉིད་སོ་སྐྱེར་ཞལ་གྱིས་བཞེས་ཀྱང་། སློབ་དཔོན་ཤེས་རབ་འབྱུང་གནས་བློ་གྲོས་ཀྱིས་འཕགས་པར་བཤད་ཅིང་། ནག་པོ་བས་ཀྱང་འཇམ་པའི་དབྱངས་ཀྱི་ཞབས་ཀྱི་པད་མོ་ལ་སྤྱི་བོས་གཏུགས་པར་བཤད་པའི་སློབ་དཔོན་དེས། རྒྱས་པར་སྟོན་པ་བསླབ་བཏུས། བསྡུས་ཏེ་སྟོན་པ་མདོ་ཀུན་ལས་བཏུས། དོན་རྒྱས་ལ་ཚིག་བསྡུས་པ་སྤྱོད་འཇུག་དང་གསུམ་མཛད་དོ། །སྤྱོད་འཇུག་ལ་རྒྱ་གར་ན་འགྲེལ་པ་བརྒྱ་རྩ་ཡོད་པར་གྲགས་ཀྱང་། བོད་དུ་འགྱུར་བ་བརྒྱད་ཙམ་ཡོད་དོ།།

使壇城消散，即進入風三摩地，登時天空颳起大風暴，所有草木屋舍盡皆劇烈晃動，幾欲頃倒；國王王后，以及聚集在該處的所有人，都被風吹著跑；而上方的壇城與外道教主，也被狂風吹得像麻雀一般，飛向四處，此時，天空變得一片黑暗。

之後寂天菩薩眉心放光，為國王和王后指出來路，把他們召到面前，看到衣不蔽體、渾身塵垢的兩人，讓他們用預先準備好的水清潔，再把布匹批在身上，最後點燃火種暖身。後來當地的外道寺院都被拆了，很多外道上師與門徒都轉到佛門之中，這個地方至今仍然被稱為“外道服輸地”。

寂天菩薩一切所作所為，全是為了佛教和有情的利益，正如佛陀所言：“人如庵摩羅果（芒果）生熟難分，有外熟內生，內熟外生，內外俱熟，內外俱生，如是種種”。我等閒散凡夫，誠難知曉他人證量；因此，雖然寂天菩薩親口表示自己乃一介凡夫，然而阿闍黎智生慧（譯註：Prajñ ā karamati印度論師，《入菩薩行釋難》作者）說寂天菩薩乃一聖者，黑行者亦言寂天菩薩是頂戴文殊蓮足者。寂天菩薩所作論著有三：大論是《學集》，略論是《經集》，而言簡義廣的是《入菩薩行》。《入菩薩行》在印度的釋論據說有百餘部，然而翻譯成藏文僅八部爾。

རྫོགས་ཆེན་མཁན་པོ་གཞན་དགའི་མཛད་རྣམ་མདོར་བསྡུས།

༡ སྐུ་འཁྲུངས་པའི་ཡུལ།

རྫོགས་ཆེན་མཁན་པོ་གཞན་དགའ་རིན་པོ་ཆེན་ནི། བོད་ཤར་ཕྱོགས་མདོ་ཁམས་ཆུ་བཞི་སྒང་དྲུག་གི་ནང་ཚན་འབྲི་ཟླ་ཟལ་མོ་སྒང་གི་གཡས་ཟུར། སྡེ་དགེ་རྫོགས་ཆེན་ཁ་ནར་རྒྱ་གོང་འབྲོག་སྡེ་རྒྱལ་གོང་དཔོན་ཚང་གི་ཁྱིམ་དུ། ཡབ་རྒྱ་གོང་དཀོན་མཆོག་རྣམ་རྒྱལ་གྱི་སྲས་སུ་བོད་རབ་བྱུང་༡༥ ལྕགས་ལུག་ཕྱི་ལོ་༡༨༧༡ ལོར་སྐུ་འཁྲུངས།

དགུང་གྲངས་བཅུ་བདུན་དུ་སོན་སྐབས་རྒྱུ་རྐྱེན་སྣ་ཚོགས་ལ་བརྟེན་ནས་འཁོར་བ་འདི་ཉིད་སྡུག་བསྔལ་གྱི་རྒྱ་མཚོ་ལྟ་བུ་ཡིན་པའི་ངེས་འབྱུང་བཅོས་མིན་ཐུགས་རྒྱུད་དུ་འཁྲུངས། ཕྱི་ལོ་༡༨༨༨ ལོར་རྫོགས་ཆེན་རིན་པོ་ཆེ་ཐུབ་བསྟན་ཆོས་ཀྱི་རྡོ་རྗེ་དང་མཇལ་བས་སྔོན་སྨོན་གྱི་ལས་འཕྲོ་སད་དེ་ཐུགས་བརྩེ་གཅིག་ཏུ་འདྲེས་པར་གྱུར་ནས་གཙུག་ཕུད་ཕུལ་ཞིང་གྲྭ་ཆས་བྱས།

༢ ཐོས་བསམ་ལ་སྦྱངས་པའི་ཚུལ།

མཁན་ཆེན་གཞན་དགའ་རིན་པོ་ཆེ་ཐོག་མར་དགེ་མང་རི་ཁྲོད་དུ་ཕེབས་ནས་ཡི་གེ་འབྲི་ཀློག་ནས་དབུ་བརྩུགས་ཏེ་ཐོས་བསམ་ལ་བརྩོན་པ་ལྷོད་མེད་གནང་། སློབ་གཉེར་གནང་བའི་སྐབས་མཚན་མོ་ཟླ་བའི་རྗེས་སུ་བསླེགས་ཤིང་དཔེ་ཆར་གཟིགས་ཏེ་ཞོགས་པ་རི་ལས་བབས་ཡོང་བ་ཀུན་གྱིས་མཐོང་བ་དང་། དགེ་མང་དཔོན་པོ་ཨོ་རྒྱན་བསྟན་འཛིན་ཐུབ་མིན་གྱི་རྩ་བའི་བླ་མར་བསྟེན་ནས། རིམ་བཞིན་སོར་བྱང་སྔགས་གསུམ་གྱི་སྡོམ་པ་མནོས་ནས་མཚན་ལ་གཞན་ཕན་ཆོས་ཀྱི་སྣང་བ་ཞེས་གསོལ། དཔོན་པོ་བསྟན་འཛིན་ནོར་བུས་ཁོང་གི་ཁུ་བོ་རྒྱལ་སྲས་གཞན་ཕན་མཐའ་ཡས་ཀྱི་ཡང་སྲིད་དུ་ངོས་འཛིན་མཛད། གཞན་དགའ་ཁོང་ངའི་རྩར་ཡོང་དུས་རྒྱལ་སྲས་གཞན་ཕན་མཐའ་ཡས་སླེབས་སོང་སྙམ་པའི་ཚོར་སྣང་བྱུང་ཞེས་གསུངས་པ་དང་། དབྱངས་ཅན་མའི་མཚམས་ལ་བཞུགས་ནས་ཞལ་དངོས་སུ་གཟིགས། རོང་ཟོམ་མ་ཧཱ་པཎྜི་ཏའི་གསུང

佐千堪布賢噶略傳

1.出生地

佐千堪布賢噶仁波切，於藏曆第十五勝生鐵羊年，即公元1871年生於嘉公家，這是位在藏東康區四水六崗裡的直打薩摩崗，其東邊的區域；嘉公家是德格佐千卡那嘉公部落的一個官宦家庭，其父是嘉公貢覺南迦。

賢噶仁波切年十七歲時，由於種種因緣，真誠地生起了想解脫輪迴苦海的出離心，在公元1888年拜見佐千法王時，被法王的慈愛喚醒了宿世善業與發心，而剃度出家。

2.聞思修學的過程

賢噶仁波切從一開始來到格芒寺，對於藏文讀寫乃至於佛法的聞思絲毫不懈怠，在這一段求學的歲月裡，賢噶仁波切晚上為了閱讀佛經，常隨月光而行，直至清晨才從山上下來，這是眾人所見之事。又仁波切視格芒寺的溫・鄔堅丹增為自己的不共根本上師，依序求得了分別解脫戒、菩薩戒以及密乘戒律，並獲賜法名為“賢遍曲吉囊瓦”（利他法光明）。

溫・鄔堅丹增認定自己的叔父“賢遍塔耶”的轉世，就是賢噶仁波切，他說：“當賢噶他來到我面前時，我有種感覺，來的人就是佐千佛子賢遍塔耶”。

賢噶仁波切閉關修持妙音天女法門能親見本尊，並研習過《絨松大班智達文集》、《阿底峽尊者文集》、《種敦巴文集》、《薩迦班智達文集》、《宗喀巴文集》、《阿里班智達文集》、《達

འབུམ། ཀུན་མཁྱེན་ཀློང་ཆེན་པའི་གསུང་། རྫོ་འབྲོམ་ཡབ་སྲས། ས་པཎ་དང་རྗེ་ཙོང་ཁ་བའི་གསུང་། མངའ་པཎ་དང་ལོ་ཆེན་རྣམ་གྲྭའི་གསུང་འབུམ། རྒྱལ་བའི་བཀའ་དང་བསྟན་འགྱུར། དེ་མཚུངས་ཐུན་མོང་སྒྲ་ཚད་མ། བཟོ་གསོ་བ། རྩིས་དཀར་ནག བརྡ་དག་སྙན་གསུམ་སོགས་སྦྱངས་བརྩོན་ལེགས་པར་མཛད་ནས་མདོ་སྔགས་དཀའ་གནད་གང་ནས་དྲིས་ཀྱང་། ཕྱག་དཔེ་བསྐྱར་གཟིགས་སོགས་མི་དགོས་པར་ཤོག་ལྷེབ་ཐིག་འཕྲེང་ཚུན་ཆད་མ་ནོར་བར་ཐུགས་ཐོག་ནས་ཤར་མར་གསུངས་པས་གཞུང་ལུགས་རབ་འབྱམས་ལ་མཁས་པར་གྱུར།

ཁྱད་པར་དུ་དགོན་བསྟན་འཛིན་ནོར་བུ་རིན་པོ་ཆེས་རྒྱུད་གསང་བ་སྙིང་པོའི་དབང་ལུང་ཁྲིད་གསུམ་ཆ་ཚང་དང་། ཡེ་ཤེས་བླ་མའི་སྟན་བརྒྱུད་སྨོང་ཁྲིད་ཟབ་མོ། ཆོས་དབྱིངས་མཛོད་ཀྱི་སྒོམ་ཁྲིད་མན་ངག་གནད་ཀྱི་སྙིང་པོ། རྫོགས་སྐྱལ་བཞི་པའི་དག་སྣང་ཉེ་བརྒྱུད་དུ་བྱོན་པ་བླ་མ་ཡང་ཏིག་གི་གྲོལ་ཁྲིད་ཚིག་བརྒྱུད་ཀྱི་ཚུལ་དུ་གནང་བ་སོགས་གདམ་ངག་མ་ལུས་པ་བུམ་པ་གང་བྱོའི་ཚུལ་དུ་གནང་། དེ་བཞིན་གཞན་དཀའ་རིན་པོ་ཆེ་འོད་གསལ་སྙིང་ཐིག་བསྟན་པའི་བདག་པོར་མངའ་གསོལ་ཞིང་། ཐེག་དགུའི་ཆོས་ཚུལ་མཐའ་དག་ཐོས་པ་ཙམ་མ་ཡིན་པར། ཉམས་ལེན་གྱིས་སྒྲོ་འདོགས་ནང་ནས་བཅད། རིམ་གཉིས་ཀྱི་གདེང་དང་ལྡན་ཞིང་རྩ་གསུམ་གྱི་བསྙེན་སྒྲུབ་ལ་གཞོལ་ནས་ཞལ་གཟིགས་ལུང་བསྟན་སོགས་ལྷ་སྔགས་ཏིང་འཛིན་གྱི་རོལ་བ་གཅིག་འདྲེས་སུ་མཛད། མདོར་ན་དམ་པ་ཕོང་གིས་རིས་མེད་སྐྱེས་ཆེན་རྣམས་ཀྱི་མདུན་ནས། བཀའ་བརྒྱུད་པའི་ཕྱག་ཆེན། ས་སྐྱ་པའི་ལམ་འབྲས། བཀའ་གདམས་པའི་བློ་སྦྱོང་སོགས་གཞུང་སྣ་ཚོགས་ཀུན་ལ་ཐོས་བསམ་ཕྱོགས་མེད་གནང་ནས། ཉིད་ཀྱིས་ཞལ་ནས་ཀུན་མཁྱེན་ཀློང་ཆེན་དང་ས་སྐྱ་པཎ་ཆེན་རྣམ་གཉིས་ཀྱིས་སྤྱིར་གདམ་ངག་གི་གསུང་ཚུལ་མི་འདྲ་ཡང་། མདོ་འགག་རེར་སླེབས་དུས་གནད་གཅིག་ཏུ་བབས་འདུག་གསུངས་པ་སོགས་གྲུབ་མཐའ་ཀུན་འགལ་མེད་ལྟ་བའི་བབས་སོ་གཅིག་ཏུ་དྲིལ་ནས་ཉམས་སུ་ལེན་ཐུབ་པའི་ཁྱད་ཆོས་བླ་མེད་ཅིག་ཕོང་ལ་མངའ། གཞན་གྲུབ་མཐའ་རིས་གཅོད་སོགས་རྩ་བ་ནས་མི་མཛད་པར། དམ་པ་ཕོང་གིས་བཀའ་དྲིན་གསུམ་ལྡན་གྱི་རྩ་བའི་བླ་མ་དགོན་པོ་ཨོ་རྒྱན་བསྟན་འཛིན། གཞན་ཡང་ལྷ་རམས་དགེ་ལེགས་དར་རྒྱས། སུ་ར་

瑪師利大譯師文集》、《甘珠爾》、《丹珠爾》；除此之外，還曾好好地學習過聲明、工巧明、黑白曆算、藏文文法、正字學、詞藻學等等世間共通的學問。有人若想詢問賢噶仁波切顯密上的任何難題，他都不用再去翻書，經文在幾行幾頁，連標點符號都不會錯地直接從心中講出來，成為如此博學廣文的智者。

尤其是溫．丹增諾布仁波切以單傳的方式，把《秘密精華續》完整的灌頂口傳與教授，《本慧上師》的甚深耳傳實修教授，《法界藏》觀修教授的精要口訣，第四世佐千法王從淨相中獲得的近傳承《上師究竟精華》其解脫教授，是滿瓶傾倒、毫無保留地都傳授給了賢噶仁波切，並認證賢噶仁波切為光明心滴法教的法主，對於一切九乘次第的教法，賢噶仁波切不僅僅是止於聽聞，更從實修之中斷除疑惑； 對於生圓二次第有絕對的掌握，曾因致力於三根本的修誦而能親見本尊等等，能夠把本尊觀修、咒語持誦、三摩地的妙用合而為一。

總之，賢噶仁波切在諸多無教派分別的大德面前，沒有偏頗地聞思了噶舉派的大手印、薩迦派的道果、噶當派的修心法門等所有各種典籍；他曾說：“整體看來，遍知龍欽巴尊者與薩迦班智達，雖然兩人教導的話語有所不同，但是到了關鍵時刻，要點還是落到一處”如是等等言語。賢噶仁波切擁有一個無上的特點，就是能將所有教派的見地與傳承，無礙地融合為一來修持，而其他大德根本不能摒棄教派的分別，賢噶仁波切依止的善知識有：三恩根本上師溫．鄔堅丹增，拉讓．格勒塔傑，蔣揚洛德旺波，米滂．秋雷朗傑，果敦．阿旺雷巴等諸多大德。

པདྨ་བདེ་ཆེན་བཟང་པོ། འཇམ་དབྱངས་བློ་གཏེར་དབང་པོ། མི་ཕམ་ཕྱོགས་ལས་རྣམ་རྒྱལ། སྣ་སྟོན་ངག་དབང་ལེགས་པ་སོགས་དགེ་བའི་བཤེས་གཉེན་མང་དུ་བསྟེན།

༣ [illegible]

མཁན་ཆེན་གཞན་དགའ་རིན་པོ་ཆེས་མཛད་པའི། འཆོས་སྐྱོབ་གཉིས་ལྡན་གྱི་བསྟན་བཅོས་གཞུང་ཆེན་བཅུ་གསུམ་ཆ་ལག་དང་བཅས་པ། གཞུང་ཆེན་ཁག་གི་རྒྱ་འགྲེལ་རྣམས་ཀྱི་ཚིག་སྣ་བསྡུད་ཞིང་དཀའ་གནད་ཚིག་གི་བཤད་ཡམས་སུ་མ་ སྦས་པར་ཚིག་ཉུང་དོན་འདུས་མཆན་འགྲེལ་གྱི་ལམ་དུ་ཚུར་བསྡུས་ཡོད་པས་གཞན་ལས་ཁྱད་དུ་འཕགས་ཤིང་། བསྟན་བཅོས་ཁག་གི་མཚན་བྱང་ནི། ཟུར་མང་པདྨ་རྣམ་རྒྱལ་གྱིས་བརྩམས་པའི་གཞུང་ཆེན་བཅུ་གསུམ་གྱི་འཆད་ཐབས་བློ་གསལ་ངག་གི་མགུལ་རྒྱན་ལས། མདོ་དང་མདོ་རྩ་འདུལ་བའི་སྡེ་སྣོད་དང་། །མཛོད་དང་ཀུན་བཏུས་མངོན་པའི་སྡེ་སྣོད་ཡིན། །རྩ་འཇུག་བཞི་སྤྱོད་ཟབ་མོ་ལྟ་བའི་གཞུང་། །བྱམས་ཆོས་སྡེ་ལྔ་རྒྱ་ཆེན་མདོ་སྡེའི་གཞུང་། །ཆ་ལག་དང་བཅས་རྒྱ་གཞུང་བཅུ་གསུམ་མོ། །གཞན་རྒྱུད་གསང་བ་སྙིང་པོའི་མཆན་འགྲེལ་དང་། རྩ་བའི་བླ་མ་དཔོན་བསྟན་འཛིན་ནོར་བུའི་རྣམ་ཐར་བསྟོད་ཚོགས་དང་ཉམས་མགུར། ཞལ་གདམས་སོགས་པོད་བཅུ་གསུམ་ཙམ་བཞུགས་ཡོད་པ་བཅས་སོ།།

༤ [illegible]

ཁོང་གི་ཞལ་སློབ་ནམ་མཁའི་སྐར་ཚོགས་ལྟར་བྱོན་པའི་ནང་ནས། དཔལ་སྤུངས་སི་ཏུ་པདྨ་དབང་མཆོག་རྒྱལ་པོ་དང་། རྫོང་གསར་མཁྱེན་བརྩེ་ཆོས་ཀྱི་བློ་གྲོས། མཁན་ཆེན་པདྨ་ཐེག་མཆོག་བློ་ལྡན། མཁན་ཆེན་འཇིགས་མེད་ཡོན་ཏན་མགོན་པོ། རྨི་བ་མཁན་པོ་ཚེ་དབང་རིག་འཛིན། ཨ་ར་སྤྲུལ་སྐུ་པདྨ་ནོར་བུ། མཁན་ཐུབ་བསྟན་སྙན་གྲགས། གདངས་དཀར་སྤྲུལ་སྐུ་བཤད་སྒྲུབ་ཆོས་ཀྱི་སེང་གེ། མཁན་པོ་པདྨ་ཚེ་དབང་། དཔོན་སློབ་མཁན་པོ་མཁྱེན་རབ་ཆོས་ཀྱི་འོད་ཟེར། གཞན་རྡོར་མཁན་པོ་ཆོས་གྲགས། གསེར་ཁ་ཆོས་གྲགས། ཨ་གྲོལ་མཁན་པོ་ཡེ་ཤེས་རྒྱལ་མཚན། མཁན་པོ་བློ་ལྡན། མཁན་པོ་འཆི་མེད་ཡེ་ཤེས། རྨི་བ་མཁན་པོ་ནོར་བུ་བསྟན་འཛིན། རྫོགས་ཆེན་མཁན་པོ་

3.為後學子弟而做的著述

具有匡正與救度二種功德的十三部大論，大堪布賢噶仁波切所注釋的版本，是把各種大論的詳解做了詞語上的精簡，又不虛掩其要義，以言簡意賅、逐字解釋的方式做了精鍊，較其他注釋更為殊勝。十三部大論的名目，根據蘇芒・貝瑪南迦所撰寫的《十三部大論講授法・明心語項飾》所說：“別解脫與律根本，屬於三藏之律藏，俱舍集論與俱舍，屬於三藏之論藏，根本慧論入中論，四百頌與入行論，深見論典與彌勒，廣行派之五論典，計為大論十三部”。除此之外，賢噶仁波切還有《秘密精華續逐字解》、《根本上師溫・丹增諾布傳記》、讚文、道歌、法語等共十三卷典籍。

4.依教而生執掌傳承的親炙弟子

賢噶仁波切的弟子多如滿天星斗，其中較為傑出的有：八蚌寺的司徒仁波切貝瑪旺秋嘉波，宗薩寺的欽哲仁波切曲吉羅追，大堪布貝瑪特秋洛丹，大堪布吉美雲丹貢布，美瓦寺堪布策旺仁增，如拉寺活佛貝瑪諾布，堪布吐丹年札，貢噶活佛謝竹曲吉森格，堪布貝瑪策旺，溫敦堪布堪惹曲吉衛色。還有霍爾堪布曲札，色卡曲札，阿卓寺堪布耶謝嘉燦，堪布洛丹，堪布企美耶謝，美瓦色堪布諾布丹增，佐千寺堪布諾央，堪布阿班曲巴，雜堆蔣美央的善知識堪布吐噶，娘絨寺古如活佛，竹旺・阿旺諾布，噶陀寺大堪布阿噶

ནོར་དབྱངས། མཁན་པོ་ཨ་པཊ་ཆོས་དཔལ། རྫ་སྟོད་ལྷུང་མའི་ཡོངས་ཀྱི་དགེ་བའི་བཤེས་གཉེན་ཆེན་པོ་མཁན་པོ་ཐུབ་དགའ། ཉག་རོང་གུ་རུ་སྤྲུལ་སྐུ། གྲུབ་དབང་ངག་དབང་ནོར་བུ། ཀཿཐོག་མཁན་ཆེན་ངག་དགའ་རིན་པོ་ཆེ། ངོར་ཁང་གསར་མཁན་ཆེན་ངག་དབང་བློ་གྲོས་གཞན་ཕན་ཆོས་ཀྱི་སྙིང་པོ། ལི་ཐང་སྡེ་གཞུང་སྤྲུལ་སྐུ་ཨ་འཇམ་རིན་པོ་ཆེ། ཟུར་མང་པདྨ་རྣམ་རྒྱལ། མཁན་སྤྲུལ་བདེ་མཆོག་རྡོ་རྗེ། ས་སྐྱའི་བླ་མ་འཇམ་དབྱངས་རྒྱལ་མཚན། ཧོར་འབྲུག་མཁན་ཆེན་བསྟན་པ་རིན་ཆེན། ཁུ་នུ་བླ་མ་བསྟན་འཛིན་རྒྱ་མཚོ། དིལ་མགོའི་མཁྱེན་བརྩེ་རིན་པོ་ཆེ། མདོ་རིན་པོ་ཆེ་ཞིལ་གནོན་དགྱེས་པ་རྡོ་རྗེ། གཟན་དཀར་བྱ་བྲལ་ཆོས་ཀྱི་སེང་གེ། དཀར་མཛེས་བྲག་དཀར་སྤྲུལ་སྐུ་བློ་བཟང་དཔལ་ལྡན་བསྟན་འཛིན་སྙན་གྲགས། ས་སྐྱའི་མཁན་ཆེན་ཐུབ་བསྟན་བྱང་ཆུབ། དཀར་མཛེས་ཕུང་རི་སྟ་སྤྲུལ་སྐུ་བློ་བཟང་བསྟན་འཛིན་སོགས་དམ་པ་འདིའི་གསུང་གི་བདུད་རྩི་མནོས་པའི་ཞལ་སློབ་བསམ་གྱིས་མི་ཁྱབ་པ་བྱུང་ཞིང་། དེའི་རྒྱུད་འཛིན་གྱི་སློབ་ཚོགས་མང་པོ་ད་ལྟའི་ཆར་ཡང་བཞུགས་ཡོད།

༄ ཐུན་མོང་མ་ཡིན་པའི་མཛད་པ་ཁྱད་པར་ཅན་གྱི་ཚུལ།

མཁན་ཆེན་གཞན་དགའ་རིན་པོ་ཆེ་ལ་གཞན་གྱིས་ཕུལ་བའི་དངོས་པོ་རྣམས་ནི་སློབ་མ་འཚོ་རྟེན་ཞན་པ་ཅན་རྣམས་གནང་ཞིང་། རྒྱུན་གྱི་སྤྱོད་ལམ་མི་ཆེན་བླ་དྲག་རིགས་ཀྱི་ལད་མོ་རྩབ་ནས་མི་མཛད་པར་དགེ་སློང་གི་འཚོ་བའི་ཡོ་བྱད་བཅུ་གསུམ་དང་ཕྱུག་དཔེ་ཙམ་མ་གཏོགས་རྒྱུ་ནོར་ལོངས་སྤྱོད་ལ་མི་དགོས་པར་གྲྭ་རྐྱང་དཀྱུས་མའི་འཚོ་བ་ལྟར་མཛད། རྫོང་གསར་མཁྱེན་བརྩེ་རིན་པོ་ཆེས་དཔལ་ལྡན་བླ་བའི་སྐྱེ་སྤྲུལ་དུ་ངོས་འཛིན་མཛད། མི་ཕམ་རིན་པོ་ཆེས་གཞན་དགའི་གསུང་རྩོམ་རྣམས་ལ་དཔལ་ལྡན་ཟླ་བ་གྲགས་པ་དང་ཀུན་མཁྱེན་ཀློང་ཆེན་པ་རྣམ་གཉིས་ཀྱི་དགོངས་པ་སྒྲོག་ཏུ་བཟུང་ནས་བཤད་སྒྲུབ་ཀྱི་ཕྲིན་ལས་སྤེལ་བའི་བཀའ་བབས་ཡིན་པར་བཞེད།

ཡང་མཁན་ཆེན་ཁོང་ལ་ཀུན་མཁྱེན་ཀློང་ཆེན་པས་ཡེ་ཤེས་སྒྱུ་མའི་སྐུས་རྗེས་སུ་བཟུང་ནས་དོན་བརྒྱུད་ཀྱི་དགོངས་པའི་རྟོགས་པ་ཁོང་གི་ཐུགས་རྒྱུད་ལ་མངའ་བ་སོགས་མཚུངས་པའི་

仁波切，歐康薩寺大堪布阿旺羅追，賢遍曲吉寧波，里塘德雄寺活佛阿將仁波切，蘇芒寺貝瑪南迦，堪珠・德秋多傑，薩迦派上師蔣揚嘉燦，南竹巴大堪布丹巴仁欽，庫努上師丹增嘉措，頂果欽哲仁波切，多仁波切司倫格巴多傑，白衣出世行者曲吉森格，甘孜札噶寺活佛洛桑班丹丹增年札，薩迦派大堪布吐丹強久，甘孜邦日那寺活佛洛桑丹增等等，有如是多接受過賢噶仁波切法語甘露的親炙弟子，這些傳承弟子至今大多還在世（譯註：此指傳記作者的年代）。

5.不共優於他人之處

大堪布賢噶仁波切會把他人供養給自己的物品，送給生活困頓的弟子，而日常的言行舉止，也完全不裝作一付上人大師的樣子，一身家當僅有比丘的十三種生活資具以及經書，不好錢財與享樂，就是過著出家僧人的日子。

宗薩欽哲仁波切認定他是月稱的轉世，米滂仁波切也說：“賢噶仁波切是把月稱菩薩與龍欽巴尊者的意趣當作自家性命來發展講修佛法的事業”。

又大堪布賢噶仁波切曾被龍欽巴尊者以本慧幻身攝受，因此在他心相續之中具有實修傳承的意趣證量。如是種種，皆表示他是一位無與倫比的正等大德。

ཐོ་ཐམས་ཅད་དང་བྲལ་བའི་སྐྱེས་ཆེན་དམ་པ་ཞིག་ཡིན་ནོ།།

༤ པ། ཁོ་རྒྱལ་གྱི་བསྟན་པ་ལ་འཛུགས་སྐྱོང་ཇི་ལྟར་བཞག་པའི་སྐོར།

སངས་རྒྱས་བསྟན་པ་ལ་སྒྲི་ཞུ་ཇི་ལྟར་མཛད་པའི་ཚུལ་ནི། ཁོང་གི་རྩ་བའི་བླ་མའི་གདན་ས་དགེ་མང་རི་ཁྲོད་དུ་ཕྱི་ལོ་༡༩༠༠ ལོ་ནས་ལོ་གསུམ་ལ་གཞུང་བཀའ་ཡོད་ལྷ་དང་རྒྱུད་གསང་བ་སྙིང་པོ་སོགས་ཐུགས་རྫོགས་ཀྱི་སྐོར་དང་། ཐུན་མོང་རིག་གནས་བཅས་ཞལ་ཁྲིད་མཛད་དེ་རྩ་བའི་བླ་མའི་གདན་ས་བསྐྱངས་ནས་སློབ་ཚོགས་རྣམས་ལ་ཆོས་ཀྱིས་ཚིམ་པར་མཛད།

༡༩༠༢ ལོར་མདོ་ཁམས་རྫོགས་ཆེན་ཤྲཱི་སེང྄ཧའི་བཤད་གྲྭར་རྫོགས་ཆེན་ཐུབ་བསྟན་ཆོས་ཀྱི་རྡོ་རྗེས་བཀས་སྐུལ་བ་བཞིན་དབོན་ཨོ་རྒྱན་བསྟན་འཛིན་དང་རྫ་དཔལ་སྤྲུལ་སོགས་ཀྱི་ཐུན་མོང་མ་ཡིན་པའི་གདམ་ངག་གི་འཆད་ཐབས་ལ་བརྟེན་ནས། སྤྱོད་འཇུག་ཆེན་མོ་འཕགས་པོད་མཁས་གྲུབ་རྣམས་ཀྱི་བརྩམས་པའི་གཞུང་འགྲེལ་གསུམ་སྦྲགས་དང་བཞི་སྦྲགས་མཛད་ནས་ཡང་ནས་ཡང་དུ་འཆད་སྤེལ་མཛད། རྒྱ་གཞུང་བཅུ་གསུམ་ཆ་ལག་དང་བཅས་པ་མཁན་ཉིད་ཀྱིས་ཕྱག་མཆན་གནང་བ་གཙོར་བཟུང་ཐོག རྒྱ་གཞུང་བཅུ་གསུམ་རྩ་འགྲེལ་བཅས་པའི་གཞུང་བཤད་ངས། ཀུན་མཁྱེན་རོང་ཀློང་རྣམ་གཉིས་སོགས་མཁས་གྲུབ་གོང་མ་རྣམས་ཀྱིས་གསུང་གིས་ཟུར་བརྒྱན། གཞན་ཀུན་མཁྱེན་མཚོ་སྣ་བ། རོང་སྟོན་ཤེས་བྱ་ཀུན་གཟིགས། འཇམ་མགོན་ཚོང་ཁ་པ། མཆིམས་བློ་བཟང་དཔལ་ལྡན། ཀུན་མཁྱེན་གོ་རམས་པ། རྒྱལ་དབང་ཀརྨ་པ་ཆོས་གྲགས་རྒྱ་མཚོ། ས་པཎ་ཀུན་དགའ་རྒྱལ་མཚན་སོགས་ཀྱི་གཞུང་བཀའ་ཡོད་ལྷའི་འགྲེལ་བཤད་ཀྱི་སྐོར་སོགས་མདོ་ཕྱོགས་ཀྱི་འཆད་ཁྲིད་གནང་། དེ་བཞིན་སྔགས་ཕྱོགས་ནས་མན་ངག་ལྷ་ཐེང་། ས་ར་ཧའི་ཕྱག་ཆེན་དོ་ཧ་རྣམས། ཐེག་ཆེན་ཚུལ་འཇུག་དང་གསང་སྙིང་དགོངས་མཆོག་འགྲེལ། དམ་ཚིག་མདོ་རྒྱས། གསང་འགྲེལ་ཕྱོགས་བཅུའི་མུན་སེལ། ཡོན་ཏན་མཛོད། གསང་སྙིང་འགྲེལ་པ་དགོངས་རྒྱན་དང་ཞལ་ལུང་སོགས་དང་། འཇིགས་གླིང་གི་ཁྲིད་ཡིག་ཡེ་ཤེས་བླ་མ། ཀུན་མཁྱེན་ཆེན་པོའི་ངལ་གསོ་སྐོར་གསུམ་དང་། རོང་ཟོམ་པའི་སྣང་བ་ལྷར་སྒྲུབ། རྫོགས་ཆེན་པདྨ་རིག་འཛིན་གྱི་སྡོན་འགྲོ་ཐར་ལམ་དཀར་པོ། དཔལ་སྤྲུལ་གྱི་ཀུན་བཟང་བླ་མའི་ཞལ་ལུང་། སྨོ་སྦྱོང་དོན་བདུན་མ་སོགས་ཇོ་འབྲོམ་ཡབ་སྲས་ཀྱི་བློ་སྦྱོང་ཁག། ས་སྐྱའི་ཞེན་པ་བཞི་བྲལ། རྗེ་སྒམ་པོ་པའི་ཐར་རྒྱན། དྭགས་པོ་བཀྲ་ཤིས་རྣམ་རྒྱལ་གྱི་ཕྱག་ཆེན་ཁྲིད་ཡིག་གཉུག་མའི་དེ་ཉིད་སོགས་

6.為佛教所注下的心血

關於賢噶仁波切為佛教所做的奉獻，從公元1900年起，他在其根本上師的寺院格芒寺，花了三年時間教授五部大論與《秘密精華續》等寧瑪派大圓滿的內容，以及其他共通的學問，如此護持上師的寺院並以佛法富足學僧。

公元1902年，奉佐千法王吐丹曲吉多傑旨意，來到多康佐千師利森哈佛學院，採用溫・鄔堅丹增與雜・巴楚仁波切等人與眾不同的訣竅講授方式，把印度西藏等博智成就者著述的《入菩薩行》註解，以三合一或四合一的方式重複講授，並且把賢噶仁波切自己註解的印度十三部大論作為主要教材，以正十三部大論等典籍的本意。又輔以絨松班智達與龍欽巴尊者等先前博智成就者的話語做點綴，還有遍知措囊瓦，絨地上師・謝甲滾息，文殊怙主宗喀巴大師，薩迦班智達貢噶家燦等人關於五部大論的註解等等，這些顯宗教義方面的內容，賢噶仁波切也都做了講授。

至於密法的講解有：《口訣見地鬘》、薩惹哈尊者的《大印多哈藏》，《大乘理入門》、《秘密精華寶解》、《誓言廣經》、《密解十方除暗》、《功德藏》、《秘密精華註解・意趣莊與教言》、吉美林巴的教授文《本慧上師》，遍知龍欽巴尊者的《三種休息》，絨松班智達的《萬相皆成本尊》，佐千・貝瑪仁增的《前行解脫白道》，巴楚仁波切的《普賢上師言教》，《修心七要》等阿底峽與仲敦巴師徒修心方面的內容，薩迦派的《離四貪著》，岡波巴大師的《解脫寶莊嚴》，塔波・扎西朗傑的大手印教授文《本來真如》，如是等等法，一一傳授給具緣的弟子。

賢噶仁波切他在師利僧哈佛學院擔任堪布四年，卸任之後又

སྐལ་ལྡན་གྱི་བུ་སློབ་རྣམས་ལ་གནང་། ཁོང་གིས་ཤྲཱི་སིཾཧར་བཤད་གྲྭའི་མཁན་པོ་ལོ་བཞི་དང་མཁན་ཟུར་ལྷ་བུ་ལོ་བཞི་བཅས་ཁྱོན་ལོ་བརྒྱད་བཞུགས། གཞན་དཔལ་ས་སྐྱའི་རིང་ལུགས་འཛིན་པ་སྡེ་དགེ་དགོན་ཆེན། རྫོང་གསར་ཁམས་བྱེའི་བཤད་གྲྭ། སྐྱེ་དགུ་དོན་འགྲུབ་གླིང་། ཁྲི་འདུ་སྐལ་བཟང་དགོན་པ། འགྲོ་མགོན་བཀའ་བརྒྱུད་པའི་དགོན་པ་དཔལ་སྤུངས་ཐུབ་བསྟན་ཆོས་འཁོར་གླིང་སོགས་སུ་ཕེབས་ནས་གཙོ་བོ་རྒྱལ་བའི་ལུང་རྟོགས་ཀྱི་བསྟན་པ་འདི་ཉིད་གཙོས་སུ་མཛད་ནས་བཤད་གྲྭ་ཁག་ལ་དཔེ་ཁྲིད་དང་བཤད་གྲྭ་གསར་འཛུགས་སོགས་མཛད་ཡོད།

༧ མཁན་ཆེན་གཞན་དགའ་རིན་པོ་ཆེ།

མཁན་ཆེན་གཞན་དགའ་རིན་པོ་ཆེ་སྐུ་ཚེའི་སྨད་ལ་རྒྱ་བོ་ཕུའི་རི་ཁྲོད་དུ་ཡང་གསང་ཨ་ཏི་ཡོ་གའི་ཉམས་ལེན་ལ་གཞོལ་ནས་ཐུན་མཚམས་རྣམས་སུ། ལས་ལྡན་གྱི་བུ་སློབ་མང་པོར་མན་ངག་རྫོགས་པ་ཆེན་པོའི་ཟབ་ཁྲིད་མང་དུ་གནང་། ༡༩༢༨ ལོ་དམ་པ་དེ་ཉིད་དགུང་ལོ་ང་དྲུག་པར་སྐུའི་བསྟན་གཞི་སྠི་ཏྲ་ཕྱིན་པས། སློབ་ཚོགས་རྣམས་ཀྱིས་བརྟན་བཞུགས་ཞུས་པ་ཞིག་ཕུལ་ནས་ཐུང་དྲུག་སྐྱིད་བྱུང་ཡང་། ཀཿཐོག་ཕྱོགས་ཀྱི་བླ་མ་ཞིག་ལ་ཉིན་མང་པོ་ཞིང་ཁམས་ཀྱི་སྣང་བ་ཤར་ནས་སྐུ་གཤེགས་པའི་ཚུལ་སློབ་མ་རྣམས་ཀྱིས་ཞུས་པས། ང་ཡང་དེ་འདྲའི་སྣང་བ་ཞིག་བར་མེད་ཉིན་འགའ་ཐལ་གསུངས་པ་དང་། སློབ་མ་རྣམས་ཀྱིས་བླ་མ་རིན་པོ་ཆེ་ཡུན་རིང་མི་བཞུགས་པ་ཤེས།

རབ་བྱུང་༡༥ མེ་ཡོས་ཕྱི་ལོ་༡༩༢༧ ལོར་རི་ཁྲོད་དེར་གཟུགས་སྐུའི་བཀོད་པ་ཆོས་དབྱིངས་སུ་ཐིམ་པའི་ཚུལ་མཛད། བུ་སློབ་གཙོ་བོ་དཔལ་སྤུངས་སི་ཏུ་པདྨ་དབང་མཆོག་རྒྱལ་པོ། མཁན་ཆེན་ཡོན་ཏན་མགོན་པོ་སོགས་ཐུགས་སྲས་རྣམས་ཀྱི་སྐུ་གདུང་ཞུགས་འབུལ་མཛད། རྒྱུད་ནས་གསུངས་པའི་གྲོལ་རྟགས་ནམ་མཁའ་གཡའ་དག་པ་འཇའ་འོད་འཁྲོ་བ་སོགས་བྱུང་ཞིང་། རིགས་ལྔའི་ཞིང་ཁམས་སུ་མངོན་སངས་རྒྱས་པའི་རྟགས་གདུང་ཤ་རི་རཾ་སོགས་གདུང་ཆེན་སྣ་ལྔ་སོགས་བྱུང་བ་བཅས་རྫོགས་ཆེན་གཞན་དགའ་རིན་པོ་ཆེའི་རྣམ་ཐར་སྙིང་བསྡུས་སོ།།

རྫོགས་ཆེན་མཁན་པོ་ཆོས་དགའ་གྲགས་པའི་རྣམ་ཐར་དང་རྫོགས་ཆེན་ཆོས་འབྱུང་ཆེན་མོ་བཅས་ནས་སྤྲ་འགྱུར་རིག་འཛིན་རྩོམ་སྒྲིག་ཁང་ནས་བསྡུ་སྒྲིག་ཞུས།། སྤྲ་འགྱུར་རིག་འཛིན་དུས་དེབ་འདོན་ཐེངས་ལྔ་པ་ལས་དྲངས།

任太上堪布四年，一共駐錫該寺八年，又前往持守吉祥薩迦派宗風的德格寺，宗薩康切佛學院，結古鎮的敦珠寺，稱多縣的格桑寺，眾生怙主噶舉派的八蚌佛教法輪等寺院，主要著重在佛陀教證法教，或於佛學院中教書，或成立新的佛學院。

7.所作已辦示現圓寂

大堪布賢噶仁波切的後半生山居在嘉沃巖洞，致力於修習阿底瑜伽，出定時會把諸多大圓滿甚深教授的口訣傳給眾多具緣弟子。公元1926年，賢噶仁波切年五十六，身體原有的疾病突轉嚴重，因此眾弟子們廣修常住祈請，後來雖然稍有好轉，但是有一次弟子們提到噶陀那邊有一個上師，一連好幾天看到的只有淨土，之後就圓寂了，賢噶仁波切聽了之後說：“這種現象我也不斷地看到，估計沒剩多少天了”。由此弟子們知曉賢噶仁波切即將不久於人世。

藏曆第十六勝生火兔年，即公元1927年，賢噶仁波切就在山居地中把蘊身融入法界，之後由首要弟子八蚌寺司徒仁波切貝瑪旺秋嘉布，以及大堪布云丹貢布等心子進行建塔裝藏等事宜，據說當時萬里晴空中放射著彩虹之光，這是解脫之瑞象；而靈骨上有“日”、“讓”等種子字浮現，以及靈骨泛著五彩等等，這是於五方佛淨土成佛的瑞象。

以上是對於賢噶仁波切生平事蹟的略述，內容根據佐千堪布曲噶所寫傳記，與《大圓滿教法史》之記載，由舊譯持明編輯社彙編，摘錄自〈舊譯持明〉期刊第五期。

༄། །བྱང་ཆུབ་སེམས་དཔའི་སྤྱོད་པ་ལ་འཇུག་པ་ཞེས་བྱ་བའི་མཚན་འགྲེལ་བཞུགས་སོ།།

《入菩薩行注釋》

༄། །རྒྱ་གར་སྐད་དུ། བོ་དྷི་སཏྭ་ཙརྱ་ཨ་བ་ཏ་ར། བོད་སྐད་དུ། བྱང་ཆུབ་སེམས་དཔའི་སྤྱོད་པ་ལ་འཇུག་པ།

梵語：菩提薩埵 雜勒雅 阿瓦達惹

藏語：強秋森貝 倔巴喇 久巴

漢語：入菩提薩埵行

སྤྱོད་འཇུག་གི་མཚན་དོན།
入行論書名解釋

བྱང་ཆུབ་སེམས་དཔའི་སྤྱོད་པ་ལ་འཇུག་པ།
《入菩提薩埵行》

དེ་ལ་འདིར་དུས་གསུམ་གྱི་རྒྱལ་བ་ཐམས་ཅད་ཀྱི་གཤེགས་ཤུལ། རྒྱལ་སྲས་བྱང་ཆུབ་སེམས་དཔའ་ཐམས་ཅད་ཀྱི་བགྲོད་པ་གཅིག་པུའི་ལམ། སྲིད་ཞིའི་ལེགས་ཚོགས་ཐམས་ཅད་ཀྱི་རྩ་བ་རིན་ཆེན་བྱང་ཆུབ་ཀྱི་སེམས་གཙོ་བོར་སྟོན་པའི་རྒྱལ་སྲས་བྱང་ཆུབ་སེམས་དཔའི་སྤྱོད་པ་ལ་འཇུག་པ། ཞེས་བྱ་བ་འཇམ་དཔལ་དབྱངས་དངོས་ཇེ་བཙུན་ཞི་བ་ལྷས་མཛད་པའི་གཞུང་བཟང་ཡིད་བཞིན་གྱི་ནོར་བུ་རིན་པོ་ཆེ་ལྟ་བུ་འདི་ཉིད། རྒྱ་གར་གྱི་པཎྜི་ཏ་ཆེན་པོ་ཤེས་རབ་འབྱུང་གནས་བློ་གྲོས་ཀྱི་འགྲེལ་ཆེན་ལ་གཞི་བྱས། གངས་ཅན་ཞི་བ་ལྷའི་རྣམ་ཐར་འཆད་པ་དཔལ་སྤྲུལ་ཆོས་ཀྱི་དབང་པོའི་ཞལ་རྒྱུན་གྱིས་བརྒྱུར་བཀྲུན་པའི་ལེགས་བཤད་འདི་ཉིད་འཆད་པ་ལ། ཐོག་མར་བསྟན་བཅོས་ཀྱི་མཚན་དང་མཚན་དེ་ལྡན་གྱི་གཞུང་བཤད་པ་གཉིས་ལས། དང་པོ་ལ་མཚན་དངོས་དང་ཞར་བྱུང་འགྱུར་ཕྱག་གཉིས་ལས།

此名為入菩薩行之論著，主要在宣說三世一切諸佛成佛的蹤跡，一切佛

子菩提薩埵必經之途，有寂一切妙善集合之根本——珍貴菩提心；此論乃文殊菩薩親傳弟子——至尊寂天菩薩所造。在講授此猶如如意摩尼寶一般珍貴的妙善論著時，是依據印度大班智達・般若伽惹瑪帝（Prajñākaramati智慧源慧解）所著之廣大釋論，再輔以雪域巴珠曲吉旺波（dpal sprul chos kyi dbang po吉祥化身法根）口述的寂天菩薩傳記。講授上，內容分為兩大部分：1.此論之名。2.以此為名的內容。1.此論之名又包括：1.1.名稱，1.2.附帶之譯禮兩部分。

དང་པོ་མཚན་གྱི་དོན་ནི། འདུལ་བ་མེ་ཏོག་ཕྲེང་རྒྱུད་ལས། མཉན་ཡོད་གནས་བཅས་ཙམ་པ་ཀ། ལྷ་ར་ཎ་སི་ཡངས་པ་ཅན། །རྒྱལ་པོའི་ཁབ་དང་དྲུག་པོ་སྟེ། །འདི་དག་གྲོང་ཁྱེར་ཆེན་པོ་ཤེས། །ཞེས་ཡུལ་གྲུ་ཆེན་པོ་དྲུག་གནས་པའི་ཕྱོགས་ལ་སྐྲ་འདོད་རྒྱལ་དུ་བརྡ་བྱས་ཏེ། རྒྱ་གར་གསུངས་སྐད་དུ་ཞེས་པ་ནི་དེ་འདྲའི་ཡུལ་དེ་དག་ལ་སྐད་རིགས་མི་འདྲ་བ་མང་དུ་ཡོད་པ་ལས། གཙོ་ཆེ་བའི་སྐད་རིགས་ཆེན་པོ་བཞི་སྟེ། སཾ་སྐྲི་ཏ་ལྷའི་སྐད། ཨ་པ་བྷྲཾ་ཤ་ཏེ་ཟུར་ཆགས་པའི་སྐད། པི་ཤ་ཙི་ཏ་ཤ་ཟའམ་གནོད་སྦྱིན་གྱི་སྐད། པྲ་ཀྲི་ཏ་ཐ་མལ་ཡུལ་སྐེ་སོ་སོའི་སྐད་དང་བཞི་ལས།

1.1.名稱：《律頌》中說：“舍衛娑枳瞻波伽，瓦惹那斯毗舍離，知此等城為大城”。如頌所說，六大城所在地，語言是隨意地使用，所謂的印度語，在這些地方有各自不同種類的語言，其中主要有四大語族：a.梵語天神語，b.阿婆商夏語訛變語，c.畢舍遮食肉羅刹語，d.巴利語地方俗語。

འདིར་སཾ་སྐྲི་ཏའི་སྐད་དང་མཐུན་པར་སྨོས་ན། བོ་དྷི་སཏྭ་སོགས་ཀྱིས་བསྟན། དེ་ཉིད་བོད་སྟོད་སྨད་བར་གསུམ་གྱི་ནང་ནས་སྐད་ཀྱི་བཟང་ཤོས་བར་དབུས་གཙང་བའི་སྐད་ལྟར་བསྒྱུར་བ་ནི། བྱང་ཆུབ་སེམས་དཔའི་སོགས། སྐད་གཉིས་ཤན་སྦྱར་ན། བོ་དྷི་བྱང་ཆུབ། སཏྭ་སེམས་དཔའ། ཙརྱ་སྤྱོད་པ་ལ། ཨ་བ་ཏ་ར་འཇུག་པའོ།།

在此若以梵語說此論書名，謂“菩提薩埵...”等等。將此書名翻譯為上、中、下三區之中，最為妙善之中部藏語，謂“強秋森貝...”等。梵藏（漢）合璧言之，則菩提即“菩提”，薩埵即“薩埵”，雜勒雅即“行”，阿瓦達惹即“入”。

མཚན་དོན་འགྲེལ་ན། ཡེ་ཤེས་དྲ་བ་ལས། དྲི་མ་བྲལ་ཕྱིར་བྱང་བ་སྟེ། །ཡོན་ཏན་རྒྱས་པས་ཆུབ་པ་ཉིད། །ཅེས་གསུངས་པ་ལྟར། སྤྱོད་འཇུག་གི་མཚན་དོན་ནི། སྤང་བྱ་སྒྲིབ་གཉིས་བག་ཆགས་དང་བཅས་པ་བྱང་བས་ན་བྱང་། རྟོགས་བྱའི་ཡེ་ཤེས་ཡོན་ཏན་ཐམས་ཅད་ཡོངས་སུ་ཆུབ་པས་ན་ཆུབ། དེ་ལྟ་བུའི་བྱང་ཆུབ་ནི་ཐོབ་བྱ་མཐར་ཐུག་གི་འབྲས་བུ་རྫོགས་པའི་སངས་རྒྱས་ཀྱི་གོ་འཕང་ཡིན་ལ།

若解釋其詞義，《本慧網》說：“遠離垢染故名菩，功德圓滿故名提”。入菩薩行的詞義如彼所述，清淨了二障與習氣等所斷，故名為“菩”；通達了所證的一切本慧功德，故名為“提”；如此菩提究竟所證得之果，是為圓滿佛果。

དེ་ཉིད་སེམས་ཅན་ཐམས་ཅད་ཀྱིས། བདག་གཅིག་པུའི་མཐུ་ལ་བརྟེན་ཏེ་ཐོབ་པའི་ཆེད་དུ། འགྲོ་མང་གི་མཐའ་བསྐལ་པའི་ཡུན་དང་དབུ་དང་ཡན་ལག་གཏོང་བ་སོགས་བྱ་དཀའི་སྤྱོད་པ་ལ་སེམས་མི་ཞུམ་པས་ན་སེམས་དཔའ་སྟེ། མདོ་རྒྱན་ལས། བརྟན་པ་སྡུག་བསྔལ་འགྲོ་ངན་དང་། །ཟབ་མོ་ཐོས་པས་མི་ཞུམ་པའོ། །ཞེས་པ་ལྟར་རོ།།

為令一切有情依我一己之力證得佛果之故，我於一切眾生，於長久劫時，行布施身首四肢等艱難行持，心不退怯，是名“薩埵”。《經莊嚴論》說：“意堅不因苦惡友，聞深法義而動搖”（བརྟན་པ་གྲོགས་ངན་སྡུག་བསྔལ་དང་། །ཟབ་མོ་ཐོས་པས་མི་གཡོས་སོ།）。

སྤྱོད་པ་ཞེས་པ་ནི། རྒྱལ་བའི་དབང་པོ་ཀློང་ཆེན་པས། རྒྱལ་སྲས་རྣམས་ཀྱིས་ཀུན་ལ་བསླབ་བྱ་སྟེ། །གཙོ་བོ་ཕ་རོལ་ཕྱིན་པ་དྲུག་ལའོ། །ཞེས་གསུངས་པ་ལྟར། རྒྱལ་སྲས་ཀྱི་སྤྱོད་པ་ཐམས་ཅད་ཀུན་ནས་སྦྱིན་སོགས་ཕ་རོལ་ཏུ་ཕྱིན་པ་དྲུག་ཏུ་འདུ་ལ།

所謂“行”，勝主龍欽巴尊者說：“佛子當學一切事，六波羅蜜為主要”。佛子一切行持盡皆總攝在布施等六波羅蜜多之中。

འཇུག་པ་ཞེས་པ་ནི། དེ་ལྟ་བུའི་སྤྱོད་པ་དེ་ལ་ཚུལ་བཞིན་ཉམས་སུ་ལེན་པའི་སྒོ་ནས་འཇུག་པའི་ཐབས་བསྟན་པས་ཡིན་ཏེ། དེའི་ཕྱིར་བརྗོད་བྱའི་དབང་གིས་མཚན་བཏགས་པ་ལེའུ་བཅུའི་སྒོ་ནས་སྟོན་པ་འདིའོ།།

所謂“入”，乃如理修持如是之行持，而宣說趣入之方法。因此，是從所詮來安立書名，內容共講十品。

མཚན་བཏགས་དགོས་པ་ནི། དབང་པོ་རབ་ཀྱིས་སྨན་པ་མཁས་པས་ལག་རྩ་འབྱེད་པ་ལྟར་གཞུང་གི་དབུ་ཞབས་ཀྱི་དོན་ཐམས་ཅད་ཁོང་དུ་ཆུད་པ་དང་། འབྲིང་གིས་དམག་མི་ལ་མདའ་བྱང་བཏགས་པ་ལྟར་དང་། ཐ་མས་ཀྱང་སྨན་སྣོད་ལ་ཁ་བྱང་བཏགས་པ་ལྟར་གླེགས་བམ་བཙལ་སླ་བའི་དགོས་པ་སོགས་ཡོད་དེ། མདོ་ལང་ཀར་གཤེགས་པ་ལས། མིང་དུ་གདགས་པར་མ་མཛད་ན། །འཇིག་རྟེན་ཐམས་ཅད་རྨོངས་པར་འགྱུར། །དེ་བས་མགོན་པོ་ཐབས་མཁས་པས། །ཆོས་རྣམས་མིང་དུ་གདགས་པར་མཛད། །ཅེས་གསུངས་པ་བཞིན་ནོ།།

安立書名的必要性，上根者猶如良醫把脈，能通達首尾一切義理；中根者猶如士兵分軍種；下根者如藥罐標名，有便於尋找經文等必要性。《入楞伽經》說：“若不說諸名，諸世間迷惑，是故作名字，為除迷惑業”（མིང་ནི་བརྗོད་པར་མ་བྱས་ན། །འཇིག་རྟེན་ཐམས་ཅད་རྨོངས་པར་འགྱུར། །དེ་བས་རྨོངས་པ་བསལ་བའི་ཕྱིར། །མིང་དུ་གདགས་པར་བྱ་བ་ཡིན། །）

དང་པོ་མཚན་རྒྱ་སྐད་དུ་སྨོས་པའི་དགོས་པ་ནི། རྒྱ་གར་ཆོས་ཁུངས་བཙུན་པས་བསྟན་བཅོས་ཡང་དག་དུ་ཡིད་ཆེས་པའི་དགོས་པ་དང་། དུས་གསུམ་གྱི་རྒྱལ་བ་རྣམས་ཀྱིས་ཀྱང་ཆོས་ཀྱི་འཁོར་ལོ་རིམ་པ་གསུམ་དུ་བསྐོར་བའི་ཚེ་ལེགས་སྦྱར་གྱི་སྐད་འདིའི་སྒོ་ནས་གཙོ་བོར་གསུངས་པས་ན་རྒྱུད་ལ་བྱིན་རླབས་འཇུག་པའི་དགོས་པ་དང་། རང་ཉིད་ཀྱང་མ་འོངས་པ་ན་སངས་རྒྱས་པའི་དུས་སུ་སྐད་འདིས་གདུལ་བྱ་ལ་ཆོས་སྟོན་ནུས་པའི་བག་ཆགས་འཇོག་པའི་དགོས་པ་

དང་། མཚན་སྨོས་པ་འདི་བཞིན་གཞུང་ཐོག་མཐའ་ཀུན་རྒྱ་སྐད་སོར་བཞག་ཡིན་ན། རང་རེ་རྣམས་ཀྱི་ཚིག་ཙམ་ཡང་འདོན་པར་དཀའ་བས། སྔོན་གྱི་ལོ་ཙཱ་བ་བཻ་རོ་དང་། སྐ་ཅོག་ཞང་གསུམ་སོགས་ཀྱི་དཀའ་བ་ཁྱད་དུ་བསད། ངལ་བ་དང་དུ་བླངས། ལུས་སྲོག་ལྟོས་མེད་དུ་བྱས་ཏེ། རྒྱ་གར་མཁས་པའི་ལེགས་བཤད་ཕལ་ཆེ་བོད་སྐད་དུ་བསྒྱུར་མཛད་པའི་བཀའ་དྲིན་ཡང་ཡང་དྲན་པའི་དགོས་པ་རྣམས་ཡོད་དོ།།

又，先說梵語書名之必要性為：印度乃法脈清淨源頭，為使此論具有可信度，此為其一；同時三世諸佛依次轉動三種法輪時，主要以梵語宣說，為使傳承加持進入心中，此為其二；以及種下將來自己成佛時，能以此語為弟子宣說法要之習氣，此為其三；正如所說的書名一般，若整部經論前後皆原封不動地記下梵文，我等連一個字詞都難以讀誦，過去有毗盧遮那譯師、噶（སྐ་བ་དཔལ་བརྩེགས།）、焦（ཅོག་རོ་ཀླུའི་རྒྱལ་མཚན།）、祥（ཞང་ཡེ་ཤེས་སྡེ།）等諸多譯師不畏艱難，辛勞進取，無視性命，將印度智者大多數的善說翻譯為藏語，為了再再感念譯師恩德，此為第四個必要性。

སངས་རྒྱས་དང་བྱང་ཆུབ་སེམས་དཔའ་ཐམས་ཅད་ལ་ཕྱག་འཚལ་ལོ།།

頂禮一切佛與菩薩

གཉིས་པ་ཞར་བྱུང་འགྱུར་ཕྱག་ནི། འགྱུར་མཛད་པའི་ཐོག་མར་ལོ་ཙཱ་བས་བཀོད་པ་སྟེ། དགོས་པ་ནི། འགྱུར་མཐར་ཕྱིན་པའི་ཆེད་དོ། །དོན་འགྲེལ་ན་མདོ་ལས། མ་རིག་གཉིད་ལས་སངས་ཕྱིར་དང་། །ཤེས་བྱ་ལ་ཡང་བློ་རྒྱས་ཕྱིར། །བློ་གྲོས་པདྨོའི་འདབས་ལྟར་རྒྱས། །དེ་ཕྱིར་སངས་རྒྱས་མཚན་གསོལ་ཏོ། །ཞེས་པ་ལྟར། མ་རིག་པའི་གཉིད་འཐུག་པོ་ལས་སངས་ཤིང་། ཤེས་བྱའི་ཆོས་ཐམས་ཅད་མཁྱེན་པའི་བློ་གྲོས་པདྨོའི་འདབས་མ་ལྟར་རྒྱས་པས་ན། སངས་རྒྱས་སོ།།

1.2.附帶之譯禮

此為譯師於翻譯之初所作，其必要性是為令翻譯圓滿。

若釋其義，有謂：“無明眠中甦醒故，對於所知心圓滿，慧解猶如蓮華綻，以此是故名佛陀”。如上所述，從無明深眠中甦醒，了知所知一切法的慧心猶如蓮華一般綻放，故名為佛陀。

བྱང་ཆུབ་སེམས་དཔའི་དོན་ནི་སྔར་བཞིན། ཐམས་ཅད་ཅེས་པའི་སྐབས་དེ་དག་གི་ཐུགས་རྒྱུད་ན་བཞུགས་པའི་འགོག་ལམ་གྱིས་བསྡུས་པའི་ཆོས་དཀོན་མཆོག་སྟེ། དེ་དག་ཐམས་ཅད་ལ་སྒོ་གསུམ་གུས་པས་ཕྱག་འཚལ་ལོ། །ཞེས་ལོ་ཙཱ་བས་འགྱུར་ཕྱག་མཛད་པའི་འདི་ཉིད་སྡེ་སྣོད་ངོས་འཛིན་པའི་ཕྱག་དང་། རྒྱལ་པོས་བཀས་བཅད་པའི་ཕྱག་ཅེས་བྱ་སྟེ།
菩薩的意義如前所述。所謂“一切”，乃彼等一切心相續中的滅諦所攝法寶，對於彼等，三門恭敬頂禮。此譯師所作譯禮，既是辨別三藏的頂禮，也是國王諭令之頂禮。

དེ་ཡང་སྔོན་ཨུ་ཤང་རྡོའི་ལྷ་ཁང་འཕང་ཐང་ཀ་མེད་ཀྱི་གཙུག་ལག་ཁང་དུ་རྒྱལ་སྲས་ལག་ན་རྡོ་རྗེའི་རྣམ་འཕྲུལ་མངའ་བདག་ཁྲི་རལ་ཅན་གྱིས་བཀས་བཅས་ཏེ། འདུལ་བ་དང་འདུལ་བའི་ཕྱོགས་གཏོགས་ཐམས་ཅད་ནི་རྒྱུ་འབྲས་ཕྲ་ཞིབ་བསྟན་པའི་བཀའ་དང་བསྟན་བཅོས་ཡིན་པས་དེ་དག་བསྒྱུར་བའི་ཚེ་འགྱུར་ཕྱག་ཐམས་ཅད་མཁྱེན་པ་པོ་ན་ལ་དང་མདོ་སྡེ་དང་དེའི་ཕྱོགས་གཏོགས་ཐམས་ཅད་ནི་སངས་རྒྱས་དང་བྱང་སེམས་དག་དྲི་བ་དང་དྲིས་ལན་གྱི་ཚུལ་དུ་གསུངས་པས་འགྱུར་ཕྱག་སངས་རྒྱས་དང་བྱང་སེམས་ཐམས་ཅད་ལ་དགོས་པ་དང་། མངོན་པ་དང་མངོན་པའི་ཕྱོགས་གཏོགས་ཐམས་ཅད་ཀྱི་བརྗོད་བྱ་ནི་ཕུང་ཁམས་སྐྱེ་མཆེད་ཀྱི་རབ་དབྱེ་དང་ཟབ་མོ་སྟོང་པ་ཉིད་ཀྱི་ཚུལ་རྣམས་ཡིན་པས་དེ་ནི་མཁྱེན་རབ་རྒྱ་ཆེ་བའི་སྤྱོད་ཡུལ་ཡིན་ཕྱིར་འགྱུར་ཕྱག་འཕགས་པ་འཇམ་དཔལ་ལ་མཛད་དགོས་ཞེས་བཀའ་བཅད་པ་ལྟར། གཞུང་འདིར་ཐེག་ཆེན་གྱི་མདོ་སྡེ་དུ་མའི་དགོས་འགྲེལ་དུ་གཏོགས་པས་འགྱུར་ཕྱག་ཀྱང་དེ་ལྟར་མཛད་པའོ།།
過去金剛手菩薩的化身、權主赤惹巴堅贊普，在烏香多寺的滂唐噶美大經堂裡下了道諭示；凡是或屬於律藏、宣說因果細微之理的經和論，翻譯彼等典籍時，頂禮對象為一切智人；凡是或屬於經藏、以佛與菩薩問答方式宣說的典籍，頂禮物件為佛與菩薩；凡是或屬於論藏、所詮為分別蘊處界、甚深空性之理的典籍，是廣大智慧海的對境故，頂禮對象為文殊童子。

正如所頒佈之諭令，此論屬於諸多大乘經藏之必備解釋，因此亦如是頂禮。

གཉིས་པ་མཚན་དེ་ལྡན་གྱི་གཞུང་དངོས་བཤད་པ་ལ། བསྟན་བཅོས་རྩོམ་པ་ལ་འཇུག་པའི་ཡན་ལག །མཆོད་བརྗོད། ཁེངས་བསྐྱུངས། སྤྲོ་བ་བསྐྱེད་པ་གསུམ་ལས། དང་པོ་མཆོད་པར་བརྗོད་པ་ནི། བདེ་གཤེགས་ཆོས་ཀྱི་སྐུ་མངའ་སོགས། གཞུང་གཞན་ལ་ཡང་ཁ་བསྐྱུར་དང་རིགས་འཕྲེལ་སྦྱར་དགོས། མཚན་དོན་འཕྲིང་པོ་ཙམ་འདི་དཔེ་གསར་རྣམས་ལ་པདྨའི་མིང་གིས་བྲིས་སོ། །བཀྲ་ཤིས་པར་གྱུར་ཅིག །

2.以此為名的內容，在宣講上有：2.1.趣入造論，2.2.正文所造論體自性（བརྩམ་བྱ་བསྟན་བཅོས་ལུས་ཀྱི་རང་བཞིན་དངོས།），2.3.結尾宣講圓滿之行（མཇུག་ཡོངས་སུ་རྫོགས་པའི་བྱ་བ་བཤད་པ།）。2.1.趣入造論有四：2.1.1.禮讚，2.1.2.立宗（བརྩམ་པར་དམ་བཅའ་བ།），2.1.3.謙言，2.1.4.生喜。2.1.1.禮讚：“具足法身善逝與佛子....”請轉至其它典籍後參照學習。此中篇釋名，是名為貝瑪者，為此新書而撰。願吉祥！

༢་མཚན་དེ་ལྡན་གྱི་གཞུང་།

2.以此為名的內容

༢.༡་བསྟན་བཅོས་རྩོམ་པ་ལ་འཇུག་པའི་ཡན་ལག

2.1.趣入造論

༢.༡.༡་མཆོད་པར་བརྗོད་པ།

2.1.1.禮讚：

བདེ་གཤེགས་ཆོས་ཀྱི་སྐུ་མངའ་སྲས་བཅས་དང་།། 具足法身善逝及子等，
ཕྱག་འོས་ཀུན་ལའང་གུས་པས་ཕྱག་འཚལ་ཏེ།། 一切應禮恭敬亦禮已，

བདེ་བའི་སྒྲ་ནི་མཛེས་པ་ལ་སོགས་པ་དོན་གསུམ་ལ་འཇུག་སྟེ། ཆོས་ཐམས་ཅད་རང་བཞིན་མེད་པའི་དེ་ཁོ་ན་ཉིད་དུ་རྟོགས་པས་མཛེས་པར་གཤེགས་པ་དང་། སྐྱེ་བ་དང་འདོད་ཆགས་ལ་སོགས་པའི་ཉེས་པ་རྣམས་ཀྱི་རྒྱུ་ངར་འཛིན་པའི་ས་བོན་མ་རིག་པ་རྣམ་པ་ཐམས་ཅད་དུ་སྤངས་པས་སླར་མི་ལྡོག་པར་གཤེགས་པ་དང་། ཉེས་པ་ཐམས་ཅད་ཀྱི་བག་ཆགས་ལུས་དང་ངག་དང་སེམས་ཀྱི་གནས་ངན་ལེན་གྱི་མཚན་ཉིད་དང་རང་གི་རྟོགས་པའི་ལམ་སྟོན་པ་ལ་མི་གསལ་བ་སྤངས་པས་མ་ལུས་པར་གཤེགས་པ་སྟེ།

“善”字，有“美”等三義：了悟一切法為無自性之真如，故名“美逝”；徹底斷除生、欲等等一切過患之因──我執的種子無明，故名“不退轉逝”；斷除一切過患的習氣（身語意惡取之性相），以及在指引了悟之道上，斷除無知，故名為“一切逝”。

དེ་ལྟར་བདེ་བར་གཤེགས་པ་ཡང་དག་པར་རྫོགས་པའི་སངས་རྒྱས་བཅོམ་ལྡན་འདས་རྟོགས་པ་དང་བསྟན་པ་ཆོས་ཀྱི་སྐུ་མངའ་བས་རབ་ཏུ་དགའ་བ་ལ་སོགས་པ་བརྙེས་པ་རྒྱལ་བའི་གདུང་འཛིན་པ་དམ་པའི་ཆོས་ཀྱི་མཛོད་འཛིན་པ་གདུལ་བྱའི་ལྷག་མ་བསྐྱང་བ་སྟེ་རྒྱུ་གསུམ་དང་ལྡན་པའི་སྲས་བྱང་ཆུབ་སེམས་དཔའི་ཚོགས་དང་བཅས་པ་དང་། གཞན་ཡང་ཕྱག་བྱ་བར་འོས་པ་མཁན་པོ་དང་སློབ་དཔོན་ལ་སོགས་པ་ཀུན་ལའང་སྒོ་གསུམ་གུས་པར་བྱས་ནས་ཕྱག་འཚལ་ཏེ།

如是具足了悟與法教法身之善逝正等圓滿佛陀薄迦梵，以及已得歡喜地等等，持有勝者血胤、持有正法寶藏、能守護餘下弟子，具備此三因之子──菩薩等眾，以及一切應當禮敬的戒師、阿闍黎，以三門恭敬復亦頂禮已，

༢.༡.༢.བརྩམ་པར་དམ་བཅའ་བ།
2.1.2.立宗

བདེ་གཤེགས་སྲས་ཀྱི་སྡོམ་ལ་འཇུག་པ་ནི།། 　善逝之子律儀趣入法，
ཁུངས་བཞིན་མདོར་བསྡུས་ནས་ནི་བརྗོད་པར་བྱ།། 　當依教典總攝而宣說。

བདེ་བར་གཤེགས་པའི་སྲས་བྱང་ཆུབ་སེམས་དཔའ་རྣམས་ཀྱི་སྡོམ་པའམ་བསླབ་པར་བྱ་བ་དག་ལ་ཇི་ལྟར་འཇུག་པ་ནི། བཅོམ་ལྡན་འདས་ཀྱིས་གསུང་རབ་ཏུ་ཇི་ལྟར་བསྟན་པའི་ཁུངས་བཞིན་དུ་བདག་གིས་མདོར་བསྡུས་ནས་ནི་བརྗོད་པར་བྱ་སྟེ། མདོ་སྡེ་སྣ་ཚོགས་པ་རྣམས་སུ་ཤིན་ཏུ་རྒྱས་པར་བསྟན་པ་དེ་ཁོ་བོས་མདོར་བསྡུས་ནས་བསྟན་པར་བྱའོ་ཞེས་པའི་དོན་ནོ།།

善逝之子——菩薩眾之律儀或學處，其趣入之法，應當依奉薄迦梵所說所示之教典，總攝之後而做宣說，此句之意即各部經藏所說浩瀚義理，我當總攝宣說。

༢.༡.༣.ཁེངས་པ་སྤང་བ།
2.1.3.謙言

སྔོན་ཆད་མ་བྱུང་བ་ཡང་འདིར་བརྗོད་མེད།། 　昔所未有此中無所述，
སྡེབ་སྦྱོར་མཁས་པ་འང་བདག་ལ་ཡོད་མིན་ཏེ།། 　詩韻之才亦非我所有，
དེ་ཕྱིར་གཞན་དོན་བསམ་པ་འང་བདག་ལ་མེད།། 　因此利他之心我亦無，
རང་གི་ཡིད་ལ་བསྒོམ་ཕྱིར་ངས་འདི་བརྩམས།། 　於己心中修故我撰此。

དོན་ཟབ་མོ་ལུང་ལས་སྔོན་ཆད་མ་བྱུང་བ་ཡང་འདིར་བརྗོད་པ་མེད་ལ། ཚིག་གི་སྡེབ་སྦྱོར་མཁས་པ་འང་བདག་ལ་ཡོད་པ་མིན་ཏེ། དེ་ཉིད་ཀྱི་ཕྱིར་བཀའ་དང་བསྟན་བཅོས་སྔ་མ་དག་ལས་ལྷག་པའི་གཞན་དོན་འབྱུང་བའི་བསམ་པ་འང་བདག་ལ་མེད་ཀྱང་། རང་གི་ཡིད་ལ་བྱང་ཆུབ་ཀྱི་སེམས་བསྒོམ་ནས་གོམས་པར་བྱ་བའི་ཕྱིར་ངས་བསྟན་བཅོས་འདི་བརྩམས། འདས་པའི་རྒྱུན་བསྟན་པ་ནི་ནང་གི་དངོས་པོ་རྫོགས་པར་ཐུགས་ལ་བཞག་པ་ཡིན་ནོ།།

教典中昔所未有的甚深義理，於此之中一無所述，精通詞句詩

韻之才亦非我所有，正因如此，在利他上能有超勝於往昔經論之利他，如是這般之心思我亦無，然而欲於自己心中觀修並串習菩提心之故，我撰寫了此論。此處宣說過去因緣，是將內證完整地保存於心中之意。

༢.༡.༤.སྤྲོ་བ་བསྐྱེད་པ།
2.1.4.生喜

དགེ་བ་བསྒོམ་ཕྱིར་བདག་གི་དད་པའི་ཤུགས། །	因修善故我之虔信力，
འདི་དག་གིས་ཀྱང་རེ་ཞིག་འཕེལ་འགྱུར་ལ། །	仰仗此等一時亦增長，
བདག་དང་སྐལ་བ་མཉམ་པ་གཞན་གྱིས་ཀྱང་། །	福份等同於我其他眾，
ཅི་སྟེ་འདི་དག་མཐོང་ན་དོན་ཡོད་འགྱུར། །	若見此等豈不亦有利。

ཡིད་ལ་བྱེད་པའི་དགེ་བ་བྱང་ཆུབ་ཀྱི་སེམས་བསྒོམ་པ་སྟེ་བསྒྲུབ་པའི་ཕྱིར་བདག་གི་དད་པའི་ཤུགས་ཏེ་སེམས་དང་བའི་རྒྱུན་བསྟན་བཅོས་བརྩམས་པ་འདི་དག་གིས་ཀྱང་རེ་ཞིག་སྟེ་ཐོག་མར་གོང་ནས་གོང་དུ་འཕེལ་བར་འགྱུར་ལ། བདག་དང་སྐལ་བ་མཉམ་པ་རྫོགས་པའི་བྱང་ཆུབ་དོན་དུ་གཉེར་བ་གཞན་གྱིས་ཀྱང་། ཅི་སྟེ་གཞུང་ངམ་དོན་འདི་དག་མཐོང་ཞིང་རྟོགས་ན་དོན་ནམ་དགོས་པ་ཡོད་པར་འགྱུར་རོ།།

因為觀修、造作了心中所行之善──菩提心的緣故，我之虔信力（即心清淨之流），仰仗此等造論之業，於一時之間（即於最初之際）亦獲得向上增長；福份等同於我、致力於圓滿菩提的其他大眾，若見此論等等內容之後了悟其理，豈不亦將有所義利、或言有其必要性。

༢.༢.བརྩམ་བྱ་བསྟན་བཅོས་ལུས་ཀྱི་རང་བཞིན་དངོས།
2.2.正文所造論體自性

༢.༢.༡.བྱང་ཆུབ་ཀྱི་སེམས་རིན་པོ་ཆེ་མ་སྐྱེས་པ་སྐྱེད་པར་བྱེད་པའི་ལེའུ་གསུམ།
2.2.1.菩提心未生起者令生起三品

༢.༢.༡.༡.ཕན་ཡོན་གྱི་སྒོ་ནས་སྤྲོ་བ་བསྐྱེད་པའི་ལེའུ།
2.2.1.1.以功德激勵品

༢.༢.༡.༡.༡.གཞུང་།
2.2.1.1.1.正文

༢.༢.༡.༡.༡.༡.བྱང་ཆུབ་སེམས་ཀྱི་རྟེན་བཤད་པ།
2.2.1.1.1.1.宣說菩提心的所依

༢.༢.༡.༡.༡.༡.༡.ལུས་རྟེན་བཤད་པ།
2.2.1.1.1.1.1.宣說身所依

དལ་འབྱོར་འདི་ནི་རྙེད་པར་ཤིན་ཏུ་དཀའ། ། 暇滿此身獲得甚艱難，
སྐྱེས་བུའི་དོན་སྒྲུབ་ཐོབ་པར་གྱུར་པ་ལ། ། 能成士夫義利既已得，
གལ་ཏེ་འདི་ལ་ཕན་པ་མ་བསྒྲུབས་ན། ། 若於此時不修辦饒益，
ཕྱིས་འདི་ཡང་དག་འབྱོར་པར་ག་ལ་འགྱུར། ། 來世正等圓滿何處得。

སྡོམ་པ་ལ་འཇུག་པའི་ཕྱིར་གླེང་བསླང་བ་ནི་དལ་འབྱོར་གྱི་ཆོས་བཅོ་བརྒྱད་པོ་ཚོགས་པ་འདི་ནི་རྙེད་པར་ཤིན་ཏུ་དཀའ། སྐྱེས་བུའི་དོན་མངོན་པར་མཐོ་བ་དང་ངེས་པར་ལེགས་པའི་མཚན་ཉིད་དེ་དེ་སྒྲུབ་པའམ་རྫོགས་པར་བྱེད་པའི་ཡན་ལག་ཏུ་གྱུར་པའི་ལུས་རྟེན་ཐོབ་པར་གྱུར་པ་ལ། གལ་ཏེ་དེ་ལྟ་བུར་གྱུར་པ་འདི་ལ་རང་དང་གཞན་གྱི་དོན་དུ་ཕན་པ་དམ་པའི་ཆོས་ཤིག་མ་བསྒྲུབས་ན། ཕྱིས་ནི་འདི་འདྲ་བ་ཡང་དག་པར་འབྱོར་བའམ་ཕྲད་པར་ག་ལ་འགྱུར་ཏེ། མི་ཡོམ་པའི་གནས་སྐབས་ན་ཤིན་ཏུ་རྙེད་པར་དཀའ་བའི་ཕྱིར་ན་ཆོས་རབ་ཏུ་རྣམ་པར་འབྱེད་པར་བྱ་བར་མི་ནུས་པའི་ཕྱིར་རོ་སྙམ་དུ་དགོངས་པའོ།།

為趣入律儀之啟白為：聚集暇滿十八法之此身，獲得甚艱難，能成辦、圓滿士夫義利（即具有增上生、決定勝性相）的身所依既然已經獲得，倘若於此之時不為自他修辦一分饒益（即修持正法），來世如此這般之正等圓滿又於何處可得可遇。此處旨在

表示處在無暇狀態，因不具備明辨諸法之能，故暇滿極難獲得。

༢་༢་༡་༡་༡་༡་༢་སེམས་རྟེན་བཤད་པ།

2.2.1.1.1.1.2.宣說心所依

ཇི་ལྟར་མཚན་མོ་མུན་ནག་སྤྲིན་དྲུམ་ན། ། 猶如深夜黑暗密雲裡，
གློག་འགྱུ་སྐད་ཅིག་རབ་སྣང་སྟོན་པ་ལྟར། ། 閃電光明剎那能照耀，
དེ་བཞིན་སངས་རྒྱས་མཐུ་ཡིས་བརྒྱ་ལམ་ན། ། 如是承佛威力一時間，
འཇིག་རྟེན་བསོད་ནམས་བློ་གྲོས་ཐང་འགའ་འབྱུང་། ། 世間福德慧心偶有生。

ད་ནི་བྱང་ཆུབ་ཀྱི་སེམས་ཡོངས་སུ་བཟུང་བའི་དོན་དུ་དེ་ལ་འདོད་པར་བསྐྱེད་པའི་ཕྱིར་ཕན་ཡོན་བསྟན་པ་ནི། ཇི་ལྟར་ན་ཉི་མ་མེད་པའི་མཚན་མོ་ཟླ་བ་མེད་པའི་མུན་ནག་སྐར་མ་མེད་པའི་སྤྲིན་དྲུམ་ན། གློག་འགྱུ་བ་ན་སྐད་ཅིག་ཙམ་ལ་དངོས་པོར་གྱུར་པ་རྣམས་རབ་ཏུ་སྣང་བར་སྟོན་པ་ལྟར། དེ་བཞིན་དུ་སངས་རྒྱས་ཀྱི་བྱིན་གྱིས་བརླབ་ཀྱི་མཐུ་ཡིས་བརྒྱ་ལམ་ན། འཇིག་རྟེན་གྱི་སྐྱེ་བོའི་རྒྱུད་ལ་ཕན་པ་དང་བདེ་བའི་རྒྱུར་གྱུར་པའི་བསོད་ནམས་ཀྱི་བློ་གྲོས་ཐང་འགའ་ཙམ་འབྱུང་ངོ་།།

當下為受持菩提心，於菩提心生起希求，故宣說其功德：

猶如在無日深夜、無月黑暗、無星辰的密雲裡，閃電之時，光明僅在剎那之間能照耀出萬事萬物一般，如是承佛加持威勢，於一時之間，世間士夫心相續之中，作為利樂之因的福德之慧心，僅偶爾有所生起。

༢་༢་༡་༡་༡་༢་བརྟེན་པ་སེམས་བསྐྱེད་ཀྱི་ཕན་ཡོན་བཤད་པ།

2.2.1.1.1.2.宣說能依發心功德

༢་༢་༡་༡་༡་༢་༡་སེམས་བསྐྱེད་སྤྱིའི་ཕན་ཡོན་བཤད་པ།

2.2.1.1.1.2.1.總說發心功德

༢.༢.༡.༡.༡.༢.༡.༡.དགེ་བ་གཞན་ལས་ཁྱད་པར་དུ་འཕགས་པའི་ཕན་ཡོན།
2.2.1.1.1.2.1.1.勝於他善之功德

དེ་ལྟས་དགེ་བ་ཉམ་ཆུང་ཉིད་ལ་རྟག ། 因此僅一微小善根力，
སྡིག་པ་སྟོབས་ཆེན་ཤིན་ཏུ་མི་བཟད་པ། ། 復又恆時大罪極兇猛，
དེ་ནི་རྫོགས་པའི་བྱང་ཆུབ་སེམས་མིན་པ། ། 於彼捨此圓滿菩提心，
དགེ་གཞན་གང་གིས་ཟིལ་གྱིས་གནོན་པར་འགྱུར། །將以何種餘善摧伏之。

དེ་ལྟ་བས་ན་དགེ་བ་ཉམ་ཆུང་ངེ་སྟོབས་དང་བྲལ་བ་ཉིད་ཡིན་ལ་དུས་རྟག་ཏུ་སྡིག་པ་སྟོབས་ཆེན་པོ་དམྱལ་བ་ལ་སོགས་པའི་སྡུག་བསྔལ་སྐྱེད་པར་བྱེད་པས་ཤིན་ཏུ་མི་བཟད་པ། དེ་ནི་རྫོགས་པའི་བྱང་ཆུབ་ཉིད་ལ་སེམས་ཅན་ཐམས་ཅད་གདོན་པར་བྱ་བའི་སེམས་མིན་པ། དགེ་བ་གཞན་གང་ཞིག་གིས་ཟིལ་གྱིས་གནོན་པར་འགྱུར།

因此，僅僅是單一微小、不具威能的善根力，復又恆時能生於地獄等等之苦的大罪極為兇猛，於彼大罪，捨此為求圓滿菩提、當度一切有情之心，將以何種餘善摧伏之。

བསྐལ་པ་དུ་མར་རབ་དགོངས་མཛད་པ་ཡི། ། 多劫之中究竟善思量，
ཐུབ་དབང་རྣམས་ཀྱིས་འདི་ཉིད་ཕན་པར་གཟིགས། ། 能主紛紛見此具利益，
འདིས་ནི་ཚད་མེད་སྐྱེ་བོའི་ཚོགས་རྣམས་ཀྱིས། ། 以此無量無數士夫眾，
བདེ་མཆོག་བདེ་བླག་ཉིད་དུ་ཐོབ་པར་བྱེད། ། 輕易能得殊勝之安樂。

སྔོན་སློབ་པ་ལམ་གྱི་དུས་ན་བསྐལ་པ་དུ་མར་འབད་པས་རབ་ཏུ་དགོངས་པར་མཛད་པ་ཡི། ཐུབ་དབང་བཅོམ་ལྡན་འདས་རྣམས་ཀྱིས་བྱང་ཆུབ་ཀྱི་སེམས་འདི་ཉིད་ཕན་བདེ་ཐམས་ཅད་ཀྱི་རྒྱུ་ཡིན་པར་གཟིགས་ཏེ། འདིས་ནི་ཚད་མེད་ཅིང་གཞལ་དུ་མེད་པའི་སྐྱེ་བོའི་ཚོགས་རྣམས་ཀྱིས། བདེ་བའི་མཆོག་རྫོགས་པའི་བྱང་ཆུབ་བདེ་བླག་སྟེ་སླ་བ་ཉིད་དུ་ཐོབ་པར་བྱེད་དོ།།

過去在學道時，於多劫之中，努力徹底究竟地善做思量之多尊能仁主薄迦梵，紛紛照見唯此菩提心乃一切具足利益安樂之因，以此無量無數的士夫眾，輕易、快速地能證得殊勝之安樂（即圓滿菩提）。

སྲིད་པའི་སྡུག་བསྔལ་བརྒྱ་ཕྲག་གཞོམ་འདོད་ཅིང་། །欲破三有輪迴百般苦，
སེམས་ཅན་མི་བདེ་བསལ་བར་འདོད་པ་དང་། ། 欲除有情種種不安樂，
བདེ་མང་བརྒྱ་ཕྲག་སྤྱོད་པར་འདོད་པས་ཀྱང་། ། 欲享百般多種安樂者，
བྱང་ཆུབ་སེམས་ཉིད་རྟག་ཏུ་གཏང་མི་བྱ། ། 於此菩提心亦常莫捨。

རང་དང་གཞན་ལ་ཕན་པའི་རྒྱུ་ཉིད་ཡིན་པ་འདིའི་ཕྱིར་ཡང་བྱང་ཆུབ་ཀྱི་སེམས་ཡོངས་སུ་གཏོང་བར་མི་བྱའོ་ཞེས་བསྟན་པའི་ཕྱིར་སྲིད་པའི་སྡུག་བསྔལ་བརྒྱ་ཕྲག་སྟེ་མཐར་ཐུག་པ་མེད་པ་དག་གཞོམ་པར་འདོད་ཅིང་། བདག་ཉིད་འབའ་ཞིག་གི་མ་ཡིན་པར་སེམས་ཅན་ཐམས་ཅད་ཀྱི་མི་བདེ་བ་མཐའ་དག་བསལ་བར་འདོད་པ་དང་། མངོན་པར་མཐོ་བ་དང་ངེས་པར་ལེགས་པའི་བདེ་བ་མང་པོ་བརྒྱ་ཕྲག་དག་ལ་སྤྱོད་པར་འདོད་པས་ཀྱང་། བྱང་ཆུབ་ཀྱི་སེམས་འདི་ཉིད་དུས་རྟག་ཏུ་གཏང་བར་མི་བྱའོ།།

菩提心是自他得利之因，故又宣說切莫捨棄菩提心：

欲破除三有輪迴百般無止盡之苦；非唯個人，欲消除一切有情種種一切不安樂；欲享受增上生、決定勝之百般多種安樂者，於此菩提心亦恆常莫捨棄。

༢་༢་༡་༡་༡་༢་༡་༢་མིང་དོན་གནས་འགྱུར་བའི་ཕན་ཡོན།

2.2.1.1.1.2.1.2.名實轉變之功德

བྱང་ཆུབ་སེམས་བསྐྱེད་གྱུར་ན་སྐད་ཅིག་གིས། ། 已生菩提心則於剎那，
འཁོར་བའི་བཙོན་རར་བསྡམས་པའི་ཉམ་ཐག་རྣམས། །縛於輪迴牢籠困頓眾，
བདེ་གཤེགས་རྣམས་ཀྱི་སྲས་ཞེས་བརྗོད་བྱ་ཞིང་། ། 當以一切善逝子為名，

འཇིག་རྟེན་ལྷ་མིར་བཅས་པས་ཕྱག་བྱར་འགྱུར།། 當受世間天人等頂禮。

བྱང་ཆུབ་ཀྱི་སེམས་རང་གི་རྒྱུད་ལ་བསྐྱེད་པར་གྱུར་ན་སྐད་ཅིག་གཅིག་གིས། འཁོར་བའི་བཙོན་རར་འདོད་ཆགས་ལ་སོགས་པ་བསྡམས་པའི་ཉམ་ཐག་པ་རྣམས། མིང་གནས་འགྱུར་ཏེ་བདེ་བར་གཤེགས་པ་རྣམས་ཀྱི་སྲས་ཞེས་བརྗོད་པར་བྱ་ཞིང་། དོན་གནས་འགྱུར་ཏེ་འཇིག་རྟེན་གྱི་ལྷ་དང་ལྷ་མིན་དང་མི་རབ་བཅས་པས་ཕྱག་བྱ་བར་འགྱུར་རོ།།

若於己心相續之中已然生起菩提心，則於一刹那，因貪等煩惱受縛於輪迴牢籠之困頓大眾，名稱之轉變，當以“一切善逝之子”為名；實質之轉變，當受世間天神、阿修羅、人等等之頂禮。

༢.༢.༡.༡.༡.༢.༡.༣.ཕན་ཡོན་དཔེའི་སྒོ་ནས་བསྟན་པ།
2.2.1.1.1.2.1.3.以譬喻宣說功德

༢.༢.༡.༡.༡.༢.༡.༣.༡.གསེར་འགྱུར་གྱི་དཔེས་སངས་རྒྱས་ཐོབ་པར་བསྟན་པ།
2.2.1.1.1.2.1.3.1.點金喻成佛

གསེར་འགྱུར་རྩི་ཡི་རྣམ་པ་མཆོག་ལྟ་བུ།། 各類點金水中最勝般,
མི་གཙང་ལུས་འདི་བླངས་ནས་རྒྱལ་བའི་སྐུ།། 於此已取穢身能轉為,
རིན་ཆེན་རིན་ཐང་མེད་པར་བསྒྱུར་བས་ན།། 珍貴無價勝者身之故,
བྱང་ཆུབ་སེམས་ཞེས་བྱ་བ་རབ་བརྟན་ཟུང་།། 此名菩提心當善堅持。

ཡོན་ཏན་དང་ཕན་ཡོན་མཐོང་བ་འདི་ལས་ཀྱང་བྱང་ཆུབ་ཀྱི་སེམས་བླང་བ་ལ་འབད་པར་བྱའོ་ཞེས་བསྟན་པ་ནི་གསེར་འགྱུར་གྱི་རྩི་ཡི་རྣམ་པ་ཤིན་ཏུ་ཆེར་སྒྱུར་བར་བྱེད་པའི་མཆོག་ལྟ་བུ། མི་གཙང་བའི་རང་བཞིན་གྱི་ལུས་འདི་བླངས་ཏེ་བཟུང་ནས་རྒྱལ་བའི་སྐུ། རིན་ཆེན་རིན་ཐང་མེད་པར་བསྒྱུར་བར་བྱེད་པས་ན། དེ་སྒྱུར་བར་བྱེད་པའི་བྱང་ཆུབ་ཀྱི་སེམས་ཞེས་བྱ་བ་འདི་ཇི་ལྟར་བླང་བ་བཞིན་གཡོ་བ་མེད་པར་རབ་ཏུ་བརྟན་པར་ཟུངས་ཤིག །འཕགས་པ་བྱམས་པའི་རྣམ་པར་ཐར་པ་ལས། རིགས་ཀྱི་བུ་འདི་ལྟ་སྟེ། དཔེར་ན་དངུལ་ཆུའི་རིགས་གསེར་དུ

སྣང་བ་ཞེས་བྱ་བ་ཡོད་དེ། དེ་སྲང་གཅིག་གིས་ཀྱང་ལྕགས་སྲང་སྟོང་གསེར་དུ་བསྒྱུར་རོ། །དངུལ་ཆུ་སྲང་གཅིག་པོ་ནི་ལྕགས་སྲང་སྟོང་པོ་དེས་ཟད་པར་བྱ་བའམ་ལྕགས་སུ་བསྒྱུར་བར་མི་ནུས་སོ། །དེ་བཞིན་དུ་ཐམས་ཅད་མཁྱེན་པ་ཉིད་དུ་སེམས་བསྐྱེད་པའི་བཅུད་ཀྱིས་ལེན་དགེ་བའི་རྩ་བ་ཡོངས་སུ་བསྔོས་པའི་ཡེ་ཤེས་ཀྱིས་ཡོངས་སུ་བཟུང་བ་ནི་ལས་དང་ཉོན་མོངས་པའི་སྒྲིབ་པའི་ལྕགས་ཐམས་ཅད་ཟད་པར་བྱས་ཏེ། ཆོས་ཐམས་ཅད་མཁྱེན་པའི་གསེར་གྱི་ཁ་དོག་ཏུ་བྱེད་ཀྱང་ཐམས་ཅད་མཁྱེན་པ་ཉིད་དུ་སེམས་བསྐྱེད་པའི་བཅུད་ཀྱིས་ལེན་གཅིག་པོ་དེ་ནི་ལས་དང་ཉོན་མོངས་པའི་ལྕགས་ཐམས་ཅད་ཀྱིས་ཀྱང་ཉོན་མོངས་པའམ་ཟད་པར་བྱ་བར་མི་ནུས་སོ། །ཞེས་གསུངས་སོ།།

此處宣說除見此功德利益之外，還當努力受持菩提心：

猶如各類點金水之中，轉換率極高、最為殊勝之點金水一般，於此已然受取的不淨穢身，能轉變為珍貴無價的勝者身之故，此能轉變穢身、名為菩提心之法，定當如所受持一般，妥善、堅固地持有。譬若有一水銀，其名為“顯成金”，僅用其一兩即可將千兩之鐵，轉變為黃金；一兩水銀，雖是千兩之鐵亦無法使之耗盡或將之轉為鐵。如是發心為得一切智之精華，以迴向善根之本慧來受持，則可消盡一切業障、煩惱障之鐵，成為一切法智之黃金色澤；饒是如此，彼單一發心為得一切智之精華，非一切業與煩惱之鐵所能消耗，亦不能轉彼為煩惱。

༢་༢་༡་༡་༡་༢་༡་༣་༢་རིན་པོ་ཆེའི་དཔེས་དོན་ཆེ་བར་བསྟན་པ།
2.2.1.1.1.2.1.3.2.珍寶喻大利

འགྲོ་བའི་དེད་དཔོན་གཅིག་པུ་ཚད་མེད་བློས།། 眾生唯一御者若以彼，
ལེགས་པར་ཡོངས་སུ་བརྟགས་ན་རིན་ཆེ་བས།། 無量慧善觀察知其珍，
འགྲོ་བའི་གནས་དང་བྲལ་བར་འདོད་པ་རྣམས།། 是故欲離眾生處眾等，

རིན་ཆེན་བྱང་ཆུབ་སེམས་ལེགས་བརྟན་པོར་ཟུངས། །珍貴菩提心當善堅持。

སྲིད་པའི་འགྲོ་བ་རྣམས་སུ་འབྱོར་བར་འདོད་པ་རྣམས་ཀྱིས་ཀྱང་འདིར་ཐེ་ཚོམ་དང་ཕྱིན་ཅི་ལོག་མི་བྱའོ་ཞེས་བསྟན་པ་ནི། འགྲོ་བའི་དེད་དཔོན་གཅིག་པུ་རྫོགས་པའི་སངས་རྒྱས་དང་བྱང་ཆུབ་སེམས་དཔའ་རྣམས་ཀྱིས་ཚད་མེད་ཅིང་གཞལ་དུ་མེད་པའི་བློས། ལེགས་པར་ཡོངས་སུ་བརྟགས་ན་འཇིག་རྟེན་དང་འཇིག་རྟེན་ལས་འདས་པའི་ཕུན་སུམ་ཚོགས་པ་ཐམས་ཅད་ཀྱི་རྒྱུ་ཡིན་པའི་ཕྱིར་རིན་ཐང་ཆེ་བས། འགྲོ་བ་ལྔའི་གནས་དང་བྲལ་བར་འདོད་པ་རྣམས། རིན་ཆེན་བྱང་ཆུབ་ཀྱི་སེམས་འདི་ཉིད་དྲན་པའི་སྒོ་ནས་ལེགས་པར་དང་ཤེས་བཞིན་གྱི་སྒོ་ནས་བརྟན་པར་ཟུངས་ཤིག །

此處宣說於三有眾生處中，欲得圓滿等眾，於此菩提心亦不可心生懷疑與邪見。眾生唯一御者──圓滿佛陀與菩薩眾，若以彼等無量慧意，善做觀察，則知其乃世間與出世間一切圓滿之因，極為珍貴；是故，凡欲脫離五道眾生處眾等，此珍貴菩提心應當以念知之念妥善地、以念知之知堅固地持有。

དེའང་འཕགས་པ་བྱམས་པའི་རྣམ་པར་ཐར་པ་ལས། རིགས་ཀྱི་བུ་འདི་ལྟ་སྟེ། དཔེར་ན་ཇི་སྲིད་དུ་ཉི་མ་དང་ཟླ་བའི་དཀྱིལ་འཁོར་གྱི་འོད་ཀྱིས་སྣང་བར་བྱེད་པ་དེ་སྲིད་དུ་ནོར་དང་། འབྲུ་དང་། རིན་པོ་ཆེ་དང་། ས་ལེ་སྦྲམ་དང་། དངུལ་དང་། མེ་ཏོག་དང་། སྤྲེང་བ་དང་། སྤུག་པ་དང་། གོས་དང་། ལོངས་སྤྱོད་གང་ཇི་སྙེད་པ་དེ་དག་ཐམས་ཅད་ཀྱིས་ནོར་བུ་རིན་པོ་ཆེ་དབང་གི་རྒྱལ་པོའི་རིན་དུ་མི་བཟོད་དོ། །དེ་བཞིན་དུ་ཇི་སྲིད་དུ་དུས་གསུམ་དུ་ཐམས་ཅད་མཁྱེན་པའི་ཡེ་ཤེས་ཀྱིས་ཆོས་ཀྱི་དབྱིངས་ཀྱི་ཡུལ་སྣང་བར་མཛད་པ་དེ་སྲིད་དུ་ལྷ་དང་མིའི་སེམས་ཅན་ཐམས་ཅད་དང་། ཉན་ཐོས་དང་རང་སངས་རྒྱས་ཀྱི་དགེ་བའི་རྩ་བ་ཟག་པ་དང་བཅས་པ་དང་། ཟག་པ་མེད་པ་གང་ཇི་སྙེད་པ་དེ་དག་ཐམས་ཅད་ཀྱིས་བྱང་ཆུབ་ཏུ་སེམས་བསྐྱེད་པའི་ནོར་བུ་རིན་པོ་ཆེ་དབང་གི་རྒྱལ་པོའི་རིན་དུ་མི་ཚོག་གོ་ཞེས་གསུངས་སོ།།

又《彌勒證道品》中說：“善男子，如是，譬如日月之光能放光明之時，財富、穀物、珍寶、金、銀、花、鬘、塗香、衣、等一切受用，摩尼寶自在王恆時無償湧現；如是三時一切智本慧放光法界之時，天、人一切有情，聲聞、獨覺有漏無漏善根，彼等一切，發菩提心之摩尼寶恆時無償湧現”。

༢་༢་༡་༡་༡་༢་༡་༣་༣་འབྲས་བུ་ཅན་གྱི་དཔེས་དགེ་རྩ་མི་ཟད་ཅིང་གོང་དུ་འཕེལ་བར་བསྟན་པ།

2.2.1.1.1.2.1.3.3.果樹喻善根無盡增長

དགེ་བ་གཞན་ཀུན་ཆུ་ཤིང་བཞིན་དུ་ནི།། 其餘一切善如芭蕉樹，
འབྲས་བུ་བསྐྱེད་ནས་ཟད་པར་འགྱུར་བ་ཉིད།། 結成果已彼善即耗盡，
བྱང་ཆུབ་སེམས་ཀྱི་ལྗོན་ཤིང་རྟག་པར་ཡང་།། 殊勝菩提心樹恆常時，
འབྲས་བུ་འབྱིན་པས་མི་ཟད་འཕེལ་བར་འགྱུར།། 賜果無所消耗更增長。

མཆོག་ཏུ་ཐུན་མོང་མ་ཡིན་པ་ཕུལ་དུ་བྱུང་བ་དང་ལྡན་པའི་དཔག་བསམ་གྱི་ཤིང་ལྟ་བུ་ཆེ་བའི་བདག་ཉིད་བསྟན་པའི་ཕྱིར་སེམས་བསྐྱེད་ཀྱིས་ཟིན་པ་མ་ཡིན་པའི་དགེ་བ་གཞན་ཀུན་ཆུ་ཤིང་གིས་འབྲས་བུ་ལན་གཅིག་སྐྱེས་ནས་སླར་མི་སྐྱེ་བ་བཞིན་དུ་ནི། ལྷ་དང་མིའི་བདེ་བའི་འབྲས་བུ་བསྐྱེད་ནས་དགེ་བ་རང་ཉིད་ཟད་པར་འགྱུར་བ་ཉིད་ཡིན་ལ། བྱང་ཆུབ་སེམས་ཀྱི་དགེ་བ་ནི་ལྗོན་ཤིང་བཟང་པོ་བཞིན་དུ་དུས་རྟག་པར་ཡང་། ལྷ་དང་མིར་སྐྱེས་པ་རྣམས་ལ་བདེ་བ་ཕུན་སུམ་ཚོགས་པའི་འབྲས་བུ་འབྱིན་པས་ཀྱང་མི་ཟད་པར་གོང་ནས་གོང་དུ་འཕེལ་བར་འགྱུར་རོ། །དེ་ཡང་བློ་གྲོས་མི་ཟད་པས་བསྟན་པ་ལས། བཙུན་པ་ཤཱ་ར་དྭ་ཏིའི་བུ་འདི་ལྟ་སྟེ། དཔེར་ན་རྒྱ་མཚོ་ཆེན་པོར་ཆུའི་ཐིགས་པ་ལྷུང་བ་ནི་བསྐལ་པའི་མཐར་ཐུག་གི་བར་དུ་བར་མ་དོར་ཡོངས་སུ་ཟད་པའམ་གཏུགས་པ་མེད་དོ། །དེ་བཞིན་དུ་བྱང་ཆུབ་ཏུ་ཡོངས་སུ་བསྔོས་པའི་དགེ་བའི་རྩ་བ་ནི་བྱང་ཆུབ་ཀྱི་སྙིང་པོ་ལ་ཐུག་གི་བར་དུ་བར་མ་དོར་ཡོངས་སུ་ཟད་པའམ་གཏུགས་པ་མེད་དོ་ཞེས་གསུངས་སོ།།

此處宣說菩提心之殊勝性，如同具有殊勝不共特色的如意寶樹：非發菩提心所引領的其餘一切善，猶如芭蕉樹，結成一次果已不復結果一般，既生天、人安樂之果，彼善亦即耗盡，殊勝菩提心之善則如同好樹，恆常於一切時中，賜予生為天、人等眾之圓滿安樂果實，彼善亦無所消耗，更將向上增長。又《大方等大集經・無盡意菩薩品第十之二》：“舍利弗。譬如天雨一滴之水墮大海中。其滴雖微終無滅盡。菩薩善根願向菩提。亦復如是無有滅盡”（宋涼洲沙門智嚴共寶雲譯）。

༢.༢.༡.༡.༡.༢.༡.༣.༤ སྐྱེལ་མ་དཔའ་བོའི་དཔེས་ངེས་པའི་སྡིག་པ་ཟིལ་གྱིས་གནོན་པར་བསྟན་པ།

2.2.1.1.1.2.1.3.4.護衛喻降伏定罪

སྡིག་པ་ཤིན་ཏུ་མི་བཟད་བྱས་ན་ཡང་། ། 雖已造作極不堪大罪，
དཔའ་ལ་བརྟེན་ནས་འཇིགས་པ་ཆེན་པོ་ལྟར། ། 如依勇士能離大怖畏，
གང་ལ་བརྟེན་ནས་ཡུད་ཀྱིས་སྒྲོལ་འགྱུར་བ། ། 依止彼則須臾間得度，
དེ་ལ་བག་ཅན་རྣམས་ཀྱིས་ཅི་སྟེ་མི་བརྟེན། ། 機靈眾等何故不依彼。

ཡང་མི་དགེ་བའི་ཕྱོགས་ཟད་པར་བྱེད་པའི་རྒྱུ་ཡང་ཡིན་པར་བསྟན་པ་ནི། སྡིག་པ་ཤིན་ཏུ་མི་བཟད་པ་མཚམས་མེད་པའི་ལས་ལྟ་བུར་བྱས་ན་ཡང་། སྐྱེས་བུ་དཔའ་བོ་སྟོབས་དང་ལྡན་པ་དག་ལ་བརྟེན་ནས་འཇིགས་པ་ཆེན་པོ་ལས་སྒྲོལ་བ་ལྟར། བྱང་ཆུབ་ཀྱི་སེམས་གང་ལ་བརྟེན་ནས་སྐད་ཅིག་ཡུད་ཙམ་ཉིད་ཀྱིས་སྒྲོལ་བར་འགྱུར་བ་ཡིན་པས། དེ་ལ་བག་ཡོད་པ་ཅན་རྣམས་ཀྱིས་ཅི་སྟེ་མི་བསྟེན།

又此處宣說菩提心是能除一切惡之因：雖然已造作了如五無間業等等極為不堪的大罪，正如依止一氣力十足之勇士，則能脫離大怖畏一般；依止彼菩提心，則於須臾之間就可得度，是故於彼事之上機靈有心的大眾人等何故不依止彼。

དེ་ལ་བློ་གྲོས་མི་ཟད་པས་བསྟན་པ་ལས། རིགས་ཀྱི་བུ་འདི་ལྟ་སྟེ། དཔེར་ན་སྐྱེས་བུ་དཔའ་བོ་ལ་

ཡང་དག་པར་བསྟེན་པ་ནི་དགྲ་བོ་ཐམས་ཅད་ཀྱིས་མི་འཇིགས་སོ།། དེ་བཞིན་དུ་བྱང་ཆུབ་ཏུ་སེམས་བསྐྱེད་པའི་སྐྱེས་བུ་དཔའ་བོ་ཡང་དག་པར་བསྟེན་པའི་བྱང་ཆུབ་སེམས་དཔའ་ནི་ཉེས་པར་སྤྱོད་པའི་དགྲ་བོ་ཐམས་ཅད་ཀྱིས་མི་འཇིགས་སོ་ཞེས་གསུངས་སོ།།

又《大方等大集經・無盡意菩薩品》：“善男子，譬如正等依止勇士，則不懼一切敵，如是正等依止此發菩提心勇士之菩薩，不懼一切惡行敵”。

༢.༢.༡.༡.༡.༢.༡.༣.༥.དུས་མཐའི་མེའི་དཔེས་མ་ངེས་པའི་སྡིག་པ་དྲུངས་ནས་འབྱིན་པར་བསྟན་པ།
2.2.1.1.1.2.1.3.5.劫火喻根除不定罪

དེས་ནི་དུས་མཐའི་མེ་བཞིན་སྡིག་ཆེན་རྣམས། །是故菩提心如壞劫火，
སྐད་ཅིག་གཅིག་གིས་ངེས་པར་སྲེག་པར་བྱེད། །種種大罪剎那定能滅，

བྱང་ཆུབ་སེམས་ཀྱིས་སྡིག་པ་ཟད་པའི་དཔེ་གཞན་ཡང་དེས་ནི་དུས་མཐའི་མེ་བསམ་གཏན་དང་པོ་མན་ཆད་སྲེག་པ་དེ་བཞིན་དུ་སྡིག་པ་ཆེན་པོ་ངན་སོང་གི་རྒྱུར་གྱུར་པ་རྣམས། སྐད་ཅིག་གཅིག་གིས་ངེས་པར་སྲེག་པར་བྱེད་པས། དེ་ལ་བག་ཅན་རྣམས་ཀྱིས་ཅིས་མི་བསྟེན།

菩提心滅罪之喻：是故菩提心猶如壞劫之火，燒盡初禪以下世間，如是墮落惡趣因的種種大罪，於剎那之間必定能滅除，此菩提心，機靈眾等何故不依止。

༢.༢.༡.༡.༡.༢.༡.༣.༦.འདིར་མ་བཤད་པ་གཞན་དུ་ཞལ་འཕང་བ།
2.2.1.1.1.2.1.3.6.此中未說於他處有述

དེ་ཡི་ཕན་ཡོན་དཔག་ཏུ་མེད་པ་དག །彼之利益其數誠無量，
བྱམས་མགོན་བློ་དང་ལྡན་པས་ནོར་བཟང་བཤད། །覺慧彌勒曾為善財說。

བྱང་ཆུབ་ཀྱི་སེམས་དེ་ཡི་ཕན་ཡོན་ཏེ་ངོ་བོ་ཉིད་དུ་གྱུར་པའི་ཡོན་ཏན་དཔག་ཏུ་མེད་པ་དག བྱམས་མགོན་བློ་དང་ལྡན་པས་བྱང་ཆུབ་སེམས་དཔའ་གཞོན་ནུ་ནོར་བཟང་ལ་བཤད་དོ།།

彼菩提心之利益（即作為其體性之功德），其數誠乃無量，具覺慧之心的彌勒怙主曾為善財童子菩薩宣說。

དེ་ལྟར་ཡང་སྡོང་པོ་བཀོད་པ་ལས། རིགས་ཀྱི་བུ་བྱང་ཆུབ་ཀྱི་སེམས་ནི་སངས་རྒྱས་ཀྱི་ཆོས་ཐམས་ཅད་ཀྱི་ས་བོན་ལྟ་བུའོ། །འགྲོ་བ་ཐམས་ཅད་ཀྱི་དཀར་པོའི་ཆོས་རྣམ་པར་འཕེལ་བར་བྱེད་པས་ཞིང་ས་ལྟ་བུའོ། །འཇིག་རྟེན་ཐམས་ཅད་བརྟེན་པས་ས་ལྟ་བུའོ། །བྱང་ཆུབ་སེམས་དཔའ་ཐམས་ཅད་ཡོངས་སུ་སྲུང་བས་ཕ་ལྟ་བུའོ། །དབུལ་བ་ཐམས་ཅད་ཡང་དག་པར་གཅོད་པས་རྣམ་ཐོས་ཀྱི་བུ་ལྟ་བུའོ། །དོན་ཐམས་ཅད་ཡང་དག་པར་སྒྲུབ་པས་ཡིད་བཞིན་གྱི་ནོར་བུའི་རྒྱལ་པོ་ལྟ་བུའོ། །བསམ་པ་ཐམས་ཅད་ཡོངས་སུ་རྫོགས་པར་བྱེད་པས་བུམ་པ་བཟང་པོ་ལྟ་བུའོ། །ཉོན་མོངས་པའི་དགྲ་ཕམ་པར་བྱ་བ་ལ་མདུང་ཐུང་ལྟ་བུའོ། །ཞེས་བྱ་བ་ལ་སོགས་པ་རྒྱ་ཆེར་གསུངས་སོ།།

《大方廣佛華嚴經・入法界品第三十九之十九》："善男子！菩提心者，猶如種子，能生一切諸佛法故；菩提心者，猶如良田，能長眾生白淨法故；菩提心者，猶如大地，能持一切諸世間故；....菩提心者，猶如慈父，訓導一切諸菩薩故；....菩提心者，如毘沙門，能斷一切貧窮苦故；....菩提心者，如如意珠，周給一切諸貧乏故；菩提心者，如功德瓶，滿足一切眾生心故；....菩提心者，猶如利矛，能穿一切煩惱甲故"（于闐國三藏實叉難陀譯）。

༢་༢་༡་༡་༡་༢་༢་སྨོན་འཇུག་སོ་སོའི་ཕན་ཡོན་བཤད་པ།
2.2.1.1.1.2.2.分說願行功德

༢་༢་༡་༡་༡་༢་༢་༡་སྨོན་འཇུག་གི་དབྱེ་བ།
2.2.1.1.1.2.2.1.願行之別

བྱང་ཆུབ་སེམས་དེ་མདོར་བསྡུས་ན།། 菩提心若要言之,
རྣམ་པ་གཉིས་སུ་ཤེས་བྱ་སྟེ།། 當知分為二種類,
བྱང་ཆུབ་སྨོན་པའི་སེམས་དང་ནི།། 願求菩提心以及,

བྱང་ཆུབ་འཇུག་པ་ཉིད་ཡིན་ནོ།། 趣行菩提心即是。

ད་ནི་བྱང་ཆུབ་ཀྱི་སེམས་ཀྱི་རབ་ཏུ་དབྱེ་བ་བསྟན་པའི་ཕྱིར་ཕན་ཡོན་བསྟན་མ་ཐག་པའི་བྱང་ཆུབ་ཀྱི་སེམས་དེ་མདོར་བསྡུ་ན། རྣམ་པ་གཉིས་སུ་ཤེས་པར་བྱ་སྟེ། འགྲོ་བ་ཐམས་ཅད་འཁོར་བ་ལས་སྒྲོལ་ཏེ་རྫོགས་པའི་བྱང་ཆུབ་ཆེན་པོར་བཀོད་པར་སྨོན་པའི་སེམས་དང་ནི། སེམས་སྔ་མ་དེ་སྔོན་དུ་སོང་ནས་སྡོམ་པ་བླངས་ཏེ་བྱང་ཆུབ་ཐོབ་པའི་ཕྱིར་ཚོགས་རྣམས་ལ་འཇུག་པ་ཉིད་ཡིན་ནོ། །ཉིད་ཀྱི་སྒྲས་འདི་གཉིས་པོ་ནའོ་ཞེས་པའི་དོན་ནོ།།

現宣說菩提心之分類；既已宣說其功德，旋即菩提心若扼要言之，當知分為二種類別：願求度一切眾生脫離輪迴、安置於圓滿大菩提之心即是願菩提心；以及具備前者菩提心之後受戒，為得菩提故，趣入積資行持之心即是行菩提心。「即」字者，是表唯此二者之意。

དེ་སྐད་དུ་ཡང་སྡོང་པོ་བཀོད་པ་ལས། རིགས་ཀྱི་བུ་སེམས་ཅན་གྱི་འཇིག་རྟེན་སེམས་ཅན་གང་དག་བླ་ན་མེད་པ་ཡང་དག་པར་རྫོགས་པའི་བྱང་ཆུབ་ཏུ་སྨོན་པ་དེ་དག་ཀྱང་དཀོན་ནོ། །དེ་བས་ཀྱང་གང་བླ་ན་མེད་པ་ཡང་དག་པར་རྫོགས་པའི་བྱང་ཆུབ་ཏུ་འཇུག་པའི་སེམས་ཅན་དེ་དག་ནི་ཤིན་ཏུ་དཀོན་ནོ་ཞེས་གསུངས་སོ།།

《大方廣佛華嚴經・入法界品第三十九之三》："善男子！若有眾生能發阿耨多羅三藐三菩提心，是事為難；能發心已，求菩薩行，倍更為難"（于闐國三藏實叉難陀譯）。

འགྲོ་བར་འདོད་དང་འགྲོ་བ་ཡི།། 欲行以及實際行，
བྱེ་བྲག་ཇི་ལྟར་ཤེས་པ་ལྟར།། 此中差別知如何，
དེ་བཞིན་མཁས་པས་འདི་གཉིས་ཀྱི།། 如是智者當類推，
བྱེ་བྲག་རིམ་བཞིན་ཤེས་པར་བྱ།། 知此二者之差別。

ད་ནི་དབྱེ་བ་དེ་ཉིད་དཔེས་གསལ་བར་བྱེད་པ་ནི། དཔེར་ན་སྐྱེས་བུ་འགའ་ཞིག་མངོན་པར་

འདོད་པའི་ཡུལ་དུ་ཕྱིན་པར་བྱ་བའི་ཆེད་དུ་འགྲོ་བར་འདོད་པ་དང་ཡང་གཞན་ཞིག་ནི་དེར་ཕྱིན་པར་བྱ་བའི་ཆེད་དུ་དངོས་སུ་འགྲོ་བ་ཡི། ཇི་བྲག་ཇི་ལྟར་སོ་སོར་ཤེས་པ་ལྟར། དེ་བཞིན་དུ་མཁས་པ་རྣམས་ཀྱིས་སྨོན་པ་དང་འཇུག་པའི་སེམས་འདི་གཉིས་ཀྱི། ཇི་བྲག་རིམ་པ་བཞིན་དུ་ཤེས་པར་བྱའོ།།

現以譬喻清楚做區別：譬如某士夫為了抵達真正渴望之地，生起欲出行之心，以及另一士夫為抵達該地之故，實際出行，此中的差別了知分別為如何一般，如是眾智者應當依此類推，了知此願行菩提心二者之差別。

དེའང་འཕགས་པ་བྱམས་པའི་རྣམ་པར་ཐར་པ་ལས། རིགས་ཀྱི་བུ་འདི་ལྟ་སྟེ། དཔེར་ན་རྡོ་རྗེ་རིན་པོ་ཆེ་ནི་ཆག་ཀྱང་གསེར་གྱི་རྒྱན་ཁྱད་པར་དུ་འཕགས་པ་ཐམས་ཅད་ཟིལ་གྱིས་གནོན་ཅིང་། རྡོ་རྗེ་རིན་པོ་ཆེའི་མིང་ཡང་མི་འདོར་ལ། དབུལ་བ་ཐམས་ཅད་ཀྱང་རྣམ་པར་བཟློག་གོ། །རིགས་ཀྱི་བུ་དེ་བཞིན་དུ་ཐམས་ཅད་མཁྱེན་པར་སེམས་བསྐྱེད་པའི་རྡོ་རྗེ་རིན་པོ་ཆེ་ནན་ཏན་དང་བྲལ་བས་ཀྱང་ཉན་ཐོས་དང་རང་སངས་རྒྱས་ཀྱི་ཡོན་ཏན་གྱི་གསེར་གྱི་རྒྱན་ཐམས་ཅད་ཟིལ་གྱིས་གནོན་ཅིང་། བྱང་ཆུབ་སེམས་དཔའི་མིང་ཡང་མི་འདོར་ལ། འཁོར་བའི་དབུལ་བ་ཐམས་ཅད་ཀྱང་རྣམ་པར་བཟློག་གོ་ཞེས་གསུངས་ཤིང་།

《彌勒證道品》：“善男子，譬若金鋼雖已破碎，猶勝金等一切殊勝飾物，而其金剛之名亦不得改，能除一切貧困。善男子，如是為一切智而發心之金剛，雖離殷重，猶勝聲聞獨覺功德之金等一切殊勝飾物，而其菩薩之名亦不得改，亦能徹底消除輪迴一切貧困”。

འཕགས་པ་རྒྱལ་པོ་ལ་གདམས་པའི་མདོ་ལས་ཀྱང་། རྒྱལ་པོ་ཆེན་པོ་ཁྱོད་བྱ་བ་མང་བ་བྱེད་པ་མང་བ་སྟེ། རྣམ་པ་ཐམས་ཅད་ཀྱི་ཐམས་ཅད་དུ་སྦྱིན་པའི་ཕ་རོལ་ཏུ་ཕྱིན་པ་ལ་བསླབ་པ་ནས་ཤེས་རབ་ཀྱི་ཕ་རོལ་ཏུ་ཕྱིན་པའི་བར་ལ་བསླབ་པར་མི་ནུས་ཀྱི། དེ་བས་ན་རྒྱལ་པོ་ཆེན་པོ་ཁྱོད་

ཡང་དག་པར་རྫོགས་པའི་བྱང་ཆུབ་ལ་འདུན་པ་དང་། དད་པ་དང་དོན་དུ་གཉེར་བ་དང་། སྨོན་པ་འགྲོ་ཡང་རུང་། འགྲེང་ཡང་རུང་། འདུག་ཀྱང་རུང་། ཉལ་ཡང་རུང་། སད་ཀྱང་རུང་། ཟ་ཡང་རུང་། འཐུང་ཡང་རུང་། རྟག་པ་རྒྱུན་དུ་དྲན་པར་གྱིས་ལ་ཡིད་ལ་བྱུང་སྟེ་སྒོམས་ཤིག་ཅེས་པ་ནས། རྒྱལ་པོ་ཆེན་པོ་ཁྱོད་ཡང་དག་པར་རྫོགས་པའི་བྱང་ཆུབ་ཀྱི་སེམས་ཀྱི་དགེ་བའི་རྩ་བའི་ལས་ཀྱི་རྣམ་པར་སྨིན་པས་ལན་དུ་མར་ལྷའི་ནང་དུ་སྐྱེས་ཤིང་། ལན་དུ་མར་མིའི་ནང་དུ་སྐྱེས་ཏེ་ལྷ་དང་མི་ཐམས་ཅད་དུ་སྐྱེས་པ་ན་དབང་པོ་བྱེད་པར་འགྱུར་ཀྱང་ད་དུང་ཞེས་བྱ་བ་ལ་སོགས་པ་རྒྱ་ཆེར་གསུངས་པ་ལྟར། བྱང་ཆུབ་སྨོན་པའི་སེམས་བསྐྱེད་པ་ལས་ནི།

《教授大王經》亦云：“大王汝多事多為，故於一切時中不能學習布施乃至般若波羅蜜多，故大王汝當希求、深信、心向、發願於阿耨多羅三藐三菩提，於行住坐臥、睡醒吃喝之中，恆常念之修之。如是咐囑已，復又授記：大王汝阿耨多羅三藐三菩提心善根異熟業報，將多次受生為天神，多次生為人，生為天、人之時，為天人之主....”。如經中所作細述一般，

༢.༢.༡.༡.༡.༢.༢.༢.ཕན་ཡོན་གྱི་ཁྱད་པར།
2.2.1.1.1.2.2.2.功德差別

བྱང་ཆུབ་སྨོན་པའི་སེམས་ལས་ནི། ། 雖願菩提心能生，
འཁོར་ཚེ་འབྲས་བུ་ཆེ་འབྱུང་ཡང་། ། 徘徊輪迴時碩果，
དེ་ལྟར་འཇུག་པའི་སེམས་བཞིན་དུ། ། 然而不如趣行心，
བསོད་ནམས་རྒྱུན་ཆགས་འབྱུང་བ་མིན། ། 福德無間相續生。

བྱང་ཆུབ་སྨོན་པའི་སེམས་བསྐྱེད་པ་ལས་ནི། འཁོར་བར་འཁོར་བའི་ཚེ་དེ་ལྟར་འབྲས་བུ་རྒྱ་ཆེ་བར་འབྱུང་ཡང་། དེ་ལྟར་འཇུག་པའི་སེམས་བཞིན་དུ། །བསོད་ནམས་ཉིད་རྒྱུན་ཆགས་ཤིང་བར་མེད་པར་འབྱུང་བ་མིན་ནོ།།

雖然生起願菩提心，能產生徘徊於輪迴之時的碩大果報，然

而猶不如趣入行持的行菩提心一般，福德乃無間斷地相續接連生起。

གང་ནས་བཟུང་སྟེ་སེམས་ཅན་ཁམས། །	何時為令無邊數，
མཐའ་ཡས་རབ་ཏུ་དགྲོལ་བའི་ཕྱིར། །	一切有情得度故，
མི་ལྡོག་པ་ཡི་སེམས་ཀྱིས་སུ།།	以此不退轉之心，
སེམས་དེ་ཡང་དག་བླངས་གྱུར་པ། །	正等受持行心已，
དེ་ནས་བཟུང་སྟེ་གཉིད་ལོག་གམ། །	從該時起或睡眠，
བག་མེད་གྱུར་ཀྱང་བསོད་ནམས་ཤུགས།།	或縱放逸彼福德，
རྒྱུན་མི་ཆད་པར་དུ་མ་ཞིག།	力勢無間數量多，
ནམ་མཁའ་མཉམ་པར་རབ་ཏུ་འབྱུང་། །	一一生起等虛空。

དུས་གང་ནས་བཟུང་སྟེ་སེམས་ཅན་གྱི་ཁམས། མཐའ་ཡས་པ་རྣམས་རབ་ཏུ་དགྲོལ་བར་བྱ་བའི་ཕྱིར། སྦྱིན་སོགས་ལ་འཇུག་པ་མི་ལྡོག་པ་ཡི་སེམས་ཀྱིས་སུ། འཇུག་པ་བྱང་ཆུབ་ཀྱི་སེམས་དེ་ཡང་དག་པར་བླངས་པར་གྱུར་པ། དེ་ནས་བཟུང་སྟེ་གཉིད་ལོག་གམ། །བག་མེད་པ་དང་འགྲོ་བ་དང་འགྲེང་བ་དང་འདུག་པ་དང་ཟ་བ་དང་བརྒྱལ་བ་ལ་སོགས་པར་གྱུར་ཀྱང་བསོད་ནམས་ཀྱི་ཤུགས། རྒྱུན་མི་འཆད་པ་དུ་མ་ཞིག །སྐད་ཅིག་རེ་རེ་ལ་ནམ་མཁའ་དང་མཉམ་པར་རབ་ཏུ་འབྱུང་ངོ་།།

從何時開始，為令無邊數一切有情得度之故，以此趣入布施等等行之不退轉之心，正等受持行菩提心已，從該時起，或睡眠，或縱然在放逸、行住坐臥、吃喝昏沈等等中，彼福德的力勢絲毫無間斷，且數量極多，於剎那剎那之中，一一地生起，其數量可等同於虛空。

དེ་ཡང་འཕགས་པ་ཏིང་ངེ་འཛིན་རྒྱལ་པོ་ལས། དེ་ལྟ་བས་ན་གཞོན་ནུ་ཁྱོད་ཀྱིས་སྒྲུབ་པ་སྙིང་པོར་གྱུར་པ་ལ་བསླབ་པར་བྱ་སྟེ། ཅིའི་ཕྱིར་ཞེ་ན། གཞོན་ནུ་སྒྲུབ་པ་སྙིང་པོར་བྱེད་པ་ལ་བླ་ན་

མེད་པ་ཡང་དག་པར་རྫོགས་པའི་བྱང་ཆུབ་དཀའ་བ་མ་ཡིན་ནོ་ཞེས་གསུངས་སོ།།
又《三摩地王經》（月燈三昧經）：“是故童子，汝當修習精華，何故，童子，修習精華，則阿耨多羅三藐三菩提不難”。

༢་༢་༡་༡་༡་༢་༢་༣་ལུང་རིགས་ཀྱི་སྒོ་ནས་སྒྲུབ་པ།
2.2.1.1.1.2.2.3.以經與理為依據

༢་༢་༡་༡་༡་༢་༢་༣་༡་ལུང་གི་སྒོ་ནས་སྒྲུབ་པ།
2.2.1.1.1.2.2.3.1.經為依據

འདི་ནི་འཐད་པ་དང་བཅས་པར།།　　此言合理具義等，
ལག་བཟང་གིས་ནི་ཞུས་པ་ལས།།　　妙臂請問經所記，
དམན་མོས་སེམས་ཅན་དོན་གྱི་ཕྱིར།།　　為利羡下之有情，
དེ་བཞིན་གཤེགས་པ་ཉིད་ཀྱིས་གསུངས།།　　如來親自如是說。

འདི་ནི་བསོད་ནམས་དཔག་ཏུ་མེད་པ་དང་ལྡན་པའི་འཐད་པ་དང་བཅས་པར།　ལག་བཟང་གིས་ནི་ཞུས་པ་ལས། ཐེག་པ་དམན་པ་ལ་མོས་པའི་སེམས་ཅན་རྣམས་དེ་ལས་བཟློག་པའི་དོན་གྱི་ཕྱིར་དུ། དེ་བཞིན་གཤེགས་པ་ཉིད་ཀྱིས་གསུངས་སོ།།
前述具有無量福德，如是此言既合理且具義等等，如《妙臂請問經》所記，為利益欣羡下乘之有情，使之從下乘中返迴向大，如來曾親自如是宣說。

༢་༢་༡་༡་༡་༢་༢་༣་༢་རིགས་པའི་སྒོ་ནས་སྒྲུབ་པ།
2.2.1.1.1.2.2.3.2.理為依據

༢་༢་༡་༡་༡་༢་༢་༣་༢་༡་སྨོན་སེམས་ཀྱི་ཕན་ཡོན་རིགས་པའི་སྒོ་ནས་སྒྲུབ་པ།
2.2.1.1.1.2.2.3.2.1.願心功德之理據

སེམས་ཅན་རྣམས་ཀྱི་ཀླད་ནད་ཙམ།།　　僅於有情眾頭疾，
བསལ་ལོ་སྙམ་དུ་བསམས་ན་ཡང་།།　　起為消除之心念，

ཕན་འདོགས་བསམ་པ་དང་ལྡན་ཏེ། ། 然而具足饒益念，
བསོད་ནམས་དཔག་མེད་ལྡན་གྱུར་ན། ། 即具無量之福德，
སེམས་ཅན་རེ་རེའི་མི་བདེ་བ། ། 況欲各各有情眾，
དཔག་ཏུ་མེད་པ་བསལ་འདོད་ཅིང་། ། 無量痛苦悉消除，
རེ་རེ་འང་ཡོན་ཏན་དཔག་མེད་དུ། ། 成辦各各有情眾，
བསྒྲུབ་པར་འདོད་པ་སྨོས་ཅི་དགོས། ། 無量功德毋庸言。

དེ་ཇི་ལྟར་གསུངས་ཞེ་ན། སྔགས་དང་སྨན་གྱིས་སེམས་ཅན་ཀླད་ནད་ཅན་རྣམས་ཀྱི་ཀླད་པའི་ནད་ཙམ། བསལ་ལོ་སྙམ་དུ་བསམས་ན་ཡང་། །ཕན་འདོགས་པའི་བསམ་པ་དང་ལྡན་ཏེ། བསོད་ནམས་དཔག་ཏུ་མེད་པ་དང་ལྡན་པར་འགྱུར་ན། འགྲོ་བ་ཚད་མེད་པ་ལས་སེམས་ཅན་རེ་རེའི་མི་བདེ་བ། ཁམས་གསུམ་འཁོར་བའི་སྡུག་བསྔལ་དཔག་ཏུ་མེད་པ་དག་བསལ་བར་འདོད་ཅིང་། རེ་རེ་འང་མྱ་ངན་ལས་འདས་པའི་ཡོན་ཏན་དཔག་མེད་དུ། བསྒྲུབ་པར་འདོད་པ་ལ་བསོད་ནམས་ཀྱི་ཤུགས་ནམ་མཁའ་དང་མཉམ་པར་འབྱུང་བ་སྨོས་ཅི་དགོས། འདི་ནི་བྱང་ཆུབ་སེམས་སྟོབས་ཀྱིས། །སྔོན་གྱི་སྡིག་པ་ཟད་བྱེད་ཅིང་། །བསོད་ནམས་རྒྱ་མཚོ་སྡུད་བྱེད་པས། །ཉན་ཐོས་རྣམས་པས་མཆོག་ཏུ་བཤད། །ཅེས་ཀྱང་འཆད་པར་འགྱུར་རོ།།

佛所說者何？以咒語、湯藥，僅對於患有頭痛病症之有情眾，對於彼等頭疾生起為之消除頭疾之心念，然而具足此饒益之心念，即具有無量之福德；更何況欲令無數有情，各各有情眾生所具無量痛苦（不安樂）悉皆消除，並且欲成辦各各有情眾生證得離苦涅槃的無量功德，此福德之力，必將量等虛空邊際地生起，更毋庸再言。又謂：“此因菩提心力故，能消過去之罪業，能集廣大福德海，故言勝於聲聞眾”。

ཕ་འམ་ཡང་ན་མ་ཡང་རུང་། ། 無論父親或母親，
སུ་ལ་འདི་འདྲའི་ཕན་སེམས་ཡོད། ། 誰有這般饒益心，

ལྷ་དང་དྲང་སྲོང་རྣམས་ཀྱང་རུང་། །
ཚངས་པ་ལ་ཡང་འདི་ཡོད་དམ། །
སེམས་ཅན་དེ་དག་ཉིད་ལ་སྔོན། །
རང་གི་དོན་དུ་འདི་འདྲའི་སེམས། །
རྨི་ལམ་དུ་ཡང་མ་རྨིས་ན།།
གཞན་གྱི་དོན་དུ་ག་ལ་སྐྱེ།།
གཞན་དག་རང་གི་དོན་དུ་ཡང་། །
མི་འབྱུང་སེམས་ཅན་དོན་སེམས་གང་། །
སེམས་ཀྱི་རིན་ཆེན་ཁྱད་པར་འདི། །
སྔ་ན་མེད་པའི་རྨད་ཅིག་འཁྲུངས། །

無論天神或真人，
梵天亦有此心否，
彼等有情於往昔，
為自利故如此心，
即於夢中亦不起，
況為利他何處生，
他人自利亦不生，
饒益有情心者何，
心中殊勝珍貴寶，
昔所未有稀罕生！

དེ་ལྟར་བརྩོན་པར་བྱེད་པ་དེ་ལ་བསྔགས་པར་བསྟན་པ་ནི། རང་གི་ཕ་འམ་ཡང་ན་མ་ཡང་རུང་སྟེ། སུ་ལ་འདི་འདྲ་བའི་ཕན་སེམས་ག་ལ་ཡོད། བརྒྱ་བྱིན་ལ་སོགས་པ་ལྷ་དང་སེར་སྐྱ་ལ་སོགས་པ་དྲང་སྲོང་རྣམས་ཀྱང་རུང་། མི་མཇེད་ཀྱི་བདག་པོ་ཚངས་པ་ལ་ཡང་ཕན་པ་ལ་སྦྱོར་བའི་སེམས་འདི་ལྟ་བུ་ཡོད་དམ་ཅི། སྨོས་མ་ཐག་པའི་སེམས་ཅན་དེ་དག་ཉིད་ལ་སྔོན་ཆད་རང་གི་དོན་དུ་སྡུག་བསྔལ་ཐམས་ཅད་དང་བྲལ་བར་འདོད་པ་འདི་འདྲ་བའི་སེམས། མཚན་མོ་རྨི་ལམ་དུ་ཡང་མ་རྨིས་ན། གཞན་གྱི་དོན་དུ་དེ་འདྲ་བའི་བློ་ག་ལ་སྐྱེ། གཞན་དག་རང་གི་དོན་དུ་ཡང་། སྡུག་བསྔལ་ཐམས་ཅད་ཉེ་བར་ཞི་བར་འདོད་པའི་བློ་མི་འབྱུང་ན་སེམས་ཅན་ཐམས་ཅད་ཀྱི་སྡུག་བསྔལ་སེལ་བའི་དོན་ལ་སེམས་པ་གང་། རྨད་དུ་བྱུང་བའི་ལས་བྱེད་པས་སེམས་ཀྱི་རིན་ཆེན་ཁྱད་པར་ཅན་འདི་ནི། སྔ་ན་མེད་པའི་ངོ་མཚར་གྱི་ཆོས་རྨད་ཅིག་འཁྲུངས་སོ།།

此處宣說為了能勤勉於此發心，故做讚歎：無論是自己父親或母親，誰能有這般饒益之心；無論是帝釋等天神，或僧俗等真人、娑婆世間之主梵天，亦有相應這般饒益之此心否？前句所述彼等有情，於往昔之時，為自利之故，如此希求遠離一切痛苦之心，即於夜晚夢中亦不生起，何況乎為利他，又何處能生起此心，他人為求自利，亦不生起希求究竟息止一切痛苦之心，為了饒益一切有情、消除一切有情一切痛苦之心者是何種心？此乃心中殊勝之珍貴寶、昔所未曾有、難得稀罕之所生。

འགྲོ་བ་ཀུན་གྱི་དགའ་བའི་རྒྱུ།། 一切眾生歡喜因，
སེམས་ཅན་སྡུག་བསྔལ་རྩིར་གྱུར་པ།། 一切有情除苦露，
རིན་ཆེན་སེམས་ཀྱི་བསོད་ནམས་གང་།། 寶心福德是如何，
དེ་ལ་ཇི་ལྟར་གཞལ་གྱིས་ལང་།། 於彼如何可計量。

འགྲོ་བ་ཀུན་གྱི་ལྷ་ལ་སོགས་པའི་ཕུན་སུམ་ཚོགས་པའི་དགའ་བའི་རྒྱུ་དང་། སེམས་ཅན་ཐམས་ཅད་ཀྱི་སྡུག་བསྔལ་མ་ལུས་པ་སེལ་བར་བྱེད་པའི་སྨན་ཆེན་པོའི་རང་བཞིན་གྱི་རྩིར་གྱུར་པ། རིན་ཆེན་བྱང་ཆུབ་སེམས་ཀྱི་བསོད་ནམས་གང་ཡིན་པ། དེ་ལ་གྲངས་ཇི་ལྟར་གཞལ་གྱིས་ལང་སྟེ། འཕགས་པ་དཔལ་བྱིན་གྱིས་ཞུས་པ་ལས། བྱང་ཆུབ་སེམས་ཀྱི་བསོད་ནམས་གང་། །དེ་ལ་གལ་ཏེ་གཟུགས་མཆིས་ན། །ནམ་མཁའི་ཁམས་ནི་ཀུན་གང་སྟེ། །དེ་བས་ཀྱང་ནི་ལྷག་པར་འགྱུར། །ཞེས་གསུངས་སོ།།

一切眾生，天神等眾圓滿福報之歡喜因，一切有情能消除一切痛苦，其性為大藥之甘露，珍寶菩提心之福德是如何，對於彼福德多寡，心如何可以做計量。《勇施長者請問經》說：“菩提心福是如何，若彼福德有形色，能滿虛空界諸處，猶大於彼尚有餘”。

༢.༢.༡.༡.༡.༢.༢.༣.༢.༢.འཇུག་པའི་ཕན་ཡོན་རིགས་པའི་སྒོ་ནས་སྒྲུབ་པ།
2.2.1.1.1.2.2.3.2.2.行心功德之理據

ཕན་པར་བསམས་པ་ཙམ་གྱིས་ཀྱང་།། 雖僅饒益之心念，
སངས་རྒྱས་མཆོད་ལས་ཁྱད་འཕགས་ན།། 即殊勝於供養佛，
སེམས་ཅན་མ་ལུས་ཐམས་ཅད་ཀྱི།། 何況勤行有情利，
བདེ་དོན་བརྩོན་པ་སྨོས་ཅི་དགོས།། 彼之福德毋庸言。

ཡང་འདི་ཅི་ལྟར་རིགས་པ་ཡིན་སྙམ་དུ་དོགས་པ་ལ་འཐད་པ་བསྟན་པའི་ཕྱིར་འགྲོ་བ་ཐམས་ཅད་བསྐྱབ་པའི་ཕྱིར་སངས་རྒྱས་སུ་གྱུར་ཅིག་ཅེས་**ཕན་པར་བསམ་པ་ཙམ་གྱིས་ཀྱང་། སངས་རྒྱས་**ཐམས་ཅད་ལ་**མཆོད་པ་ལས་ཁྱད་པར་འཕགས་**པར་གསུངས་ན། དེ་དག་གང་ལས་གསུངས་ཞེ་ན། དཔལ་བྱིན་གྱིས་ཞུས་པ་ལས། གངྒཱའི་བྱེ་མའི་གྲངས་སྙེད་ཀྱི། །སངས་རྒྱས་ཞིང་ནི་མི་གང་གིས། །རིན་ཆེན་བདུན་གྱིས་བཀང་བྱས་ཏེ། །འཇིག་རྟེན་མགོན་ལ་ཕུལ་བ་བས། །གང་ཞིག་ཐལ་མོ་སྦྱར་བྱས་ཏེ། །བྱང་ཆུབ་ཏུ་ནི་སེམས་བསྐྱེད་ན། །གང་ལ་མཐའ་ནི་མ་མཆིས་པའི། །མཆོད་པ་འདི་ནི་ཁྱད་པར་འཕགས། །ཞེས་གསུངས་སོ། །དེ་བས་ན་**སེམས་ཅན་མ་ལུས་**པ་ནམ་མཁའི་མཐའ་དང་མཉམ་པ་**ཐམས་ཅད་ཀྱི། བདེ་**བའི་**དོན་**དུ་དངོས་སུ་**བརྩོན་པ་**ལ་བསོད་ནམས་ཁྱད་པར་ཅན་འབྱུང་བར་**སྨོས་ཅི་དགོས།**

又為消除此如何成理之懷疑，而宣說其合理性；佛經有謂：雖僅生起“為度一切眾生當成佛”如是饒益之心念，即殊勝於供養一切佛。（此語出自何處？《勇施長者請問經》說：恒河沙之數，一切佛國土，若人以七寶，遍滿供諸佛，未若手合掌，生起菩提心，彼福無邊際，勝於此供養）。因此，更何況實際勤行量等虛空一切有情之利樂，由彼所生起之殊勝福德更毋庸言。

སྡུག་བསྔལ་འདོར་འདོད་སེམས་ཡོད་ཀྱང་།། 雖有欲捨苦之心，
སྡུག་བསྔལ་ཉིད་ལ་མངོན་པར་རྒྱུག ། 卻往痛苦處直奔，
བདེ་བ་འདོད་ཀྱང་གཏི་མུག་པས། ། 雖欲安樂卻因癡，
རང་གི་བདེ་བ་དགྲ་ལྟར་འཇོམས། ། 如滅敵般滅己樂，
གང་ཞིག་བདེ་བས་ཕོངས་པ་དང་། ། 何人對於乏樂者，
སྡུག་བསྔལ་མང་ལྡན་དེ་དག་ལ། ། 有多痛苦彼等眾，
བདེ་བ་ཀུན་གྱིས་ཚིམ་པ་དང་། ། 能令滿足一切樂，
སྡུག་བསྔལ་ཐམས་ཅད་གཅོད་བྱེད་ཅིང་།། 能令斷除一切苦，

གཏི་མུག་ཀུན་ཀྱི་སེལ་བྱེད་པ།།	亦能令彼消除癡，
དེ་དང་དགེ་མཚུངས་ག་ལ་ཡོད། །	等同彼善何處有，
དེ་འདྲའི་བཤེས་ཀྱང་ག་ལ་ཡོད། །	彼般摯友何處有，
བསོད་ནམས་དེ་འདྲའང་ག་ལ་ཡོད། །	彼般福德何處有。

བདེ་བ་སྒྲུབ་པ་དང་སྡུག་བསྔལ་སྤོང་བའི་ཐབས་ལ་སེམས་ཅན་རང་ཉིད་མཁས་པ་མ་ཡིན་ནམ། དེ་ལ་གྲོགས་ཅི་དགོས་ཞེ་ན། དེ་ནི་མ་ཡིན་ཏེ། སྡུག་བསྔལ་འདོར་བར་འདོད་པའི་སེམས་ཡོད་ཀྱང་། སྡུག་བསྔལ་གྱི་རྒྱུ་སྲོག་གཅོད་པ་ལ་སོགས་པ་ཉིད་ལ་མངོན་པར་རྒྱུག་སྟེ་དེ་ལ་འཇུག་པ་དང་། བདེ་བ་ཐོབ་པར་འདོད་ཀྱང་གཏི་མུག་པའི་དབང་གིས། རང་གི་བདེ་བ་ཐོབ་པའི་རྒྱུ་དགྲ་བཞིན་དུ་འཇོམས་པར་བྱེད་དོ། །རྒྱལ་སྲས་གང་ཞིག་སེམས་ཅན་བདེ་བ་མ་རྙེད་པས་བདེ་བས་ཕོངས་པ་དང་། སྡུག་བསྔལ་བརྒྱ་ཕྲག་མང་པོ་དང་ལྡན་པ་དེ་དག་ལ། བྱམས་པ་ཆེན་པོས་བདེ་བ་ཀུན་གྱིས་ཚིམ་པར་བྱེད་པ་དང་། སྙིང་རྗེ་ཆེན་པོས་སྡུག་བསྔལ་ཐམས་ཅད་རྒྱུན་གཅོད་པར་བྱེད་ཅིང་། ཤེས་རབ་ཆེན་པོས་བླང་དོར་གྱི་གནས་ཚུལ་བཞིན་དུ་བསྟན་ནས་གཏི་མུག་ཀུན་ཀྱི་སེལ་བར་བྱེད་པ། བདག་ཉིད་ཆེན་པོ་དེ་དང་དགེ་ལེགས་ཀྱི་རང་བཞིན་མཚུངས་པ་གཞན་ག་ལ་ཡོད། དེ་འདྲ་བའི་ཕན་བདེ་ལ་སྦྱོར་བའི་བཤེས་ཀྱང་ག་ལ་ཡོད། བྱང་ཆུབ་སེམས་དཔའི་བསོད་ནམས་དེ་འདྲའང་ག་ལ་ཡོད།

若言“此乃有情自身不精通行善去惡之法，何需助友”，答曰：並非如此：雖有欲捨棄痛苦之心，卻往痛苦之因，如殺生等處直奔、趣入，雖欲獲得安樂卻因為愚癡，猶如消滅敵人一般，消滅自己獲得安樂之因。何人（即佛子）對於匱乏樂者（即不得安樂之有情），有百千數般諸多痛苦之彼等有情眾生，以大慈心能令彼等滿足一切安樂，以大悲心能令彼等斷除一切痛苦，以大智慧宣說取捨之處，亦能令彼等消除愚癡，等同於彼大德樂善之自性者何處有，如彼這般相應利樂之摯友何處有，如彼這

般的菩薩福德又何處有。

༢.༢.༡.༡.༡.༢.༣.སེམས་བསྐྱེད་རྒྱུད་ལྡན་གྱི་གང་གི་ཆེ་བ་བཤད་པ།
2.2.1.1.1.2.3.宣說發心者其殊勝處

ཕན་བཏགས་ལན་ལྡོན་གང་ཡིན་པ། །　　凡行報恩饒益者，
དེ་ཡང་རེ་ཞིག་བསྔགས་འོས་ན། །　　盛讚一時亦合理，
མ་བཅོལ་ལེགས་པར་བྱེད་པ་ཡི། །　　何況未托妥善行，
བྱང་ཆུབ་སེམས་དཔའ་སྨོས་ཅི་དགོས། །　　菩提薩埵毋庸言。

ཡང་དེ་ལྟར་ཅིའི་ཕྱིར་བརྗོད་ཅེ་ན། སྔར་འཇིགས་ཞིང་དོགས་པ་དང་ཉོན་མོངས་པ་རྣམས་ལ་ཕན་བཏགས་པ་ན་འདིས་ཕན་བཏགས་སོ་ཞེས་དྲིན་ལན་ལྡོན་པ་གང་ཡིན་པ། དེ་ཡང་རེ་ཞིག་འཇིག་རྟེན་པ་རྣམས་ཀྱིས་བསྔགས་པར་འོས་ན། མ་བཅོལ་བཞིན་དུ་ལེགས་པར་དགེ་བ་ལ་སྦྱོར་བར་བྱེད་པ་ཡི། བྱང་ཆུབ་སེམས་དཔའ་ལ་བསྔགས་པར་འོས་པ་སྨོས་ཅི་དགོས། 又何故做此言？凡是對於往昔曾幫助我等脫離危難、猶疑、煩惱之人，謂“此人曾因此事饒益我”，而對其行報恩饒益者，世人盛讚此報恩者於一時亦屬合理應當，何況未經他人托咐，妥善地行持相應善行，此般菩提薩埵理當讚歎毋庸再言。

འགྲོ་བ་ཉུང་ཟད་ནར་མའི་ཟས་སྦྱོར་བ། །　　長期施食少許眾，
སྐད་ཅིག་ཟས་ཙམ་སྦྱིན་པར་བྱེད་པ་དང་། །　　僅能給予須臾食，
བརྙས་བཅས་ཉིན་ཕྱེད་འགྲང་བར་བྱེད་པ་ཡང་། །　　輕侮僅令半日飽，
དགེ་བ་བྱེད་པ་ཡིན་ཞེས་སྐྱེ་བོས་བཀུར། །　　而眾敬彼稱善人，
སེམས་ཅན་གྲངས་མཐའ་ཡས་ལ་དུས་རིང་དུ། །　　無數有情長久時，
བདེ་བར་གཤེགས་ཀྱི་བདེ་བ་བླ་ན་མེད། །　　善逝無上安樂果，
ཡིད་ལ་བསམ་པ་མཐའ་དག་རྫོགས་བྱེད་པ། །　　圓滿一切心所想，
རྟག་ཏུ་སྦྱིན་པ་ལྟ་ཞིག་སྨོས་ཅི་དགོས། །　　常做施者何須言。

འགྲོ་བ་ཉུང་ཟད་དེ་ཚད་ཡོད་པ་དག་ལ་དུས་ནར་མའི་ཟས་སྦྱོར་བ་ན། སྐད་ཅིག་ཡུད་ཙམ་

ལ་ཟས་ངན་ངོན་ཙམ་སྦྱིན་པར་བྱེད་པ་དང་། སྦྱིན་པའི་ཚུལ་བརྙས་པ་དང་བཅས་པས་ཕན་པའི་ཁྱད་པར་ཉིན་ཕྱེད་ཙམ་འགྲངས་པར་བྱེད་པ་ཡང་། དགེ་བ་བྱེད་པ་ཡིན་ཞེས་སྐྱེ་བོ་ཕལ་གྱིས་བཀུར་བར་བྱེད་ན། བྱང་ཆུབ་སེམས་དཔའི་སྦྱིན་པ་ནི་དེ་ལས་བཟློག་པས་སེམས་ཅན་གྲངས་མེད་པ་མཐའ་ཡས་པ་རྣམས་ལ་དུས་རིང་པོ་བྱང་ཆུབ་སྙིང་པོ་ལ་མཆིས་ཀྱི་བར་དུ། ཕན་པའི་ཁྱད་པར་བདེ་བར་གཤེགས་པ་རྣམས་ཀྱི་བདེ་བ་བླ་ན་མེད་པ་ཉིད་ཡིད་ལ་བསམ་པ་མཐའ་དག་རྫོགས་པར་བྱེད་པའི་ཚུལ་གྱིས་རྟག་ཏུ་སྦྱིན་པ་བྱེད་པ་ལ་བཀུར་སྟི་འོས་པས་ལྟ་ཞིག་སྨོས་ཅི་དགོས།

維持著一段長期的時間，施食給少許數量的眾生，在此期間，僅能給予須臾片刻，且粗劣之食，而給予時帶著輕侮的態度，對彼等的幫助僅是令得半日飽腹，然而以此，廣大眾人即尊敬彼，稱彼是行善之人，菩薩之布施恰恰相反，對於無量無數之有情，於長久時（直至具有菩提藏），給予特殊的饒益——一切善逝無上安樂之果，圓滿彼一切心中所想所求，以如此方式常做布施者，理當恭敬，何須再言。

གང་ཞིག་དེ་འདྲའི་རྒྱལ་སྲས་སྦྱིན་བདག་ལ། ། 何人於彼佛子布施主，
གལ་ཏེ་ངན་སེམས་སྐྱེད་པར་བྱེད་ན་དེ། ། 若能生起惡心則是人，
ངན་སེམས་བསྐྱེད་པའི་གྲངས་བཞིན་བསྐལ་པར་ནི། ། 依生惡心之數累劫中，
དམྱལ་བར་གནས་པར་འགྱུར་ཞེས་ཐུབ་པས་གསུངས། ། 留於地獄此為能仁說。

གང་ཞིག་དེ་འདྲ་བའི་རྒྱལ་སྲས་སྦྱིན་པའི་བདག་པོ་རྣམས་ལ། གལ་ཏེ་ངན་སེམས་ཏེ་སྡིག་པའི་སེམས་སྐྱེད་པར་བྱེད་པ་དེ། ངན་སེམས་བསྐྱེད་པའི་སྐད་ཅིག་གི་གྲངས་བཞིན་དུ་བསྐལ་པར་ནི། དམྱལ་བར་གནས་པར་འགྱུར་ཞེས་ཐུབ་པས་གསུངས། །དེ་ཡང་རབ་ཏུ་ཞི་བ་རྣམ་པར་ངེས་པ་ཆོ་འཕྲུལ་གྱི་མདོ་ལས། འཇམ་དཔལ་བྱང་ཆུབ་སེམས་དཔས་བྱང་ཆུབ་སེམས་དཔའ་ལ་ཁོང་ཁྲོ་བའི་སེམས་བསྐྱེད་ཅིང་བརྙས་པའི་སེམས་བསྐྱེད་པ་དེ་སྲིད་དུ་དེས་

བདག་བསྐལ་པར་དམྱལ་བར་གནས་པར་བྱའོ་ཞེས་གོ་ཆ་བགོ་བར་བྱའོ་ཞེས་གསུངས་སོ།།

何人對於彼等這般佛子布施之主，若能生起惡心（即罪心），則是人將依照多少剎那內生起惡心，此剎那之數，於等同數量的累劫之中，滯留於地獄。此為能仁所說。又《寂照神變三摩地經》：“文殊，當披如是鎧甲：若菩薩於菩薩生惱而心生輕侮，以其時長，我將累劫留滯地獄”。

འོན་ཏེ་གང་ཞིག་ཡི་ད་རབ་དང་བྱེད་ན།། 然而若人做上清淨意，
དེ་ཡི་འབྲས་བུ་དེ་བས་ལྷག་པར་འཕེལ།། 彼果猶勝前者更增長。

ཡང་གང་ཞིག་དེ་ལ་སེམས་དྭངས་པ་བསྐྱེད་པ་དེའི་བསོད་ནམས་ཀྱི་འབྲས་བུ་ཇི་ཙམ་ཞིག་སྐྱེ་བར་འགྱུར་ཞེ་ན། འོན་ཏེ་གང་ལ་ལ་ཞིག་རྒྱལ་སྲས་དེ་ལ་ཡི་ད་རབ་དང་བར་བྱེད་ན། དེ་ཡི་འབྲས་བུ་སྡིག་པའི་འབྲས་བུ་དེ་བས་ལྷག་པར་འཕེལ་ཏེ།

若有人對彼生起清淨心，其福德果報又將如何生起？然而若有某人於彼佛子做最上清淨意，彼果猶勝前者所述之罪果，更為增長。

ངེས་པ་དང་མ་ངེས་པ་ལ་འཇུག་པ་ཕྱག་རྒྱའི་མདོ་ལས། འཇམ་དཔལ་ཡོངས་སུ་བརྟག་པ་ཉེ་བར་བཟུང་སྟེ། ཕྱོགས་བཅུའི་འཇིག་རྟེན་གྱི་ཁམས་ཀྱི་སེམས་ཅན་ཐམས་ཅད་ཀྱི་མིག་བཏོན་པར་གྱུར་ལ། ཡང་ཡོངས་སུ་བརྟག་པ་ཉེ་བར་བཟུང་སྟེ། གལ་ཏེ་རིགས་ཀྱི་བུའམ་རིགས་ཀྱི་བུ་མོ་བྱམས་པའི་སེམས་ལ་གནས་པ་འགའ་ཞིག་གིས་དེ་དག་ཐམས་ཅད་ཀྱི་མིག་སྐྱེད་པར་བྱེད་པས། འཇམ་དཔལ་རིགས་ཀྱི་བུའམ་རིགས་ཀྱི་བུ་མོ་གང་གཞན་ཞིག་གིས་ཐེག་པ་ཆེན་པོ་ལ་མོས་པའི་བྱང་ཆུབ་སེམས་དཔའ་ལ་སེམས་དང་བས་ལྟ་ན། འདི་ནི་དེ་བས་བསོད་ནམས་ཆེས་ལྷག་པར་སྐྱེའོ་ཞེས་གསུངས་སོ། །དེ་ལྟ་བས་ན་བསོད་ནམས་ཀྱི་ཞིང་ཆེན་པོ་ལ་མཁས་པ་རྣམས་ཀྱིས་དགེ་བའི་སེམས་ཉིད་དུ་བྱའོ།།

《入定不定印經》：“妙吉祥。假使十方一切有情皆被挑目。復有餘人於復有情起大慈心令眼平復所得功德。若復有人以清淨心而往瞻視大乘菩薩。其福勝彼無量無數。”（義淨譯）因此，一切智者於此大福田唯做善意。

རྒྱལ་སྲས་རྣམས་ལ་དོ་གལ་ཆེན་པོས་ཀྱང་། ། 佛子眾雖遭逢大關鍵,
སྡིག་པ་མི་འབྱུང་དགེ་བ་ངང་གིས་འཕེལ། ། 不起惡罪善德自然增。

རྒྱལ་སྲས་རྣམས་ལ་དོ་གལ་ཏེ་དཀའ་ཚེགས་ཆེན་པོས་ཀྱང་། སྡིག་པ་མི་འབྱུང་ཞིང་བསྡུ་དངོས་བཞིས་སེམས་ཅན་ལ་ཕན་འདོགས་པའི་དགེ་བ་ངང་གིས་འཕེལ་བར་འགྱུར་རོ།།
佛子眾雖遭逢大關鍵（即遭逢困難），不起惡罪，反而以四攝法行饒益之善德自然增。

གང་ལ་སེམས་ཀྱི་དམ་པ་རིན་ཆེན་དེ། ། 何人生彼珍貴正等心,
སྐྱེས་པ་དེ་ཡི་སྐུ་ལ་ཕྱག་འཚལ་ཞིང་། ། 我於是人之身亦頂禮,
གང་ལ་གནོད་པ་བྱས་ཀྱང་བདེ་འབྲེལ་བ། ། 何人雖受傷害亦樂緣,
བདེ་བའི་འབྱུང་གནས་དེ་ལ་སྐྱབས་སུ་མཆི། །於彼安樂所緣我皈依。

ད་ནི་བྱང་ཆུབ་ཏུ་སེམས་བསྐྱེད་པ་རྣམས་ལ་བསྟན་བཅོས་བྱེད་པ་པོ་ཉིད་ཏུ་ཡང་ཡིད་རབ་ཏུ་དངས་པ་གསལ་བར་བྱེད་པ་ནི་སེམས་ཅན་གང་ལ་སེམས་ཀྱི་དམ་པ་རིན་ཆེན་བྱང་ཆུབ་ཀྱི་སེམས་དེ་ཉིད་སྐྱེས་པ་དེ་ཡི་སྐུ་ལ་ཕྱག་འཚལ་ཞིང་། བྱང་ཆུབ་སེམས་དཔའ་མཆོག་ཏུ་དགེ་བའི་ཐུགས་མངའ་བ་གང་ལ་བརྙས་ཏེ་གནོད་པ་བྱས་ཀྱང་གནོད་བྱེད་དེ་འཕྲལ་དང་ཡུན་དུ་བདེ་བ་དང་འབྲེལ་བར་བྱེད་པའི་བདེ་བའི་འབྱུང་གནས་དེ་ལ་སྐྱབས་སུ་མཆིའོ།།
當下表明此論作者對於生菩提心的大眾亦有最上清淨心：
何人（即任何有情）生彼珍貴正等菩提心，我於是人之身亦頂禮，何人(即具有最上善德心之菩薩)雖受輕侮、傷害，此做傷害者，亦結下一時或長久之安樂緣份，於彼安樂所緣我皈依。

༢་༢་༡་༡་༢་མཚན།
2.2.1.1.2.品名

བྱང་ཆུབ་སེམས་དཔའི་སྤྱོད་པ་ལ་འཇུག་པ་ལས་བྱང་ཆུབ་སེམས་ཀྱི་ཕན་ཡོན་བཤད་པ་ཞེས་བྱ་བ་སྟེ་ལེའུ་དང་པོའོ།།

入菩提薩埵行・宣說菩提心功德第一品竟

༢.༢.༡.༢.མི་མཐུན་ཕྱོགས་སྡིག་པ་བཤགས་པའི་ལེའུ།
2.2.1.2.懺悔違緣方罪障品

༢.༢.༡.༢.༡.གཞུང་།
2.2.1.2.1.正文

༢.༢.༡.༢.༡.༡.མཆོད་པ་འབུལ་བའི་ཡན་ལག
2.2.1.2.1.1.供養支

༢.༢.༡.༢.༡.༡.༡.དངོས་སུ་འབྱོར་བའི་མཆོད་པ།
2.2.1.2.1.1.1.實物供

༢.༢.༡.༢.༡.༡.༡.༡.བདག་པོས་ཡོངས་སུ་བཟུང་བའི་མཆོད་པ།
2.2.1.2.1.1.1.1.有主實物供

རིན་ཆེན་སེམས་དེ་གཟུང་བར་བྱ་བའི་ཕྱིར།། 為令受持珍貴菩提心，
དེ་བཞིན་གཤེགས་པ་རྣམས་དང་དམ་པའི་ཆོས།། 而於一切如來與正法，
དཀོན་མཆོག་དྲི་མ་མེད་དང་སངས་རྒྱས་སྲས།། 無垢勝寶以及佛子嗣，
ཡོན་ཏན་རྒྱ་མཚོ་རྣམས་ལ་ལེགས་པར་མཆོད།། 功德大海聖眾善供養。

དེ་ལྟར་དལ་བ་ཕུན་སུམ་ཚོགས་པ་རྙེད་པར་དཀའ་བ་ཐོབ་ཅིང་བྱང་ཆུབ་ཏུ་སེམས་བསྐྱེད་པའི་ཕན་ཡོན་རིག་ནས་བྱང་ཆུབ་ཀྱི་སེམས་བླང་བའི་དོན་དུ་ཕན་ཡོན་བསྟན་མ་ཐག་པའི་རིན་ཆེན་བྱང་ཆུབ་ཀྱི་སེམས་དེ་བདག་གིས་བཟུང་བར་བྱ་བའི་ཕྱིར། དེ་བཞིན་གཤེགས་པ་ཡང་དག་པར་རྫོགས་པའི་སངས་རྒྱས་བཅོམ་ལྡན་འདས་རྣམས་དང་ལུང་དང་རྟོགས་པའི་མཚན་ཉིད་ཅན་གྱི་དམ་པའི་ཆོས། དཀོན་མཆོག་སྒྲིབ་པ་གཉིས་ཀྱི་དྲི་མ་མེད་པ་དང་སངས་རྒྱས་ཀྱི་སྲས། བྱང་ཆུབ་སེམས་དཔའ་ཡོན་ཏན་རྒྱ་མཚོ་མཐའ་ཡས་པའི་རང་བཞིན་ཅན་རྣམས་ལ་ཤིན་ཏུ་དང་བའི་སེམས་ཀྱིས་ལེགས་པར་མཆོད་དོ།།

如是已得難得之暇滿，並了知發菩提心之功德，為受持菩提心之故，在宣說其功德之後，旋即為了令我受持珍貴菩提心，而於

一切如來正等圓滿佛陀薄迦梵**與**具教證性相之**正法**，**無**二種障礙垢染之**殊勝寶**，**以及佛陀子嗣**——具有無邊**功德大海**自性之菩薩**聖眾**，以極為清淨之心，妥**善**地做**供養**。

༢.༢.༡.༢.༡.༡.༡.༢.བདག་པོས་ཡོངས་སུ་མ་བཟུང་བའི་མཆོད་པ། 2.2.1.2.1.1.1.2.無主實物供

མེ་ཏོག་འབྲས་བུ་ཇི་སྙེད་ཡོད་པ་དང་། ། 鮮花及果一切盡所有，
སྨན་གྱི་རྣམ་པ་གང་དག་ཡོད་པ་དང་། ། 各種藥材一切盡所有，
འཇིག་རྟེན་རིན་ཆེན་ཇི་སྙེད་ཡོད་པ་དང་། ། 世間珍寶一切盡所有，
ཆུ་གཙང་ཡིད་དུ་འོང་བ་ཅི་ཡོད་དང་། ། 悅意淨水一切盡所有，
རིན་ཆེན་རི་བོ་དང་ནི་དེ་བཞིན་དུ། ། 如是珍寶以及雄偉山，
ནགས་ཚལ་ས་ཕྱོགས་དབེན་ཞིང་ཉམས་དགའ་དང་། །森林寂靜舒適等地方，
ལྗོན་ཤིང་མེ་ཏོག་རྒྱན་སྤྲས་སྤུད་པ་དང་། ། 林木花朵為飾相莊嚴，
ཤིང་གང་འབྲས་བཟང་ཡལ་ག་དུད་པ་དང་། ། 果樹果實枝葉沈甸甸，
ལྷ་སོགས་འཇིག་རྟེན་ན་ཡང་དྲི་དང་ནི། ། 以及天等世間所具香，
སྤོས་དང་དཔག་བསམ་ཤིང་དང་རིན་ཆེན་ཤིང་། །熏香如意樹與珍寶樹，
མ་རྨོས་འཁྲུངས་པའི་ལོ་ཏོག་རྣམ་པ་དང་། ། 以及各種不耕自生穀，
གཞན་ཡང་མཆོད་པར་འོས་པའི་རྒྱན་རྣམས་ནི། ། 其餘一切應供諸莊嚴，
མཚོ་དང་རྫིང་བུ་པདྨས་བརྒྱན་པ་དག ། 蓮花為彼莊嚴湖與泊，
ངང་པ་ཤིན་ཏུ་སྐད་སྙན་ཡིད་འོང་ལྡན། ། 能出悅意音聲之天鵝，
ནམ་མཁའ་རབ་འབྱམས་ཁམས་ཀྱི་མཐས་གཏུགས་པ། །浩瀚廣大邊際虛空中，
ཡོངས་སུ་བཟུང་བ་མེད་པ་དེ་དག་ཀུན། ། 彼等所有一切無主物，
བློ་ཡིས་བླངས་ནས་ཐུབ་པ་སྐྱེས་ཀྱི་མཆོག ། 由心執取供養最上尊，
སྲས་དང་བཅས་པ་རྣམས་ལ་ལེགས་འབུལ་ན། ། 能仁如來以及佛子眾，
ཡོན་གནས་དམ་པ་ཐུགས་རྗེ་ཆེ་རྣམས་ཀྱིས། ། 大悲正等功德田聖眾，

བདག་ལ་བརྩེར་དགོངས་བདག་གི་འདི་དག་བཞེས། །願請悲憫納受我所供。

འཇིག་རྟེན་གྱི་ཁམས་ཀུན་ན་མེ་ཏོག་དང་འབྲས་བུ་ཇི་སྙེད་ཡོད་པ་དང་། སྨན་གྱི་རྣམ་པར་གནས་པ་གང་དག་ཡོད་པ་ཐམས་ཅད་དང་། འཇིག་རྟེན་པའི་ཁམས་ན་རིན་ཆེན་གྱི་བྱེ་བྲག་ཇི་སྙེད་ཡོད་པ་དང་། ཆུ་གཙང་ཞིང་ཡིད་དུ་འོང་བ་ཇི་སྙེད་ཡོད་པ་ཐམས་ཅད་དང་། རིན་ཆེན་གྱི་རི་བོ་དང་ནི་དེ་བཞིན་དུ། བསམ་གཏན་དང་རྗེས་སུ་མཐུན་པའི་གནས་ནགས་ཚལ་དབེན་ཞིང་ཉམས་དགའ་བ་དང་ས་ཕྱོགས་དབེན་ཤིང་ཉམས་དགའ་བ་དང་། ལྗོན་ཤིང་མེ་ཏོག་སྣ་ཚོགས་པའི་རྒྱན་གྱིས་སྤྲས་པས་མཛེས་ཤིང་སྤུད་པ་དང་། ཤིང་གང་ཞིག་ཁ་དོག་དང་དྲི་རོ་ཕུན་སུམ་ཚོགས་པའི་འབྲས་བུ་བཟང་པོ་དང་ལྡན་པས་ཡལ་ག་དུད་པ་དང་། ལྷ་དང་ཀླུ་ལ་སོགས་པའི་འཇིག་རྟེན་ན་ཡང་ལྷན་སྤོས་ཀྱི་དྲི་དང་ནི། སྤྲུར་བའམ་བྱུང་བའི་སྤྲོས་དང་འདོད་དགུ་འབྱུང་བའི་དཔག་བསམ་གྱི་ཤིང་དང་རིན་ཆེན་སྣ་ཚོགས་ལས་གྲུབ་པའི་ཤིང་དང་། གཡོལ་གྱིས་མ་རྨོས་པར་རང་འཁྲུངས་པའི་ལོ་ཏོག་གི་རྣམ་པ་སྣེ་འབྲུའི་ཁྱད་པར་རྣམས་དང་། དེ་དག་ལས་གཞན་ཡང་མཆོད་པར་འོས་པའི་རྒྱན་གྱི་བྱེ་བྲག་རྣམས་ནི། མཚོ་དང་རྫིང་བུ་མེ་ཏོག་པདྨས་ཡོངས་སུ་གང་བས་བརྒྱན་པ་དག་ལ་གནས་པའི་བྱ་ངང་པ་ཤིན་ཏུ་སྐད་སྙན་པ་ཡིད་དུ་འོང་བ་དང་ལྡན་པ་ལ་སོགས་པ་ནམ་མཁའ་ཡི་རབ་འབྱམས་ཁམས་ཀྱི་མཐས་གཏུགས་པ་ན། བདག་པོས་ཡོངས་སུ་བཟུང་བ་མེད་པ་ཡི་མཆོད་རྫས་དེ་དག་ཀུན། རང་གི་བློ་ཡིས་བླངས་ནས་ཐུབ་པ་སྐྱེས་བུ་ཁྱད་གཉིས་རྣམས་ཀྱི་མཆོག །སྲས་བྱང་ཆུབ་སེམས་དཔའི་ཚོགས་དང་བཅས་པ་རྣམས་ལ་ལེགས་པར་འབུལ་ན། མཆོད་གནས་ཀུན་གྱི་མཆོག་ཡིན་པས་ཡོན་གནས་དམ་པ་སེམས་ཅན་ཐམས་ཅད་ལ་ཕན་པ་དང་བདེ་བར་དགོངས་པའི་ཐུགས་རྗེ་ཆེན་པོ་དང་ལྡན་པ་རྣམས་ཀྱིས། སྡུག་བསྔལ་བའི་སེམས་ཅན་བདག་ལ་བརྩེ་བར་དགོངས་ཏེ་བདག་གི་མཆོད་པའི་དངོས་པོ་འདི་དག་བཞེས་པར་མཛོད་ཅིག །

所有世界中的鮮花及果一切盡所有，各種現存藥材一切盡所有，世間中各種珍寶一切盡所有，悅意且清淨之水一切盡所有，如是珍寶以及雄偉山，適合禪修之地——寂靜舒適之森林，以及寂靜舒適等地方，林木以各種花朵為裝飾，其相既美且莊嚴，所有果樹結滿了色香味俱全的果實，使枝葉沈甸甸下垂，以及天神、龍族等世間所具自然之香，調配製成的熏香，產生一切妙欲之如意樹與各種珍貴寶石所構成之樹，以及各種不需犁田耕種自生之穀類，除了此等以外，其餘一切應當供養的諸多莊嚴物品，例如蓮花遍佈為彼（即湖泊）做莊嚴之各類湖與泊之中，能出令人聞則悅意音聲之天鵝，如是等等，於浩瀚廣大邊際的虛空中，彼等所有一切無主之供養物，由己之心執取供養二足之中最上尊一能仁如來，以及佛子菩薩眾，具有眷念一切有情利樂之大悲，且是一切功德田中最為殊勝的正等功德田聖眾，願請悲憫我這個處在痛苦之中的有情，並納受我所做的這些實物供養。

བདག་ནི་བསོད་ནམས་མི་ལྡན་བཀྲེན་ཆེན་ཏེ། །　我不具備福德甚貧困，
མཆོད་པའི་ནོར་གཞན་བདག་ལ་ཅང་མ་མཆིས། །　其餘供養財寶我不具，
དེས་ན་གཞན་དོན་དགོངས་པའི་མགོན་གྱིས་འདི། །　是故利他為念之怙主，
བདག་གི་དོན་སླད་ཉིད་ཀྱི་མཐུས་བཞེས་ཤིག །　為利我故己力受此供。

བདག་ནི་སྔོན་ཆད་བསོད་ནམས་སོགས་པ་དང་མི་ལྡན་པས་ད་ལྟ་ཡང་བཀྲེན་ཆེན་ཏེ། མཆོད་པའི་ནོར་སྔར་བཤད་པ་དེ་དག་ལས་གཞན་བདག་ལ་ཅང་མ་མཆིས་པས། དེས་ན་གཞན་དོན་ཁོ་ན་ལ་དགོངས་པའི་འགྲོ་བའི་མགོན་གྱིས་མཆོད་པའི་དངོས་པོ་འདི་དག་བདག་གི་ཚོགས་རྫོགས་པའི་དོན་གྱི་སླད་དུ་ཉིད་ཀྱི་ཐུགས་རྗེའི་མཐུས་བཞེས་ཤིག །

我於往昔因為不具備福德之故，當下甚為貧困，除了前述所言之供養，其餘供養財寶我皆不具，是故唯以利他為念之眾生怙主，為幫助利益我圓滿資糧之故，請以己之大悲力納受此等實物供養。

༢.༢.༡.༢.༡.༡.༡.༣.ལུས་འབུལ་བའི་མཆོད་པ།
2.2.1.2.1.1.1.3.身實物供

རྒྱལ་དང་དེ་སྲས་རྣམས་ལ་བདག་གིས་ནི།། 　我於一切勝者與佛子，
བདག་གི་ལུས་ཀུན་གཏན་དུ་དབུལ་བར་བགྱི།། 　以我全身恆時敬奉呈，
སེམས་དཔའ་མཆོག་རྣམས་བདག་ནི་ཡོངས་བཞེས་ཤིག །唯願菩薩尊眾納我供，
གུས་པས་ཁྱེད་ཀྱི་འབངས་སུ་མཆི་བར་བགྱི།། 　理當恭敬為您等僕使。

རྒྱལ་བ་རྫོགས་པའི་སངས་རྒྱས་རྣམས་དང་དེ་ཡི་སྲས་བྱང་ཆུབ་སེམས་དཔའ་རྣམས་ལ་བདག་གིས་ནི། བདག་གི་ཇི་སྙེད་ལེན་པའི་ལུས་ཀུན་དུས་གཏན་དུ་དབུལ་བར་བགྱི་ཡིས། །སེམས་དཔའ་མཆོག་རྣམས་ཀྱིས་སོ་སོ་ནས་བདག་ནི་ཡོངས་སུ་བཞེས་ཤིག །བདག་ཀྱང་མཆོག་ཏུ་གུས་པས་ཁྱེད་ཀྱི་འབངས་སུ་མཆི་སྟེ་བྲན་གྱི་དངོས་པོར་ཁས་བླང་བར་བགྱིའོ།།
我於一切勝者（圓滿佛陀）與佛子（菩薩），以我累世取得的全身，恒長一切時中敬奉呈為供養，唯願菩薩尊眾一一納受我身供養，我亦理當（即承諾）以最上恭敬，作為您等此僕使之實物供養。

བདག་ནི་ཁྱེད་ཀྱིས་ཡོངས་སུ་བཟུང་བས་ན།། 　得您受持我為僕眷故，
སྲིད་ན་མི་འཇིགས་སེམས་ཅན་ཕན་པ་བགྱི།། 　無懼世間當勤利有情，
སྔོན་གྱི་སྡིག་ལས་ཡང་དག་འདའ་བགྱིད་ཅིང་།། 正等脫離往昔之罪業，
སྡིག་པ་གཞན་ཡང་སླན་ཆད་མི་བགྱིད་དོ།། 　其餘罪惡此後不再造。

བདག་ནི་ཁྱེད་ཀྱི་ཐུགས་རྗེས་ཡོངས་སུ་བཟུང་བས་ན། 　ཆེན་པོ་ལ་བརྟེན་པའི་མི་བཞིན་དུ་སྲིད་པའི་གནས་འདི་ན་སྡུག་བསྔལ་གང་ལ་ཡང་མི་འཇིགས་པར་སེམས་ཅན་རྣམས་ལ་ཕན་པར་བགྱི། མ་རིག་པའི་དབང་གིས་བསགས་པའི་སྔོན་གྱི་སྡིག་པ་ལས་གཉེན་པོ་སྟོབས་བཞིའི་སྒོ་ནས་ཡང་དག་པར་འདའ་བར་བགྱིད་ཅིང་། སྡིག་པ་གཞན་གང་ཡང་སླན་ཆད་མི་བགྱིད་

རོ་ཞེས་དམ་བཅའོ།།

得您大悲受持我為僕眷之故，猶如有大人為靠山之人一般，無懼於此世間任何痛苦，當精勤利益有情眾，以懺悔四力正等脫離往昔因無明所造之罪業，並發誓其餘罪惡此後不再造。

༢.༢.༡.༢.༡.༡.༢.ཡིད་ཀྱིས་སྤྲུལ་པའི་མཆོད་པ།
2.2.1.2.1.1.2.意化供

༢.༢.༡.༢.༡.༡.༢.༡.ཁྲུས་དང་སྐུ་ཕྱི་སོགས་ཀྱི་མཆོད་པ།
2.2.1.2.1.1.2.1.沐浴擦身等供

ཁྲུས་ཀྱི་ཁང་པ་ཤིན་ཏུ་དྲི་ཞིམ་པ།། 沐浴之室氣味甚芳香，
ཤེལ་གྱི་ས་གཞི་གསལ་ཞིང་འཚེར་བ་བསྟར།། 水晶大地明亮且整潔，
རིན་ཆེན་འབར་བའི་ཀ་བ་ཡིད་འོང་ལྡན།། 珍寶熾盛之柱甚悅意，
མུ་ཏིག་འོད་ཆགས་བླ་རེ་བྲེས་པ་དེར།། 燦爛珍珠懸於華蓋上，
དེ་བཞིན་གཤེགས་པ་དང་དེའི་སྲས་རྣམས་ལ།། 於諸如來以及其佛子，
རིན་ཆེན་བུམ་པ་མང་པོ་སྤོས་ཀྱི་ཆུ།། 廣陳珍寶淨瓶熏香水，
ཡིད་འོང་ལེགས་པར་བཀང་བ་གླུ་དང་ནི།། 悅意盛滿復又具歌聲，
རོལ་མོར་བཅས་པ་དུ་མས་སྐུ་ཁྲུས་གསོལ།། 音樂等等多物請沐浴。

ཁྲུས་ཀྱི་ཁང་པ་ཨ་ག་རུ་ནག་པོ་ལ་སོགས་པའི་ཆུས་བདུགས་པས་ཤིན་ཏུ་དྲི་ཞིམ་པ། ཤེལ་གྱི་ས་གཞི་གསལ་ཞིང་དྭངས་ལ་འོད་འཚེར་བ་བསྟར། ཨིནྡྲ་ནཱི་ལ་ལ་སོགས་པ་རིན་ཆེན་འོད་འབར་བའི་ཀ་བ་ཡིད་དུ་འོང་བ་དང་ལྡན་པ། སྟེང་དུ་མུ་ཏིག་འོད་ཆགས་པའི་བླ་རེ་བྲེས་པ་དེར། དེ་བཞིན་གཤེགས་པ་རྣམས་དང་དེའི་སྲས་བྱང་ཆུབ་སེམས་དཔའ་རྣམས་ལ། རིན་ཆེན་བཻཌཱུརྻ་ལ་སོགས་པའི་བུམ་པ་མང་པོ་སྤོས་ཀྱི་ཆུ། ཡིད་དུ་འོང་བས་ལེགས་པར་བཀང་བ་བསྟོད་པའི་གླུ་དང་ནི། པི་ཝཾ་ལ་སོགས་པའི་རོལ་མོར་བཅས་པ་བརྒྱ་སྟོང་དུ་མས་སྐུ་ཁྲུས་གསོལ་ལོ།།

沐浴之室黑沉香等香水擦拭之氣味甚芳香，水晶大地光明透亮且整潔，因陀羅尼（藍寶石）等珍寶所架構，其光熾盛之柱子甚悅意，上方燦爛珍珠懸於華蓋上，於諸如來以及其佛子菩薩眾，廣陳琉璃等珍寶淨瓶熏香水，悅意盛滿復又具有讚歎之歌聲，琵琶等等之音樂等等百千多物請沐浴。

དེ་དག་སྐུ་ལ་མཚུངས་པ་མེད་པའི་གོས། ། 彼等身上又以無上衣，
གཙང་ལ་དྲི་རབ་བསྒོས་པ་སྐུ་ཕྱི་འོ། ། 潔淨上香所熏擦拭身。

དེ་དག་གི་སྐུ་ལ་རིན་ཐང་མཚུངས་པ་མེད་པའི་གོས། གཙང་ལ་བདུག་སྤོས་ཀྱི་དྲི་རབ་ཏུ་བསྒོས་པ་སྐུ་ཕྱིའོ།།

彼等身上又以無上無價之衣，潔淨且以最上等熏香所熏而擦拭其尊身。

དེ་ནས་དེ་ལ་ཁ་དོག་ལེགས་བསྒྱུར་བའི། ། 爾後於彼轉為各色之，
ན་བཟའ་ཤིན་ཏུ་དྲི་ཞིམ་དམ་པ་འབུལ། ། 芳香正等天衣做獻供，
གོས་བཟང་སྲབ་ལ་འཇམ་པ་སྣ་ཚོགས་དང་། ། 各種輕薄柔軟妙衣服，
རྒྱན་མཆོག་བརྒྱ་ཕྲག་དེ་དང་དེ་དག་གིས། ། 百餘飾品此與彼等物，
འཕགས་པ་ཀུན་ཏུ་བཟང་དང་འཇམ་དབྱངས་དང་། ། 聖者普賢以及妙吉祥，
འཇིག་རྟེན་དབང་ཕྱུག་སོགས་ལའང་བརྒྱན་པར་བགྱི། །觀世音等亦以此莊嚴。

ཁྲི་དོར་བྱས་ཟིན་པའི་རྗེས་དེ་ནས་ཐུབ་པའི་དབང་པོ་འཁོར་དང་བཅས་པ་དེ་དག་ལ་སྔོན་པོ་དང་བཙག་དང་ငུར་སྨྲིག་གསུམ་གྱིས་ཁ་དོག་ལེགས་པར་བསྒྱུར་བའི་ཆོས་གོས་རྣམ་པ་གསུམ་ལྷ་བུའི་ན་བཟའ་བདུག་སྤོས་ཀྱིས་ཤིན་ཏུ་བསྒོས་པའི་དྲི་ཞིམ་པ་དམ་པ་སྟེ་བླ་ན་མེད་པ་དག་འབུལ་ལོ། །ལྷའི་གོས་བཟང་པོ་སྲབ་ལ་རེག་བྱ་འཇམ་པ་སྣ་ཚོགས་དང་། རྒྱན་མཆོག་བརྒྱ་ཕྲག་དེ་དང་དེ་དག་གིས། །འཕགས་པ་ཀུན་ཏུ་བཟང་པོ་དང་རྗེ་བཙུན་འཇམ་པའི་དབྱངས་དང་། སྤྱན་རས་གཟིགས་འཇིག་རྟེན་དབང་ཕྱུག་སོགས་ལའང་བརྒྱན་པར་བགྱིའོ།།

打掃清淨已，爾後於能仁主及其子眷彼等，轉為青、紅、赫等各色之芳香（以薰香所薰）正等（意即無上）天衣（三法衣等等）做獻供，各種輕薄柔軟感觸之妙好天衣服，百餘飾品此與彼等物，聖者普賢以及至尊文殊妙吉祥，觀世音等亦以此莊嚴。

༢.༢.༡.༢.༡.༡.༢.༢.ཉེར་སྤྱོད་ཀྱི་མཆོད་པ།
2.2.1.2.1.1.2.2.妙欲供

སྟོང་གསུམ་ཀུན་ཏུ་དྲི་ངད་ལྡང་བ་ཡི། ། 三千世間散發芳香氣，
དྲི་མཆོག་རྣམས་ཀྱིས་ཐུབ་དབང་ཀུན་གྱི་སྐུ། ། 最上香供一切能仁身，
གསེར་སྦྱངས་བཙོ་མ་བྱི་དོར་བྱས་པ་ལྟར། ། 猶如擦抹精純之黃金，
འོད་ཆགས་འབར་བ་དེ་དག་བྱུག་པར་བགྱི། །當抹燦爛熾盛之彼等。

སྟོང་གསུམ་གྱི་སྟོང་ཆེན་པོའི་འཇིག་རྟེན་ཀུན་ཏུ་དྲི་ངད་ལྡང་བ་ཡི། དྲི་མཆོག་ཕུལ་དུ་བྱུང་བ་རྣམས་ཀྱིས་ཐུབ་པའི་དབང་པོ་ཀུན་གྱི་སྐུ། གསེར་ཤིན་ཏུ་སྦྱངས་པར་བྱས་པའི་བཙོ་མ་བྱི་དོར་བྱས་པ་ལྟར། རང་དོན་འོད་ཆགས་པ་དང་གཞན་དོན་འོད་འབར་བ་དེ་དག་ལ་བྱུགས་པར་བགྱིའོ།།

於三千大千世間之中散發芳香氣，最殊勝上等之塗香供養一切能仁身，猶如擦抹極為精純之黃金一般，理當塗抹自利燦爛利他熾盛之彼等。

ཐུབ་དབང་མཆོད་གནས་མཆོག་ལ་ཡིད་འོང་བའི། །於諸能仁應供以悅意，
མེ་ཏོག་མནྡཱ་ར་དང་པདྨ་དང་། ། 曼達惹瓦鮮花與蓮花，
ཨུཏྤལ་ལ་སོགས་དྲི་ཞིམ་ཐམས་ཅད་དང་། ། 鄔陀羅等一切芬芳花，
ཕྲེང་བ་སྤེལ་ལེགས་ཡིད་འོང་རྣམས་ཀྱིས་མཆོད། ། 妙好悅意花鬘為供養。

ཐུབ་པའི་དབང་པོ་མཆོད་གནས་ཀྱི་དམ་པ་མཆོག་ལ་ཡིད་དུ་འོང་བའི། ལྷའི་མེ་ཏོག་མནྡཱ་ར་བ་དང་པདྨ་དང་། ཨུཏྤལ་ལ་སོགས་པ་དྲི་ཞིམ་པོའི་རིགས་ཐམས་ཅད་དང་། མེ་ཏོག་གི

ཐྲིང་བ་སྒྲིལ་ལེ་གས་པ་ཨི་ནྡུ་འོང་བ་རྣམས་ཀྱིས་མཆོད་དེ།

於諸能仁正等應供眾，以悅意之天界曼達惹瓦鮮花與蓮花，以及鄔陀羅等一切芬芳花，諸多妙好悅意花鬘為供養。

སྤོས་མཆོག་ཡིད་འཕྲོག་དྲི་ངད་ཁྱབ་པ་ཡི།། 陶醉熏香之氣所遍佈，

བདུག་པའི་སྤྲིན་ཚོགས་རྣམས་ཀུན་དེ་ལ་དབུལ།། 一切熏香雲集供養彼。

སྤོས་ཀྱི་མཆོག་ཡིད་འཕྲོག་པའི་དྲི་ཡི་ངད་པ་ཕྱོགས་ཀུན་དུ་ཁྱབ་པ་ཡི། བདུག་པའི་སྤྲིན་ཚོགས་ནམ་མཁའ་ཁྱབ་པ་རྣམས་ཀུན་དེ་དག་ལ་དབུལ་བར་བགྱིའོ།།

以令人陶醉、最上等熏香之氣所遍佈的一切熏香雲集，供養彼等聖眾。

ཞལ་ཟས་བཟའ་བཏུང་སྣ་ཚོགས་བཅས་པ་ཡི།། 各種美味飲食等等之，

ལྷ་བཤོས་རྣམས་ཀུན་དེ་ལ་དབུལ་བར་བགྱི།། 一切神饈亦供彼聖眾，

ཞལ་དུ་གསོལ་བའི་ཟས་བཟའ་བ་དང་བཏུང་བའི་བྱེ་བྲག་སྣ་ཚོགས་པ་དང་བཅས་པ་ཡི། ལྷ་ལ་འོས་པའི་བཤོས་རྣམས་ཀུན་དེ་དག་ལ་དབུལ་བར་བགྱིའོ།།

各種可享用之美味飲食等等之一切神當受用的饈饌亦供彼聖眾。

གསེར་གྱི་པདྨ་ཚར་དུ་དངར་བ་ཡི།། 黃金蓮花嚴整排成列，

རིན་ཆེན་སྒྲོན་མ་རྣམས་ཀུན་དབུལ་བར་བགྱི།། 一切珍貴燈炬做供養。

གསེར་གྱི་རང་བཞིན་ལས་བྱས་པའི་པདྨ་ཚར་དུ་དངར་བ་དག་ལ་བརྟེན་པ་ཡི། རིན་ཆེན་རིན་ཐང་མེད་པ་འཇིག་རྟེན་གྱི་མུན་པ་སེལ་བའི་སྒྲོན་མེ་རྣམས་ཀུན་དེ་དག་ལ་དབུལ་བར་བགྱིའོ།།

由黃金自性所製成之蓮花嚴整排成列，其上一切珍貴無價、能消除世間黑暗之燈炬用做供養彼等勝眾。

ས་གཞི་བསྟར་བ་སྤོས་ཀྱིས་བྱུགས་པ་དེར།། 平整大地香水所擦拭，

མེ་ཏོག་ཡིད་འོང་སིལ་མ་དགྲམ་པར་བགྱི། ། 當以悅意鮮花為鋪陳。

ཡིད་དུ་འོང་བའི་ས་གཞི་ཁོད་མཉམ་པས་བསྐུར་བ་ཙནྡན་དང་གུར་གུམ་ལ་སོགས་པའི་སྤོས་ཀྱིས་བྱུགས་པ་དེར། མེ་ཏོག་ཡིད་དུ་འོང་བ་འདབ་མ་རེ་རེ་ལ་བ་ལང་གི་ཀོ་བའི་ཚད་དང་ལྡན་པ་རྣམས་སིལ་མ་དགྲམ་པར་བགྱི་ཞིང་དབུལ་བར་བྱའོ།།

令人悅意、平坦齊整之大地，以旃檀、紅花等香水所擦拭, 當以令人悅意、各各花瓣大如牛皮之鮮花為大地鋪陳，以此做供養。

གཞལ་མེད་ཕོ་བྲང་བསྟོད་དབྱངས་ཡིད་འོང་ལྡན། ། 無量宮殿悅意讚歎音,
མུ་ཏིག་རིན་ཆེན་རྒྱན་འཕྱང་མཛེས་འབར་བ། ། 珍珠珍寶掛飾美熾盛,
དཔག་ཡས་ནམ་མཁའི་རྒྱན་གྱུར་དེ་དག་ཀུན། ། 無量虛空嚴飾彼一切,
ཐུགས་རྗེའི་རང་བཞིན་ཅན་ལ་དབུལ་བར་བགྱི། ། 當供大悲自性之聖眾,

བློས་གཞལ་དུ་མེད་པའི་ཕོ་བྲང་འདོད་སྣམ་དུ་ལྷའི་བུ་མོ་རྣམས་ཀྱིས་བསྟོད་པའི་དབྱངས་ཡིད་དུ་འོང་བ་དང་ལྡན་པས་བསྟོད་ཅིང་། མུ་ཏིག་ལ་སོགས་པ་རིན་ཆེན་སྣ་ཚོགས་ཀྱི་ཆུན་པོའི་རྒྱན་འཕྱང་བས་མཛེས་ཤིང་འོད་ཟེར་ཀུན་ཏུ་འབར་བ། ཆུ་ཞེང་གི་ཚད་དཔག་ཡས་པ་ནམ་མཁའི་ཁམས་རབ་འབྱམས་ཀྱི་རྒྱན་དུ་གྱུར་པ་དེ་དག་ཀུན། ཐུགས་རྗེ་ཆེན་པོའི་རང་བཞིན་ཅན་རྣམས་ལ་དབུལ་བར་བགྱིའོ།།

無法用心估量之宮殿，其妙欲台層上，天女眾以令人悅意的讚歎之音聲做讚歎，珍珠等等各種珍寶掛飾甚為美麗且光蘊熾盛，其面積無量，作為廣大虛空的嚴飾，彼等所有一切，應當用來供養大悲自性之聖眾。

རིན་ཆེན་གདུགས་མཛེས་གསེར་གྱི་ཡུ་བ་ཅན། ། 珍寶華傘美麗具金柄,
ཁོར་ཡུག་རྒྱན་གྱི་རྣམ་པ་ཡིད་འོང་བརྒྱན། ། 周圍種種飾品悅意飾,
དབྱིབས་ལེགས་ལྟ་ན་སྡུག་པ་བསྒྲེང་བ་ཡང་། ། 高舉雅形見無厭彼等,
རྟག་ཏུ་ཐུབ་དབང་རྣམས་ལ་དབུལ་བར་བགྱི། ། 亦常供養能仁一切聖。

རྒྱ་གོས་རིན་པོ་ཆེ་དང་ལྭ་བ་རིན་ཆེན་དག་ལས་གྲུབ་པའི་གདུགས་པ་མཛེས་པ་གསེར་གྱི་ཡུ་བ་ཅན། ཁོར་ཁོར་ཡུག་ཏུ་མུ་ཏིག་དམར་པོ་ལ་སོགས་པའི་རྒྱན་གྱི་རྣམ་པ་ཡིད་དུ་འོང་བ་དུ་མས་བརྒྱན་པ། ཧ་ཅང་མཐོ་བ་མ་ཡིན་ཧ་ཅང་དམའ་བ་མ་ཡིན་པས་དབྱིབས་ལེགས་ཤིང་བལྟན་སྡུག་པ་མང་པོ་བསྒྲེང་བ་ཡང་། རྟག་ཏུ་ཐུབ་པའི་དབང་པོ་སྲས་དང་བཅས་པ་རྣམས་ལ་དབུལ་བར་བགྱིའོ།།

由寶衣寶袍等珍寶所製成的華傘，既美麗且具黃金手柄，邊緣周圍以紅珍珠等種種飾品悅意地做裝飾，高舉不過高、不過低、典雅形狀、見而無厭彼等華傘，亦常供養能仁及佛子一切聖者。

༢.༢.༡.༢.༡.༡.༣.སྨོན་ལམ་སྟོབས་ཀྱི་མཆོད་པ།

2.2.1.2.1.1.3.願力供

དེ་ལས་གཞན་ཡང་མཆོད་པའི་ཚོགས།།	除此以外供養集，
རོལ་མོ་དབྱངས་སྙན་ཡིད་འོང་ལྡན།།	音樂悅耳令心悅，
སེམས་ཅན་སྡུག་བསྔལ་སིམ་བྱེད་པའི།།	有情痛苦獲安寧，
སྤྲིན་རྣམས་སོ་སོར་གནས་གྱུར་ཅིག །	一一供雲令化現。
དམ་ཆོས་དཀོན་མཆོག་ཐམས་ཅད་དང་།།	對於一切正法寶，
མཆོད་རྟེན་རྣམས་དང་སྐུ་གཟུགས་ལ།།	各種供塔與尊像，
རིན་ཆེན་མེ་ཏོག་ལ་སོགས་ཆར།།	珍寶以及花等雨，
རྒྱུན་མི་ཆད་པར་འབབ་པར་ཤོག །	令不間斷降作供。

དེ་དག་ལས་གཞན་ཡང་མཆོད་པའི་ཚོགས། རྫ་རྔ་ལ་སོགས་པ་རོལ་མོའི་བྱེ་བྲག་དབྱངས་སྙན་པ་ཡིད་དུ་འོང་བ་དང་ལྡན་པས། སེམས་ཅན་སྡུག་བསྔལ་ཅན་རྣམས་ཀྱི་རྣ་བའི་ལམ་དུ་སོན་པ་ན་དགའ་བས་སིམ་པར་བྱེད་པའི། མཆོད་པའི་སྤྲིན་རྣམས་སོ་སོར་གནས་པར་གྱུར་ཅིག །དམ་པའི་ཆོས་དཀོན་མཆོག་གསུང་རབ་གླེགས་བམ་གྱི་རྣམ་པར་གནས་པ་ཐམས་ཅད་

དང་། དེ་བཞིན་གཤེགས་པའི་མཆོད་རྟེན་རྣམས་དང་སངས་རྒྱས་དང་བྱང་ཆུབ་སེམས་དཔའི་སྐུ་གཟུགས་ཐམས་ཅད་ལ། རིན་ཆེན་གྱི་ཆར་དང་མེ་ཏོག་དང་ཙནྡན་དང་གོས་ལ་སོགས་པའི་ཆར། རྟག་ཏུ་རྒྱུན་མི་འཆད་པར་འབབ་པར་གྱུར་ཅིག།

除此等以外的一切供養集合，腰鼓等各類音樂極為悅耳令心神愉悅，能令有情的痛苦獲得安寧，一一轉為供養雲令化現，對於以經書形象存在的一切正法寶，各種如來應供塔，與一切諸佛菩薩的尊身像，珍寶之雨，以及花與旃檀等等雨，令恆常不間斷降下作為供養。

༢.༢.༡.༢.༡.༡.༤.བླ་ན་མེད་པའི་མཆོད་པ།
2.2.1.2.1.1.4.無上供

ཇི་ལྟར་འཇམ་དབྱངས་ལ་སོགས་པས། ། 猶如文殊等聖者，
རྒྱལ་བ་རྣམས་ལ་མཆོད་མཛད་པ། ། 供養一切勝者般，
དེ་བཞིན་བདག་གིས་དེ་བཞིན་གཤེགས།། 如是我於諸如來，
མགོན་པོ་སྲས་དང་བཅས་རྣམས་མཆོད།། 怙主及子皆供養。

བླ་ན་མེད་པའི་མཆོད་པ་ནི་ཇི་ལྟར་ན་འཕགས་པ་འཇམ་པའི་དབྱངས་དང་ཀུན་ཏུ་བཟང་པོ་ལ་སོགས་པས། ཕྱོགས་བཅུའི་རྒྱལ་བ་རྣམས་ལ་མཆོད་རྫས་ཀྱི་དངོས་པོ་བླ་ན་མེད་པ་དག་གིས་མཆོད་པར་མཛད་པ། དེ་བཞིན་དུ་བདག་གིས་ཀྱང་དེ་བཞིན་གཤེགས་པ། མགོན་པོ་སྲས་དང་བཅས་པ་རྣམས་ལ་མཆོད་པའི་སེམས་པ་བྱ་བའོ།།

無上供養為：猶如聖者文殊、普賢等聖者，以無上供品供養十方一切勝者一般，如是我亦於諸如來，怙主以及佛子等眾皆做供養。

༢.༢.༡.༢.༡.༡.༥.བསྟོད་པ་དབྱངས་ཀྱི་མཆོད་པ།
2.2.1.2.1.1.5.讚歎供

ཡོན་ཏན་རྒྱ་མཚོ་རྣམས་ལ་བདག །　　功德大海會聖眾，
བསྟོད་དབྱངས་ཡན་ལག་རྒྱ་མཚོས་བསྟོད།།　　我以贊音大海贊，
བསྟོད་དབྱངས་སྙན་སྤྲིན་དེ་དག་ལ། །　　贊音悅雲於彼等，
ངེས་པར་ཀུན་ཏུ་འབྱུང་གྱུར་ཅིག །　　一切必定令生起。

ཡོན་ཏན་རྒྱ་མཚོ་ལྟ་བུ་སངས་རྒྱས་དང་བྱང་ཆུབ་སེམས་དཔའ་རྣམས་ལ་བདག་གིས་བསྟོད་པའི་དབྱངས་འགྱུར་ཁུགས་འདེགས་འཇོག །ལྔའི་རྗེས་སུ་སྐྱེས་པ། དྲུག་གི་རྗེས་སུ་སྐྱེས་པ། བར་མའི་དབྱངས་ལ་སོགས་པ་ཡན་ལག་རྒྱ་མཚོས་བསྟོད། བསྟོད་དབྱངས་སྙན་པའི་སྤྲིན་ཕུང་རྣམས་དེ་དག་གི་སྙན་གྱི་ལམ་ལ། རྒྱུན་མི་འཆད་པར་ངེས་པར་ཀུན་ཏུ་འབྱུང་བར་གྱུར་ཅིག །

猶如功德大海一般諸佛菩薩會聖眾，我以讚歎音聲，強弱高低聲、五隨生、六隨生、中音等等大海般種種支分韻調做讚歎，贊音悅雲於彼等之耳處，一切無間斷必定令生起。

༢.༢.༡.༢.༡.༢.ཕྱག་འཚལ་བའི་ཡན་ལག
2.2.1.2.1.2.頂禮支

དུས་གསུམ་གཤེགས་པ་ཐ་སངས་རྒྱས་ཀུན།།　　三時到來一切佛，
ཆོས་དང་ཚོགས་ཀྱི་མཆོག་བཅས་ལ། །　　以及正法眾中尊，
ཞིང་རྡུལ་ཀུན་གྱི་གྲངས་སྙེད་ཀྱི། །　　我以一切剎塵數，
ལུས་བཏུད་པ་ཡིས་བདག་ཕྱག་འཚལ། །　　以身致禮恭頂禮。

འདས་པ་དང་མ་འོངས་པ་དང་ད་ལྟར་བྱུང་བའི་དུས་གསུམ་དུ་གཤེགས་པ་ཐ་སངས་རྒྱས་རྣམས་དང༌། ལུང་དང་རྟོགས་པའི་ཆོས་དང་ཚོགས་ཀྱི་མཆོག་བྱང་སེམས་འཕགས་པའི་དགེ་འདུན་དང་བཅས་པ་ལ། ཞིང་ཁམས་རབ་འབྱམས་ཀྱི་རྡུལ་ཀུན་གྱི་གྲངས་སྙེད་ཀྱི། ལུས་རང་གི་བློ་ཡིས་སྤྲུལ་ནས་གུས་པས་བཏུད་པ་དང་བཅས་པས་ནི་བདག་གིས་ཕྱག་འཚལ་ལོ། །

過去、現在、未來，三時到來一切佛，以及教證正法、菩薩僧伽眾中尊，我以一切廣大無數剎土所具塵土之數，以意所化現之身致禮，恭敬行頂禮。

བྱང་ཆུབ་སེམས་ཀྱི་གཞི་རྣམས་དང་། །　一切菩提心之基,
མཆོད་རྟེན་རྣམས་ལ་བདག་ཕྱག་འཚལ། །　應供塔等我頂禮,
མཁན་པོ་དེ་བཞིན་སློབ་དཔོན་དང་། །　戒師以及教授師,
བརྟུལ་ཞུགས་མཆོག་ལ་ཕྱག་འཚལ་ལོ། །　禁行尊等我頂禮。

བྱང་ཆུབ་སེམས་ཀྱི་གཞི་བྱང་ཆུབ་སེམས་དཔའི་སྡེ་སྣོད་དང་མངོན་པར་སངས་རྒྱས་པ་ལ་སོགས་པའི་གནས་རྣམས་དང་། དེ་བཞིན་གཤེགས་པའི་མཆོད་རྟེན་རྣམས་ལ་ཡང་བདག་གིས་ཕྱག་འཚལ་ཞིང་། བསླབ་པ་སྦྱིན་པའི་མཁན་པོ་དང་དེ་བཞིན་དུ་སྤང་བླང་གི་གནས་སྟོན་པའི་སློབ་དཔོན་དང་། བརྟུལ་ཞུགས་ཀྱི་མཆོག་གོས་ངུར་སྨྲིག་གི་རྒྱལ་མཚན་འཆང་བ་རྣམས་ལ་ཕྱག་འཚལ་ལོ། །

一切菩提心之根基—菩薩典籍以及成佛等等要訣，如來種種應供塔等我頂禮，給予戒律學處的戒師，以及直指取捨之教授師，禁惡行善之尊等執掌袈裟尊勝幢等眾我頂禮。

༢.༢.༡.༢.༡.༣.སྐྱབས་སུ་འགྲོ་བའི་ཡན་ལག
2.2.1.2.1.3.皈依支

བྱང་ཆུབ་སྙིང་པོར་མཆིས་ཀྱི་བར། །　未具菩提藏以前,
སངས་རྒྱས་རྣམས་ལ་སྐྱབས་སུ་མཆི། །　皈依佛陀薄伽梵,
ཆོས་དང་བྱང་ཆུབ་སེམས་དཔའ་ཡི། །　正法菩提薩埵眾,
ཚོགས་ལའང་དེ་བཞིན་སྐྱབས་སུ་མཆི། །　亦當如是行皈依。

དཀོན་མཆོག་གསུམ་ལ་སྐྱབས་སུ་འགྲོ་བ་ནི་བྱང་ཆུབ་ཀྱི་སྙིང་པོར་མཆིས་ཀྱི་བར་ཏེ་རྫོགས་པའི་བྱང་ཆུབ་མ་ཐོབ་ཀྱི་བར་དུ་ཞེས་པའི་དོན་ནོ། །སངས་རྒྱས་རྣམས་ལ་སྟོན་པར་བཟུང་སྟེ་སྐྱབས་སུ་མཆི། བདེན་གཉིས་ཀྱི་རང་བཞིན་ཅན་གྱི་ཆོས་དང་བྱང་ཆུབ་སེམས་དཔའ་ཡི། ཚོགས་ལའང་དེ་བཞིན་དུ་བསླབ་བྱའི་ལམ་དང་གྲོགས་སུ་དམ་བཅས་ནས་སྐྱབས་སུ་མཆིའོ། །

皈依三寶：未具菩提藏以前（即未證得圓滿菩提之前），皈依教主佛陀薄伽梵，二諦自性之正法以及菩提薩埵眾，即對於所修以及助友亦當如是行皈依。

༢.༢.༡.༢.༡.༤.སྡིག་པ་བཤགས་པའི་ཡན་ལག
2.2.1.2.1.4.懺悔支

༢.༢.༡.༢.༡.༤.༡.བཤགས་ཡུལ་མངོན་དུ་བྱ་བ།
2.2.1.2.1.4.1.升起懺境

ཕྱོགས་རྣམས་ཀུན་ན་བཞུགས་པ་ཡི། ། 十方一切處所在，
རྫོགས་སངས་རྒྱས་དང་བྱང་ཆུབ་སེམས། ། 圓滿佛陀與菩薩，
ཐུགས་རྗེ་ཆེན་པོ་མངའ་རྣམས་ལ། ། 一切大悲心聖眾，
ཐལ་མོ་སྦྱར་ཏེ་གསོལ་བ་ནི། ། 我敬合十恭祈請，

སྡིག་པ་བཤགས་པ་ནི། ཕྱོགས་བཅུའི་འཇིག་རྟེན་གྱི་ཁམས་རྣམས་ཀུན་ན་བཞུགས་པ་ཡི། ཡང་དག་པར་རྫོགས་པའི་སངས་རྒྱས་དང་བྱང་ཆུབ་སེམས་དཔའ་ཐུགས་རྗེ་ཆེན་པོ་མངའ་བ་ཇི་སྙེད་བཞུགས་པ་རྣམས་ལ། གུས་པས་ཐལ་མོ་སྦྱར་ཏེ་ཚིག་ཏུ་བརྗོད་པས་གསོལ་བ་ནི།
懺悔罪障：十方世間界一切處所在之正等圓滿佛陀與菩薩，一切具有大悲心之聖者眾，我雙手恭敬合十，恭敬做如下之祈請：

༢.༢.༡.༢.༡.༤.༢.བཤགས་པ་དངོས་བཤད་པ།
2.2.1.2.1.4.2.宣說懺悔正文

༢.༢.༡.༢.༡.༤.༢.༡.སུན་འབྱིན་པའི་སྟོབས།
2.2.1.2.1.4.2.1.厭離力

ཐོག་མ་མེད་ལྡན་འཁོར་བ་ནས། ། 沉淪無始輪迴已，
ཚེ་རབས་འདི་འམ་གཞན་དག་ཏུ། ། 或於此生或他生，
བདག་གིས་མ་འཚལ་སྡིག་བགྱིས་པ་འམ། ། 己所不察自造罪，
བགྱིད་དུ་སྩལ་བ་ཉིད་དང་ནི། ། 或己不察使他造，

གཏི་མུག་འཁྲུལ་བས་བདག་ཉོན་ཏེ། །	或因癡惑遮蔽己，
རྗེས་སུ་ཡི་རང་གང་བགྱིས་པ།།	一切隨喜惡等行，
ཉེས་པ་དེ་ནི་མཐོང་བགྱིས་ནས། །	今既見彼過罪已，
བསམ་པ་ཐག་པས་མགོན་ལ་བཤགས། །	於怙主前由衷懺。

ཐོག་མ་མེད་པ་དང་ལྡན་པའི་འཁོར་བ་ནས། ཚེ་རབས་འདི་འམ་སྔོན་གྱི་ཚེ་རབས་གཞན་དག་ཏུ། བདག་གིས་མ་འཚལ་བ་སྟེ་ཉེས་དམིགས་མ་ཤེས་པས་ལུས་ངག་ཡིད་གསུམ་གྱིས་སྡིག་པ་བགྱིས་པ་འམ་གཞན་ལ་བསྐོས་ཏེ་བགྱིད་དུ་སྩལ་བ་ཉིད་དང་ནི། གཏི་མུག་འཁྲུལ་བས་བདག་ཉོན་པར་གྱུར་ཏེ། གཞན་གྱིས་མི་དགེ་བ་བྱེད་པ་ལ་རྗེས་སུ་ཡི་རང་བ་གང་བགྱིས་པ། ཉེས་པ་སྟེ་ཉེས་པ་དེ་ནི་མཐོང་བར་བགྱིས་ནས། བསམ་པ་ཐག་པས་མགོན་པོ་རྣམས་ལ་བཤགས་པར་བགྱིའོ།།

自沉淪於具有無始自性之輪迴已，或於此生或於過去累世他生之中，因己所不察（不知其過患），而由自己身語意三門所造之罪，亦或因己不察，命令他有情，使他有情造惡，或因癡惑遮蔽了自己，犯下一切隨喜他有情造惡等行，今既見彼是過失是罪惡已，於怙主聖眾身前由衷懺悔。

བདག་གིས་དཀོན་མཆོག་གསུམ་དང་ནི།།	我於佛法僧三寶，
ཕ་མའམ་བླ་མ་གཞན་དག་ལ།།	父母上師與他眾，
ཉོན་མོངས་སྒོ་ནས་ལུས་ངག་དང་། །	出於煩惱以三門
ཡིད་ཀྱིས་གནོད་བགྱིས་གང་ལགས་པ། །	身語意行種種害，
ཉེས་པ་དུ་མས་སྐྱོན་ཆགས་པའི། །	因多惡行成有過，
སྡིག་ཅན་བདག་གིས་སྡིག་པ་གང་། །	罪人我所造一切，
ཤིན་ཏུ་མི་བཟད་བགྱིས་པ་དེ།།	甚為恐怖彼等罪，
ཐམས་ཅད་འདྲེན་པ་རྣམས་ལ་བཤགས།།	皆於導師眾前懺。

བདག་གིས་ཡོན་ཏན་ཟླ་ན་མེད་པའི་ཞིང་དཀོན་མཆོག་གསུམ་དང་ནི། ཕན་འདོགས་པའི་

ཞིང་ཕ་མ་འམ་ཡོན་ཏན་དང་ཕན་འདོགས་པ་གཉིས་ཀའི་ཞིང་བླ་མ་དང་སེམས་ཅན་གཞན་དག་ལ་ཡང་། བསམ་པ་ཉོན་མོངས་པའི་སྒོ་ནས་ལུས་དང་ངག་དང་། ཡིད་ཀྱིས་གནོད་པ་བགྱིས་པ་གང་ལགས་པ། རང་དབང་མེད་པའི་འདོད་ཆགས་ལ་སོགས་པའི་ཉེས་པ་དུ་མས་སྐྱོན་ཆགས་པ་བའི། སྡིག་པ་ཅན་བདག་གིས་ལུས་ངག་ཡིད་གསུམ་གྱིས་སྡིག་པ་བ་གང་། ཤིན་ཏུ་མ་རུང་བ་མི་བཟད་པར་བགྱིས་པ་དེ། ཐམས་ཅད་སྐྱབས་ཡུལ་འདྲེན་པ་རྣམས་ལ་བཤགས་སོ།།

我於無上功德田佛法僧三寶，以及饒益田父母，既是功德亦是饒益之田上師，與其他有情眾，出於煩惱心，以三門身語意行種種害，因不自主之貪等多種惡行成為有過的罪人，我身語意三門所造一切甚為恐怖、不可饒恕彼等罪惡，皆於皈依境導師眾前懺悔。

བདག་ནི་སྡིག་པ་མ་བྱང་བར།།	我於罪惡未淨時,
སྔོན་དུ་འགུམ་པ་ར་འགྱུར་དུ་མཆི།།	將有先死之過患,
ཇི་ལྟར་འདི་ལས་ངེས་ཐར་བར།།	如何必定解脫此,
མྱུར་བའི་ཚུལ་གྱིས་བསྐྱབ་ཏུ་གསོལ།།	祈請快速救護我。

ཅིའི་ཕྱིར་རིངས་པའི་ཚུལ་གྱིས་བཤགས་ཞེ་ན། བདག་ནི་ཐོག་མེད་ཀྱི་དུས་ནས་བསགས་པའི་སྡིག་པ་འདི་དག་མ་བྱང་བར། སྡིག་པ་དག་པའི་སྔོན་དུ་འགུམ་པ་ར་འགྱུར་དུ་མཆི། དེ་བས་ན་ཇི་ལྟར་སྡིག་པ་འདི་ལས་ངེས་པར་ཐར་བར་འགྱུར་བའི་ཕྱིར། མྱུར་བའི་ཚུལ་གྱིས་བསྐྱབ་ཏུ་གསོལ།།

若言如何急切懺悔，我於這些無始時來所造的罪惡尚未獲得清淨時，將有罪惡清淨之前先死之過患，因此，如何必定解脫此罪惡，祈請快速救護我。

ཡིད་བརྟན་མི་རུང་འཆི་བདག་འདི།།	不可信任此死主,
བྱས་དང་མ་བྱས་མི་སྡོད་པས།།	已辦未辦俱不留,

ན་དང་མི་ན་ཀུན་གྱིས་ཀྱང་།།　　一切有病未病者，
གློ་བུར་ཚེ་ལ་ཡིད་མི་བརྟན།།　　瞬息壽皆不可依，
ཐམས་ཅད་བོར་ཏེ་ཆ་དགོས་པར། །　　拋棄一切又別離，
བདག་གིས་དེ་ལྟར་མ་ཤེས་པས། །　　而我不知如是理，
མཛའ་དང་མི་མཛའི་དོན་གྱི་ཕྱིར། །　　為親非親等眾故，
སྡིག་པ་རྣམ་པ་སྣ་ཚོགས་བྱས།།　　造作大小種種罪，

ཡིད་བརྟན་དུ་མི་རུང་བའི་འཆི་བདག་འདི། བྱ་བ་འགའ་ཞིག་བྱས་པ་དང་མ་བྱས་པས་ཀྱང་མི་སྡོད་པ་ཡིན་པས། ན་བ་དང་མི་ན་བའི་སྐྱེ་བོ་ཀུན་གྱིས་ཀྱང་། གློ་བུར་བའི་ཚེ་འདི་ཉིད་ལ་ཡིད་མི་བརྟན་ཏེ་དེ་ལ་ཡིད་བརྟན་དུ་མི་རུང་ངོ་ཞེས་པའི་དོན་ནོ། །དེ་ལྟར་སྡིག་པས་འཇིགས་ན། འོ་ན་ཅིའི་ཕྱིར་དེ་བྱེད་ཅེ་ན། མཛའ་བ་དང་མི་མཛའ་བ་ཐམས་ཅད་བོར་ཏེ་ཆ་བགོས་ནས་འགྲོ་བར་བྱ་བ་ཡིན་པར། བདག་གིས་དེ་ལྟར་མ་ཤེས་པས། །མཛའ་བ་བ་ལ་ཕན་འདོགས་པ་དང་མི་མཛའ་བ་བ་ལ་གནོད་པར་བྱ་བའི་དོན་གྱི་ཕྱིར། སྡིག་པ་རྣམ་པ་སྣ་ཚོགས་པ་དུ་མར་བྱས་སོ།།

不可信任此死主，已辦某些事者，以及尚未成辦某事者，俱不留於世間，一切有病未病者，瞬息的壽命皆不可依（此句表示壽命不可信不可依），如是若受罪惡威脅，又當如何做？死亡乃拋棄一切親與非親之人，又與一切別離而去，而我不知如是理，為饒益親者，傷害非親等眾之故，造作大大小小種種多樣之罪。

མི་མཛའ་རྣམས་ཀྱང་མེད་འགྱུར་ཞིང་། །　　縱是非親亦歸無，
མཛའ་བ་རྣམས་ཀྱང་མེད་པར་འགྱུར། །　　縱是己親亦歸無，
བདག་ཀྱང་མེད་པར་འགྱུར་བ་སྟེ། །　　縱是自己亦歸無，
དེ་བཞིན་ཐམས་ཅད་མེད་པར་འགྱུར། །　　如是一切歸於無，
རྨི་ལམ་ཉམས་སུ་མྱོང་བ་བཞིན། །　　猶如夢中所經歷，

དངོས་པོ་གང་དང་གང་སྤྱད་པ།།	凡凡總總所行事，
དེ་དེ་དྲན་པའི་ཡུལ་དུ་འགྱུར།།	一一成為回憶境，
འདས་པ་ཐམས་ཅད་མཐོང་མི་འགྱུར།།	一切往事不可見，
རེ་ཞིག་གསོན་ཚེ་འདི་ཉིད་ལའང་།།	縱於短暫此生中，
མཛའ་འ་དང་མི་མཛའ་འ་དུ་མ་འདས།།	親與非親多人逝，
དེ་དག་དོན་དུ་བྱས་པའི་སྡིག།	而為彼等所造罪，
མི་བཟད་གང་ཡིན་མདུན་ན་གནས།།	一切恐怖在眼前。

གང་གི་དོན་དུ་སྡིག་པ་བྱས་པའི་མི་མཛའ་འ་བ་རྣམས་ཀྱང་མེད་པར་འགྱུར་ཞིང་། མཛའ་འ་བ་རྣམས་ཀྱང་མེད་པར་འགྱུར་ལ། བདག་ཀྱང་ཤི་ནས་མེད་པར་འགྱུར་བ་སྟེ། དེ་བཞིན་དུ་གང་གི་དོན་དུ་འབད་པར་བྱས་པའི་དངོས་པོ་དེ་དག་ཐམས་ཅད་མེད་པར་འགྱུར་རོ། །རང་འཆི་བའི་ཚེ་ན་རྨི་ལམ་དུ་རྒྱལ་སྲིད་ལ་སོགས་པའི་བདེ་བ་ཉམས་སུ་མྱོང་བ་བཞིན་དུ། དངོས་པོ་གང་དང་གང་ལ་སྤྱད་པ། དེ་དང་དེ་དྲན་པའི་ཡུལ་དུ་འགྱུར་བ་ཙམ་ལས། འདས་པ་ཐམས་ཅད་སླར་མཐོང་བར་མི་འགྱུར་རོ། །གལ་ཏེ་དེ་ལྟར་ན་སྡིག་པ་ཡང་དེ་དག་དང་ལྷན་ཅིག་ཏུ་འགྲོ་བར་འགྱུར་རོ་ཞེ་ན། ཚེ་རབས་གཞན་ལྟ་ཞོག་རེ་ཞིག་གསོན་པའི་དུས་ཀྱི་ཚེ་འདི་ཉིད་ལ་འང་། མཛའ་འ་བ་དང་མི་མཛའ་འ་བ་དུ་མ་ཞིག་འདས་པར་འགྱུར་ལ། དེ་དག་གི་དོན་དུ་བྱས་པའི་སྡིག་པ་མི་བཟད་པ་གང་ཡིན་པ་དེ་ནི་རང་གི་མདུན་ན་གནས་པ་ཡིན་ནོ།།

縱然是為了某有情而造罪之非親亦將歸於無，縱然是己親亦將歸於無，縱然是自己亦將死亡歸於無，如是為了某有情而努力所行一切事，亦將歸於無，自己死亡之時，猶如夢中所經歷到的國王安樂等等，凡凡總總所行之事，也一一僅僅成為回憶之境一般，一切往事都不可再現再見，若以為因此彼等罪惡也將一同消逝，然而別說其它生，縱然於短暫此生之中，親與非親等多人逝世之後，而為彼等所造之罪，所有一切恐怖也就在自己

眼前。

དེ་ལྟར་བདག་ནི་གློ་བུར་ཞེས།།　　如是我名為驟然，
བདག་གིས་རྟོགས་པ་མ་གྱུར་པས། །　　因我未曾領悟故，
གཏི་མུག་ཆགས་དང་ཞེ་སྡང་གིས། །　　出於愚癡貪與嗔，
སྡིག་པ་རྣམ་པ་དུ་མ་བྱས།།　　故而造下多種罪。

དེ་ལྟར་བདག་ནི་གློ་བུར་དུ་འཆི་བའི་ཆོས་ཅན་ཡིན་ཞེས། བདག་གིས་སྔོན་ཆད་རྟོགས་པར་མ་གྱུར་པས། བླང་དོར་གྱི་གནས་ལ་རྨོངས་པའི་གཏི་མུག་དང་ཡུལ་ལ་རེ་བའི་འདོད་ཆགས་དང་ཡོང་ནས་འཁྲུགས་པའི་ཞེ་སྡང་གི་དབང་གིས། ལུས་ངག་ཡིད་གསུམ་གྱིས་སྡིག་པ་རྣམ་པ་དུ་མ་བྱས་སོ།།

如是我名為驟然死亡者，因我往昔未曾領悟故，出於在取捨上的愚癡、希求對境的貪欲，與心中憤怒嗔忿，故而以身語意造下多種罪。

ཉིན་མཚན་སྡོད་པ་ཡོད་མེད་པར། །　　晝夜不曾稍駐留，
ཚེ་འདི་རྟག་ཏུ་གོད་འགྱུར་ཞིང་། །　　此生壽命常耗損，
སྣོན་པ་ཀུན་ནས་འོང་མེད་ན།།　　增長衰即不復返，
བདག་ལྟ་འཆི་བར་ཅིས་མི་འགྱུར། །　　似我何故不會死，
བདག་ནི་མལ་ན་འདུག་བཞིན་དུ། །　　當我臥於床榻時，
གཉེན་བཤེས་ཀུན་གྱིས་མཐའ་བ་བསྐོར་ཀྱང་།།　　一切親友雖在側，
སྲོག་ཆད་པ་ཡི་ཚོར་བ་དག།　　斷命等等諸感受，
བདག་ཉིད་གཅིག་པུས་མྱོང་བར་འགྱུར།།　　唯我一人獨自嘗，
གཤིན་རྗེའི་ཕོ་ཉས་ཟིན་པ་ལ།།　　閻羅使徒繫縛時，
གཉེན་གྱིས་ཅི་ཕན་བཤེས་ཅི་ཕན། །　　親有何用友何益，
དེ་ཚེ་བསོད་ནམས་གཅིག་བསྐྱབས་ན། །　　彼時唯福是依怙，
དེ་ཡང་བདག་གིས་མ་བསྟེན་ཏོ། །　　而我於彼不親近。

དེ་མྱུར་དུ་བཤགས་པར་མ་བྱས་ན་ཉིན་མཚན་ཀུན་ཏུ་སྐད་ཅིག་ཙམ་ཡང་སྡོད་པ་ཡོད་མེད་པར། ཚེ་འདི་ནི་ལྷག་ཆུ་ཆད་པའི་རྫིང་བུ་བཞིན་རྟག་ཏུ་གོད་པར་འགྱུར་ཞིང་། ཚེའི་སྣོན་པ་ཞིག་གྱུར་ནས་འོང་བ་མེད་ན། བདག་ལྟ་བུ་ཞིག་འཆི་བར་ཅིས་མི་འགྱུར། ངེས་པར་འཆི་བར་འགྱུར་མོད། དེའི་ཚེ་གཉེན་བཤེས་སོགས་ཡོད་པས་མི་འཇིགས་སོ་ཞེ་ན། བདག་ནི་མལ་གྱི་ཐ་མ་ན་འདུག་བཞིན་དུ། གཉེན་དང་མཛའ་བཤེས་ཀུན་གྱིས་མཐའ་ནས་བསྐོར་ཀྱང་། སྲོག་འཆད་པ་ཡི་སྡུག་བསྔལ་གྱི་ཚོར་བ་དག །བདག་ཉིད་གཅིག་པུས་མྱོང་བར་འགྱུར་གྱི། དེའི་ཆ་ཕྲ་མོ་ཡང་གཞན་ལ་འགོ་རྒྱུ་མེད་དོ། །གཤིན་རྗེའི་ཕོ་ཉ་འཇིགས་སུ་རུང་བ་རྣམས་ཀྱིས་ཟིན་པ་ལ། གཉེན་གྱིས་ཅི་ཞིག་ཕན་མཛའ་བཤེས་རྣམས་ཀྱིས་ཀྱང་ཅི་ཞིག་ཕན། དེ་ཚེ་བསོད་ནམས་གཅིག་པུ་སྐྱབས་སུ་འོས་ན། བསོད་ནམས་དེ་ཡང་བདག་གིས་རང་གི་རྒྱུད་ལ་མ་བསྟེན་ཏོ།།

若不即時懺悔罪障，一切晝夜於剎那之間亦不曾稍做駐留，此生壽命猶如水源枯竭的池塘一般，恆常處在耗損之中，壽命的增長一旦衰退，即不再復返，似我一般者何故不會死，必然會死；然而若以為有親友則無所畏懼，亦不然，當我最終臥於床榻時，一切親戚摯友雖會聚在側，斷命等等諸多痛苦感受，唯有我一人獨自嚐受，他人無法分得一分一毫的痛苦，被令人恐懼的閻羅使徒繫縛時，親戚有何用處，摯友又有何助益？彼時唯有福報是可依怙之物，而我於彼福報卻於心相續之中不曾親近、依止。

མགོན་པོ་བག་མེད་བདག་གིས་ནི། ། 怙主我因放逸故，
འཇིགས་པ་འདི་འདྲ་མ་འཚལ་ནས། ། 過去不知此怖畏，
མི་རྟག་ཚེ་འདིའི་ཆེད་དག་ཏུ།། 而為無常此生等，
སྡིག་པ་མང་པོ་ཉེ་བར་བསྒྲུབས། ། 極盡造作眾多罪。

ཀྱེ་མ་མགོན་པོ་ཞེས་བོས་ནས་བག་མེད་པའི་དབང་དུ་སོང་བ་བདག་གིས་ནི། དམྱལ་བ་ལ་སོགས་པའི་འཇིགས་པ་འདི་འདྲ་ཡོད་པར་མ་འཚལ་ནས། མི་རྟག་པ་སྐད་ཅིག་ཙམ་ཡང་མི་གནས་པའི་ཚེ་འདིའི་ལོངས་སྤྱོད་ལ་སོགས་པའི་ཆེད་དག་ཏུ། རང་ལ་གནོད་པའི་སྡིག་པ་མང་པོ་ཉེ་བར་བསྒྲུབས་སོ།།

唉！怙主啊（呼喊），我因放逸影響的緣故，過去不知有地獄等等此般種種怖畏，而為了追逐剎那無常的此生種種受用等享樂，極盡造作了對自己有害的眾多罪業。

སྐྱེ་བོ་ཡན་ལག་གཅོད་པའི་སར།། 斷人手足之刑場，
དེ་རིང་ཁྲིད་པ་འདར་བྲིད་འགྱུར་ཏེ།། 今日引赴尚惶恐，
ཁ་སྐམ་མིག་རྒྱ་ངན་ལ་སོགས།། 口幹眼慌等神情，
སྔ་ལས་གཞན་དུ་འགྱུར་སྣང་ན།། 展現異於往常相，
གཤིན་རྗེའི་ཕོ་ཉ་འཇིགས་འཇིགས་ལྟའི།། 何況形態令生懼，
ཤ་ཟུགས་ཅན་གྱིས་བཟུང་གྱུར་ཅིང་།། 閻羅使者所制伏，
འཇིགས་ཆེན་ནད་ཀྱིས་ཟིན་བས་གྱུར་པ།། 大駭病所纏縛者，
རབ་ཏུ་ཉམ་ཐག་སྨོས་ཅི་དགོས།། 極度可悲毋庸言。

དཔེར་ན་སྐྱེ་བོ་ཉེས་པ་ཅན་འགའ་ཞིག་ཡན་ལག་གཅོད་པའི་སར། དེ་རིང་ཁྲིད་པ་ན་དེ་འདར་བྲིད་པར་འགྱུར་ཏེ། ཁ་བསྐམས་ཤིང་མིག་རྒྱ་ངན་ཏེ་ཡོངས་པའི་ལྟ་སྟངས་བྱེད་པ་ལ་སོགས་པ། སྔ་མའི་གནས་སྐབས་ལས་གཞན་དུ་འགྱུར་བར་སྣང་ན། གཤིན་རྗེའི་ཕོ་ཉ་འཇིགས་འཇིགས་པ་ལྟ་བུའི། ཤ་ཟུགས་ཅན་གྱིས་ཏེ་སོ་ཞ་རྡོམ་པ། ཨམ་གཙིགས་བསྡམས་པ། སྣ་ཐོར་ཚོག་ཏུ་བཅིངས་པ། མིག་ཞེལ་མིག་ཏུ་བགྲད་པ། བྱིན་པ་ཐག་ཐུག་ཏུ་སྦྱར་པ་རྣམས་ཀྱིས་བཟུང་བར་གྱུར་ཅིང་། འཇིགས་པ་ཆེན་པོའི་ནད་ཀྱིས་ཟིན་བས་པར་གྱུར་པ་ན། རབ་ཏུ་ཉམ་ཐག་པར་འགྱུར་བ་ནི་སྨོས་ཅི་དགོས།

譬如斷人手足之刑場，今日一有罪之人將被牽引赴該地，尚將變得惶恐不安，口乾眼慌（緊張的眼神）等神情，展現異於過去往常之相，何況被形態令人心生畏懼（牙齒留垢、張嘴咬牙、頭髮結髻、兩眼圓瞪、小腿粗壯）的閻羅使者所制伏，被心中所生大駭之病所纏縛者，其極度可悲之情更毋庸待言。

སྐུ་ཤིག་འཇིགས་ཆེན་འདི་ལས་བདག །　　　喊言誰能善護我，
ལེགས་པར་སྐྱོབ་པར་བྱེད་འགྱུར་ཞེས། །　　脫離此中大怖畏，
བྲེད་ཤ་ཐོན་པའི་མིག་བགྲད་ནས། །　　　驚慌眼神朝上張，
ཕྱོགས་བཞིར་སྐྱབས་དག་འཚོལ་བར་བྱེད།།　四方尋找依怙者。

དེའི་ཚེ་ན་སྐུ་ཤིག་གིས་འཇིགས་པ་ཆེན་པོ་འདི་ལས་བདག　།ལེགས་པར་སྐྱོབ་པར་བྱེད་པར་འགྱུར་ཞེས།　བྲེད་ཤ་ཐོན་པའི་སྟེ་ཞེན་དུ་སྐྲག་པའི་དབང་གིས་མིག་ལྟད་པའི་དཀྱིལ་དུ་བགྲད་ནས། ཕྱོགས་བཞིར་འཇིགས་པ་སེལ་བའི་སྐྱབས་དག་འཚོལ་བར་བྱེད་དོ།།

彼時大聲呼喊，言：誰能善護我，脫離此中大怖畏，驚慌眼神，出於驚懼之故，朝頭頂上方中央張望，於四方尋找能消除此怖畏的依怙者。

ཕྱོགས་བཞིར་སྐྱབས་མེད་མཐོང་ནས་ནི།།　　既見四方無依怙，
དེ་ནས་ཀུན་ཏུ་ཡི་མུག་འགྱུར།།　　　　　爾後盡陷痛苦中，
གནས་དེར་སྐྱབས་ཡོད་མ་ཡིན་ན། །　　　若於彼處無依怙，
དེ་ཚེ་བདག་གིས་ཇི་ལྟར་བྱ།།　　　　　彼時我當如何好。

དེ་ལྟར་བཙལ་ཀྱང་ཕྱོགས་བཞིར་སྐྱབས་མེད་པར་མཐོང་ནས་ནི།　དེ་ནས་སླར་ཡང་ཀུན་ཏུ་ཡི་མུག་པར་འགྱུར་རོ། །འཇིགས་པའི་གནས་དེར་སྐྱབས་འགའ་ཡང་ཡོད་པ་མ་ཡིན་ན། དེའི་ཚེ་དེའི་དུས་ན་བདག་གིས་ཇི་ལྟར་བྱ།

如此遍尋不得，既見四方無依怙，爾後再次盡陷於痛苦之中，若於彼恐怖之處毫無依怙，則彼時我當如何是好。

༢.༢.༡.༢.༡.༤.༢.༢.རྟེན་གྱི་སྟོབས།
2.2.1.2.1.4.2.2.所依力

༢.༢.༡.༢.༡.༤.༢.༡.གཉེན་པོ་ཀུན་ཏུ་སྤྱོད་པའི་སྟོབས།
2.2.1.2.1.4.2.1.普行對治力

དེ་བས་རྒྱལ་བ་འགྲོ་བའི་མགོན།།	是故勝者眾生怙，
འགྲོ་བ་སྐྱོབ་པའི་དོན་བརྩོན་པ།།	精進救度眾生事，
སྟོབས་ཆེན་འཇིགས་པ་ཀུན་སེལ་ལ།།	大力消除一切怖，
དེ་རིང་ཉིད་ནས་སྐྱབས་སུ་མཆི།།	即從今日皈依彼。
དེ་ཡི་ཐུགས་སུ་ཆུད་པའི་ཆོས།།	而彼通達之正法，
འཁོར་བའི་འཇིགས་པ་སེལ་བ་དང་།།	能除輪迴之怖畏，
བྱང་ཆུབ་སེམས་དཔའི་ཚོགས་ལ་ཡང་།།	乃至菩提薩埵眾，
དེ་བཞིན་ཡང་དག་སྐྱབས་སུ་མཆི།།	如是正等皈依彼。

དེ་ལྟ་བས་ན་ད་ལྟ་ཉིད་དུ་ཕྱིར་བཅོས་པ་ཉམས་སུ་བླང་བར་རིགས་སོ་ཞེས་པ་ནི། དེ་བས་ན་རྒྱལ་བ་འགྲོ་བ་མཐའ་ཡས་པའི་མགོན་དུ་གྱུར་པ། རྟག་ཏུ་འགྲོ་བ་རྣམས་སྐྱོབ་པའི་དོན་ལ་བརྩོན་པ། ཐམས་ཅད་དུ་ནུས་པ་ཐོགས་པ་མེད་པས་སྟོབས་ཆེན་པོ་འཇིགས་པ་ཀུན་སེལ་བའི་མཐུ་མངའ་བ་རྣམས་ལ། བདག་གིས་དེ་རིང་ཉིད་ནས་སྐྱབས་སུ་མཆིའོ། །རྫོགས་པའི་སངས་རྒྱས་དེ་ཡིས་ཐུགས་སུ་ཆུད་པའི་ལུང་དང་རྟོགས་པའི་ཆོས། ཉོན་མོངས་པ་ཐམས་ཅད་ཀྱི་གཉེན་པོར་གྱུར་པས་འཁོར་བའི་འཇིགས་པ་སེལ་བར་བྱེད་པ་དེ་དང་། བྱང་ཆུབ་སེམས་དཔའི་དགེ་འདུན་གྱི་ཚོགས་ལ་ཡང་། དེ་བཞིན་དུ་སོམ་ཉི་མེད་པར་ཡང་དག་པར་སྐྱབས་སུ་མཆིའོ།།

因此，應當從此刻起改正並修行：是故勝者是無量無數眾生的依怙，恆常精進於救度眾生之事，於一切事皆有大力，能消除一切怖畏，我即從今日開始皈依彼等聖眾。而彼圓滿佛陀所通達之教證正法，是一切煩惱的對治，因此能除輪迴之怖畏，乃至菩提薩埵眾僧伽，如是也毫無猶豫地正等皈依彼等聖眾。

བདག་ནི་འཇིགས་པས་རྣམ་སྐྲག་པས། ། 我因怖畏而驚懼，
ཀུན་ཏུ་བཟང་ལ་བདག་ཉིད་དབུལ། ། 故獻自我於普賢，
འཇམ་པའི་དབྱངས་ལ་འདི་བདག་ཉིད་ཀྱིས།། 我於文殊妙吉祥，
བདག་གི་ལུས་ནི་དབུལ་བར་བགྱི། ། 亦當敬獻我身軀，
ཐུགས་རྗེས་སྤྱོད་པ་མ་འཁྲུལ་བ། ། 大悲行持無迷惑，
སྤྱན་རས་གཟིགས་མགོན་དེ་ལ་ཡང་། ། 複於觀世音彼怙，
ཉམ་ཐག་ང་རོས་ངོ་དོད་འབོད། ། 可悲之我大聲號，
སྡིག་ལྡན་བདག་ལ་བསྐྱབ་ཏུ་གསོལ། ། 祈請救護罪人我。
འཕགས་པ་ནམ་མཁའི་སྙིང་པོ་དང་། ། 聖者虛空藏菩薩，
ས་ཡི་སྙིང་པོ་དག་དང་ནི།། 聖者地藏王菩薩，
ཐུགས་རྗེ་ཆེ་མགོན་ཐམས་ཅད་ལ། ། 一切大悲心怙主，
སྐྱབས་འཚོལ་སྙིང་ནས་ངོ་དོད་འབོད། ། 哀嚎衷心求救護
གང་ཞིག་མཐོང་ནས་གཤིན་རྗེ་ཡི། ། 何人見之即能令，
ཕོ་ཉ་ལ་སོགས་སྡང་བ་རྣམས།། 閻羅使等嗔怒眾，
སྐྲག་ནས་ཕྱོགས་བཞིར་འབྲེར་འབྱེད་པ། ། 驚懼逃竄於四方，
རྡོ་རྗེ་ཅན་ལ་སྐྱབས་སུ་མཆི།། 皈依大力金剛手。

བདག་ནི་དམྱལ་བ་ལ་སོགས་པའི་འཇིགས་པས་རྣམ་པར་སྐྲག་ནས། བྱང་ཆུབ་སེམས་དཔའ་ཀུན་ཏུ་བཟང་པོ་ལ་བདག་ཉིད་འབུལ་ཞིང་། རྗེ་བཙུན་འཇམ་པའི་དབྱངས་ལ་འདི་བདག་ཉིད་ཀྱིས་སེམས་རབ་ཏུ་དང་བས་གཅེས་པར་བསྐྱངས་པའི་བདག་གི་ལུས་འདི་ཕོངས་པ་མེད་པར་དབུལ་བར་བགྱིའོ། །ཐུགས་རྗེའི་ཤུགས་ལས་བྱུང་བའི་སྤྱོད་པ་རང་དོན་གྱི་འཕྲིས་མེད་པས་མ་འཁྲུལ་བ། འཕགས་པ་སྤྱན་རས་གཟིགས་མགོན་དེ་ལ་ཡང་། སྡུག་བསྔལ་ཞིང་ཉམ་ཐག་པའི་ང་རོས་ངོ་དོད་འབོད་བཞིན་པས་སྐྱབས་སུ་མཆི་ན། སྡིག་པ་དང་ལྡན་པ་བདག་ལ་

བསྐྱབ་ཏུ་གསོལ། གཞན་ཡང་འཕགས་པ་ནམ་མཁའི་སྙིང་པོ་དང༌། འཕགས་པ་སའི་སྙིང་པོ་དག་དང་ནི། རྗེ་བཙུན་བྱམས་པ་དང་སྒྲིབ་པ་ཐམས་ཅད་རྣམ་པར་སེལ་བ་ལ་སོགས་པ་རྒྱལ་སྲས་ཐུགས་རྗེ་ཆེ་བ་འགྲོ་བའི་མགོན་དུ་གྱུར་པ་ཐམས་ཅད་ལ། སྐྱབས་འཚོལ་ཞིང་ཉམ་ཐག་པས་སྙིང་ནས་འོ་དོད་འབོད་དོ། །གང་ཞིག་མཐོང་ན་གཤིན་རྗེ་ཡི། ཕོ་ཉ་དང་གདོན་སྲིན་དང་སྲིན་པོ་ལ་སོགས་པ་སྡང་བར་བྱེད་པ་རྣམས། སྐྲག་ནས་ཕྱོགས་བཞིར་འབྱེར་ཏེ་བྲོས་པར་བྱེད་པ། བྱང་ཆུབ་སེམས་དཔའ་ཕྱག་ན་རྡོ་རྗེ་ཅན་དེ་ལ་སྐྱབས་སུ་མཆིའོ།།

我因地獄等等怖畏而驚懼，故獻自我於普賢菩薩，我於至尊文殊妙吉祥，亦當以清淨心不求回報地敬獻我執愛守護的身軀，出自大悲心而有的行持因無貪著自利，故無迷惑，復又於聖者觀世音彼怙主，可悲受苦之我大聲呼號請求救護，祈請救護有罪之人我。還有聖者虛空藏菩薩，聖者地藏王菩薩，至尊彌勒、除蓋障菩薩等一切具有大悲心、眾生之怙主，我這可悲之人哀嚎衷心祈求救護，何人見之即能令閻羅使者，如夜叉、羅刹等嗔怒眾，心生驚懼之後逃竄於四方，皈依大力金剛手菩薩。

སྔོན་ཆད་ཁྱེད་ཀྱི་བཀའ་ལས་འདས། །　　往昔違背您教誡，
ད་ནི་འཇིགས་པ་ཆེར་མཐོང་ནས། །　　今見怖畏甚為大，
ཁྱེད་ལ་སྐྱབས་སུ་མཆི་ལགས་ཀྱིས། །　　願以皈依您為據，
འཇིགས་པ་མྱུར་དུ་བསལ་དུ་གསོལ། །　　祈求快速除怖畏。

སྔོན་ཆད་ནི་སྐྱབས་སུ་འོས་པ་ཁྱེད་རྣམས་ཀྱི་བཀའ་ལས་འདས་པར་གྱུར་ཀྱང༌། ད་ནི་མི་དགེ་བའི་འབྲས་བུའི་འཇིགས་པ་ཆེར་མཐོང་ནས། ཁྱེད་ལ་སྙིང་ཐག་པ་ནས་སྐྱབས་སུ་མཆི་བ་ལགས་ཀྱིས། འཇིགས་པ་ཐམས་ཅད་མྱུར་དུ་བསལ་བར་མཛད་དུ་གསོལ།

由於往昔違背應當皈依的您等的教誡，今見惡果怖畏甚為巨大，願以由衷皈依您為依據，祈求快速消除一切怖畏。

༢.༢.༡.༢.༡.༤.༢.༣.༡ གཉེན་པོ་བསྟེན་དགོས་པའི་རྒྱུ་མཚན།
2.2.1.2.1.4.2.3.1.應當依止對治力之理由

ཟ་ཨལ་ནད་ཀྱིས་འཇིགས་ན་ཡང་། ། 即使尋常病所脅，
སྨན་པའི་ངག་བཞིན་བྱ་དགོས་ན། ། 猶當聽從醫囑行，
འདོད་ཆགས་ལ་སོགས་ཉེས་བརྒྱ་ཡི། ། 何況貪等具百患，
ནད་ཀྱིས་རྟག་བཏབ་སྨོས་ཅི་དགོས། ། 頑疾常惱毋庸言。

རླུང་དང་མཁྲིས་པ་ལ་སོགས་པ་ཟ་ཨལ་བའི་ནད་ཀྱིས་འཇིགས་ན་ཡང་། སྨན་པ་མཁས་པའི་ངག་བཞིན་དུ་ཟས་དང་སྤྱོད་ལམ་ཐམས་ཅད་ཚུལ་དང་མཐུན་པར་བྱ་དགོས་ན། འདོད་ཆགས་ལ་སོགས་པ་ཉེས་པ་བརྒྱ་ཕྲག་དུ་མ་ཡི། ནད་ཀྱིས་དུས་རྟག་ཏུ་བཏབ་པས་རྒྱལ་བའི་བཀའ་བཞིན་དུ་བསྒྲུབ་དགོས་པ་ལྟ་ཞིག་སྨོས་ཅི་དགོས།

即使是風、熱等等尋常疾病所脅迫，猶當聽從名醫的囑咐一般，在吃喝飲食威儀上小心行持，何況是受貪等等具有百患的頑疾恆常逼惱，更毋庸再言。

དེ་གཅིག་གིས་ཀྱང་འཛམ་གླིང་ན། ། 雖彼僅一即能摧，
གནས་པའི་མི་ཀུན་ཕུང་བྱེད་ན། ། 世間所有一切人，
དེ་དག་གསོ་བའི་སྨན་གཞན་ནི། ། 治療彼等他類藥，
ཕྱོགས་རྣམས་ཀུན་ནས་མི་རྙེད་ན། ། 遍尋諸處不可得，
དེ་ལ་སྨན་པ་ཐམས་ཅད་མཁྱེན། ། 一切智醫於彼疾，
ཟུག་རྔུ་ཐམས་ཅད་འབྱིན་པ་ཡི། ། 能拔一切苦之言，
བཀའ་ལྟར་མི་བྱེད་སེམས་པ་ནི། ། 尋伺不依囑行者，
ཤིན་ཏུ་གཏི་མུག་སྨད་པའི་གནས། ། 愚癡至極該訶責。

དེ་དག་ལས་འདོད་ཆགས་ལྟ་བུ་གཅིག་གིས་ཀྱང་འཛམ་བུའི་གླིང་ན། གནས་པའི་མི་ཀུན

ངན་འགྲོའི་གནས་སུ་ལྷག་པར་བྱེད་ན། ཉོན་མོངས་པའི་ནད་དེ་དག་གསོ་བའི་སྨན་ཆོས་ཚུལ་བཞིན་སྒྲུབ་པ་ལས་གཞན་ཞིག་ནི། ཕྱོགས་བཅུའི་འཇིག་རྟེན་གྱི་ཁམས་རྣམས་ཀུན་ནས་མི་རྙེད་ན། དེ་གསོ་བ་ལ་སྨན་པ་ཐམས་ཅད་མཁྱེན་པ། ལུས་དང་སེམས་ལས་བྱུང་བའི་ཟུག་རྔུ་ཐམས་ཅད་འབྱིན་པ་དེ་ཡི། བཀའ་ལྟར་མི་བྱེད་པར་ཐབས་གཞན་ལ་སེམས་པ་ནི། ཤིན་ཏུ་གཏི་མུག་ཅན་མཁས་པས་སྨད་པའི་གནས་སོ།།

雖從彼等之中，僅用其一（如貪），即能摧毀世間中所有一切人，除了如法修行之外，能治療彼等煩惱疾的其它類藥，遍尋十方一切世間諸處亦不可得，一切智人醫生，於治療彼疾方面，能拔一切身心痛苦之言，尋伺不依囑咐而行，而令尋其它解決方法者，誠乃愚癡至極該受智者苛責之對象。

གཡང་ས་ཐ་མལ་ཆུང་ངུ་ལའང་།། 雖處尋常小險地，
བག་ཡོད་གནས་པར་བྱ་དགོས་ན།། 尚須小心謹慎行，
དཔག་ཚད་སྟོང་དུ་ཟུང་བ་ཡི།། 何況上千由旬深，
ཡུན་རིང་གཡང་སར་སྨོས་ཅི་དགོས།། 長久險地毋庸言。

རི་ལ་སོགས་པའི་གཡང་ས་ཐ་མལ་པའི་འཇིགས་པ་ཆུང་ངུ་དེ་ལའང་། དེར་ལྟུང་དུ་དོགས་ཏེ་བག་ཡོད་དང་བཅས་པས་གནས་པར་བྱ་དགོས་ན། དཔག་ཚད་སྟོང་ཕྲག་མང་པོའི་ལམ་དུ་ཟུང་བ་ཡི། ཡུན་རིང་པོར་སྡུག་བསྔལ་སྦྱོང་བ་དམྱལ་བ་ལ་སོགས་པའི་གཡང་སར་བག་ཡོད་བྱ་དགོས་པར་སྨོས་ཅི་དགོས།

雖處於山等等尋常、恐懼微小之險地，尚且因為擔心墮落而必須小心謹慎行，何況身處上千數千由旬深的道上，將嚐受長久痛苦，如地獄等險地，需要小心謹慎更毋庸再言。

དེ་རིང་ཁོ་ན་མི་འཆི་ཞེས།། 謂唯今爾不致死，
བདེ་བར་འདུག་པ་རིགས་མ་ཡིན།། 安然自得此非理，

བདག་ཉི་མེད་པར་འགྱུར་བའི་དུས།། 我將歸無時刻時，
དེ་ཉི་གདོན་མི་ཟ་བར་འགྱུར། ། 於彼之理再無疑。

དེ་ལྟར་ཡིན་མོད་ཀྱི། ཕྱིས་རིམ་གྱིས་བཤགས་པས་ཆོག་གོ་ཞེ་ན། དེ་རིང་དགོ་ན་ཙམ་དུ་ཡང་བདག་མི་འཆི་ཞེས། སྡིག་པ་དག་པའི་ཐབས་ལ་མི་འབད་པར་ཡིད་བདེ་བར་འདུག་པ་ནི་རིགས་པ་མ་ཡིན་ཏེ། བདག་གི་ལུས་འདི་ཉི་མེད་པར་འགྱུར་བའི་དུས། དེ་ཉི་གདོན་མི་ཟ་བ་འོང་བར་འགྱུར་རོ།།

雖然如此，若以為可以日後再循序懺悔，謂唯有今爾，我還不致於今日就死，而不努力於清淨罪障，心安然自得，此非合理，當我的身體將回歸於虛無的時刻時，於彼之理將再無任何懷疑。

བདག་ལ་མི་འཇིགས་སུ་ཡིས་བྱིན། ། 誰允諾我無所畏，
འདི་ལས་ཇི་ལྟར་ངེས་ཐར་འགྱུར། ། 如何必定解脫此，
གདོན་མི་ཟ་བར་མེད་འགྱུར་ན། ། 既然毫無此確定，
ཅི་ལྟར་བདག་ཡིད་བདེ་བར་འདུག ། 我心如何安然處。

བདག་ལ་འཆི་བར་མི་འགྱུར་ཞེས་མི་འཇིགས་པའི་དམ་པ་སུ་ཡིས་བྱིན། གསོན་པོ་ཐམས་ཅད་འཆི་བས་མཐར་གཏུགས་པར་འགྱུར་བས་འཆི་བ་འདི་ལས་ཇི་ལྟར་ངེས་པར་ཐར་བར་འགྱུར་ཏེ། གདོན་མི་ཟ་བར་མེད་པར་འགྱུར་ན། ཅི་ལྟར་བདག་གི་ཡིད་བདེ་བར་འདུག་པར་རིགས།

誰允諾過我不會死的無所畏保證，一切生者最終難逃一死，因此如何必定解脫此死亡之事，既然毫無此確定，我心如何合理地安然自處。

སྔོན་ཆད་མྱོང་སྟེ་ཞིག་པ་ལས།། 往昔經驗除消散，
བདག་ལ་ལྷག་པ་ཅི་ཡོད་ན།། 可有殘餘留給我，
བདག་ནི་དེ་ལ་མངོན་ཞེན་ནས། ། 而我於彼猶貪執，

བླ་མའི་བཀའ་དང་འགལ་བར་བྱས། །　　已違上師之教誨。

སྔོན་ཆད་ཡུལ་གྱི་དགའ་བ་མྱོང་སྐྱེ་ཞིག་པ་ལས།　ད་ལྟ་བདག་ལ་ལྷག་པ་ཅི་ཞིག་ཡོད་དེ་ཅིའང་མེད་ན། བདག་ཉི་ད་དུང་ཡང་ཡུལ་དེ་ལ་མངོན་པར་ཞེན་ནས། བླ་མའི་གནས་སངས་རྒྱས་དང་བྱང་ཆུབ་སེམས་དཔའ་དང་དགེ་བའི་བཤེས་གཉེན་རྣམས་ཀྱི་བཀའ་དང་འགལ་བར་བྱས་པ་འདི་ནི་མཚང་ཆེའོ།།

往昔對於對境歡喜的經驗，除了消失散去以外，可還有一點殘餘留給我，什麼都沒有，而我於彼對境猶有貪執，已違諸佛菩薩善知識等上師之教誨，罪過甚大。

གསོན་ཚེ་འདི་དང་དེ་བཞིན་དུ། །　　此生壽命與如是，
གཉེན་དང་བཤེས་པ་རྣམས་སྤངས་ནས།།　　親戚摯友盡捨棄，
གཅིག་པུ་ག་ཤེད་འགྲོ་དགོས་ན། །　　必須獨自去某處，
མཛའ་འ་དང་མི་མཛའ་ཀུན་ཅི་བྱ། །　　何堪親非親之執。

གསོན་པའི་རང་བཞིན་གྱི་ཚེ་འདི་སྤོང་བ་དང་དེ་བཞིན་དུ། གཉེན་དང་བཤེས་པའི་གྲོགས་རྣམས་ཀུང་སྤངས་ནས། རང་ཉིད་གཅིག་པུ་ག་ཤེད་དེ་ངེས་པ་མེད་པའི་ཕྱོགས་སུ་འགྲོ་དགོས་ན། མཛའ་འ་བ་དང་མི་མཛའ་འ་བ་ཀུན་ལ་ཞེན་པས་ཅི་ཞིག་བྱ།

要斷捨生命之自性——此生壽命，與等同如是之理的親戚摯友，亦須盡捨棄，既然自己必須獨自去某不固定一處，何堪生起一切親與非親等等之貪執。

མི་དགེ་བ་ལས་སྡུག་བསྔལ་འབྱུང་། །　　由不善業生痛苦，
དེ་ལས་ཇི་ལྟར་ངེས་ཐར་ཞེས།།　　如何決定解脫彼，
ཉིན་མཚན་རྟག་ཏུ་བདག་གིས་ནི། །　　我於晝夜恆時中，
འདི་ཉིད་འབའ་ཞིག་བསམ་པའི་རིགས།།　　唯一思此則合理。

མི་དགེ་བའི་ལས་བྱས་པ་ལས་འབྲས་བུ་སྡུག་བསྔལ་འབྱུང་བས།　མི་དགེ་བ་དེ་ལས་ཇི་ལྟར་

ངེས་པར་ཐར་བར་འགྱུར་ཞེས། ཉིན་དང་མཚན་དང་དུས་རྟག་ཏུ་བདག་གིས་ནི། སྡིག་པ་དག་པའི་ཐབས་འདི་ཉིད་འབའ་ཞིག་བསམ་པའི་རིགས་སོ།།
由造作不善業，從中產生痛苦之果，若問將如何決定解脫彼痛苦，則我於晝夜恆常一切時中，唯一思此清淨罪業之法則合理。

༢.༢.༡.༢.༡.༤.༢.༣.༢.གཉེན་པོ་དངོས།
2.2.1.2.1.4.2.3.2.對治力正文

བདག་ནི་མི་ཤེས་གཏི་མུག་པས། ། 我因無知愚癡故，
རང་བཞིན་ཁ་ན་མ་ཐོ་བའམ།། 一切自性之罪業，
བཅས་པའི་སྡིག་པ་གང་ཡིན་ལས། ། 以及一切遮罪業，
གང་ཡང་རུང་བ་བགྱིས་པ་རྣམས། ། 零零總總之所造，
མགོན་པོའི་སྤྱན་སྔར་མངོན་སུམ་དུ། ། 真實於諸怙主前，
ཐལ་སྦྱར་སྡུག་བསྔལ་འཇིགས་སེམས་ཀྱིས།། 合掌以畏痛苦心，
ཡང་དང་ཡང་དུ་ཕྱག་འཚལ་ཏེ། ། 屢屢反覆恭頂禮，
དེ་དག་ཐམས་ཅད་བཤགས་པར་བགྱི། ། 彼等一切當懺悔。

ད་ནི་ལས་དང་འབྲས་བུ་ངེས་པར་བྱས་པས་མངོན་པར་ཞེན་པ་ཆེན་པོའི་སྒོ་ནས་ཀྱང་ལྡང་བ་བཤགས་པར་བྱའོ་ཞེས་བསྟན་པའི་ཕྱིར་བདག་ནི་མི་ཤེས་པ་གཏི་མུག་མ་རིག་པས་ཐེལ་གྱིས་ནོན་ཏེ། རང་བཞིན་གྱི་ཁ་ན་མ་ཐོ་བ་མི་དགེ་བ་བཅུ་ལྟ་བུའམ། སྡོམ་པ་བླངས་ཏེ་བཅས་པའི་ཁྲིམས་དང་འགལ་བའི་སྡིག་པ་གང་ཡིན་པ་དེ་ལས། གང་ཡང་རུང་བ་ཅི་བགྱིས་པ་རྣམས། འགྲོ་བའི་མགོན་པོའི་སྤྱན་སྔར་མངོན་སུམ་དུ་འདུག་པར་བསམས་ཏེ། ཐལ་མོ་སྦྱར་བ་དང་བཅས་སྡུག་བསྔལ་ལ་འཇིགས་པའི་སེམས་ཀྱིས་སྒོ་ཤས་དྲག་པོས་ཡང་དང་ཡང་དུ་ཉེས་པ་དག་པའི་ཐབས་ལ་སེམས་བཞིན་ཕྱག་འཚལ་ཏེ། སྡིག་ལྟུང་དེ་དག་ཐམས་ཅད་བཤགས་པར་བགྱི་ཡིས།

此說明當下已確定造下了業與苦果，就算是以大貪執也當懺悔：**我因被無知愚癡**所制伏的緣**故，一切自性之罪業**（如十不善業），**以及一切遮罪業**（受戒之後違背戒律），**零零總總之**一切所造，心想自己**真實**位於諸眾生的**怙主**眼**前，合掌以畏懼痛苦**之心（強烈的厭患心），**屢屢反覆**一邊思維著清淨罪障的方法一邊**恭頂禮，彼等一切**罪障皆應**當懺悔**。

༢་༢་༡་༢་༡་༤་༢་༤་སོར་ཆུད་པའི་སྟོབས།
2.2.1.2.1.4.2.4.返回力

འདྲེན་པ་རྣམས་ཀྱིས་བདག་གི་སྡིག །　　導師聖眾我之罪，
ཉེས་པ་ལགས་པར་གཟུང་དུ་གསོལ། །　　是一悔愧請攝受，
འདི་ནི་བཟང་པོ་མ་ལགས་པས། །　　此等並非賢善故，
སླན་ཆད་བདག་ནི་ཡོང་མི་བགྱིད། །　　往後一切我不造。

འདྲེན་པ་རྫོགས་པའི་སངས་རྒྱས་སྲས་དང་བཅས་པ་རྣམས་ཀྱིས་བདག་གི་སྡིག་པ་འདི་ཉེས་པའམ་ཞེས་པ་ལགས་པར་བཟུང་དུ་གསོལ། སྡིག་པ་འདི་ནི་རྣམ་སྨིན་ཡིད་དུ་མི་འོང་བའི་རྒྱུར་གྱུར་པའི་ཕྱིར་བཟང་པོ་མ་ལགས་པས། སླན་ཆད་བདག་ནི་མི་དགེ་བའི་ལས་འདི་དག་ཡོང་མི་བགྱིད་དོ།།

導師（圓滿佛陀與佛子）聖眾，我往昔所造之罪，是一懊悔慚愧之過失，故請攝受我，此等是不悅意報應之因，並非賢善，是故，往後於此等一切不善業我永不再造。

༢་༢་༡་༢་༢་མཚན།
2.2.1.2.2.品名

བྱང་ཆུབ་སེམས་དཔའི་སྤྱོད་པ་ལ་འཇུག་པ་ལས། སྡིག་པ་བཤགས་པའི་ལེའུ་སྟེ་གཉིས་པའོ།།

入菩提薩埵行・懺悔罪障第二品竟

༢.༢.༡.༣.མཐུན་ཕྱོགས་བྱང་སེམས་ཡོངས་སུ་བཟུང་གི་ལེའུ།
2.2.1.3.受持順緣方菩提心品

༢.༢.༡.༣.༡.གཞུང་།
2.2.1.3.1.正文

༢.༢.༡.༣.༡.༡.སྦྱོར་བ་སྔོན་དུ་འགྲོ་བའི་ཆོས།
2.2.1.3.1.1.前行法

༢.༢.༡.༣.༡.༡.༡.ལྡན་ཅིག་བྱེད་རྐྱེན་ཚོགས་བསགས་པ།
2.2.1.3.1.1.1.俱有緣積資

༢.༢.༡.༣.༡.༡.༡.༡.རྗེས་སུ་ཡི་རང་བའི་ཡན་ལག
2.2.1.3.1.1.1.1.隨喜支

སེམས་ཅན་ཀུན་གྱི་ངན་སོང་གི ། 諸有情從惡趣苦，
སྡུག་བསྔལ་ངལ་གསོའི་དགེ་བ་དང་། ། 為得休息以善行，
སྡུག་བསྔལ་ཅན་དག་བདེར་གནས་ལ། ། 具苦者住安樂處，
དགའ་བས་རྗེས་སུ་ཡི་རང་ངོ་། ། 於彼悅意而隨喜。

སེམས་ཅན་གང་ཡང་རུང་བ་ཀུན་གྱི་ངན་སོང་གི། སྡུག་བསྔལ་ལས་ངལ་གསོ་བའི་ཕྱིར་དགེ་བ་བཅུ་ལ་སོགས་པ་བསྒྲུབ་པ་དང་། དེ་ཡི་འབྲས་བུ་སྡུག་བསྔལ་ཅན་དག་ལྷ་དང་མིའི་གནས་སུ་བདེ་བར་གནས་པ་ལ། བསམ་པ་ཐག་པ་ནས་དགའ་བས་རྗེས་སུ་ཡི་རང་ངོ་།།

諸有情（任何一有情）從惡趣的痛苦之中，為了獲得休息之故，以修持十善業等善行，其果報使得具苦者住於天、人等安樂之處， 於彼安樂之因與果，我由衷悅意而隨喜。

བྱང་ཆུབ་རྒྱུར་གྱུར་དགེ་བསགས་པ། ། 累積菩提因善德，
དེ་ལ་རྗེས་སུ་ཡི་རང་ངོ་།། 我於彼等亦隨喜。

ཉན་ཐོས་ཀྱི་བྱང་ཆུབ་བམ་རང་སངས་རྒྱས་ཀྱི་བྱང་ཆུབ་ཐོབ་པའི་རྒྱུར་གྱུར་པ་ཚུལ་ཁྲིམས་

བསྲུང་བ་ལ་སོགས་པའི་དགེ་བ་གང་བསགས་པ། དེ་ལ་ཡང་རྗེས་སུ་ཡི་རང་ངོ༎
累積了能證得聲聞或獨覺乘菩提之因，如持戒等等一切善德，我於彼等亦隨喜。

ལུས་ཅན་འཁོར་བའི་སྡུག་བསྔལ་ལས། ། 有身輪迴痛苦中，
ངེས་པར་ཐར་ལ་ཡི་རང་ངོ༎ 決定解脫亦隨喜。

དེའི་འབྲས་བུ་ལུས་ཅན་ཏེ་སེམས་ཅན་ཁམས་གསུམ་འཁོར་བའི་སྡུག་བསྔལ་ལས། ངེས་པར་ཐར་བ་འཕགས་པ་དགྲ་བཅོམ་པ་རྣམས་ལ་རྗེས་སུ་ཡི་རང་ངོ༎
其果令有身（即有情），從三界輪迴痛苦中得到決定解脫，而證得阿羅漢果位，於彼等聖者眾亦隨喜。

སྐྱོབ་པ་རྣམས་ཀྱི་བྱང་ཆུབ་དང་། ། 救度聖眾之菩提，
རྒྱལ་སྲས་ས་ལ་འདང་ཡི་རང་ངོ། ། 及佛子地亦隨喜。

མཐར་ཐུག་གི་འབྲས་བུ་སྐྱོབ་པ་རྣམས་ཀྱི་རྫོགས་པའི་བྱང་ཆུབ་དང་། གནས་སྐབས་ཀྱི་འབྲས་བུ་རྒྱལ་སྲས་ཀྱི་ས་ལ་འདང་རྗེས་སུ་ཡི་རང་ངོ༎
究竟之果救度聖眾之圓滿菩提，以及當下之果佛子地亦隨喜。

སེམས་ཅན་ཐམས་ཅད་བདེ་མཛད་པའི༎ 利樂一切有情之，
ཐུགས་བསྐྱེད་དགེ་བ་རྒྱ་མཚོ་དང་། ། 發心善德廣大海，
སེམས་ཅན་ཕན་པ་མཛད་པ་ལ། ། 以及饒益有情行，
དགའ་བས་རྗེས་སུ་ཡི་རང་ངོ། ། 於彼悅意而隨喜。

དེའི་རྒྱུ་བསམ་པ་སེམས་ཅན་ཐམས་ཅད་བདེ་བར་མཛད་པའི་ཕྱིར། ཐུགས་བསྐྱེད་པའི་དགེ་བ་གཏིང་དཔག་པར་དཀའ་བ་རྒྱ་མཚོ་ལྟ་བུ་དང་། སྦྱོར་བ་བསྡུ་བའི་དངོས་པོ་བཞི་ཡིས་སེམས་ཅན་ཕན་པར་མཛད་པ་ལ། དགའ་བས་སྙིང་ནས་རྗེས་སུ་ཡི་རང་ངོ༎
其證得之因，於心念上，為利樂一切有情之發心，其善德猶如廣大海難量其深，以及於行持上，以四攝法等等，做種種饒益有情眾生之行，於彼心與行，由衷悅意而隨喜。

༢.༢.༡.༣.༡.༡.༡.༢.ཆོས་འཁོར་བསྐོར་བར་བསྐུལ་བའི་ཡན་ལག

2.2.1.3.1.1.1.2.請轉法輪支

ཕྱོགས་རྣམས་ཀུན་གྱི་སངས་རྒྱས་ལ། །　我於十方一切佛，
ཐལ་མོ་སྦྱར་ཏེ་གསོལ་བ་ནི། །　雙手合十並祈請，
སེམས་ཅན་སྡུག་བསྔལ་མུན་འཐོམས་ལ། །　請為迷暗苦有情，
ཆོས་ཀྱི་སྒྲོན་མེ་སྦར་དུ་གསོལ། །　點燃正法之明燈。

ཕྱོགས་བཅུའི་འཇིག་རྟེན་གྱི་ཁམས་རྣམས་ཀུན་གྱི་སངས་རྒྱས་ཐམས་ཅད་ལ། བདག་གིས་ཐལ་མོ་སྦྱར་ཏེ་གསོལ་བ་ནི། སེམས་ཅན་སྡུག་བསྔལ་ཞིང་ཡོངས་སུ་མི་ཤེས་པའི་མུན་པར་འཐོམས་པ་རྣམས་ལ། ཟབ་པ་དང་རྒྱ་ཆེ་བའི་ཆོས་ཀྱི་སྒྲོན་མེ་སྦར་བར་མཛད་དུ་གསོལ།

我於十方世間中的一切佛，雙手合十並祈請，請為無知迷惑、處在昏暗之中受苦的有情眾生，點燃深廣正法之明燈。

༢.༢.༡.༣.༡.༡.༡.༣.མྱ་ངན་མི་འདའ་བར་གསོལ་བ་འདེབས་པའི་ཡན་ལག

2.2.1.3.1.1.1.3.請不入滅支

རྒྱལ་བ་མྱ་ངན་འདའ་བཞེད་ལ། །　於諸欲入滅勝者，
ཐལ་མོ་སྦྱར་ཏེ་གསོལ་བ་ནི། །　雙手合十並祈請，
འགྲོ་འདི་ལྡོངས་བར་མི་འགོད་ཅིང་། །　不使此眾智昏盲，
བསྐལ་བ་གྲངས་མེད་བཞུགས་བར་གསོལ། །　願請常住無數劫。

རྒྱལ་བ་གང་དག་བྱ་བ་བྱས་པས་མྱ་ངན་ལས་འདའ་བར་བཞེད་པའི་ཐུགས་མངའ་བ་རྣམས་ལ། བདག་གིས་ཐལ་མོ་སྦྱར་ཏེ་གསོལ་བ་ནི། འགྲོ་བ་འདི་དག་ལྡོངས་བར་ཏེ་མི་ཤེས་པ་དང་སེམས་པ་མེད་པར་མི་འགོད་ཅིང་། བསྐལ་བ་གྲངས་མེད་པ་དུ་མར་བཞུགས་པར་གསོལ་བ་འདེབས་པའོ། །

於諸所作已辦、心中生起欲進入滅的勝者眾，我雙手合十並祈請，為了不使此等眾生智眼昏盲、無知或心無所想，願請常住無數劫。

༢་༢་༡་༣་༡་༡་༡་༤་དགེ་རྩ་གཞན་དོན་དུ་བསྔོ་བའི་ཡན་ལག
2.2.1.3.1.1.1.4.善根迴向利他支

དེ་ལྟར་འདི་དག་ཀུན་བྱས་ཏེ།། 如是所做彼一切，
དགེ་བ་བདག་གིས་བསགས་པ་གང་། ། 我所積累任何善，
དེས་ནི་སེམས་ཅན་ཐམས་ཅད་ཀྱི། ། 以此願令有情眾，
སྡུག་བསྔལ་ཐམས་ཅད་བསལ་བར་ཤོག ། 一切痛苦悉消除。

དེ་ལྟར་མཆོད་པ་ལ་སོགས་པ་འདི་དག་ཀུན་བྱས་ཏེ། དགེ་བ་བདག་གིས་བསགས་པ་གང་ཡིན་པ། དེས་ནི་མཐའ་ཡས་པའི་སེམས་ཅན་ཐམས་ཅད་ཀྱི། སྡུག་བསྔལ་མ་ལུས་པ་ཐམས་ཅད་བསལ་བར་ཤོག་ཅིག།

如是所做供養等等彼一切，凡是我所積累的任何善，以此願令無邊有情眾生，一切痛苦悉消除無餘。

འགྲོ་བ་ནད་པ་ཇི་སྲིད་དུ།། 眾生患者患病時，
ནད་སོས་གྱུར་གྱི་བར་དུ་ནི།། 直至疾病痊癒止，
སྨན་དང་སྨན་པ་ཉིད་དག་དང་། ། 願我為藥為醫生，
དེ་ཡི་ནད་གཡོག་བྱེད་པར་ཤོག 亦願為彼之護士。

འགྲོ་བ་ནད་པ་རྣམས་ཇི་སྲིད་དུ། སོ་སོའི་ནད་རྣམས་སོས་པར་མ་གྱུར་གྱི་བར་དེ་སྲིད་དུ་ནི། བདག་སྨན་དུ་གྱུར་པ་དང་སྨན་པ་མཁས་པ་ཉིད་དག་དང་། ནད་པ་དེ་ཡི་ནད་གཡོག་བྱེད་པས་དེ་ལ་ཕན་པ་ཉེ་བར་སྒྲུབ་པར་ཤོག །

一切眾生為生病之患者，當彼患病之時，直至各自疾病痊癒為止，願我作為彼之良藥，作為彼之醫生，亦願作為彼之護士，願以此徹底成辦彼之利益。

ཟས་དང་སྐོམ་གྱི་ཆར་ཕབ་སྟེ།།　　降下吃喝飲食雨，
བཀྲེས་དང་སྐོམ་པའི་སྡུག་བསྔལ་བསལ།།　　用以消除饑渴苦，
མུ་གེའི་བསྐལ་པ་བར་མའི་ཚེ།།　　值遇饑荒中劫時，
བདག་ནི་ཟས་དང་སྐོམ་དུ་གྱུར།།　　願我成為彼飲食。

ཁ་ཟས་དང་སྐོམ་སྐྱེ་འདུང་བ་ཕུན་སུམ་ཚོགས་པའི་རྒྱུན་གྱི་ཆར་ཕབ་སྟེ། བཀྲེས་པ་དང་སྐོམ་པའི་གཅོད་པ་ཐམས་ཅད་བསལ་བ་དང་། མུ་གེའི་ཚར་ཕྱིན་པའི་བསྐལ་པ་བར་མའི་ཚེ། བདག་ནི་ཟས་དང་སྐོམ་སྐྱེ་འདུང་བ་ཕུན་སུམ་ཚོགས་པ་ཉིད་དུ་གྱུར་ཅིག།

降下吃喝飲食雨（即圓滿食物與飲料之泉源），用以消除一切饑渴之苦，值遇最嚴重饑荒的中劫時，願我成為彼眾生圓滿之飲食。

སེམས་ཅན་ཕོངས་ཤིང་དབུལ་བ་ལ།།　　而於貧困有情眾，
བདག་ནི་མི་ཟད་གཏེར་གྱུར་ཏེ།།　　願我成為無盡藏，
ཡོ་བྱད་མཁོ་དགུ་སྣ་ཚོགས་སུ།།　　各種資具繽紛陳，
མདུན་དུ་ཉེ་བར་གནས་གྱུར་ཅིག།　　置於彼等之眼前。

སེམས་ཅན་ནོར་མེད་པས་ཕོངས་ཤིང་དབུལ་བ་རྣམས་ལ། བདག་ནི་མི་ཟད་རིན་པོ་ཆེའི་གཏེར་དུ་གྱུར་ཏེ། ཡོ་བྱད་མལ་ཆ་དང་སྟན་དང་གནས་དང་ན་བཟའ་དང་རྒྱན་དང་བྱུག་པ་ལ་སོགས་པ་མཁོ་དགུ་སྣ་ཚོགས་སུ། དེ་དག་གི་མདུན་ན་ཉེ་བར་གནས་པར་གྱུར་ཅིག །རྒྱས་པར་འཕགས་པ་རྡོ་རྗེ་རྒྱལ་མཚན་གྱི་མདོ་ལ་སོགས་པ་ལས་རྟོགས་པར་བྱའོ།།

而於不具財富、貧困的有情眾生，願我成為無盡的寶藏，各種資具，如被褥、坐墊、衣服、飾品、塗香等等，一一繽紛地陳列，置於彼等之眼前。詳細內容請參閱《聖般若波羅密多金剛勝幢大乘經》等。

༢་༢་༡་༣་༡་༡་༢་ཉེར་ལེན་གྱི་རྒྱུ་བློ་སྦྱོང་བ།

2.2.1.3.1.1.2.近取因修心

༢་༢་༡་༣་༡་༡་༢་༡་བློ་སྦྱོང་བ་དངོས།

2.2.1.3.1.1.2.1.修心正文

ལུས་དང་དེ་བཞིན་ལོངས་སྤྱོད་དང་། ། 我身以及諸受用，
དུས་གསུམ་དགེ་བ་ཐམས་ཅད་ཀུན། ། 乃至三時一切善，
སེམས་ཅན་ཀུན་གྱི་དོན་བསྒྲུབ་ཕྱིར། ། 為辦一切有情利，
ཕངས་པ་མེད་པར་གཏང་བར་བྱ། ། 無所吝惜當布施。

རང་གི་ལུས་དང་དེ་བཞིན་དུ་ཉེ་བར་སྤྱད་པར་བྱ་བའི་ལོངས་སྤྱོད་དང་། དུས་གསུམ་གྱིས་བསྡུས་པའི་དགེ་བ་ཐམས་ཅད་ཀུན། སེམས་ཅན་ཀུན་གྱི་མངོན་པར་མཐོ་བ་དང་ངེས་པར་ལེགས་པའི་དོན་ཐམས་ཅད་བསྒྲུབ་པའི་ཕྱིར། ཕངས་པ་མེད་པར་བློ་ཡིས་གཏང་བར་བྱ། འོ་ན་མ་འོངས་པའི་རང་བཞིན་ཡོད་པ་མ་ཡིན་པ་འདི་ཇི་ལྟར་བཏང་དུ་རུང་ཞེ་ན། བདེན་མོད་ཀྱི། འོན་ཀྱང་དེ་ཡོད་པའི་དུས་སུ་དེ་ལ་ཞེན་པ་བཟློག་པའི་ཕྱིར་དང་། ད་ལྟར་ཡང་དེ་ཡོངས་སུ་བཏང་ནས་བསམ་པ་རྣམ་པར་དག་པ་འཕེལ་བར་བྱ་བའི་དོན་དུ་ཡང་ཡིན་ནོ།།

我身以及諸必須之受用資具，乃至三時所攝一切善，為成辦一切有情增上生、決定勝等一切利益，以無所吝惜之心當做布施。然而，此未來之自性為非有，如何可做布施？雖是如此，然而為了防止有彼之時，於彼心生貪執，以及令當下施盡一切之心至清至淨之故爾。

༢་༢་༡་༣་༡་༡་༢་༢་དེའི་འཐད་པ་འགོད་པ།

2.2.1.3.1.1.2.2.陳述其合理性

ཐམས་ཅད་བཏང་བས་མྱ་ངན་འདའ། ། 因舍一切故涅槃，
བདག་བློ་མྱ་ངན་འདས་པ་སྒྲུབ། ། 我心欲成涅槃故，

ཐམས་ཅད་གཏོང་བར་ཆབས་ཅིག་ལ། །　　死時一切一同捨，
སེམས་ཅན་རྣམས་ལ་བཏང་བ་མཆོག །　　施予有情最殊勝。

འོ་ན་བདག་གི་དོན་དུ་གང་ཅུང་ཟད་བསྲུང་བར་རིགས་པ་མ་ཡིན་ནམ་སྙམ་ན། ལུས་ལ་སོགས་པ་ཐམས་ཅད་བཏང་བར་བྱས་ན་མྱ་ངན་ལས་འདའ་བར་འགྱུར་ལ། བདག་གི་བློ་ནི་མྱ་ངན་ལས་འདས་པ་བསྒྲུབ་པ་ཡིན་པས། འཆི་བའི་ཚེ་ལུས་ལོངས་སྤྱོད་ཐམས་ཅད་གཏོང་བར་ཆབ་གཅིག་ཏུ་འགྱུར་བ་ཡིན་ལ། དེ་བས་ན་སེམས་ཅན་རྣམས་ལ་བཏང་བ་འདི་ཉིད་མཆོག་ཡིན་ནོ།།

那麼，稍微為自己保留些許可否？不可，因為施捨了身等等一切之故，而將獲得涅槃，我心之所想，也是欲成辦涅槃的緣故，既然死時身體、受用等等一切，都將一同捨棄，不如施予有情，此最為殊勝。

༢.༢.༡.༣.༡.༡.༢.༣.ལུས་ཁྱེ་བྲག་ཏུ་གཏོང་བ།
2.2.1.3.1.1.2.3.特別布施身體

བདག་གིས་ལུས་ཅན་ཐམས་ཅད་ལ། །　　我於一切有身者，
ལུས་འདི་ཅི་བདེར་བྱིན་ཟིན་གྱིས། །　　已隨彼意施此身，
རྟག་ཏུ་གསོད་དང་སྨོད་པ་འམ། །　　恆常或殺或責罵，
རྡེག་སོགས་ཅི་དགར་བྱེད་ལ་རག །　　或打由彼喜好行。

དེ་བསྟན་པ་ནི་བདག་གིས་ལུས་ཅན་ཏེ་སེམས་ཅན་ཐམས་ཅད་ལ། ལུས་འདི་ཉིད་ཅི་བདེར་ལོངས་སྤྱོད་པའི་ཕྱིར་བྱིན་ཟིན་གྱིས། དུས་རྟག་ཏུ་བརྡེག་སྟེ་གསོད་པ་དང་བསྔགས་པ་མ་ཡིན་པ་བརྗོད་པས་སྨོད་པ་འམ། དབྱུག་པ་ལ་སོགས་ཀྱིས་བརྡེག་པ་དང་རྩལ་གྱིས་འཕོར་བ་ལ་སོགས་པ་ཅི་དགར་བྱེད་པ་ལ་རག་གོ། །

更闡明其義：我於一切有身者（即一切有情），已任隨彼之心意、使用目的，而施捨了此身，恆常或打殺，或非稱讚的責罵，或用棍棒擊打，以及灑灰等等，皆由彼喜好決定而行。

བདག་གི་ལུས་ལ་རྩེ་བྱེད་དམ།། 於我身軀或戲弄，
ཅོ་འདྲི་ག་ཞའི་རྒྱུ་བྱེད་ཀྱང་།། 或作揶揄取笑資，
བདག་གི་ལུས་འདི་བྱིན་ཟིན་གྱིས། ། 因我已施此身故，
འདི་ཡི་ཁ་ཏས་ཅི་ཞིག་བྱ།། 對此何須有珍惜。

བདག་གི་ལུས་ལ་བརྟེན་ཏེ་རྩེ་བར་བྱེད་དམ། ཅོ་འདྲི་སྟེ་ཐོ་འཚམ་པ་དང་ག་ཞའི་རྒྱུ་བྱས་ནས་བཞད་གད་བྱེད་ཀྱང་རུང་། བདག་གི་ལུས་འདི་བྱིན་ཟིན་པ་ཡིན་གྱིས། ལུས་འདི་བསྲུང་བ་ཡི་ཁ་ཏས་ཅི་ཞིག་བྱ།

基於我的身軀，或做戲弄， 或作為揶揄、譏諷、取笑、嘲笑的談資，因我已施此身故， 對此身軀何須有所珍惜、有所守護。

༢.༢.༡.༣.༡.༡.༢.༤ བློ་སྦྱོང་གི་འབྲས་བུ་གཞན་དོན་དུ་བསྔོ་བ།

2.2.1.3.1.1.2.4.修心之果迴向利他

དེ་ལ་གནོད་པར་མི་འགྱུར་བའི། ། 於彼不成傷害業，
ལས་གང་ཡིན་པ་འང་བྱེད་དུ་ཆུག ། 一切聽任令作為，
བདག་ལ་དམིགས་ནས་ནམ་དུ་ཡང་།། ། 恆時以我為所緣，
འགའ་ཡང་དོན་མེད་མ་གྱུར་ཅིག ། 不成一二無饒益。

སེམས་ཅན་དེ་ལ་འདི་དང་ཕྱི་མར་གནོད་པར་མི་འགྱུར་བའི། ལས་གང་ཡིན་པ་འང་བྱེད་དུ་ཆུག་ཅིག །བདག་ལ་དམིགས་ནས་དུས་ནམ་དུ་ཡང་། སེམས་ཅན་འགའ་ཡང་རེ་བ་དོན་མེད་པར་མ་གྱུར་ཅིག

於彼等有情，無論是今生或後世，皆不成為傷害之業者，則一切聽任令作為， 恆時以我為所緣，願不成為對一二有情的希求皆無饒益。

བདག་ལ་དམིགས་ནས་གང་དག་གིས། །　　一切緣我彼等眾，
ཁྲོ་འམ་དད་པའི་སེམས་བྱུང་ན། །　　或心生怒或生信，
དེ་ཉིད་རྟག་ཏུ་དེ་དག་གི།　　願彼恆時為彼等，
དོན་ཀུན་འགྲུབ་པའི་རྒྱུར་གྱུར་ཅིག །　　成就一切義利因。

བདག་ལ་དམིགས་ནས་སྐྱེ་བོ་གང་དག་གིས། ཡོང་ཁྲོ་བའམ་དད་པའི་སེམས་བྱུང་བར་གྱུར་ན། བསམ་པ་དེ་ཉིད་དུས་རྟག་ཏུ་གང་ཟག་དེ་དག་གི། ཡིད་ལ་རེ་བའི་དོན་ཀུན་འགྲུབ་པའི་རྒྱུར་གྱུར་ཅིག །

一切緣我彼等士夫大眾，或是心生忿怒或是心生虔信，願彼心思恆時作為彼等士夫，成就一切心中所想所求之義利的原因。

གང་དག་བདག་ལ་ཁ་ཟེར་རམ། །　　任何於我出惡言，
གཞན་དག་གནོད་པ་བྱེད་པ་འམ། །　　或由他人行傷害，
དེ་བཞིན་ཕྱར་ཀ་གཏོང་ཡང་རུང་། །　　譏諷等亦無不可，
ཐམས་ཅད་བྱང་ཆུབ་སྐལ་ལྡན་གྱུར། །　　願彼皆具菩提緣。

སྐྱེ་བོ་གང་དག་བདག་ལ་ཚ་འབྲི་བར་བྱེད་དེ་ཁ་ཟེར་རམ།　　གཞན་དག་གིས་བརྡེག་པ་ལ་སོགས་པའི་གནོད་པ་བྱེད་པ་འམ། དེ་བཞིན་དུ་ལ་ལ་དག་སྐོག་ནས་ཕྱར་ཀ་གཏོང་ཡང་རུང་སྟེ། དེ་དག་ཐམས་ཅད་རྫོགས་པའི་བྱང་ཆུབ་ཐོབ་པའི་སྐལ་བ་དང་ལྡན་པར་གྱུར་ཅིག།

任何士夫於我口出惡言，或由他人行打、揍等傷害，以及有些人暗地裡說些譏諷等等話語，亦無不可，願彼等皆具足證得圓滿菩提之緣。

བདག་ནི་མགོན་མེད་རྣམས་ཀྱི་མགོན། །　　願為無怙眾之怙，
ལམ་ཞུགས་རྣམས་ཀྱི་དེད་དཔོན་དང་། །　　願為入道眾御主，
བརྒལ་འདོད་རྣམས་ཀྱི་གྲུ་དང་ནི། །　　願為欲渡眾之船，
གཟིངས་དང་ཟམ་པ་ཉིད་དུ་གྱུར། །　　願為渡筏與索橋。

བདག་ནི་མགོན་མེད་པ་རྣམས་ཀྱི་མགོན་དང་། ལམ་དུ་ཞེ་བར་ཞུགས་པ་རྣམས་ཀྱི་དེད་དཔོན་དང་། ཆུ་ལས་བརྒལ་འདོད་རྣམས་ཀྱི་ཆུ་ཆེན་པོ་ལ་གྲུ་བ་དང་ནི། འབྲིང་ལ་གཟིངས་དང་ཆུང་ངུ་ལ་ཟམ་པ་ཉིད་དུ་གྱུར་ཅིག།

願我成為無怙大眾之依怙，願我成為已入道大眾御主，願我成為欲渡河大眾之大船，用以渡過大河，願我成為渡筏，用以渡過中河，與索橋，用以渡過小河。

གླིང་དོན་གཉེར་ལ་གླིང་དང་ནི།།　　求登島者我為島，
མར་མེ་འདོད་ལ་མར་མེ་དང་།།　　求油燈者我為燈，
གནས་མལ་འདོད་ལ་གནས་མལ་དང་།།　　求住榻者為住榻，
བདག་ནི་ལུས་ཅན་བྲན་འདོད་པ།།　　我為一切求僕者，
ཀུན་གྱི་བྲན་དུ་འགྱུར་བར་ཤོག།　　有身有情之僕使。

རྒྱ་མཚོར་ཞུགས་ཏེ་རིང་པོར་སོང་ནས་གླིང་དོན་དུ་གཉེར་བ་རྣམས་ལ་གླིང་དང་ནི། མུན་པ་ན་གནས་པ་མར་མེ་འདོད་པ་རྣམས་ལ་མར་མེ་དང་། གནས་མལ་འདོད་པ་རྣམས་ལ་གནས་མལ་དང་། བདག་ནི་ལུས་ཅན་རེམ་གྲོའི་དོན་དུ་བྲན་འདོད་པ། ཀུན་གྱི་བྲན་དུ་འགྱུར་བར་ཤོག་ཅིག།

進入大海已經久時，而求登島者，願我為島，處於黑暗之中，求油燈者，願我為燈，求住榻者願我為住榻，願我作為一切希求僕使服侍者，彼等有身有情之僕使。

ཡིད་བཞིན་ནོར་དང་བུམ་པ་བཟང་།།　　願為如意寶妙瓶，
རིག་སྔགས་གྲུབ་དང་སྨན་ཆེན་དང་།།　　已修明咒與大藥，
དཔག་བསམ་གྱི་ཤིང་དག་དང་།།　　願為如意妙寶樹，
ལུས་ཅན་རྣམས་ཀྱི་འདོད་འཇོ་རར་གྱུར།།　　有身大眾滿願牛。

བསམ་པའི་འབྲས་བུ་སྟེར་བར་བྱེད་པའི་ཡིད་བཞིན་གྱི་ནོར་བུ་དང་དངོས་པོ་གང་དང་གང་

འདོད་པའི་བསམ་པས་དེར་ལག་པ་བཙུག་ན་དེ་དང་དེ་འགྲུབ་པར་བྱེད་པའི་བུམ་པ་བཟང་པོ་དང་། གང་འདོད་པའི་ལས་ཐམས་ཅད་འགྲུབ་པར་ནུས་པའི་རིག་སྔགས་འཆང་གྲུབ་པ་དང་གནོད་པ་ཐམས་ཅད་ཞི་བའི་རྒྱུ་གཅིག་པུ་སྨན་ཆེན་པོ་དང་། འདོད་དགུ་འབྱུང་བའི་དཔག་བསམ་གྱི་ཤིང་དག་དང་། ལུས་ཅན་རྣམས་ཀྱི་གང་འདོད་པར་བཞོར་ཡོད་པའི་འདོད་འཇོར་གྱུར་ཅིག།

願我成為能賜予所求之果的如意寶，以及若有所想所求之物，放入掌中就能如所想般成就之妙瓶，以及能成就一切所求事業的已修明咒，與唯一能息止一切傷害的大藥，願我成為能產生一切妙欲的如意妙寶樹，有身大眾可擠出所求的滿願牛。

ས་སོགས་འབྱུང་བ་ཆེན་པོ་དང་།། 願為地等四大種，
ནམ་མཁའ་བཞིན་དུ་རྟག་པར་ཡང་།། 亦如虛空於恆時，
སེམས་ཅན་དཔག་ཏུ་མེད་པ་ཡི།། 願為無量有情眾，
རྣམ་མང་ཉེར་འཚོའི་གཞིར་ཡང་ཤོག། 繁多活命之所依。

ས་དང་ཆུ་ལ་སོགས་པའི་འབྱུང་བ་ཆེན་པོ་རྣམས་དང་། ནམ་མཁའ་བཞིན་དུ་བདག་ཀྱང་དུས་རྟག་པར་ཡང་། སེམས་ཅན་དཔག་ཏུ་མེད་པ་ཡི་དོན་དུ་རྣམ་པ་མང་པོའི་སྒོ་ནས་ཉེ་བར་འཚོ་བའི་གཞིར་ཡང་འགྱུར་བར་ཤོག་ཅིག།

願我成為地水火風等等四大種，我亦如虛空一般於恆常一切時，願我成為無量有情眾，繁多活命之所需所依。

དེ་བཞིན་ནམ་མཁའི་མཐས་གཏུགས་པའི།། 如是量等虛空邊，
སེམས་ཅན་ཁམས་ལ་རྣམ་ཀུན་ཏུ།། 有情所需之種種，
ཐམས་ཅད་མྱ་ངན་འདས་བར་དུ།། 一切直至得涅槃，
བདག་ནི་ཉེར་འཚོའི་རྒྱུར་ཡང་ཤོག། 亦願我為活命資。

དེ་བཞིན་དུ་ནམ་མཁའི་མཐས་གཏུགས་པའི་སེམས་ཅན་གྱི་ཁམས་ཐམས་ཅད་ལ་རྣམ་པ་

ཀུན་ཏུ། དེ་དག་ཐམས་ཅད་མི་གནས་པའི་མྱ་ངན་ལས་འདས་པར་འགྱུར་གྱི་བར་དུ། བདག་ནི་ཉེ་བར་འཚོ་བའི་རྒྱུར་ཡང་འགྱུར་བར་ཤོག་ཅིག།

如是量等虛空邊，一切有情所需之種種一切，直至彼等一切有情證得無著涅槃，亦願我為彼等活命之資。

༢.༢.༡.༣.༡.༢.དངོས་གཞི་དམ་བཅའ་བ།

2.2.1.3.1.2.正行發誓

ཇི་ལྟར་སྔོན་གྱི་བདེ་གཤེགས་ཀྱིས།།	猶如往昔眾善逝，
བྱང་ཆུབ་ཐུགས་ནི་བསྐྱེད་པ་དང་།།	生起無上菩提心，
བྱང་ཆུབ་སེམས་དཔའི་བསླབ་པ་ལ།།	而於菩薩諸學處，
དེ་དག་རིམ་བཞིན་གནས་པ་ལྟར།།	次第住於彼等中，
དེ་བཞིན་འགྲོ་ལ་ཕན་དོན་དུ།།	如是亦為利眾故，
བྱང་ཆུབ་སེམས་ནི་བསྐྱེད་བགྱི་ཞིང་།།	應當生起菩提心，
དེ་བཞིན་དུ་ནི་བསླབ་པ་ལའང་།།	如是於諸菩薩學，
རིམ་པ་བཞིན་དུ་བསླབ་པར་བགྱི།།	當依次第勤學習。

སྐྱབས་སུ་འགྲོ་བ་གསུམ་གྱིས་གཞིར་བཟུང་། དགོངས་སུ་གསོལ་བ་གསུམ་སྔོན་དུ་འགྲོ་བ་དང་བཅས་པས་ཇི་ལྟར་ན་སྔོན་གྱི་བདེ་བར་གཤེགས་པ་རྣམས་ཀྱིས། སེམས་ཅན་ཐམས་ཅད་རྫོགས་པའི་བྱང་ཆུབ་ལ་དགོད་པར་འདོད་པའི་ཐུགས་ནི་བསྐྱེད་པ་དང་། དེའི་ཆེད་དུ་བྱང་ཆུབ་སེམས་དཔའི་བསླབ་པར་བྱ་བ་རྣམས་ལ། དེ་དག་གིས་གོ་རིམ་མ་ནོར་བར་རིམ་པ་བཞིན་དུ་གནས་པ་ལྟར། དེ་དག་གི་ཐུགས་བསྐྱེད་པ་དེ་བཞིན་བདག་ཀྱང་འགྲོ་བ་རྣམས་ལ་ཕན་པའི་དོན་དུ། དེ་དག་ཐམས་ཅད་རྫོགས་པའི་བྱང་ཆུབ་ལ་འགོད་པར་འདོད་པའི་སེམས་ནི་བསྐྱེད་པར་བགྱི་ཞིང་། དེ་བཞིན་དུ་ནི་བྱང་ཆུབ་སེམས་དཔའི་བསླབ་པར་བྱ་བ་རྣམས་ལའང་། གོ་རིམ་མ་འཆོལ་བར་རིམ་པ་བཞིན་དུ་བསླབ་པར་བགྱི། ཞེས་དམ་བཅས་ཏེ་རང་གི་ནུས་པ་བཞིན་བསླབ་པར་བྱའོ།།

以三皈依作為基礎，並先做三次祈請之後，猶如往昔眾善逝，生起欲安置一切有情於無上圓滿菩提的心念，為此目的，而於菩薩諸（種種）學處，理解上無錯誤地次第住於彼等之中，正如彼等發心一般，如是我亦為了利益一切眾生之故，應當生起欲安置彼等一切於無上圓滿菩提之心念，如是於諸菩薩的各種學處，也應當理解上無錯誤地依照次第地勤勉學習。

༢.༢.༡.༣.༡.༣.མཇུག་རང་གཞན་དགའ་བ་སྒོམ་པ། 2.2.1.3.1.3.結行觀修自他喜

༢.༢.༡.༣.༡.༣.༡.རང་དགའ་སྒོམ་པ། 2.2.1.3.1.3.1.觀修自喜

དེ་ལྟར་བློ་དང་ལྡན་པ་ཡིས།།　　如上具有慧心者，
རབ་དང་བྱང་ཆུབ་སེམས་བཟུང་ནས། །　　優淨受持菩提心，
མཇུག་ཀྱང་རྒྱས་པར་བྱ་བའི་ཕྱིར། །　　當令爾後更增長，
སེམས་ནི་འདི་ལྟར་གཟེངས་བསྟོད་དོ། །　　故心如下做表揚：

དེ་ལྟར་བློ་དང་ལྡན་པ་རྒྱལ་བའི་སྲས་ཀྱི་མིང་འཛིན་པ་བདག་ཅག་ལྟ་བུ་ཡིས། སེམས་རབ་ཏུ་དང་བ་དང་བཅས་པས་བྱང་ཆུབ་ཀྱི་སེམས་རང་རྒྱུད་དུ་བཟུང་ནས། མཇུག་ཀྱང་མི་ཉམས་པར་རྒྱས་པར་བྱ་བའི་ཕྱིར། སེམས་ནི་འདི་ལྟར་གཟེངས་བསྟོད་པར་བྱ་བ་ཉིད་དོ།།

如上具有慧心者（即譬如持有佛子之稱的我等）以最優等清淨之心，於自相續中受持菩提心之後，應當為了令爾後菩提心不僅不衰退，而更增長之故，心應當如下做表揚：

དེང་དུས་བདག་ཚེ་འབྲས་བུ་ཡོད། །　　此生我命具善果，
མི་ཡི་སྲིད་པ་ལེགས་པར་ཐོབ། །　　妙得暇滿之人身，
དེ་རིང་སངས་རྒྱས་རིགས་སུ་སྐྱེས། །　　今日生為佛種性，
སངས་རྒྱས་སྲས་སུ་ད་གྱུར་ཏོ།།　　當下已為佛之子。

དེ་ཇི་ལྟར་ཞེ་ན། འཁོར་བ་ཐོག་མ་མེད་པའི་ཚེ་རབས་བརྒྱུད་པ་དག་ཏུ་ནམ་ཡང་འདི་འདྲ་བ་ཞིག་ཐོབ་པར་མ་གྱུར་པས་དེ་རིང་དུས་བདག་གི་ཚེ་འབྲས་བུ་ཡོད་པར་གྱུར་ཅིང་། མི་ཡི་སྲིད་པ་འདི་ཡང་ལེགས་པར་ཐོབ་ལ། དེ་རིང་ནས་སངས་རྒྱས་ཀྱི་རིགས་སུ་སྐྱེས་ཏེ། སངས་རྒྱས་ཀྱི་སྲས་སུ་ད་གྱུར་ཏོ། །ཞེས་ང་རྒྱལ་ཁྱད་པར་དུ་འཕགས་པ་ཡིད་ལ་བྱེད་པས་སེམས་དམན་པ་ཉིད་ཡོངས་སུ་དོར་བའོ།།

如何表揚？謂：無始輪迴累世相續之中，從來不曾獲得這般之果，此生我命已具善果，妙得此暇滿之人身，自今日起，生為佛的種性，當下已為佛之子。如是此殊勝慢於心中做意，以令捨棄下劣之心。

ད་ནི་བདག་གིས་ཅི་ནས་ཀྱང་། །　　無論如何現今我，
རིགས་དང་མཐུན་པའི་ལས་བརྩམས་ཏེ།།　　當行合乎種姓業，
སྐྱོན་མེད་བཙུན་པའི་རིགས་འདི་ལ། །　　無垢高尚此種性，
རྙོག་པར་མི་འགྱུར་དེ་ལྟར་བྱ།།　　不令壞損如是行。

ད་ནི་བདག་གིས་ཅི་ནས་ཀྱང་། །སངས་རྒྱས་ཀྱི་གདུང་དང་འཚམས་པའམ་རིགས་དང་མཐུན་པའི་ལས་ཁོ་ན་བརྩམས་ཏེ། ཐོག་མ་དང་བར་དང་ཐ་མར་ཡོངས་སུ་དག་པས་སྐྱོན་མེད་ཅིང་བཙུན་པའི་རིགས་འདི་ལ། བདག་གི་ཉེས་པས་ཅི་ནས་ཀྱང་རྙོག་པར་མི་འགྱུར་བ་དེ་ལྟར་བསྒྲུབ་པར་བྱའོ།།

無論如何現在今日以後的我，唯有應當行持合乎佛血胤、種姓的事業，前、中、後皆清淨無垢，且高尚的此種性，絕對不因為自我的過失而令此種姓壞損，必然應當如是行持。

ལོང་བས་ཕྱག་དར་ཕུང་པོ་ལས། །　　譬若盲者從廢堆，
ཇི་ལྟར་རིན་ཆེན་རྙེད་པ་ལྟར།།　　如何獲得珍寶般，
དེ་བཞིན་ཇི་ཞིག་ལྟར་སྐྱེས་ནས། །　　如是怎有此幸運，

བྱང་ཆུབ་སེམས་འདི་བདག་ལ་སྐྱེས། ། 我竟生起菩提心。

ཤིན་ཏུ་འཕྲད་པར་དཀའ་བ་ནི་དཔེར་ན་མིག་མེད་པའི་ལོང་བས་ཕྱག་དར་གྱི་ཕུང་པོ་སྟེ་ལམ་པོ་ཆེའི་ཉལ་ཉིལ་སྤུངས་པ་དག་ལས། ཇི་ལྟར་རིན་ཆེན་རིན་ཐང་མེད་པ་ཞིག་རྙེད་པ་ལྟར། དེ་བཞིན་དུ་ཇི་ཞིག་ལྟར་སྐྱེས་ནས་ཏེ་སྐྱེས་དབང་གིས་བྱང་ཆུབ་ཀྱི་སེམས་རིན་པོ་ཆེ་འདི་བདག་ལ་སྐྱེས། དེ་ཡོན་ཉིད་རྟོགས་པ་འདི་དམིགས་མེད་པ་དག་ལ་ཕྱུགས་དར་གྱི་ཕུང་པོ་ལྟ་བུ་འཁོར་བ་ན་ཇི་ཞིག་ལྟར་སངས་རྒྱས་ཀྱི་བྱིན་གྱིས་བརླབས་ཀྱི་སྟོབས་ཀྱིས་བྱང་ཆུབ་ཀྱི་སེམས་རིན་པོ་ཆེ་དང་འདྲ་བར་སྐྱེས་སོ་ཞེས་པའི་དོན་ནོ།།

機緣極為難得之喻，譬若無眼的盲者從廢物堆之中（即大路一旁堆起的垃圾），如何獲得無價的珍寶一般，如是怎有此幸運，我竟然是因為好運而生起這珍貴的菩提心。此處要旨是：未緣取此真如等眾，如同在垃圾堆一般的輪迴裡，是怎樣因為佛陀的加持力，而能生起珍寶一般的菩提心。

འགྲོ་བའི་འཆི་བདག་འཇོམས་བྱེད་པའི།། 能滅眾生死主魔，
བདུད་རྩི་མཆོག་ཀྱང་འདི་ཡིན་ནོ། ། 殊勝甘露亦是此。

འགྲོ་བའི་འཆི་བདག་གི་བདུད་འཇོམས་པར་བྱེད་པའི་བཅུད་ཀྱིས་ལེན་གྱི་བདུད་རྩི་མཆོག་ཀྱང་བྱང་ཆུབ་ཀྱིས་སེམས་འདི་ཡིན་ནོ།།

能消滅眾生死主魔的殊勝甘露精華，亦是此菩提心。

འགྲོ་བའི་དབུལ་བ་སེལ་བ་ཡི།། 能除眾生之貧困，
མི་ཟད་གཏེར་ཡང་འདི་ཡིན་ནོ། ། 無盡寶藏亦是此。

འགྲོ་བའི་དབུལ་བ་ཐམས་ཅད་སེལ་བ་ཡི། མི་ཟད་པའི་གཏེར་ཡང་བྱང་ཆུབ་ཀྱི་སེམས་འདི་ཡིན་ནོ།།

能除一切眾生之貧困，無盡寶藏亦是此菩提心。

འགྲོ་བའི་ནད་རབ་ཞི་བྱེད་པའི། ། 究竟息止眾生病，
སྨན་གྱི་མཆོག་ཀྱང་འདི་ཡིན་ནོ། ། 最上醫藥亦是此。

འགྲོ་བའི་ལུས་དང་སེམས་ཀྱི་ནད་ཐམས་ཅད་རབ་ཏུ་ཞི་བར་བྱེད་པའི། སྨན་གྱི་མཆོག་ཀྱང་བྱང་ཆུབ་ཀྱི་སེམས་འདི་ཡིན་ནོ།།

能究竟息止一切眾生身心兩方面一切疾病的最上等醫藥亦是此菩提心。

སྲིད་ལམ་འཁྱམས་ཤིང་དུབ་པ་ཡི། ། 遊蕩有道疲累眾，
འགྲོ་བའི་ངལ་གསོའི་ལྗོན་ཤིང་ཡིན། ། 休息樹蔭亦是此。

སྐྱེ་བའི་སྲིད་པ་དང་འཆི་བའི་སྲིད་པ་དང་སྲིད་པ་བར་མ་དོའི་རང་བཞིན་གྱི་སྲིད་པའི་ལམ་དུ་འཁྱམས་ཤིང་སྡུག་བསྔལ་གྱིས་དུབ་པ་ཡི། འགྲོ་བའི་ངལ་གསོ་བའི་གནས་གྲིབ་མ་བསིལ་པོ་དང་ལྡན་པའི་ལྗོན་ཤིང་ཡང་བྱང་ཆུབ་ཀྱི་སེམས་འདི་ཡིན་ནོ།།

遊蕩在生有、死有、中有道上，因痛苦而疲累的眾生，其休息的大樹蔭影之處亦是此菩提心。

འགྲོ་བ་ཐམས་ཅད་ངན་འགྲོ་ལས། ། 能令眾生脫惡趣，
སྒྲོལ་བར་བྱེད་པའི་སྤྱི་སྟེགས་ཡིན། ། 共通台凳亦是此。

འགྲོ་བ་ཐམས་ཅད་དམྱལ་བ་དང་ཡི་དྭགས་ལ་སོགས་པའི་ངན་འགྲོ་ལས། སྒྲོལ་བའམ་འདའ་བར་བྱེད་པའི་སྤྱི་སྟེ་ཐུན་མོང་གི་སྟེགས་སུ་གྱུར་པ་ཡང་བྱང་ཆུབ་འདི་ཡིན་ནོ།།

能令一切眾生超越、度脫地獄餓鬼等惡趣之共通的台凳，亦是此菩提心。

འགྲོ་བའི་ཉོན་མོངས་གདུང་སེལ་བའི། ། 能除眾生煩惱燥，
སེམས་ཀྱི་ཟླ་བ་ཤར་བ་ཡིན།། 所升心月亦是此。

འགྲོ་བའི་ཉོན་མོངས་པའི་ཚ་གདུང་སེལ་བར་བྱེད་པའི་སེམས་ཀྱི་ཟླ་བ་ཤར་བ་ཡང་བྱང་ཆུབ་ཀྱི་སེམས་འདི་ཡིན་ལ།

能消除眾生煩惱的燥熱，所升起的心月亦是此菩提心。

འགྲོ་བའི་མི་ཤེས་རབ་རིབ་དག ། 眾生無知眼翳障，
དབྱིས་འབྱིན་ཉི་མ་ཆེན་པོ་ཡིན། ། 根除之陽亦是此。

འགྲོ་བའི་མི་ཤེས་པ་སྟེ་མ་རིག་པའི་རབ་རིབ་དག །དབྱིས་ནས་འབྱིན་པར་བྱེད་པའི་ཉི་མ་ཆེན་པོ་ཡང་བྱང་ཆུབ་ཀྱི་སེམས་འདི་ཉིད་ཡིན་ནོ།།

眾生各種無知無明的眼翳障礙，得以根除之太陽亦是此菩提心。

དམ་ཆོས་འོ་མ་བསྲུབས་པ་ལས། ། 攪拌正法乳所出，
མར་གྱི་ཉིང་ཁུ་ཕྱུང་བ་ཡིན།། 油酥精華亦是此。

བཅོམ་ལྡན་འདས་ཀྱི་གསུང་དམ་པའི་ཆོས་ཀྱི་འོ་མ་ཐོས་པ་ལ་སོགས་པའི་ཤེས་རབ་ཀྱིས་བསྲུབས་པ་ལས། མར་གྱི་ཉིང་ཁུ་བྱང་ཆུབ་སེམས་འདི་ཕྱུང་བ་ཡིན་ནོ།།

以多聞等智慧攪拌薄迦梵所說正法乳，從中所出的油酥精華亦是此菩提心。

འགྲོ་བའི་མགྲོན་པོ་སྲིད་པའི་ལམ་རྒྱུ་ཞིང་། ། 行於有道欲享樂受用，
བདེ་བའི་ལོངས་སྤྱོད་སྤྱད་པར་འདོད་པ་ལ། ། 對於彼等旅客有情眾，
འདི་ནི་བདེ་བའི་མཆོག་ཏུ་ཉེར་གནས་ཏེ། ། 此能令住極致安樂中，
སེམས་ཅན་མགྲོན་ཆེན་ཚིམ་པར་བྱེད་པ་ཡིན། ། 能令有情貴賓皆滿意。

འགྲོ་བའི་མགྲོན་པོ་སྲིད་པ་ཁམས་གསུམ་འཁོར་བའི་ལམ་དུ་རྒྱུ་ཞིང་། བདེ་བའི་ལོངས་སྤྱོད་མང་པོར་སྤྱད་པར་འདོད་པ་རྣམས་ལ། བྱང་ཆུབ་ཀྱི་སེམས་འདི་ནི་བདེ་བ་ཐམས་ཅད་ཀྱི་རྒྱུའི་མཆོག་ཏུ་ཉེ་བར་གནས་ཏེ། སེམས་ཅན་གྱི་མགྲོན་ཆེན་པོ་རྣམས་ཚིམ་པར་བྱེད་པ་ཡིན་ནོ།།

行走於三有三界輪迴道上、欲享受種種安樂之受用，對於彼等輪迴的旅客、有情眾生，此菩提心能令彼等住於一切安樂之中，最極致的安樂之中，能令一切有情貴賓皆滿意。

༢.༢.༡.༣.༡.༣.༢.གཞན་དགའ་སྒོམ་པ།

2.2.1.3.1.3.2.觀修他喜

བདག་གིས་དེ་རིང་སྐྱོབ་པ་ཐམས་ཅད་ཀྱི། ། 今日我於一切救尊前，
སྤྱན་སྔར་འགྲོ་བ་བདེ་གཤེགས་ཉིད་དང་ནི། ། 直至眾生獲得善逝果，
བར་དུ་བདེ་ལ་མགྲོན་དུ་བོས་ཟིན་གྱིས། ། 已喚彼等為賓享安樂，
ལྷ་དང་ལྷ་མིན་ལ་སོགས་དགའ་བར་གྱིས། ། 天神修羅等眾應歡喜。

དེ་ལྟར་སེམས་བརྟན་པ་ངེས་པར་བྱས་པ་ལ་སེམས་དང་བ་བསྐྱེད་དུ་འཇུག་པ་ནི་བདག་གིས་དེ་རིང་ཕྱོགས་བཅུའི་སྐྱོབ་པ་ཐམས་ཅད་ཀྱི། སྤྱན་སྔར་འགྲོ་བ་རྣམས་མཐར་ཐུག་བདེ་བར་གཤེགས་པའི་གོ་འཕང་ཉིད་དང་ནི། དེ་མ་ཐོབ་ཀྱི་བར་དུ་ལྷ་དང་མིའི་ཕུན་སུམ་ཚོགས་པའི་བདེ་བ་ལ་མགྲོན་དུ་བོས་ཟིན་གྱིས། ལྷ་དང་ལྷ་མིན་དང་གནོད་སྦྱིན་ལ་སོགས་པ་རྣམས་སེམས་རབ་ཏུ་དང་བས་དགའ་བར་གྱིས་ཤིག །

如此確定了堅定的意念，而令有情心生清淨：今日我於十方一切救尊前，直至一切眾生獲得究竟善逝果位，在未獲得之前，已招喚彼等一切有情為貴賓，來享受天、人圓滿的安樂，天神、阿修羅、夜叉等眾應當心生清淨，深感歡喜。

༢.༢.༡.༣.༢.མཚན།

2.2.1.3.2.品名

བྱང་ཆུབ་སེམས་དཔའི་སྤྱོད་པ་ལ་འཇུག་པ་ལས། བྱང་ཆུབ་ཀྱི་སེམས་ཡོངས་སུ་བཟུང་བ་ཞེས་བྱ་བ་སྟེ་ལེའུ་གསུམ་པའོ། །

入菩提薩埵行・完整受持菩提心第三品竟

༢.༢.༢.སྐྱེས་པ་མི་ཉམས་པར་བྱེད་པའི་ལེའུ།།
2.2.2.已生起者不衰退

༢.༢.༢.༡.འཇུག་ལྡོག་གི་གནས་ལ་གཟབ་པ་ལྷུར་ལེན་པ་བག་ཡོད་ཀྱི་ལེའུ།
2.2.2.1.進退謹慎不放逸品

༢.༢.༢.༡.༡.གཞུང་།
2.2.2.1.1.正文

༢.༢.༢.༡.༡.༡.མདོར་བསྟན་པ།
2.2.2.1.1.1.總說

རྒྱལ་བའི་སྲས་ཀྱིས་དེ་ལྟ་བུར།། 佛子既然已如此，
བྱང་ཆུབ་སེམས་རབ་བརྟན་བཟུང་ནས།། 穩定受持菩提心，
གཡེལ་བ་མེད་པར་རྟག་ཏུ་ཡང་། ། 應當恆時無懈怠，
བསླབ་ལས་མི་འདའ་འབད་པར་བྱ། ། 勤勉不逾越學處。

ད་ནི་སྒྲུབ་པ་སྙིང་པོར་བྱེད་པ་ལ་བྱང་ཆུབ་ཡོད་ཀྱི། དེ་ལས་གཞན་པ་ལ་ནི་མ་ཡིན་ནོ་ཞེས་བསྟན་པའི་ཕྱིར་རྒྱལ་བའི་སྲས་ཀྱིས་དེ་ལྟ་བུར་བསྟན་མ་ཐག་པའི་ཚོགས་བྱང་ཆུབ་ཀྱི་སེམས་རབ་ཏུ་བརྟན་པར་བཟུང་ནས། ལེ་ལོའི་གཡེལ་བ་མེད་པར་དུས་རྟག་ཏུ་ཡང་། བྱང་ཆུབ་སེམས་དཔའི་བསླབ་པ་ལས་མི་འདའ་བར་འབད་པར་བྱའོ། །དེ་ཡང་འཕགས་པ་ག་ཡ་གོ་རི་ལས། བྱང་ཆུབ་སེམས་དཔའ་སྒྲུབ་པ་སྙིང་པོར་བྱེད་པ་རྣམས་ལ་བྱང་ཆུབ་ཡོད་ཀྱི། སྒྲུབ་པ་སྙིང་པོར་བྱེད་པ་མ་ཡིན་པ་རྣམས་ལ་ནི་མ་ཡིན་ནོ་ཞེས་གསུངས་པ་དང་། འཕགས་པ་ཏིང་ངེ་འཛིན་གྱི་རྒྱལ་པོ་ལས་ཀྱང་། གཞོན་ནུ་ཁྱོད་དེ་ལྟ་བས་ན་སྒྲུབ་པ་སྙིང་པོར་བྱེད་པར་གྱུར་པ་དེ་ལྟར་བསླབ་པར་བྱའོ། །གཞོན་ནུ་དེ་ཅིའི་ཕྱིར་ཞེ་ན། སྒྲུབ་པ་སྙིང་པོར་བྱེད་པ་ལ་ནི་བླ་ན་མེད་པ་ཡང་དག་པར་རྫོགས་པའི་བྱང་ཆུབ་རྙེད་པར་དཀའ་བ་མ་ཡིན་ནོ་ཞེས་གསུངས་སོ།།

此處說明唯堅固修持者有菩提，此外則無：佛子既然已如此依靠适才之儀軌，徹底穩定受持了菩提心，應當恆時無懶惰懈怠，勤勉不逾越菩薩學處。又《噶雅果日經》說：“堅固修持者等眾有菩提，非堅固修持者等眾則無”。《月燈三昧經》卷二：“童子。以是義故。欲得成就堅固行菩薩應如是學。何以故。童子。堅固行菩薩得阿耨多羅三藐三菩提。則為不難。何況此三昧也。”。（那連提耶舍譯）

བྱང་ཆུབ་སེམས་དཔའི་བསླབ་པ་དེ་ཡང་ཕ་རོལ་ཏུ་ཕྱིན་པ་དྲུག་དང་། ཚད་མེད་པ་དང་། བསྡུ་བའི་དངོས་པོ་ལ་སོགས་པའི་དབྱེ་བས་བློ་གྲོས་མི་ཟད་པ་དང་། དཀོན་མཆོག་སྤྲིན་ལ་སོགས་པའི་མདོ་རྣམས་ལས་རྒྱ་ཆེར་བཤད་པར་བྱའོ།།

菩薩學處又分為六波羅蜜多、四無量、四攝法等等，當從《無盡意菩薩請問經》、《寶雲經》等經中學習。

༢་༢་༢་༡་༡་༢་རྒྱས་པར་བཤད་པ།
2.2.2.1.1.2.廣說

༢་༢་༢་༡་༡་༢་༡་བསླབ་བྱ་བསླབ་པ་ལ་བསམས་ཏེ་བག་བྱ་བ།
2.2.2.1.1.2.1.思維所修學處而不放逸

༢་༢་༢་༡་༡་༢་༡་༡་བསམ་པ་སེམས་བསྐྱེད་མི་ཉམས་པར་བསྲུང་བ།
2.2.2.1.1.2.1.1.守護發心思維不衰退

བབ་ཅོལ་བརྩམས་པ་གང་ཡིན་པའམ། །	任何魯莽草率行，
གང་ཞིག་ལེགས་པར་མ་བརྟགས་པ། །	亦或未曾善考量，
དེ་ནི་དམ་བཅས་བྱས་གྱུར་ཀྱང་། །	雖然發誓成辦彼，
བྱ་འམ་བཏང་ཞེས་བརྟགས་པའི་རིགས།།	考量行止猶合理，
སངས་རྒྱས་རྣམས་དང་དེ་ཡི་སྲས། །	何況諸佛與佛子，
ཤེས་རབ་ཆེན་པོས་གང་བརྟགས་ཤིང་། །	大智慧者曾考量，
བདག་ཉིད་ཀྱིས་ཀྱང་བརྟག་བརྟགས་པ།།	亦經自己三思量，

དེ་ལ་བཤོལ་ཏུ་ཅི་ཞིག་ཡོད།།　　　　拖延彼事有何理。

ཐོག་མ་ཉིད་དུ་བྱང་ཆུབ་སེམས་དཔའི་སློབ་པ་ལ་བདག་ཉིད་ནུས་པ་ཡོད་དམ་མེད་ཤེས་པར་བྱས་ལ་སྡོམ་པ་མནོད་དོ། །དེ་ནས་སྡོམ་པ་མནོས་པའི་བྱང་ཆུབ་སེམས་དཔའ་དེས་འདི་སྐད་བསམ་པར་བྱ་སྟེ། བྱ་བ་གང་ཡང་བབ་ཅོལ་དུ་མ་བརྟགས་པར་བརྩམས་པ་གང་ཡིན་པ་འམ། གང་ཞིག་ཅུང་ཟད་བརྟགས་ཀྱང་ལེགས་པར་མ་བརྟགས་པ། དེ་ནི་དམ་བཅའ་བར་བྱས་པར་གྱུར་དུ་ཟིན་ཀྱང་། བྱའམ་ཡང་ན་མི་བྱ་བར་བཏང་ངོ་ཞེས་སླར་ཡང་བརྟགས་པའི་སྒོ་ནས་འཇུག་རིགས་ན། སངས་རྒྱས་བཅོམ་ལྡན་འདས་རྣམས་དང་དེའི་སྲས། ཤེས་རབ་ཆེན་པོ་དང་ལྡན་པ་རྣམས་ཀྱིས་གང་ལ་ལེགས་པར་བརྟགས་ཤིང་། བདག་ཉིད་ཀྱིས་ཀྱང་ཤེས་རབ་ཀྱི་ནུས་པ་ཅི་ཡོད་པས་བརྟགས་བརྟགས་པ། དེ་ལ་བཤོལ་ཏུ་ཅི་ཞིག་ཡོད། །དེ་བས་ན་ཇི་སྐད་དམ་བཅས་པ་བཞིན་དུ་ལེགས་པར་བརྩམས་པ་ཉིད་རིགས་པ་ཡིན་ནོ།།

首先當知自己是否有能力學菩薩學處，而後方才受戒。之後，已受戒菩薩當如何思維：任何不經思索、魯莽草率而行的事情，亦或於某件事情未曾善加考慮，雖然已經發誓要成辦彼事，再次考慮後決定行止（做或者不做、放棄）猶合理，何況諸佛薄迦梵與佛子，具有大智慧者曾善加考慮，同時亦經由自己盡自己智慧之力再三思量，拖延彼事有何理。因此，當知當如所起誓言一般，好好地做。

གལ་ཏེ་དེ་སྐད་དམ་བཅས་ནས། །　　　　倘若如是發誓已，
ལས་ཀྱིས་བསྒྲུབ་པར་མ་བྱས་ན། །　　　　不以事業成辦之，
སེམས་ཅན་དེ་དག་ཀུན་བསླུས་པས། །　　　　則是誆騙眾有情，
བདག་གི་འགྲོ་བ་ཅི་འདྲར་འགྱུར། །　　　　我之去處將如何。

གལ་ཏེ་དེ་སྐད་མ་བསྒྲལ་བ་རྣམས་བསྒྲལ་བ་དང་མ་གྲོལ་བ་རྣམས་དགྲོལ་བ་དང་དབུགས་མ་ཕྱུང་བ་རྣམས་དབུགས་དབྱུང་བ་དང་། ཡོངས་སུ་མྱ་ངན་ལས་མ་འདས་པ་རྣམས་ཡོངས་སུ་

མྱ་ངན་ལས་འདའ་བར་བྱ་ཞེས་དམ་བཅས་ནས། བྱ་བའི་ལས་ཀྱིས་བསྒྲུབས་པ་ར་མ་བྱས་ན། སངས་རྒྱས་དང་བྱང་ཆུབ་སེམས་དཔའ་དང་ལྷ་དང་བཅས་པའི་སེམས་ཅན་དེ་དག་ཀུན་བསླུས་པས། བདག་གི་འགྲོ་བ་ཅི་འདྲར་འགྱུར། །སེམས་ཅན་དམྱལ་བ་ལ་སོགས་པའི་འགྲོ་བ་ལས་གཞན་གྱི་འགྲོ་བ་མེད་དོ་སྙམ་དུ་དགོངས་པའོ།།

倘若如是發誓已（未得度者令得度，未解縛者令解縛，未得策勵得策勵，未大涅槃得大涅槃），不以所做之事業成辦之，則是誆騙佛、菩薩，以及天、人等一切眾生有情，我之去處將如何。意旨除了成為地獄等有情之外，別無去處。

དངོས་པོ་ཕལ་པ་ཕྲན་ཟད་ལའང་། ། 至於些許平庸物，
ཡིད་ཀྱིས་སྦྱིན་པར་བསམ་བྱས་ནས། ། 意起布施心念已，
མི་གང་སྦྱིན་པར་མི་བྱེད་པ།། 卻不施予某一人，
དེ་ཡང་ཡི་དྭགས་འགྱུར་གསུངས་ན། ། 佛說此亦成餓鬼，
བླ་ན་མེད་པའི་བདེ་བ་ལ།། 何況殷切延請彼，
བསམ་པ་ཐག་པས་མགྲོན་གཉེར་ནས། ། 作為無上安樂賓，
འགྲོ་བ་ཐམས་ཅད་བསླུས་བྱས་ན། ། 爾後誆騙一切眾，
བདེ་འགྲོར་ཇི་ག་འགྲོ་འགྱུར་རམ། ། 如何將至善趣處。

དངོས་པོ་ཕལ་པ་ཟན་ལ་སོགས་པ་ཕྲན་ཟད་ལའང་། ཡིད་ཀྱིས་འདི་སྦྱིན་པར་བྱའོ་ཞེས་བསམ་པར་བྱས་ནས། མི་གང་ཞིག་སྦྱིན་པར་མི་བྱེད་པ། དེ་ཡང་ཡི་དྭགས་སུ་འགྱུར་བར་མདོ་དྲན་པ་ཉེར་བཞག་ལས་གསུངས་ན། དེ་ཇི་ལྟར་གསུངས་ཞེ་ན། ཅུང་ཟད་ཙམ་ཞིག་སྦྱིན་པར་བསམ་པ་ལས་མ་བྱིན་ན་ཡི་དྭགས་ཀྱི་འགྲོ་བར་སྐྱེ་ལ། དམ་བཅས་པ་ལས་མ་བྱིན་ན་སེམས་ཅན་དམྱལ་བའི་འགྲོ་བའི་འགྱུར་རོ་ཞེས་བསྟན་ཏོ། །བླ་ན་མེད་པ་གནས་སྐབས་མངོན་པར་མཐོ་བ་དང་མཐར་ཐུག་ངེས་པར་ལེགས་པ་ཡི་བདེ་བ་ལ། བསམ་པ་ཐག་པས་རྒྱལ་བ་སྲས་དང་བཅས་པའི་སྤྱན་སྔར་མགྲོན་དུ་གཉེར་བ་བྱས་ནས། འགྲོ་བ་ཐམས་ཅད་བསླུས་པར་བྱས་ན།

བདེ་འགྲོར་ཇི་ག་འགྲོ་འགྱུར་རམ་སྟེ་མི་འགྱུར་རོ།།

至於些許平庸物如糌粑團等，心意中生起布施此物之心念已，卻不施予某一人，佛在《正法念處經》說此亦成餓鬼，如何說？經云："思布施而不施予，則生餓鬼；既誓許而不施予，則生地獄"。何況於諸佛菩薩面前殷切延請彼，作為無上安樂（當下增上生與究竟決定勝）賓，爾後誑騙一切眾，如何將至善趣處？不可得也。

མི་གང་བྱང་ཆུབ་སེམས་བཏང་ཡང་།། 　何人捨棄菩提心，
དེ་དག་ཐར་པར་བྱེད་པ་ཉི།། 　彼猶能得解脫果，
ལས་ཚུལ་བསམ་གྱིས་མི་ཁྱབ་སྟེ།། 　業果之理不思議，
ཐམས་ཅད་མཁྱེན་པ་ཁོ་ནས་མཁྱེན།། 　唯有一切智人知。

དེ་ལྟར་གྱུར་ན་འཕགས་པ་ཤཱ་རིའི་བུའི་སྔོན་གྱི་ཚེ་རབས་སུ་བྱང་ཆུབ་ཏུ་སེམས་བསྐྱེད་ནས་ཡང་དག་པར་རྫོགས་པའི་བྱང་ཆུབ་དོན་དུ་གཉེར་བས་ཚོགས་རྣམས་ལ་འཇུག་པར་བྱས་ཤིང་། སངས་རྒྱས་སྟོང་ཕྲག་བཅུ་ལ་བསྙེན་བཀུར་བྱས་ནས། དེ་ནས་བདུད་ཀྱིས་ཐོ་འཚམས་པས་བྱང་ཆུབ་ཀྱི་སེམས་བཏང་ངོ་ཞེས་ཐོས་ཏེ། དེ་ལྟར་ན་འང་ཉན་ཐོས་ཀྱི་བྱང་ཆུབ་ཐོབ་ནས་སེམས་ཅན་གྱི་དོན་སྒྲུབ་པ་འདི་ཇི་ལྟར་དུ་དྲང་སྙམ་ན། མི་གང་ཞིག་བྱང་ཆུབ་ཀྱི་སེམས་བཏང་ཡང་། རང་གི་གདུལ་བྱར་གྱུར་པའི་སེམས་ཅན་དེ་དག་ཐར་བར་མཛད་པ་ཉི། ཚུ་རོལ་མཐོང་བའི་སྤྱོད་ཡུལ་མ་ཡིན་པས་ལས་ཚུལ་བསམ་གྱིས་མི་ཁྱབ་སྟེ། དེ་ནི་ཐམས་ཅད་མཁྱེན་པ་ཁོ་ནས་མཁྱེན་པའི་ཡུལ་ཡིན་ནོ།།

既然如此，聖者舍利弗於過去世發起菩提心已，致力於正等圓滿菩提，而累積資糧，承侍萬佛，後因魔王嘲弄而捨棄菩提心，仍是證得聲聞乘菩提果，則饒益有情一事當如何解？何人即使捨了棄菩提心，彼（作為己弟子之有情）猶能得解脫果，並非我等所見行境之故，業果之理不可思議，彼為唯有一切智人所能了知之境。

དེ་ཉི་བྱང་ཆུབ་སེམས་དཔའ་ལ།། 彼墮對於菩薩眾，
ལྟུང་བའི་ནང་ན་ལྕི་བ་སྟེ།། 一切墮中之重墮，
འདི་ལྟར་དེ་ཉི་བྱུང་གྱུར་ན།། 若有如是彼之墮，
སེམས་ཅན་ཀུན་གྱི་དོན་ལ་དམན།། 一切有情利低劣。

སེམས་བསྐྱེད་བཏང་བ་དེ་ཉི་བྱང་ཆུབ་སེམས་དཔའ་ལ། ལྟུང་བའི་རིགས་ཐམས་ཅད་ཀྱི་ནང་དུ་ཤེས་པ་ཤིན་ཏུ་ལྕི་བ་སྟེ། འདི་ལྟར་ལྟུང་བ་དེ་ཉི་བྱུང་བར་གྱུར་ན། སེམས་ཅན་ཀུན་གྱི་དོན་སྒྲུབ་པ་ལ་དམན་པར་གྱུར་རོ།།
彼墮（捨棄菩提心一事）對於菩薩眾而言，屬一切墮類中，極為嚴重之重墮，若有如是彼之墮，成辦一切有情義利一事已轉為低劣。

གང་གཞན་སྐད་ཅིག་ཙམ་ཡང་འདི་ཡི།། 復又他者於此福，
བསོད་ནམས་བར་ཆད་གེགས་བྱེད་པ།། 造作刹那之障礙，
སེམས་ཅན་དོན་ལ་དམན་གྱུར་པས།། 有情利益轉劣故，
དེ་ཡི་ངན་འགྲོ་མུ་མཐའ་མེད།། 彼之惡趣無邊際。

གང་སེམས་ཅན་གཞན་འགའ་ཞིག་སྐད་ཅིག་ཙམ་ཡང་བྱང་ཆུབ་སེམས་དཔའ་འདི་ཡི། བསོད་ནམས་ལ་བར་ཆད་པར་གྱུར་པའི་གེགས་བྱེད་པ་ཡང་། རྒྱལ་བའི་སྲས་དེ་སེམས་ཅན་གྱི་དོན་བྱེད་པ་ལ་དམན་པར་གྱུར་པས། གེགས་བྱེད་པ་པོ་དེ་ཡི་ངན་འགྲོ་ལ་མུ་དང་མཐའ་མེད་དོ། །དེ་ཡང་རབ་ཏུ་ཞི་བ་རྣམ་པར་གཏན་མི་ཟ་བའི་སྒྱུ་འཕྲུལ་གྱི་མདོ་ལས། འཛམ་དཔལ་རིགས་ཀྱི་བུའམ་རིགས་ཀྱི་བུ་མོ་གང་ལ་ལ་ཞིག་འཛམ་བུའི་གླིང་པའི་སེམས་ཅན་ཐམས་ཅད་སྲོག་དང་བྲལ་ཞིང་བདོག་པ་ཐམས་ཅད་ཕྲལ་ལ། འཛམ་དཔལ་རིགས་ཀྱི་བུའམ་རིགས་ཀྱི་བུ་མོ་གང་གཞན་དག་གིས་བྱང་ཆུབ་སེམས་དཔའི་དགེ་བའི་སེམས་ཀྱི་བར་ཆད་བྱེད་དེ། ཐ་ན་དུད་འགྲོའི་

སྐྱེ་གནས་སུ་སྐྱེས་པ་ལ་ཟས་ཁམ་གཅིག་ཙམ་སྟེར་བ་ལས་བྱུང་བའི་དགེ་བའི་བར་དུ་གཅོད་ན་དེ་ནི་དེ་བས་ཆེས་གྲངས་མེད་པའི་སྡིག་པ་བསྐྱེད་དོ། །དེ་ཅིའི་ཕྱིར་ཞེ་ན། སངས་རྒྱས་འབྱུང་བར་སྐྱེད་པར་བྱེད་པའི་དགེ་བའི་རྩ་བ་རྣམས་ཀྱི་བར་ཆད་བྱེད་པར་གནས་པར་གྱུར་པའི་ཕྱིར་རོ་ཞེས་གསུངས་སོ།།

復又他者（某其他有情）於此菩薩之福，雖然僅僅造作剎那之障礙、阻礙，然而彼佛子於有情利益一事上轉為低劣之故，彼障礙者之惡趣將無邊無際。又《究竟寂止決定神變經》：“文殊，若善男子、善女人，奪贍部洲一切有情之命，奪一切有情之財，文殊，復有善男子、善女人，障礙菩薩善心，乃至障礙施予畜生有情一口食之善，是人所生之罪，無量大於前者，何故？障礙種種成佛善根之故”。

སེམས་ཅན་གཅིག་གི་བདེ་བ་ཡང་།། 雖是毀一有情樂，
བཤིག་ན་བདག་ཉིད་ཉམས་འགྱུར་ན། ། 自己亦損何況乎，
ནམ་མཁའ་མ་ལུས་མཐའ་ཀླས་པའི། ། 毀壞一切虛空邊，
ལུས་ཅན་བདེ་བཤིག་སྨོས་ཅི་དགོས། ། 有身安樂毋庸言。

སེམས་ཅན་གཅིག་གི་ཚེ་འདི་པའི་བདེ་བ་ཡང་། བཤིག་སྟེ་བསད་པར་བྱས་ན་བདག་ཉིད་ཀྱི་བདེ་བ་ཉམས་པར་འགྱུར་ན། ནམ་མཁའ་མ་ལུས་མཐའ་ཀླས་པའི། །ལུས་ཅན་ཐམས་ཅད་ཀྱི་བདེ་བའི་རྒྱུ་བྱང་ཆུབ་ཀྱི་སེམས་བཤིག་པས་བདག་ཉིད་ཉམས་པ་སྨོས་ཅི་དགོས།

雖然僅是毀壞、抹殺一有情此生之安樂，自己的安樂亦將受損，更何況乎是毀壞一切虛空邊際有身有情之安樂，自身安樂遭損更毋庸再言。

དེ་ལྟར་ལྟུང་བ་སྟོབས་ལྡན་དང་། ། 如此既具墮落力，
བྱང་ཆུབ་སེམས་སྟོབས་ལྡན་པ་དག ། 亦具菩提心力眾，
འཁོར་བར་རེས་ཀྱིས་འདྲེ་བྱེད་ན། ། 若於輪迴交替混，

ས་ཐོབ་པ་ལ་ཡུན་རིང་ཐོགས།། 登地一事將久滯。

དེ་ལྟར་ཚ་བའི་ལྟུང་བ་སྟོབས་དང་ལྡན་པ་དང་། དེའི་གཉེན་པོ་བྱང་ཆུབ་ཀྱི་སེམས་སྟོབས་དང་ལྡན་པ་དག །འཁོར་བར་རེས་མོས་ཀྱིས་འདྲེ་བར་བྱེད་ན། རབ་ཏུ་དགའ་བ་ལ་སོགས་པའི་ས་ཐོབ་པ་ལ་ཡུན་རིང་ཐོགས་ཤིང་དུས་རིང་པོར་འཁོར་བར་ཡོངས་སུ་སྐྱེ་བར་འགྱུར་རོ།།
如此既具有根本墮落之力，亦具有對治彼之菩提心力之大眾，若於輪迴交替混，歡喜地等登地一事將久滯，將長久生於輪迴之中。

༢.༢.༢.༡.༡.༢.༡.༢.སྒྲོར་བ་བརྩོན་འགྲུས་མི་ཉམས་པར་བསྲུང་བ།
2.2.2.1.1.2.1.2.守護精進之行不衰退

དེ་ལྟས་ཇི་ལྟར་དམ་བཅས་བཞིན།། 因此當依所起誓，
བདག་གིས་གུས་པས་བསྒྲུབ་པར་བྱ།། 我當恭敬成辦之，
དེང་ནས་བརྩོན་པར་མ་བྱས་ན།། 今後若不精進行，
འོག་ནས་འོག་ཏུ་འགྲོ་བར་འགྱུར།། 勢將次第墮下處。

དེ་ལ་ཇི་ལྟར་བསྒྲུབ་པར་བྱ་ཞེ་ན། དེ་ལྟར་བས་ན་ཐོག་མར་སེམས་བསྐྱེད་པའི་ཚེ་ཇི་ལྟར་དམ་བཅས་པ་བཞིན་དུ། བདག་གིས་གུས་པས་དང་དུ་བླངས་ཏེ་བསྒྲུབ་པར་བྱ། ཕྱི་བཤོལ་མེད་པར་དེང་ནས་བརྩོན་པར་མ་བྱས་ན། ངན་འགྲོར་བརྒྱུད་དེ་འོག་ནས་འོག་ཏུ་འགྲོ་བར་འགྱུར་རོ།།
若問於彼應當如何成辦？謂：因此當依最初發心之際所起誓言一般，我當恭敬承擔並成辦之，毫不耽擱，今後若不精進行，勢必將次第墮落至惡趣下處。

སེམས་ཅན་ཐམས་ཅད་ཕན་མཛད་པའི།། 饒益一切有情眾，
སངས་རྒྱས་གྲངས་མེད་འདས་གྱུར་ཀྱང་།། 無數佛陀雖已逝，
བདག་ནི་རང་གི་ཉེས་པས་དེའི།། 而我因為己過故，

གསོ་བའི་སྤྱོད་ཡུལ་མ་གྱུར་ཏོ།། 未曾為彼治療境。

དེ་ལྟར་ཡིན་དུ་ཟིན་ཀྱང་དེ་བཞིན་གཤེགས་པ་འགའ་ཞིག་དང་ཕྲད་པ་ལ་བརྟེན་ནས་ཉེས་པ་ཐམས་ཅད་སྤང་བའི་ཕྱིར་ངན་འགྲོའི་དོགས་པ་ག་ལ་ཡོད་ཅེ་ན། སེམས་ཅན་ཐམས་ཅད་ལ་ཕན་པར་མཛད་པ་པའི། རྫོགས་པའི་སངས་རྒྱས་གྲངས་མེད་ཅིག་འདས་པར་གྱུར་ཀྱང་། བདག་ནི་རང་གི་ཉེས་པར་སྤྱོད་པས་སངས་རྒྱས་གྲངས་མེད་པ་དེའི། གསོ་བའི་སྤྱོད་ཡུལ་དུ་མ་གྱུར་ཏོ།།

雖是如此，然而值遇一二如來，斷一切過之故，何有惡趣之疑慮？饒益一切有情眾的無數圓滿佛陀雖已逝去，而我因為己行持種種過錯之故，未曾為彼治療境。

གལ་ཏེ་དེ་བཞིན་བདག་བྱེད་ན།། 若我依然如是為，
ཡང་དང་ཡང་དུ་འང་དེ་བཞིན་ཏེ།། 又將如是復如是，
ངན་འགྲོར་ནད་དང་འཆིང་བ་དང་།། 惡趣之中病受縛，
བཅད་དང་གཤགས་སོགས་སྤྱོད་པར་འགྱུར།། 經歷斬切等等苦。

གང་ཞིག་ནམ་དུ་ཡང་མ་བྱུང་བ་དེ་ནི་འབྱུང་བར་མི་འགྱུར་རོ་ཞེས་བྱ་བ་འདི་ལ་རྒྱུ་ཅི་ཞིག་ཡོད་ཅེ་ན། གལ་ཏེ་ཡང་སྔ་མ་དེ་བཞིན་དུ་བདག་གིས་སྒྲུབ་པར་བྱེད་ན། ཡང་དང་ཡང་དུ་འང་སྔ་མ་དེ་བཞིན་ཏེ། ངན་འགྲོར་འགྲོ་བ་དང་མཐོ་རིས་ཐོབ་ཀྱང་ནད་ཀྱིས་མནར་བ་དང་རྒྱལ་པོས་འཆིང་བ་དང་། རྐང་ལག་དང་རྣ་བ་ལ་སོགས་པ་བཅད་པ་དང་ཕྱེད་ཚལ་དུ་གཤགས་པ་ལ་སོགས་པ་སྤྱོད་པར་འགྱུར་རོ།།

若問無法令彼永不再現之因為何？謂：若我依然往昔一般如是做為，又將如往昔一般如是復如是地重複，在惡趣之中，在善趣之中也同樣，將疾病纏身，受縛於魔，經歷斬斷手腳、耳朵，身體被切剖成一半等等痛苦。

༢.༢.༢.༡.༡.༢.༢.རྟེན་དལ་འབྱོར་ལ་བསམས་ཏེ་བག་བྱ་བ།

2.2.2.1.1.2.2.思維暇滿所依而不放逸

༢.༢.༢.༡.༡.༢.༢.༡.དལ་འབྱོར་རྙེད་དཀའི་ཚུལ་ལ་བསམས་ཏེ་བག་བྱ་བ།

2.2.2.1.1.2.2.1.思維暇滿難得之理而不放逸

དེ་བཞིན་གཤེགས་པ་འབྱུང་བ་དང་།། 值遇如來出世間，
དད་དང་མི་ལུས་ཐོབ་པ་དང་།། 具信以及得人身，
དགེ་གོམས་རུང་བ་དེ་ལྟ་བུ།། 堪能串習善彼等，
དཀོན་ན་ནམ་ཞིག་ཐོབ་པར་འགྱུར།། 稀有何況將再得。

དེ་བཞིན་གཤེགས་པ་འཇིག་རྟེན་དུ་འབྱུང་བ་དང་། རང་ཉིད་དད་པ་དང་ལྡན་པ་དང་མི་ཁོམ་པ་སྤངས་ཏེ་མི་ལུས་ཐོབ་པ་དང་། དབང་པོ་ཚང་བ་ལ་སོགས་པས་དགེ་བ་གོམས་རུང་བ་དེ་ལྟ་བུར་གྱུར་པ་རྣམས་ནི་ཤིན་ཏུ་དཀོན་པར་གྱུར་ན་སླར་ནམ་ཞིག་ཐོབ་པར་འགྱུར་ཏེ་མི་འགྱུར་རོ།།

值遇如來出世間，自己具信，以及捨棄無暇，獲得人身，諸根俱全等等堪能串習善，彼等甚為稀有難得，何況將來再次獲得，不可得也。

ནད་མེད་ཉི་མ་འདི་ལྟ་བུ།། 這般無病之好日，
ཟས་བཅས་འཚེ་བ་མེད་ཀྱང་ནི།། 食等豐足亦無害，
ཚེ་ནི་སྐད་ཅིག་བསླུ་བ་སྟེ།། 然而命乃剎那欺，
ལུས་ནི་ཐང་ཅིག་བརྙན་པོ་བཞིན།། 身如一時借貸品。

དེ་ལྟར་ལུས་ལ་ནད་མེད་པའི་ཉི་མ་འདི་ལྟ་བུ་ལ། ཟས་དང་བཅས་པ་དང་ཆོམ་རྐུན་དང་སྦྲུལ་དང་གཅན་གཟན་ལ་སོགས་པའི་འཚེ་བ་མེད་ཀྱང་ནི། ཚེ་ནི་བློ་བུར་དུ་ཐོག་ཆེན་པོ་འབབ་པ་ལྟར་སྐད་ཅིག་ཉིད་ལ་བསླུ་བ་སྟེ། ལུས་ནི་བདག་ཉིད་ཀྱི་དབང་དུ་མ་གྱུར་པས་ཐང་ཅིག་གི་བརྙན་པོ་བཞིན་ཏེ་བློ་བུར་དུ་འཆི་བདག་གིས་འཕྲོལ་བར་བྱེད་དོ།།

像這般身體無殃無病之好日，飲食等物豐足，亦無強盜、蛇、野獸等害，然而生命猶如驟然降下的大霹靂一般，乃是剎那轉變的欺騙者，身體不由自主，猶如一時借貸的物品，突然就會因為死主而分離。

བདག་གི་སྤྱོད་པ་འདི་འདྲས་ནི། ། 以我這般之行徑，
མི་ཡི་ལུས་ཀྱང་འཐོབ་མི་འགྱུར། ། 人身亦是不可得，
མི་ལུས་ཐོབ་པར་མ་གྱུར་ན།། 若是不能得人身，
སྡིག་པ་འབའ་ཞིག་དགེ་བ་མེད། ། 則唯罪惡無善業。

ཕྱིས་མི་ལུས་ཐོབ་པའི་ཚེ་དགེ་བ་ལ་འབད་པར་བྱའོ་སྙམ་ན། བདག་གི་ད་ལྟའི་སྤྱོད་པ་འདི་འདྲ་བས་ནི་ཐར་པ་ལྟ་ཞོག །མི་ཡི་ལུས་ཀྱང་འཐོབ་པར་མི་འགྱུར་ལ། མི་ལུས་ཐོབ་པར་མ་གྱུར་པ་དེའི་ཚེ་ན། སྡིག་པ་འབའ་ཞིག་བྱེད་པ་ལས་དགེ་བ་གང་ཡང་འགྲུབ་པ་མེད་དོ།།

若自忖來世得人身之時再努力行善，則謂：以我現在這般之行徑，別說解脫了，就連人身亦是不可得，若是不能獲得人身，彼時則唯行罪惡，無成就任何善業。

གང་ཚེ་དགེ་སྤྱོད་སྐལ་ལྡན་ཡང་། ། 何時雖具行善緣，
དགེ་བ་བདག་གིས་མ་བྱས་ན།། 而己卻不行持善，
ངན་སོང་སྡུག་བསྔལ་ཀུན་རྨོངས་པ། ། 何況愚昧惡趣苦，
དེ་ཚེ་བདག་གིས་ཅི་བྱར་ཡོད།། 彼時我又該如何。

གང་གི་ཚེ་ད་ལྟ་དགེ་བ་སྤྱད་པའི་སྐལ་བ་དང་ལྡན་ཡང་། དགེ་བ་བདག་གིས་སྤྱད་པར་མ་བྱས་ན། ངན་སོང་གི་སྡུག་བསྔལ་མྱོང་བ་དང་ཀུན་ཏུ་རྨོངས་པར་གྱུར་པ། དེ་ཚེ་བདག་གིས་ཅི་བྱར་ཡོད་དེ་དགེ་བ་བྱེད་པའི་གོ་སྐབས་མེད་དོ།།

何時（即此時）雖然具有行善的福緣，而自己卻不行持善，何況變得愚昧、飽受惡趣痛苦之時，彼時我又應該如何，毫無行善的機緣。

དགེ་བ་དག་ཀྱང་མ་བྱས་ལ། །　　既未行持種種善，
སྡིག་པ་དག་ཀྱང་ཉེར་བསགས་ན། །　　復又累積種種惡，
བསྐལ་པ་བྱེ་བ་བརྒྱར་ཡང་ནི། །　　縱然於百俱胝劫，
བདེ་འགྲོའི་སྒྲ་ཡང་ཐོས་མི་འགྱུར། །　　善趣之名亦不聞。

མངོན་པར་མཐོ་བའི་རྒྱུ་དགེ་བ་དག་ཀྱང་མ་བྱས་ལ། ངན་སོང་ལ་གཞོལ་བར་བྱེད་པའི་སྡིག་པ་དག་ཀྱང་ཉེ་བར་བསགས་པ་ན། ངན་སོང་གཅིག་ནས་གཅིག་ཏུ་བརྒྱུད་དེ་བསྐལ་པ་བྱེ་བ་བརྒྱར་ཡང་ནི། བདེ་འགྲོའི་སྒྲ་ཙམ་ཡང་ཐ་བས་ཐོས་པར་མི་འགྱུར་རོ། །

既未行持獲得增上生之因──種種善，復又累積導向惡趣的種種惡，一而再，再而三地墮落惡趣，縱然於百俱胝劫之中，連善趣之名亦不曾耳聞。

དེ་ཉིད་ཕྱིར་ན་བཅོམ་ལྡན་གྱིས། །　　因此薄迦梵曾說，
རྒྱ་མཚོ་ཆེར་གཡེངས་གཉའ་ཤིང་གི །　　大海飄蕩牛軛孔，
རུ་སྦལ་མགྲིན་པ་ཆུད་པ་ལྟར། །　　海龜之頸鑽入般，
མི་ཉིད་ཤིན་ཏུ་ཐོབ་དཀར་གསུངས། །　　人身難得如此理。

དེ་ཉིད་ཀྱི་ཕྱིར་ན་བཅོམ་ལྡན་གྱིས།　　བརྟག་པར་བཟུང་སྟེ་རྒྱ་མཚོ་ཆེན་པོར་རྣམ་པར་གཡེངས་པའི་གཉའ་ཤིང་གི།　　རུ་སྦལ་ཞར་བ་ལོ་བརྒྱ་བརྒྱ་ན་མགྲིན་པ་ལན་རེ་འདེགས་པ་དེའི་འགྲིན་པ་ཆུད་པ་ལྟར། མི་ཉིད་ཀྱང་ཤིན་ཏུ་ཐོབ་དཀའ་བར་གསུངས་སོ། །

因此薄迦梵曾說揣測持邊之喻：大海之中，四處飄蕩的牛軛，其孔能被百年才浮出水面的瞎眼海龜之頸鑽入一般，人身極難獲得就如同此理。

༢.༢.༢.༡.༡.༢.༢.༢.ངན་སོང་ལས་ཐར་དཀའ་བ་ལ་བསམས་ཏེ་བག་བྱ་བ།

2.2.2.1.1.2.2.2.思維惡趣難解脫而不放逸

སྐད་ཅིག་གཅིག་བྱས་སྡིག་པས་ཀྱང་། །　　雖是剎那所造罪，

བསྐལ་པར་མནར་མེད་གནས་འགྱུར་ན།།　亦將累劫住無間，
ཐོག་མེད་འཁོར་བར་བསགས་སྡིག་གིས།།　况因無始輪迴罪，
བདེ་འགྲོར་མི་འགྲོ་སྨོས་ཅི་དགོས། །　不入善趣毋庸言。

ཡང་ཅིའི་ཕྱིར་དེ་ལྟ་བུ་ཡིན་ཅེ་ན། རྒྱལ་སྲས་རྣམས་ལ་ངན་སེམས་སྐྱེ་བ་ལྟ་བུ་སྐད་ཅིག་གཅིག་ལ་བྱས་པའི་སྡིག་པས་ཀྱང་། བསྐལ་པར་ཡང་མནར་མེད་པར་གནས་པར་འགྱུར་ན། ཐོག་མ་མེད་པ་ནས་འཁོར་བར་བསགས་པའི་སྡིག་པ་མང་པོ་དག་གིས། བདེ་འགྲོར་མི་འགྲོ་བ་ནི་སྨོས་ཅི་དགོས།

又若問為何會如此？謂：雖然是於一剎那所造之罪，如對佛子眾生起惡心，亦將於累劫之中住於無間地獄，何況是因為無始以來於輪迴所累積的罪，不進入善趣更毋庸再言。

དེ་ཙམ་ཁོ་ན་མྱོང་གྱུར་ནས། །　嚐受單一彼果已，
འདི་ནི་རྣམ་ཐར་མི་འགྱུར་ཏེ། །　即令此者不解脫，
འདི་ལྟར་དེ་ནི་མྱོང་བཞིན་དུ། །　乃因如是受彼時，
སྡིག་པ་གཞན་དག་རབ་ཏུ་སྐྱེ། །　復又再生其餘罪。

སྔར་གྱི་ཉེས་པར་སྤྱོད་པའི་འབྲས་བུ་དེ་ཙམ་ཁོ་ན་མྱོང་བར་གྱུར་ནས། བྱེད་པ་པོ་འདི་ནི་སྡུག་བསྔལ་ལས་རྣམ་པར་ཐར་བར་མི་འགྱུར་ཏེ། འདི་ལྟར་སྡུག་བསྔལ་སྔ་མ་དེ་ནི་མྱོང་བཞིན་དུ། འབྲས་བུ་མྱོང་བར་བྱེད་པའི་སྡིག་པ་ཕྱི་མ་གཞན་དག་ཀྱང་རབ་ཏུ་སྐྱེའོ།།

嚐受單一彼果（過去造惡之果）已，即令此造惡者不得從痛苦之中解脫，乃因如是嚐受彼先前痛苦時，復又再生其餘日後能嚐受苦果的罪。

༢་༢་༢་༡་༡་༢་༢་༣་དལ་འབྱོར་ཐོབ་དུས་དགེ་བ་ལ་འབད་དགོས་པར་བསྟན་པ།
2.2.2.1.1.2.2.3.宣說獲得暇滿時當努力行善

འདི་འདྲའི་དལ་བ་རྙེད་གྱུར་ནས། །　既得如是暇滿已，

བདག་གིས་དགེ་གོམས་མ་བྱས་ན། །　　若我於善不串習，
འདི་ལས་བསླུས་པ་གཞན་མེད་དེ། །　　無餘誑騙甚於此，
འདི་ལས་རྨོངས་པ་འདད་གཞན་མེད་དོ། །　　無餘愚癡甚於此。

ཡང་དལ་བ་ཕུན་སུམ་ཚོགས་པ་ཐོབ་པ་ཡང་ཤིན་ཏུ་དཀོན་པར་དགོངས་ནས་གལ་ཏེ་དགེ་བའི་ཕྱོགས་འཕེལ་བའི་ཕྱིར་བརྩོན་པར་མི་བྱེད་ན་རབ་ཏུ་རྨོངས་པ་ཡིན་ཞེས་བསྟན་པ་ནི་འདི་འདྲ་བའི་དལ་བ་ཕུན་སུམ་ཚོགས་པ་རྙེད་པར་གྱུར་ནས། བདག་གིས་དགེ་བའི་རྩ་བ་སྐྱོབས་བསྐྱེད་དེ་གོམས་པར་མ་བྱས་ན། དགེ་བའི་ནོར་ཉམས་པར་བྱེད་པ་འདི་ལས་བསླུས་པ་གཞན་མེད་དེ། དགེ་བའི་ཆོས་ལག་ན་གནས་བཞིན་དུ་འདོར་བ་འདི་ལས་རྨོངས་པ་འདད་གཞན་མེད་དོ།།

又此處宣說念及獲得暇滿極為難得，倘若不為增長善方而精進，則是甚為愚癡：既然已獲得如是暇滿已，若我於善根不生起、不串習，耗損此善財，無其餘誑騙更甚於此，捨棄正在手中的善法，無其餘愚癡更甚於此。

གལ་ཏེ་བདག་གིས་དེ་རྟོགས་ནས། །　　設若我已了悟彼，
རྨོངས་པས་ཕྱིས་ཀྱང་སྒྱིད་ལུག་ན། །　　因癡日後復懈怠，
འཆི་བར་འགྱུར་བའི་དུས་ཀྱི་ཚེ། །　　則於面臨死亡時，
མྱ་ངན་ཆེན་པོ་ལྡང་བར་འགྱུར། །　　將起巨大之痛苦。

གལ་ཏེ་བདག་གིས་མི་དགེ་བའི་ཕྱོགས་སྟོབས་ཆེ་བ་དང་དལ་བ་ཕུན་སུམ་ཚོགས་པ་དཀོན་པ་དང་གཏི་མུག་ནི་ཤིན་ཏུ་ནུས་པ་དང་ལྡན་པ་དེ་རྟོགས་ནས། རྨོངས་པའི་དབང་གིས་ཕྱིས་ཀྱང་སྒྱིད་ལུག་པར་འགྱུར་ན། རང་ཉིད་འཆི་བར་འགྱུར་བའི་དུས་ཀྱི་ཚེ་ན། འགྱོད་ཅིང་མྱ་ངན་ཆེན་པོ་ལྡང་བར་འགྱུར་རོ།།

假設若我已了悟善方之力大，暇滿稀有，愚癡極具威能彼道理，又因愚癡日後復成懈怠，則自己於面臨死亡時，將懊悔並生起巨大之痛苦。

དམྱལ་མེ་བཟོད་དཀའ་དུས་རིང་དུ། །　　若是難忍地獄火，
བདག་གི་ལུས་ལ་བསྲེགས་གྱུར་ན། །　　長久焚燒我軀體，
འགྱོད་པ་མི་བཟད་མེ་འབར་བས། །　　強烈懊悔火熾盛，
སེམས་གདུང་འགྱུར་བ་གདོན་མི་ཟ། །　　心中逼苦毋庸疑

བག་མེད་པའི་འབྲས་བུ་གཞན་ཡང་ཡོད་དོ་ཞེས་བསྟན་པ་ནི་སེམས་ཅན་དམྱལ་བའི་མེ་ཤིན་ཏུ་བཟོད་པར་དཀའ་བས་ཡུན་རིང་དུ། བདག་གི་ལུས་ལ་བསྲེགས་པར་གྱུར་ན། བདག་གིས་དེ་ལྟར་ཅི་སྟེ་བྱས་སྙམ་དུ་འགྱོད་པ་མི་བཟད་པའི་མེ་འབར་བས། སེམས་གདུང་བར་འགྱུར་བ་གདོན་མི་ཟའོ།།

此處宣說尚有其他放逸之果：若是極為難忍的地獄火，長久焚燒我軀體，我該如何是好的強烈懊悔心之火極為熾盛，必然將於心中產生逼迫苦惱毋庸置疑。

ཤིན་ཏུ་རྙེད་དཀའ་ཕན་པའི་ས། །　　極難獲得饒益地，
ཇི་ཞིག་ལྟར་སྐྱེས་རྙེད་གྱུར་ནས། །　　何其幸運已獲得，
བདག་ཉིད་ཤེས་དང་ལྡན་བཞིན་དུ། །　　當我具足了知時，
ཕྱིར་ཡང་དམྱལ་བ་དེར་ཁྲིད་ན། །　　後又引至地獄處，
སྔགས་ཀྱིས་རྨོངས་པར་བྱས་པ་བཞིན། །　　則如為咒所懵者，
བདག་ལ་འདིར་སེམས་མེད་དུ་ཟད། །　　令我此時全無心。
ཅིས་རྨོངས་བདག་ཀྱང་མ་ཤེས་ཏེ། །　　何故成懵我不知，
བདག་གི་ཁོང་ན་ཅི་ཞིག་ཡོད།།　　於我心中有何物。

ཡང་བདག་ཉིད་ཀྱིས་འདི་ལྟར་བརྟག་པར་བྱ་སྟེ། ཤིན་ཏུ་རྙེད་པར་དཀའ་བ་ཕན་པ་དེ་སྒྲུབ་པའི་ས། དལ་བའི་རྟེན་འདི་ཇི་ཞིག་ལྟར་སྐྱེས་དབང་གིས་རྙེད་པར་གྱུར་ནས། བདག་ཉིད་ཁེ་ཉེན་ལ་དཔྱོད་པའི་ཤེས་པ་དང་ལྡན་བཞིན་དུ། ཕྱིར་ཡང་དམྱལ་བའི་གནས་དེར་ཁྲིད་ན། སྔགས་ཀྱིས་རྨོངས་པར་བྱས་པ་བཞིན་དུ། བདག་ལ་འདིར་སེམས་མེད་པ་ཉིད་དུ་ཟད་

ལ། ཅིས་རྗེ་དངས་པར་གྱུར་པ་བདག་ཉིད་ཀྱིས་ཀྱང་མ་ཤེས་ཏེ། བདག་གི་ཁོང་ན་ཅི་ཞིག་ཡོད་ཅེས་དེ་ལ་བརྟག་པར་བྱའོ།།

又自己應當這般思量：極難獲得、能夠成辦饒益安樂之地，即暇滿人身所依，我今何其幸運地已然獲得，正當我具足能夠判斷利害的了知之時，後來又引導我至彼地獄之處，則如為咒所懵者，令我此時完全無心，至於何故成懵了，我也不知，於我心中有何物，對於彼應當仔細觀查。

༢.༢.༢.༡.༡.༢.༣.སྤང་བྱ་ཉོན་མོངས་ལ་བསམས་ཏེ་བག་བྱ་བ།
2.2.2.1.1.2.3.思維所斷煩惱而不放逸

༢.༢.༢.༡.༡.༢.༣.༡.ཉོན་མོངས་པའི་ཉེས་དམིགས་བཤད་པ།
2.2.2.1.1.2.3.1.宣說煩惱的過患

ཞེ་སྡང་སྲེད་སོགས་དགྲ་རྣམས་ནི། །　　嗔愛等等敵方眾，
རྐང་ལག་ལ་སོགས་ཡོད་མིན་ལ། །　　既非有手或有腳，
དཔའ་མཛངས་མིན་ཡང་ཇི་ཞིག་ལྟར། །　　亦非勇智卻何故，
དེ་དག་གིས་བདག་བྲན་བཞིན་བྱས། །　　彼等如僕使役我。

ཉོན་མོངས་པའི་དགྲ་བོ་རྣམས་ཡོད་དོ་སྙམ་ན། དེ་ལ་ཡང་བརྟག་པར་བྱ་སྟེ། ཞེ་སྡང་དང་སྲེད་པ་ལ་སོགས་པའི་དགྲ་བོ་རྣམས་ནི། རྐང་པ་དང་ལག་པ་དང་མགོ་ལ་སོགས་པ་གང་ཡང་ཡོད་པ་མིན་ལ། བརྩོན་འགྲུས་དང་ལྡན་པའི་དཔའ་བོ་དང་ཤེས་རབ་དང་ལྡན་པའི་མཛངས་པ་མིན་ཡང་ཇི་ཞིག་ལྟར། ཉོན་མོངས་པ་དེ་དག་གིས་བདག་བྲན་བཞིན་དུ་བཀོལ་བར་བྱས་སོ་སྙམ་དུ་བདག་ཉིད་ལ་རྣམ་པར་དཔྱོད་པར་བྱེད་པ་ཡིན་ནོ།།

若自忖有煩惱敵，則又應當如是思維：嗔、愛等等敵方眾，既非有手或有腳，甚至頭等一切皆沒有，亦非具有精進之勇者，也非具有智慧的智者，卻何故彼等煩惱如使役奴僕一般使役我。如

此審視自己。

བདག་གི་སེམས་ལ་གནས་བཞིན་དུ། ། 不僅住於我心中，
དགའ་མགུར་བདག་ལ་གནོད་བྱེད་པ། ། 甚且肆意傷害我，
དེ་ལ་བདད་མི་ཁྲོ་བཟོད་པ་ནི།། 而不忿彼修安忍，
གནས་མིན་བཟོད་པ་སྨད་པའི་གནས། ། 安忍非處當訶責。

བདག་གི་སེམས་ལ་བརྟེན་ཏེ་གནས་བཞིན་དུ། དགའ་མགུར་ཏེ་འཛེམ་པ་མེད་པར་བདག་ལ་གནོད་པར་བྱེད་པ་མི་རིགས་པའི་ཚུལ་ཅན་དེ་ལ་འདད་མི་ཁྲོ་བར་བཟོད་པ་ནི། བཟོད་པའི་གནས་མིན་པ་ལ་བཟོད་པ་ནི་སྨད་པའི་གནས་སོ།།

不僅依靠我心、住於我心中，甚且肆意、毫無禁忌地傷害我，而面對如此不合理的情境，不忿怒彼事修安忍，安忍於非安忍之處應當訶責。

གལ་ཏེ་ལྷ་དང་ལྷ་མིན་རྣམས།། 縱然天神阿修羅，
ཐམས་ཅད་བདག་ལ་དགྲར་ལངས་ཀྱང་།། 一切視我為敵寇，
དེ་དག་གིས་ཀྱང་མནར་མེད་པའི། ། 彼等尚且無能力，
མེ་ནང་འཁྲིད་ཅིང་འཇུག་མི་ནུས། ། 引入無間火之中。
ཉོན་མོངས་སྟོབས་ཅན་དགྲ་འདིས་ནི། ། 具力煩惱此敵寇，
གང་དང་ཕྲད་ན་རི་རབ་ཀྱང་།། 遇何乃至連須彌，
ཐལ་བ་ཡང་ནི་མི་ལུས་པ།། 灰飛煙滅無所餘，
དེར་བདག་སྐད་ཅིག་གཅིག་ལ་འདོར། ། 剎那能擲我入彼。

དེ་ཅིའི་ཕྱིར་ཞེ་ན། གལ་ཏེ་ལྷ་དང་ལྷ་མིན་གྱི་ཚོགས་རྣམས་ཐམས་ཅད་བདག་ལ་དགྲར་ལངས་སུ་ཟིན་ཀྱང་། དེ་དག་གིས་ཀྱང་བདག་སྲོག་དང་བྲལ་བ་ཙམ་ལས་མནར་མེད་པའི། མེ་ནང་དུ་འཁྲིད་ཅིང་འཇུག་པར་མི་ནུས་ལ། ཉོན་མོངས་པ་སྟོབས་ཆེན་པོའི་དགྲ་འདིས་ནི། གང་དང་ཕྲད་ན་རི་རབ་ལྷུན་པོ་ཉིད་ཀྱང་། ཐལ་བ་ཙམ་དུ་ཡང་ནི་མི་ལུས་པ། མནར་མེད་

པའི་མི་ནང་རེར་བདག་སྐད་ཅིག་གཅིག་ལ་འདོར་བར་བྱེད་དོ།།
何謂也？縱然天神阿修羅一切眾視我為敵寇，彼等至多令我斷命，尚且無能力引導我墮入無間地獄火之中。具力煩惱此敵寇，遇何乃至連須彌，灰飛煙滅無所餘，剎那能擲我入彼無間地獄火中。

བདག་གི་ཉོན་མོངས་དགྲ་བོ་གང་། ། 我煩惱敵為何者，
དུས་རིང་ཐོག་མཐའ་མེད་པ་ལྟར། ། 長久傷害無始終，
དགྲ་གཞན་ཀུན་ཀྱང་དེ་ལྟ་བུར། ། 一切餘敵皆不能，
ཡུན་རིང་ཐུབ་པ་མ་ཡིན་ནོ།། 如是這般長久害。

བདག་གི་ཉོན་མོངས་པའི་དགྲ་བོ་གང་ཡིན་པ་འདི་དུས་རིང་པོ་ཐོག་མ་མེད་པ་ནས་མཐའ་མེད་པའི་བར་དུ་གནོད་པར་བྱེད་པ་ལྟར། ལྷ་དང་མི་ལ་སོགས་པའི་དགྲ་བོ་གཞན་ཀུན་གྱིས་ཀྱང་དེ་ལྟ་བུས། ཡུན་རིང་དུ་གནོད་པར་བྱེད་ཐུབ་པ་མ་ཡིན་ནོ།།
我煩惱敵是為何者也，能如此這般長久傷害，無始無終，天、人等等一切其餘之敵皆不能如是這般地長久做傷害。

མཐུན་པར་རིམ་གྲོ་བསྟེན་བྱས་ན། ། 若行依順恭敬事，
ཐམས་ཅད་ཕན་དང་བདེ་བྱེད་ན། ། 一切眾能利樂我，
ཉོན་མོངས་རྣམས་ནི་བསྟེན་བྱས་ན། ། 然而依順諸煩惱，
ཕྱིར་ཞིང་སྡུག་བསྔལ་གནོད་པ་བྱེད། ། 復又能以苦傷害。

དེ་དག་གི་བློ་དང་མཐུན་པར་རིམ་གྲོ་བྱས་ཏེ་བསྟེན་པར་བྱས་ན། དགྲ་བོ་ཐམས་ཅད་ཀྱང་བདག་ལ་ཕན་པ་དང་བདེ་བར་བྱེད་ན། ཉོན་མོངས་རྣམས་ནི་དེ་ལྟར་བསྟེན་པར་བྱས་ན། ཕྱིར་ཞིང་སླར་ཡང་སེམས་ཅན་དམྱལ་བ་ལ་སོགས་པའི་སྡུག་བསྔལ་གྱིས་གནོད་པ་བྱེད་དོ།།
若行依順彼等心意，恭敬承侍之事，一切敵眾也能利樂我，然而若如此這般依順諸煩惱，復又能以地獄等等痛苦傷害我。

དེ་ལྟར་ཡུན་རིང་རྒྱུན་ཆགས་དགྲར་གྱུར་པ། ། 如是長久相續為敵者，
གནོད་པའི་ཚོགས་རབ་འཕེལ་བའི་རྒྱུ་གཅིག་པུ། ། 竭盡增長害聚唯一因，
བདག་གི་སྙིང་ལ་ངེས་པར་གནས་འཆའ་ན། ། 設若必定棲依於我心，
འཁོར་བར་འཇིགས་མེད་དགའ་བར་ག་ལ་འགྱུར། ། 何來無懼輪迴可歡喜。

དེ་ལྟར་ཡུན་རིང་པོ་ཐོག་མ་མེད་པ་ནས་རྒྱུན་མི་ཆད་པར་རྒྱུན་ཆགས་སུ་དགྲར་གྱུར་པ། སེམས་ཅན་དམྱལ་བའི་སྡུག་བསྔལ་ལ་སོགས་པ་གནོད་པའི་ཚོགས་རྣམས་རབ་ཏུ་འཕེལ་བའི་རྒྱུ་གཅིག་པུ། དེ་ཉིད་བདག་གི་སྙིང་ལ་ངེས་པར་གནས་འཆའ་བར་བྱེད་ན། བདག་འཁོར་བར་འཇིགས་པ་མེད་པར་དགའ་བར་ག་ལ་འགྱུར་ཏེ་མི་རིགས་སོ།།

如是從無始以來長久無間斷相續為敵者，竭盡增長地獄痛苦等等害聚唯一之因，設若彼必定棲依於我內心，我何來無懼輪迴，有何可歡喜，不合理也。

འཁོར་བའི་བཙོན་རྭའི་སྲུང་མ་དམྱལ་སོགས་སུ། ། 作為輪迴牢籠看守者，
གསོད་བྱེད་གཤེད་མར་གྱུར་པ་འདི་དག་ནི། ། 地獄殺伐屠夫彼等眾，
གལ་ཏེ་བློ་གནས་ཆགས་པའི་དྲྭ་བ་ན། ། 倘若住於貪戀心處網，
གནས་ན་བདག་ལ་བདེ་བ་ག་ལ་ཡོད། ། 則我何有絲毫之安樂。

འཁོར་བའི་བཙོན་ར་ལས་ཐར་བ་མི་སྟེར་བའི་སྲུང་མ་དང་དམྱལ་བ་ལ་སོགས་པའི་གནས་སུ། གསོད་བྱེད་ཀྱི་གཤེད་མར་གྱུར་པའི་ཉོན་མོངས་པ་འདི་དག་ནི། གལ་ཏེ་བློ་ཡི་གནས་པ་ཆགས་པའི་རང་བཞིན་གྱི་དྲྭ་བ་སྐྱེ་གཟེབ་ཉིད་ན། གནས་པར་གྱུར་ན་བདག་ལ་བདེ་བ་ག་ལ་ཡོད་དེ་མེད་དོ།།

作為不令脫離輪迴牢籠的看守者，以及地獄等地之中，專職殺伐的屠夫彼等煩惱眾，倘若住於貪戀我心處所之網籠中，則我何有絲毫之安樂。

༢.༢.༢.༡.༡.༢.༣.༢.ཉོན་མོངས་སྤོང་བའི་དཀའ་སྤྱད་བཟོད་པ།
2.2.2.1.1.2.3.2.於斷煩惱之苦行修安忍

དེ་ལྟར་ཇི་སྲིད་བདག་གིས་དགྲ་འདི་མངོན་སུམ་དུ། །
ངེས་པར་མ་བཅོམ་དེ་སྲིད་བདག་འདིར་བརྩོན་མི་འདོར། །
རེ་ཞིག་གནོད་བྱེད་ཆུང་ངུ་ལ་ཡང་ཁྲོས་གྱུར་པ། །
ང་རྒྱལ་བདོ་རྣམས་དེ་མ་བཅོམ་པར་གཉིད་མི་འོང་། །

如是我未真實必定滅敵前，
我猶當於此時不捨精進力，
於一細小短暫惱害亦能忿，
我慢盛眾若不滅彼不能眠。

དེ་ལྟར་འདི་ནི་ཉེས་པ་ཐམས་ཅད་ཀྱི་རྒྱུ་ཡིན་པས་ཇི་སྲིད་བདག་གིས་ཉོན་མོངས་པའི་དགྲ་འདི་མངོན་སུམ་དུ། ངེས་པར་དྲུངས་ནས་ཕྱུང་སྟེ་མ་བཅོམ་པ་དེ་སྲིད་དུ་བདག་བརྩོན་པར་བྱེད་པའི་དུས་འདིར་བརྩོན་པ་མི་འདོར་ཏེ། རེ་ཞིག་གནོད་པར་བྱེད་པ་ཆུང་ངུ་ལ་ཡང་ཁྲོས་པར་གྱུར་པ། ང་རྒྱལ་བདོ་བ་རྣམས་གནོད་བྱེད་དེ་མ་བཅོམ་པར་གཉིད་ཀྱང་མི་འོང་ན་ཉོན་མོངས་པའི་དགྲ་གཞོམ་པར་འདོད་པས་བརྩོན་པ་དྲག་པོས་འབད་དགོས་པ་ལྟ་ཅི་སྨོས།

如是（此乃一切過患之因）我尚未真實必定消滅根除煩惱敵之前，我猶當於此必須精進之時不捨精進力，於一細小短暫之惱害亦能生忿、我慢熾盛的大眾，若不滅彼傷害則不能入眠，何況欲消滅煩惱敵者，應當勤奮精進努力，毋庸再言。

རང་བཞིན་འཆི་བས་སྡུག་བསྔལ་གྱུར་པའི་ཉོན་མོངས་དག །
གཡུལ་ངོར་དངར་ཚེ་ནན་གྱིས་གཞོམ་པར་འདོད་པ་ཡང་། །
མདའ་མདུང་མཚོན་གྱིས་ཕོག་པའི་སྡུག་བསྔལ་ཁྱད་བསད་ནས། །
དོན་མ་གྲུབ་པར་ཕྱིར་ཕྱོགས་པར་འགྱུར་བར་མི་བྱེད་ན། །

རྟག་ཏུ་སྡུག་བསྔལ་ཀུན་གྱི་རྒྱུར་གྱུར་པ། །
རང་བཞིན་དགྲར་ངེས་གཞོམ་བརྩོན་བདག་ལ་ངེད། །
སྡུག་བསྔལ་བརྒྱ་ཕྲག་རྒྱུར་གྱུར་གང་གིས་ཀྱང་། །
ཡི་ཆད་སྒྱིད་ལུག་མི་འགྱུར་སྨོས་ཅི་དགོས། །

對於自然死所逼苦煩惱眾，
沙場對陣時猶急欲消滅彼，
不顧身被箭矛所擊等痛苦，
不達目的則不撤退陣不散；
何況對於恆常一切痛苦因，
自然天敵我當勤令必定滅，
縱然此刻我為百苦因所害，
亦不因此沮喪懈怠毋庸言。

རང་བཞིན་ཏེ་ངོ་བོ་ཉིད་ཀྱིས་འཆི་བས་སྡུག་བསྔལ་བར་གྱུར་པའི་ཉོན་མོངས་ཏེ་སྙིང་རྗེའི་གནས་སུ་གྱུར་པ་དག །གཡུལ་ངོར་དཔའ་ཏེ་འཐབ་པའི་ཚེ་ཤུགས་པ་ཇི་ལྟ་བ་བཞིན་ནན་གྱིས་གཞོམ་པར་འདོད་པ་ཡང་། མདའ་དང་མདུང་ལ་སོགས་པའི་མཚོན་གྱིས་ཕོག་པའི་སྡུག་བསྔལ་ཐམས་ཅད་ཁྱད་དུ་བསད་ནས། མངོན་པར་འདོད་པའི་དོན་མ་གྲུབ་པར་ལ་ཕྱིར་ཕྱོགས་ཏེ་འབྱེར་བར་མི་བྱེད་ན། དུས་རྟག་ཏུ་འཁོར་བའི་སྡུག་བསྔལ་ཀུན་གྱི་རྒྱུར་གྱུར་པ། རང་གི་རང་བཞིན་གྱིས་དགྲར་ངེས་པའི་ཉོན་མོངས་པ་རྣམས་གཞོམ་པ་ལ་བརྩོན་པར་བྱེད་པ་ན་བདག་ལ་ངེད་འདིར། སྡུག་བསྔལ་བརྒྱ་ཕྲག་མང་པོའི་རྒྱུར་གྱུར་པའི་གནོད་པ་གང་གིས་ཀྱང་། ཡི་ཆད་དེ་སེམས་ཞུམ་པ་དང་སྤྲོ་བ་མེད་པའི་སྒྱིད་ལུག་པར་མི་འགྱུར་བར་སྨོས་ཅི་དགོས།

對於被自然（自性）死亡所逼迫痛苦的煩惱眾（可悲的大眾），沙場上對陣戰鬥時，猶急迫地使盡全力欲消滅彼等大眾，不顧身被箭矛等等兵器所擊重的等等痛苦，不達到真正所求的目的則不撤退，陣列也不潰散；何況對於恆常存在、輪迴一切的痛苦因，對於自己的自然天敵，我理當勤勉於令彼必定毀滅，縱然此刻我為百苦因（多苦之因）所迫害，亦不因此而沮喪、怯懦，以及不意樂懈怠，此理毋庸再言。

དོན་མེད་དགྲ་ཡིས་རྨ་སྐྱོལ་བཀོད་པ་ཡང་། །　無義者因敵人所留疤，
ལུས་ལ་རྒྱན་དང་འདྲ་བར་སྤྲེལ་བྱེད་ན། །　猶如身佩飾品且珍藏，
དོན་ཆེན་སྒྲུབ་ཕྱིར་ཡང་དག་བརྩོན་གྱུར་པ། །　為辦大義正等精進者，
བདག་ལ་སྡུག་བསྔལ་ཅི་ཕྱིར་གནོད་བྱེད་ཡིན། །痛苦於我何故能有害。

འཇིག་རྟེན་པ་རོལ་ལ་ཕན་པའི་དོན་མེད་པ་དགྲ་ཡིས་རྨ་སྐྱོལ་གསར་དུ་བཀོད་པ་ཡང་། ལུས་ལ་རྒྱན་ཆ་དང་འདྲ་བར་སྤྲེལ་བའམ་འཆང་བར་བྱེད་ན། འགྲོ་བ་ཐམས་ཅད་སངས་རྒྱས་ཐོབ་པའི་དོན་ཆེན་པོ་བསྒྲུབ་པའི་ཕྱིར་ཡང་དག་པར་བརྩོན་པར་གྱུར་པ། བདག་ལ་སྡུག་བསྔལ་འབྱུང་བ་རྣམས་ཅིའི་ཕྱིར་ན་གནོད་པར་བྱེད་པ་ཡིན་ཏེ་མིན་ནོ།།

於世間彼岸毫無意義者，因敵人所留下的新疤痕，猶如身佩飾品一般保留且珍藏，為成辦一切有情獲得佛果此大義的正等精進者，產生的痛苦對於我何故能有所傷害，無害也。

ཉ་པ་གདོལ་པ་ཞིང་པ་ལ་སོགས་པ། །　漁夫屠夫以及農夫等，
རང་གི་འཚོ་བ་ཙམ་ཞིག་སེམས་པ་ཡང་། །　唯以個人生活為念者，
གྲང་དང་ཚ་ལ་སོགས་པའི་གནོད་བཟོད་ན། །猶能忍受冷熱等等害，
འགྲོ་བ་བདེ་ཕྱིར་བདག་ལྟ་ཅིས་མི་བཟོད། །　我為眾樂何故不能忍。

གལ་ཏེ་དེ་ལྟར་བརྩོན་དགོས་པ་ཡིན་ན་ཡང་རང་གི་བདེ་བ་དང་མི་འགལ་བ་ཉིད་དུ་བྱ་རིགས་སོ་ཞེ་ན། ཉ་པ་དང་གདོལ་པ་དང་ཞིང་ལས་བྱེད་པ་ལ་སོགས་པ་རྣམས་རང་གི་ཕྱོགས་ཀྱི་འཚོ་བ་ཙམ་ཞིག་སྒྲུབ་པར་སེམས་པ་ཡང་། དགུན་གྱི་གྲང་བ་དང་དབྱར་གྱི་ཚ་བ་དང་ཆར་དང་མུན་པ་དང་ཐིག་སྤྲུལ་ལ་སོགས་པའི་གནོད་པ་ཐམས་ཅད་བཟོད་ན། འགྲོ་བ་ཀུན་གྱི

བདེ་བའི་ཕྱིར་བདག་ལྟ་ཞིག་ཅི་སྟེ་མི་བཟོད།
若言必須如此精進，則以不違個人安樂較合理，則謂：漁夫屠夫以及農夫等等，彼等唯以成辦個人方面的生活為念者，猶能忍受冬季寒冷、夏季酷熱、下雨、黑暗、蠍子、毒蛇等等一切傷害，更何況似我一般為了一切眾生安樂者，何故不能忍。

ཕྱོགས་བཅུ་ནམ་མཁའི་མཐས་གཏུגས་པའི། །誓度十方虛空邊，
འགྲོ་བ་ཉོན་མོངས་ལས་བསྒྲལ་བར། ། 一切有情離煩惱，
དམ་བཅས་གང་ཚེ་བདག་ཉིད་ཀྱང་། ། 於起誓時我亦然，
ཉོན་མོངས་རྣམས་ལས་མ་གྲོལ་བ། ། 未從煩惱中解脫，
བདག་གི་ཚོད་ཀྱང་མི་ཤེས་པར། ། 不知己量如是言，
སྨྲ་བ་ཇི་ལྟར་སྨྱོན་པ་མིན།། 如何不是一瘋人，
དེ་ལྟས་ཉོན་མོངས་གཞོམ་པ་ལ། ། 故於消滅煩惱事，
རྟག་ཏུ་ཕྱིར་མི་ལྡོག་པར་བྱ།། 應當恆時不退轉。

ཕྱོགས་བཅུའི་འཇིག་རྟེན་གྱི་ཁམས་ནམ་མཁའི་མཐས་གཏུགས་པའི། འགྲོ་བ་ཐམས་ཅད་ཉོན་མོངས་པའི་འཆིང་བ་ལས་བསྒྲལ་བར། དམ་བཅས་པ་གང་ཚེ་བདག་ཉིད་ཀྱང་སྲེད་པ་ལ་སོགས་པའི་ཉོན་མོངས་རྣམས་ལས་མ་གྲོལ་ན། བདག་གི་ནུས་པའི་ཚོད་ཀྱང་མི་ཤེས་པར། སྨྲ་བ་དེ་ནི་ཇི་ལྟར་སྨྱོན་པ་མིན། རྒྱུ་མཚན་དེ་ལྟ་བས་ན་ཉོན་མོངས་རྣམས་གཞོམ་པ་ལ། དུས་རྟག་ཏུ་ཕྱིར་མི་ལྡོག་པར་འབད་པར་བྱའོ།།
發誓度盡十方世間量等虛空邊際的一切有情，使彼等脫離煩惱束縛，即使於起誓時當下，我自己亦然未從愛等煩惱中解脫，不知自己能力份量而口出如是之言，如何不是一個瘋人，是故對於消滅煩惱這一事，應當恆時不退轉、精進勤行。

2.2.2.1.1.2.3.3.宣說斷煩惱之理

འདི་ལ་བདག་གིས་ཞེན་བྱ་ཞིང་། ། 我應對此起貪著，
འཁོན་དུ་བཟུང་ནས་གཡུལ་སྤྲད་དེ། ། 視為仇寇戰場見，
རྣམ་པ་དེ་འདྲའི་ཉོན་མོངས་པ། ། 這般種類之煩惱，
ཉོན་མོངས་འཇོམས་བྱེད་མ་གཏོགས་སོ། ། 能滅煩惱不屬之。

ཉོན་མོངས་པ་གཞོམ་པ་འདི་ལ་བདག་གིས་བརྩོན་པ་ཤུགས་དྲག་པོས་ཞེན་པར་བྱ་ཞིང་། ཉོན་མོངས་པ་ལ་འཁོན་དུ་བཟུང་ནས་སྤང་བྱ་དང་གཉེན་པོ་གཡུལ་སྤྲད་དེ་གཞོམ་པར་བྱའོ། །གལ་ཏེ་ཉོན་མོངས་ཐམས་ཅད་སྤང་བྱ་ཡིན་མོད། ཞེན་པ་དང་ཁོན་འཛིན་དེ་ཡང་ཇི་ལྟར་སྤང་བྱ་མ་ཡིན་ཞེ་ན། རྣམ་པ་དེ་འདྲའི་ཉོན་མོངས་པ་ལྟར་སྣང་བ་དེ་ནི་ཉོན་མོངས་འཇོམས་བྱེད་ཡིན་པས་སྤང་བྱར་མ་གཏོགས་སོ། །

我應當對於消滅煩惱此一事，以強烈精進來心生起貪著，並視煩惱為仇寇，於所斷對治之戰場相見而消滅之，若一切煩惱皆為所斷，何故貪著與仇恨並非所斷？謂：表現為這般種類之煩惱，能消滅煩惱之故，不屬之（即不屬於所斷）。

བདག་ནི་བསྲེགས་ཏེ་བསད་གྱུར་ཏམ། ། 與其燒我屠殺我，
བདག་གི་མགོ་བོ་བཅད་ཀྱང་ལྷའི། ། 斬斷我頭猶可忍，
རྣམ་པ་ཀུན་ཏུ་ཉོན་མོངས་པའི། ། 一切方面一切時，
དགྲ་ལ་འདུད་པར་མི་བྱའོ། ། 絕不屈服煩惱敵。

བདག་ནི་མེ་དོང་དུ་བསྲེགས་ཏེ་བསད་པར་གྱུར་ཏམ། བདག་གི་མགོ་བོ་དྲུངས་ནས་བཅད་ཀྱང་ལྷའི། རྣམ་པ་ཀུན་ཏུ་སྐྱེ་དུས་ནམ་དུ་ཡང་ཉོན་མོངས་པའི་དགྲ་བོ་རྣམས་ལ་མགོ་འདུད་པར་བྱས་ནས་རྗེས་སུ་འབྲང་བར་མི་བྱའོ། །

與其在火坑中焚燒我、屠殺我，徹底斬斷我頭等等皆猶可忍，然而於一切方面一切時刻，絕不低頭屈服、順從於煩惱敵。

ཐ་མལ་དགྲ་བོ་ཡུལ་ནས་ཕྱུང་ཡང་ནི། ། 尋常敵寇從某境驅離，

ཡུལ་གཞན་དག་ཏུ་གནས་ཤིང་ཡོངས་བཟུང་ནས། ། 復留他境固守他境已，
ནུས་པ་བརྟས་ནས་དེ་ནས་ཕྱིར་ལྡོག་གི ། 養足氣力從彼再回返，
ཉོན་མོངས་དགྲ་ཚུལ་དེ་དང་འདྲ་མ་ཡིན། ། 然而煩惱敵理非如是。

འདི་སྤང་བར་བྱས་ཀྱང་སླར་ལྡོག་པར་གྱུར་ན་དེའི་ཚེ་ཇི་ལྟར་བསྒྲུབ་པར་བྱ་ཞེ་ན། ཐ་མལ་པའི་དགྲ་བོ་གཞན་དག་ལན་གཅིག་ཡུལ་ནས་བུད་ཀྱང་ནི། ཡུལ་གཞན་དག་ཏུ་གནས་ཤིང་ཡུལ་དེ་ཉིད་ཡོངས་སུ་བཟུང་ནས། རང་གི་ནུས་པ་བརྟས་ཤིང་སྟོབས་སྐྱེད་ནས་དེ་ནས་ཕྱིར་ལྡོག་གི། ཉོན་མོངས་པའི་དགྲ་ཡི་ཚུལ་ནི་དེ་དང་འདྲ་བ་མ་ཡིན་ཏེ། ལན་གཅིག་སྤངས་ཟིན་ནས་སླར་ལྡོག་པ་ནི་མེད་དོ།།

若問已斷捨，若再復返，彼時該當如何？謂：其他尋常之敵寇從某境驅離一次，復留他境，掌握、固守他境已，養足自身氣力之後，將從彼境再回返，然而煩惱敵之情理並非如是，一次斷除，即不再返。

ཉོན་མོངས་ཉོན་མོངས་ཤེས་རབ་མིག་གིས་སྤང་། ། 煩惱煩惱當以慧眼斷，
བདག་ཡིད་ལས་བསལ་གང་དུ་འགྲོ་བར་འགྱུར། ། 從己心除又能去何處，
གང་དུ་གནས་ནས་བདག་གནོད་བྱ་ཕྱིར་འོང་། ། 能住何處復來傷害我，
བློ་ཞན་བདག་ལ་བརྩོན་པ་མེད་པར་ཟད། ། 是我心劣全無精進故。

ཡང་དེ་སྤང་བར་ག་ལ་ནུས་ཞེ་ན། ཉོན་མོངས་པ་ཡང་དག་པར་མ་ཡིན་པའི་ཀུན་ཏུ་རྟོག་པ་ལས་བྱུང་བའི་གསོག་གསོབ་སྙིང་པོ་མེད་པའི་ཉོན་མོངས་པ་རྣམས་ཤེས་རབ་ཀྱི་མིག་གིས་བལྟས་ནས་སྤང་བར་བྱ་སྟེ། བདག་གི་ཡིད་འདི་ལས་བསལ་ཏེ་ཡུལ་ཕྱུང་ན་གང་དུ་འགྲོ་བར་འགྱུར། གང་དུ་གནས་པར་བྱས་ནས་བདག་ལ་གནོད་པར་བྱ་བའི་ཕྱིར་འོང་སྟེ་འདིའི་གནས་གང་ཡང་མ་མཐོང་བས་དེས་ན་བློ་ཞན་པ་བདག་ལ་སྐྱོན་ཆད་བརྩོན་པ་མེད་པར་ཟད་དོ།

若問如何能斷除？謂：煩惱（非正等分別念）所生空泛無實的煩

惱，應當以智慧之眼觀照而斷除，既然從自己心中消除，又能去往何處，又能住在何處，之後復來傷害我，這般地點皆不可得不可見之故，因此唯是我心低劣，過去全無精進的緣故。

ཉོན་མོངས་རྣམས་ནི་ཡུལ་ན་མི་གནས་དབང་ཚོགས་ལ་མིན་བར་ན་འང་མིན། །
དེ་ལས་གཞན་ན་འང་མིན་ན་འདི་དག་གར་གནས་འགྲོ་བ་ཀུན་གནོད་བྱེད། །
འདི་ནི་སྒྱུ་འདྲ་དེ་ཕྱིར་སྙིང་ལ་འཇིགས་སྤོངས་ཤེས་ཕྱིར་བརྩོན་པ་བསྟེན། །
དོན་མེད་ཉིད་དུ་བདག་ལ་དམྱལ་སོགས་རྣམས་སུ་ཅི་སྟེ་གནོད་པ་བྱེད། །

煩惱不在外境不在諸根與中間，
非在其他此等何在能害諸眾生，
此如幻術故心捨懼為知依精進，
何能令我為無義事地獄中受害。

དེ་ལ་ཤེས་རབ་ཀྱི་མིག་གིས་བལྟ་བའི་ཚུལ་ནི་ཉོན་མོངས་རྣམས་ནི་ཡིད་དུ་འོང་བ་ལ་སོགས་པའི་ཡུལ་མཐོང་ཡང་དབང་པོ་བསྡམས་པ་རྣམས་ལ་ཉོན་མོངས་མི་སྐྱེ་བའི་ཕྱིར་དང་། རྣམ་པར་བརྟགས་ན་རྡུལ་ཕྲ་རབ་ཙམ་ཡང་མ་གྲུབ་པས། ཡུལ་ན་མི་གནས་ཤིང་ཚོས་ལ་སེམས་པ་ལ་སོགས་པའི་ཚེ་དབང་པོ་ཡོད་ཀྱང་ཉོན་མོངས་པ་མི་སྐྱེ་བའི་ཕྱིར་དང་། དེ་ལ་ཡང་རང་བཞིན་མེད་པས་དབང་པོའི་ཚོགས་ལ་ཡང་ཡོད་པ་མིན་ལ། དེ་དག་གི་ཚེ་རྣམ་ཤེས་ཡོད་ཀྱང་ཉོན་མོངས་པ་མི་སྐྱེ་བའི་ཕྱིར་དང་། རྣམ་པར་ཤེས་པ་ཡང་ངོ་བོ་ཉིད་མེད་པས་བར་ན་འང་ཡོད་པ་མིན་ཞིང་། དེ་དག་ལས་གཞན་གང་ན་འང་ཡོད་པ་མིན་ན་ཉོན་མོངས་པ་དེ་དག་གར་གནས་ནས་འགྲོ་བ་ཀུན་ལ་གནོད་བྱེད་དེ། འདི་ནི་སྒྱུ་མའི་རིག་སྔགས་ཀྱི་མཐུ་ལས་རྟ་དང་གླང་པོ་ལ་སོགས་པར་སྣང་བ་དང་འདྲ་བ་དེ་ཡི་ཕྱིར་སྙིང་ལ་འཇིགས་པ་སྤྲངས་ཏེ་ཉོན་མོངས་པའི་རང་བཞིན་ཤེས་པའི་ཕྱིར་བརྩོན་པ་བསྟེན་དགོས་ཏེ། དོན་མེད་པ་ཉིད་དུ་བདག་ལ་དམྱལ་བ་དང་ཡི་དྭགས་ལ་སོགས་པ་རྣམས་སུ་ཅི་སྟེ་གནོད་པ་བྱེད།

以智慧眼觀照的方式：如悅意境等等為諸根所攝之外境，煩惱不在彼等中生起，仔細檢視，則絲毫微塵亦無所立，故煩惱不在外境，思維法等等之時，雖有根卻不生煩惱，彼等根亦無自性，故不在諸根，而根與境相交之時，雖有識卻不生煩惱，諸識亦無體性，故不在中間，也並非在在其它以外之處，此等煩惱，究竟何在而能傷害諸眾生，此如幻術師以咒力所化之馬、象等等之相，是故心能捨棄對於彼等之恐懼，為了知煩惱本質而應當依止精進，何能令我為了無義事，而於地獄、餓鬼等界之中受害受苦。

དེ་ལྟར་རྣམ་བསམས་ཇི་སྐད་བཤད་པ་ཡི།།　如是細思已而為成辦，
བསླབ་པ་བསྒྲུབ་པའི་ཆེད་དུ་འབད་པར་བྱ།།　所說學處之故當勤勉，
སྨན་པའི་ངག་མ་མཉན་ན་སྨན་དག་གིས།།　不聽醫師囑咐僅服藥，
བཅོས་དགོས་ནད་པ་སོས་པ་ག་ལ་ཡོད།།　豈可治癒需治之頑疾。

ད་ནི་སྔར་བསྟན་པའི་དོན་མ་ལུས་པ་ཉེ་བར་བསྡུ་བའི་ཕྱིར་དེ་ལྟར་སྔར་བསྟན་པའི་དོན་ལ་རྣམ་པར་བསམས་ནས་མདོའི་དོན་བསྟན་བཅོས་འདིར་བསྡུས་ཏེ་ཇི་སྐད་བཤད་པ་ཡི། བྱང་ཆུབ་སེམས་དཔའི་བསླབ་པ་ཇི་སྙེད་པ་རྣམས་བསྒྲུབ་པའི་ཆེད་དུ་འབད་པར་བྱའོ། །སྨན་པ་མཁས་པའི་ངག་མ་ཉན་ན་སྨན་དག་གིས་བཅོས་དགོས་པའི་ནད་པ་སོས་པ་ག་ལ་ཡོད། དེ་བཞིན་དུ་ཐམས་ཅད་མཁྱེན་པའི་སྨན་པ་ཆེན་པོས་ལུང་ཕོག་པའི་བསླབ་པ་བསྒྲུབས་པར་མ་བྱས་པར་ལས་དང་ཉོན་མོངས་པས་བསྐྱེད་པའི་སྐྱེ་བ་ལ་སོགས་པའི་འཇིགས་པ་ཆེན་པོ་ལས་རྣམ་པར་གྲོལ་བར་འགྱུར་བ་ལྟ་ག་ལ་ཡོད།

此刻為總攝一切前述之義，故言：如是細思前述道理已，而為成辦一切此中總攝的經論所說之菩薩學處之故，應當勤勉精進，不聽從精通醫道的醫師之囑咐，僅依靠服藥，豈可治癒需治之頑疾。如是，不成辦一切智人大醫王所說學處，而欲從業與煩惱所起的生老等等大威脅中解脫，豈有可能。

༢.༢.༢.༡.༢.མཚན།

2.2.2.1.2.品名

བྱང་ཆུབ་སེམས་དཔའི་སྤྱོད་པ་ལ་འཇུག་པ་ལས་བག་ཡོད་བསྟན་པ་ཞེས་བྱ་བ་སྟེ་ལེའུ་བཞི་པའོ།།

入菩提薩埵行・宣說不放逸第四品竟

༢་༢་༢་༢་རང་གི་སྒོ་གསུམ་ཡང་ཡང་བརྟགས་པ་ཤེས་བཞིན་གྱི་ལེའུ།
2.2.2.2.屢屢檢視己三門正知品

༢་༢་༢་༢་༡་གཞུང་།
2.2.2.2.1.正文

༢་༢་༢་༢་༡་༡་བསླབ་པ་བསྲུང་བའི་ཐབས་སུ་སེམས་བསྲུང་བ།
2.2.2.2.1.1.護心以為護學處之方便

༢་༢་༢་༢་༡་༡་༡་མདོར་བསྟན་པ།
2.2.2.2.1.1.1.總說

བསླབ་པ་བསྲུང་བར་འདོད་པ་ཡིས།། 凡欲守護學處者，
རབ་ཏུ་བསྒྲིམས་ནས་སེམས་བསྲུང་སྟེ།། 應當集中守護心，
སེམས་འདི་བསྲུང་བར་མ་བྱས་ན།། 乃因此心若不守，
བསླབ་པ་བསྲུང་བར་ཡོང་མི་ནུས།། 絕無能力護學處。

བྱང་ཆུབ་སེམས་བསྐྱེད་ཀྱི་བསླབ་པ་མི་ཉམས་པ་བསྲུང་བར་འདོད་པ་ཡིས། རབ་ཏུ་བསྒྲིམས་ནས་སེམས་ཡུལ་གྱི་ལོངས་སྤྱོད་ལ་མངོན་པར་ཞེན་པ་ལས་ཡོངས་སུ་བསྲུང་བར་བྱ་སྟེ། དེ་ཅིའི་ཕྱིར་ཞེ་ན། སེམས་འདི་ཡུལ་ལ་གཡོ་བ་ལས་བསྲུང་བར་མ་བྱས་ན། བསླབ་པ་མི་ཉམས་པར་བྱས་ཏེ་བསྲུང་བར་ཡོང་མི་ནུས་སོ།།

凡欲守護發菩提心學處、不令衰退者，應當集中心志，守護心不去貪著外境受用，何故？乃因此心若不從心動於外境之中獲得守護，絕無能力守護學處、令彼不衰退。

༢་༢་༢་༢་༡་༡་༢་རྒྱས་པར་བཤད་པ།
2.2.2.2.1.1.2.廣說

༢་༢་༢་༢་༡་༡་༢་༡་གནོད་པ་ཐམས་ཅད་སེམས་ལས་བྱུང་ཚུལ།
2.2.2.2.1.1.2.1.一切傷害皆由心生之理

སེམས་ཀྱི་གླང་པོ་ཡན་བཏང་བས། ། 輕忽放縱心象故，
མནར་མེད་གནོད་པ་བྱེད་པ་ལྟར། ། 將造無間等傷害，
གླང་ཆེན་མ་ཐུལ་མྱོས་པ་ཡིས།། 而未馴服之醉象，
འདི་ན་དེ་འདྲའི་གནོད་མི་བྱེད། ། 此處不造這般害。

འདི་ལས་ཀྱང་སེམས་ཁོ་ན་བསྲུང་བར་རིགས་ཏེ་སེམས་ཀྱི་གླང་པོ་ཡན་པར་བཏང་བས། མནར་མེད་པ་ལ་སོགས་པའི་གནས་སུ་གནོད་པ་བྱེད་པ་ལྟར། གླང་ཆེན་འདུལ་སྐྱོང་གིས་མ་ཐུལ་བ་རབ་ཏུ་མྱོས་པ་ཡིས། འདི་ན་དམྱལ་བར་འཕེན་པ་ལ་སོགས་པ་དེ་འདྲ་བའི་གནོད་པ་མི་བྱེད་དོ།།

甚至，僅守護心亦合理：輕忽、不重視而放縱心象之故，將造於無間等地受苦之傷害，而未曾調教、馴服之醉象，在此處人界不會造成引墮地獄等等這般之傷害。

ཀུན་ནས་དྲན་པའི་ཐག་པ་ཡིས། ། 一切若以正念繩，
སེམས་ཀྱི་གླང་པོ་དམ་བཏགས་ན། ། 緊緊繫縛此心象，
འཇིགས་པ་ཐམས་ཅད་མེད་འགྱུར་ཞིང་།། 一切危難將不存，
དགེ་བ་ཐམས་ཅད་ལག་ཏུ་འོང་། ། 一切善將手中來。

སྒོ་ཀུན་ནས་བླང་དོར་གྱི་གནས་མི་བརྗེད་པའི་དྲན་པའི་ཐག་པ་ཡིས། སེམས་ཀྱི་གླང་པོ་དགེ་བའི་དམིགས་པ་ལ་དམ་དུ་བཏགས་ན། གཅན་གཟན་གདུག་པ་ལ་སོགས་པའི་འཇིགས་པ་ཐམས་ཅད་མེད་པར་འགྱུར་ཞིང་། མངོན་པར་མཐོ་བ་དང་ངེས་པར་ལེགས་པའི་རྒྱུར་གྱུར་པའི་དགེ་བ་ཐམས་ཅད་ལག་ཏུ་འོང་བ་ཡིན་ནོ།།

一切身語意三門，若以不忘失取捨之處的正念繩，緊緊繫縛此心象於所緣善法上，則兇暴野獸等等一切危難將不存，作為增上生、決定勝之因的一切善也將於手中到來。

སྟག་དང་སེང་གེ་གླང་ཆེན་དྲེད། ། 老虎獅子大象熊，
སྦྲུལ་དང་དགྲ་རྣམས་ཐམས་ཅད་དང་། ། 毒蛇以及一切敵，
སེམས་ཅན་དམྱལ་བའི་སྲུང་མ་དང་། ། 地獄有情看守者，
བྱད་མ་དེ་བཞིན་སྲིན་པོ་རྣམས། ། 巫婆以及羅刹眾，
སེམས་འདི་གཅིག་པུ་བཏགས་པ་ཡིས། ། 唯一繫縛此心故，
དེ་དག་ཐམས་ཅད་བཏགས་པར་འགྱུར།། 彼等一切亦繫縛，
སེམས་འདི་གཅིག་པུ་བཏུལ་བས་ན། ། 唯一調伏此心故，
དེ་དག་ཐམས་ཅད་ཐུལ་བར་འགྱུར། ། 彼等一切亦調伏。

སྟག་དང་སེང་གེ་དང་གླང་ཆེན་དང་དྲེད་དང་། སྦྲུལ་དང་དགྲ་རྣམས་ཐམས་ཅད་དང་། །སེམས་ཅན་དམྱལ་བའི་སྲུང་མ་རྣམས་དང་། བྱད་མའི་གདོན་དང་དེ་བཞིན་དུ་སྲིན་པོ་རྣམས་ཀྱང་སེམས་འདི་གཅིག་པུ་དམིགས་པ་ལ་རྩེ་གཅིག་ཏུ་བཏགས་པ་ཡིས། གནོད་བྱེད་དེ་དག་ཐམས་ཅད་བཏགས་པར་འགྱུར་ཞིང་། སེམས་འདི་གཅིག་པུ་ཆོས་ཐམས་ཅད་རང་བཞིན་མེད་པའི་མཚན་ཉིད་ཅན་སྟོང་པ་ཉིད་བསྒོམས་པས་བཏུལ་བ་ན། གནོད་བྱེད་དེ་དག་ཐམས་ཅད་ཀྱང་ཐུལ་བར་འགྱུར་རོ།།

老虎、獅子、大象、熊、毒蛇，以及一切敵，地獄有情的看守者，巫婆魔女以及羅刹眾，唯一以此心為所緣而專心繫縛此心的緣故，彼等一切做害者亦受繫縛，以觀修一切法無自性的空性唯一調伏此心的緣故，彼等一切做害者亦受調伏。

འདི་ལྟར་འཇིགས་པ་ཐམས་ཅད་དང་། ། 如是種種一切難，
སྡུག་བསྔལ་དཔག་ཏུ་མེད་པ་ཡང་། ། 以及無量無數苦，
སེམས་ལས་བྱུང་བ་ཡིན་ནོ་ཞེས། ། 正等語者親口說，
ཡང་དག་གསུང་བ་ཉིད་ཀྱིས་བསྟན། ། 皆是由心所生起。

འདི་ལྟར་གོང་དུ་བསྟན་པའི་འཇིགས་པ་ཐམས་ཅད་དང་། སྡུག་བསྔལ་དཔག་ཏུ་མེད་པ་

ཡང་། །སེམས་ལས་བྱུང་བ་ཡིན་ནོ་ཞེས། །དངོས་པོའི་དེ་ཁོ་ན་ཉིད་ཡང་དག་གསུང་བ་རྫོགས་པའི་སངས་རྒྱས་ཉིད་ཀྱིས་བསྟན་ཏོ།།

如是前述之種種一切難，以及無量無數苦，宣說萬有真如之正等語者圓滿佛陀所親口宣說，皆是由心所生起。

སེམས་ཅན་དམྱལ་བའི་མཚོན་ཆ་རྣམས།། 地獄有情各兵刃，
སུ་ཞིག་གིས་ནི་ཆེད་དུ་བྱས།། 是由何人刻意造，
ལྕགས་སྲེག་ས་གཞི་སུ་ཡིས་བྱས། ། 燒鐵大地誰所造，
མོ་ཚོགས་དེ་དག་ཅི་ལས་བྱུང་། ། 彼等女眾從何生，
དེ་འདྲ་དེ་དག་ཐམས་ཅད་ཀུན། ། 佛說如是彼一切，
སྡིག་སེམས་ཡིན་པར་ཐུབ་པས་གསུངས།། 亦由罪惡心所生。
དེ་ལྟར་འཇིག་རྟེན་གསུམ་པོ་ན། ། 如是於此三界中，
སེམས་ལས་འཇིགས་པ་གཞན་འགའ་མེད།། 除心以外無危難。

དེ་བས་ན་ཐམས་ཅད་དུ་སེམས་ཉིད་གཙོ་བོ་ཡིན་ནོ། །དེ་ལྟར་འཇིགས་པ་དེ་དག་ནི་གཞན་མ་ཡིན་ནོ་ཞེས་རབ་ཏུ་བསྒྲུབ་པའི་ཕྱིར་སེམས་ཅན་དམྱལ་བའི་སྲུང་མ་རྣམས་ཀྱི་མཚོན་ཆ་དང་རལ་གྲི་ལོ་མའི་ནགས་ལ་སོགས་པ་རྣམས། སུ་ཞིག་གིས་ནི་ཆེད་དུ་བསྒྲུབས་པར་བྱས། །ལྕགས་སྲེག་པའི་རང་བཞིན་གྱི་ས་གཞི་དེ་ཡང་སུ་ཡིས་བྱས། ཤལ་མ་ལིའི་སྡོང་པོའི་སྟེང་དང་འོག་ཏུ་སྣང་བའི་མོ་ཚོགས་དེ་དག་རྒྱུ་ཅི་ལས་བྱུང་། དེ་འདྲ་བ་དེ་དག་ཐམས་ཅད་ཀུན། སྡིག་པའི་ལས་མངོན་པར་འདུ་བྱེད་པའི་སེམས་ཉིད་དེ་དག་གི་རྒྱུ་ཡིན་པར་ཐུབ་པས་གསུངས་ཏེ། དེ་སྐད་དུ་འང་། སེམས་དུལ་བ་ནི་ལེགས་པ་སྟེ། །སེམས་དུལ་བ་ནི་བདེ་བ་འཐོབ། །ཅེས་པ་ལ་སོགས་པ་གསུངས་སོ། །གང་གི་ཕྱིར་དེ་ལྟར་ཡིན་པ་དེའི་ཕྱིར་འཇིག་རྟེན་གསུམ་པོ་ན། སྡིག་པའི་སེམས་ལས་འཇིགས་པའི་རྒྱུ་གཞན་འགའ་ཡང་མེད་དོ།།

因此，一切之中，心為首要，如是，為使“彼等危難，並非他”更加成立，故說：**地獄有情**看守者的**各種兵**器、刀**刃**、葉劍等，是

由何人刻意製造，彼燒鐵一般的大地，又是誰所造，鐵刺樹（鐵柱山）彼等上下兩端顯現的女眾從何而生，佛說如是彼一切，亦由彼等現行罪惡業之心為因，從中所生。又："調伏己心為最善，乃因調心得安樂"如是云云。何故？因如是之故，於此三界之中，除罪心以外，再無一分危難之因。

༢་༢་༢་༢་༡་༡་༢་༢་དགེ་བ་ཐམས་ཅད་སེམས་ལས་བྱུང་ཚུལ།

2.2.2.2.1.1.2.2.一切善皆由心生之理

གལ་ཏེ་འགྲོ་བ་དབུལ་བོར་བས། །　設若眾生脫貧已，
སྦྱིན་པའི་ཕ་རོལ་ཕྱིན་ཡིན་ན། །　方是布施到彼岸，
ད་དུང་འགྲོ་བཀྲེན་ཡོད་ན་སྔོན། །　而今尚有窮困眾，
སྐྱོབ་པ་ཇི་ལྟར་ཕ་རོལ་ཕྱིན། །　古佛如何到彼岸。

དེ་ལྟར་ཡིན་ན་སྦྱིན་པ་ལ་སོགས་པ་ལ་ཇི་ལྟར་བལྟ་བར་བྱ། སྦྱིན་པ་དེ་ནི་སེམས་ཅན་གྱི་དབུལ་བ་སེལ་བར་བྱེད་པའི་མཚན་ཉིད་ཅན་ཡིན་ནོ་ཞེ་ན། གལ་ཏེ་འགྲོ་བ་རྣམས་ལ་སྦྱིན་པ་བྱིན་ཏེ་དབུལ་བ་བོར་བར་བྱས་པས། སྦྱིན་པའི་ཕ་རོལ་ཏུ་ཕྱིན་པ་རྫོགས་པ་ཡིན་ན། ད་དུང་ཡང་འགྲོ་བའི་དབུལ་བ་ཉེ་བར་མ་ཞི་སྟེ་འཕྲོ་བ་བཀྲེན་པ་མང་དུ་ཡོད་ན་སྔོན་གྱི་སྐྱོབ་པ་རྣམས་ཇི་ལྟར་སྦྱིན་པའི་ཕ་རོལ་ཏུ་ཕྱིན་པ་རབ་ཏུ་རྫོགས་པ་ཡིན།

若是如此，又應當如何看待布施等行？若言布施之定義為消除有情窮困，則謂：設若對眾生行布施，使彼等脫離貧困已，方能說是圓滿了布施到彼岸，而今尚有眾多未消除貧苦的窮困眾生，往昔的救度者──古佛，是如何圓滿了布施到彼岸。

བདོག་པ་ཐམས་ཅད་འབྲས་བཅས་ཏེ། །　一切財物連同果，
སྐྱེ་བོ་ཀུན་ལ་གཏོང་སེམས་ཀྱིས། །　因於大眾有捨心，
སྦྱིན་པའི་ཕ་རོལ་ཕྱིན་གསུངས་ཏེ། །　說為布施到彼岸，
དེ་ལྟས་དེ་ནི་སེམས་ཉིད་དོ། །　是故彼施亦是心。

འོ་ན་ཇི་ལྟར་འགྱུར་ཞེ་ན། བཏོག་པ་ཕྱི་དང་ནང་གི་དངོས་པོ་ཐམས་ཅད་སྦྱིན་པའི་འབྲས་བུ་དང་བཅས་ཏེ། ཆགས་པ་མེད་པར་སྐྱེ་བོ་ཀུན་ལ་གཏོང་བའི་སེམས་གོམས་པ་རབ་ཀྱི་མཐར་ཕྱིན་པ་ཉིད་ཀྱིས། སྦྱིན་པའི་ཕ་རོལ་ཏུ་ཕྱིན་པར་རྫོགས་པར་བློ་གྲོས་མི་ཟད་པར་བསྟན་པ་ལས་གསུངས་ཏེ། དེ་ལྟ་བས་ན་དེ་ཉི་སེམས་ཉིད་དོ།།

那麼，是如何成就布施波羅蜜多，謂：一切財物、內外所有物品，連同布施之果等等，因為無所貪戀，對於大眾有能捨之心究竟徹底地熏習，故說為圓滿布施到彼岸，此於《無盡意菩薩請問經》有說，是故，彼布施亦是心。

ཉ་ལ་སོགས་པ་གང་ཞིག་ཏུ།།　　魚等應當驅何處，
དེ་དག་གསོད་མི་འགྱུར་བར་བསྐྲད།།　　方使彼等不逢殺，
སྤོང་བའི་སེམས་ཉི་ཐོབ་པ་ལས།།　　唯由獲得能斷心，
ཚུལ་ཁྲིམས་ཕ་རོལ་ཕྱིན་པར་བཤད།།　　說為持戒到彼岸。

ཚུལ་ཁྲིམས་ཀྱི་ཕ་རོལ་ཏུ་ཕྱིན་པ་ཡང་སེམས་ཉིད་ཡིན་ནོ་ཞེས་བྱ་བ་དེའི་ཕྱིར་བྱ་དང་ཉ་དང་རི་དྭགས་ལ་སོགས་པ་རྣམས་ཡུལ་གང་ཞིག་ཏུ། དེ་དག་གསོད་པར་མི་འགྱུར་བར་བསྐྲད་དེ་བསྐྲད་པར་མི་ནུས་སོ། །རང་ཉིད་ཀྱིས་སྲོག་གཅོད་པ་ལ་སོགས་པ་ཁ་ན་མ་ཐོ་བ་ཐམས་ཅད་སྤོང་བའི་སེམས་ཉི་ཐོབ་པ་ལས། ཚུལ་ཁྲིམས་ཀྱི་ཕ་རོལ་ཏུ་ཕྱིན་པ་ཡིན་པར་མདོ་ལས་བཤད་དོ།།

為闡述持戒波羅蜜多亦是心，故說：魚、野獸等動物，應當驅趕至何處，方能使彼等不遭逢殺害？無此般可驅之處也，佛經說：唯由自己獲得能斷除殺生等一切罪之心，才說為持戒到彼岸。

སེམས་ཅན་མི་བསྲུན་ནམ་མཁའ་བཞིན།།　　不馴有情如虛空，
དེ་དག་གཞོམ་གྱིས་ཡོད་མི་ལང་།།　　滅盡彼等亦不能，
ཁྲོ་བའི་སེམས་འདི་གཅིག་བཅོམ་ན།།　　然而滅此一嗔心，

དགྲ་དེ་ཐམས་ཅད་ཆོམས་དང་འདྲ། །　　等同消滅一切敵。

བཟོད་པའི་ཕ་རོལ་ཏུ་ཕྱིན་པ་ཡང་སེམས་ལས་ཐ་དད་པ་མ་ཡིན་ནོ་ཞེས་བཤད་པ་སེམས་ཅན་མི་སྲུན་པ་རྣམས་ནི་ནམ་མཁའ་བཞིན་དུ་མཐའ་མེད་པས་དེ་དག་ཐམས་ཅད་གཞོམ་གྱིས་ལོང་མི་ལོངས་ལ། རང་གི་ཁྲོ་བའི་སེམས་འདི་གཅིག་པུ་བཅོམ་པར་གྱུར་ན། དགྲ་བོ་དེ་དག་ཐམས་ཅད་ལྷན་ཅིག་ཏུ་ཆོམས་པ་དང་འདྲའོ།།

此處說明安忍波羅蜜多亦無別於心：不馴的有情，有如虛空一般無邊無際，欲滅盡彼等亦是不可能，然而若能消滅自己此一嗔心，則等同於同時消滅所有一切敵。

ས་སྟེང་འདི་དག་ཀོས་གཡོག་ཏུ། །　　欲以皮革蓋大地，
དེ་སྙེད་ཀོ་བས་ག་ལ་ལང་།།　　彼數皮革豈能備，
ལྷམ་མཐིལ་ཙམ་གྱི་ཀོ་བས་ནི། །　　然僅皮革裹鞋底，
ས་སྟེང་ཐམས་ཅད་གཡོགས་དང་འདྲ། །　　則同蔽蓋一切地。

དཔེར་ན་ཚེར་མ་སོགས་ཀྱི་གནོད་པ་བསྲུང་བའི་དོན་དུ་ས་སྟེང་འདི་དག་ཀོ་བས་གཡོག་ཏུ་འདོད་ཀྱང་། དེ་སྙེད་ཅིག་ཀོ་བས་གཡོགས་པར་ག་ལ་ལང་། རང་གི་ལྷམ་མཐིལ་ཙམ་གྱི་ཀོ་བས་ནི། ས་སྟེང་ཐམས་ཅད་ཀོ་བས་གཡོགས་པ་དང་འདྲའོ།།

譬如為防止荊棘等傷害，而欲以皮革蔽蓋大地，彼所需之數的皮革豈能備足，然而僅僅將皮革裹於自己鞋底，則等同於將皮革蔽蓋於一切大地。

དེ་བཞིན་ཕྱི་རོལ་དངོས་པོ་ཡང་། །　　如是外在之實有，
བདག་གིས་ཕྱིར་བཟློག་མི་ལང་གི །　　我亦無法盡驅逐，
བདག་གི་སེམས་འདི་ཕྱིར་བཟློག་བྱ། །　　然而僅逐我此心，
གཞན་རྣམས་བཟློག་གོ་ཅི་ཞིག་དགོས། །　　何需驅逐其餘敵。

དཔེ་དེ་བཞིན་དུ་ཕྱི་རོལ་གྱི་དགྲ་ལ་སོགས་པའི་དངོས་པོ་ཡང་། བདག་གིས་ཕྱིར་བཟློག

གིས་མི་ལང་གི། བདག་གི་སེམས་ཀྱི་ཁྲོ་བ་འདི་ཕྱིར་བཟློག་པར་བྱའི། །གཞན་རྣམས་ཐམས་ཅད་བཟློག་གོ་ཅི་ཞིག་དགོས།

如是依譬喻所示，外在敵等等之實有，我亦無法盡驅逐, 然而僅逐我此嗔心, 何需驅逐其餘一切敵。

སེམས་གསལ་གཅིག་བསྐྱེད་འབྲས་བུ་གང་།། 猶如由一清明心,
ཚངས་ལ་སོགས་པ་ཡིན་པ་ལྟར། ། 所生果為梵天般,
ལུས་ངག་བཅས་པའི་འབྲས་བུ་ཡང་། ། 身語等果亦因彼,
སྤྱོད་པ་ཞན་པས་དེ་ལྟ་མིན།། 行有虧故非如是。

བརྩོན་འགྲུས་ཀྱི་ཕ་རོལ་ཏུ་ཕྱིན་པ་དགེ་བའི་ལས་ལ་སྤྲོ་བའི་རང་བཞིན་ཡང་སེམས་ཡིན་པར་བསྟན་པའི་ཕྱིར་བཤད་པ། བསམ་གཏན་གྱི་ཏིང་ངེ་འཛིན་ལ་སེམས་ཀྱི་འཇུག་པ་གསལ་བ་གཅིག་བསྐྱེད་པའི་འབྲས་བུ་གང་། ཚངས་པ་ལ་སོགས་པའི་གནས་སུ་སྐྱེ་བ་ཡིན་པ་ལྟར། ལུས་དང་ངག་བཅས་པས་འབད་པའི་འབྲས་བུ་ཡང་། སྤྱོད་པ་ཞན་པས་ན་དེ་ལྟར་འཐོབ་པ་མིན་ནོ།།

此處宣說精進波羅蜜多，謂樂於善法之自性，此亦是心：猶如由一進入到禪定的清明心，所生之果為生於梵天等處一般，以身語等勤行之果亦因彼身語之行有虧故非能獲得如是果。

བཟླས་བརྗོད་དང་ནི་དཀའ་ཐུབ་ཀུན། ། 一切念誦與苦行,
ཡུན་རིང་དུས་སུ་སྤྱད་བྱས་ཀྱང་། ། 雖已行持甚長久,
སེམས་གཞན་གཡེངས་པས་བྱས་པ་ནི། ། 然以放逸心所作,
དེ་ཉིད་རིག་པས་དོན་མེད་གསུངས། ། 真如覺者說無義。

བསམ་གཏན་གྱི་ཕ་རོལ་ཏུ་ཕྱིན་པ་ཡང་སེམས་ཉིད་ཡིན་པར་བཤད་པ། ངག་གི་བཟླས་བརྗོད་དང་ནི་ལུས་ཀྱི་དཀའ་ཐུབ་ཀུན། ཡུན་རིང་པོའི་དུས་སུ་སྤྱད་པར་བྱས་ཀྱང་། སེམས་གཞན་དུ་གཡེངས་བཞིན་པས་བྱས་པ་ནི། དེ་ཁོ་ན་ཉིད་རིག་པ་བཅོམ་ལྡན་འདས་ཀྱིས་དོན་མེད་པར

གསུངས། ཇི་ལྟར་གསུངས་ཞེ་ན། ཏིང་ངེ་འཛིན་སྡུད་པའི་མདོ་ལས། དགེ་སློང་དག་འདོད་པ་ལ་སེམས་གཡེང་བའི་དཀའ་ཐུབ་དང་ཁ་ཏོན་ལ་སོགས་པ་ནི་འབྲས་བུ་མེད་པར་འགྱུར་རོ་ཞེས་སོགས་གསུངས་སོ། །དེ་ཡང་འབྲས་བུ་དམན་པ་ལ་འབྲས་བུ་མེད་པར་བཏགས་པའོ།།

此處宣說禪定波羅蜜多亦是心：一切語所做的念誦，與身所做的苦行，雖已行持甚為長久，然而以放逸於他事之心所作，真如覺者薄迦梵說彼等毫無意義。若問佛如何說，《攝三摩地經》：“眾比丘，放逸於貪欲之苦行以及念誦等，終將無果”如是云云。又此處乃以其果低微而名無果。

གང་གིས་ཆོས་ཀྱི་གཙོ་བོ་མཆོག །　　誰於最上主要法，
སེམས་ཀྱི་གསང་འདི་མ་ཤེས་ན། །　　此心秘密若無知，
བདེ་ཐོབ་སྡུག་བསྔལ་གཞོམ་འདོད་ཀྱང་།།　　雖欲得樂消滅苦，
དེ་དག་དོན་མེད་གྱི་ནར་འཁྱམས། །　　猶恣遊蕩彼無義。

ཤེས་རབ་ཀྱི་ཕ་རོལ་ཏུ་ཕྱིན་པ་ཡང་སེམས་ཉིད་ཡིན་ནོ་ཞེས་བཤད་པ། འཁོར་བའི་འཇིགས་པས་སྐྲག་པ་གང་གིས་ཆོས་རྣམས་ཀྱི་གཙོ་བོ་མཆོག །བྱིས་པའི་སྤྱོད་ཡུལ་ལས་འདས་པའི་སེམས་ཀྱི་གསང་བ་ཆོས་ཐམས་ཅད་རང་བཞིན་མེད་པའི་མཚན་ཉིད་ཅན་འདི་མ་ཤེས་ན། བདེ་བ་ཐོབ་པ་དང་སྡུག་བསྔལ་གཞོམ་པར་འདོད་ཀྱང་། དེ་དག་དོན་མེད་པའི་བྱ་བ་གྱི་ནར་འཁྱམས་པ་ཡིན་ནོ།།

此處宣說般若波羅蜜多亦是心：誰（畏懼輪迴者）於最上主要法，超越凡夫行境之此心秘密（一切法無自性）若無知，雖欲獲得安樂、消滅痛苦，仍猶恣意遊蕩於彼等無意義之事。

༢.༢.༢.༢.༡.༡.༢.༣.དེས་ན་ངེས་པར་སེམས་བསྲུང་དགོས་པར་གདམས་པ།

2.2.2.2.1.1.2.3.因此告誡務必護心

དེ་ལྟས་བདག་གི་སེམས་འདི་ཉི། །　　因此對於此自心，

ལེགས་པར་བཟུང་ལེགས་པར་བསྲུང་བར་བྱ།། 應當善持善守護,
སེམས་བསྲུང་བརྟུལ་ཞུགས་མ་གཏོགས་པ།། 除此護心之禁行,
བརྟུལ་ཞུགས་མང་པོས་ཅི་ཞིག་བྱ། ། 諸多禁行有何益。

མཇུག་བསྡུ་བ་ནི། དེ་ལྟར་བས་ན་བདག་གི་སེམས་འདི་ནི། བླང་དོར་གྱི་གནས་མི་བརྗེད་པའི་དྲན་པས་ལེགས་པར་བཟུང་བ་དང་ལུས་སེམས་ལ་ཡང་ཡང་བརྟག་པའི་ཤེས་བཞིན་གྱིས་ལེགས་པར་བསྲུང་བར་བྱ་ཞིང་། སེམས་བསྲུང་བ་ཉིད་བརྟུལ་ཞུགས་ཀྱི་གཙོ་བོ་ཡིན་པས་དེ་མ་གཏོགས་པ། བརྟུལ་ཞུགས་མང་པོ་གཞན་གྱིས་བདག་ལ་ཅི་ཞིག་བྱ།

總結：因此對於此自心，應當以不忘失取捨的正念，妥善地執持，以屢屢觀察身心的正知妥善地守護，守護自心即是主要的禁行，除此護心之禁行，其餘諸多禁行於我有何益。

མ་གྲངས་གྲོལ་བའི་ཁྲོད་གནས་ན། ། 若處妄為人群中,
བསྒྲིམས་ཏེ་རྨ་ཡི་བག་བྱེད་བཞིན། ། 凝神細心護瘡般,
སྐྱེ་བོ་ངན་ཁྲོད་གནས་པས་ཀྱང་། ། 既處惡劣人群中,
སེམས་ཀྱི་རྨ་འདི་རྟག་ཏུ་བསྲུང་། ། 亦當常護此心瘡。

དེ་ལྟར་ཐམས་ཅད་སེམས་ལ་རག་ལས་པ་ཤེས་པར་བྱས་ནས་སེམས་བརྟན་པར་བྱ་བའི་དཔེ་བརྗོད་པ་སྒོ་གསུམ་མ་བསྡམས་པ་སྤྱོད་པ་ཐུག་ཐུབ་ཏུ་གནས་པའི་མ་གྲངས་གྲོལ་བའི་ཁྲོད་དུ་གནས་ན། ཤིན་ཏུ་བསྒྲིམས་ཏེ་རྨ་ཡི་བག་བྱེད་པ་བཞིན། སེམས་གཡེང་བའི་རྐྱེན་སྐྱེ་བོ་ངན་པའི་ཁྲོད་ན་གནས་པས་ཀྱང་། སེམས་ཀྱི་རྨ་འདི་རྟག་ཏུ་བསྲུང་བར་བྱའོ།།

如是了知一切皆取決於心已，堅固心志之比喻：若處於不約束三門、三門恣意妄為的人群之中，必將極為小心、凝神細心保護瘡傷一般，既已因為放逸心，處於惡劣人群之中，亦應當恆常守護此心瘡。

རྨ་ཡི་སྡུག་བསྔལ་ཆུང་ངུ་ཡིས།། 因瘡小苦而生懼,

སྐྲག་པ་འབད་རྨ་ཡི་བག་བྱེད་ན།། 亦因瘡故不放逸，
བསྡུས་འཇོམས་རི་ས་འཇོམས་སྐྲག་པ་དག། 況懼眾合山滅眾，
སེམས་ཀྱི་རྨ་སྣ་ཅིས་མི་བསྲུང་།། 何故不護此心瘡。

ལུས་ཀྱི་རྨ་ཡི་སྡུག་བསྔལ་ཆུང་ངུ་ཡིས། སྐྲག་པ་འབད་རྨ་ཡི་རྐྱེན་གྱིས་བག་ཡོད་པར་བྱེད་ན། བསྡུས་འཇོམས་ཀྱི་རི་བོས་ལུས་འཇོམས་པར་བྱེད་པ་ལ་སྐྲག་པ་དག །སེམས་ཀྱི་རྨ་སྣ་ཞིག ཅིས་མི་བསྲུང་སྟེ་སྲུང་བར་བྱའོ།།

若能因為身上的瘡傷所生的小苦，而心生畏懼、亦因瘡傷之故，心不放逸，何況畏懼被眾合山所毀滅身軀的大眾，何故不護此心瘡，理當守護。

སྤྱོད་པ་འདི་འདྲས་གནས་བྱེད་ན།། 若能這般做行持，
སྐྱེ་བོ་ངན་པའི་ཁྲོད་གནས་སམ།། 或是處於惡人中，
བུད་མེད་ཁྲོད་ན་གནས་ཀྱང་རུང་།། 女子中處亦無妨，
སྡོམ་བརྩོན་བརྟན་པ་ཉམས་མི་འགྱུར།། 勤戒堅定不敗損。

སེམས་བསྲུང་བའི་སྤྱོད་པ་འདི་འདྲ་བས་གནས་པར་བྱེད་ན། སྐྱེ་བོ་ངན་པ་སྲིན་པོ་ལྟ་བུའི་ཁྲོད་ན་གནས་སམ། བུད་མེད་ལྷའི་བུ་མོ་ལྟ་བུའི་ཁྲོད་ན་གནས་ཀྱང་རུང་སྟེ། སྡོམ་པ་ལ་བརྩོན་པའི་སེམས་ཀྱི་བརྟན་པ་ཉིད་ཉམས་པར་མི་འགྱུར་རོ།།

若能這般做護心的行持，或是處於如羅剎等等惡人之中，或是於天女等等女子之中處亦無妨，將會使精勤持戒之心堅定而不敗損。

བདག་གི་རྙེད་དང་བཀུར་སྟི་དང་།། 寧可我無得無敬，
ལུས་དང་འཚོ་བ་མེད་གྱུར་ཅིང་།། 無身以及無活命，
དགེ་བ་གཞན་ཡང་ཉམས་གྱུར་ཡི།། 寧可敗損其餘善，
སེམས་ནི་ནམ་ཡང་ཉམས་མི་བྱ།། 然當永遠不損心。

བདག་གི་ཆོས་གོས་ལ་སོགས་པའི་རྙེད་པ་དང་གུས་པས་ཕྱག་བྱ་བ་ལ་སོགས་པའི་བཀུར་སྟི་

དང་། ལུས་དང་འཚོ་བའི་སྲོག་ཀྱང་མེད་པར་ནྲ་ཤིང་། ལུས་དང་ངག་གི་དགེ་བ་གཞན་ཡང་ཉམས་ནྲ་ཡི། སེམས་ཀྱི་དགེ་བ་ནི་ནམ་ཡང་ཉམས་པར་མི་བྱའོ།།

寧可我無法衣等所得，無人恭敬頂禮等等之恭敬，無身以及亦無存活之命，寧可敗損身語等等其餘善，然而應當永遠不損心之善。

༢.༢.༢.༢.༡.༢.སེམས་བསྲུང་བའི་ཐབས་སུ་དྲན་ཤེས་བསྟེན་ཚུལ།

2.2.2.2.1.2.依止念知之理以為護心之方便

༢.༢.༢.༢.༡.༢.༡.མདོར་བསྟན་པ།

2.2.2.2.1.2.1.總說

སེམས་བསྲུང་འདོད་པ་རྣམས་ལ་ནི།། 凡欲守護心大眾,
དྲན་པ་དང་ནི་ཤེས་བཞིན་དག། 正念正知此二者,
ཐམས་ཅད་འབད་པས་སྲུངས་ཤིག་ཅེས།། 一切勉勵做守護,
བདག་ནི་དེ་ལྟར་ཐལ་མོ་སྦྱོར།། 我今這般合掌勸。

སེམས་བསྲུང་བར་འདོད་པ་རྣམས་ལ་ནི། བླང་དོར་གྱི་གནས་མི་བརྗེད་པའི་དྲན་པ་དང་ནི་ལུས་སེམས་ལ་ཡང་ཡང་བརྟག་པའི་ཤེས་བཞིན་དག །སྒོ་ཐམས་ཅད་ནས་འབད་པས་སྲུངས་ཤིག་ཅེས། བདག་ནི་དེ་ལྟར་བསྲུང་བའི་ཕྱིར་ཐལ་མོ་སྦྱར་རོ།།

凡欲守護心大眾，正念（不忘失取捨之處）以及正知（屢屢觀察身心）此二者，以一切三門勉勵做守護，我今這般為守護之故合掌勸請。

༢.༢.༢.༢.༡.༢.༢.རྒྱས་པར་བཤད་པ།

2.2.2.2.1.2.2.廣說

༢.༢.༢.༢.༡.༢.༢.༡.ཤེས་བཞིན་མེད་པའི་ཉེས་དམིགས་བཤད་པ།

2.2.2.2.1.2.2.1.宣說無正知的過患

 ནད་ཀྱིས་དཀྲུགས་པའི་མི་དག་ནི།། 若人為病所困擾,

ལས་རྣམས་ཀུན་ལ་མཐུ་མེད་པ། ། 則於諸事無氣力，
དེ་བཞིན་རྨོངས་པས་སེམས་དཀྲུགས་པ།། 如是愚癡擾心者，
ལས་རྣམས་ཀུན་ལ་མཐུ་མེད་དོ། ། 於諸事業無氣力。

དེ་ཅིའི་ཕྱིར་ཞེ་ན། ནད་ཀྱིས་ལུས་རྣམ་པར་དཀྲུགས་པའི་མི་དག་ནི། འགྲོ་བ་ལ་སོགས་པའི་ལས་རྣམས་ཀུན་ལ་མཐུ་མེད་པ། དེ་བཞིན་དུ་དྲན་ཤེས་མེད་པར་གྱུར་ཏེ་རྨོངས་པས་སེམས་དཀྲུགས་པ་ན། ཐོས་པ་ལ་སོགས་པའི་ལས་རྣམས་ཀུན་ལ་མཐུ་མེད་དོ།།
何故？若人身體為病所困擾，則於行等諸事無氣力，如是無正念正知、被愚癡困擾心者，於聞等諸事業無氣力。

ཤེས་བཞིན་མེད་པའི་སེམས་ལྡན་པའི། ། 以彼不具正知心，
ཐོས་དང་བསམ་དང་བསྒོམ་པ་ཡང་། ། 雖然從事聞思修，
གློ་རྡོལ་བུམ་པའི་ཆུ་བཞིན་དུ།། 然而猶如漏瓶水，
དྲན་པ་ལ་ནི་དེ་མི་གནས།། 彼等不住正念中。

ཤེས་བཞིན་མེད་པའི་སེམས་དང་ལྡན་པའི། ཐོས་པ་དང་བསམ་པ་དང་སྒོམ་པ་ཅི་ལྟར་བྱས་ན་ཡང་། དཔེར་ན་གློ་རྡོལ་བའི་བུམ་པའི་ཆུ་ཐམས་ཅད་ཕྱིར་ཟག་པ་དེ་བཞིན་དུ། དྲན་པ་ལ་ནི་ཐོས་སོགས་དེ་དག་ནམ་ཡང་མི་གནས་སོ།
以彼不具正知之心，雖然從事聞思修，然而猶如破漏的瓶中水一般，聞思彼等亦不能住於正念之中。

ཐོས་ལྡན་དད་པ་ཅན་དག་ནི།། 亦有多聞有信心，
བརྩོན་པ་ལྷུར་ལེན་དུ་མ་ཡང་།། 努力精進眾多人，
ཤེས་བཞིན་མེད་པའི་སྐྱོན་ཆགས་པས། ། 因無正知之過失，
ལྟུང་བའི་རྙོག་དང་བཅས་པར་འགྱུར། ། 而成帶有墮垢者。

མང་དུ་ཐོས་པ་དང་ལྡན་ཞིང་དད་པ་ཅན་དག་ནི། བསླབ་པ་ལ་གུས་པས་བརྩོན་པ་ལྷུར་ལེན་པ་དུ་མ་ཡང་། ཤེས་བཞིན་མེད་པའི་སྐྱོན་ཆགས་པས། །ལྟུང་བའི་རྙོག་པ་དང་བཅས་པར

འགྱུར་རོ༎

亦有具足多聞以及有信心、努力精進於學處的眾多修行人，因為無正知之過失，而成為帶有墮罪汙垢者。

ཤེས་བཞིན་མེད་པའི་ཆོམ་རྐུན་དག །　　不具正知之匪徒，
དྲན་པ་ཉམས་པའི་རྗེས་འབྲང་བས། །　　尾隨正念敗損故，
བསོད་ནམས་དག་ནི་ཉེར་བསགས་ཀྱང་།།　　雖有廣大積福德，
རྐུན་པོས་ཕྲོགས་བཞིན་ངན་འགྲོར་འགྲོ །　　如賊所奪墮惡趣。

ཤེས་བཞིན་མེད་པའི་ཉོན་མོངས་པའི་ཆོམ་རྐུན་དག　།སྲུང་བར་བྱེད་པའི་དྲན་པ་ཉམས་པའི་རྗེས་སུ་འབྲང་བས།　བསོད་ནམས་དག་ནི་ཉེ་བར་བསགས་ཀྱང་།　ཐམས་ཅད་རྐུན་པོས་འཕྲོག་པ་བཞིན་དུ་ཟད་པར་བྱས་ནས་ངན་འགྲོར་འགྲོའོ༎

不具正知之煩惱匪徒，將尾隨能守護之正念的敗損之故，雖有廣大積福德，一切亦如為賊所奪一般，福德窮盡而墮惡趣。

ཉོན་མོངས་ཆོམ་རྐུན་ཚོགས་འདི་ནི། །　　此等煩惱盜匪團，
གླགས་སྐབས་འཚོལ་བར་བྱེད་པ་སྟེ། །　　擅於伺機覓間隙，
གླགས་རྙེད་གྱུར་ནས་དགེ་འཕྲོག་ཅིང་། །　　旦得機便能奪善，
བདེ་འགྲོའི་སྲོག་ཀྱང་འཇོམས་པར་བྱེད། །　　亦能滅除樂趣命。

ཉོན་མོངས་པའི་ཆོམ་རྐུན་གྱི་ཚོགས་འདི་ཡིས་ནི།　གླགས་ལྟ་བ་དང་སྐབས་ཚོལ་བར་བྱེད་པ་སྟེ།　གླགས་རྙེད་པར་གྱུར་ནས་དགེ་བའི་ནོར་ཐམས་ཅད་འཕྲོག་ཅིང་མེད་པར་བྱས་ནས། བདེ་འགྲོའི་སྲོག་ཀྱང་འཇོམས་པར་བྱེད་དོ༎

此等煩惱盜匪團，擅長於窺伺機便、尋覓間隙，一旦獲得機便，則能奪取一切善財，使之成空，亦能滅除樂趣之命。

2.2.2.2.1.2.2.2.正說依止念知的方法

དེ་བས་དྲན་པ་ཡིད་སྒོ་ནས། ། 是故永不遣正念，
ཀུན་དུ་ནམ་ཡང་མི་གཏོང་ངོ་། ། 至於意門額外處，
སོང་ནའང་ངན་འགྲོའི་གནོད་པ་དག ། 若逝又於惡趣害，
དྲན་པར་བྱས་ཏེ་ཉེ་བར་བཞག ། 提起正念而安住。

དེ་བས་ན་དྲན་པ་ཡིད་ཀྱི་མཁར་སྒོ་ནས། ཀུན་དུ་སྒེ་ཐ་དད་པར་ནམ་ཡང་མི་བཏང་ངོ་། །གལ་ཏེ་གཞན་དུ་སོང་ནའང་དེའི་ཚེ་ངན་འགྲོའི་གནོད་པ་དག །དྲན་པར་བྱས་ཏེ་སླར་ཡང་ཉེ་བར་བཞག་གོ།

是故永不遣正念至於意堡大門額外（分別）之處，倘若已逝去他處，彼時又於惡趣種種傷害，提起正念而再次安住。

བླ་མ་དང་ནི་འགྲོགས་པ་ལས།། 從伴上師左右生，
མཁན་པོས་རྗེས་སུ་བསྟན་པ་དང་། ། 戒師所示之教誨，
འཇིགས་པ་བས་སྐལ་ལྡན་གུས་བྱེད་ལ། ། 懼及生敬具緣者，
དྲན་པ་བདེ་བླག་ཉིད་དུ་སྐྱེ།། 正念容易從中生。

བླ་མ་དང་ནི་འགྲོགས་པ་ལས་སྐྱེ་བ་དང་། མཁན་པོས་རྗེས་སུ་བསྟན་པ་བཞིན་བསྒྲུབས་པས་སྐྱེ་བ་དང་། དེ་དག་གིས་ཁྲེལ་བའི་འཇིགས་པ་བས་སྐལ་ལྡན་བསླབ་པ་ལ་གུས་པར་བྱེད་པ་རྣམས་ལ། དྲན་པ་བདེ་བླག་ཉིད་དུ་སྐྱེའོ།།

從伴隨於上師左右而生起，依照戒師所開示之教誨去做修持而生起，因彼等而有羞愧之畏懼，以及對於學處能生起恭敬之具福緣者等眾，正念容易從中生。

སངས་རྒྱས་བྱང་ཆུབ་སེམས་དཔའ་དག ། 佛陀以及菩薩眾，
ཀུན་ཏུ་ཐོགས་མེད་གཟིགས་པར་ལྡན། ། 皆有無礙常見能，
དེ་དག་ཐམས་ཅད་སྤྱན་སྔ་ན།། 於彼一切眾眼前，
རྟག་པར་བདག་ནི་གནས་སོ་ཞེས། ། 叮囑自己恆常在，

དེ་ལྟར་བསམས་ནས་ངོ་ཚ་དང་། །
གུས་དང་འཇིགས་ལྡན་དེ་བཞིན་གནོས།།
དེས་ནི་སངས་རྒྱས་རྗེས་དྲན་པ་འབབ། །
དེ་ལ་ཡང་དང་ཡང་དུ་འབྱུང་།།

如是思維則知慚，
恭敬懷畏如是受，
是人隨念佛陀事，
彼亦屢屢將生起。

རང་ཉིད་གཅིག་པུ་དབེན་པར་གནས་པའི་ཚེ་ཡང་སངས་རྒྱས་དང་བྱང་ཆུབ་སེམས་དཔའ་དག །དུས་ཀུན་ཏུ་ཤེས་བྱ་ཐམས་ཅད་ལ་ཐོགས་པ་མེད་པའི་གཟིགས་པ་དང་ལྡན་པ། དེ་དག་ཐམས་ཅད་ཀྱི་སྤྱན་སྔར་ན། རྟག་པར་བདག་ནི་གནས་སོ་ཞེས། །དེ་ལྟར་བསམས་ནས་བདག་གི་དབང་དུ་བྱས་ཏེ་ཁ་ན་མ་ཐོ་བ་ལ་འཛེམ་པའི་ངོ་ཚ་ཤེས་པ་དང་། བསླབ་པ་ལ་གུས་པ་དང་གཞན་གྱི་དབང་དུ་བྱས་ཏེ་ཁ་ན་མ་ཐོ་བ་ལ་འཛེམ་པའི་འཇིགས་པ་དང་ལྡན་པ་དེ་བཞིན་དུ་མཚོན་ཤིག་དང་། དེ་ལྟར་གནས་པ་དེས་ནི་སངས་རྒྱས་རྗེས་སུ་དྲན་པ་འབབ། དེ་ལ་ཡང་དང་ཡང་དུ་འབད་པ་མེད་པར་འབྱུང་ངོ་།།

自己一人隱居時，佛陀以及菩薩眾，皆有無礙常時能觀見一切所知之能，於彼一切眾眼前，叮囑自己恆常在，如是思維，則從己方面禁罪的知慚、恭敬學處、從他方面禁罪的懷畏如是地受持之，如是住之人，隨念佛陀此一事，彼亦屢屢將毫無勉強地生起。

གང་ཚེ་དྲན་པ་ཡིད་སྒོ་ནས།།
བསྲུང་བའི་དོན་དུ་གནས་གྱུར་པ། །
དེ་ཚེ་ཤེས་བཞིན་འོང་འགྱུར་ཞིང་། །
སོང་བ་དག་ཀྱང་ཕྱིར་འོང་འགྱུར། །

何時正念為守護，
意門之故而安住，
彼時正知將到來，
已去正念將復返。

གང་གི་ཚེ་དྲན་པ་ཡིད་སྒོ་ནས། ཉོན་མོངས་པའི་ཚོམ་རྐུན་གྱི་ཚོགས་འཇུག་པ་ཕྱིར་བཟློག་སྟེ་བསྲུང་བའི་དོན་དུ་གནས་པར་གྱུར་པ། དེ་ཚེ་ཤེས་བཞིན་ཡང་འབད་པ་མེད་པར་འོང་བར་འགྱུར་ཞིང་། དྲན་པ་སོང་བ་དག་ཀྱང་ཕྱིར་འོང་བར་འགྱུར་རོ།།

何時正念為守護意門（遣返煩惱匪徒的進入）之故而安住，彼時正知亦將毫無勉強地將到來，已逝去的正念也將復返。

༢.༢.༢.༢.༡.༣.དྲན་ཤེས་དང་ལྡན་པའི་སྒོ་ནས་སེམས་སྦྱོང་གི་སྤྱོད་པ་ལ་བསླབ་ཚུལ།
2.2.2.2.1.3.具足念知以學習行持修心之理

༢.༢.༢.༢.༡.༣.༡.སྡོམ་པའི་ཚུལ་ཁྲིམས་ལ་བསླབ་ཚུལ།
2.2.2.2.1.3.1.學習律儀戒之理

༢.༢.༢.༢.༡.༣.༡.༡.སྒོ་གསུམ་གྱི་སྤྱོད་པ་ཐམས་ཅད་དག་པར་བྱ་བ།
2.2.2.2.1.3.1.1.三門一切行持皆當清淨

རེ་ཞིག་དང་པོར་འདི་འདྲའི་སེམས། ། 一時最初此般心，
འདི་ནི་སྐྱོན་བཅས་ཤེས་བྱས་ནས། ། 既知此為有過失，
དེ་ཚེ་བདག་གིས་ཤིང་བཞིན་དུ། ། 彼時我當如大樹，
རྒྱུངས་ཐུབ་པར་ནི་གནས་པར་བྱ། ། 能夠牢固並安住。

རེ་ཞིག་བྱ་བ་གང་ལ་ཡང་འཇུག་པའི་དང་པོར་རང་གི་སེམས་ལ་བརྟགས་ནས་སེམས་དེ་ཉོན་མོངས་པ་ཅན་དུ་འདུག་ན་འདི་འདྲ་བའི་སེམས། འདི་ནི་སྐྱོན་དང་བཅས་པ་ཡིན་ཞེས་ཤེས་པར་བྱས་ནས། དེ་ཚེ་བདག་གིས་ལུས་ལས་སུ་མི་བྱ། ངག་སྨྲ་བར་མི་བྱ། སེམས་རྣམ་རྟོག་གིས་མི་གཡོ་བར་ཤིང་བཞིན་དུ། རྒྱུངས་ཐུབ་པར་ནི་གནས་པར་བྱའོ། །

於一時進行任何作為的最初，應當先檢視自心，此般心（若心有煩惱），既知此心為有過失，彼時我當身不造業、口不言語、心念不妄動，猶如大樹，能夠牢固並安住。

དོན་མེད་གཡེང་བར་ལྟ་བ་ནི། ། 無義放逸之觀看，
ནམ་ཡང་བདག་གིས་མི་བྱ་སྟེ། ། 我當永遠不做為，
ངེས་པར་སེམས་པས་རྟག་ཏུ་ནི། ། 務必著意當恆時，
མིག་ནི་ཕབ་སྟེ་བལྟ་བར་བྱ། ། 眼色下垂而視之。

དོན་མེད་པར་གཡེང་བར་གྱུར་པའི་ལྟ་བ་ནི། དུས་ནམ་དུ་ཡང་བདག་གིས་མི་བྱ་སྟེ། སྤང་བླང་གི་གནས་ལ་ངེས་པར་སེམས་པས་རྟག་ཏུ་ནི། མིག་ནི་གཉའ་ཤིང་གང་ཙམ་དུ་ཕབ་སྟེ་བལྟ་བར་བྱ།

無意義、放逸之觀看，我當永遠不做為，務必著意於取捨之處，應當恆時眼色下垂於一牛軛長處而視之。

ལྟ་བ་ངལ་གསོའི་ཆེད་དུ་ནི།། 為使觀看休息故，
རེས་འགའ་ཕྱོགས་སུ་བལྟ་བར་བྱ། ། 應當時而看周方，
འགའ་ཞིག་མིག་ལམ་སྣང་གྱུར་ན། ། 若某顯現視野中，
བལྟས་ནས་འོངས་པ་ལེགས་ཞེས་བརྗོད།། 見而應當說善來。

ཧ་ཅང་སྐྱོན་ལྟ་བ་ངལ་བསོ་བའི་ཆེད་དུ་ནི། རེས་འགའ་ཕྱོགས་དང་ཕྱོགས་སུ་ཡང་བལྟ་བར་བྱ། སྐྱེ་བོ་འགའ་ཞིག་མིག་ལམ་དུ་སྣང་བར་གྱུར་ན། དེ་ལ་བལྟས་ནས་ཁྱོད་འོངས་པ་ལེགས་སོ་ཞེས་བརྗོད་པར་བྱའོ།།

為使過度觀看獲得休息故，亦應當時而觀看周身四方，若某人顯現於己視野之中，見彼已而應當說汝善來也。

ལམ་སོགས་འཇིགས་པ་བརྟག་པའི་ཕྱིར།། 為察道等危難故，
ཡང་དང་ཡང་དུ་ཕྱོགས་བཞིར་བལྟ། ། 應當屢屢看四方，
ངལ་གསོ་ཁ་ནི་ཕྱིར་བལྟས་ནས། ། 休息之時回頭看，
རྒྱབ་ཀྱི་ཕྱོགས་སུ་བལྟ་བར་བྱ། ། 爾後應當看後方。

ལམ་དུ་འགྲོ་བ་ན་ཆོམ་རྐུན་ལ་སོགས་པའི་འཇིགས་པ་བརྟག་པའི་ཕྱིར། ཡང་དང་ཡང་དུ་ཕྱོགས་བཞིར་བལྟ་ཞིང་། ངལ་བསོ་བའི་ཚེ་ནའང་ཁ་ནི་ཕྱིར་བལྟས་ནས། རྒྱབ་ཀྱི་ཕྱོགས་སུ་གནོད་པ་ཡོད་དམ་མེད་ཅེས་བལྟ་བར་བྱ།

於路上行走時，為觀察道上是否有盜匪等危難之故，應當屢屢看四方，休息之時也須回頭看，爾後應當看後方有無傷害者。

མདུན་དང་རྒྱབ་ཏུ་བརྟགས་བྱས་ནས།།　　觀察前後兩方已，
འགྲོ་འམ་ཡང་ན་འོང་བྱ་སྟེ།།　　應當前進或折返，
དེ་ལྟར་གནས་སྐབས་ཐམས་ཅད་དུ།།　　如是當於一切時，
དགོས་པ་ཤེས་ནས་སྤྱད་པར་བྱ།།　　了知需求而行持。

མདུན་དང་རྒྱབ་ཏུ་གཡང་ས་ལ་སོགས་པའི་གནོད་པ་བརྟགས་པར་བྱས་ནས། གནོད་པ་མེད་པ་ན་འགྲོ་འམ་ཡང་ན་གནོད་པ་འབྱུང་གིས་དོགས་ན་སླར་འོང་བར་བྱ་སྟེ། དེ་ལྟར་སྤྱོད་ལམ་གྱི་གནས་སྐབས་ཐམས་ཅད་དུ། དགོས་པ་ཤེས་པར་བྱས་ནས་སྤྱད་པར་བྱའོ།།

觀察前後兩方有無懸崖等傷害已，若無傷害應當前進，或懷疑有傷害而又折返，如是當於一切行持之時，了知需求之後，而行持。

ལུས་ཀྱིས་འདི་ལྟར་གནས་བྱ་ཞེས།།　　言謂身當這般住，
བྱ་བ་བསྒྲིགས་ནས་དེ་ནས་ནི།།　　所為準備已爾後，
སྐབས་སུ་ལུས་འདི་ཇི་ལྟ་བུར།།　　時而當觀如是問，
གནས་པ་ཡིན་ཞེས་བལྟ་བར་བྱ།།　　當下此身如何住。

སྤྱོད་ལམ་བཞི་ལས་སྤྱོད་ལམ་གང་ཡང་རུང་བ་ཞིག་ལ་ལུས་ཀྱིས་འདི་ལྟར་གནས་པར་བྱ་ཞེས་བྱ་བ་ཉེ་བར་བསྒྲིགས་པ་སྟེ་བརྩམས་པར་བྱས་ནས་དེ་ནས་ནི། སྐབས་དང་སྐབས་སུ་བདག་གི་ལུས་འདི་ཇི་ལྟ་བུར། གནས་པ་ཡིན་ཞེས་ལུས་ལ་བལྟ་བར་བྱ།

四威儀之中任何一種行持，言謂：身當這般住。所為準備已（即開始之後）爾後，時而應當觀察如是問：當下我之此身如何地安住著。

སེམས་ཀྱི་གླང་ཆེན་མྱོས་པ་ནི།།　　如何將此心瘋象，
ཆོས་ལ་སེམས་པའི་ཀ་ཆེན་ལ།།　　繫於思法大柱上，
ཇི་ལྟར་བཏགས་པ་མི་འཆོར་བར།།　　以令心象不遺失，
དེ་ལྟར་འབད་པ་ཀུན་གྱིས་བརྟག།　　這般努力遍觀察，

ཅི་ནས་ཏིང་འཛིན་བརྩོན་པ་ཉི། །　　務必精進三摩地，
སྐད་ཅིག་གཅིག་ཀྱང་མི་འཆོར་བར། །　　雖一剎那亦不失，
བདག་གི་ཡིད་འདི་གར་སྤྱོད་ཅེས། །　　謂我此意何處行，
དེ་ལྟར་ཡིད་ལ་སོ་སོར་བརྟག།　　如是一一觀察意。

ཡང་སེམས་ཀྱི་གླང་ཆེན་སྨྱོས་པ་ཉི། བདག་དང་གཞན་ལ་ཕན་པའི་མཚན་ཉིད་ཅན་གྱི་ཆོས་ལ་སེམས་པའི་ཀ་ཆེན་ལ། ཇི་ལྟར་བཏགས་པ་དེ་གཞན་དུ་མི་འཆོར་བར། དེ་ལྟར་འབད་པ་སྣ་ཚོགས་པ་ཀུན་གྱིས་བརྟག །ཅི་ནས་ཀྱང་དམིགས་པ་ལ་སེམས་རྩེ་གཅིག་པའི་ཏིང་འཛིན་ལ་བརྩོན་པ་ཉི། སྐད་ཅིག་གཅིག་ཀྱང་དམིགས་པ་ལས་གཞན་དུ་མི་འཆོར་བར། བདག་གི་ཡིད་འདི་ད་ལྟ་གར་སྤྱོད་ཅེས། དེ་ལྟར་ཡིད་ལ་ཡང་སོ་སོར་བརྟག་གོ།

又如何將此心瘋象，繫縛於思維自利利他的佛法大柱上，如是以令心象不遺失，這般各種努力普遍全面觀察，無論如何、務必精進於專注於所緣的三摩地，雖一剎那亦不失於其它所緣上，謂我此意當下於何處行，如是亦一一觀察意。

འཇིགས་དང་དགའ་སྟོན་སོགས་འབྲེལ་བར། །　涉及危難喜宴等，
གལ་ཏེ་མི་ནུས་ཅི་བདེར་བྱ།།　　不能則可方便行，
འདི་ལྟར་སྦྱིན་པའི་དུས་དག་ཏུ། །　　如是布施等時刻，
ཚུལ་ཁྲིམས་བཏང་སྙོམས་བཞག་པར་གསུངས། །佛說平等放下戒。

མེ་ལ་སོགས་པའི་འཇིགས་པ་དང་དཀོན་མཆོག་ལ་མཆོད་པ་ལ་སོགས་པའི་དགའ་སྟོན་དང་སེམས་ཅན་གྱི་དོན་ལ་སོགས་པ་དང་འབྲེལ་བར་གྱུར་པ་ན། གལ་ཏེ་གནས་པར་མི་ནུས་ན་དེའི་ཚེ་ཅི་བདེར་བྱ་སྟེ། ལྟུང་བ་དང་བཅས་པར་མི་འགྱུར་རོ། །འདི་ལྟར་སྦྱིན་པ་བྱེད་པའི་དུས་དག་ཏུ་དེ་ཉིད་གཙོ་བོར་གྱུར་པས་ཚུལ་ཁྲིམས་ཀྱི་བསླབ་པ་ཕྲན་ཚེགས་རྣམས་ནི་གལ་ཏེ་མི་ནུས་ན་བཏང་སྙོམས་སུ་བཞག་པར་བློ་གྲོས་མི་ཟད་པའི་མདོ་ལས་གསུངས་སོ།།

涉及火災等危難、供養三寶等喜宴，以及利他等事，倘若不能安

住，彼時則可方便行，不會成為墮罪等。如是布施等時刻（以布施為主），倘若不能，佛於《無盡意菩薩請問經》說可以平等放下細微的戒學處。

གང་ཞིག་བསམས་ཏེ་བྱར་བརྩམས་པ།། 思及某事欲開始，
དེ་ལས་གཞན་དུ་མི་བསམ་སྟེ།། 除彼以外不思別，
དེར་གཏད་པ་ཡི་བསམ་པ་ཡིས།། 當以專注彼之心，
དེ་ཉིད་རེ་ཞིག་བསྒྲུབ་པར་བྱ།། 暫時成辦彼一事。

ཐོས་པ་ལ་སོགས་པ་གང་ཞིག་བྱེད་པར་བསམས་ཏེ་བྱ་བར་བརྩམས་པ་ན། དེ་ལས་གཞན་པ་ཉིད་དུ་མི་བསམས་ཏེ། སྔ་མ་དེར་གཏད་པ་ཡི་བསམ་པ་ཡིས། དེ་ཉིད་རེ་ཞིག་སྔེ་ཐོག་མར་བསྒྲུབ་པར་བྱ།

思及聞法等某事，而欲開始之時，除彼以外不思其餘別事，當以專注先前所言彼事之心，暫時首先成辦彼一事。

དེ་ལྟར་ན་ནི་ཀུན་ལེགས་བྱས།། 如此一切皆善成，
གཞན་དུ་གཉིས་ཀར་མི་འགྱུར་རོ།། 別則二事俱不成，
ཤེས་བཞིན་མ་ཡིན་ཉེ་ཉོན་མོངས།། 非正知之隨煩惱，
དེ་ལྟར་ན་ནི་འཕེལ་མི་འགྱུར།། 如此亦將不增長。

དེ་ལྟར་ན་ནི་ཀུན་ལེགས་པར་བྱས་པར་འགྱུར་གྱི། གཞན་དུ་ན་གཉིས་ཀ་འགྲུབ་པར་མི་འགྱུར་རོ། །གང་ལ་ཡང་མི་ཤེས་བཞིན་དུ་འཇུག་པའི་ཤེས་བཞིན་མ་ཡིན་པའི་ཉེ་བའི་ཉོན་མོངས་པའང་། དེ་ལྟར་ན་ནི་འཕེལ་བར་མི་འགྱུར་རོ།།

唯有如此一切皆妥善成就，而有別於此則二事皆俱不能成就，一切無所知地進行的非正知之隨煩惱，如此亦將不增長。

༢་༢་༢་༢་༡་༣་༡་༢་བསླབ་པ་མི་ཉམས་པར་བསྲུང་བ།

2.2.2.2.1.3.1.2.學處不敗損地守護

བྲི་མོའི་གཏམ་ཉི་སྣ་ཚོགས་དང་། ། 各種打趣之言語，
ངོ་མཚར་ལྟད་མོ་རྣམ་མང་པོ།། 諸多稀奇之演藝，
ཀུན་ལ་འཇུག་པར་གྱུར་པ་ན།། 已然深入一切時，
དེ་ལ་ཆགས་པ་སྤང་བར་བྱ།། 應當於彼斷貪戀。

བྲི་མོའི་སྐྱེ་འབྲེལ་མེད་ཀྱི་གཏམ་ཉི་སྣ་ཚོགས་པ་དང་། མིག་འཕྲུལ་ལ་སོགས་པ་ངོ་མཚར་བའི་ལྟད་མོ་རྣམ་པ་མང་པོ། ཀུན་ལ་བདག་ཉིད་འཇུག་པར་གྱུར་པ་ན། དེ་དག་ལ་ཞེན་ཅིང་ཆགས་པ་སྤང་བར་བྱ།

各種打趣、無關之言語，諸多幻術等稀奇之演藝，自己已然深入彼一切事之時，應當於彼斷貪戀。

དོན་མེད་ས་རྐོ་རྩྭ་གཅོད་དང་།། 挖土割草畫地圖，
ས་རིས་འབྲི་སོགས་བྱེད་གྱུར་ན། ། 若做等等無義事，
བདེ་གཤེགས་བསླབ་པ་དྲན་བྱས་ནས། ། 當念善逝之學處，
སྐྲག་པས་དེ་ཡི་མོད་ལ་དོར།། 因懼故於當下棄。

དོན་ནམ་དགོས་པ་མེད་པའི་ས་རྐོ་བ་དང་རྩྭ་གཅོད་པ་དང་། ས་རིས་འབྲི་བ་ལ་སོགས་པ་བྱེད་པར་གྱུར་ན། བདེ་བར་གཤེགས་པའི་བསླབ་པ་དྲན་པར་བྱས་ནས། སྐྲག་པས་དེ་ཡི་མོད་ལ་སྤུར་དུ་དོར་རོ།།

挖土、割草、畫地圖，若做如是等等無義、無必要之事，當憶念起善逝之學處，因恐懼故於當下捨棄此事。

གང་ཚེ་བསྐྱོད་པར་འདོད་གྱུར་ཏམ། ། 何時若已欲走動，
སྨྲ་བར་འདོད་པར་གྱུར་ན་ཡང་། ། 亦或已欲做言說，
དང་པོར་རང་གི་སེམས་བརྟགས་ནས། ། 然而猶先審自心，
བརྟན་པས་རིགས་པ་ལྡན་པར་བྱ། ། 已而堅者當具理。

གང་གི་ཚེ་ལུས་བསྒྱོད་པར་འདོད་པར་གྱུར་ཏམ། ངག་གི་གཏམ་སྨྲ་བར་འདོད་པར་གྱུར་ན་ཡང་། དང་པོར་རང་གི་སེམས་ཀྱི་གནས་སྐབས་ལ་བརྟགས་པར་བྱས་ནས། བརྟན་པས་རིགས་ཤིང་འཐད་པ་དང་ལྡན་པར་བྱའོ།།

何時若已欲令身走動，亦或已欲令語做言說，然而猶當先審自心當下狀態，已而堅者應當具合理。

གང་ཚེ་རང་ཡིད་ཆགས་པ་དང་། །　　何時己意起貪著，
ཁྲོ་བར་འདོད་པ་དེ་ཡི་ཚེ།།　　及欲發怒於彼時，
ལས་སུ་མི་བྱ་སྨྲ་མི་བྱ།།　　當不做為不言說，
ཤིང་བཞིན་དུ་ནི་གནས་པར་བྱ། །　　猶如大樹般安住。

གང་གི་ཚེ་རང་གི་ཡིད་སྡུག་པ་ལ་ཆགས་པ་དང་། མི་སྡུག་པ་ལ་ཁྲོ་བར་འདོད་པ་དེ་ཡི་ཚེ། ལུས་ལས་སུ་མི་བྱ་ངག་སྨྲ་བར་མི་བྱ། སེམས་ཤིང་བཞིན་དུ་ནི་གནས་པར་བྱའོ།།

何時己意於悅意境起貪著，以及於不悅意境欲發怒，於彼之時，應當身不做為，語不言說，心猶如大樹一般地安住。

རྒོད་དང་ག་ཞར་བཅས་པ་འམ། །　　掉舉以及嘲諷等，
གལ་ཏེ་ང་རྒྱལ་རྒྱགས་ལྡན་པའམ། །　　亦或若慢或自滿，
མཚང་འབྲུ་བ་ཡི་བསམ་པ་དང་། །　　亦或揭過之心念，
གལ་ཏེ་སྐྱོར་འདྲེན་བསླུ་སེམས་སམ། །　　又若狡詐或欺心，
གང་ཚེ་བདག་བསྟོད་ལྷུར་ལེན་པའམ། །　　何時汲汲贊自己，
གཞན་ལ་སྨོད་པ་ཉིད་དང་ནི།།　　或是一心在毀他，
གཤེ་བཅས་འགྱེད་དང་བཅས་གྱུར་པ། །　　呵罵以及爭吵等，
དེ་ཚེ་ཤིང་བཞིན་གནས་པར་བྱ། །　　彼時如樹般安住。

སྤྱར་འདོད་ཡོན་ལ་སྤྱོད་པ་ཡིད་ལ་བྱེད་ཅིང་། རྒོད་པ་དང་ངག་གིས་ཐོ་འཚམ་པ་ལ་བརྩོན་པར་བྱེད་པའི་ག་ཞར་བཅས་པའམ། གལ་ཏེ་སེམས་ཁེངས་པའི་རྣམ་པ་ཅན་གྱི་ང་རྒྱལ་དང་། དབྱེ་

ན་བདུན་ཏེ། ང་རྒྱལ་ཙམ་དང་། ལྷག་པའི་ང་རྒྱལ་དང་། ང་རྒྱལ་ལས་ཀྱང་ང་རྒྱལ་དང་། ང་འོ་སྙམ་པའི་ང་རྒྱལ་དང་། མངོན་པའི་ང་རྒྱལ་དང་། ཅུང་ཟད་སྙམ་པའི་ང་རྒྱལ་དང་། ལོག་པའི་ང་རྒྱལ་ལོ། །རིགས་ཀྱི་རྒྱགས་པ་དང་། གཟུགས་ཀྱི་རྒྱགས་པ་དང་། དབང་ཐང་གི་རྒྱགས་པ་དང་། ཐོས་པའི་རྒྱགས་པ་དང་། ལང་ཚོའི་རྒྱགས་པ་སྟེ་རྒྱགས་པ་ལྔ་དང་ལྡན་པ་འམ། གཞན་ལ་མཚང་འབྲུ་བར་འདོད་པ་ཡི་བསམ་པ་དང་། གལ་ཏེ་སྐྱོར་འབྱིན་ཏེ་གྱ་གྱུ་ཅན་ནམ་གཡོ་དང་བསླུ་སེམས་སམ་སྒྱུ་དང་། གང་ཚེ་བདག་ལ་བསྟོད་པ་ལྷུར་ལེན་པར་འདོད་པ་འམ། གཞན་ལ་སྨོད་པ་ཉིད་དུ་སེམས་པ་དང་ནི། གཤེ་བཅས་ཏེ་གཞན་གྱི་ཚིག་ལ་སྨོད་པ་དང་རྟག་ཏུ་འཇམ་པ་དང་རྩོད་པའི་འགྱེད་པ་དང་བཅས་པའི་སེམས་བྱུང་བར་གྱུར་པ། དེ་ཡི་ཚེ་ལུས་ལས་སུ་མི་བྱ། ངག་སྨྲ་བར་མི་བྱ། སེམས་ཤིང་བཞིན་དུ་གནས་པར་བྱའོ།།

先前做意受用妙欲而掉舉，以及口極盡取笑嘲諷等之能事，亦或若心懷驕矜態度之慢（七慢:慢、過慢、慢過慢、我慢、增上慢、卑慢和邪慢）或五種自滿（種姓滿、色身滿、權勢滿、多聞滿、年華滿），亦或欲揭露他人過失之心念，又若曲心虛偽狡詐或隱瞞欺心奸滑，何時汲汲於讚歎自己，或是一心在詆毀他人，呵罵（說他人語）以及與常溫和者爭吵等等心生彼諸如此類心思之時，應當身不做為，語不言說，心猶如大樹一般地安住。

རྙེད་དང་བཀུར་སྟི་གྲགས་འདོད་པའམ།།
གཡོག་འཁོར་དོན་དུ་གཉེར་འདོད་པའམ།།
བདག་སེམས་རིམ་གྲོ་འདོད་གྱུར་ན། །
དེ་ཚེ་ཤིང་བཞིན་གནས་པར་བྱ། །

或欲名利與恭敬，
或欲致力得僕眷，
或我心欲人服侍，
彼時如樹般安住。

རྙེད་པ་དང་བཀུར་སྟི་དང་གྲགས་པ་རྣམས་འདོད་པའམ། བྲན་དང་བྲན་མོ་དང་ལས་བྱེད་པ་ལ་སོགས་པའི་གཡོག་འཁོར་དོན་དུ་གཉེར་འདོད་པའམ། བདག་སེམས་ལ་རྐང་ཁྲུས་དང་བསྐུ་བ་ལ་སོགས་པའི་རིམ་གྲོ་འདོད་པར་གྱུར་པའི་བློ་འབྱུང་ན། དེ་ཡི་ཚེ་ལུས་ལས་སུ་མི་བྱ།

ངག་སྨྲ་བར་མི་བྱ། སེམས་ཤིང་བཞིན་དུ་གནས་པར་བྱའོ།།

或欲求聞名利養與恭敬，或欲致力於獲得伺候的男女僕眷，或我心生起欲得洗腳、抹膚等他人的服侍，彼時應當身不做為，語不言說，心猶如大樹一般地安住。

གཞན་དོན་ཡལ་བར་འདོར་བ་དང་། །　　或欲消退利他行，
རང་དོན་གཉེར་བར་འདོད་པ་དང་། །　　而欲致力行利己，
སྨྲ་བར་འདོད་པའི་སེམས་བྱུང་ན། །　　欲言之心生起時，
དེ་ཚེ་ཤིང་བཞིན་གནས་པར་བྱ། །　　彼時如樹般安住。

གཞན་དོན་ལས་ཕྱིར་ཕྱོགས་ཏེ་ཡལ་བར་འདོར་བ་དང་། རང་དོན་ཁོ་ན་གཉེར་བར་འདོད་པ་དང་། དེ་དག་གི་ཕྱིར་སྨྲ་བར་འདོད་པའི་སེམས་བྱུང་ན། དེ་ཡི་ཚེ་ལུས་ལས་སུ་མི་བྱ། ངག་སྨྲ་བར་མི་བྱ། སེམས་ཤིང་བཞིན་དུ་གནས་པར་བྱའོ།།

或欲退轉、消退利他之行，而欲一心致力行利己，為彼等故，欲言之心生起時， 彼時應當身不做為，語不言說，心猶如大樹一般地安住。

མི་བཟོད་ལེ་ལོ་འཇིགས་པ་དང་། །　　不忍懈怠與畏懼，
དེ་བཞིན་སྤྱི་བརྟོལ་མུ་ཅོར་དང་། །　　如是厚顏與妄言，
རང་གི་ཕྱོགས་ཞེན་སེམས་བྱུང་ན། །　　戀己方心生起時，
དེ་ཚེ་ཤིང་བཞིན་གནས་པར་བྱ། །　　彼時如樹般安住。

ཆོས་ཕྱིར་དཀའ་བ་མི་བཟོད་པ་དང་ཐོས་པ་སོགས་ལ་ལེ་ལོ་བྱེད་པ་དང་ཟབ་མོའི་དོན་ལ་འཇིགས་པ་དང་། དེ་བཞིན་དུ་སྤྱི་བརྟོལ་ཏེ་ཡོད་པ་ཆེ་བ་དང་མུ་ཅོར་ཏེ་རིགས་པ་དང་མི་རིགས་པ་ལ་ལྟོས་པ་མེད་པར་སྨྲ་བ་དང་། རང་གི་ཕྱོགས་ལ་ཤིན་ཏུ་ཞེན་པའི་སེམས་བྱུང་ན། དེ་ཡི་ཚེ་ལུས་ལས་སུ་མི་བྱ། ངག་སྨྲ་བར་མི་བྱ། སེམས་ཤིང་བཞིན་དུ་གནས་པར་བྱའོ།།

不能因為佛法而忍受艱難，懈怠於聞思等，與畏懼甚深法義，如是厚顏（膽大妄為）與妄言（無視合理或不合理而發言），極微貪戀己方，如是等等之心生起時，彼時應當身不做為，語不言說，心猶如大樹一般地安住。

དེ་ལྟར་ཀུན་ནས་ཉོན་མོངས་དང་། ། 如是觀察有否此，
རྗོད་མེད་བརྩོན་པའི་ཡིད་བརྟགས་ནས།། 勤於煩惱無義心，
དེ་ཚེ་དཔའ་བོ་གཉེན་པོ་ཡིས། ། 彼時勇士當依止，
དེ་ནི་བརྟན་པོར་གཟུང་བར་བྱ། ། 對治法來固守彼。

དེ་ལྟར་ཀུན་ནས་ཉོན་མོངས་པ་ཉེས་སྤྱོད་ཀྱི་འབྱུང་སྒོ་རྣམས་དང་། དོན་མེད་ས་རྐོ་རྩ་གཅོད་སོགས་ལ་བརྩོན་པའི་ཡིད་བྱུང་ངམ་མ་བྱུང་ཞེས་བརྟགས་ནས། དེ་ཚེ་དཔའ་བོ་བྱང་ཆུབ་སེམས་དཔས་གཉེན་པོ་ཡིས། སེམས་དེ་ནི་མི་གཡོ་བར་བརྟན་པོར་གཟུང་བར་བྱའོ།།

如是觀察有否此勤於煩惱（種種惡行之源頭）或無意義（挖土、割草等）事之心念，彼時勇士（菩薩）當依止，對治法來固守彼心。

ཤིན་ཏུ་ངེས་དང་རབ་དད་དང་། ། 堅決確定最上信，
བརྟན་དང་གུས་དང་ཞེ་སར་བཅས། ། 穩定恭敬且有禮，
ངོ་ཚ་ཤེས་དང་འཇིགས་བཅས་དང་། ། 知慚懷畏與寂靜，
ཞི་ཞིང་གཞན་དགའ་བྱེད་ལ་བརྩོན། ། 精進從事令他喜，
ཕན་ཚུན་མི་མཐུན་བྱིས་པ་ཡི།། 不因彼此不和睦，
འདོད་པ་རྣམས་ཀྱིས་མི་སྐྱོ་ཞིང་། ། 凡夫主張而生厭，
ཉོན་མོངས་སྐྱེས་པ་འདི་དག་གི ། 念及彼等因煩惱，
སེམས་འདི་བྱུང་སྙམ་བརྩེར་ལྡན་དང་། ། 而生此心故懷愛，
ཁ་ན་མ་ཐོ་མེད་དངོས་ལ།། 而於無罪諸事上，
བདག་དང་སེམས་ཅན་དབང་བྱས་ཤིང་།། 出於自與有情眾，
སྤྲུལ་པ་བཞིན་དུ་ང་མེད་པར།། 應當恆常固守此，
ཡིད་འདི་རྟག་ཏུ་གཟུང་བར་བྱ། ། 如幻一般無我心。

ཐོས་པ་སོགས་ལ་ཐེ་ཚོམ་མེད་པས་ཤིན་ཏུ་ངེས་པ་དང་དེ་ལ་རབ་ཏུ་དད་པ་དང་། དེ་ལ་སེམས་བརྟན་པ་དང་སེམས་གུས་པ་དང་ལུས་ཞེ་སར་བཅས་པ་དང་། བདག་གི་དབང་དུ་བྱས་ཏེ་ངོ་ཚ་ཤེས་པ་དང་གཞན་གྱི་དབང་དུ་བྱས་ཏེ་འཇིགས་པ་དང་བཅས་པ་དང་། དབང་པོ་ཞི་ཞིང་གཞན་སེམས་ཅན་རྣམས་དགའ་བར་བྱེད་པ་ལ་བརྩོན་པར་བྱ་བ་དང་། ཕན་ཚུན་མི་མཐུན་པ་བྱིས་པ་སོ་སོའི་སྐྱེ་བོ་ཡི། འདོད་པ་རྣམས་ཀྱིས་རང་གི་ཡིད་མི་སྐྱོ་ཞིང་། ཉོན་མོངས་སྐྱེས་ཏེ་རང་དབང་མེད་པས་འདི་དག་གི། མི་མཐུན་པའི་སེམས་འདི་བྱུང་ངོ་སྙམ་དུ་བརྩེ་བར་ལྡན་པ་དང་། རང་བཞིན་དང་བཅས་པའི་ཁ་ན་མ་ཐོ་བ་མེད་པའི་དངོས་པོ་རྣམས་ལ། བདག་གི་དབང་དུ་བྱས་ཤིང་ངོ་ཚ་ཤེས་པ་དང་སེམས་ཅན་གྱི་དབང་དུ་བྱས་ཤིང་། ཁྲེལ་ཡོད་པ་ལ་གནས་ནས་ཐམས་ཅད་སྒྱུ་མ་བཞིན་དུ་བདག་མེད་པར་ཤེས་པའི་ཡིད་འདི་རྟག་ཏུ་མི་ཉམས་པར་བཟུང་བར་བྱའོ།།

於所聞法等等無懷疑故具堅決之確定，並於彼有最上之信心，於彼意志穩定，於彼心生恭敬且身有禮，出於自門，心中知慚，出於他門，心中懷畏，與諸根寂靜，精進從事於令他有情眾歡喜之事，不因彼此不和睦的凡夫，彼等心中的主張而心生厭惡，念及彼等因煩惱不得自在因而生出此不和睦之心，故應當懷愛彼眾，而於無自性罪和遮罪之諸事上，安處在出於自門知慚，與出於有情眾他門有愧之中，而應當恆常不令衰減地固守此了知一切法如幻一般無我之心。

རིང་ཞིག་ལོན་ནས་དལ་བའི་མཆོག །	長久而得最勝暇,
བློ་བ་ཡང་དང་ཡང་བསམས་ནས། །	彼義再再思維已,
སེམས་དེ་ལྷུན་པོ་རི་རབ་ལྟར།།	應當那般如須彌,
རབ་ཏུ་མི་གཡོ་གཟུང་བར་བྱ།།	全然不動把持心。

དུས་ཡུན་རིང་པོ་ཞིག་ལོན་ནས་དལ་བའི་མཆོག །བློ་བ་འདི་འདུན་པ་དྲག་པོས་ཡང་

དང་ཡང་དུ་བསམས་ནས། སེམས་འདི་སྔར་བཤད་པ་དེ་ལྟ་བུ་རི་རབ་ལྟར། འདོད་ཆགས་ལ་སོགས་པའི་རྣམ་པར་རྟོག་པའི་རླུང་གིས་རབ་ཏུ་མི་གཡོ་བར་བཟུང་བར་བྱའོ།།

歷時長久而得的最勝暇，以強烈希求，於彼義再再思維已，應當如先前所說的那般猶如須彌山，全然不因貪等妄念風所動搖地把持此心。

༢.༢.༢.༢.༡.༣.༢.དགེ་བ་ཆོས་སྡུད་ཀྱི་ཚུལ་ཁྲིམས་ལ་བསླབ་ཚུལ།

2.2.2.2.1.3.2.學習攝善法戒之理

༢.༢.༢.༢.༡.༣.༢.༡.བསླབ་པ་ལ་མི་སློབ་པའི་རྒྱུ་ལུས་ལ་ཆགས་པ་སྤོང་དགོས་པར་བསྟན་པ།

2.2.2.2.1.3.2.1.宣說必須斷除貪戀身此不學學處之因

བྱ་རྒོད་ཤ་ལ་ཆགས་པ་ཡིས།། 禿鷲貪著肉之故，
ཕན་ཚུན་ཀུན་ཏུ་བཤལ་ཁྲིད་ཀྱང་།། 彼此之間相拉扯，
ཡིད་ཁྱོད་མི་དགར་མི་བྱེད་ན།། 而心汝亦無不喜，
ད་ལྟ་ཅི་ཕྱིར་ཁ་ཏ་བྱེད།། 何故當下生憐惜。

ལུས་ནི་དེ་ལྟར་གཅེས་པར་གཟུང་བར་བྱ་བ་མ་ཡིན་ཏེ། རང་ཤི་བའི་ཚེ་བྱ་རྒོད་རྣམས་ཤ་ལ་ཆགས་པ་ཡིས། ཕན་ཚུན་ཀུན་ཏུ་རྒྱུ་མ་ལ་སོགས་པས་ནས་བཤལ་ཅིང་ཁྲིད་པར་གྱུར་ཀྱང་། དེའི་ཚེ་ཡིད་ཁྱོད་མི་དགའ་བར་མི་བྱེད་ན། ད་ལྟ་ཅི་ཡི་ཕྱིར་གཅེས་པར་བཟུང་ནས་ལུས་དེའི་ཁ་ཏ་བྱེད།

身並非應當那般愛執之物，自己死亡時，禿鷲群貪著肉之故，彼此之間互相拉扯小腸等等，然而彼時心汝亦無任何不喜，何故卻在當下生起愛執而憐惜該身。

ལུས་འདི་བདག་གིར་བཟུང་བྱས་ནས།། 執持此身為我所，
ཡིད་ཁྱོད་ཅི་ཕྱིར་སྲུང་བར་བྱེད།། 爾後心汝何故護，
ཁྱོད་དང་འདི་གཉིས་སོ་སོ་ན།། 汝與此為二分別，

དེས་ཀོ་ཁྱོད་ལ་ཅི་ཞིག་བྱ།། 則彼於汝有何用。

དེ་ལྟར་རྣམ་པ་ཐམས་ཅད་དུ་མགོ་བ་མ་ཡིན་པའི་ལུས་ལ་ལྟོས་པ་དང་བཅས་པ་དགག་པ་ནི་ལུས་འདི་བདག་མ་ཡིན་ཀྱང་བདག་གི་ར་བཟུང་བར་བྱས་ནས། ཡི་དཁྱོད་ཀྱིས་ཅི་ཡི་ཕྱིར་ན་སྲུང་བར་བྱེད། ཁྱོད་དང་འདི་གཉིས་སོ་སོ་ཐ་དད་པ་ཡིན་ན། ལུས་དེས་ཀོ་སེམས་ཁྱོད་ལ་ཅི་ཞིག་བྱ།

如此從方方面面，對於此非必要的身軀，去遮止依賴以及等等：雖然此身並非我，卻執持此身為我所，爾後心汝何故護此身，既然汝與此身非一為二，乃各各分別，則彼身於汝心有何用。

རྨོངས་པའི་ཡི་དཁྱོད་ཅི་ཡི་ཕྱིར།། 愚昧心汝又何故，
ཤིང་གཟུགས་གཙང་མ་གཟུང་མི་བྱེད།། 不執樹木清淨色，
མི་གཙང་ཚོགས་ཀྱི་འཁྲུལ་འཁོར་འདི།། 守護不淨此聚集，
རུལ་བ་བསྲུངས་ཏེ་ཅི་ཞིག་རུང་།། 幻輪腐體何以堪。

སྔར་ཡུན་རིང་བ་ནས་བདག་གིར་བྱས་པས་བསྲུང་དགོས་སོ་ཞེ་ན། ཀྱེ་རྨོངས་པའི་ཡི་དཁྱོད་རྒྱུ་མཚན་ཅི་ཡི་ཕྱིར། ཤིང་ལ་སོགས་པ་ལས་བྱས་པའི་གཟུགས་གཙང་མ་གཟུང་བར་མི་བྱེད། མི་གཙང་བའི་ཚོགས་ཀྱི་འཁྲུལ་འཁོར་འདི་ལྟ་བུའི་རུལ་བ་ཞིག་བསྲུངས་ཏེ་ཅི་ཞིག་རུང་།
若謂：先前長久視為我所，故當守護，則曰：喂，愚昧心汝又以何理由之故，不執以樹木等等為材質而做的清淨色，卻守護不淨、此猶如聚集之幻輪的腐體，是理何以為堪。

ཐོག་མར་པགས་པའི་རིམ་པ་འདི།། 首先於此皮膚層，
རང་གི་བློ་ཡིས་ཐ་དད་ཐོ།། 以己之意令剝離，
ཤ་ཡང་རུས་པའི་དྲྭ་བ་ལས།། 又從肉與骨架網，
ཤེས་རབ་མཚོན་གྱིས་ཕྲལ་ཏེ་ཐོ།། 智慧之刃令分解。

ཅི་གཞན་ལ་མེད་པའི་སྐྱོན་བརྗོད་དམ་ཞེ་ན། ཐོག་མར་པགས་པའི་རང་བཞིན་གྱི་རིམ་པ་

འདི། རང་གིས་བློ་ཡིས་ཕོག་པ་ལས་ཟ་དང་དུ་ཕྱེ། ཤ་ཡང་རུས་པའི་དྲ་བ་དག་ལས། བསམ་བྱུང་ཤེས་རབ་ཀྱི་མཚོན་གྱིས་ཀྲུ་དང་དུ་ཕྱེ།
若謂何不言及他物所沒有之過失？則曰：首先於此皮膚層，以己之意，從內腔中令剝離，又從肉與骨架網之中，以智慧之刃令分解。

རུས་པ་རྣམས་ཀྱང་དབྱེ་བྱས་ནས།། 又使諸骨各分離,
རྐང་གི་བར་དུ་བལྟ་བྱ་ཞིང་།། 已而觀察直至髓,
འདི་ལ་སྙིང་པོ་ཅི་ཡོད་ཅེས།། 而問此中實何在,
བདག་ཉིད་ཀྱིས་ནི་བརྟག་པར་གྱིས།། 己當詳細做觀察。

རུས་པ་རྣམས་ཀྱང་དུམ་བུ་སོ་སོར་དབྱེ་བར་བྱས་ནས། རྐང་ལ་ཐུག་གི་བར་དུ་བལྟ་བར་བྱ་ཞིང་། ལུས་འདི་ལ་སྙིང་པོ་ཅི་ཡོད་ཅེས། བདག་ཉིད་ཀྱིས་ནི་རབ་ཏུ་བརྟག་པར་གྱིས་ཤིག།
又使諸骨各自分離成段成塊，已而觀察直至骨髓，而問此身之中實在之精華何在，自己應當詳細做觀察。

དེ་ལྟར་འབད་དེ་བཙལ་ཀྱང་དེར།། 如是雖然盡力尋,
ཁྱོད་ཀྱིས་སྙིང་པོ་མ་མཐོང་ན།། 而汝彼中不見實,
ད་དུང་ཅི་ཕྱིར་ཆགས་ཚུལ་གྱིས།། 然則何故猶貪婪,
ཁྱོད་ནི་ལུས་འདི་སྲུང་བར་བྱེད།། 汝願守護此身軀。

དེ་ལྟར་སྨྲས་པ་དེ་ནི་ལེགས་པར་སྨྲས་པ་ཡིན་ནོ་ཞེ་ན། དེ་ལྟར་འབད་དེ་བཙལ་བར་བྱས་ཀྱང་དེར། ཁྱོད་ཀྱིས་སྙིང་པོ་ཅི་ཡང་མ་མཐོང་ན། ཡོན་ཏན་མེད་པ་ཤེས་བཞིན་དུ་ད་དུང་ཡང་ཅི་ཡི་ཕྱིར་ཆགས་པའི་ཚུལ་གྱིས། ཁྱོད་ནི་རྣག་གི་ལུས་འདི་ཉིད་སྲུང་བར་བྱེད།
若言如是說為善說，則曰：如是雖然盡力尋覓，而汝彼中不見任何實在之精華，然則何故在了知無功德的同時，仍猶以貪婪之心理，汝願守護此膿臭的身軀。

ཁྱོད་ཀྱིས་མི་གཙང་བཟར་མི་ནུས།། 汝既不能食不淨,

ཁྲག་ཀྱང་བཏུང་དུ་མི་རུང་ལ།།　　復又不能飲赤血，
རྒྱུ་ལྟོ་འབར་གཞིབ་ཏུ་མི་རུང་ན།།　　不能吸嘬腸與腹，
ལུས་ཀྱིས་ཁྱོད་ལ་ཅི་ཞིག་བྱ།།　　此身於汝有何用，
ཉིས་ན་ཝ་དང་བྱ་རྒོད་ཀྱི།།　　次則若為狐鷲食，
ཟས་ཀྱི་དོན་དུ་འདི་བསྲུང་རིགས། །　　守護此身則合理。

འདི་ལ་ཡིད་དུ་འོང་བ་ཅུང་ཟད་ཅིག་ཡོད་དོ་ཞེ་ན། ཁྱོད་ཀྱིས་བཤང་གཅི་ལ་སོགས་པའི་མི་གཙང་བ་རྣམས་བཟར་མི་རུང་ཞིང་། རྩ་དང་ཁོག་པ་ན་ཡོད་པའི་ཁྲག་ཀྱང་བཏུང་དུ་མི་རུང་ལ། ནང་ཁྲོལ་གྱི་རྒྱུ་ལྟོ་འབར་ཁ་ཡིས་གཞིབ་ཏུ་མི་རུང་ན། ལུས་ཀྱིས་ཁྱོད་ལ་ཅི་ཞིག་བྱ་སྟེ་གཅིག་ཏུ་དགོས་པ་མེད་ལ། ཉིས་ན་སྟེ་གཉིས་སུ་ན་ཝ་དང་བྱ་རྒོད་ལ་སོགས་པ་རྣམས་ཀྱི། ཁ་ཟས་ཀྱི་དོན་དུ་ལུས་འདི་སྲུངས་པར་བྱེད་ན་དེ་ནི་རིགས་ཞེས་བསྙིང་ཚིག་འཇོད་པའོ།།

若言此中有些許悅意之處，則曰：汝既不能食大小便等不淨，復又不能飲脈與腔中之赤血，不能吸嘬內臟中的腸與腹，此身於汝有何用，即毫無必要，次則若是欲作為狐鷲等獸之食，則守護此身則合理（此為諷刺之語）。

མི་འོ་ཅོག་གི་ལུས་འདི་ནི།།　　所有一切人之身，
བཀོལ་བར་བྱ་བ་ཉིད་དུ་ཟད།།　　唯有作為所差遣，
འདི་ལྟར་ཁྱོད་ཀྱིས་བསྲུངས་ཀྱང་ནི། །　　如是汝雖已守護，
འཆི་བདག་བརྩེ་བ་མེད་པ་ཡིས། །　　然而死主無愛憐，
ཕྲོགས་ཏེ་བྱ་དང་ཁྱིར་བྱིན་ན།།　　強奪給予鷲及犬，
དེ་ཚེ་ཁྱོད་ཀྱིས་ཅི་བྱར་ཡོད།།　　彼時汝又能如何。

འོ་ན་བདག་གི་ལུས་འདིས་ཅི་ཞིག་བསྒྲུབ་པར་བྱ་ཞེ་ན། མི་འོ་ཅོག་གི་ལུས་འདི་ཐམས་ཅད་ནི། དགེ་བའི་ལས་ལ་བཀོལ་བར་བྱ་བ་ཉིད་དུ་ཟད། འདི་ལྟར་སེམས་ཁྱོད་ཀྱིས་འབད་པས་བསྲུངས་པར་བྱས་ཀྱང་ནི། འཆི་བདག་བརྩེ་བ་མེད་པ་དེ་ཡིས། ལུས་འདི་སྟོབས་ཀྱིས་འཕྲོག་

སྙམ་བྱ་དང་ཁྱེར་བྱིན་ན། དེ་ཡི་ཚེ་སེམས་ཁྱོད་ཀྱིས་ཅི་བྱར་ཡོད་དེ་སྐྱར་འཚོས་པ་མེད་དོ།།
若問我應當以此身成辦何事？則曰：所有一切人之身，唯有為了善業而作為所差遣，如是心汝雖已盡力地做守護，然而該死主毫無愛憐之心，強奪此身給予鷲及犬，彼時心汝又能如何，無法改變彼結果。

བྲན་གཡོག་བཀོལ་དུ་མི་བཏུབ་ལ་འབབ།། 　不聽差遣之奴僕，
གོས་ལ་སོགས་པ་མི་སྦྱིན་ན།། 　也將不予衣等物，
ལུས་འདི་བསྙོད་ཀྱང་གཞན་འགྲོ་ན།། 　何況養身卻他去，
ཁྱོད་ཀོ་ཅི་སྟེ་ཤ་ཐང་གསོ།། 　汝又何故辛勤育。

དེ་ལྟར་མོད་ཀྱི་ལུས་འདི་ཟས་གོས་སོགས་ཀྱིས་བསྐྱང་བར་བྱ་འོས་སོ་ཞེ་ན། བྲན་གཡོག་ལས་ལ་བཀོལ་དུ་མི་བཏུབ་པ་རྣམས་ལ་འབབ། གོས་དང་ཟས་ལ་སོགས་པ་མི་སྦྱིན་ན། ལུས་འདི་བསྙོད་དེ་གསོས་ཀྱང་གདོན་མི་ཟ་བར་གཞན་དུ་འགྲོ་ན། ཁྱོད་ཀོ་ཅི་སྟེ་ཤ་ཐང་དུ་གསོ་བར་བྱེད།
若言雖是如此，還是應當以衣食維護此身，則曰：不聽差遣工作之奴僕眾，也將不予衣食等物，何況雖然育養此身，最終卻毫無質疑地必將他去，汝又何故願意辛勤地育。

འདི་ལ་གླ་རྔན་བྱིན་ནས་ནི།། 　於此給予工資已，
ད་ནི་རང་གི་དོན་བྱེད་ཆུག།། 　即刻使之做己利，
ཕན་པ་མེད་པར་འདི་ལ་ནི།། 　無所助益之此身，
ཐམས་ཅད་སྦྱིན་པར་མི་བྱའོ།། 　一切等等不當予。

ལུས་འདི་ལ་ཟས་གོས་ཀྱི་གླ་རྔན་ཙམ་ཞིག་བྱིན་ནས་ནི། ད་ནི་སེམས་རང་གི་དོན་ཆོས་སྒྲུབ་པར་བྱེད་དུ་ཆུག །ཕན་པ་མེད་པར་ལུས་འདི་ལ་ནི། ཡོ་བྱད་ཀྱི་དངོས་པོ་ཐམས་ཅད་སྦྱིན་པར་མི་བྱའོ།།

於此身給予衣食等些許工資已，便即刻使之做心己之利（修持佛法），無所助益之此身，一切資具物品等等皆不當給予。

འགྲོ་དང་འོང་བའི་རྟེན་ཙམ་དུ། །　　僅是來去之所依，
ལུས་ལ་གྲུ་ཡི་བློ་བཞག་སྟེ།།　　心當視身以為舟，
སེམས་ཅན་རྣམས་དོན་བསྒྲུབ་པའི་ཕྱིར།།　　為了成辦有情利，
ཡིད་བཞིན་གྱི་ནི་ལུས་སུ་བསྒྱུར། །　　轉為如意寶之身。

ཐར་པར་འགྲོ་བ་དང་གཞན་གྱི་དོན་དུ་འོང་བའི་རྟེན་ཙམ་དུ། ལུས་འདི་ལ་གྲུ་ཡི་བློ་བཞག་སྟེ་བསྐྱང་བར་བྱ་ཞིང་། མཐའ་ཡས་པའི་སེམས་ཅན་རྣམས་ཀྱི་དོན་བསྒྲུབ་པའི་ཕྱིར། ཡིད་བཞིན་གྱི་ནོར་བུ་ལྟ་བུ་ཡི་ནི་ལུས་སུ་སྟེ་རྒྱལ་བའི་སྐུ་ཉིད་དུ་བསྒྱུར་བར་བྱའོ།།

僅是為利益眾生而來，為解脫而去之所依，心應當視此身以為舟而守護，應當為了成辦無邊有情之義利，而轉為猶如如意摩尼寶之身（即佛身）。

༢.༢.༢.༢.༡.༣.༢.༢.བསྒྲུབ་པའི་ཐབས་ལ་མཁས་པར་བྱ་བ།

2.2.2.2.1.3.2.2.應當精通修持之道

དེ་ལྟར་རང་དབང་ཡོད་ཀྱིས་ཏེ། །　　如是自主性行持，
རྟག་ཏུ་འཛུམ་པའི་བཞིན་དུ་གྱིས། །　　常以微笑容行持，
ཁྲོ་གཉེར་ངོ་ཁྲུམ་ཡོངས་དོར་སྟེ། །　　怒紋黑臉盡褪去，
འགྲོ་བའི་བཤེས་དང་གསོང་པོར་གྱིས། །　　為眾生友正直言。

དེ་ལྟར་ལུས་དང་སེམས་ལ་རང་དབང་ཡོད་པར་གྱིས་ཏེ། དུས་རྟག་ཏུ་འཛུམ་པའི་བཞིན་གྱིས་བལྟ་བ་ཉིད་དུ་གྱིས། ཁྲོ་གཉེར་བསྡུ་བ་དང་ངོ་ཁྲུམ་གནག་པ་ཡོངས་སུ་དོར་སྟེ། འགྲོ་བའི་བཤེས་སུ་གྱུར་པ་དང་བདེན་པའི་ངག་གསོང་པོར་སྨྲ་བར་གྱིས།

如是身與心自主性地行持，常以微笑面容見人做行持，收起怒紋，黑臉盡褪去，作為眾生之友，正直地言真諦語。

ཁྲི་ལ་སོགས་པ་བབ་ཅོལ་དུ།། 椅座等等勿魯莽，
སྒྲ་དང་བཅས་པར་མི་དོར་རོ།། 帶有聲音扔或移，
སྒོ་ཡང་དྲག་ཏུ་མི་དབྱེ་སྟེ།། 房門不可猛烈啟，
རྟག་ཏུ་གཅོམ་བསྐྱུངས་དགའ་བར་བྱ།། 當常喜於戒躁行。

ཁྲི་ལ་སོགས་པ་བབ་ཅོལ་དུ་མ་བརྟགས་པར་ཤུགས་ཀྱིས་སྒྲ་དང་བཅས་པར་མི་དོར་རོ། །སྒོ་ཡང་དྲག་ཏུ་སྒྲ་དང་བཅས་པར་མི་དབྱེ་སྟེ། རྟག་ཏུ་སྒྲ་མེད་པར་གཅོམ་སྐྱུང་བ་ལ་དགའ་བར་བྱའོ།།

椅座等等勿魯莽、不加審視、用力地帶有聲音扔或移，房門不可帶有聲音、猛烈地開啟，當恆常喜於無聲地戒躁行。

ཆུ་སྐྱར་བྱི་ལ་ཆོམ་རྐུན་དག། 海鷗貓與盜匪等，
སྒྲ་མེད་འཇབ་ཅིང་འགྲོ་བ་ཡིས།། 皆以無聲隱匿行，
མངོན་པར་འདོད་པའི་དོན་སྒྲུབ་པ།། 成辦真實所欲事，
ཐུབ་པས་རྟག་ཏུ་དེ་བཞིན་སྤྱད།། 能者恆常如是行。

དེ་ལྟར་བྱ་དགོས་པར་ཅིའི་ཕྱིར་ཞེ་ན། དཔེར་ན་ཆུ་སྐྱར་དང་བྱི་ལ་དང་ཆོམ་རྐུན་པ་དག །སྒྲ་མེད་པར་འཇབ་ཅིང་འགྲོ་བ་ཡིས། །ཡིད་ལ་མངོན་པར་འདོད་པའི་དོན་སྒྲུབ་པ་ལྟར་ཐུབ་པ་སྡོམ་བརྟུལ་ཞུགས་ཅན་རྣམས་ཀྱིས་ཀྱང་རྟག་ཏུ་དེ་བཞིན་དུ་སྤྱད་དེ་ཏིང་ངེ་འཛིན་གྱི་ཚེར་མ་སྤངས་ཤིང་གནས་པར་བྱའོ།།

若問何故必須如是為？則曰：譬如海鷗、貓與盜匪等， 皆以無聲隱匿行，成辦心中真實所欲之事，能者（持禁行眾）亦恆常如是行，斷除三摩地之刺而安住。

གཞན་ལ་གཞེན་བསྐུལ་འདེབས་མཁས་ཤིང་།། 擅長鼓舞勸導他，
མ་བཅོལ་ཕན་པ་བྱེད་པའི་ངག། 未請而說饒益語，
གུས་པས་སྤྱི་བོར་བླང་བྱིས་ཏེ།། 恭敬領受於頭頂，

རྟག་ཏུ་ཀུན་གྱི་སློབ་མར་གྱུར༎　　常為一切眾弟子。

གཞན་རྣམས་ལ་གཞེན་བསྐུལ་ཏེ་ཉེས་པ་འཆགས་པ་ལ་སོགས་པའི་གྲོས་འདེབས་པ་ལ་མཁས་ཤིང་། མ་བཅོལ་བཞིན་དུ་བདག་ལ་ཕན་པར་བྱེད་པའི་ངག་སླ་བ་རྣམས་ཀྱང་གུས་པས་སྤྱི་བོར་བླང་བར་གྱིས་ཏེ། དུས་རྟག་ཏུ་ཕན་པའི་གདམས་ངག་སླ་བ་ཀུན་གྱི་སློབ་མར་གྱུར་པར་བྱའོ༎

擅長鼓舞、勸導坦漏過錯的他人，未經請託而為我講說饒益之語，如是言語，我當恭敬領受於頭頂，恆常作為一切講授訣竅大眾之弟子。

ལེགས་པར་སྨྲས་པ་ཐམས་ཅད་ལ། །　　對於一切善語者,
དགེ་བར་གསུངས་ཞེས་བརྗོད་པར་བྱ། །　　當言此語甚妙善,
བསོད་ནམས་བྱེད་པ་མཐོང་གྱུར་ན། །　　若見他人積福善,
བསྟོད་པས་ལེགས་པར་དགའ་བ་བསྐྱེད༎　　讚歎令彼生歡喜。

གཞན་ལ་ཆོས་ལེགས་པར་སྨྲས་པ་ཐམས་ཅད་ལ། དགེ་བར་གསུངས་སོ་འདི་ནི་བཟང་ངོ་ཞེས་བརྗོད་པར་བྱ་ཞིང་། བསོད་ནམས་དགེ་བའི་ལས་བྱེད་པ་མཐོང་བར་གྱུར་ན། བསྟོད་པ་བརྗོད་པས་དེའི་སེམས་ལ་ལེགས་པར་དགའ་བ་བསྐྱེད།

對於一切為他人給予善語者，應當對此人言：此語甚妙甚善，若見他人積福行善業，應當讚歎，以令彼心生歡喜。

ལྐོག་ན་ཡོན་ཏན་བརྗོད་བྱ་ཞིང་། །　　應當背後說功德,
ཡོན་ཏན་བརྗོད་ན་རྗེས་སུ་བརྗོད། །　　若說功德則隨說,
རང་གི་ཡོན་ཏན་བརྗོད་ན་དེ༎　　若人說己之功德,
ཡོན་ཏན་ཤེས་པར་རིག་པར་བྱ། །　　當知是人知功德。

ཁ་གསགས་སུ་རྟོགས་པ་བཟློག་པའི་དོན་དུ་ཡོན་ཏན་ཅན་རྣམས་ལ་ལྐོག་ན་ཡོན་ཏན་བརྗོད་པར་བྱ་ཞིང་། འགའ་ཞིག་གིས་གཞན་གྱི་ཡོན་ཏན་བརྗོད་ན་དེ་དང་མཐུན་པར་དེའི་རྗེས་སུ

བརྗོད། རང་གི་ཡོན་ཏན་འགའ་ཞིག་གིས་བརྗོད་ན་སེམས་ཁེངས་པ་མེད་པར་བརྗོད་པ་པོ་དེ། ཡོན་ཏན་གྱི་ཆ་ལ་ཞེན་ནས་ཡོན་ཏན་པོ་ན་ཤེས་པར་རིག་པར་བྱ།

為避免陷於諂媚，對於有功德者，應當背後說其功德，若有某人說他人功德，則應當隨順此人附和地說，若有某人說自己之功德，應當無傲慢心地了知宣說者是人，是心心念念於功德，只了知功德之人。

རྩོམ་པ་ཐམས་ཅད་དགའ་ཕྱིར་ཏེ། ། 一切勞動皆為喜,
དེ་ཡི་རིན་གྱིས་ཉོ་ནའང་དཀོན། ། 鮮有錢能購買彼,
དེ་ལྟས་གཞན་བྱས་ཡོན་ཏན་གྱིས། ། 故當以他做功德,
དགའ་བའི་བདེ་བ་སྤྱོད་པར་བྱ། ། 受用歡喜之安樂。

ཡོངས་སུ་ངལ་བའི་རྩོམ་པ་ཐམས་ཅད་དགའ་བ་ཉིད་བསྐྱེད་པའི་ཕྱིར་ཏེ། དགའ་བ་དེ་ཡི་ནོར་བཏབ་སྟེ་རིན་གྱིས་ཉོ་ནའང་དཀོན། དེ་ལྟ་བས་ན་གཞན་གྱིས་བྱས་པའི་ཡོན་ཏན་གྱིས། འབད་རྩོལ་མེད་པ་ན་རྙེད་པའི་དགའ་བའི་བདེ་བ་དེ་ཉིད་སྤྱོད་པར་བྱའོ།།

一切辛苦的勞動皆是為了生歡喜，然而卻鮮少有用錢能夠購買到的彼歡喜，是故應當以他人所做之功德，來受用彼不勞而獲的歡喜之安樂。

བདག་ལ་འདིར་གནོད་ཡོད་མེད་ལ། ། 此生我喜無所耗,
ཕ་རོལ་ཏུ་ཡང་བདེ་བ་ཆེ། ། 來世彼岸得大樂,
ཉེས་པས་མི་དགའ་སྡུག་བསྔལ་ཞིང་། ། 因過不喜則痛苦,
ཕ་རོལ་ཏུ་ཡང་སྡུག་བསྔལ་ཆེ། ། 來世彼岸亦大苦。

བདག་གི་དགའ་བ་ལ་ཚེ་འདིར་གནོད་པར་འགྱུར་བ་ཡོད་མེད་ལ། འཇིག་རྟེན་ཕ་རོལ་ཏུ་ཡང་བདེ་བ་ཆེ། རང་གི་ཉེས་པས་གཞན་གྱི་ཡོན་ཏན་ལ་མི་དགའ་ན་ཚེ་འདིར་སྡུག་བསྔལ་ཞིང་། འཇིག་རྟེན་ཕ་རོལ་ཏུ་ཡང་སྡུག་བསྔལ་ཆེའོ།།

此生我之歡喜無所消耗，至來世世間彼岸時則可得大樂，因己之過而不喜他人功德，則今生亦痛苦，至來世世間彼岸時亦有大痛苦。

སྨྲ་ན་ཡིད་ཕེབས་འབྲེལ་བ་དང་། །　　言當恬意有條理，
དོན་གསལ་ཡིད་དུ་འོང་བ་དང་། །　　意義明瞭且悅意，
ཆགས་དང་ཞེ་སྡང་སྤངས་པ་དང་། །　　斷除貪心與嗔心，
འཇམ་ཞིང་རན་པར་སྨྲ་བར་བྱ། །　　溫和長短適當語。

སྨྲ་ན་ཡིད་བག་ཕེབས་པ་དང་ཚིག་འབྲེལ་ཆགས་པར་འགྱུར་བ་དང་། ཐེ་ཚོམ་ཆོད་པས་དོན་གསལ་བ་དང་ཡིད་ཆེས་པར་བྱེད་པས་ཡིད་དུ་འོང་བ་དང་། ཆགས་པ་དང་ཞེ་སྡང་བ་སྤངས་པ་དང་། ཚིག་རྩུབ་མེད་པས་འཇམ་ཞིང་ཧ་ཅང་མང་ཉུང་དུ་མ་སོང་བར་རན་པར་སྨྲ་བར་བྱའོ། །

若需發言，則應當懷恬靜之意、詞句相扣有條理，疑慮盡消，故意義明瞭，且能令滿意，故悅意，斷除貪心與嗔心，無惡語，故溫和，不過長、不過短長短適當地言語。

མིག་གིས་སེམས་ཅན་ལྟ་ན་ཡང་། །　　縱使眼見有情時，
འདི་དག་ཉིད་ལ་བརྟེན་ནས་བདག །　　亦當思維依此等，
སངས་རྒྱས་ཉིད་དུ་འགྱུར་རོ་ཞེས། །　　我方始能得做佛，
དྲང་ཞིང་བྱམས་པའི་ཚུལ་གྱིས་བལྟ། །　　正直慈心之態視。

མིག་གིས་སེམས་ཅན་རྣམས་ལ་ལྟ་ན་ཡང་། འདི་དག་ཉིད་ལ་བརྟེན་པར་བྱས་ནས་བདག། རྙེད་པར་དཀའ་བའི་སངས་རྒྱས་ཉིད་དུ་འགྱུར་རོ་ཞེས། རྒྱུད་དྲང་ཞིང་དེ་ལ་བྱམས་པའི་ཚུལ་གྱིས་བལྟའོ། །

縱使眼見有情眾時，亦當思維依此等有情，我方始能得做難得之佛，以正直之心，對彼以慈心之態度視之。

རྟག་པར་མངོན་ཞེན་གྱིས་བསླངས་པའམ། །　常以欲求為動機，

གཉེན་པོ་ཡི་ནི་བསྐྱེད་པ་ཉིད། །　　　　或以對治為動機，
ཡོན་ཏན་དང་ནི་ཕན་འདོགས་ཞིང་། །　　　　依於功德饒益田，
སྡུག་བསྔལ་བ་ལ་དགེ་ཆེན་འགྱུར། །　　　　以及苦田成大善。

དུས་རྟག་པ་ར་བསམ་པ་འདུན་པ་དྲག་པོའི་མངོན་ཞེན་གྱིས་བསྐྱེད་པ་འམ། མི་མཐུན་པའི་ཕྱོགས་འཇོམས་པར་ནུས་པའི་གཉེན་པོ་ཡི་ནི་བསྐྱེད་པ་ཉིད་དང་། ཡོན་ཏན་གྱི་ཞིང་སངས་རྒྱས་དང་བྱང་ཆུབ་སེམས་དཔའ་ལ་སོགས་པ་དང་ནི་ཕན་འདོགས་པའི་ཞིང་ཕ་དང་མ་ལ་སོགས་པ་དང་། སྡུག་བསྔལ་བའི་ཞིང་ཡུན་རིང་གི་ནད་པ་སོགས་ལ་བརྟེན་པའི་དགེ་བ་རྣམས་ནི་རྒྱ་ཆེན་པོར་འགྱུར་རོ།།

恆常以欲求（強烈希求思維）為動機，或以能消滅違逆方之對治為動機，依於諸佛菩薩等功德田，父母等饒益田，以及久病者等等之苦田成廣大善。

མཁས་ཤིང་དད་དང་ལྡན་བྱས་ནས། །　　　　精通以及具信已，
ལས་རྣམས་བདག་གིས་རྟག་ཏུ་བྱ། །　　　　諸事恆當由我辦，
ལས་རྣམས་ཀུན་ལ་སུ་ལ་ཡང་། །　　　　一切事業皆不是，
ལྟོས་པར་བྱ་བ་མ་ཡིན་ནོ།།　　　　依賴任何人之事。

དགེ་བའི་སྟོབས་བསྐྱེད་པ་ལ་མཁས་ཤིང་རབ་ཏུ་སྤྲོ་བའི་དད་པ་དང་ལྡན་པར་བྱས་ནས། རང་དང་གཞན་གྱི་དོན་སྒྲུབ་པའི་ལས་རྣམས་བདག་གིས་རྟག་ཏུ་བྱ། དགེ་བའི་ལས་རྣམས་ཀུན་ལ་གང་ཟག་སུ་ལ་ཡང་རག་ལས་ཏེ་ལྟོས་པར་བྱ་བ་མ་ཡིན་ནོ།།

精通於生起善力，以及具有最上歡喜之信已，自他二利諸事常恆應當由我成辦，一切善事業皆不是依賴任何人之事。

སྦྱིན་པ་ཡི་ཕ་རོལ་ཕྱིན་ལ་སོགས། །　　　　布施波羅蜜等等，
གོང་ནས་གོང་དུ་ཁྱད་ཞུགས་སྤྱད། །　　　　愈上則愈差別行，
ཆུང་ངུའི་ཕྱིར་ནི་ཆེ་མི་གཏོང་། །　　　　不因小故而捨大，

གཙོ་ཆེར་གཞན་གྱི་དོན་བསམ་མོ། ། 主要思維他之利。

སྦྱིན་པའི་ཕ་རོལ་ཕྱིན་པ་ལ་སོགས་པ་རྣམས་ཀྱང་གོང་ནས་གོང་དུ་སྦྱིན་པ་བས་ཚུལ་ཁྲིམས་ཁྱད་ཞུགས་པར་སྤྱད་ཅིང་ཚུལ་ཁྲིམས་པས་བཟོད་པ་ལ་སོགས་པ་ཡང་དེ་བཞིན་དུ་ཤེས་པར་བྱ་སྟེ། ཕ་རོལ་ཏུ་ཕྱིན་པ་ཆུང་ངུའི་ཕྱིར་ནི་གོང་མ་ཆེ་བ་དག་མི་གཏོང་ཞིང་། ཐམས་ཅད་ཀྱི་ཚེ་གཙོ་ཆེར་གཞན་གྱི་དོན་དུ་གང་འགྱུར་བ་ལ་བསམ་མོ།།

布施波羅蜜等等亦是愈上則持戒比起布施愈差別地行持，比起持戒，當亦如是知忍辱，不因小波羅蜜多故而捨大者、上者，於一切時之中，最主要為思維作為他之利者。

༢་༢་༢་༢་༡་༣་༣་སེམས་ཅན་དོན་བྱེད་ཀྱི་ཚུལ་ཁྲིམས་ལ་བསླབ་ཚུལ།

2.2.2.2.1.3.3.學習饒益有情戒之理

༢་༢་༢་༢་༡་༣་༣་༡་གཞན་དོན་ཁུར་ལེན་པ།

2.2.2.2.1.3.3.1.承擔利他

དེ་ལྟར་རིག་བྱས་གཞན་དོན་ལ། ། 如是知已於他利，
རྟག་ཏུ་བརྩོན་པར་གནས་པར་བྱ། ། 應當住於常精進，
ཐུགས་རྗེ་མངའ་བ་རིང་གཟིགས་པས། ། 具悲心有遠見者，
བཀག་པ་རྣམས་ཀྱང་དེ་ལ་གནང་། ། 諸遮亦於彼開許。

དེ་ལྟར་རིག་པར་བྱས་ནས་གཞན་གྱི་དོན་ལ། དུས་རྟག་ཏུ་བརྩོན་པར་བྱས་ཏེ་གནས་པར་བྱ། ཐུགས་རྗེ་མངའ་བ་རིང་དུ་གཟིགས་པ་སངས་རྒྱས་བཅོམ་ལྡན་འདས་ཀྱིས། བློ་དམན་པ་དག་ལ་བཀག་པ་རྣམས་ཀྱང་རྒྱལ་སྲས་གཞན་དོན་བྱེད་པ་དེ་ལ་གནང་། དེ་ཡང་གསང་ཆེན་ཐབས་ལ་མཁས་པ་སོགས་ལས་ཤེས་པར་བྱའོ།།

如是了知已，而於他利，應當住於恆常精進他利，具悲心有遠見者（即佛陀薄迦梵），對於心下劣者的諸遮止，亦於彼行利他的佛子開許。又可從《佛說大方廣善巧方便經》（施護譯）等等了知。

༢.༢.༢.༢.༡.༣.༣.༢ ཟང་ཟིང་དང་ཆོས་ཀྱི་བསྡུ་བ།
2.2.2.2.1.3.3.2.財與法的攝受

ལོག་པར་ལྟུང་དང་མགོན་མེད་དང་། ། 應分食予顛倒墮，
བརྟུལ་ཞུགས་གནས་ལ་བགོ་བྱ་ཞིང་། ། 無怙及住禁行者，
རན་པ་ཙམ་དུ་བཟའ་བྱ་སྟེ།། 飲食份量要適中，
ཆོས་གོས་གསུམ་མ་གཏོགས་པ་སྦྱིན། ། 除三法衣餘可施。

སྨན་དང་གོས་ལ་སོགས་པས་བདག་གི་ལུས་ཡོངས་སུ་བསྐྱང་བར་བྱ་སྟེ་གཞན་གྱི་དོན་ལ་མཁོ་བའི་ཕྱིར་རོ། །དེའི་དོན་དུ་སྤྱོད་ཡུལ་དུ་འཇུག་པ་ན་ཇི་སྐད་བསྟན་པའི་བསླབ་པ་ལ་དྲན་པ་བཞག་སྟེ་རྒྱུ་བར་བྱའོ། །དེ་ནས་བསོད་སྙོམས་རྙེད་པ་ལས་ཆ་བཞིར་བགོས་ལ། **ལོག་པར་ལྟུང་**བ་དུད་འགྲོ་ལྟ་བུ་**དང་མགོན་མེད་**པ་སློང་མོ་བ་**དང་།** ཚངས་པ་མཚུངས་པར་སྤྱོད་པ་**བརྟུལ་ཞུགས་ལ་གནས་**པ་རྣམས་ལ་**བགོ་**བར་**བྱ་ཞིང་།** རང་གིས་ཟ་བའི་ཚེ་རྒྱས་པར་བསླབ་བཏུས་ལས་གསུངས་པ་ལྟར་ཤེས་པར་བྱས་ནས་ཧ་ཅང་མང་ཉུང་དུ་གྱུར་པ་མ་ཡིན་པ་**རན་པ་ཙམ་དུ་བཟའ་**བར་**བྱ་སྟེ།** གོས་ལས་ཀྱང་ལུས་བསྲུང་བའི་**ཆོས་གོས་གསུམ་མ་གཏོགས་པ་**ཐམས་ཅད་**སྦྱིན།**

當以藥、衣等完整維護己身，乃因利他所需故。為此，接觸外境之時，應當念著所說學處而行。之後獲得所乞之食，應當分為四份，**應當分食予顛倒墮**者，如畜生，以及**無**依**怙**者，如乞丐，以及**住**於**禁行者**，如同梵行者。自己進食之時，詳細則參照《學集》所說，非過多亦非過少地，**飲食份量要適中**而食，**除**了衣服，尤其是保護身體的**三法衣**之外，其**餘**皆**可**布**施**。

ཤཱ་རིའི་བུ་གལ་ཏེ་བྱང་ཆུབ་སེམས་དཔའ་ཆོས་གོས་གསུམ་ཡོངས་སུ་བཏང་ནས་སློང་བ་པ་ལ་གཙོ་བོར་བྱེད་ན་དེས་ནི་འདོད་པ་ཆུང་བ་བསྟེན་པ་མ་ཡིན་པར་འགྱུར་རོ་ཞེས་བཀག་པའི་ཕྱིར་

དེ་དག་ནི་བཏང་བར་བྱ་བ་མ་ཡིན་ནོ། །གཞན་ཡང་ཤཱ་རིའི་བུ་བྱང་ཆུབ་སེམས་དཔའ་ཁྱིམ་པ་གང་ཞིག་གིས་སངས་རྒྱས་ཀྱི་ཞིང་གངྒཱའི་ཀླུང་གི་བྱེ་མ་སྙེད་རིན་པོ་ཆེ་སྣ་བདུན་གྱིས་ཡོངས་སུ་བཀང་སྟེ་དེ་བཞིན་གཤེགས་པ་དགྲ་བཅོམ་པ་དགྲ་བཅོམ་པ་ཡང་དག་པར་རྫོགས་པའི་སངས་རྒྱས་རྣམས་ལ་དབུལ་བར་བྱེད་པ་བས། ཤཱ་རིའི་བུ་རབ་ཏུ་བྱུང་བར་གྱུར་པའི་བྱང་ཆུབ་སེམས་དཔའ་གང་ཞིག་ཚིག་བཞི་པའི་ཚིགས་སུ་བཅད་པ་གཅིག་བསྟན་ན་འདི་ནི་དེ་བས་ཆེས་བསོད་ནམས་མང་དུ་བསྐྱེད་དོ། ཤཱ་རིའི་བུ་དེ་བཞིན་གཤེགས་པས་རབ་ཏུ་བྱུང་བ་ལ་ཟང་ཟིང་གི་སྦྱིན་པ་བྱ་བར་མ་གནང་ངོ་། །ཤཱ་རིའི་བུ་གང་གིས་ལྷུང་བཟེད་དུ་འོངས་པ་ལྷུང་བཟེད་དུ་ཆུད་པའི་རྙེད་པ་ཆོས་དང་མཐུན་པ་ཆོས་ཀྱིས་རྙེད་པར་གྱུར་ན། དེས་ཚངས་པ་མཚུངས་པར་སྤྱོད་པ་རྣམས་དང་ལྷན་ཅིག་ཏུ་ཐུན་མོང་དུ་བཟའ་བར་བྱའོ་ཞེས་པ་ལ་སོགས་པ་གསུངས་སོ།།

“舍利弗，若菩薩施盡一切三法衣，以行乞為主，則此非依止少欲”。有此遮止，故不捨施。“又舍利弗，在家菩薩能以恆河沙數七寶充滿佛土，供養諸如來應供正等圓滿佛；舍利弗，此猶未若出家菩薩宣說一四句偈，以此所生福德甚多，勝於前者；舍利弗，如來不開許出家者財布施”。“舍利弗，凡托缽者，缽中所得若為如法、依法所得，以彼當與同梵行者共用而食”。如是云云。

དམ་པའི་ཆོས་ནི་སྤྱོད་པའི་ལུས། །	行持正法之色身，
ཕྲན་ཚེགས་ཆེད་དུ་གནོད་མི་བྱ། །	應當不為小事傷，
དེ་ལྟར་བྱས་ན་སེམས་ཅན་གྱི།།	如是將可速圓滿，
བསམ་པ་མྱུར་དུ་རྫོགས་པར་འགྱུར། །	有情眾生所希求。

དམ་པའི་ཆོས་ནི་སྤྱོད་པར་བྱེད་པའི་ལུས་འདི་ནི་དགོས་པ་ཕྲན་ཚེགས་ཙམ་གྱི་ཆེད་དུ་གནོད་པར་མི་བྱ་ཞིང་། དེ་ལྟར་བསམ་པས་ལུས་དང་ལོངས་སྤྱོད་ཐམས་ཅད་བཏང་ནས་སྦྱོར་བས་གཞན་དོན་དུ་ལུས་འདི་བསྲུངས་པར་བྱས་ན་སེམས་ཅན་གྱི། བསམ་པ་མྱུར་དུ་རྫོགས་ནུས་པར་འགྱུར་རོ།།

此用來行持正法之色身，應當不為了不必要的小事而受傷，如是思維，而布施身與一切受用並實踐，若守護此身，將可快速圓滿有情眾生所希所求。

སྙིང་རྗེའི་བསམ་པ་མ་དག་པར། །　悲心思維未清淨，
ལུས་འདི་གཏང་བར་མི་བྱ་སྟེ།།　不當布施此身軀，
ཅི་ནས་འདི་དང་གཞན་དུ་ཡང་། །　無論此生或他生，
དོན་ཆེན་སྒྲུབ་པའི་རྒྱུར་གཏང་ངོ་། །　皆成大利則布施。

མཛའ་བ་དང་མི་མཛའ་བ་ཐམས་ཅད་ལ་ཁྱད་པར་མེད་པར་འཇུག་པའི་སྙིང་རྗེའི་བསམ་པ་ཡོངས་སུ་མ་དག་པར། ལུས་འདི་གཞན་ལ་བཏང་བར་མི་བྱ་སྟེ། སྨན་ཤིང་ལྗོན་པ་ལྟ་ན་སྡུག་ཅེས་པའི། །རྩ་བ་ལ་སོགས་སྤྱད་འོས་ས་བོན་ལྟར། །རྫོགས་སངས་རྒྱས་ཀྱི་སྨན་ཤིང་དེ་བཞིན་དུ། །བྱིས་པ་དུས་མིན་སྤྱོད་ལས་ལེགས་བསྲུང་བྱ། །ཞེས་གསུངས་པ་ཡིན་ནོ། །ཅི་ནས་ཀྱང་འཇིག་རྟེན་འདི་དང་གཞན་དུ་ཡང་། རང་གཞན་གྱི་དོན་ཆེན་པོ་སྒྲུབ་པའི་རྒྱུར་གྱུར་པར་མཐོང་ན་བཏང་ངོ་།།

對於親與非親一切眾皆無分別之悲心思維未得清淨之前，不當布施此身軀予他者，“名為見無厭藥樹，根等可用如種子，佛陀藥樹亦如是，幼非用時當守護”。若見無論對於此生或他生，皆可作為成辦大利之因，則可布施。

མ་གུས་པ་ལ་ཆོས་མི་བཤད།།　不為不敬者說法，
མི་ན་བཞིན་དུ་མགོ་དཀྲིས་དང་། །　猶如患病纏頭者，
གདུགས་དང་འཁར་བ་མཚོན་ཐོགས་དང་།།　手持傘杖與兵刃，
མགོ་བོ་གཡོགས་པ་དག་ལ་མིན། །　蓋頭者等亦非境。

བསམ་པ་ཆོས་ལ་མ་གུས་པ་དག་ལ་ཆོས་མི་བཤད་དེ།　མ་གུས་པའི་སྤྱོད་ལམ་མི་ན་བཞིན་དུ་མགོ་ཐོས་ཀྱིས་དཀྲིས་པ་དང་།　ལག་ན་གདུགས་ཐོགས་པ་དང་འཁར་བ་ཐོགས་པ་དང་

མཚོན་ཆ་ཐོགས་པ་དང་། ཐུལ་གཟན་ལ་སོགས་པས་མགོ་བོ་གཡོགས་པ་དག་ལའང་མིན།
不為心中不恭敬佛法者說法，不恭敬的行為，如猶如患病一般纏頭者，如手持傘、杖與兵刃，將披單等蓋頭者等亦非說法的對境。

དམན་ལ་ཟབ་དང་རྒྱ་ཆེ་དང་།། 不說深廣予劣者，
སྐྱེས་པ་མེད་པར་བུད་མེད་མིན།། 男子不在之女子，
དམན་དང་མཆོག་གི་ཆོས་རྣམས་ལ།། 而於優劣等等法，
མཚུངས་པར་གུས་པས་ཀུན་ཏུ་སྤྱད།། 等同恭敬普遍行。

བློ་དམན་པ་རྣམས་ལ་བརྗོད་བྱ་ཟབ་མོ་སྟོང་པ་ཉིད་དང་རྒྱ་ཆེ་བ་སྤྱོད་པའི་ཕྱོགས་བསྟན་པར་མི་བྱ་བ་དང་། སྐྱེས་པ་མེད་པར་བུད་མེད་གཅིག་པུ་ལ་ཡང་བཤད་པར་བྱ་བ་མིན། ཐེག་པ་དམན་པ་དང་ཐེག་པ་མཆོག་གི་ཆོས་རྣམས་ལ། མཚུངས་པར་བྱས་ཏེ་གུས་པས་མཉན་པ་ལ་སོགས་པར་ཀུན་ཏུ་སྤྱད།
不應當宣說甚深空性，與廣大行方面之法給予心智下劣者，男子不在，獨處之女子，亦非說法之對境，而於優乘劣乘等等法，應當等同地恭敬，普遍去做聽聞行持。

གཞན་དུ་ན་ཉེས་པ་འབྱུང་བར་འགྱུར་ཏེ། འཇམ་དཔལ་གང་ལ་ལ་ཞིག་དེ་བཞིན་གཤེགས་པས་གསུངས་པའི་ཆོས་ལ་ལ་ནི་བཟང་བར་འདུ་ཤེས་པར་བྱེད། ལ་ལ་ནི་ངན་པར་འདུ་ཤེས་པར་བྱེད་ན་དེ་དམ་པའི་ཆོས་སྤོང་བའོ། །གང་འདི་ནི་རིགས་པའོ། །འདི་ནི་མི་རིགས་པའོ་ཞེས་གང་སྨྲ་བ་དེས་དམ་པའི་ཆོས་སྤངས་པས་དེ་བཞིན་གཤེགས་པ་ལ་སྐུར་པ་འདེབས་པ་ཡིན། དགེ་འདུན་ལ་ངན་དུ་བརྗོད་པ་ཡིན་ནོ་ཞེས་སོགས་གསུངས་སོ།།
若異於此，則將有患：文殊，若有某者於如來所說種種法，或執為善，或執為惡，則是人乃棄法（謗法）；若有言“此合理，此不合理”者，則此謗法者乃誣陷如來者，乃詆毀僧伽者。

རྒྱ་ཆེན་ཆོས་ཀྱི་སྣོད་གྱུར་པ།། 作為廣大法器者，
དམན་པའི་ཆོས་ལ་སྦྱར་མི་བྱ།། 不當匹配下劣法，
སྤྱོད་པ་ཡོངས་སུ་དོར་མི་བྱ།། 一切行持不當捨，
མདོ་དང་སྔགས་ཀྱིས་འདྲིད་མི་བྱ། ། 不應當以經咒欺。

རྒྱ་ཆེ་བ་ཐེག་ཆེན་གྱི་ཆོས་ཀྱི་སྣོད་དུ་གྱུར་པ་རྣམས་ཐེག་པ་དམན་པའི་ཆོས་ལ་སྦྱར་བར་མི་བྱའོ། །སྤྱོད་པ་སྟེ་བསླབ་པར་བྱ་བ་རྣམས་ཡོངས་སུ་འདོར་མི་བྱ། བསླབ་པ་ལས་བཟློག་ནས་མདོ་སྡེ་བཀླགས་པ་དང་གཟུངས་སྔགས་བཟླས་པ་ཉིད་ཀྱིས་ཁྱོད་དག་པར་འགྱུར་རོ་ཞེས་འདྲིད་པར་མི་བྱ།

作為廣大大乘法器者等眾，不應當匹配下乘劣乘之法，一切行持（即諸學處）不應當捨棄，不應當違背學處，而以念經、誦咒等欺騙爾等將獲得清淨。

༢.༢.༢.༢.༡.༣.༣.༣.ཕ་རོལ་གྱི་མ་དད་པ་བསྲུང་བ།

2.2.2.2.1.3.3.3.防他人不信

སོ་ཤིང་དང་ནི་མཆིལ་མ་དག། 牙籤以及唾液等，
དོར་བ་ན་ནི་དགབ་པར་བྱ།། 丟棄之時當掩埋，
གཅི་ལ་སོགས་པ་འདད་ཡོངས་སྤྱོད་པའི། ། 尿等棄於飲用水，
ཆུ་དང་ཐང་ལ་དོར་བ་སྨད།། 以及平地人斥責。

སོ་ཤིང་དང་ནི་མཆིལ་མ་དག །དོར་བ་ན་ནི་ས་ལ་སོགས་པས་དགབ་པར་བྱ། གཅི་བ་དང་བཤང་བ་ལ་སོགས་པ་འདད་གཞན་གྱིས་ཡོངས་སྤྱོད་པའི། ཆུ་དང་ལོངས་སྤྱོད་པའི་ཐང་ལ་དོར་བ་སྨད་པའི་གནས་དང་།

牙籤以及唾液等，丟棄之時當用土等掩埋，屎尿等棄於他人飲用的水中，以及他人使用的平地上，是人所斥責之處。

ཁ་བཀང་བ་དང་སྒྲ་བཅས་དང་། །　　勿塞滿嘴帶聲音，
ཁ་གདངས་ནས་ནི་བཟའ་མི་བྱ། །　　大口方式做進食，
རྐང་པ་བརྐྱངས་ཏེ་མི་འདུག་ཅིང་། །　　坐時不令腳伸張，
ལག་པ་མཉམ་པར་མི་མཉེ་འོ།།　　手不同時做搓揉。

ཁ་ཁམ་གྱིས་བཀང་བ་དང་སྒྲ་དང་བཅས་པ་དང་། ཁམ་གཟས་པ་ན་ཁ་ཧ་ཅང་གདངས་ནས་ནི་བཟའ་བར་མི་བྱ་ལ། ཁྲི་ལ་སོགས་པར་རྐང་པ་བརྐྱངས་ཏེ་མི་འདུག་ཅིང་། ལག་པ་བཀྲུ་བ་ན་གཉིས་ཀ་མཉམ་པར་མི་མཉེའོ།།

勿將食物塞滿嘴、咀嚼時不帶聲音，不過份張大口等方式做進食，坐於座位等等時後，不令腳伸張，洗手之時，兩手不同時做搓揉。

བཞོན་པ་མལ་སྟན་གནས་དག་ཏུ། །　　騎乘墊褥處所等，
བུད་མེད་གཞན་དང་གཅིག་མི་བྱ། །　　勿與他女一同在，
འཇིག་རྟེན་མ་དད་གྱུར་པ་ཀུན། །　　凡是不為世間信，
མཐོང་དང་དྲིས་ཏེ་སྤང་བར་བྱ། །　　見到問已當斷捨。

ཤིང་རྟ་ལ་སོགས་པ་གཞོན་པ་དང་མལ་སྟན་དང་གནས་དག་ཏུ་མ་དང་སྲིང་མོ་ལྟ་བུ་མ་ཡིན་པའི་བུད་མེད་གཞན་པ་དག་དང་གཅིག་ཏུ་འདུག་པར་མི་བྱའོ། །མདོར་ན་འཇིག་རྟེན་གྱི་མ་དད་པར་གྱུར་པ་ཀུན། རང་གིས་མཐོང་བ་དང་གཞན་ལ་དྲིས་ཏེ་སྤང་བར་བྱ།

車等騎乘，以及墊褥、處所等，勿與母親、姊妹等其他女子一同在，總之，凡是不為世間所相信之事，自己一見到便詢問他人，已而當斷捨。

སོར་མོས་བརྡ་ནི་མི་བྱ་སྟེ།།　　不以手指做示意，
གུས་དང་བཅས་པས་གཡས་པ་ཡི། །　　應當懷抱謙恭禮，
ལག་པ་དག་ནི་ཀུན་ཀྱིས་ཀྱང་།།　　整個右手做示意，

ལམ་ཡང་དེ་ལྟར་བསྟན་པར་བྱ། ། 指路亦是當如此。

སོར་མོ་གཅིག་གིས་བརྡ་ནི་མི་བྱ་སྟེ། གུས་པ་དང་བཅས་པས་གཡས་པ་ཡི། ལག་པ་དག་ནི་ཡོངས་རྫོགས་ཀུན་གྱིས་ཀྱང་། ལམ་ཡང་དེ་ལྟར་གཞན་ལ་བསྟན་པར་བྱ།

不以一根手指做示意，應當懷抱謙恭禮，用整個右手做示意，為他人指路亦是當如此。

ལག་པ་ཤས་ཆེར་བསྐྱོད་མིན་ཏེ། ། 不大舉動做揮手，
ཅུང་ཟད་བསྐྱོད་ལ་སྒྲ་བསྒྲགས་པ། ། 稍微揮動並出聲，
སེ་གོལ་ལ་སོགས་བརྡ་བྱ་སྟེ།། 彈指等等做示意，
གཞན་དུ་མ་བསྡམས་པར་འགྱུར་རོ། ། 其餘將成無約束。

དགོས་པ་ཆུང་ངུ་ལ་ལག་པ་ཤས་ཆེར་བསྐྱོད་པ་མིན་ཏེ། ཅུང་ཟད་བསྐྱོད་ལ་སྒྲ་བསྒྲགས་པ་དང་། སེ་གོལ་གཏོགས་པ་ལ་སོགས་པའི་བརྡ་བྱ་སྟེ། གཞན་དུ་ན་སྤྱོད་པ་མ་བསྡམས་པར་འགྱུར་རོ།།

無大必要，不大舉動做揮手，可稍微揮動並出聲，並彈指等等做示意，其餘行為將成無約束。

མགོན་པོ་མྱ་ངན་འདས་གཟིམས་ལྟར། ། 當如怙主涅槃臥，
འདོད་པའི་ཕྱོགས་སུ་ཉལ་བར་བྱ། ། 面朝希欲方向睡，
ཤེས་བཞིན་མྱུར་དུ་ལྡང་སེམས་ལ། ། 具有正知速起心，
ཐོག་མ་ཉིད་དུ་ངེས་པར་སྦྱར།། 務必加於最初時。

ཉལ་བའི་ཚེ་མགོན་པོ་རྫོགས་པའི་སངས་རྒྱས་མྱ་ངན་ལས་འདས་པ་ན་གཟིམས་པ་ལྟར། འདོད་པའི་ཕྱོགས་སུ་མགོ་བསྟན་ལ་གློ་གཡས་ས་ལ་ཕབ་སྟེ་རྐང་པ་བཞག་ལ་ལག་པ་གཡས་པ་འགྲམ་པའི་འོག་དང་། གཡོན་པ་བརླ་ཡི་སྟེང་ནས་བརྐྱངས་ཏེ་ཉལ་བར་བྱ་ཞིང་། ལུས་སེམས་ལ་ཡང་ཡང་བརྟག་པའི་ཤེས་བཞིན་དང་ལྡན་པས་མྱུར་བཞིན་དང་ལྡན་པས་མྱུར་དུ་ལྡང་བའི་སེམས་ལ། ཉལ་བའི་ཐོག་མ་ཉིད་དུ་ངེས་པར་སྦྱར་བར་བྱའོ།།

睡時當如怙主（圓滿佛）涅槃時的臥姿，頭部面朝希欲的方向，身右側觸墊，放下腳，右手置於臉頰下，伸左手置於大腿上而睡，具有審視身心的正知，之後快速起床之心，務必加於睡眠最初之時。

༢་༢་༢་༢་༡་༤་སྒྲུབ་པ་ཕུན་སུམ་ཚོགས་པའི་ཡན་ལག་གཞན་བསྟན་པ།
2.2.2.2.1.4.宣說圓滿修持的其餘支分

༢་༢་༢་༢་༡་༤་༡་སྒྲུབ་པ་ཕུན་སུམ་ཚོགས་པའི་ཡན་ལག་དངོས།
2.2.2.2.1.4.1.圓滿修持的其餘支分正文

བྱང་ཆུབ་སེམས་དཔའི་སྤྱོད་པ་དག །　　無量無數所宣說，
ཚད་མེད་པར་ནི་གསུངས་པ་ལས། །　　種種菩薩之行持，
སེམས་སྦྱོང་བ་ཡི་སྤྱོད་པ་ནི། །　　其中修心之行持，
དེས་པར་དེ་སྲིད་སྤྱད་པར་བྱ། །　　務必行持至彼時。

བྱང་ཆུབ་སེམས་དཔའི་སྤྱོད་པ་དག །ཚད་མེད་པར་ནི་ཐེག་ཆེན་གྱི་མདོ་སྡེ་དག་ལས་གསུངས་པ་རྣམས་ལས། ཆེས་ཐོག་མར་སེམས་སྦྱོང་བ་ཡི་སྤྱོད་པ་སྔར་བཤད་པ་རྣམས་ནི། དེས་པར་བློ་འབྱུང་གི་བར་དེ་སྲིད་དུ་ནི་སྤྱད་པར་བྱའོ།།

一切大乘經藏無量無數所宣說的種種菩薩之行持，其中在最初階時，前述修心之種種行持，務必行持直至心念生起之彼時。

ཉིན་དང་མཚན་མོ་ལན་གསུམ་དུ། །　　應當早晚各三次，
ཕུང་པོ་གསུམ་པ་གདོན་བྱ་ཞིང་། །　　念誦修持三蘊經，
རྒྱལ་དང་བྱང་ཆུབ་སེམས་བརྟེན་ནས། །　　仰仗勝者菩提心，
ལྟུང་བའི་ལྷག་མ་དེས་ཞི་བྱ། །　　餘墮因此而寂滅。

ཉིན་དང་མཚན་མོ་ལན་གསུམ་གསུམ་དུ། སྡིག་པ་བཤགས་པ་དང་བསོད་ནམས་ལ་རྗེས་སུ་ཡི་རང་བ་དང་། བྱང་ཆུབ་ཏུ་བསྔོ་བའི་ཕུང་པོ་གསུམ་པའི་མདོ་གདོན་པར་བྱ་ཞིང་། རྒྱལ་

པ་རྫོགས་པའི་སངས་རྒྱས་དང་རང་གི་བྱང་ཆུབ་ཀྱི་སེམས་གཉིས་ལ་བརྟེན་ནས། རྩ་བ་ལས་གཞན་ལྟུང་བའི་ལྷག་མ་ཐམས་ཅད་ཕུང་པོ་གསུམ་པ་དེས་ཞི་བར་འགྱུར་ཞེས་བྱའོ།།

應當早晚各三次，念誦修持懺悔罪障、隨喜福德、迴向菩提的三蘊經，仰仗勝者圓滿佛陀，與自己的菩提心二者，根本之外的其餘一切墮，將因此三蘊經而寂滅。

རང་དམ་གཞན་གྱི་དབང་ཡང་རུང་། ། 因己因他皆無妨,
གནས་སྐབས་གང་དུ་ཅི་སྤྱོད་ཀྱང་། ། 任何時刻何行持,
བསླབ་པར་གསུངས་པ་གང་ཡིན་པའི། ། 一切說為學處之,
གནས་སྐབས་དེ་ལ་འབད་དེ་བསླབ། ། 彼等時刻盡力學。

རང་གི་དབང་དམ་གཞན་གྱི་དབང་ཡང་རུང་། གནས་སྐབས་གང་དུ་བྱ་བ་ཅི་སྤྱོད་ཀྱང་། མདོ་ལས་རྒྱལ་སྲས་ཀྱི་བསླབ་པར་བྱ་བའི་ཚུལ་གསུངས་པ་གང་ཡིན་པའི་གནས་སྐབས་དེ་དང་དེ་ལ་འབད་དེ་བསླབ་བོ། །

因為出於自己，或者因為出於他皆無妨，任何時刻任何之行持，一切在佛經中佛說應當作為學處之彼等時刻，我當盡力學習之。

རྒྱལ་སྲས་རྣམས་ཀྱིས་མི་བསླབ་པ། ། 無有一切佛子眾,
དེ་ནི་གང་ཡང་ཡོད་མིན་ཏེ།། 所不學習之事物,
དེ་ལྟར་གནས་པའི་མཁས་པ་ལ། ། 如是善住之智者,
བསོད་ནམས་མི་འགྱུར་གང་ཡང་མེད། ། 無有不成福德事。

སེམས་ཅན་ཐམས་ཅད་ལ་ཕན་པ་དང་བདེ་བ་བསྒྲུབ་པའི་དོན་དུ་བརྩོན་པའི་རྒྱལ་སྲས་རྣམས་ཀྱིས་རིག་པའི་གནས་ཀུན་ལ་མི་བསླབ་པ། དེ་ནི་གང་ཡང་ཡོད་པ་མིན་ཏེ། དེ་ལྟར་ཀུན་ལ་མ་སྦྱངས་པར་ལེགས་པར་གནས་པའི་མཁས་པ་དེ་ལ། ཇི་ལྟར་བསླབ་པ་ཐམས་ཅད་བསོད་ནམས་སོག་པའི་རྒྱུར་མི་འགྱུར་བ་གང་ཡང་མེད་དོ།།

無有一切為了饒益一切有情、成辦利益而精進的佛子眾，所不學習之事物（一切文化），如是不蒙昧、善住於一切之智者，一切所學無有不成為累積福德因之事。

དངོས་སམ་ཡང་ན་བརྒྱུད་ཀྱང་རུང་། ། 直接間接亦無妨，
སེམས་ཅན་དོན་ལས་གཞན་མི་སྤྱད། ། 除利有情餘不行，
སེམས་ཅན་ཁོ་ནའི་དོན་གྱི་ཕྱིར། ། 唯為有情義利故，
ཐམས་ཅད་བྱང་ཆུབ་ཕྱིར་བསྔོ་འོ། ། 一切迴向大菩提。

བསླབ་པའི་གཞི་མདོར་བསྡུས་པ་ནི་དངོས་སུ་ཆོས་དང་ཟང་ཟིང་གི་སྦྱིན་པ་ལ་སོགས་པས་སམ་ཡང་ན་བརྒྱུད་ནས་ཀྱང་རུང་སྟེ། སེམས་ཅན་གྱི་དོན་ལས་གཞན་མི་སྤྱད་དེ། བརྒྱུད་ནས་གཞན་གྱི་དོན་བྱེད་པ་ནི་སེམས་ཅན་ཁོ་ན་དོན་གྱི་ཕྱིར་དུ་དགེ་བའི་དངོས་པོ་ཐམས་ཅད་རྫོགས་པའི་བྱང་ཆུབ་ཀྱི་ཕྱིར་བསྔོ་འོ།།

學事之總攝為：直接財布施、法布施等等，亦或間接亦無妨，唯除饒利有情，其餘則不行持；間接利他為：唯為有情義利故，一切善事迴向圓滿大菩提。

རྟག་པར་དགེ་བའི་བཤེས་གཉེན་ནི། ། 恆於精通大乘義，
ཐེག་ཆེན་དོན་ལ་མཁས་པ་དང་། ། 恪守菩薩之禁行，
བྱང་ཆུབ་སེམས་དཔའི་བརྟུལ་ཞུགས་མཆོག །如是大乘善知識，
སྲོག་གི་ཕྱིར་ཡང་མི་གཏོང་ངོ་། ། 不因惜命而捨棄。

དུས་རྟག་པར་དགེ་བའི་བཤེས་གཉེན་ནི། ཐེག་པ་ཆེན་པོའི་ཟབ་པ་དང་རྒྱ་ཆེ་བའི་ཐབས་ལ་མཁས་པ་དང་། བྱང་ཆུབ་སེམས་དཔའི་གཞན་གྱི་དོན་སྒྲུབ་པའི་བརྟུལ་ཞུགས་མཆོག་ནི། རང་གི་སྲོག་གི་ཕྱིར་ཡང་མི་གཏོང་ངོ་།།

恆常對於精通大乘深廣義理，恪守菩薩成辦利他之禁行，如是大乘善知識，不因愛惜己命而捨棄。

དཔལ་འབྱུང་བ་ཡི་རྣམ་ཐར་ལས། ། 當如德生傳所說，

བླ་མ་བསྟེན་པའི་ཚུལ་ལྟར་བསླབ།། 依止上師理學習。

དགེ་བའི་བཤེས་གཉེན་ལ་བསྟེན་བཀུར་ཡོངས་སུ་ཤེས་པའི་ཕྱིར་སྡོང་པོ་བཀོད་པའི་མདོའི་

དཔལ་ལ་འབྱུང་བ་ཡི་རྣམ་ཐར་ལས། བླ་མ་བསྟེན་པའི་ཚུལ་ལྟར་བསླབ།།

為盡知恭敬善知識之故，當如《華嚴經》德生傳所說，依止上師理學習。

ཇི་སྐད་དུ། འཕགས་པ་སྡོང་པོ་བཀོད་པ་ལས། འཕགས་པ་དཔལ་འབྱུང་གིས་བསྟན་པ། དགེ་བའི་བཤེས་གཉེན་གྱིས་ཡང་དག་པར་ཟིན་པའི་བྱང་ཆུབ་སེམས་དཔའ་རྣམས་ནི་ངན་འགྲོར་མི་ལྟུང་ངོ་། །ཞེས་བྱ་བ་ནས་དགེ་བའི་བཤེས་གཉེན་ནི་བྱ་བ་མ་ཡིན་པ་རྣམས་ཁོང་དུ་ཆུད་པར་བྱེད་པའོ། །བག་མེད་པའི་གནས་ལས་ཡང་དག་པར་བཟློག་པའོ། །འཁོར་བའི་གྲོང་ཁྱེར་ནས་འདོན་པའོ། །རིགས་ཀྱི་བུ་དེ་ལྟར་བས་ན་དེ་ལྟར་ཡིད་ལ་བྱ་བ་རྒྱུན་མ་ཆད་པས་དགེ་བའི་བཤེས་གཉེན་རྣམས་ཀྱི་དྲུང་དུ་འགྲོ་བར་བྱའོ། །ཁུར་ཐམས་ཅད་བཀུར་བས་ཡོངས་སུ་མི་སྐྱོ་བས་ས་ལྟ་བུའི་སེམས་དང་། བསམ་པ་མི་ཕྱེད་པས་རྡོ་རྗེ་ལྟ་བུའི་སེམས་དང་། སྡུག་བསྔལ་ཐམས་ཅད་ཀྱིས་མི་བསྐྱོད་པའི་ཕྱིར་ཁོར་ཡུག་ལྟ་བུའི་སེམས་དང་། ལས་ཐམས་ཅད་ཉམས་སུ་བླང་བ་ལ་མི་སྨོད་པས་འཇིག་རྟེན་གྱི་བྲན་ལྟ་བུའི་སེམས་དང་། ང་རྒྱལ་དང་ཆེ་བའི་ང་རྒྱལ་རྣམ་པར་སྤངས་པས་ཕྱགས་དར་བ་ལྟ་བུའི་སེམས་དང་། ཁུར་ལྕི་བ་ཁུར་བས་ཐེག་པ་ལྟ་བུའི་སེམས་དང་། མི་ཁྲོ་བས་ཁྱི་ལྟ་བུའི་སེམས་དང་། འགྲོ་ཞིང་འོང་བས་ཡོངས་སུ་མི་སྐྱོ་བས་གྲུ་ལྟ་བུའི་སེམས་དང་། དགེ་བའི་བཤེས་གཉེན་གྱི་ངོར་ལྟ་བས་བུ་མཛངས་པ་ལྟ་བུའི་སེམས་ཀྱིས་དགེ་བའི་བཤེས་གཉེན་ལ་བསྟེན་བཀུར་བྱའོ། །རིགས་ཀྱི་བུ་ཁྱོད་ཀྱིས་བདག་ལ་ནི་ནད་པར་འདུ་ཤེས་བསྐྱེད་པར་བྱའོ། །དགེ་བའི་བཤེས་གཉེན་ལ་ནི་སྨན་པའི་འདུ་ཤེས་དང་། རྗེས་སུ་བསྟན་པ་ལ་ནི་སྨན་གྱི་འདུ་ཤེས་དང་། ནན་ཏན་ཉམས་སུ་བླང་བ་ལ་ནི་ནད་འཚོ་བའི་འདུ་ཤེས་བསྐྱེད་པར་བྱའོ། །རིགས་ཀྱི་བུ་ཁྱོད་ཀྱིས་བདག་ལ་ནི་འཇིགས་པའི་འདུ་ཤེས་བསྐྱེད་པར་བྱའོ། །དགེ་བའི་ཤེས་གཉེན་ལ་ནི་དཔའ་བོའི་འདུ་ཤེས་དང་། རྗེས་སུ་བསྟན་པ་ལ་ནི་མཚོན་ཆའི་འདུ་ཤེས་དང་། ནན་ཏན་ལ་ནི་

དགྲ་སེལ་བའི་འདུ་ཤེས་བསྐྱེད་པར་བྱའོ། །ཞེས་བྱ་བའི་བར་དུ་གསུངས་པ་ལྟ་བུའོ།།

《華嚴經》第七十七卷入法界品第三十九之十八，德生童子言：“菩薩由善知識任持，不墮惡趣....善知識者，能淨諸障，能滅諸罪，能除諸難，能止諸惡，能破無明長夜黑暗，能壞諸見堅固牢獄，能出生死城”。“善男子！汝承事一切善知識，應發如大地心，荷負重任無疲倦故；應發如金剛心，志願堅固不可壞故；應發如鐵圍山心，一切諸苦無能動故；....應發如僮僕心，不厭一切諸作務故；....應發如除糞人心，離憍慢故；....應發如大車心，能運重故；....應發如良犬心，不害主故；....應發如舟船心，往來不倦故；....應發如孝子心，承順顏色故”。“善男子！汝應於自身生病苦想，於善知識生醫王想，於所說法生良藥想，於所修行生除病想；又應於自身生恐怖想，於善知識生勇健想，於所說法生器仗想，於所修行生破怨想”。如是云云（實叉難陀譯）

འདི་དང་སངས་རྒྱས་བཀའ་སྩལ་གཞན།། 此與佛陀他教導，
མདོ་སྡེ་བཀླགས་ནས་ཤེས་པར་བྱ།། 當讀經藏而了知。

བླ་མ་བསྟེན་པའི་ཚུལ་འདི་དང་སངས་རྒྱས་ཀྱི་བཀའ་སྩལ་པའི་བསླབ་པ་གཞན་རྣམས་ཀྱང་ཐེག་པ་ཆེན་པོའི་མདོ་སྡེ་བཀླགས་ནས་ཤེས་པར་བྱའོ།།

此依止上師之理，與佛陀其他教導之學處，也當閱讀大乘經藏而了知。

མདོ་སྡེ་རྣམས་ལས་བསླབ་པ་སྣང་།། 經藏之中有學處，
དེ་བས་མདོ་སྡེ་བཀླག་པར་བྱ།། 是故應當讀經藏，
ནམ་མཁའི་སྙིང་པོའི་མདོ་སྡེ་ནི།། 虛空藏經為首先，
ཐོག་མ་ཉིད་དུ་བལྟ་བར་བྱ།། 應當閱讀之經藏。

མདོ་སྡེ་རྣམས་ལས་བྱང་ཆུབ་སེམས་དཔའི་བླང་དོར་གྱི་བསླབ་པ་ཐམས་ཅད་སྣང་བར་བྱེད་

པས། དེ་བས་ན་མདོ་སྡེ་དག་འབད་པས་བལྟག་པར་བྱའོ། །དེ་དག་ཐམས་ཅད་ལས་འཕགས་པ་ནམ་མཁའི་སྙིང་པོའི་མདོ་སྡེ་ནི། མདོ་སྡེ་ཐམས་ཅད་ལས་ཐོག་མ་ཉིད་དུ་བལྟ་བར་བྱ་སྟེ། དེ་ལས་ནི་ལྟུང་བའི་རྣམ་གྲངས་དང་དེ་དག་པའི་ཐབས་ཀྱང་བསྟན་པའི་ཕྱིར་རོ།།

經藏之中有菩薩一切做取捨之學處，是故應當讀經藏，虛空藏經為所有經藏之中，首先應當閱讀之經藏，乃因其中宣說了各種墮與各種對治方便。

གང་ཕྱིར་རྟག་ཏུ་སྤྱད་བ་ནི།།	何故必須恆常行，
དེ་ལས་རྒྱ་ཆེར་རབ་སྟོན་པས།།	彼中廣大宣說故，
བསླབ་པ་ཀུན་ལས་བཏུས་པ་ཡང་། །	一切學處之總集，
ངེས་པར་ཡང་དང་ཡང་དུ་བལྟ། །	務必屢屢閱讀之。

གང་གི་ཕྱིར་རྒྱལ་སྲས་རྣམས་ཀྱིས་རྟག་ཏུ་སྤྱད་པར་བྱ་བ་ནི། དེ་ལས་རྒྱ་ཆེར་རབ་ཏུ་སྟོན་པར་བྱེད་པས། སློབ་དཔོན་རང་ཉིད་ཀྱིས་མཛད་པའི་བྱང་ཆུབ་སེམས་དཔའི་བསླབ་པ་ཀུན་ལས་བཏུས་པ་ལ་ཡང་། ངེས་པར་གདོན་མི་ཟ་བར་ལན་གཅིག་མིན་པར་ཡང་དང་ཡང་དུ་བལྟ་ཞིང་གོམས་པར་བྱ།

何故佛子們必須恆常行持，彼中廣大宣說故，寂天菩薩自己所造的一切菩薩學處之總集，毫無疑問地非僅一次，務必屢屢閱讀並串習之。

ཡང་ན་རེ་ཞིག་མདོར་བསྡུས་པའི། །	亦或時而可閱讀，
མདོ་རྣམས་ཀུན་ལས་བཏུས་པ་བལྟ། །	總攝彼義之經集，
འཕགས་པ་ཀླུ་སྒྲུབ་ཀྱིས་མཛད་པའི། །	聖者龍樹所撰寫，
གཉིས་པོ་འང་འབད་པས་བལྟ་བར་བྱ། །	二書亦當勤奮讀。

ཡང་ན་དེ་གོམས་པར་བྱེད་མི་ནུས་ན་རེ་ཞིག་དེ་ཉིད་མདོར་བསྡུས་པའི། སློབ་དཔོན་འདིས་མཛད་པའི་མདོ་རྣམས་ཀུན་ལས་བཏུས་པ་ལ་བལྟ་བར་བྱའོ། །ཡབ་རྗེ་འགྲོ་བའི་མགོན་པོ་

དཔལ་མགོན་འཕགས་པ་ཀླུ་སྒྲུབ་ཀྱིས་མཛད་པའི་བསླབ་བཏུས་དང་མདོ་བཏུས་གཉིས་པོ་འདང་འབད་པས་བལྟ་བར་བྱའོ།།

亦或不能串習彼，則時而可閱讀總攝彼義之經集，至尊父長、眾生吉祥怙主聖者龍樹所撰寫之學集與經集二書亦當勤奮閱讀。

གང་ལས་གང་ནི་མ་བཀག་པ།། 凡是彼所未遮止,
དེ་ཉིད་སྤྱད་པར་བྱ་བ་སྟེ།། 彼即是為應行事,
འཇིག་རྟེན་སེམས་ནི་བསྲུང་བའི་ཕྱིར།། 為護世間心之故,
བསླབ་པ་མཐོང་ནས་ཡང་དག་སྤྱད།། 見學處已正等行。

བསླབ་པ་ཀུན་ལས་བཏུས་པ་ལ་སོགས་པ་གང་དག་ལས་བྱ་བ་གང་ནི་མ་བཀག་པ། དེ་ཉིད་སྤྱད་པར་བྱ་བ་ཡོན་ནོ་སྟེ། འཇིག་རྟེན་པའི་སེམས་ནི་བསྲུང་བའི་ཕྱིར། བསླབ་བཏུས་ལ་སོགས་པ་ལས་གསུངས་པའི་བསླབ་པ་མཐོང་ནས་ཡང་དག་པར་སྤྱད་དོ།།

凡是學集等等彼等之中所未遮止之事，彼即是為應行之事，為護世間眾之心之故，見學集等等所說之學處已正等地行持。

༢.༢.༢.༢.༡.༤.༢.ངོ་བོ་ངོས་བཟུང་ནས་ལེའུའི་དོན་བསྡུ་བ།

2.2.2.2.1.4.2.明辨體性而總攝品義

ལུས་དང་སེམས་ཀྱི་གནས་སྐབས་ལ།། 於身與心二時刻,
ཡང་དང་ཡང་དུ་བརྟག་བྱ་བ།། 應當屢屢做觀察,
དེ་ཉིད་ཁོ་ན་མདོར་ན་ནི།། 總之彼義即是為,
ཤེས་བཞིན་བསྲུང་བའི་མཚན་ཉིད་དོ།། 守護正知之性相。

ད་ནི་ཤེས་བཞིན་བསྲུང་བའི་ཚུལ་མདོར་བསྡུས་ཏེ་བསྟན་པའི་ལུས་ཀྱི་གནས་སྐབས་དང་སེམས་ཀྱི་གནས་སྐབས་ཀྱི་སྤྱོད་པ་རྣམས་ལ། ཡང་དང་ཡང་དུ་སོ་སོར་བརྟག་པར་བྱ་བ། འདི་ཉིད་ཁོ་ན་མདོར་ན་ནི། །ཤེས་བཞིན་བསྲུང་བའི་ཐབས་ཀྱི་མཚན་ཉིད་དོ།།

此時總結正知之理：於所宣說的身時刻，與心時刻，二種時刻之行持，應當屢屢各自做觀察，總之彼義即是為守護正知方法之性相。

ལུས་ཀྱིས་འདི་དག་སྤྱད་པར་བྱ། ། 當以身體行此等，
ཚིག་ཙམ་བརྗོད་པས་ཅི་ཞིག་འགྲུབ། ། 僅靠講說豈能成，
སྨན་དཔྱད་བཀླགས་པ་ཙམ་གྱིས་ནི། ། 僅靠念誦醫療典，
ནད་པ་དག་ལ་ཕན་འགྱུར་རམ། ། 能夠饒益患者否。

ལུས་ཀྱིས་འདི་དག་ནན་ཏན་དུ་སྤྱད་པར་བྱ་ཡི། འདི་ལྟར་སྤྱད་པར་བྱ་དགོས་ཞེས་ཚིག་ཙམ་དུ་བརྗོད་པས་དགོས་པའི་དོན་ཅི་ཞིག་འགྲུབ། དཔེར་ན་སྨན་དཔྱད་ཀྱི་བསྟན་བཅོས་བཀླགས་པ་ཙམ་གྱིས་ནི། སྨན་བསྟེན་པར་མ་བྱས་ན་ནད་པ་དག་ལ་ཕན་པར་འགྱུར་རམ་ཅི། དེ་བས་ན་བྱ་བ་ཐམས་ཅད་ནན་ཏན་གྱིས་བསྒྲུབ་པར་བྱའོ།།

唯有應當以身體力行此等，僅靠講說應當行此，豈能成辦所求事，譬如僅靠念誦醫療典籍，而不用藥，能夠饒益患者否。因此應當殷切成辦一切事。

༢་༢་༢་༢་༢་མཚན།
2.2.2.2.2.品名

བྱང་ཆུབ་སེམས་དཔའི་སྤྱོད་པ་ལ་འཇུག་པ་ལས་ཤེས་བཞིན་བསྲུང་བར་བྱ་བ་སྟེ་ལེའུ་ལྔ་པའོ།།

入菩提薩埵行‧宣說守護正知第五品竟

༢་༢་༢་༣་བྱང་ཆུབ་སེམས་ཀྱི་མི་མཐུན་ཕྱོགས་ཁོང་ཁྲོའི་གཉེན་པོ་བཟོད་པའི་ལེའུ།།

2.2.2.3.對治菩提心違緣嗔忿安忍品

༢.༢.༢.༣.༡.གཞུང་།

2.2.2.3.1.正文

༢.༢.༢.༣.༡.༡.ཁོང་ཁྲོ་སྤོང་བ།

2.2.2.3.1.1.斷嗔

བསྐལ་པ་སྟོང་དུ་བསགས་པ་ཡི། །	千劫之中所積累，
སྦྱིན་དང་བདེ་གཤེགས་མཆོད་ལ་སོགས།།	布施及供善逝等，
ལེགས་སྤྱད་གང་ཡིན་དེ་ཀུན་ཀྱང་། །	一切善行皆能因，
ཁོང་ཁྲོ་གཅིག་གིས་འཇོམས་པར་བྱེད། །	一次嗔怒而壞滅。

བསྐལ་པ་སྟོང་ཕྲག་དུ་མར་བསགས་པ་ཡི། སྦྱིན་པ་གཏོང་བ་དང་བདེ་གཤེགས་མཆོད་པ་ལ་སོགས་པ་སྟེ་ཆོས་དང་འཕགས་པའི་དགེ་འདུན་ལ་མཆོད་པ་དང་། སྡོམ་པ་ཡང་དག་པར་བླངས་ནས་ལེགས་པར་སྤྱད་པ་གང་ཡིན་པ་དེ་དག་ཀུན་ཀྱང་། སེམས་བསྐྱེད་པའི་བྱང་སེམས་གཞན་ལ་ཁོང་ཁྲོ་ལན་གཅིག་སྐྱེས་པ་གང་གིས་འཇོམས་པར་བྱེད། འོ་ན་བྱང་སེམས་མ་ཡིན་པ་དག་ལ་ཁྲོས་ཀྱང་ཉེས་པ་མེད་དམ་ཞེ་ན་མ་ཡིན་ཏེ། མདོ་ལས། དེ་ལྟ་བས་ན་མགལ་དུམ་ལ་ཡང་སེམས་ཀྱིས་ཁྲོ་བར་མི་བྱ་ན་རྣམ་པར་ཤེས་པ་དང་བཅས་པའི་ལུས་ལ་ལྟ་ཞིག་ཅི་སྨོས་ཞེས་གསུངས་པས་ཉེས་དམིགས་ཤིན་ཏུ་ཆེའོ།།

數千劫之中所積累的布施及供善逝、供法、供僧等，以及正等持戒而修的一切善行，皆能因為對其他已發心菩薩生起一次嗔怒而壞滅。那麼，若言對於非菩薩大眾，雖嗔怒亦無過患否？非也。《根本說一切有部毘奈耶雜事卷第九》有謂：“是故汝等應如是知。於諸枯木尚息惡心。豈況其餘含識之類”（義淨譯）。故過患甚大。

ཞེ་སྡང་ལྟ་བུའི་སྡིག་པ་མེད།།　　無有罪惡如嗔怒，
བཟོད་པ་ལྟ་བུའི་དཀའ་ཐུབ་མེད།།　　無有苦行如安忍，
དེ་བས་བཟོད་ལ་ནན་ཏན་དུ།།　　是故當以各種理，
སྣ་ཚོགས་ཚུལ་གྱིས་བསྒོམ་པར་བྱ།།　　認真修持心安忍。

བསོད་ནམས་ཟད་པར་བྱེད་པས་ཞེ་སྡང་ལྟ་བུའི་སྡིག་པ་མེད།　དེའི་གཉེན་པོ་བཟོད་པ་ཐུབ་ཚུགས་པ་ལྟ་བུའི་དཀའ་ཐུབ་མེད།　དེ་ལྟར་བས་ན་བཟོད་པ་སྒོམ་པ་ལ་ནན་ཏན་དུ་འོག་ནས་འཆད་པར་འགྱུར་བའི་ཐབས་སྣ་ཚོགས་པའི་ཚུལ་གྱིས་བསྒོམ་པར་བྱའོ།།

能耗盡福報，故無有罪惡如嗔怒，而彼之對治無有苦行如安忍（忍耐），是故當以之後將宣說的各種方法道理，認真修持心安忍。

ཞེ་སྡང་ཟུག་རྔུའི་སེམས་འཆང་ན།།　　若持嗔怒刺苦心，
ཡིད་ནི་ཞི་བ་ཉམས་མི་མྱོང་།།　　意則不能嚐寂止，
དགའ་དང་བདེ་བའང་མི་འཐོབ་ལ།།　　亦將不得喜與樂，
གཉིད་མི་འོང་ཞིང་བརྟན་མེད་འགྱུར།།　　不能入睡不穩定。

ལུས་དང་སེམས་ཀྱི་རྒྱུན་གདུངས་པར་བྱེད་པའི་ཞེ་སྡང་ཟུག་རྔུའི་སེམས་འཆང་ན།　ཡིད་ནི་སྡུག་བསྔལ་ཞི་བ་ཉམས་སུ་མི་མྱོང་ཞིང་།　སེམས་ལ་དགའ་བ་དང་ལུས་ལ་བདེ་བའང་མི་འཐོབ་ལ།　མཚན་མོ་གཉིད་མི་འོང་ཞིང་ཉིན་མོ་ལུས་སེམས་སོ་མི་ཐུབ་པས་བརྟན་པ་མེད་པར་འགྱུར།

若持能使身心痛苦的嗔怒刺苦心，意則不能嚐受痛苦獲得寂止，亦將不得心歡喜與身安樂，夜晚不能入睡，而白天身心無法耐受，故不穩定。

གང་དག་ནོར་དང་བཀུར་སྟི་ཡིས།།　　何人依止施予己，
དྲིན་བྱིན་དེ་ལ་བརྟེན་གྱུར་པ།།　　財與禮遇恩惠主，

དེ་དག་ཀྱང་ནི་སྡང་ལྡན་པའི།། 彼猶抗爭至殺害，
རྗེ་དཔོན་དེ་ལ་གསོད་པར་རྒོལ།། 具有嗔怒之主上。

བྲན་གཡོག་གང་དག་ནོར་དང་བཀུར་སྟི་ཡིས། དྲིན་ཅན་པའི་རྗེ་དཔོན་དེ་ལ་བརྟེན་པར་གྱུར་པ་ན། བྲན་གཡོག་དེ་དག་ཀྱང་ནི་ཞེ་སྡང་དང་ལྡན་པའི། རྗེ་དཔོན་དེ་ལ་གསོད་པའི་བར་དུ་རྒོལ་བར་བྱེད་དོ།།

任何願為奴僕之人，去依止施予己財富與禮遇之恩惠主，彼奴僕猶會抗爭直至殺害具有嗔怒之主上為止。

དེ་ཡིས་མཛའ་བཤེས་སྐྱོ་བར་འགྱུར།། 以彼將令親友厭，
སྦྱིན་པས་བསྡུས་ཀྱང་བསྟེན་མི་བྱེད།། 雖以施攝猶不親。

ཞེ་སྡང་སྐལ་ངན་གཏུམ་པོ་དེ་ཡིས་མཛའ་བཤེས་དག་ཀྱང་སྐྱོ་བར་འགྱུར་ཞིང་། སྦྱིན་པས་བསྡུས་ཀྱང་བྲན་གྱི་ཚོགས་རྣམས་ཀྱིས་བསྟེན་པར་མི་བྱེད་དོ།།

以彼嗔怒、歹運、兇暴，亦將令親友生厭，雖以布施攝受，僕從猶不親近。

མདོར་ན་ཁྲོ་བས་བདེར་གནས་པ།། 總之無有任何人，
དེ་ནི་འགའ་ཡང་ཡོད་མ་ཡིན།། 能以嗔怒住安樂，
ཁྲོ་བའི་དགྲ་ཡིས་དེ་ལ་སོགས།། 嗔怒之敵能招引，
སྡུག་བསྔལ་དག་ནི་བྱེད་པར་འགྱུར།། 彼等如是之痛苦。

མང་དུ་བཤད་པས་ཅི་ཞིག་དགོས། མདོར་ན་ཁྲོ་བས་བདེ་བར་གནས་པ། དེ་ནི་འགའ་འ་སུ་ཡང་ཡོད་པ་མ་ཡིན་ནོ། །ཁྲོ་བའི་དགྲ་ཡིས་དེ་དག་ལ་སོགས་པའི་ཚེ་འདི་དང་འཇིག་རྟེན་གཞན་གྱི་སྡུག་བསྔལ་དག་ནི་བྱེད་པར་འགྱུར་རོ།།

何故需要多說，總之無有任何人，能以嗔怒住安樂，嗔怒之敵能招引彼等今生與他世如是種種之痛苦。

གང་ཞིག་བསྒྲིམས་ཏེ་ཁྲོ་བཛོམས་པ།། 何人一心滅嗔怒，

དེ་ནི་འདི་དང་གཞན་དུ་བདེ།། 是人此世他世樂。

གང་ཞིག་ལེགས་པར་སྤྱོད་པའི་བདག་ཉིད་ཀྱིས་བསྒྲིམས་ནས་ཏེ་ཁྲོ་བའི་སེམས་འཇོམས་པ། དེ་ནི་འཇིག་རྟེན་འདི་དང་གཞན་པ་རོལ་དུ་ཡང་བདེའོ།།

何人（善於行持者）一心消滅嗔怒之心，是人此世與他世皆得樂。

མི་འདོད་བྱས་དང་འདོད་པ་ཡི། ། 做非所欲障所欲，
གེགས་བྱས་པ་ལས་བྱུང་གྱུར་པ། ། 彼等所生意不樂，
ཡིད་མི་བདེ་བའི་ཟས་རྙེད་ནས། ། 獲得如是食糧已，
ཞེ་སྡང་བརྟས་ཏེ་བདག་འཇོམས་སོ། ། 滋養嗔怒而壞己。
དེ་ལྟས་བདག་གིས་དགྲ་བོ་དེའི། ། 因此我當務除盡，
ཟས་ནི་རྣམ་པར་གཞོམ་པར་བྱ། ། 滋養彼敵之食糧，

བདག་ལ་མི་འདོད་པ་བྱས་པ་དང་བདག་གི་འདོད་པ་ཡི། གེགས་བྱས་པ་དེ་གཉིས་ལས་བྱུང་བར་གྱུར་པ། ཐོག་མར་ཡིད་མི་བདེ་བའི་ཟས་ཤིག་རྙེད་ནས། །ཞེ་སྡང་གི་ནུས་པ་བརྟས་ཏེ་བདག་འཇོམས་སོ། །དེ་ལྟར་བས་ན་བདག་གིས་ཞེ་སྡང་གི་དགྲ་བོ་དེའི། ཟས་ཡིད་མི་བདེ་དེ་ནི་རྣམ་པར་གཞོམ་པར་བྱའོ།།

做非己所欲之事，以及障礙己之所欲，由彼等二者所生之意不樂，首先獲得了如是食糧已，滋養了嗔怒之能而來壞滅己。因此，我應當務必除盡滋養彼嗔怒敵之食糧（意不樂）。

འདི་ལྟར་བདག་ལ་གནོད་པ་ལས། ། 如是唯有傷害己，
དགྲ་འདི་ལ་ནི་ལས་གཞན་མེད། ། 此敵更無其餘事，
ཅི་ལ་བབ་ཀྱང་བདག་གིས་ནི།། 我當不因任何事，
དགའ་བའི་ཡིད་ནི་དཀྲུགས་མི་བྱ། ། 攪動騷擾歡喜意。

འདི་ལྟར་བདག་ལ་གནོད་པར་བྱེད་པ་པོ་ན་ལས། ཉོན་མོངས་པའི་དགྲ་འདི་ལ་ནི་ལས

གཞན་གང་ཡང་མེད་པས། དགོས་པ་ཅི་ལ་བབ་ཀྱང་བདག་གིས་ནི། དགའ་བའི་ཡིད་འདི་ནི་ཁོང་ཁྲོ་བས་དཀྲུགས་པར་མི་བྱའོ།།

如是唯有能傷害己，此煩惱敵更無任何其餘事，我應當不因任何需求之事，被嗔怒攪動騷擾歡喜之意。

མི་དགའ་བྱས་ཀྱང་འདོད་མི་འགྲུབ། ། 不喜猶不成所欲，
དགེ་བ་དག་ནི་ཉམས་པར་འགྱུར། ། 更將破損諸善德，
གལ་ཏེ་བཅོས་སུ་ཡོད་ན་ནི།། 倘若仍有可改處，
དེ་ལ་མི་དགར་ཅི་ཞིག་ཡོད།། 何故於彼不歡喜，
གལ་ཏེ་བཅོས་སུ་མེད་ན་ནི།། 倘若已然不可改，
དེ་ལ་མི་དགའ་བྱས་ཅི་ཕན།། 於彼不喜有何益。

སེམས་མི་དགའ་བར་བྱས་ཀྱང་འདོད་པའི་དོན་ཅི་ཡང་མི་འགྲུབ་ཅིང་། རང་གི་དགེ་བ་དག་ནི་ཉམས་པར་འགྱུར་རོ། །གལ་ཏེ་མི་འདོད་པའམ་འདོད་པའི་གེགས་བྱས་པ་དེ་ཉིད་བཅོས་སུ་ཡོད་ན་ནི། བཅོས་སུ་རུང་བ་དེ་ལ་མི་དགར་ཅི་ཞིག་ཡོད། གལ་ཏེ་ཅིས་ཀྱང་བཅོས་སུ་མེད་ན་ནི། དེ་ལ་མི་དགའ་བར་བྱས་ཀྱང་ཅི་ཞིག་ཕན། དེ་ལྟར་རྣམ་པར་དཔྱད་ནས་ཡིད་མི་བདེ་བ་བསལ་བ་ལ་འབད་པར་བྱའོ།།

雖然不歡喜，猶不能成就所欲求之事，更將破損己諸多善德。倘若不喜之事，或障礙所喜之事仍有可改處，何故於彼可改之事不歡喜，倘若無論如何已然不可改，於彼不喜又有何益處。如是細細思維已，當盡力消除意不樂。

༢.༢.༢.༣.༡.༢.བཟོད་པ་སྒོམ་པའི་ཚུལ།

2.2.2.3.1.2.修安忍之理

༢.༢.༢.༣.༡.༢.༡.བཟོད་ཡུལ་ངོས་བཟུང་བ།

2.2.2.3.1.2.1.明辨安忍境

བདག་གམ་བདག་གི་བཤེས་རྣམས་ལ། ། 自己以及己之友，
སྡུག་བསྔལ་བརྙས་དང་ཚིག་རྩུབ་དང་། ། 所謂痛苦與輕蔑，
མི་སྙན་ཞེས་བྱ་མི་འདོད་དེ།། 惡語醜言乃不欲，
དགྲ་ལ་དེ་ལས་བཟློག་པས་སོ།། 敵方則與彼相反。

བདག་གམ་བདག་གི་མཛའ་བཤེས་རྣམས་ལ། ལུས་ལ་གནོད་པའི་སྡུག་བསྔལ་བར་བྱེད་པ་དང་སེམས་ལ་གནོད་པའི་བརྙས་པར་བྱེད་པ་དང་ཞེར་འདེབས་པའི་ཚིག་རྩུབ་དང་། གྲགས་པ་མ་ཡིན་པའི་མི་སྙན་པ་ཞེས་བྱ་བ་དེ་རྣམས་མི་འདོད་དེ། དགྲ་ལ་དེ་དག་ཐམས་ཅད་ལས་བཟློག་པས་སོ། །དེ་ཡང་བདག་ལ་སྡུག་བསྔལ་བསྐྱེད་པ་ལ་བཟོད་པ། བརྙས་སོགས་བྱེད་པ་ལ་བཟོད་པ། ཚིག་རྩུབ་སྨྲ་བ་ལ་བཟོད་པ། མི་སྙན་པར་སྨྲ་བ་ལ་བཟོད་པ། བདག་གི་བཤེས་ལ་སྡུག་བསྔལ་བསྐྱེད་པ་ལ་བཟོད་པ། བརྙས་སོགས་བྱེད་པ་ལ་བཟོད་པ། ཚིག་རྩུབ་སྨྲ་བ་ལ་བཟོད་པ། མི་སྙན་པར་སྨྲ་བ་ལ་བཟོད་པ། དགྲ་ལ་བདེ་བར་བྱེད་པ་ལ་བཟོད་པ། རྙེད་པ་སྦྱིན་པ་ལ་བཟོད་པ། བསྟོད་པ་བརྗོད་པ་ལ་བཟོད་པ། སྙན་པར་སྨྲས་པ་ལ་བཟོད་པ་སྟེ་བཅུ་གཉིས་དང་། ཡང་བདག་ལ་བདེ་བའི་གེགས་བྱེད་པ་ལ་བཟོད་པ། རྙེད་པའི་གེགས་བྱེད་པ་ལ་བཟོད་པ། བསྟོད་པའི་གེགས་བྱེད་པ་ལ་བཟོད་པ། སྙན་པའི་གེགས་བྱེད་པ་ལ་བཟོད་པ། བདག་གི་བཤེས་ལ་བདེ་བའི་གེགས་བྱེད་པ་ལ་བཟོད་པ། རྙེད་པའི་གེགས་བྱེད་པ་ལ་བཟོད་པ། བསྟོད་པའི་གེགས་བྱེད་པ་ལ་བཟོད་པ། སྙན་པའི་གེགས་བྱེད་པ་ལ་བཟོད་པ། དགྲ་ལ་སྡུག་བསྔལ་གྱི་གེགས་བྱེད་པ་ལ་བཟོད་པ། བརྙས་སོགས་ཀྱི་གེགས་བྱེད་པ་ལ་བཟོད་པ། ཚིག་རྩུབ་ཀྱི་གེགས་བྱེད་པ་ལ་བཟོད་པ། མི་སྙན་པའི་གེགས་བྱེད་པ་ལ་བཟོད་པ་སྟེ་བཟོད་ཡུལ་ཉི་ཤུ་རྩ་བཞིའོ།།

自己以及自己之親友，所謂能使身體受傷的痛苦，與能使心受傷的輕蔑，諷刺的惡語，不名譽的醜言，彼等乃為所不欲，敵方則與彼一切相反。

二十四安忍境：

1.安忍令我痛苦2. 安忍令我輕蔑等3.安忍惡語4.安忍醜言5.安忍令我友痛苦6. 安忍令我友輕蔑等7.安忍友之惡語8.安忍友之醜言

9.安忍令敵安樂10. 安忍令敵得利養11.安忍敵之稱讚12.安忍敵之美言13.安忍我安樂之障14. 安忍我得利養之障15.安忍我稱讚之障16.安忍我美言之障17.安忍我友安樂之障18. 安忍我友得利養之障19.安忍我友稱讚之障20.安忍我友美言之障21.安忍令敵痛苦之障22. 安忍令敵輕蔑等之障23.安忍敵惡語之障24.安忍敵醜言之障

༢.༢.༢.༣.༡.༢.༢.བཟོད་པ་སྒོམ་པ་དངོས།
2.2.2.3.1.2.2.修安忍正文

༢.༢.༢.༣.༡.༢.༢.༡.མི་འདོད་པ་བྱེད་པ་ལ་བཟོད་པ་སྒོམ་པ།
2.2.2.3.1.2.2.1.於所不欲修安忍

༢.༢.༢.༣.༡.༢.༢.༡.༡.བདག་ལ་སྡུག་བསྔལ་བྱེད་པ་ལ་བཟོད་པ།
2.2.2.3.1.2.2.1.1.安忍令我痛苦

༢.༢.༢.༣.༡.༢.༢.༡.༡.༡.སྡུག་བསྔལ་དང་ལེན་གྱི་བཟོད་པ།
2.2.2.3.1.2.2.1.1.1.安受苦忍

བདེ་བའི་རྒྱུ་ནི་རེས་འགའ་འབྱུང་། །　安樂之因偶爾生，
སྡུག་བསྔལ་རྒྱུ་ནི་ཤིན་ཏུ་མང་། །　痛苦之因甚繁多，
སྡུག་བསྔལ་མེད་པར་ངེས་འབྱུང་མེད། །　無苦則無出離心，
དེ་བས་སེམས་ཁྱོད་བརྟན་པར་གཅོས། །　是故心汝堅定受。

བདེ་བའི་རྒྱུ་དགེ་བའི་ཕྱོགས་ཉེ་བར་བསྟེན་པ་ནི་རེས་འགའ་ཙམ་འབྱུང་ལ། སྡུག་བསྔལ་གྱི་

རྒྱུ་མི་དགེ་བ་ནི་ཤིན་ཏུ་མང་སྟེ་འབད་པ་མེད་པར་འགྲུབ་པའི་ཕྱིར་རོ། །དེ་ལྟར་ན་ཡང་འཁོར་བ་ན་སྡུག་བསྔལ་མེད་པར་སྐྱོ་བ་མེད་པས་དེ་ལས་ངེས་པར་འབྱུང་བ་ཡང་མེད་ལ། དེ་བས་སེམས་ཁྱོད་སྡུག་བསྔལ་དང་དུ་ལེན་པ་ལ་བརྟན་པར་མཛོད་ཅིག །

安樂之因（親近善方）僅偶爾發生，痛苦之因（不善）甚繁多，因不勞而成之故。如此輪迴之中，無苦則無厭患心，無厭患心，也無由生起出離心，是故心汝須堅定承擔、接受痛苦。

དཀའ་བཟློག་དད་དང་ཀརྞ་པ། ། 信破苦與迦那巴，
བསྲེགས་དང་བཅད་སོགས་ཚོར་བ་ནི། ། 能忍燒砍無義受，
དོན་མེད་བཟོད་བྱེད་ཐར་པ་ཡི། ། 何況我為求解脫，
དོན་དུ་བདག་ཀོ་ཅི་ཕྱིར་སྐྲག ། 於苦因何生怯懦。

ལྷ་མོ་དཀའ་ཟློག་མ་ལ་དད་པ་དང་ཡུལ་ཀརྞ་པ་རྣམས་ཕན་ཚུན་འགྲན་ནས་ལུས་མེ་ལ་བསྲེགས་པ་དང་མགོ་དང་ཡན་ལག་བཅད་པ་ལ་སོགས་པའི་ཚོར་བ་ནི། དོན་མེད་དུ་བཟོད་པར་བྱེད་ན་ཐར་པ་ཡི། དོན་དུ་བདག་ཀོ་ཅི་ཡི་ཕྱིར་ན་སྐྲག

信奉破苦天女者，與迦那巴地方的人們，彼此相互競爭著能忍受用火燒身，以及砍下頭顱四肢等無意義之苦受，何況我為求解脫，於痛苦因何而心生怯懦。

གོམས་ན་སླ་བར་མི་འགྱུར་བའི། ། 若已串習則未有，
དངོས་དེ་གང་ཡང་ཡོད་མ་ཡིན། ། 任何不成容易事，
དེ་བས་གནོད་པ་ཆུང་གོམས་པས། ། 是故串習小害已，
གནོད་པ་ཆེན་པོ་བཟོད་པར་བྱ། ། 則當安忍大傷害。

གལ་ཏེ་སྡུག་བསྔལ་ཆུང་ངུ་རྣམས་ནི་བཟོད་པར་ནུས་ཀྱི། མགོ་དང་ཡན་ལག་བཅད་པ་སོགས་ནི་བཟོད་པར་མི་ནུས་སོ་ཞེ་ན། གོམས་པར་བྱས་ན་སླ་བར་མི་འགྱུར་བའི། དངོས་པོ་དེ་གང་ཡང་ཡོད་པ་མ་ཡིན་པས། དེ་བས་ན་གནོད་པ་ཆུང་ངུ་དག་ལ་ཐོག་མར་གོམས་པ་བས། ཕྱི་ནས

གནོད་པ་ཆེན་པོ་རྣམས་ཀྱང་བཟོད་པར་བྱོས་ཤིག།

若言：諸小苦可忍，而砍頭四肢等不能忍，則曰：若已串習，則未有任何不成為容易之事，是故首先串習了小害已，之後則當安忍諸多大傷害。

སྦྲུལ་དང་ཤ་སྦྲང་དག་དང་ནི།། 蛇與蒼蠅等傷害，
བཀྲེས་སྐོམ་ལ་སོགས་ཚོར་བ་དང་།། 饑渴等等之感受，
གཡན་པ་ལ་སོགས་བཅས་པ་ཡི།། 疥癬等等無意義，
དོན་མེད་སྡུག་བསྔལ་ཅིས་མ་མཐོང་།། 痛苦何故汝不見。

གནོད་པ་ཆུང་ངུ་དེ་གང་ཞེ་ན། སྦྲུལ་དང་ཤ་སྦྲང་དག་གིས་གནོད་པ་དང་ནི། བཀྲེས་སྐོམ་ལ་སོགས་པའི་ཚོར་བ་དང་། གཡན་པ་ལ་སོགས་པ་དང་བཅས་པ་ཡི། །དོན་མེད་པའི་སྡུག་བསྔལ་མང་པོ་ཅིས་མ་མཐོང་།

若問何為小傷害？蛇與蒼蠅等傷害，饑渴等等之感受，疥癬等等無意義，痛苦何故汝不見。

ཚ་གྲང་ཆར་དང་རླུང་སོགས་དང་།། 冷熱下雨和颮風，
ནད་དང་འཆིང་དང་བརྡེག་སོགས་ལ།། 疾病拘禁鞭打等，
བདག་གིས་བཟེ་རེ་མི་བྱ་སྟེ།། 不當於彼有軟弱，
དེ་ལྟར་བྱས་ན་གནོད་པ་འཕེལ།། 若是如此害轉增。

དེ་བཞིན་དུ་དབྱར་གྱི་ཚ་བ་དང་དགུན་གྱི་གྲང་བ་དང་ཆར་དང་རླུང་ལ་སོགས་པ་དང་། ནད་ཀྱིས་ཐེབས་པ་དང་རྒྱལ་པོ་ལ་སོགས་པས་འཆིང་བ་དང་གཞན་གྱིས་བརྡེག་པ་སོགས་ལ། བདག་གིས་མི་བཟོད་པར་བཟེ་རེ་མི་བྱ་སྟེ། དེ་ལྟར་བཟེ་རེ་བྱས་ན་གནོད་པ་སླར་ཡང་འཕེལ་བར་འགྱུར་རོ།།

同樣地，冬季之冷、夏季之熱、下雨和颮風等等，疾病纏身、國王等的拘禁、他人的鞭打等，我不應當於彼有軟弱、不耐，若是如此軟弱，傷害又將轉為增強。

ལ་ལ་བདག་གི་ཁྲག་མཐོང་ན།། 有人若見己之血，
དཔའ་བརྟན་ལྷག་པར་སྐྱེ་འགྱུར་ཡོད།། 更加增長心勇毅，
ལ་ལ་གཞན་གྱི་ཁྲག་མཐོང་ན།། 有人若見他人血，
བོག་ཆེད་བརྒྱལ་བར་འགྱུར་བ་ཡོད།། 暈厥昏倒亦有之。

སེམས་བརྟན་པ་རྣམས་ནི་སྡུག་བསྔལ་གྱིས་གནོད་པར་ཡང་མི་ནུས་ཏེ། སྐྱེས་བུ་དཔའ་བོ་ལ་ལ་གཡུལ་ངོའི་སར་བདག་གི་ཁྲག་མཐོང་ན། སྙིང་ལ་དཔའ་བརྟན་ལྷག་པར་སྐྱེ་བར་འགྱུར་བ་ཡང་ཡོད་ལ། ཡང་སེམས་ཀྱི་རྒྱུད་སྡར་མ་ལ་ལ་གཞན་གྱི་ཁྲག་མཐོང་ན། དེས་ཀྱང་བོག་ཆེད་བརྒྱལ་བར་འགྱུར་བ་ཡང་ཡོད་པས།

此處說明心志堅定者，不為痛苦所傷：有人（勇者）於戰場上若見己之血，更加增長心中之勇猛和堅毅，又有人（心怯懦者）若見他人血，因此而暈厥昏倒者亦有之。

དེ་ཉི་སེམས་ཀྱི་དངང་བརྟན་དང་།། 彼乃堅毅之心境，
སྡར་མའི་ཚུལ་ལས་གྱུར་པ་ཡིན།། 以及怯懦之所致，
དེ་བས་གནོད་པ་ཁྱད་བསད་ཅིང་།། 是故應當無視害，
སྡུག་བསྔལ་རྣམས་ཀྱིས་མི་ཚུགས་བྱོས།། 不為痛苦而受傷。

སྔ་མ་དེ་ཉི་སེམས་ཀྱི་དངང་བརྟན་པ་ལ་གོམས་པ་དང་། ཕྱི་མ་ནི་སྡར་མའི་ཚུལ་ལ་གོམས་པ་ལས་གྱུར་པ་ཡིན་པ། དེ་བས་ན་གནོད་པ་ཐམས་ཅད་ཁྱད་དུ་བསད་ཅིང་། བྱང་ཆུབ་སེམས་དཔའི་སྤྱོད་པ་སྤྱོད་པ་ན་སྡུག་བསྔལ་རྣམས་ཀྱིས་བདག་ལ་མི་ཚུགས་པར་བྱོས་ཤིག།

因此，彼前者乃串習了堅毅之心境，以及後者乃串習了怯懦心境之所致，是故應當無視一切傷害，行持菩薩行之時，不可因為痛苦而令自己受傷。

མཁས་པ་ས་སྡུག་བསྔལ་བྱུང་ཡང་ནི།། 智者雖然遭逢苦，
སེམས་ཀྱི་རབ་དྭངས་རྙོག་མི་བྱ།། 仍當不攪心澄淨，

ཉོན་མོངས་རྣམས་དང་གཡུལ་འགྱེད་པ།།　　與眾煩惱做奮戰，
གཡུལ་འགྱེད་ཚེ་ན་གནོད་པ་མང་།།　　交戰之時多受傷。

མཁས་པས་སྡུག་བསྔལ་ཅི་ལྟར་བྱུང་ཡང་ནི། སེམས་ཀྱི་རབ་ཏུ་དང་བ་འཁྲུགས་པས་རྙོག་པར་མི་བྱ་སྟེ། ཉོན་མོངས་པའི་དགྲ་རྣམས་དང་ལྷན་ཅིག་ཏུ་གཡུལ་འགྱེད་པ། གཡུལ་འགྱེད་པའི་ཚེ་ན་གནོད་པ་མང་ངོ་།།

智者雖然遭逢苦，仍當不攪亂心中之澄淨，同時與眾多煩惱敵做奮戰，交戰之時多有受傷。

སྡུག་བསྔལ་ཐམས་ཅད་ཁྱད་བསད་ནས།།　　無視一切痛苦已，
ཞེ་སྡང་ལ་སོགས་དགྲ་འཇོམས་པ།།　　消滅嗔等煩惱敵，
དེ་དག་རྒྱལ་བྱེད་དཔའ་བ་བོ་སྟེ།།　　彼等方為勇勝者，
ལྷག་མ་རོ་ལ་གསོད་པ་བོ།།　　其餘則為屠屍者。

སྐབས་དེར་སྡུག་བསྔལ་ཐམས་ཅད་ཁྱད་དུ་བསད་ནས། ཞེ་སྡང་ལ་སོགས་པ་ཉོན་མོངས་པའི་དགྲ་རྣམས་འཇོམས་པར་བྱེད་པ། དེ་དག་ནི་གཡུལ་ལས་རྒྱལ་བར་བྱེད་པའི་དཔའ་བོ་སྟེ། དཔའ་བོ་ལྷག་མ་རྣམས་ནི་རོ་ལ་གསོད་པ་བོ།།

於彼當下無視一切痛苦已，能夠消滅嗔等煩惱敵，彼等方為戰場中的勇者、勝利者，其餘勇者則為屠屍者。

གཞན་ཡང་སྡུག་བསྔལ་ཡོན་ཏན་ནི།།　　復又痛苦有功德，
སྐྱོ་བས་དྲེགས་པ་སེལ་བར་བྱེད།།　　因厭患故能除驕，
འཁོར་བ་པ་ལ་སྙིང་རྗེ་སྐྱེ།།　　於輪迴者生悲憫，
སྡིག་ལ་འཛེམ་ཞིང་དགེ་ལ་དགའ།།　　忌罪以及喜於善。

ཡོན་ཏན་བསྟན་པ་འདི་ལས་ཀྱང་སྡུག་བསྔལ་དང་དུ་བླང་བར་བྱའོ་ཞེས་བསྟན་པ་ནི། གཞན་ཡང་སྡུག་བསྔལ་འདིའི་ཡོན་ཏན་ནི། སེམས་སྐྱོ་བར་གྱུར་པས་རིགས་དང་དབང་ཐང་ལ་སོགས་པས་བསྐྱེད་པའི་དྲེགས་པ་སེལ་བར་བྱེད་དེ་ཉམས་པར་འགྱུར་བ་དང་། སྡུག་བསྔལ་

གྱིས་མནར་བའི་འཁོར་བ་པ་རྣམས་ལ་སྙིང་རྗེ་སྐྱེ་ཞིང་། འདི་ནི་སྡིག་པའི་འབྲས་བུ་ཡིན་ནོ་སྙམ་དུ་རིག་ནས་སྡིག་པ་ལ་འཛེམ་ཞིང་དགེ་བའི་ལས་ལ་དགའ་བར་འགྱུར་རོ།།

此處透過宣說痛苦之功德，表示更應當承擔痛苦：復又此痛苦有功德，因心厭患故能消除種姓、權勢等等所生之驕慢，對於輪迴中受痛苦逼惱者，能心生悲憫，了知此為罪惡之果而忌諱造罪，以及將歡喜於行善。

༢.༢.༢.༣.༡.༢.༢.༡.༡.༢.ཆོས་ལ་ངེས་སེམས་ཀྱི་བཟོད་པ།
2.2.2.3.1.2.2.1.1.2.諦察法忍

མཁྲིས་པ་ལ་སོགས་སྡུག་བསྔལ་གྱི། །　　對於膽等諸痛苦，
འབྱུང་གནས་ཆེ་ལ་མི་ཁྲོ་བར།།　　最大根源不嗔怒，
སེམས་ཡོད་རྣམས་ལ་ཅི་སྟེ་ཁྲོ། །　　然則何故嗔有情，
དེ་དག་ཀུན་ཀྱང་རྐྱེན་གྱིས་བསྐུལ། །　　彼等亦皆緣所致。

སྡུག་བསྔལ་གྱི་རྒྱུ་ཡིན་པས་དགྲ་ལ་ཁྲོ་བར་རིགས་སོ་སྙམ་ན། མཁྲིས་པ་དང་བད་ཀན་ལ་སོགས་པ་སྡུག་བསྔལ་གྱི། འབྱུང་གནས་ཤིན་ཏུ་ཆེ་བ་རྣམས་ལ་མི་ཁྲོ་བར། སེམས་ཡོད་པའི་གནོད་པར་བྱེད་པ་རྣམས་ལ་ཅི་སྟེ་ཁྲོ་སྟེ། དེ་དག་ཀུན་ཀྱང་རྐྱེན་གྱིས་བསྐུལ་བ་ལ་ནི་ཁྱད་པར་ཅི་ཡང་མེད་དོ།།

若以為是痛苦之因，即嗔怒有理，則曰：對於膽、涎等諸多痛苦的各種最大根源不起嗔怒，然則何故嗔怒有情的傷害，彼等亦皆因緣所致，毫無分別。

དཔེར་ན་མི་འདོད་བཞིན་དུ་ཡང་། །　　譬若雖然非所欲，
ནད་འདི་འབྱུང་བར་འགྱུར་བ་ལྟར། །　　此病仍然生起般，
དེ་བཞིན་མི་འདོད་བཞིན་དུ་ཡང་། །　　如是雖然非所欲，
ནན་གྱིས་ཉོན་མོངས་འབྱུང་བར་འགྱུར།།　　被迫生起諸煩惱。

དཔེར་ན་སེམས་ཅན་རྣམས་ལ་མི་འདོད་བཞིན་དུ་ཡང་། མཁྲིས་པ་ལ་སོགས་པའི་ནད་འདི་འབྱུང་བ་འགྱུར་བ་ལྟར། དེ་བཞིན་དུ་རང་གི་སེམས་ལ་མི་འདོད་བཞིན་དུ་ཡང་། ནན་གྱིས་རང་དབང་མེད་པར་ཉོན་མོངས་པ་རྣམས་ཀྱང་འབྱུང་བར་འགྱུར་བ་ཡིན་ནོ།།

譬若雖然非有情之所欲，此膽等疾病仍然生起一般，如是雖然非自己之所欲，仍然也被迫不由自主地生起諸煩惱。

ཁྲོ་བར་བྱ་ཞེས་མ་བསམས་ཀྱང་། །	雖不曾想當嗔怒,
སྐྱེ་བོ་རྣམས་ནི་གྱི་ནར་ཁྲོ།།	而人皆因瑣事嗔,
བསྐྱེད་པར་བྱ་ཞེས་མ་བསམས་ཀྱང་། །	雖不曾想當生起,
ཁྲོ་བ་དེ་བཞིན་སྐྱེ་བར་འགྱུར།།	而嗔如是將生起。

ཅི་སྟེ་དགྲས་ནི་བསམ་བཞིན་དུ་གནོད་པར་བྱེད་པ་ཡིན་ལ། ནད་ཀྱིས་ནི་དེ་ལྟར་མ་ཡིན་ནོ་སྙམ་ན། ཐོག་མ་ནས་བདག་ཁྲོ་བར་བྱའོ་ཞེས་མ་བསམས་ཀྱང་། སྐྱེ་བོ་རྣམས་ནི་རྐྱེན་གྱི་གྱི་ནར་ཙམ་གྱིས་ཁྲོ་བར་འགྱུར་ཞིང་། ཁྲོ་བའི་རྒྱུ་རྐྱེན་ཚོགས་པ་དེས་ཀྱང་ཁྲོ་བ་བསྐྱེད་པར་བྱ་ཞེས་མ་བསམས་ཀྱང་། རྒྱུ་རྐྱེན་ཚོགས་པ་ན་ཁྲོ་བ་ཡང་དེ་བཞིན་དུ་རང་དབང་མེད་པར་སྐྱེ་བར་འགྱུར་རོ།།

若以為敵人是如所想一般地造作傷害，而病則非如此，則曰：雖不曾於最初想：我應當嗔怒，然而人皆因瑣事之緣而嗔，雖具足的嗔怒之緣亦不曾想：應當生起嗔怒，然而緣份條件具足之時，嗔也如是不由自主地將生起。

ཉེས་པ་ཇི་སྙེད་ཐམས་ཅད་དང་། །	所有一切之過患,
སྡིག་པ་རྣམ་པ་སྣ་ཚོགས་པ།།	各種各樣之罪惡,
དེ་ཀུན་རྐྱེན་གྱི་སྟོབས་ལས་བྱུང་། །	彼等皆由緣力生,
རང་དབང་ཡོད་པ་མ་ཡིན་ནོ།།	一切皆非能自主。

དེ་ཁོ་ནར་མ་ཟད་སྐྱེ་ག་ན་འཆི་ལ་སོགས་པ་ཉེས་པ་ཇི་སྙེད་ཡོད་པ་ཐམས་ཅད་དང་། སྡིག་

གཅོད་པ་ལ་སོགས་པ་རང་ལ་གནོད་པའི་སྡིག་པ་རྣམ་པ་སྣ་ཚོགས་པ། དེ་དག་ཀུན་ཀྱང་རྐྱེན་གྱི་སྟོབས་ལས་བྱུང་བས། ཐམས་ཅད་ལ་རང་དབང་ཡོད་པ་མ་ཡིན་ནོ།།

非僅於此，生老病死等等所有一切之過患，以及殺生等等傷害自己的各種各樣之罪惡，彼等亦皆由緣力而生，因此，一切皆非能自主。

རྐྱེན་རྣམས་ཚོགས་པ་དེ་དག་ཀུན། །	彼等會聚之眾緣，
བསྐྱེད་པར་བྱ་ཞེས་སེམས་པ་མེད། །	亦無當生之心念，
དེས་བསྐྱེད་དེ་ཡང་བདག་བསྐྱེད་ཅེས། །	而彼所生亦不存，
སེམས་པ་ཡོད་པ་མ་ཡིན་ནོ།།	所謂生我之心念。

རྐྱེན་རྣམས་ཚོགས་པ་དེ་དག་ཀུན། །རང་རང་གི་འབྲས་བུ་བསྐྱེད་པར་བྱ་ཞེས་སེམས་པ་མེད་ལ། རྐྱེན་རྣམས་ཚོགས་པ་དེས་བསྐྱེད་པའི་འབྲས་བུ་དེ་ཡང་བདག་རྐྱེན་གྱིས་ཚོགས་པས་བསྐྱེད་ཅེས། དེ་ལ་སེམས་པ་ཡོད་པ་མ་ཡིན་ནོ།།

彼等會聚之眾緣，亦無“應當生各自果”之心念，而彼會聚之眾緣所生之果，亦不心存所謂“諸緣匯聚來生我”之心念。

གཙོ་བོ་ཞེས་བྱར་གང་འདོད་དང་། །	凡所主張之主宰，
བདག་ཅེས་བརྟགས་པ་གང་ཡིན་པ། །	以及安立之自我，
དེ་ཉིད་བདག་ནི་འབྱུང་བྱ་ཞེས། །	彼無特意生起謂，
ཆེད་དུ་བསམས་ཤིང་འབྱུང་བ་མེད། །	我當生起之心念。

གལ་ཏེ་གྲངས་ཅན་པས་འདོད་པའི་གཙོ་བོ་དང་བདག་ཤེས་རིག་གི་སྐྱེས་བུ་དང་རིགས་པ་ཅན་གྱིས་འདོད་པའི་བདག་བེམ་པོ་སོགས་ཡོད་པ་མ་ཡིན་ནམ། ཅིའི་ཕྱིར་རང་དབང་ཅན་ནི་འགའ་ཡང་མེད་དོ་ཞེས་བརྗོད་པར་བྱེད་ཅེ་ན། གཙོ་བོ་ཞེས་བྱ་བར་གང་འདོད་པ་དང་། དངོས་པོ་འགའ་ཞིག་ལ་བདག་ཅེས་བརྟགས་ཤིང་ཞེན་པ་གང་ཡིན་པ། དེ་ཉིད་རྒྱུ་གཞན་མེད་པར་བདག་ནི་འབྱུང་བར་བྱའོ་ཞེས། ཆེད་དུ་བསམས་ཤིང་འབྱུང་བ་མེད་ལ།

數論派主張之主宰、神我，以及尼夜耶派（正理派）主張之色法之我等等，是否皆不存在？何故一個自主者皆無？則曰：**凡所主張之主宰，以及對於某一事物貪執、安立之自我**，彼在無他因的情況下，**無特意生起**所謂：**“我當生起”之心念**。

མ་སྐྱེས་པར་ནི་དེ་མེད་ན།། 既為未生則無彼，
དེ་ཚེ་སྐྱེ་བར་འདོད་པ་གང་།། 彼時何來欲生起，
ཡུལ་ལ་རྟག་ཏུ་གཡེང་འགྱུར་བས།། 唯常放逸於對境，
འགག་པར་འགྱུར་བའང་མ་ཡིན་ནོ།། 亦非將會使中止。

མ་སྐྱེས་པར་ནི་གཙོ་བོ་ལ་སོགས་པ་དེ་མེད་པ་ཉིད་ཡིན་ན། མོ་གཤམ་གྱི་བུ་ལྟ་བུར་གྱུར་པ་དེ་ཡི་ཚེ་སྐྱེ་བར་འདོད་པར་གྱུར་པ་གང་ཞིག་ཡིན། རྒྱས་པར་འོག་ཏུ་འཆད་པར་འགྱུར་རོ། །བདག་དེ་རྟག་པ་ཞིག་ན་གཙོ་བོས་བྱས་པའི་ཡུལ་ལ་ལོངས་སྤྱོད་པའི་ཚེ་དེ་ལ་རྟག་ཏུ་གཡེང་བར་འགྱུར་བ་ཁོ་ན་ལས། དུས་ནམ་ཡང་འགག་པའམ་ཟློག་པར་འགྱུར་བའང་མ་ཡིན་ནོ།།

既為未生，**則無**主宰等等之**彼**，譬如作為石女之子**彼時何來**曾**欲生起**，詳細將於後述。我若為一常者，則受用主宰所造之對境時，**唯**恆**常放逸於對境**，任何時刻**亦非將會使**之**中止**或改變。

ཅི་སྟེ་བདག་དེ་རྟག་ན་ནི།། 倘若自我乃為常，
མཁའ་བཞིན་བྱེད་པ་མེད་པར་མངོན།། 則如虛空無做者，
རྐྱེན་རྣམས་གཞན་དང་ཕྲད་ན་ཡང་།། 即使會遇他諸緣，
འགྱུར་བ་མེད་ལ་ཅི་བྱར་ཡོད།། 亦無改變豈可為。

གལ་ཏེ་ཟློག་ན་དེ་ནི་མི་རྟག་པ་ཉིད་དུ་ཐལ་བར་འགྱུར་རོ། །ཅི་སྟེ་སེམས་པ་མེད་པའི་བདག་དེ་རྟག་པར་ཁས་ལེན་ན་ནི། ནམ་མཁའ་བཞིན་དུ་བྱེད་པ་གང་ཡང་མེད་པར་མངོན་ནོ། །འོན་ཏེ་ལྷན་ཅིག་བྱེད་པའི་རྐྱེན་སེམས་པ་ལྟ་བུ་གཞན་ཉེ་བར་གྱུར་པ་ན་བདག་དེ་ཡང་ཡུལ་ལ་

འཇིག་པ་ཡིན་ནོ་ཞེ་ན། ཤེས་པ་དང་རྩོལ་བ་ལ་སོགས་པ་རྐྱེན་རྣམས་གཞན་དང་ཕྲད་པར་གྱུར་ནའང་། རྟག་པའི་རང་བཞིན་གྱི་བདག་འགྱུར་བ་མེད་པ་ལ་ཅི་བྱར་ཡོད།

若反之，則彼將相應轉成為無常：倘若承許無心念之自我乃為常，則應當呈現如虛空一般無任何做者，若言：然而同做緣轉變為如心念等其他之時，自我也趣入對境。則曰：即使會遇識與勞等等他諸緣，自性為常的自我亦無改變豈可為。

བྱེད་པའི་ཚེ་ཡང་སྔོན་བཞིན་ན། །　　造作之時亦如前，
བྱེད་པས་དེ་ལ་ཅི་ཞིག་བྱས།།　　作者於彼曾做何，
དེ་ཡི་བྱེད་པ་འདི་ཡིན་ཞེས།།　　謂彼做者即是此，
འབྲེལ་པར་འགྱུར་བ་གང་ཞིག་ཡོད། །　　然則將有何關連。

རྐྱེན་གཞན་གྱིས་ཡུལ་ཤེས་པར་བྱེད་པའི་ཚེ་ཡང་བདག་དེ་ཉིད་སྔོན་བཞིན་དུ་འགྱུར་བ་མེད་པར་འདོད་ན། རྐྱེན་གྱི་བྱེད་པས་དེ་དག་དེ་ལ་ཁྱད་པར་གསར་པ་ཅི་ཞིག་བྱས། དེ་ལ་ངོ་བོ་བདག་གཅིག་དང་དེ་ལས་དེ་བྱུང་གི་འབྲེལ་བ་གཉིས་ཀ་མེད་པས། བདག་དེ་ཡི་བྱེད་པ་འདི་ཡིན་ནོ་ཞེས། འབྲེལ་བར་འགྱུར་བ་གང་ཞིག་ཡོད་དེ་མེད་དོ།།

因他緣而去造作了知對境之時，則彼自我亦如先前所主張之「無改變」，彼等緣之作者於彼曾做何特別新鮮之事。彼與獨我體性，以及由彼而生的關連性，二者皆不存在，因此謂彼做者即是此，然則將有何關連，無關連也。

དེ་ལྟར་ཐམས་ཅད་གཞན་གྱི་དབང་། །　　如是一切依他起，
དེ་ཡི་དབང་གིས་དེ་དབང་མེད། །　　彼力使彼無自主，
དེ་ལྟར་ཤེས་ནས་སྤྲུལ་ལྟ་བུའི།།　　如是知已將不嗔，
དངོས་པོ་ཀུན་ལ་ཁྲོ་མི་འགྱུར།།　　一切如幻之事物。

མདུག་བསྡུ་བ་ནི། དེ་ལྟར་དངོས་པོ་ཐམས་ཅད་རྐྱེན་གཞན་གྱི་དབང་གིས་འབྱུང་བས་ཁོང་ཁྲོ

ལྟ་བུ་དེ་ཡི་དབང་གིས་དགྲ་བོ་ལྟ་བུ་དེ་ལ་རང་དབང་མེད་པ། དེ་ལྟར་ཐམས་ཅད་རྟེན་ཅིང་འབྲེལ་བར་འབྱུང་བའི་ཚུལ་ཤེས་ནས་སྒྱུ་མ་ལྟ་བུའི་རང་བཞིན་ཡིན་པས་ཡིད་དུ་མི་འོང་བའི་དངོས་པོ་ཀུན་ལའང་ཁྲོ་བར་མི་འགྱུར་རོ།།

總結為：如是一切事物皆依他緣而起，因此，譬如彼嗔怒之力使譬如彼敵人無自主，如是了知一切皆緣起之理已，亦將不會嗔怒一切自性如幻之不悅意事物。

གང་གིས་གང་ཞིག་བཟློག་བྱ་སྟེ།།　　當依何法遣何事，
བཟློག་པ་འདད་རིགས་པ་མིན་ཞེ་ན།།　　若言遮遣亦非理，
དེ་ལ་བརྟེན་ནས་སྡུག་བསྔལ་རྣམས།།　　則曰依彼使眾苦，
རྒྱུན་ཆད་འགྱུར་འདོད་མི་རིགས་མེད།།　　將斷流故無非理。

གལ་ཏེ་ཐམས་ཅད་སྒྱུ་མ་ལྟར་རང་བཞིན་མེད་པ་དེའི་ཆ་གཉེན་པོ་གང་གིས་ཁོང་ཁྲོ་གང་ཞིག་བཟློག་པར་བྱ་སྟེ། བཟློག་པ་དེ་འདད་རིགས་པ་མིན་ནོ་ཞེ་ན། གཉེན་པོ་བཟོད་པ་བསྒོམ་པ་དེ་ལ་བརྟེན་ནས་ཁོང་ཁྲོ་ལས་བསྐྱེད་པའི་སྡུག་བསྔལ་རྣམས། རྒྱུན་ཆད་པར་འགྱུར་བར་འདོད་པ་ནི་མི་རིགས་པ་གང་ཡང་མེད་དེ། དཔེར་ན་སྒྱུ་མའི་རྒྱལ་པོའི་དཔུང་གིས་སྒྱུ་མའི་རྒྱལ་པོ་གཞན་ཕམ་པར་བྱེད་པ་བཞིན་ནོ།།

若一切如幻無自性，從該方面，應當依何對治法遮遣何事（如嗔怒），若言彼遮遣亦非理，則曰：依靠彼對治力-修安忍，將使嗔怒所生的眾苦，將會中斷流續一般，故彼無任何非理。譬如幻術之王的部隊擊敗另一幻術之王一般。

དེ་བས་དགྲ་འམ་མཛའ་འ་ཡང་རུང་།།　　是故敵親亦皆可，
མི་རིགས་བྱེད་པ་མཐོང་གྱུར་ན།།　　若見彼行非理事，
འདི་འདྲའི་རྐྱེན་ལས་གྱུར་ཏོ་ཞེས།།　　是由如是緣所致，
དེ་ལྟར་སེམས་ཏེ་བདེ་བར་མཆིས།།　　當如是思安然受。

རྒྱུ་མཚན་དེ་བས་ན་དགྲའམ་མཛའ་བ་བཤེས་ལྟ་བུ་ཡང་རུང་སྟེ། བདག་ལ་མི་རིགས་པར་བྱེད་པ་མཐོང་བར་གྱུར་ན། དེ་ཡང་འདི་འདྲ་བའི་རྐྱེན་ལས་གྱུར་ཏོ་ཞེས། དེ་ལྟར་ཡིད་ལ་སེམས་ཏེ་བདེ་བར་མནོས་ཤིག།

因如是理故，無論是敵或親亦皆可，若見彼對我行非理之事，彼亦是由如是緣所致，應當於心中如是思維並安然地接受。

༢.༢.༢.༣.༡.༢.༢.༡.༡.༣.གནོད་པ་ལ་ཇི་མི་སྙམ་པའི་བཟོད་པ།
2.2.2.3.1.2.2.1.1.3.耐怨害忍

གལ་ཏེ་རང་དགས་འགྲུབ་འགྱུར་ན།། 若能隨己喜成事,
འགའ་ཡང་སྡུག་བསྔལ་མི་འདོད་པས།། 誰皆不欲苦之故,
ལུས་ཅན་དག་ནི་ཐམས་ཅད་ཀུན།། 一切有身之有情,
སུ་ལ་འདད་སྡུག་བསྔལ་འབྱུང་མི་འགྱུར།། 誰都不將有痛苦。

གལ་ཏེ་རང་དགའ་བ་ཙམ་གྱིས་འདོད་པ་རྣམས་འགྲུབ་པར་འགྱུར་ན། སེམས་ཅན་འགའ་ཡང་རང་ཉིད་ལ་སྡུག་བསྔལ་འབྱུང་བར་མི་འདོད་པས། ལུས་ཅན་དག་ནི་ཡོད་དོ་ཅོག་ཐམས་ཅད་ཀུན། སུ་ལ་འདད་ནམ་ཡང་སྡུག་བསྔལ་འབྱུང་བར་མི་འགྱུར་རོ།།

倘若能隨著自己喜好成辦種種所求之事，則誰（任何有情自己）皆不欲有苦之故，所有一切有身之有情，誰永遠都不將會有痛苦。

བག་མེད་པས་ནི་བདག་ལ་འདད་བདག། 由於放逸己令己,
ཚེར་མ་ལ་སོགས་གནོད་པ་བྱེད།། 荊棘等等中受傷,
བུད་མེད་ལ་སོགས་འཐོབ་བྱའི་ཕྱིར།། 為得女人等等故,
ཛམ་ཞིང་ཟས་གཅོད་ལ་སོགས་བྱེད།། 而顯貪婪絕食等。

བག་མེད་པའི་དབང་དུ་གྱུར་པས་ནི་བདག་གི་ལུས་ལ་འདད་བདག་ཉིད་ཀྱིས་ཚེར་མ་དང་འབས་དང་མི་འཕྲོད་པའི་ཟས་ལ་སོགས་པས་གནོད་པ་བྱེད་ཅིང་། བུད་མེད་དང་ནོར་རྫས

ལ་སོགས་པ་ཐོབ་པར་བྱ་བའི་ཕྱིར། བརྣབ་སེམས་ཀྱིས་ཟམ་ཞེ་ད་ཟས་གཅོད་པ་དང་གཡུལ་དུ་འཇུག་པ་ལ་སོགས་པའི་གནོད་པ་བྱེད་དོ།།

由於放逸，導致自己令自己的身體，在荊棘叢、壕溝或是不潔食物等等之中受傷，或為了獲得女人、財富等等之故，而顯現因貪心而貪婪、絕食、戰爭等等傷害之行。

ཁ་ཅིག་འགོག་ཅིང་གཡང་སར་མཆོང་།། 有人自縊與跳崖，
དུག་དང་མི་འཕྲོད་ཟ་བ་དང་།། 服用毒藥不可食，
བསོད་ནམས་མ་ཡིན་སྤྱོད་པ་ཡིས།། 以諸非福之行持，
རང་ལ་གནོད་པ་བྱེད་པ་ཡོད།། 自我傷害者亦有。

ཁ་ཅིག་འགོག་ཅིང་དཔྱང་བ་དང་རི་ལ་སོགས་པའི་གཡང་སར་མཆོང་བ་དང་། དུག་ཟ་བ་དང་མི་འཕྲོད་པའི་ཟས་ཟ་བ་དང་། བསོད་ནམས་མ་ཡིན་པ་སྟེ་མི་དགེ་བ་ལ་སྤྱོད་པ་ཡིས། རང་ཉིད་ལ་གནོད་པ་བྱེད་པ་ཡང་ཡོད་དོ།།

有人上吊自縊與跳下山崖等險地，服用毒藥不可食用之食，以諸非福，即不善之行持，自我傷害者亦有。

གང་ཚེ་ཉོན་མོངས་དབང་གྱུར་པས།། 何時煩惱之所致，
བདག་སྡུག་ཉིད་ཀྱང་གསོད་བྱེད་པ།། 深愛之己亦能殺，
དེ་ཚེ་དེ་དག་གཞན་ལུས་ལ།། 彼時因為彼等故，
གནོད་མི་བྱེད་པར་ཇི་ལྟར་འགྱུར།། 何故不能害他身。

གང་གི་ཚེ་ཉོན་མོངས་པ་ཁོང་ཁྲོའི་དབང་དུ་གྱུར་པས། བདག་སྙིང་དུ་སྡུག་པ་ཉིད་ཀྱང་གསོད་པར་བྱེད་པ། དེ་ཚེ་དེ་དག་གིས་གཞན་གྱི་ལུས་ལ། གནོད་པ་མི་བྱེད་པར་ཇི་ལྟར་འགྱུར།

何時因嗔怒煩惱之所致，深愛珍惜之自己亦能殺，彼時因為彼等故，何故不能害其他有情之身。

ཉོན་མོངས་སྐྱེས་པས་དེ་ལྟ་བུར། །　　如是生起煩惱者，
བདག་གསོད་ལ་སོགས་ཞུགས་པ་ལ། །　　入於自殺等等行，
སྙིང་རྗེ་བརྒྱ་ལ་མ་སྐྱེས་ན།།　　設若於彼不生悲，
ཁྲོ་བར་འགྱུར་བ་ཅིའི་ཟ་ཆེག།　　反生嗔怒是何誓。

དེ་དག་སྙིང་བརྩེ་བའི་གནས་ཡིན་གྱི། ཞེ་སྡང་གི་གནས་མ་ཡིན་ནོ་ཞེས་བསྟན་པ་ཉོན་མོངས་པ་དྲག་པོ་སྐྱེས་པས་དེ་ལྟ་བུར། བདག་རང་ཉིད་གསོད་པ་དང་རྡེག་པ་ལ་སོགས་པའི་ལས་ལ་ཞུགས་པ་རྣམས་ལ། སྙིང་རྗེ་ཞིག་བརྒྱ་ལ་མ་སྐྱེས་ན། སླར་ཡང་དེ་ལ་ཁྲོ་བར་འགྱུར་བ་དེ་ནི་ཅིའི་ཟ་ཆེག་ཡིན་ཏེ་མི་རིགས་སོ།།

此處宣說彼等唯是悲憫的對象，而非嗔怒之對象：如是生起煩惱敵者，入於自殺、自殘等等業行之中，假設若於彼等不生起悲心，反而生起嗔怒，則是何誓言，不合理也。

གལ་ཏེ་གཞན་ལ་འཚེ་བྱེད་པ།།　　倘若傷害他有情，
བྱིས་པ་རྣམས་ཀྱི་རང་བཞིན་ནི། །　　乃是凡夫之自性，
དེ་ལ་ཁྲོ་བ་མི་རིགས་ཏེ།།　　故嗔彼等不合理，
སྲེག་པའི་རང་བཞིན་མེ་བཀོན་འདྲ། །　　彼同嗔怒燒性火。

གལ་ཏེ་གཞན་ལ་འཚེ་བར་བྱེད་པ་འདི་བྱིས་པ་སོ་སོའི་སྐྱེ་བོ་རྣམས་ཀྱི་རང་བཞིན་ཡིན་ན། དེ་ལ་ཁོང་ཁྲོ་བར་མི་རིགས་ཏེ། སྲེག་པའི་རང་བཞིན་ཅན་གྱི་མེ་ལག་ཏུ་ཐོགས་ནས་དེ་ལ་བཀོན་པ་དང་འདྲའོ།།

倘若傷害他有情，乃是凡夫俗人之自性，故嗔怒彼等即不合理，彼則等同於嗔怒觸及己手，具燒自性之火。

འོན་ཏེ་སྐྱོན་དེ་གློ་བུར་ལ།།　　然而彼過乃客塵，
སེམས་ཅན་རང་བཞིན་ངེས་པ་ནའང་། །　　縱使有情性固定，
འོ་ནའང་ཁྲོ་བར་མི་རིགས་ཏེ།།　　對彼生嗔亦非理，

མཁའ་ལ་དུད་འཐུལ་བཀོན་པ་བཞིན།།　　如嗔起煙之虛空。

འོན་ཏེ་ཉོན་མོངས་པའི་སྐྱོན་འདི་གློ་བུར་དུ་འབྱུང་ལ། སེམས་ཅན་རྣམས་ཀྱི་རང་བཞིན་ཞི་ཞིང་ངེས་པ་ཞིག་ཡིན་ནའང་། འོ་ནའང་དེ་ལ་ཁྲོ་བར་མི་རིགས་ཏེ། ནམ་མཁའ་ལ་དུད་པ་འཐུལ་བས་མཚུལ་དུ་དཀྲུ་བ་ན་ནམ་མཁའི་རང་བཞིན་ལ་བཀོན་པ་བཞིན་ནོ།།

然而彼煩惱過失乃客塵、一時之有，縱使有情眾生的自性是溫和的、固定的，而對於彼生嗔亦非理，譬如起煙使得天空有臭氣，彼時嗔怒起煙之虛空一般。

དབྱུག་པ་ལ་སོགས་དངོས་བཀོལ་ཏེ།།　　役使棍棒等等物，
གལ་ཏེ་འཕེན་པ་ལ་ཁྲོ་ན།།　　若是嗔怒揮動者，
དེ་ཡང་ཞེ་སྡང་གིས་བྲན་པས།།　　彼亦嗔心所慫恿，
ཉེས་ན་ཞེ་སྡང་ལ་ཁྲོ་རིགས།།　　故又理應嗔嗔心。

དབྱུག་པ་ལ་སོགས་པའི་དངོས་པོ་རྣམས་བཀོལ་ཏེ་ལུས་ལ་བརྡེག་པ་ན། གལ་ཏེ་འཕེན་པ་པོ་ཉིད་ལ་ཁྲོ་ན། དེ་ཡང་དབྱུག་པ་ལ་སོགས་པ་བཞིན་དུ་ཞེ་སྡང་གིས་བྲན་པར་བྱས་པས། གཅིག་ཏུ་དབྱུག་པ་སོགས་དང་ཉེས་ན་སྟེ་གཉིས་སུ་ན་ཞེ་སྡང་ལ་ཁྲོ་བར་རིགས་སོ།།

役使棍棒等等物捶打身體，若是嗔怒揮動棍棒者，彼揮動者亦如同棍棒一般，是被嗔心所慫恿，故又應當同棍棒等，追根究底理應嗔怒嗔心。

བདག་གིས་སྔོན་ཆད་སེམས་ཅན་ལ།།　　往昔我曾對有情，
འདི་འདྲ་བ་ཡི་གནོད་པ་བྱས།།　　造作這般之傷害，
དེ་བས་སེམས་ཅན་འཚེ་བྱེད་པ།།　　是故傷害有情者，
བདག་ལ་གནོད་པ་འདི་འབྱུང་རིགས།།　　我有此傷亦合理。

ཐམས་ཅད་ལས་ལ་རག་ལས་པས་བསམ་པ་ནི་བདག་གིས་སྔོན་ཆད་སེམས་ཅན་རྣམས་ལ། ད་ལྟ་བདག་ལ་བྱུང་བ་འདི་འདྲ་བ་ཡི་གནོད་པ་མང་པོ་བྱས་པས། དེ་བས་ན་སེམས་ཅན་ལ་

འཚེ་བར་བྱེད་པ་པོ་བདག་ལ་གནོད་པ་འདི་དག་ནི་འབྱུང་བར་རིགས་པ་ཡིན་ནོ།།
思維一切皆是業力使然：往昔我曾對有情眾生，造作現在我有的這般諸多之傷害，是故傷害有情者，我有此等傷害亦合理。

དེ་ཡི་མཚོན་དང་བདག་གི་ལུས།། 彼之兵刃與我身，
གཉི་ག་སྡུག་བསྔལ་རྒྱུ་ཡིན་ཏེ།། 二者皆是痛苦因，
དེས་མཚོན་བདག་གིས་ལུས་བྱུང་ན།། 彼出兵刃我出身，
གང་ཞིག་ལ་ནི་ཁྲོ་བར་བྱ།། 應當嗔怒彼何者。

དགྲ་བོ་དེ་ཡི་མཚོན་དང་བདག་གི་ལུས། གཉིས་ཀ་སྡུག་བསྔལ་གྱི་རྒྱུ་ཡིན་ཏེ། ལུས་སྡུག་བསྔལ་ཉེ་བར་ལེན་པའི་རྒྱུ་དང་། མཚོན་ཆ་སྡུག་བསྔལ་ལྷན་ཅིག་བྱེད་པའི་རྐྱེན་ཡིན་པས་སོ། །དགྲ་བོ་དེས་མཚོན་ཕྱུང་ཞིང་བདག་གིས་ལུས་ཕྱུང་ན། དེ་ལས་གང་ཞིག་ལ་ནི་ཁྱོད་ཁྲོ་བར་བྱ་བ་ཡིན།
彼敵人之兵刃與我身，二者皆是痛苦之因，身體為痛苦的近取因，兵刃為痛苦的同做緣。彼敵人出兵刃我出身，汝應當嗔怒彼二者之中何者。

ཤུ་བ་མི་ཡི་གཟུགས་འདྲ་བ།། 貌似人形之膿瘡，
རེག་ཏུ་མི་བཟོད་སྡུག་བསྔལ་ཅན།། 具有不堪觸碰苦，
སྲེད་སྟོངས་བདག་གིས་བཟུང་གྱུར་ན།། 若我執此愛盲物，
དེ་ལ་གནོད་པས་སུ་ལ་ཁྲོ།། 彼中有害遷怒誰。

གང་འབྲས་བུ་དོན་དུ་མི་གཉེར་བ་དེས་དེའི་རྒྱུ་སྤང་བར་བྱ་བ་ཡིན་ན། ཤུ་བ་སྨིན་པ་མི་ཡི་གཟུགས་འདྲ་བ། ཚ་གྲང་ཙུང་ཟད་ཙམ་ཡང་རེག་ཏུ་མི་བཟོད་པའི་སྡུག་བསྔལ་ཅན་སྡུག་བསྔལ་སྐྱོང་བར་འདོད་པ་དང་བདེ་བ་ཐོབ་པར་འདོད་པའི་སྲེད་པས་ཤེས་རབ་ཀྱི་མིག་སྟོངས་པ་འདི་བདག་གིས་བཟུང་བར་གྱུར་ན། དེ་ལ་གནོད་པ་འབྱུང་བ་ནི་ཆོས་ཉིད་དེ་གཞན་སུ་ཞིག་ལ་ཁྲོ་བར་བྱེད།

不求其果者，應當斷其因：貌似人形之成熟膿瘡，具有稍許冷熱亦不堪觸碰之苦，若我執此愛離苦得樂、智慧眼盲之物，彼中有害是自然道理，能遷怒於誰。

བྱིས་པ་སྡུག་བསྔལ་མི་འདོད་ཅིང་། ། 凡夫不欲諸痛苦，
སྡུག་བསྔལ་རྒྱུ་ལ་བརྐམ་པས་ན། ། 卻又貪求苦因故，
རང་གི་ཉེས་པས་གནོད་གྱུར་པ། ། 以己之過造成害，
གཞན་ལ་བཀོན་དུ་ཅི་ཞིག་ཡོད། ། 何故遷怒於他人。

བྱིས་པ་རྣམས་སྡུག་བསྔལ་འབྱུང་བར་མི་འདོད་ཅིང་། སྡུག་བསྔལ་གྱི་རྒྱུ་ལུས་དང་མི་དགེ་བའི་ལས་དག་ལ་བརྐམ་པས་ན། རང་གི་ཕྱིན་ཅི་ལོག་ཏུ་འཛིན་པའི་ཉེས་པས་གནོད་པར་གྱུར་པ་ན། གཞན་དགྲ་བོ་དག་ལ་བཀོན་དུ་ཅི་ཞིག་ཡོད།
凡夫們不欲有諸痛苦，卻又貪求苦因（身體以及各種不善業）故， 以己之顛倒執著之過患造成傷害，何故遷怒於其他敵人。

དཔེར་ན་དམྱལ་བའི་སྲུང་མ་དང་། ། 譬如地獄守護卒，
རལ་གྲིའི་ལོ་མའི་ནགས་ཚལ་ལྟར། ། 以及劍葉森林等，
རང་གི་ལས་ཀྱིས་འདི་བསྐྱེད་ན། ། 因己業力而生此，
གང་ཞིག་ལ་ནི་ཁྲོ་བར་བྱ།། 又當嗔怪於何人。

དཔེར་ན་དམྱལ་བའི་གནས་ཀྱི་སྲུང་མ་རྣམས་དང་། རལ་གྲིའི་ལོ་མའི་ནགས་ཚལ་ལ་སོགས་པ་ལྟར། རང་གི་ལས་ཀྱིས་སྡུག་བསྔལ་འདི་དག་བསྐྱེད་པ་ན། གཞན་གང་ཞིག་ལ་ནི་ཁྲོ་བར་བྱ།
譬如地獄的守護卒，以及劍葉森林等等，因己業力而生此等痛苦，又當嗔怪於其他任何人。

བདག་གི་ལས་ཀྱིས་བསྐུལ་བྱས་ནས། ། 因我業力所驅使，
བདག་ལ་གནོད་བྱེད་རྣམས་འབྱུང་སྟེ། ། 我有種種做害眾，

དེས་ཉི་སེམས་ཅན་དམྱལ་འགྲོད་ན།། 以彼走向地獄界，
བདག་གིས་དེ་དག་མ་བརླག་གམ།། 豈非是我毀彼等。

གལ་ཏེ་བདག་གིས་འདི་འདྲ་བའི་ལས་མ་བྱས་ན་དེའི་ཚེ་དེ་དག་ཀྱང་བདག་ལ་གནོད་པ་བྱེད་པར་མི་འགྱུར་བས་བདག་གི་ལས་ཀྱིས་བསྐུལ་བར་བྱས་ནས། བདག་ལ་གནོད་པ་བྱེད་པའི་དགྲ་བོ་རྣམས་འབྱུང་བ་སྟེ། དེས་ཉི་དགྲ་དེ་དག་སེམས་ཅན་དམྱལ་བར་འགྲོད་ན། བདག་གིས་དགྲ་བོ་དེ་དག་མ་བརླག་གམ།

若我不曾做過這般惡業，彼時彼等亦不會傷害我，因此，是因我的業力所驅使，令我有種種做害之敵眾，以彼令彼等敵眾走向地獄界，豈非是我毀彼等敵眾。

འདི་དག་ལ་ནི་རྟེན་བཅས་ནས།། 由於有依彼等眾，
བཟོད་པས་བདག་སྡིག་མང་དུ་འབྱང་།། 安忍故淨我多罪，
བདག་ལ་བརྟེན་ནས་དེ་དག་ནི།། 然而彼等由依我，
ཡུན་རིང་སྡུག་བསྔལ་དམྱལ་བར་འགྲོད།། 長久走向地獄苦。

གནོད་པར་བྱེད་པ་འདི་དག་ལ་ཉི་རྟེན་བཅས་ནས། བཟོད་པ་བསྒོམས་པས་བདག་གི་སྡིག་པ་མང་དུ་འབྱང་ན་སྟེ་ཟད་པར་འགྱུར་ཞིང་། བདག་ལ་བརྟེན་ནས་གནོད་བྱེད་དེ་དག་ནི། ཡུན་རིང་དུ་སྡུག་བསྔལ་མྱོང་བའི་དམྱལ་བར་འགྲོད་དོ།།

由於有依靠彼等造作傷害等眾，能修安忍，故而清淨、消除我多罪，然而彼等造作傷害等眾由於依靠我，長久走向地獄嚐受痛苦。

བདག་ནི་དེ་ལ་གནོད་བྱེད་ལ།། 我於彼等做傷害，
དེ་དག་བདག་ལ་ཕན་འདོགས་ན།། 彼等卻來饒益我，
ཕྱིན་ཅི་ལོག་ཏུ་ཅི་ཡི་ཕྱིར།། 不可恕心汝何故，
མ་རུངས་སེམས་ཁྱོད་ཁྲོ་བར་བྱེད།། 能夠顛倒反生嗔。

དེ་བས་ན་བདག་གིས་ནི་དེ་དག་ལ་གནོད་པར་བྱེད་ལ། དེ་དག་གིས་ནི་བདག་ལ་ཕན་འདོགས་པར་བྱེད་ན། སླར་ཡང་ཕྱིན་ཅི་ལོག་ཏུ་ཅི་ཡི་ཕྱིར། མ་རུང་བའི་སེམས་ཁྱོད་དེ་ལ་ཁྲོ་བར་བྱེད་པ་ཡིན།

因此，我對於彼等做傷害，彼等卻能來饒益我，不可饒恕的心汝何故，能夠顛倒地反而生起嗔怒。

གལ་ཏེ་བདག་ལ་བསམ་པ་ཡི།། 倘若我有思功德，
ཡོན་ཏན་ཡོད་ན་དམྱལ་མི་འགྲོ། 則我不入地獄中，
གལ་ཏེ་བདག་གིས་བདག་བསྲུངས་ན།། 若我守護我自己，
དེ་དག་ལ་འདིར་ཅི་ཞིག་བྱུང་།། 彼等此刻有何生。

དེ་ལྟར་ན་བདག་ཇི་ལྟར་བྱས་ཀྱང་དམྱལ་བར་འགྲོའོ་ཞེ་ན། གལ་ཏེ་བདག་ལ་བསམ་པ་ཡི། ཡོན་ཏན་བཟོད་པའི་དཀའ་ཐུབ་ཡོད་ན་དམྱལ་བར་མི་འགྲོའོ། །འོ་ན་དགྲ་བོ་དེ་ཡང་བདག་གི་བཟོད་པ་འགྲུབ་པའི་རྐྱེན་ཡིན་པས་དེའི་ཕན་ཡོན་ཅིའི་ཕྱིར་མི་འབྱུང་ཞེ་ན། གལ་ཏེ་བདག་གིས་བདག་ཉིད་ཁོང་ཁྲོ་བ་ལས་བསྲུངས་པར་བྱས་ན། དེ་དག་ལ་འདིར་བཟོད་པའི་འབྲས་བུ་ཅི་ཞིག་བྱུང་།

若言：如此，我無論如何皆會墮入地獄。則曰：倘若我有思維之功德（安忍苦行），則我不入地獄之中。若言：那麼，彼敵亦是我成就安忍之緣，彼功德何故不生？則曰：若我守護我自己不起嗔，彼等此刻有何安忍之果可生。

འོན་ཏེ་ལན་དུ་གནོད་བྱས་ན།། 然而若以害回報，
དེ་དག་བསྲུངས་པར་མ་གྱུར་ལ།། 既未守護彼等眾，
བདག་གི་སྤྱོད་པ་འང་ཉམས་པར་འགྱུར།། 而我行持亦將損，
དེས་ན་དཀའ་ཐུབ་ཞིག་པར་འགྱུར།། 以此苦行將崩壞。

འོན་ཏེ་བརྡེག་པ་སོགས་ལ་ལན་དུ་གནོད་པ་བྱས་ན། དེ་དག་གི་སེམས་བསྲུངས་པར་མ་གྱུར་

ལ། བདག་གི་བྱང་ཆུབ་སེམས་དཔའི་སྤྱོད་པ་འདང་ཉམས་པར་འགྱུར་ཞིང་། དེས་ན་བཟོད་པའི་དཀའ་ཐུབ་ཀྱང་ཞིག་པར་འགྱུར་རོ།

然而對於打罵等若以害回報，則既未守護彼等眾之心，而我的菩薩行持亦將敗損，以此，安忍苦行亦將崩壞。

༢་༢་༢་༣་༡་༢་༢་༡་༢་བདག་ལ་བརྙས་སོགས་བྱེད་པ་ལ་བཟོད་པ།
2.2.2.3.1.2.2.1.2.安忍令我輕蔑等

ཡིད་ནི་ལུས་ཅན་མ་ཡིན་པས།། 意非具有身軀故，
སུས་ཀྱང་གང་དུའང་གཞོམ་མི་ནུས། ། 何人何地不能毀，
ལུས་ལ་མངོན་པར་ཞེན་པས་ན། ། 然而因為貪著身，
ལུས་ནི་སྡུག་བསྔལ་དག་གིས་གནོད། ། 身因種種苦受害。

ཡིད་ནི་ལུས་ཅན་དུ་གྲུབ་པ་མ་ཡིན་པས། གང་ཟག་སུས་ཀྱང་གནས་གང་དུའང་གཞོམ་པར་མི་ནུས་ལ། ལུས་ལ་ངའོ་སྙམ་དུ་མངོན་པར་ཞེན་པས་ན། ལུས་ནི་མཚོན་གྱིས་བསྣུན་པ་ལ་སོགས་པའི་སྡུག་བསྔལ་དག་གིས་གནོད་དོ།།

意並非具有身軀故，不因任何人，無論於任何地方皆不能毀此心，然而因為貪著身，認為此身即是我，身會因為兵器刺砍等種種痛苦而受傷害。

བརྙས་དང་ཚིག་རྩུབ་སྨྲ་བ་དང་། ། 輕蔑以及粗暴語，
མི་སྙན་པ་ཡི་ཚིག་དེ་ཡིས།། 彼不悅耳之言詞，
ལུས་ལ་གནོད་པར་མི་འགྱུར་ན། ། 不會於身有傷害，
སེམས་ཁྱོད་ཅི་ཕྱིར་རབ་ཏུ་ཁྲོ། ། 汝心何故甚嗔怒。

བརྙས་པ་དང་ཚིག་རྩུབ་སྨྲ་བ་དང་། མི་སྙན་པ་ཡི་ཚིག་བརྗོད་པ་དེ་ཡིས། ལུས་ལའང་གནོད་པར་མི་འགྱུར་ན། སེམས་ཁྱོད་དེ་ལ་ཅི་འི་ཕྱིར་རབ་ཏུ་ཁྲོ་བར་བྱེད།

輕蔑以及粗暴之言語，彼不悅耳之言詞，亦不會於身有傷

害，汝心何故對此甚嗔怒。

གཞན་དག་བདག་ལ་མི་དགའ་བ། ། 他眾於我不生喜，
དེས་ནི་ཚེ་འདིའམ་ཚེ་གཞན་ལ། ། 彼於此生與他生，
བདག་ལ་ཟ་བར་མི་བྱེད་ན།། 於我不能做損惱，
བདག་ནི་ཅི་ཕྱིར་དེ་མི་འདོད།། 而我何故不欲彼。

དེ་ལྟར་མོད་ཀྱི་དེ་ཐོས་པས་བདག་ལ་འཇིག་རྟེན་པ་རྣམས་སེམས་མ་དད་པ་སྐྱེ་བ་ཡིན་པས་དེ་མི་འདོད་དོ་ཞེ་ན། གཞན་དག་བདག་ལ་མི་དགའ་བར་བྱེད་པ། དེས་ནི་ཚེ་འདིའམ་ཚེ་གཞན་ལའང་། བདག་ལ་ཟ་བར་ནི་མི་བྱེད་ན། བདག་ནི་རྒྱུ་མཚན་ཅི་ཡི་ཕྱིར་མ་དད་པ་དེ་མི་འདོད་ཅེས་འདྲིའོ།།

若言：雖然如此，然而聽聞彼，將使世間眾人不信我，故不欲彼。則曰：他眾於我不生喜，彼無論於此生與他生，皆於我不能做損惱，而我何理由故不欲彼（不信）。

རྙེད་པའི་བར་ཆད་བྱེད་པའི་ཕྱིར། ། 能做利養障礙故，
གལ་ཏེ་འདི་བདག་མི་འདོད་ན། ། 倘若此乃我不欲，
བདག་གི་རྙེད་པ་འདིར་འདོར་གྱི། ། 唯我利養丟此生，
སྡིག་པ་དག་ནི་བརྟན་པར་གནས། ། 而諸罪惡穩固存。

ཟ་བར་མི་བྱེད་མོད་ཀྱི་རྙེད་པའི་བར་ཆད་བྱེད་པའི་ཕྱིར། གལ་ཏེ་མ་དད་པ་འདི་བདག་གིས་མི་འདོད་དོ་ཞེ་ན། བདག་གི་རྙེད་པ་ནི་ཚེ་འདིར་འདོར་བར་འགྱུར་གྱི། དེའི་དོན་དུ་བྱས་པའི་སྡིག་པ་བར་མ་དོར་འཇིག་པ་མེད་པར་དག་ནི་བརྟན་པར་གནས་སོ།།

雖然不能損惱，但是能做利養之障礙之故，倘若言：此不為人信乃我不欲。然而唯我之利養丟棄在此生，而為彼而造的諸罪惡，卻丟棄不了，毫無損毀地穩固留存。

བདག་ནི་དེ་རིང་ཉིད་ཤི་ཡང་བླའི། ། 寧願我於今日死，
ལོག་འཚོས་ཡུན་རིང་གསོན་མི་རུང་། ། 不可長久邪命活，

བདག་ལྟ་ཡུན་རིང་བ་གནས་གྱུར་ཀྱང་། ། 似我縱然已久住，
འཆི་བའི་སྡུག་བསྔལ་དེ་ཉིད་ཡིན། ། 死亡痛苦即是此。

བདག་ནི་རྙེད་པ་མེད་པས་དེ་རིང་ཉིད་དུ་ཤི་ཡང་བླའི། གཞན་ལ་གནོད་པའི་སྒོ་ནས་རྙེད་པའི་ལོག་པའི་འཚོ་བས་ཡུན་རིང་དུ་གསོན་པར་མི་རུང་སྟེ། བདག་ལྟ་ཞིག་ཡུན་རིང་པོར་གནས་པར་གྱུར་ཀྱང་། འཆི་བའི་སྡུག་བསྔལ་ནི་དེ་ཉིད་དེ་གཅིག་པོ་ན་ཡིན་ནོ།།

寧願我因為無利養而於今日死亡，不可長久由傷害他人而得利養的邪命過生活，似我一般縱然已長久住，死亡的痛苦即就是此。

རྨི་ལམ་ལོ་བརྒྱར་བདེ་སྤྱོད་ནས། ། 夢中享受百年樂，
སད་པར་གྱུར་པ་གང་ཡིན་དང་། ། 一朝醒來是如何，
གཞན་ནི་ཡུད་ཙམ་བདེ་སྤྱོད་ནས། ། 另一享受須臾樂，
སད་པར་གྱུར་པ་གང་ཡིན་པ།། 一朝醒來是如何。

དཔེར་ན་འགའ་ཞིག་རྨི་ལམ་དུ་ལོ་བརྒྱར་རྒྱལ་སྲིད་ཀྱི་བདེ་བ་སྤྱོད་པར་རྨིས་ནས། སད་པར་གྱུར་པ་གང་ཡིན་པ་དང་། གཞན་ནི་ཡུད་ཙམ་ལ་དེ་འདྲ་བའི་བདེ་བ་སྤྱོད་པར་རྨིས་ནས། སད་པར་གྱུར་པ་གང་ཡིན་པ། །

譬如某人於睡夢中夢到享受百年王權的安樂，一朝醒來是如何，另一人於睡夢中夢到享受須臾的樂，一朝醒來是如何。

སད་པ་དེ་དག་གཉི་ག་ལ་བབ།། 醒來之時彼二者，
བདེ་བ་དེ་ནི་ཕྱིར་འོང་མེད།། 安樂同樣不再來，
ཚེ་རིང་ཚེ་ཐུང་གཉི་ག་ཡང་།། 長命短命彼二者，
འཆི་བའི་དུས་སུ་དེ་འདྲར་ཟད། ། 死時那般皆終結。

སད་པ་ན་དེ་དག་གཉིས་ག་ལ་བབ། རྨི་ལམ་གྱི་བདེ་བ་དེ་ནི་ཕྱིར་འོང་བ་མེད་པ་དེ་བཞིན་དུ་ཚེ་རིང་བ་དང་ཚེ་ཐུང་བ་གཉིས་ག་ཡང་། འཆི་བའི་དུས་ན་སྔོན་བདེ་བ་སྤྱོང་བ་རྣམས་

ཕྱིར་འོང་བ་མེད་པ་ཉི་དཔེ་དེ་དང་འདྲ་བར་ཟད་དོ།།
醒來之時彼二者夢中的安樂皆同樣不會再回來，同樣地，長命與短命彼二者，死亡之時，過去享受到的種種安樂，也如譬喻一般那般皆終結。

རྙེད་པ་མང་པོ་ཐོབ་གྱུར་ཏེ།།　　雖曾獲得多利養，
ཡུན་རིང་དུས་སུ་བདེ་སྤྱད་ཀྱང་།།　　長久時間享受樂，
ཆོམ་པོས་ཕྲོག་པ་ཇི་བཞིན་དུ།།　　然而如遭盜匪奪，
སྒྲེན་མོ་ལག་པ་སྟོང་པར་འགྲོ།　　赤裸空手而離去。

རྙེད་པ་ཤིན་ཏུ་མང་པོ་ཐོབ་པར་གྱུར་ཏེ། ཡུན་རིང་པོའི་དུས་སུ་དེའི་བདེ་བ་ལ་སྤྱད་ཀྱང་། ཆོམ་པོས་ཕྲོག་པ་ཇི་ལྟ་བ་བཞིན་དུ། གོས་མེད་པར་སྒྲེན་མོ་ལག་པ་སྟོང་པར་འཇིག་རྟེན་པ་རོལ་ཏུ་འགྲོ་བར་འགྱུར་རོ།།
雖曾獲得諸多利養，長久時間享受安樂，然而如遭到盜匪搶奪，無衣蔽體地赤裸空手而離開去往世間的彼岸。

གལ་ཏེ་རྙེད་པས་གསོན་གྱུར་ན།།　　謂若利養以活命，
སྡིག་ཟད་བསོད་ནམས་བྱ་ཞེ་ན།།　　當消罪業積福德，
རྙེད་པའི་དོན་དུ་ཁྲོས་གྱུར་ན།།　　為利養故而嗔怒，
བསོད་ནམས་ཟད་སྡིག་མི་འགྱུར་རམ།།　　豈不消福成罪業。

གལ་ཏེ་བདག་རྙེད་པས་ཡུན་རིང་དུ་གསོན་པར་གྱུར་ན། སྡིག་པ་ཟད་པའི་ཐབས་དང་བསོད་ནམས་སོག་པར་བྱའོ་ཞེ་ན། རྙེད་པ་ཐོབ་པའི་དོན་དུ་དེའི་བར་ཆད་བྱེད་པ་ལ་ཁྲོས་པར་གྱུར་ན། བསོད་ནམས་ཟད་ཅིང་སྡིག་པ་འབའ་ཞིག་ཏུ་མི་འགྱུར་རམ།
若謂：若我得利養得以長久活命，則當消罪業、積福德。然而為了獲得利養之故而生起彼障礙之嗔怒，豈不是只有消耗福德、成為罪業。

གང་གི་དོན་དུ་བདག་གསོན་པ།།　　為何意義我存活，

དེ་ཉིད་གལ་ཏེ་ཉམས་གྱུར་ན།། 一旦敗損彼意義，
སྡིག་པ་འབའ་ཞིག་བྱེད་པ་ཡི།། 唯造罪業之存活，
གསོན་པ་དེས་ཀོ་ཅི་ཞིག་བྱ།། 則彼活命有何用。

གང་གི་དོན་དུ་བདག་གསོན་པར་འདོད་པའི་བསོད་ནམས་དེ་ཉིད་གལ་ཏེ་ཉམས་པར་གྱུར་ན། སྡིག་པ་མི་དགེ་བ་འབའ་ཞིག་བྱེད་པ་ཡི། གསོན་པ་དེས་ཀོ་བདག་ལ་ཅི་ཞིག་བྱ།
為了何種意義，令我欲存活之福德，一旦敗損彼福德之意義，唯造罪業（不善業）之存活，則彼活命對我有何用。

གལ་ཏེ་སེམས་ཅན་ཉམས་བྱེད་པས།། 若謂能令有情損，
མི་སྙན་སྨྲ་ལ་ཁྲོ་ཞེ་ན།། 故我嗔怒惡言者，
གཞན་ལ་མི་སྙན་བརྗོད་ལའང་ཁྱོད།། 而汝何故不如是，
དེ་བཞིན་ཅི་སྟེ་ཁྲོ་མི་བྱེད།། 嗔怒對他惡言者。

གལ་ཏེ་སེམས་ཅན་དེའི་རྒྱུད་ཉམས་པར་བྱེད་པས། བདག་ལ་མི་སྙན་པ་སྨྲ་བ་དེ་ལ་ཁྲོ་བ་ཡིན་ནོ་ཞེ་ན། དེའི་ཚེ་སེམས་ཅན་གཞན་ལ་མི་སྙན་པ་བརྗོད་པ་ལའང་ཁྱོད། དེ་བཞིན་དུ་ཅི་སྟེ་ཁྲོ་བར་མི་བྱེད་དེ་མི་སྙན་པ་སྨྲ་བ་དེ་ཡང་སེམས་ཅན་ཉམས་པར་བྱེད་པ་ཡིན་ཏེ། དེ་བས་ན་འདི་ལ་ཡང་ཁྲོ་བའི་ཚུལ་རིགས་པ་ཡིན་ནོ།།
若謂因為能令有情心相續敗損，故我嗔怒惡言者，然而彼時汝何故不如是嗔怒對他（其他有情）惡言者。彼對他人惡言者亦能令有情敗損，因此嗔怒彼之理亦屬合理。

མ་དད་གཞན་ལ་རག་ལས་པས།། 若是因他而不信，
དད་པ་མེད་ལ་ཁྱོད་བཟོད་ན།། 故汝能忍不信者，
ཉོན་མོངས་སྐྱེས་ལ་རག་ལས་པས།། 何故不能安忍彼，
མི་སྙན་སྨྲ་ལ་ཅིས་མི་བཟོད།། 因為煩惱惡言者。

དེ་དག་ལ་མ་དད་པ་ནི་གཞན་ཡུལ་དུ་བྱ་བ་དག་ལ་རག་ལས་པས། དད་པ་མེད་པ་དེ་ལ་

ཁྲོད་པ་བཟོད་དོ་ཞེ་ན། ཉོན་མོངས་སྐྱེས་པའི་གཞན་དབང་དུ་གྱུར་པ་ལ་རག་ལས་པས། རང་ལ་མི་སྙན་པ་སྨྲ་བ་རྣམས་ལ་ཅིས་མི་བཟོད་དེ་འདི་དག་ནི་མཚུངས་པ་ཡིན་ནོ།།

若言：是因為其他對境而不信彼等，故汝能忍不信者，則何故不能安忍彼因為煩惱他力而惡言者，此等是同一個道理。

༢.༢.༢.༣.༡.༢.༢.༡.༣.བདག་གི་བཤེས་ལ་མི་འདོད་པ་བྱེད་པ་ལ་བཟོད་པ།
2.2.2.3.1.2.2.1.3.安忍令己友不欲之事

སྐུ་གཟུགས་མཆོད་རྟེན་དམ་ཆོས་ལ།། 對於身像塔正法，
འབྱུལ་ཞིང་འཇིག་པར་བྱེད་པ་ལའང་།། 雖然議論或毀壞，
བདག་གིས་ཞེ་སྡང་མི་རིགས་ཏེ།། 我生嗔怒不合理，
སངས་རྒྱས་སོགས་ལ་གནོད་མི་འགྱུར།། 佛等無所受傷故。

སྐུ་གཟུགས་དང་མཆོད་རྟེན་དང་དམ་པའི་ཆོས་རྣམས་ལ། ངག་གིས་འབྱུལ་ཞིང་ལུས་ཀྱིས་འཇིག་པར་བྱེད་པ་རྣམས་ལའང་། བདག་གིས་ཞེ་སྡང་བར་མི་རིགས་ཏེ། སངས་རྒྱས་དང་ཆོས་ལ་སོགས་པ་རྣམས་ལ་གནོད་པ་མི་འགྱུར་བའི་ཕྱིར་རོ།།

對於身像、應供塔、正法，雖然做了言語上議論，或肢體上的毀壞，我生嗔怒不合理，乃因佛、法、僧等眾無所受傷之故。

བླ་མ་གཉེན་ལ་སོགས་པ་དང་།། 傷害上師與親戚，
བཤེས་ལ་གནོད་པ་བྱེད་རྣམས་ལའང་།། 以及朋友等等眾，
སྔ་མའི་ཚུལ་གྱིས་རྐྱེན་དག་ལས།། 亦是前理緣所起，
འབྱུང་བར་མཐོང་ནས་ཁྲོ་བ་བཟློག།། 見已則當遣嗔怒。

རང་གི་བླ་མ་དང་གཉེན་ལ་སོགས་པ་དང་། མཛའ་བཤེས་དག་ལ་གནོད་པ་བྱེད་པ་རྣམས་ལའང་། ཞེས་པ་ཇི་སྐྱིད་ཐམས་ཅད་དང་། །སྡིག་པ་རྣམ་པ་སྣ་ཚོགས་པ། །དེ་ཀུན་རྐྱེན་གྱི་སྟོབས་ལས་བྱུང་། །རང་དབང་ཡོད་པ་མ་ཡིན་ནོ། །ཞེས་བསྟན་ཟིན་པས་སྔ་མའི་ཚུལ་གྱིས་རྐྱེན་དག

ལས། འབྱུང་བར་མཐོང་ནས་ཁྲོ་བ་བཟློག་པར་བྱའོ།།

傷害自己的上師與親戚，以及摯愛的朋友等等眾，亦是前理（所有一切之過患，各種各樣之罪惡，彼等皆由緣力生，一切皆非能自主）緣所起，見已則應當遣嗔怒。

ལུས་ཅན་རྣམས་ལ་སེམས་ཡོད་དང་།། 有情無情彼二者，
སེམས་མེད་གཉི་གས་གནོད་བྱས་ན།། 皆曾傷害有身眾，
སེམས་ཡོད་ཅི་སྟེ་བཀར་ཏེ་བཀོན།། 何故特別嗔有情，
དེ་བས་གནོད་པ་བཟོད་པར་གྱིས།། 是故應當忍傷害。

ལུས་ཅན་ཏེ་སེམས་ཅན་རྣམས་ལ་སེམས་ཡོད་པའི་འགྲོ་བ་དང་། སེམས་མེད་པའི་ནད་ལ་སོགས་པ་གཉི་གས་གནོད་པར་བྱས་ན། སེམས་ཡོད་པ་དེ་ཉིད་ཅི་སྟེ་དམིགས་ཀྱིས་བཀར་ཏེ་བཀོན། དེ་བས་ན་གནོད་པ་ཐམས་ཅད་བཟོད་པར་གྱིས་ཤིག།

有情眾生，與無情如疾病等等彼二者，皆曾傷害有身眾（即有情眾），何故特別獨獨嗔怒有情，是故應當忍一切傷害。

ལ་ལ་རྨོངས་པས་ཉེས་པ་བྱེད།། 有人因癡造過患，
ལ་ལ་རྨོངས་ཏེ་ཁྲོས་གྱུར་ན།། 有人因癡而生嗔，
དེ་ལ་སྐྱོན་མེད་གང་གིས་བྱ།། 彼中誰為無過者，
སྐྱོན་དང་བཅས་ཏེ་གང་ཞིག་ཡིན།། 有過之人又是誰。

བདག་དང་བདག་གིར་འཛིན་པ་ལ་མངོན་པར་ཞེན་པ་ལ་ལ་རྨོངས་པའི་དབང་གིས་སྲོག་གཅོད་པ་ལ་སོགས་པའི་ཉེས་པ་བྱེད་ལ། ལ་ལ་རྨོངས་ཏེ་དེ་ལ་ཁྲོས་པར་གྱུར་ན། ཉོན་མོངས་པའི་གདོན་གྱིས་ཟིན་པ་དེ་གཉིས་ལ་སྐྱོན་མེད་པ་གང་གིས་བྱ། སྐྱོན་དང་བཅས་པ་དེ་གང་ཞིག་ཡིན། འདི་དག་གཉིས་ཀ་ཡང་སྐྱོན་དང་བཅས་པའོ་ཞེས་པའི་དོན་ནོ།།

執著我與我所的有些人，因為愚癡而造殺生等過患，有些人因為愚癡而對彼生嗔，皆為煩惱魔所掌握的彼二者之中，誰能作為無過者，有過之人又是誰。意思為：二者皆有過。

གང་གིས་གཞན་དག་གནོད་བྱེད་པའི།། 過去何故造作彼，
ལས་དེ་སྔོན་ཆད་ཅི་ཕྱིར་བྱས།། 他眾依彼做害業，
ཐམས་ཅད་ལས་ལ་རག་ལས་ན།། 一切皆由業決定，
བདག་གིས་འདི་ལ་ཅི་སྟེ་བཀོན།། 則我何故嗔怒此。

གང་གིས་གཞན་དག་བདག་ལ་གནོད་པར་བྱེད་པའི་ལས་དེ་ཉིད་ཁྱོད་ཀྱིས་སྔོན་ཆད་ཅི་ཡི་ཕྱིར་ན་བྱས། གནོད་པ་ཐམས་ཅད་རང་གི་ལས་ལ་རག་ལས་ན། བདག་གིས་དགྲ་བོ་འདི་དག་ལ་ཅི་སྟེ་བཀོན་པར་བྱེད།

汝過去何故造作彼，他眾依彼對己做傷害之業，一切傷害皆由自己之業決定，則我何故能嗔怒此敵人。

དེ་ལྟར་མཐོང་ནས་ཅི་ནས་ཀྱང་།། 如是見已我務必，
ཐམས་ཅད་ཕན་ཚུན་བྱམས་སེམས་སུ།། 一心從事一切眾，
འགྱུར་བ་དེ་ལྟར་བདག་གིས་ནི།། 轉為互相慈心待，
བསོད་ནམས་དག་ལ་བརྩམས་ཏེ་བྱ།། 這般福德等等行。

སེམས་ཅན་རྣམས་ནི་ལས་དང་ཉོན་མོངས་པ་ལ་རག་ལས་པས་ཕན་ཚུན་མི་རིགས་པའི་ལས་བྱེད་པ་བཟློག་པར་མི་ནུས་པ་དེ་ལྟར་མཐོང་ནས་ཅི་ནས་ཀྱང་། དགྲ་གཉེན་བར་མའི་ཕྱོགས་ཐམས་ཅད་ཕན་ཚུན་གཅིག་ལ་གཅིག་བྱམས་སེམས་དང་ཕན་པ་དང་བདེ་བའི་སེམས་སུ། འགྱུར་བ་དེ་ལྟར་བདག་གིས་ནི། །བསོད་ནམས་དག་ལ་བརྩམས་ཏེ་བརྩོན་པར་བྱའོ།།

如是見有情眾生被業力與煩惱所決定，不能遮遣互相造作不合理惡業已，我無論如何，務必一心積極從事於令敵、親、無關者彼等一切眾，轉為彼此互相以慈心、利樂心對待的這般福德等等行。

དཔེར་ན་ཁྱིམ་ཚིག་གྱུར་པའི་མེ།། 譬若著火之屋舍，
ཁྱིམ་གཞན་ཞིག་ཏུ་སོང་ནས་ནི།། 火已延至其他屋，

ཚྭ་སོགས་གང་ལ་མཆེད་བྱེད་པ། ། 草等於諸能助燃，
དེ་ནི་ཕྱུང་སྟེ་དོར་བ་རིགས། ། 移除捨棄彼合理。

དཔེར་ན་ཁྱིམ་གཅིག་མེས་ཚིག་པར་གྱུར་པའི་ཚེ། མེ་དེ་ཉིད་ཁྱིམ་གཞན་ཞིག་ཏུ་སོང་ནས་ནི། ཚྭ་དང་ཤིང་ལ་སོགས་པ་གང་ལ་མཆེད་པར་བྱེད་པ། དེ་ནི་ཐོག་མ་ནས་ཕྱུང་སྟེ་འདོར་བར་རིགས་སོ། །

譬若一間著火之屋舍，該火已經延燒至其他屋舍，草、木柴等於諸事物能起助燃之物，首先即移除捨棄彼乃合理。

དེ་བཞིན་གང་ལ་སེམས་ཆགས་ནས། ། 如是心貪某物已，
ཞེ་སྡང་མེ་ནི་མཆེད་གྱུར་པ། ། 嗔怒之火轉增盛，
བསོད་ནམས་འཚིག་པར་དོགས་པ་ཡིས། ། 有燒福德之顧慮，
དེ་ནི་དེ་ཡི་མོད་ལ་དོར། ། 故當立即捨棄彼。

དཔེ་དེ་བཞིན་དུ་དངོས་པོ་གང་ལ་སེམས་ལྷག་པར་ཆགས་ནས། ཞེ་སྡང་གི་མེ་ནི་མཆེད་པར་གྱུར་པ་ན། བསོད་ནམས་ཀྱི་ཕུང་པོ་འཚིག་པར་དོགས་པ་ཡིས། ཆགས་པའི་གནས་སུ་གྱུར་པའི་དངོས་པོ་དེ་ནི་དེ་ཡི་མོད་ལ་སྐྱེ་མྱུར་དུ་དོར་བར་བྱའོ། །

正如同是譬喻，心特別貪愛某物已，若使嗔怒之火轉增盛，有燒福德蘊之顧慮，故當立即、迅速地捨棄彼貪戀之物。

གསད་བྱའི་མི་ཞིག་ལག་བཅད་དེ། ། 該殺之人若斬手，
གལ་ཏེ་ཐར་ན་ཅིས་མ་ལེགས། ། 即得釋放豈非善，
གལ་ཏེ་མི་ཡི་སྡུག་བསྔལ་གྱིས། ། 若以人世間之苦，
དམྱལ་བ་བྲལ་ན་ཅིས་མ་ལེགས། ། 替免地獄豈非善。

གསོད་པར་བྱ་བའི་མི་ཞིག་ལག་པ་ཙམ་ཞིག་གཅད་དེ། གལ་ཏེ་ཐར་ན་ཅིས་མ་ལེགས། །དེ་འཆི་བའི་སྡུག་བསྔལ་བས་ལག་པ་བཅད་པའི་སྡུག་བསྔལ་འདི་ཤིན་ཏུ་ཆུང་བ་ཡིན་ནོ། །དེ་བཞིན་དུ་གལ་ཏེ་མི་ཡི་སྡུག་བསྔལ་བརྡེག་པ་དང་འཆིང་བ་དང་བརྙས་པ་ཙམ་གྱིས། སེམས་

ཅན་དམྱལ་བའི་སྡུག་བསྔལ་དང་བྲལ་ན་ཅིས་མ་ལེགས། དེ་བས་ན་མཁས་པ་རྣམས་འདི་ལ་ཡིད་བདེ་བ་ཉིད་དུ་བྱ་རིགས་སོ།།

一該殺之人若僅僅是斬斷其手，即得釋放豈非善，比起死亡的痛苦，斷手之苦甚微。同樣地，若僅僅是以人世間打、抓、輕蔑等之苦，替免地獄有情之痛苦豈非善。因此智者們安心於此乃合理。

ད་ལྟའི་སྡུག་བསྔལ་འདི་ཙམ་ལའང་། ། 對此當下些微苦，
བདག་གིས་བཟོད་པར་མི་ནུས་ན། ། 我便不能安忍受，
དེས་ན་དམྱལ་བའི་སྡུག་བསྔལ་རྒྱུ། ། 然則地獄痛苦因，
ཁྲོ་བ་ཅི་སྟེ་བཟློག་མི་བྱེད། ། 嗔怒有何不願遣。

ད་ལྟའི་སྡུག་བསྔལ་གཞན་གྱིས་བརྙས་པ་ལ་སོགས་པ་འདི་ཙམ་ལའང་། བདག་གིས་བཟོད་པར་བྱ་བར་མི་ནུས་ན། དེས་ན་སེམས་ཅན་དམྱལ་བ་ཆེན་པོའི་སྡུག་བསྔལ་མྱོང་བའི་སྡུག་བསྔལ་གྱི་རྒྱུ། རང་དང་གཞན་གྱི་ཁྲོ་བ་འདི་ཅི་སྟེ་བཟློག་པར་མི་བྱེད། སྡུག་བསྔལ་ལ་འཇིགས་པ་རྣམས་ཀྱིས་ཅི་ནས་ཀྱང་བཟློག་པར་རིགས་སོ་ཞེས་པའི་དོན་ནོ།།

對此當下受他人輕蔑等些微苦，我便不能安忍受之，然則要在地獄嚐受大痛苦之因-自他的嗔怒，有何道理不願意遮遣之。意思為：畏懼痛苦的大眾，如何遮遣嗔怒皆屬合理。

འདོད་པའི་དོན་དུ་བསྲེག་ལ་སོགས། ། 為滿所欲曾千次，
དམྱལ་བར་སྟོང་ཕྲག་མྱོང་གྱུར་ཀྱང་། ། 地獄中受燒等苦，
བདག་གིས་རང་གི་དོན་དང་ནི། ། 然而我卻不曾做，
གཞན་གྱི་དོན་ཡང་མ་བྱས་སོ། ། 自利以及他利益。

ཁོང་ཁྲོའི་དབང་གིས་འདོད་པ་བསྒྲུབ་པའི་དོན་དུ་མེ་ལ་བསྲེག་པ་ལ་སོགས་པར། དམྱལ་བར་སྐྱེས་ཏེ་ལན་གྲངས་སྟོང་ཕྲག་དུ་མར་སྡུག་བསྔལ་མྱོང་བར་གྱུར་ཀྱང་། བདག་གིས་རང་

གི་དོན་མཐོང་བ་དང་མ་མཐོང་བའི་འབྲས་བུ་དང་ནི།　　གཞན་གྱི་དོན་ཕན་པ་དང་བདེ་བ་བསྒྲུབས་པ་གང་ཡང་མ་བྱས་སོ།།

由於嗔心，為了滿足所欲，曾經千次生在地獄之中，遭受火燒等等之苦，然而我卻不曾做過可見與未見的自利之果，以及其他有情眾之利益與安樂。

འདི་ནི་དེ་ཙམ་གནོད་མིན་ལ།།　　此非如彼之傷害，
དོན་ཆེན་དག་ཀྱང་འགྲུབ་འགྱུར་བས།།　　又將成就大義利，
འགྲོ་བའི་གནོད་སེལ་སྡུག་བསྔལ་ལ།།　　故於除眾傷害苦，
དགའ་བ་འབའ་ཞིག་འདིར་བྱ་རིགས།།　　歡喜受之乃合理。

ད་ལྟའི་སྡུག་བསྔལ་འདི་ནི་སེམས་ཅན་དམྱལ་བའི་སྡུག་བསྔལ་དེ་ཙམ་གྱི་གནོད་པ་ཆེན་པོ་མིན་ལ།　དོན་ཆེན་པོ་སེམས་ཅན་ཐམས་ཅད་ལ་ཕན་པ་དང་བདེ་བའི་གཏེར་དུ་གྱུར་པ་དག་ཀྱང་འགྲུབ་པར་འགྱུར་བས།　འགྲོ་བ་མ་ལུས་པའི་གནོད་པ་ཐམས་ཅད་སེལ་བར་བྱེད་པའི་སྡུག་བསྔལ་ལ། དགའ་བ་འབའ་ཞིག་འདིར་བྱ་བར་རིགས་ཀྱི་མི་འདོད་པར་མི་བྱའོ་སྙམ་དུ་དགོངས་པའོ།།

當下此痛苦並非如同彼地獄之大傷害，而且又將成就大義利（成為一切有情利樂寶藏），故於能消除一切眾生所有傷害的痛苦，這般歡喜受之乃合理，意思為不可以不意樂。

༢་༢་༢་༣་༡་༢་༢་༡་༤་བདག་གི་དགྲ་ལ་ལེགས་པར་བྱེད་པ་ལ་བཟོད་པ།
2.2.2.3.1.2.2.1.4.安忍令己敵樂善之事

གཞན་གྱིས་ཡོན་ཏན་ལྡན་བསྟོད་ནས།།　　倘若他人讚功德，
གལ་ཏེ་དགའ་བའི་བདེ་ཐོབ་ན།།　　而得歡喜之安樂，
ཡིད་ཁྱོད་ཀྱང་ནི་དེ་བསྟོད་ནས།།　　意汝何故不願意，
ཅིའི་ཕྱིར་དེ་ལྟར་དགའ་མི་བྱེད།།　　讚歎彼而得歡喜。

གཞན་གྱིས་དགྲ་བོ་དེ་ཡོན་ཏན་དང་ལྡན་པ་ཉིད་དོ་ཞེས་བསྔོད་ནས། གལ་ཏེ་བསྟོད་པ་པོ་དེ་དགའ་བའི་བདེ་བ་ཐོབ་པས་མི་བཟོད་ན། ཡི་དཀྱོད་ཀྱང་ཉི་དགྲ་བོ་དེ་བསྔོད་པར་བྱས་ནས། ཅིའི་ཕྱིར་དེ་ལྟར་དགའ་བའི་བདེ་བ་ཉམས་སུ་མྱོང་བར་མི་བྱེད།

倘若汝無法忍受他人讚歎彼敵人具有功德，而讚歎者獲得歡喜之安樂，意汝何故不願意讚歎彼敵人，而獲得嚐受到歡喜之安樂。

ཁྱོད་ཀྱི་དགའ་བའི་བདེ་བ་འདི། །　　此汝歡喜之安樂，
བདེ་འབྱུང་ཁ་ན་མ་ཐོ་མེད།།　　安樂之源無罪愆，
ཡོན་ཏན་ལྡན་པ་རྣམས་ཀྱིས་གནང་། །　　是具功德眾所許，
གཞན་སྡུད་པ་ཡི་མཆོག་ཀྱང་ཡིན། །　　亦是攝他之最上。

ཁྱོད་ཀྱི་གཞན་དེ་ལ་བསྟོད་པའི་དགའ་བའི་བདེ་བ་འདི་ནི། བདེ་བའི་འབྱུང་གནས་ཁ་ན་མ་ཐོ་བ་མེད་པ། ཡོན་ཏན་དང་ལྡན་པ་སངས་རྒྱས་དང་བྱང་ཆུབ་སེམས་དཔའ་རྣམས་ཀྱིས་གནང་བ་དང་། གཞན་སྡུད་པར་བྱེད་པ་ཡི་མཆོག་ཀྱང་ཡིན་ནོ།།

此汝讚他而生的歡喜之安樂，其安樂之源無罪愆，是具功德眾（諸佛菩薩）所開許，亦是能攝受他眾之最上方便。

གཞན་ཡང་དེ་ལྟར་བདེ་འགྱུར་ཞེ་ན། །　　若謂如是他亦樂，
གལ་ཏེ་ཁྱོད་བདེ་འདི་མི་འདོད། །　　故我不欲此安樂，
གླ་རྔན་སྦྱིན་སོགས་སྤངས་པའི་ཕྱིར། །　　斷給薪償等之故，
མཐོང་དང་མ་མཐོང་ཉམས་པར་འགྱུར།།　　見與未見將有損。

གཞན་བསྟོད་པའི་ཡུལ་དེ་ཡང་དེ་ལྟར་བདེ་བར་འགྱུར་ཞེ་ན། གལ་ཏེ་ཁྱོད་ཀྱིས་རང་གི་བདེ་བ་འདི་མི་འདོད་ན། རང་བདེ་བའི་རྒྱུ་མཚན་དུ་བྲན་ལ་གླ་རྔན་སྦྱིན་པ་དང་ཕན་འདོགས་པ་ལ་ལན་དུ་ཕན་འདོགས་པ་སོགས་ཀྱང་སྤངས་དགོས་པའི་ཕྱིར། དེ་ལྟར་ན་མཐོང་བ་ཚེ་འདི་དང་མ་མཐོང་བ་འཇིག་རྟེན་ཕྱི་མའི་བདེ་བ་ཐམས་ཅད་ཉམས་པར་འགྱུར་རོ།།

若謂如是所讚歎的對象他亦將獲得樂，故我不欲此自己的安樂，則對於作為自己安樂之因的奴僕、饒益我者等等，斷捨給予薪償、不回報饒益等等之故，如此見（此生）與未見（來生）一切時將有損。

རང་གི་ཡོན་ཏན་བརྗོད་པའི་ཚེ།། 讚歎自己功德時，
གཞན་ལ་བདེ་བ་འདད་འདོད་པར་བྱེད།། 願意他人有安樂，
གཞན་གྱི་ཡོན་ཏན་བརྗོད་པའི་ཚེ།། 讚歎他人功德時，
རང་ལ་འདད་བདེ་བ་མི་འདོད་བྱེད།། 不願自己有安樂。

གཞན་གྱིས་རང་གི་ཡོན་ཏན་བརྗོད་པའི་ཚེ། གཞན་ལ་དེ་བརྗོད་པའི་བདེ་བ་འདད་འདོད་པར་བྱེད་ཅིང་། གཞན་གྱི་ཡོན་ཏན་རང་གིས་བརྗོད་པའི་ཚེ། ཕྲག་དོག་གི་དྲི་མས་རང་ལ་འདད་དེ་བརྗོད་པའི་བདེ་བ་མི་འདོད་པར་བྱེད་པ་ནི་བྱང་ཆུབ་ཀྱི་སྤྱོད་པ་དང་འགལ་བ་ཡིན་ནོ།།

他人讚歎自己功德時，願意他人有讚歎功德之安樂，而自己讚歎他人功德時，因為嫉妒的垢染，不願自己有讚歎功德之安樂。此舉完全違背菩薩行。

སེམས་ཅན་ཐམས་ཅད་བདེ་འདོད་པས།། 欲令有情安樂故，
བྱང་ཆུབ་ཏུ་ནི་སེམས་བསྐྱེད་ནས།། 生起殊勝菩提心，
སེམས་ཅན་རང་གིས་བདེ་རྙེད་ན།། 有情自己得安樂，
དེས་ཀྱི་ཅི་སྟེ་ཁྲོ་བར་བྱེད།། 而汝何故因此怒。

སེམས་ཅན་ཐམས་ཅད་སངས་རྒྱས་ཉིད་ཀྱི་བདེ་བ་ལ་འགོད་པར་འདོད་པས། བྱང་ཆུབ་ཏུ་ནི་སེམས་བསྐྱེད་པར་བྱས་ནས། སེམས་ཅན་རང་གིས་ཡིད་བདེ་ཕྲ་བ་ཙམ་ཞིག་རྙེད་པ་ན། དེས་ཀྱི་ཅི་སྟེ་ཁྱོད་ཁོང་ཁྲོ་བར་བྱེད་པ་ཡིན།

欲令一切有情獲得佛果安樂之故，而生起殊勝菩提心，有情自己獲得些許安樂，而汝何故因此而發怒。

འཇིག་རྟེན་གསུམ་མཆོད་འཚང་རྒྱ་བར།།
སེམས་ཅན་རྣམས་ནི་འདོད་ཅེ་ན། །
བསྙེན་བཀུར་ངན་ངོན་ཙམ་མཐོང་ནས།།
ཅི་ཕྱིར་དེ་ལ་གདུང་བར་བྱེད།།

若言欲令有情眾，
成佛受三世間供，
見少簡劣恭敬已，
何故於彼起煩惱。

གལ་ཏེ་དེས་བརྗོད་པའི་ཡོན་ཏན་གཞན་གྱིས་ཐོས་པ་ན་ཡིད་དད་པས་དེ་དག་ལ་རྙེད་པ་དང་བཀུར་སྟི་འབུལ་བར་བྱེད་པས་དེ་མི་བཟོད་པ་ཡིན་ནོ་ཞེ་ན། འདོད་པ་དང་གཟུགས་དང་གཟུགས་མེད་པའི་འཇིག་རྟེན་གསུམ་གྱི་མཆོད་པའི་གནས་མངོན་པར་འཚང་རྒྱ་བར། སེམས་ཅན་རྣམས་ནི་འདོད་ཅེ་ན། བསྙེན་བཀུར་ངན་ངོན་ཙམ་འབྱུང་བར་མཐོང་ནས། ཅི་ཡི་ཕྱིར་དེ་ལ་སེམས་གདུང་བར་བྱེད།

若言：彼所言功德，他人聞之生信，能使他人獻恭敬利養於彼等，此不能忍。則曰：若言欲令有情眾，成佛受欲界、色界、無色界三世間之供，見有少許簡劣恭敬已，何故於彼而心起煩惱。

གསོ་བྱ་གང་ཞིག་ཁྱོད་གསོ་བ།།
ཁྱོད་ཉིད་ཀྱིས་ནི་སྦྱིན་བྱ་དེ།།
གཉེན་གྱིས་འཚོ་བ་རྙེད་གྱུར་ན། །
དགར་མི་འགྱུར་བར་སླར་ཁྲོ་འམ། །

由汝撫養一所養，
汝所應施之對象，
若已由親得活命，
不生歡喜復嗔否。

གསོ་བར་བྱ་བ་སེམས་ཅན་གང་ཞིག་ཁྱོད་ཀྱིས་གསོ་བར་བྱ་བ་དང་། ཁྱོད་ཉིད་ཀྱིས་ནི་སྦྱིན་པར་བྱ་དགོས་པ་ཉིད་དེ། གཉེན་གྱིས་ཏེ་ཕ་མར་གྱུར་པའི་སེམས་ཅན་རྣམས་ཀྱིས་འཚོ་བ་རྙེད་པར་གྱུར་ན། དེས་དགའ་བར་མི་འགྱུར་བར་སླར་དེ་ལ་ཁྲོ་འམ་ཅི།

應當由汝撫養之一所養（有情），彼為汝所應當布施之對象，倘若已由親（作為父母的有情眾）得到活命，不因此心生歡喜，復又對彼嗔怒否？

དེ་ཙི་འགྲོ་ལ་མི་འདོད་ན།། 不欲眾生得彼一，
དེ་ལ་བྱང་ཆུབ་འདོད་གང་ཡིན།། 欲彼成佛則為何，
གང་ཞིག་གཞན་འབྱོར་འབྱོར་ཁྲོ་དེ་ལ།། 仇怒他富彼某人，
བྱང་ཆུབ་སེམས་ནི་ག་ལ་ཡོད།། 何來具有菩提心。

འོན་ཏེ་དེ་དག་སངས་རྒྱས་ཉིད་དུ་བྱ་བར་བདག་གིས་དམ་བཅས་ཀྱི་བདེ་བ་གཞན་ལ་ནི་མ་ཡིན་ནོ་སྙམ་དུ་སེམས་ན་དེ་ཙི་འཕྲལ་གྱི་རྙེད་བཀུར་ཙམ་ཡང་འགྲོ་བ་རྣམས་ལ་མི་འདོད་ན། དེ་ལ་བྱང་ཆུབ་འདོད་པ་དེ་གང་ཞིག་ཡིན། བླུན་པོ་གང་ཞིག་གཞན་གྱི་འབྱོར་བ་ལ་ཁྲོ་བ་དེ་ལ། བྱང་ཆུབ་སེམས་ནི་ག་ལ་ཡོད་དེ། དེ་ལ་རྒྱབ་ཀྱིས་ཕྱོགས་པའི་ཕྱིར་རོ།།

然而，若思維：我雖發誓當令彼等成佛，然而非令彼等獲得其餘安樂，則曰：若不欲眾生獲得彼任何一絲一毫恭敬利養，那麼欲彼成佛則為何，仇怒他人富有的彼某愚癡之人，何來具有菩提心，與彼菩提心相違之故。

གལ་ཏེ་དེས་དེ་ལས་རྙེད་དམ།། 倘若彼從彼處得，
སྦྱིན་བདག་ཁྱིམ་ན་གནས་གྱུར་པ།། 或者施主留家中，
ཀུན་ཏུ་བབ་དེ་ཁྱོད་ལ་མེད་ན།། 一切結果汝皆無，
བྱིན་མ་བྱིན་རུང་དེས་ཅི་བྱ།། 施與不施有何益。

གཞན་ལ་རྙེད་པ་དང་བཀུར་སྟི་དེ་མེད་ན་ཡང་དངོས་པོ་དེ་ཁྱོད་ལ་ནི་མི་འབྱུང་ན་ཅིའི་ཕྱིར་རྒྱུ་མེད་པར་བདག་ཉིད་འཇོམས་པའི་དོན་དུ་འབད་ཅེས་བསྟན་པ་ནི། གལ་ཏེ་འགྲན་ཟླ་དེས་སྦྱིན་བདག་དེ་ལས་དངོས་པོ་དེ་རྙེད་དམ། འོན་ཏེ་སྦྱིན་བདག་རང་གི་ཁྱིམ་ན་གནས་པར་གྱུར་པའང་རུང་། ཀུན་ཏུ་བབ་དངོས་པོ་དེ་ཁྱོད་ལ་ནི་མེད་པ་ཡིན་ན། བྱིན་ཀྱང་རུང་མ་བྱིན་ཀྱང་རུང་དེས་ཁྱོད་ལ་ཅི་ཞིག་བྱ།

此處說明就算他人無恭敬利養，汝亦無物可得，何故在無利可圖之事上汲汲於毀己：倘若彼對手從彼施主處得到該物，或者施主

留在自己家中，無論如何，一切結果汝皆無該物，既然如此，無論施與不施，對汝有何益。

བསོད་ནམས་དད་ཉི་དད་པ་འམ།། 福德信心己功德，
རང་གི་ཡོན་ཏན་ཅི་ཕྱིར་འདོར།། 出於何因能捨棄，
རྙེད་པར་གྱུར་པ་མི་འཛིན་པ།། 已然所得不掌握，
གང་གིས་ཁྲོ་བ་མི་བྱེད་སྨོས།། 何故不嗔當訶責。

ཁྱོད་མི་དགའ་བ་ཙམ་གྱིས་སྦྱིན་བདག་གིས་བསོད་ནམས་སོག་པ་དད་ཉི་གང་ལ་བརྟེན་ནས་འདི་དག་གི་དད་པ་སྐྱེ་བའམ། ཡུལ་དེ་ཡང་རང་གི་ཡོན་ཏན་ཅི་འི་ཕྱིར་འདོར་བར་བྱེད། ཁྱོད་རང་གི་རྙེད་པར་གྱུར་པའི་ཡོན་ཏན་མི་འཛིན་པ་ལ། རྒྱུ་གང་གིས་ཁྲོ་བར་མི་བྱེད་པར་སྨོས་ཤིག།

僅因為汝之不喜，而使施主累積福德，依靠某事而生起彼等之信心，或者該對象對於自己的功德，出於何因皆能捨棄，汝已然所得之功德不掌握，因為何理由故不去嗔怒？當訶責之。

ཁྱོད་ཉི་རང་གིས་སྡིག་བྱས་ལ།། 汝已自造諸多罪，
མྱ་ངན་མེད་པར་མ་ཟད་ཀྱི།། 不僅不生憂苦心，
བསོད་ནམས་བྱས་པ་གཞན་དག་དང་།། 尚欲攜同與其他，
ལྷན་ཅིག་འགྲན་པར་བྱེད་འདོད་དམ།། 已積福眾較量否。

ཅི་སྟེ་གཞན་ལ་ནི་རྙེད་བཀུར་ཕུན་སུམ་ཚོགས་པ་ཡོད་ལ། བདག་ལ་དེ་མེད་པས་ན་བདག་མི་དགའོ་སྙམ་ན། ཁྱོད་ཉི་རང་གིས་ཚེ་རབས་སྔ་མ་ནས་སྡིག་པ་བྱས་པ་ལ། འགྱོད་པའི་མྱ་ངན་མེད་པར་མ་ཟད་ཀྱི། སྔོན་ཆད་བསོད་ནམས་བྱས་པ་གཞན་དག་དང་། ལྷན་ཅིག་ཏུ་འགྲན་པར་བྱེད་པར་འདོད་དམ།

若思維：他人有圓滿豐厚的恭敬利養，而我無彼，故我不喜。則曰：汝於過去累生之中，已自己造下諸多罪，不僅不生後悔之憂苦心，還尚且欲攜同與其他在過去生中已累積福德的眾人一起較量否。

༢.༢.༢.༣.༡.༢.༢.༢.འདོད་པའི་གེགས་བྱེད་པ་ལ་བཟོད་པ་སྒོམ་པ།
2.2.2.3.1.2.2.2.於所欲之障修安忍

༢.༢.༢.༣.༡.༢.༢.༢.༡.དགྲ་བོས་མི་འདོད་པའི་གེགས་བྱེད་པ་ལ་བཟོད་པ་སྒོམ་པ།
2.2.2.3.1.2.2.2.1.對於障礙敵之不欲修安忍

གལ་ཏེ་དགྲ་ཞིག་མི་དགའ་ནའང་། ། 縱然某敵不歡喜，
དེ་ལ་ཁྱོད་དགར་ཅི་ཞིག་ཡོད།། 於彼汝有何歡喜，
ཁྱོད་ཀྱི་ཡིད་སྨོན་ཙམ་གྱིས་ནི།། 僅憑汝心之希盼，
དེ་ལ་གནོད་པའི་རྒྱུར་མི་འགྱུར། ། 於彼不成傷害因。

གལ་ཏེ་དགྲ་ཞིག་མི་དགའ་ཞིང་སྡུག་བསྔལ་བར་གྱུར་ནའང་། སྡུག་བསྔལ་བྱུང་བ་དེ་ལ་ཁྱོད་དགའ་བར་འགྱུར་བ་ཅི་ཞིག་ཡོད། ཁྱོད་ཀྱི་མངོན་པར་འདོད་པའི་ཡིད་སྨོན་ཙམ་གྱིས་ནི། དགྲ་བོ་དེ་ལ་གནོད་པའི་རྒྱུར་གང་ཡང་མི་འགྱུར་རོ།།
縱然某敵不歡喜了、受苦了，對於彼有了痛苦之人汝有何值得歡喜，僅憑汝心中之希望期盼，於彼敵人不會成為任何傷害之因。

ཁྱོད་ཀྱི་འདོད་པས་སྡུག་བསྔལ་དེ། ། 縱然因汝之欲求，
གྲུབ་ནའང་ཁྱོད་དགར་ཅི་ཞིག་ཡོད། ། 成就該苦喜何有，
གལ་ཏེ་འཚེངས་པར་འགྱུར་ཞེ་ན། ། 若言將令己意滿，
དེ་ལས་ཕུང་བ་གཞན་ཅི་ཡོད། ། 則無他損更勝彼。

ཁྱོད་ཀྱི་འདོད་པས་དགྲ་ལ་སྡུག་བསྔལ་དེ། གྲུབ་ནའང་དེ་ལ་ཁྱོད་དགའ་བ་ཅི་ཞིག་ཡོད། གལ་ཏེ་བདག་འཚེངས་པར་འགྱུར་རོ་ཞེ་ན། བསམ་པ་ཕྱིན་ཅི་ལོག་པ་དེ་ལས་ཕུང་བ་གཞན་ཅི་ཞིག་ཡོད།

縱然因汝之欲求，令敵人成就該痛苦，而對於彼事，汝喜何有，若言：將令己志得意滿。則更無其他殃損更勝彼顛倒想。

ཉོན་མོངས་ཉ་པས་བཏབ་པ་ཡི།། 煩惱漁夫所施設，
མཆིལ་པ་འདི་ཉི་མི་བཟད་གཟེ།། 此鉤殘忍且鋒利，
དེས་བཟུང་སེམས་དམྱལ་བུམ་པ་ར་ཡང་།། 上鈎放入地獄壺，
དམྱལ་བའི་སྲུང་མས་བདག་འཚེད་དེས།། 地獄護卒必烹我。

ཅིའི་ཕྱིར་ཞེ་ན། ཉོན་མོངས་པའི་ཉ་པས་བཏབ་པ་ཡི། མཆིལ་པ་སྡེ་ལྕགས་ཀྱུ་འདི་ཉི་འཇིགས་པའི་གནས་ཡིན་པས་མི་བཟད་པར་གཟེ་བ་ཡིན་ལ། དེས་བཟུང་ནས་སེམས་ཅན་དམྱལ་བའི་བུམ་པ་ར་ཡང་། དམྱལ་བའི་སྲུང་མ་རྣམས་ཀྱིས་བདག་འཚེད་པར་དེས་སོ།།
何以故？煩惱漁夫所施設的此鐵鉤甚為恐怖，既殘忍且鋒利，上鈎之後放入地獄壺簍之中，又地獄守護的鬼卒必然會烹煮我。

༢.༢.༢.༣.༡.༢.༢.༢.༢.བདག་དང་བདག་གི་བཤེས་ལ་འདོད་པའི་གེགས་བྱེད་པ་ལ་བཟོད་པ་སྒོམ་པ།

2.2.2.3.1.2.2.2.2.對於障礙我與我友之所欲修安忍

བསྟོད་དང་གྲགས་པའི་རིམ་གྲོས་ནི།། 讚歎名聲等景仰，
བསོད་ནམས་མི་འགྱུར་ཚེར་མི་འགྱུར།། 不成福德不成壽，
བདག་སྟོབས་མི་འགྱུར་ནད་མེད་མིན།། 不成我力不生病，
ལུས་བདེ་བར་ཡང་མི་འགྱུར་རོ།། 亦不會令身康健。

གང་བསྟོད་པ་ལ་སོགས་པའི་གེགས་བྱེད་པས་སྡུག་བསྔལ་སྐྱེ་བ་དེ་ཡང་མ་བརྟགས་པ་པོ་ན་ཡིན་ནོ་ཞེས་བསྟན་པ་ནི་བསྟོད་པ་དང་གྲགས་པའི་རིམ་གྲོས་ནི། མ་འོངས་པ་ལ་ཕན་པའི་བསོད་ནམས་སུ་མི་འགྱུར་ཞིང་འདིར་བདེ་བའི་ཚེར་ཡང་མི་འགྱུར་ལ། བདག་སྟོབས་དང་ལྡན་པར་མི་འགྱུར་ཞིང་ནད་མེད་པ་འཐོབ་པའང་མིན་ལ། ལུས་བདེ་བར་འགྱུར་བའི་རྒྱུར་ཡང་

མི་འགྱུར་རོ།།

此處宣說對於任何讚歎的障礙會導致痛苦，只是因為不加以觀察使然：讚歎與名聲等景仰，不會成為對未來有幫助的福德，不會成為對此生安樂的長壽，不會成為我具有力量、也不會不生病，亦不會成為令身康健之因。

བདག་ནི་རང་དོན་ཤེས་གྱུར་ན།། 若我旦凡懂自利，
དེ་ལ་རང་དོན་ཅི་ཞིག་ཡོད།། 彼中有何是自利，
ཡིད་བདེ་འབའ་ཞིག་འདོད་ན་ནི།། 若唯欲求心娛樂，
རྒྱན་སོགས་ཆང་ཡང་བསྟེན་དགོས་སོ།། 亦當親近酒賭等。

བདག་ནི་རང་གི་དོན་ཅུང་ཟད་ཤེས་པར་གྱུར་ན། དེ་ལ་རང་དོན་ཅི་ཞིག་ཡོད་བརྟག་པར་རིགས་སོ། །འདི་ལ་ཡིད་བདེ་བ་ཡོད་པ་མ་ཡིན་ནམ། དེ་དོན་དུ་གཉེར་བར་བྱ་བའོ་ཞེ་ན། ཡིད་བདེ་བ་འབའ་ཞིག་འདོད་ན་ནི། རྒྱན་པོ་འགྱེད་པ་སོགས་དང་ཆང་ཡང་བསྟེན་པར་བྱ་དགོས་སོ། །དེ་བས་ན་ཡིད་བདེ་བའི་རྒྱུ་བསྟོད་པ་ལ་སོགས་པ་དང་གླུ་གར་དང་འཛེ་སྒེག་བསྟེན་པ་ནི་བླུན་པོ་དགའ་བ་སྐྱེ་བའི་གཞི་སྟེ་མཁས་པས་ནམ་ཡང་བསྟེན་པར་མི་བྱའོ།།

若我旦凡懂得了一點自利，則可合理觀察彼中有何是自利，此難道不是意樂？若致力於彼，則曰：若唯欲求心娛樂，亦當親近酒、賭博等。因此，依靠讚歎，親近歌舞、美貌等意樂之因，是愚人娛樂之事，智者應當永遠不親近。

གྲགས་པའི་དོན་དུ་ནོར་གཏོང་ཞིང་།། 為求美名而散財，
བདག་ཉིད་ཀྱང་ནི་གསོད་བྱེད་ན།། 乃至亦能殺自己，
ཚིག་འབྲུ་རྣམས་ཀྱིས་ཅི་ཞིག་བྱ།། 然而文詞有何益，
ཤི་ན་དེས་ཀོ་སུ་ལ་བདེ།། 若死則彼能娛誰。

སྐྱེ་བོ་རྨོངས་པ་འགའ་ཞིག་གཏོང་ཕོད་ཀྱི་གྲགས་པའི་དོན་དུ་ནོར་རྫས་རྣམས་ཟླ་བཞིན་དུ

གཏོང་ཞིང་། དཔའ་རྩལ་གྲགས་པ་འདོད་པས་བཟོད་པར་དཀའ་བའི་གཡུལ་དུ་ཞུགས་ཏེ་བདག་ཉིད་ཀྱང་ནི་གསོད་པར་བྱེད་ན། བསྟོད་པ་བརྗོད་པའི་ཚིག་འབྲུ་རྣམས་ཀྱིས་ཅི་ཞིག་བྱ། རང་ཉིད་ཤི་བར་གྱུར་ན་བསྟོད་པ་དེས་ཀོ་སུ་ལ་བདེ།

愚癡之人，有的為求得勇於施捨的美名，而視財如草芥一般地散財，乃至為得勇士美名，亦能深入難忍的沙場之中殺自己，然而讚美的文詞有何益，若自己已死，則彼讚美能娛樂誰。

བྱེ་མའི་ཁང་བུ་རྡིབ་གྱུར་ན།། 沙砌之屋坍塌時，
བྱིས་པ་རྣམས་ནི་ག་ཅན་ངུ།། 稚童眾皆氣餒泣，
དེ་བཞིན་བསྟོད་དང་གྲགས་ཉམས་ན།། 如是美名稱讚損，
རང་གི་སེམས་ནི་བྱིས་པ་བཞིན།། 彼時汝心如稚童。

བྱེ་མའི་ཁང་བུ་བརྩིགས་ཏེ་དེ་རྡིབ་པར་གྱུར་པ་ན། བྱིས་པ་རྣམས་ནི་ག་ཅན་ཅད་དུ་ངུ་ཞིང་ཚོ་ངེ་འདེབས་པ་དེ་བཞིན་དུ་བསྟོད་པ་དང་གྲགས་པ་ཉམས་པའི་ཚེ་མྱ་ངན་བྱེད་པ་ན། རང་གི་སེམས་ནི་བྱིས་པ་ཁོ་ན་བཞིན་དུ་དོན་མེད་པར་མྱ་ངན་བྱེད་པ་ཡིན་ནོ།།

用沙所堆砌之屋坍塌時，稚童眾皆極為氣餒而哀嚎哭泣，如是美名與稱讚受損、感到痛苦之時，彼時汝心就如同稚童一般，毫無意義地難過起來。

རེ་ཞིག་སྒྲ་ལ་སེམས་མེད་ཕྱིར།། 一時之聲無心故，
བདག་ལ་བསྟོད་སེམས་ཡོད་མི་སྲིད།། 有讚我心不可能，
བདག་ལ་གཞན་དགའ་ཞེས་གྲགས་པ།། 又說是他喜我故，
དེ་ནི་དགའ་བའི་རྒྱུ་ཡིན་གྲང་།། 說彼是為歡喜因，
གཞན་ནམ་ཡང་ན་བདག་ལ་འང་རུང་།། 即便喜他或喜我，
གཞན་དགའ་བདག་ལ་ཅི་ཞིག་ཕན།། 他人之喜何益我，
དགའ་བ་བདེ་དེ་ནི་དེ་ཉིད་ཀྱི།། 彼歡喜唯彼自有，
བདག་གིས་དེ་ལས་ཤས་མི་འཐོབ།། 我從彼中無所得。

རེ་ཞིག་ངག་སྒྲ་དེ་ལ་སེམས་མེད་པའི་ཕྱིར། བདག་ལ་བསྟོད་པར་འདོད་པའི་སེམས་ཡོད་མི་སྲིད་ལ། བདག་ལ་གཞན་བསྟོད་པར་བྱེད་པ་དེ་དགའ་བ་ཡིན་ཞེས་གྲགས་པ། དེ་ཉི་བདག་དགའ་བའི་རྒྱུ་ཡིན་པར་འགྱུར་གྲང་ན། སེམས་ཅན་གཞན་ནམ་ཡང་ན་བདག་ལ་འང་རུང་སྟེ། གཞན་གྱི་དགའ་བ་དེས་བདག་ལ་ཅི་ཞིག་ཕན། དགའ་བའི་བདེ་བ་དེ་ནི་བསྟོད་པ་པོ་དེ་ཉིད་ཀྱི་ཡིན་པས། བདག་གིས་གཞན་གྱི་རྒྱུད་ལ་ཡོད་པའི་དགའ་བ་དེ་ལས་ཤས་ཅུང་ཟད་ཙམ་ཡང་མི་འཐོབ་བོ།།

一時之語聲無心之故，有讚美我之心是不可能的，又說是他喜於讚歎我之故，說彼是為我歡喜之因，即便喜歡其他有情，或是喜歡我，彼他人之喜有何幫助我，彼歡喜唯彼讚美者自有之故，我從彼他人心相續所具有的歡喜之中絲毫無所得。

དེ་བདེ་བ་ཡིས་བདག་བདེ་ན།། 若因彼樂故我樂,
ཀུན་ལའང་དེ་བཞིན་བྱ་དགོས་ན།། 則當一切皆如此,
ཇི་ལྟར་གཞན་ལ་དགའ་བ་ཡིས།། 如何人喜他得樂,
བདེ་བར་གྱུར་ན་བདག་མི་བདེ།། 彼時我卻不安樂。

ཅི་སྟེ་བྱང་ཆུབ་སེམས་དཔའ་རྣམས་ནི་གཞན་བདེ་བས་བདེ་བ་མ་ཡིན་ནམ། ཅིའི་ཕྱིར་དེ་ལས་ཤས་མི་འཐོབ་ཅེ་ན། བསྟོད་པར་བྱེད་པ་དེ་བདེ་བ་ཡིས་བདག་བདེ་བར་འདོད་ན། དེའི་ཚེ་ཀུན་ལ་བསྟོད་པ་པོ་དེ་དགའ་བས་བདེ་བར་གྱུར་པ་ལའང་ཁྱོད་དེ་བཞིན་དུ་དགའ་བར་བྱ་དགོས་ན། ཇི་ལྟར་གཞན་ལ་བསྟོད་དེ་དགའ་བ་ཡིས། བདེ་བར་གྱུར་ན་བདག་མི་བདེ་ཞེས་འདྲིའོ།།

若問：難道菩薩不是因他樂而樂？何故從中絲毫無所得？則曰：若因彼讚美者快樂，故我亦快樂，則汝應當於彼一切時皆如此，因讚美者之喜樂而喜樂。如何會因為人讚歎歡喜他，使他得樂，彼時我卻不安樂。如此質問。

དེ་བས་བདག་ནི་བསྟོད་དོ་ཞེས། ། 因此感覺已受讚，
རང་གི་དགའ་བ་སྐྱེ་འགྱུར་བ།། 從中而生已歡喜，
དེ་ཡང་དེ་ལྟར་མི་འཐད་པས།། 彼亦如是不合理，
བྱིས་པའི་སྤྱོད་པ་ཁོ་ནར་ཟད།། 僅為稚童行徑爾。

དེ་བས་ན་བདག་ནི་འགའ་ཞིག་གིས་བསྟོད་དོ་ཞེས། རང་གི་སེམས་ལ་དགའ་བ་སྐྱེ་བར་འགྱུར་བ། དེ་ཡང་དེ་ལྟར་དགའ་བར་མི་འཐད་པས། བྱིས་པའི་རྩེད་མོ་དང་འདྲ་བའི་སྤྱོད་པ་ཁོ་ནར་ཟད་དོ།།

因此，感覺已受某人讚美，從中而生已心歡喜，彼亦如是歡喜乃不合理，僅為稚童戲耍一般的行徑爾。

བསྟོད་སོགས་བདག་ནི་གཡེང་བར་བྱེད།། 讚等能使我放逸，
དེས་ནི་སྐྱོ་བའང་འཇིག་པར་བྱེད། ། 以彼亦能壞厭患，
ཡོན་ཏན་ལྡན་ལ་ཕྲག་དོག་དང་། ། 又能嫉妒功德者，
ཕུན་སུམ་ཚོགས་པའང་འཇིག་པར་བྱེད།། 以及能毀諸圓滿。

བསྟོད་པ་ལ་སོགས་པས་བདག་ནི་དགེ་བའི་བྱ་བ་ལས་གཡེང་བར་བྱེད། བསྟོད་པ་ལ་སོགས་པ་དེས་ནི་འཁོར་བའི་སྡུག་བསྔལ་སྐྱོ་བའང་འཇིག་པར་བྱེད། ཡོན་ཏན་དང་ལྡན་པ་རྣམས་ལ་མི་བཟོད་པའི་ཕྲག་དོག་དང་གཞན་གྱི་རྙེད་བཀུར་ལ་སོགས་པའི་ཕུན་སུམ་ཚོགས་པའང་འཇིག་པར་བྱེད་དོ།།

讚美等等，能使我從善行中放逸，以彼讚美等等，亦能毀壞對於輪迴痛苦的厭患心，又能嫉妒、無法忍受功德者，以及能毀壞他人利養等等諸圓滿。

དེ་ཕྱིར་བདག་གི་བསྟོད་སོགས་ནི། ། 因此為破我讚美，
གཞིག་ཕྱིར་གང་དག་ཉེར་གནས་པ། ། 住於近處彼等眾，
དེ་དག་བདག་ནི་ངན་སོང་དུ།། 豈非是為守護我，
ལྟུང་བ་བསྲུང་ཕྱིར་ཞུགས་མིན་ནམ། ། 免墮惡趣故行此。

བསྟོད་པ་ལ་སོགས་པ་ནི་དེ་ལྟར་ཉེས་པ་ཐམས་ཅད་ཀྱི་གཞི་ཡིན་པ་དེའི་ཕྱིར་བདག་གི་བསྟོད་པ་ལ་སོགས་པ་ནི། གཞིག་པའི་ཕྱིར་དགྲ་བོ་གང་དག་ཉེ་བར་གནས་པ། དེ་དག་ལེགས་པར་བརྟགས་ན་བདག་ནི་ངན་སོང་གསུམ་དུ། ལྷུང་བ་བསྲུང་བའི་ཕྱིར་ཞུགས་པ་མིན་ནམ་ཅི།
讚美等等，是一切過患的根本，因此，為了破除對我的讚美，住於近處彼等敵眾，若仔細觀察，豈非是為了守護我免於墮落惡趣，故而行此（傷害之事）。

བདག་ནི་གྲོལ་བ་དོན་གཉེར་ལ། ། 　我既致力於解縛，
རྙེད་དང་བཀུར་སྟིས་འཆིང་མི་དགོས། ། 　無須恭敬利養縛，
གང་དག་བདག་བཅིངས་གྲོལ་བྱེད་པ། ། 　何人能令我解縛，
དེ་ལ་བདག་ནི་ཇི་ལྟར་ཁྲོ།། 　我怎能夠嗔怒彼。

བདག་ནི་རྣམ་པར་གྲོལ་བ་དོན་དུ་གཉེར་བ་ལ། དེ་དང་འགལ་བའི་རྙེད་པ་དང་བཀུར་སྟིས་འཆིང་བར་བྱེད་མི་དགོས་སོ། །སྐྱེ་བོ་གང་དག་བདག་རྙེད་བཀུར་དང་བྲལ་ཏེ་བཅིངས་པ་ལས་གྲོལ་བར་བྱེད་པ། ཕན་འདོགས་པ་དེ་ལ་བདག་ནི་ཇི་ལྟར་ཁྲོ།
我既然致力於解縛，便無須與彼相違之恭敬利養的束縛。何人能令我離開恭敬利養，解開彼等束縛，我怎麼能夠嗔怒彼饒益我之人。

བདག་ནི་སྡུག་བསྔལ་འཇུག་འདོད་ལ། ། 　雖然我欲入痛苦，
སངས་རྒྱས་ཀྱིས་ནི་བྱིན་བརླབས་བཞིན།། 　然而好似佛加持，
མི་གཏོང་སྒོ་འཕར་ཉིད་གྱུར་པ། ། 　成為不令開門板，
དེ་ལ་བདག་ནི་ཇི་ལྟར་ཁྲོ།། 　我怎能夠嗔怒彼。

བདག་ནི་རྙེད་བཀུར་ལ་ལྷག་པར་ཞེན་པས་ངན་སོང་གི་སྡུག་བསྔལ་ལ་འཇུག་པར་འདོད་པ་ལྟ་བུ་ཡིན་ལ། དེ་དག་སངས་རྒྱས་ཀྱིས་ནི་བྱིན་བརླབས་ཀྱི་མཐུ་ཆེན་པོ་བཞིན་དུ་གནས་དེར་མི་གཏོང་བའི་སྒོ་འཕར་ཏེ་སྒོ་གླེགས་ཉིད་དུ་གྱུར་པ། རྙེད་པ་སོགས་རྒྱུན་གཅོད་པ་དེ་ལ་

བདག་ནི་ཇི་ལྟར་ཁྲོ།

雖然我因為貪戀恭敬利養，貌似欲墮入惡趣的痛苦，然而彼等好似佛陀的大力加持，成為不令打開該處之門板，我怎麼能夠嗔怒彼斬斷利養等等之人。

འདི་ནི་བསོད་ནམས་གེགས་བྱེད་ཅེས། ། 謂此是為福德障，
དེ་ལའདང་ཁྲོ་བར་རིགས་མིན་ཏེ། ། 而嗔彼者仍非理，
བཟོད་མཚུངས་དཀའ་ཐུབ་ཡོད་མིན་ན།། 若無苦行同安忍，
དེ་ལ་བདག་ནི་མི་གནས་སམ།། 則我住或不住彼。

དེ་ཙམ་དུ་མ་ཟད་འདིས་ནི་བདག་གི་བསོད་ནམས་ཀྱི་གེགས་བྱེད་ཅེས། །བསོད་ནམས་ཀྱི་གེགས་བྱེད་པ་དེ་ལའདང་ཁྲོ་བར་བྱ་རིགས་པ་མིན་ཏེ། བཟོད་པ་དང་མཚུངས་པའི་དཀའ་ཐུབ་ཁྱད་པར་ཅན་གཞན་ཡོད་པ་མིན་ན། བཟོད་པའི་དཀའ་ཐུབ་དེ་ལ་བདག་ནི་མི་གནས་སམ།

不僅如此，又謂：此是為我福德的障礙，而嗔怒彼障礙福德者，仍是非理，若無其他殊勝的苦行能等同安忍，則我住或不住彼安忍苦行。

གལ་ཏེ་བདག་ནི་རང་སྐྱོན་གྱིས། ། 倘若我因己之過，
འདི་ལ་བཟོད་པ་མི་བྱེད་ན།། 於此不願修安忍，
བསོད་ནམས་རྒྱུ་ནི་ཉེར་གནས་པ། ། 福德之因在近處，
འདི་ལ་བདག་གེགས་བྱེད་པར་ཟད། ། 是我願做此障爾。

གལ་ཏེ་བདག་ནི་རང་གི་སྐྱོན་གྱིས། དགྲ་བོ་འདི་ལ་བཟོད་པར་མི་བྱེད་ན། བསོད་ནམས་དཔག་ཏུ་མེད་པའི་རྒྱུ་དགྲ་དེ་ནི་ཉེ་བར་གནས་པ། འདི་ལ་བདག་རང་ཉིད་ཀྱིས་གེགས་བྱེད་པར་ཟད་དོ།།

倘若我因己之過，於此敵人不願修安忍，無量福德之因-彼敵人就在近處，則就是我自己願意做此障礙爾。

གང་ཞིག་གང་མེད་མི་འབྱུང་ལ། །	何者無何則不生，
གང་ཞིག་ཡོད་ན་ཡོད་གྱུར་པ།།	若有何者則亦有，
དེ་ཉིད་དེ་ཡི་རྒྱུ་ཡིན་ན།།	既然彼為彼之因，
ཇི་ལྟར་དེ་ལ་གེགས་ཞེས་བྱ།།	如何名彼為障礙。

གལ་ཏེ་བསོད་ནམས་ཀྱི་གེགས་ནི་དགྲ་བོ་ཡིན་ནོ་ཞེ་ན། བཟོད་པ་གང་ཞིག་དགྲ་བོ་གང་མེད་ན་མི་འབྱུང་ལ་དགྲ་བོ་གང་ཞིག་ཡོད་ན་བཟོད་པ་དེ་ཡོད་པར་འགྱུར་དུ་རུང་བ་དེའི་ཕྱིར། དགྲ་བོ་དེ་ཉིད་བཟོད་པ་དེའི་རྒྱུ་ཡིན་ན། ཇི་ལྟར་དགྲ་བོ་དེ་ལ་བསོད་ནམས་ཀྱི་གེགས་ཞེས་བྱ།

若說福德的障礙是敵人，則曰：何者（安忍）無何（敵人）則不生，若有何者（敵人）則亦有彼安忍，既然彼敵人為彼安忍之因，如何名彼敵人為福德的障礙。

དུས་སུ་ཕྱིན་པའི་སློང་མོ་བས།།	適時前赴之乞丐，
སྦྱིན་པའི་གེགས་བྱས་ཡོད་མ་ཡིན། །	不具障礙布施行，
རབ་ཏུ་འབྱིན་པར་བྱེད་གྱུར་པ། །	作為能令出離者，
རབ་བྱུང་གེགས་ཞེས་བྱར་མི་རུང་། །	不可名為出離障。

དཔེར་ན་སྦྱིན་པར་བྱེད་པའི་དུས་སུ་ཕྱིན་པའི་སློང་མོ་བ་རྣམས་ཀྱིས། སྦྱིན་པའི་གེགས་བྱས་པ་དེ་ནི་ཡོད་པ་མ་ཡིན་ལ། རབ་ཏུ་འབྱིན་པར་བྱེད་པ་གྱུར་བ་མཁན་པོ་ལ་སོགས་པ་རྣམས་རབ་ཏུ་བྱུང་བའི་གེགས་ཡིན་ཞེས་བྱ་བར་མི་རུང་བ་དེ་བཞིན་དུ་སྐབས་སུ་བབ་པ་ལ་ཡང་བལྟ་བར་བྱའོ།།

譬如布施之時，適時前赴之乞丐眾，不具有障礙布施之行為，作為戒師等能令出離者，不可名為出離之障礙，同樣地，當下亦當如是觀。

འཇིག་རྟེན་ན་ནི་སློང་བ་མོད།།	世間之中乞丐多，

གནོད་པ་བྱེད་པ་དཀོན་པ་སྟེ།།　　傷害者卻甚稀有，
འདི་ལྟར་ཕར་གནོད་མ་བྱས་ན། །　　不曾如此害對方，
འགའ་ཡང་གནོད་པ་མི་བྱེད་དོ། །　　則無願做傷害者。

གཞན་ཡང་བཟོད་པའི་རྒྱུ་ནི་ཤིན་ཏུ་དཀོན་པ་ཡིན་པས་དེ་དང་ཕྲད་པ་ན་དགའ་བ་ཁོ་ནར་རིགས་སོ་ཞེས་བསྟན་པ་འཇིག་རྟེན་ན་ནི་སློང་མོ་བ་རྣམས་ཤིན་ཏུ་མང་ལ། གནོད་པར་བྱེད་པ་ནི་དེ་བས་རབ་ཏུ་དཀོན་པ་སྟེ། འདི་ལྟར་རང་གིས་ཕར་གནོད་པར་མ་བྱས་ན། སེམས་ཅན་འགའ་ཡང་བདག་ལ་གནོད་པ་མི་བྱེད་དོ།།

又此處宣說安忍之因甚為稀有，若值遇彼，理當只有歡喜：世間之中乞丐眾甚多，相較之下，傷害者卻甚稀有，若己不曾如此傷害對方，則無任何有情願意做傷害者。

དེ་བས་ངལ་བས་མ་བསྒྲུབས་པའི། །　　是故猶如無需勞，
ཁྱིམ་དུ་གཏེར་ནི་བྱུང་བ་ལྟར།།　　家中所出寶藏般，
བྱང་ཆུབ་སྤྱོད་པའི་གྲོགས་གྱུར་པས། །　　作為菩提行助友，
བདག་གིས་དགྲ་ལ་དགའ་བར་བྱ། །　　故我應當歡喜敵。

དེ་བས་ན་ངལ་བས་མ་བསྒྲུབས་པའི་དབུལ་པོའི་ཁྱིམ་དུ་མི་ཟད་པའི་གཏེར་ནི་བྱུང་བ་ལྟར། བྱང་ཆུབ་ཀྱི་སྤྱོད་པའི་གྲོགས་སུ་གྱུར་པས། བདག་གིས་དགྲ་བྱུང་བ་ལ་དགའ་བར་བྱའོ།།

是故猶如無需辛勞成辦，在窮人家中所出現的無盡寶藏一般，敵人作為菩提行的助友，故我應當歡喜敵人的出現。

འདི་དང་བདག་གིས་བསྒྲུབས་པས་ན། །　　以此與我成辦故，
དེ་ཕྱིར་བཟོད་པའི་འབྲས་བུ་ནི། །　　因此安忍之果實，
འདི་ལ་ཐོག་མར་བདར་འོས་ཏེ། །　　值得安排此於首，
འདི་ལྟར་དེ་ནི་བཟོད་པའི་རྒྱུ།།　　彼如是為忍因故。

དགྲ་བོ་འདི་དང་བདག་རང་གི་འབད་པ་དག་གིས་བཟོད་པ་དེ་བསྒྲུབས་པས་ན། དེ་ཡི་ཕྱིར་

བཟོད་པས་ཐོབ་པའི་འབྲས་བུ་ནི། ཆོས་ཀྱི་གྲོགས་སུ་གྱུར་པ་འདི་ལ་འོག་མར་བདར་བར་བྱ་འོས་ཏེ། འདི་ལྟར་བདག་ལ་གནོད་པར་བྱེད་པ་དེ་ཉི་བཟོད་པའི་རྒྱུ་ཡིན་པའི་ཕྱིར་རོ།།

以此敵人，與我自己的努力一起成辦彼安忍故，因此安忍所得之果實，值得安排作為佛法助友的此於首，彼如是（能傷害我）為安忍之因的緣故。

གལ་ཏེ་བཟོད་བསྒྲུབ་བསམ་མེད་པས།། 若因無助安忍心,
དགྲ་འདི་མཆོད་བྱ་མིན་ཞེ་ན།། 故言此敵非應供,
འགྲུབ་པ་ཡི་ནི་རྒྱུར་རུང་བ།། 然則何故供養彼,
དམ་པའི་ཆོས་ཀྱང་ཅི་སྟེ་མཆོད།། 可為成就因正法。

གལ་ཏེ་བདག་ལ་བཟོད་པ་སྒྲུབ་པའི་བསམ་པ་མེད་པས་དགྲ་འདི་མཆོད་པར་བྱ་འོས་པ་མིན་ནོ་ཞེ་ན། ཡོན་ཏན་ཐམས་ཅད་འགྲུབ་པ་ཡི་ནི་རྒྱུར་རུང་བ། དམ་པའི་ཆོས་གསུང་རབ་རྣམས་ཀྱང་ཅི་སྟེ་མཆོད་དེ་བསམ་པ་དེས་སྟོང་པའི་ཕྱིར་སྙམ་དུ་དགོངས་པའོ།།

若因為並無幫助我修安忍之心念，故言此敵非應當供養的對象，然則何故供養彼，可作為成就之因的諸正法經卷，意指彼亦無心念故。

གལ་ཏེ་དགྲ་འདི་གནོད་བྱ་བའི།། 若言此敵有害心,
བསམ་ཡོད་མཆོད་བྱ་མིན་ཞེ་ན།། 是故不可作應供,
སྨན་པ་བཞིན་དུ་ཕན་བརྩོན་ན།། 若如醫生勤饒益,
བདག་གི་བཟོད་པ་ཇི་ལྟར་འགྲུབ།། 則我如何成安忍。

གལ་ཏེ་དགྲ་འདི་གནོད་པར་བྱ་བའི་བསམ་པ་ཡོད་པས་མཆོད་བྱ་མིན་ནོ་ཞེ་ན། སྨན་པ་བཟང་པོ་བཞིན་དུ་བདག་ལ་ཕན་པའི་རིམ་གྲོ་བརྩོན་ན། བདག་གིས་དེ་ལ་བརྟེན་ནས་བཟོད་པ་ཇི་ལྟར་འགྲུབ།

若言此敵有傷害之心，是故不可以作為應供，若如賢善的醫

生勤行饒益、服侍我之事，則我依彼如何成就安忍。

དེ་བས་རབ་ཏུ་སྡང་སེམས་ལ།། 是故依靠盛怒心，
བརྟེན་ནས་བཟོད་པ་སྐྱེ་བས་ན།། 方令安忍得以生，
དེ་ཉིད་བཟོད་པའི་རྒྱུ་ཡིན་པས།། 彼是安忍因之故，
དམ་པའི་ཆོས་བཞིན་མཆོད་པར་འོས།། 值得供養同正法。

དེ་བས་ན་རབ་ཏུ་སྡང་བའི་སེམས་དང་ལྡན་པའི་དགྲ་བོ་ལ། བརྟེན་ནས་བཟོད་པ་སྐྱེ་བར་འགྱུར་བས་ན། དགྲ་བོ་དེ་ཉིད་བཟོད་པའི་རྒྱུ་ཡིན་པས། བཟོད་པ་སྒྲུབ་པའི་བསམ་པ་མེད་ཀྱང་དམ་པའི་ཆོས་བཞིན་དུ་མཆོད་པར་འོས་སོ།།
是故依靠具有盛怒之心的敵人，方令安忍得以生起，由於彼敵人是安忍因之故，雖無成辦安忍之心念，但是仍然值得供養如同正法。

༢་༢་༢་༣་༡་༣་སེམས་ཅན་ལ་གུས་པར་བྱ་བ།
2.2.2.3.1.3.當恭敬有情

༢་༢་༢་༣་༡་༣་༡་བསོད་ནམས་ཀྱི་ཞིང་དུ་བསམས་ཏེ་གུས་པར་བྱ་བ།
2.2.2.3.1.3.1.當思為福田而恭敬

དེ་ཕྱིར་སེམས་ཅན་ཞིང་དང་ནི།། 因此能仁如是說，
རྒྱལ་བའི་ཞིང་ཞེས་ཐུབ་པས་གསུངས།། 有情田與勝者田，
འདི་དག་མགུ་བྱས་མང་པོ་ཞིག། 多令此等獲滿足，
འདི་ལྟར་ཕུན་ཚོགས་ཕ་རོལ་ཕྱིན།། 如是圓滿波羅蜜。

དེའི་ཕྱིར་སེམས་ཅན་གྱི་ཞིང་དང་ནི། རྒྱལ་བའི་ཞིང་གཉིས་ཀ་སངས་རྒྱས་འགྲུབ་པའི་ཞིང་ཡིན་ཞེས་ཐུབ་པས་གསུངས་ཏེ། དེ་སྐད་དུ་ཆོས་ཡང་དག་པར་སྡུད་པའི་མདོ་ལས། སེམས་ཅན་གྱི་ཞིང་ནི་སངས་རྒྱས་ཀྱི་ཞིང་སྟེ་སངས་རྒྱས་ཀྱི་ཞིང་དེ་ལས་སངས་རྒྱས་ཀྱི་ཆོས་རྣམས་ཐོབ་པར་འགྱུར་གྱི། དེར་ནི་ལོག་པར་སྒྲུབ་པ་མི་རིགས་སོ། །ཞེས་པ་ལ་སོགས་པ་གསུངས་སོ། །སེམས་ཅན་

འདི་དག་མཁྱེན་པར་བྱས་ནས་མདོ་ལས་ཞེས་། །འདི་ལྟར་ཞིང་གསུམ་ཚོགས་པ་ཐམས་ཅད་ཀྱི་ཕ་རོལ་ཏུ་ཕྱིན་ཏེ་སངས་རྒྱས་པར་གྱུར་ཏོ། །

因此能仁如是說，有情田與勝者田，二者皆是成佛之田。《佛說法集經》：“有情田即佛田，由彼佛田將得諸佛法，於彼理當不顛倒成辦”。眾多菩薩令此等有情獲得滿足，如是圓滿一切波羅蜜多而成佛。

སེམས་ཅན་རྣམས་དང་རྒྱལ་བ་ལས། ། 基於有情與勝者，
སངས་རྒྱས་ཆོས་འགྲུབ་འདྲ་བ་ལ། ། 成就佛法皆相似，
རྒྱལ་ལ་གུས་བྱེད་དེ་བཞིན་དུ། ། 而不如同敬勝者，
སེམས་ཅན་ལ་མིན་ཅི་ཡི་ཚུལ། ། 恭敬有情是何理。

དེ་ལྟར་སེམས་ཅན་རྣམས་དང་རྒྱལ་བ་དག་ལས། སངས་རྒྱས་ཀྱི་ཆོས་སྟོབས་དང་མི་འཇིགས་པ་ལ་སོགས་པ་འགྲུབ་པ་ནི་འདྲ་བ་ལ། རྒྱལ་བ་རྣམས་ལ་གུས་པར་བྱེད་པ་དེ་བཞིན་དུ། སེམས་ཅན་ལ་གུས་པ་མིན་པ་འདི་ཅི་ཡི་ཚུལ་ཡིན།

如是基於有情與勝者，成就佛陀十力、四無畏等法皆相似，而不如同恭敬勝者眾一般地恭敬有情是何道理。

བསམ་པའི་ཡོན་ཏན་རང་གིས་མིན། ། 並非單就思功德，
འབྲས་བུ་ལས་ཡིན་དེས་མཚུངས་པར། ། 而是從果說相似，
སེམས་ཅན་རྣམས་ལའང་ཡོན་ཏན་ཡོད། ། 有情亦有彼功德，
དེ་ཕྱིར་དེ་དག་མཉམ་པ་ཡིན། ། 因此彼等乃相同。

གལ་ཏེ་སེམས་ཅན་རྣམས་ནི་བསམ་པ་ཉོན་མོངས་པ་དང་བཅས་པས་རྒྱུ་ཉིད་ཡིན་ཡང་སངས་རྒྱས་དང་ཇི་ལྟར་མཚུངས་ཞེ་ན། བསམ་པའི་ཡོན་ཏན་རང་གིས་མཉམ་པ་མིན་ཡང་། འབྲས་བུ་འགྲུབ་པ་ལས་ཡིན་ཏེ་སངས་རྒྱས་དེས་ཕན་འདོགས་པ་དང་མཚུངས་པར། སེམས་ཅན་རྣམས་ལའང་བྱང་ཆུབ་ཐོབ་པ་ལ་ཕན་འདོགས་པའི་ཡོན་ཏན་ཡོད་པས། དེའི་ཕྱིར་དེ་དག་གི་

ཆེ་བའི་བདག་ཉིད་མཉམ་པ་ཡིན་ནོ།།
若問：有情眾生之所思具有煩惱，是故雖是成佛之因，但如何能與佛等同？則曰：並非單純就以所思之功德說相似，而是從能成就果上說與佛陀之饒益相似，有情亦具有彼能夠饒益獲證菩提之功德，因此彼等殊勝自性乃相同。

བྱམས་སེམས་ལྡན་ལ་མཆོད་པ་གང་།། 供養慈者是如何，
དེ་ཉི་སེམས་ཅན་ཆེ་བ་ཉིད།། 彼即有情殊勝性，
སངས་རྒྱས་དད་པའི་བསོད་ནམས་གང་།། 信佛之福是如何，
དེ་ཡང་སངས་རྒྱས་ཆེ་བ་ཉིད།། 彼即佛陀殊勝性。

ཡུལ་སེམས་ཅན་ལ་དམིགས་ཏེ་བྱམས་པའི་སེམས་རྩེ་གཅིག་པའི་ཏིང་ངེ་འཛིན་དང་ལྡན་ལ་སྔོན་ལས་མ་བཞེངས་པའི་ཚེ་མཆོད་པ་གང་བྱས་པའི་འབྲས་བུ་མཐོང་བའི་ཆོས་སུ་འབྱུང་བ་དེ་ཉི་ཡུལ་སེམས་ཅན་མེད་ན་མི་འབྱུང་བས་སེམས་ཅན་གྱི་ཆེ་བ་ཉིད་དང་། སངས་རྒྱས་ལ་དད་པའི་སྒོ་ནས་བསོད་ནམས་གང་བྱས་པ་ན། འབྲས་བུ་མཐོང་ཆོས་སུ་འབྱུང་བ་དེ་ཡང་སངས་རྒྱས་ཀྱི་ཆེ་བ་ཉིད་དོ།།
供養以有情為所緣境，專注入於慈心定者，在其未起座前，一切供養的現世果報是如何，若無有情為對境則不生，因此彼即是有情的殊勝性，從信佛而累積之福德，其現世果報是如何，彼即是佛陀的殊勝性。

སངས་རྒྱས་ཆོས་འགྲུབ་ཆ་ཡོད་པ།། 因具成就佛法分，
དེས་ན་དེ་དག་མཉམ་པར་འདོད།། 故許彼等乃相等，
ཡོན་ཏན་རྒྱ་མཚོ་མཐའ་ཡས་པའི།། 然而些許亦不等，
སངས་རྒྱས་རྣམས་དང་འགའ་འི་མཉམ།། 諸佛無邊功德海。

སྐབས་ཀྱི་མཇུག་བསྡུ་བ་ནི། མདོར་ན་སངས་རྒྱས་ཀྱི་ཆོས་སྟོབས་ལ་སོགས་པ་འགྲུབ་པའི་ཆ་གཅིག་སེམས་ཅན་ལ་ཡོད་པ། དེས་ན་དེ་དག་མཉམ་པར་འདོད་པ་ཡིན་ལ། ཡོན་ཏན་རྒྱ་མཚོ་

ལྟར་མཐའ་ཡས་པའི་རྫོགས་པའི་སངས་རྒྱས་རྣམས་དང་འགའ་ཡང་ཡོན་ཏན་མི་མཉམ་མོ། །

此段之結語為：總之，因為有情具有成就佛陀十力等等法之一分，故承許彼等乃相等，然而些許功德亦不等同諸佛的無邊功德大海。

ཡོན་ཏན་མཆོག་ཚོགས་གཅིག་པུ་ཡི། །　　殊勝功德聚於一，
ཡོན་ཏན་ཤས་ཙམ་འགའ་ཞིག་ལ། །　　雖某似具彼少分，
སྣང་ན་འདད་དེ་ལ་མཆོད་དོན་དུ། །　　而為供養某之故，
ཁམས་གསུམ་བུལ་ཡང་ཆུང་བར་འགྱུར།།　　供養三界猶算小。

ཡོན་ཏན་མཆོག་གི་ཚོགས་ཐམས་ཅད་མངའ་བ་སངས་རྒྱས་གཅིག་པུ་ཡིན་པས་དེ་ཡི། ཡོན་ཏན་གྱི་ཆ་ཤས་ཕྲ་མོ་ཙམ་ཞིག་གང་ཟག་འགའ་ཞིག་ལ། སྣང་ན་འདད་དེ་ལ་མཆོད་པའི་དོན་དུ། ཁམས་གསུམ་གྱི་རིན་པོ་ཆེ་ལ་སོགས་པ་ཡོད་དགུ་ཐམས་ཅད་ཕུལ་ཡང་ཆུང་བར་འགྱུར་རོ།།
一切殊勝功德齊聚於佛陀一身，雖然某一人貌似具有彼少分部分功德，而為了供養某之故，供養三界中的珍寶等等一切妙欲猶算小。

སངས་རྒྱས་ཆོས་མཆོག་སྐྱེ་བའི་ཤས། །　　些許生佛殊勝法，
སེམས་ཅན་རྣམས་ལ་ཡོད་པས་ན། །　　有情眾生皆具有，
འདི་ཙམ་དག་གིས་ཆ་བསྟུན་ནས། །　　以此一二稍斟酌，
སེམས་ཅན་མཆོད་བྱར་རིགས་པར་འགྱུར།།　　有情合理作應供。

སངས་རྒྱས་ཀྱི་ཆོས་མཆོག་སྟོབས་ལ་སོགས་པ་སྐྱེ་བའི་རྒྱུའི་ཆ་ཤས་སེམས་ཅན་རྣམས་ལ་ཡོད་པ་ཡིན་པས་ན། འདི་ཙམ་དག་གིས་ཆ་བསྟུན་པར་བྱས་ནས། སེམས་ཅན་རྣམས་ལ་མཆོད་པར་བྱ་བ་རིགས་པར་འགྱུར་རོ།།
些許生起佛陀十力等殊勝法之因，有情眾生皆具有，因此，以

此一二稍做斟酌，有情將合理作為應供。

༢་༢་༢་༣་༡་༣་༢་རྒྱལ་བ་དགྱེས་པ་ལ་བསམས་ཏེ་གུས་པར་བྱ་བ།
2.2.2.3.1.3.2.當思為令勝者歡喜而恭敬

གཞན་ཡང་གཡོ་མེད་གཉེན་གྱུར་ཅིང་།། 不因他偽乃至親，
ཕན་པ་དཔག་མེད་མཛད་རྣམས་ལ།། 廣造無量利之眾，
སེམས་ཅན་མགུ་བྱ་མ་གཏོགས་པ།། 於彼除滿有情願，
གཞན་གང་ཞིག་གིས་ལན་ལྡོན་འགྱུར།། 可有其餘能回報。

རྒྱུ་མཚན་གཞན་ཡང་གཡོ་དང་སྒྱུ་མེད་པ་སེམས་ཅན་ཐམས་ཅད་ཀྱི་མ་འདྲིས་པའི་མཛའ་བཤེས་ཆེན་པོར་གྱུར་པས་གཉེན་དུ་གྱུར་ཅིང་། འཇིག་རྟེན་གྱི་སྐྱེ་བོ་རྣམས་ལ་ཕན་པ་དཔག་ཏུ་མེད་པར་མཛད་པ་རྣམས་ལ། སེམས་ཅན་མགུ་བར་བྱ་བ་པོ་ན་མ་གཏོགས་པ། གཞན་ཐབས་གང་ཞིག་གིས་དེའི་དྲིན་ལན་ལྡོན་པར་འགྱུར།

不因其他原因而弄虛做偽，乃是一切有情不請自來的貴親，故名至親，廣造無量饒益世間眾生之利行之眾，於彼等眾除了唯有滿足有情之願，可有其餘方法能回報彼等之恩德。

གང་ཕྱིར་སྐུ་གཏོང་མནར་མེད་འཇུག་པ་ལ།། 何故捨身深入無間獄，
དེ་ལ་ཕན་བཏགས་ལན་ལྡོན་འགྱུར་བས་ན།། 饒益彼等方是回報彼，
དེ་བས་འདི་དག་གནོད་ཆེན་བྱེད་ན་ཡང་།། 是故此等雖做大傷害，
ཐམས་ཅད་བཟང་དཀྲུ་ཞིག་ཏུ་སྤྱད་པར་བྱ།། 當視皆為極善而行持。

སེམས་ཅན་གང་དག་གི་ཕྱིར་རང་གི་སྐུ་གཏོང་ཞིང་། དེ་དག་གི་གནོད་པ་ཞི་བའི་དོན་དུ་མནར་མེད་པར་ཡང་འཇུག་པར་མཛད་པ་ལ། སེམས་ཅན་དེ་དག་ལ་ཕན་བཏགས་པས་དེའི་དྲིན་ལན་ལྡོན་པར་འགྱུར་བས་ན། དེ་བས་སེམས་ཅན་འདི་དག་གིས་གནོད་པ་ཆེན་པོར་བྱེད་ན་ཡང་། གནོད་པ་ཐམས་ཅད་བཟང་དཀྲུ་ཞིག་ཏུ་སྤྱད་པར་བྱ་ཞིང་དང་དུ་ལེན་པར་བྱའོ།།

何故（為諸眾生故）而捨棄自身，為令彼等傷害得以平息之故，深入無間獄（連無間地獄也深入），唯以饒益彼等有情，方是回報彼之恩，是故此等有情雖做大傷害，也應當視一切皆為盡善而行持並接受。

རེ་ཞིག་བདག་གི་རྗེར་གྱུར་ཉིད་ཀྱང་ནི།། 我之師尊自己亦曾經，
གང་ཕྱིར་རང་གི་སྐུ་ལའང་མི་གཟིགས་པ།། 為何之故毅然不顧身，
དེ་ལ་རྨོངས་པ་བདག་གིས་ཇི་ལྟར་ན།། 愚癡之我如何於彼等，
ང་རྒྱལ་བྱ་ཞིང་བྲན་གྱི་དངོས་མི་བྱ།། 生起我慢不做彼僕役。

རེ་ཞིག་བདག་གི་རྗེ་བོར་གྱུར་པ་རྫོགས་པའི་སངས་རྒྱས་ཉིད་ཀྱང་ནི། སེམས་ཅན་གང་གི་ཕྱིར་རང་གི་སྐུ་ལའང་མི་གཟིགས་པར་གཏོང་བར་བྱེད་པ། སེམས་ཅན་དེ་དག་ལ་རྨོངས་པ་བདག་གིས་ཇི་ལྟར་ན་ཤེས་བཞིན་དུ་ང་རྒྱལ་བྱ་ཞིང་ཇི་ལྟར་ན་བྲན་གྱི་དངོས་པོར་མི་བྱ།
我之師尊-圓滿佛陀自己亦曾經，為何之故（為眾生之故）能夠毅然不顧地捨身，愚癡之我如何在了知此理的同時，對於彼等有情生起我慢不做彼僕役。

གང་དག་བདེ་བས་ཐུབ་རྣམས་དགྱེས་འགྱུར་ཞིང་།། 何等安樂將令能仁喜，
གང་ལ་གནོད་ན་མི་དགྱེས་འབྱུང་འགྱུར་བ།། 傷害何者將令生不喜，
དེ་དག་དགའ་བས་ཐུབ་པ་ཀུན་དགྱེས་ཤིང་།། 彼等喜故能仁皆歡喜，
དེ་ལ་གནོད་བྱས་ཐུབ་ལ་གནོད་པར་བྱས།། 傷害彼則亦是傷能仁。

ཐུ་སྟུག་པ་ལྟ་བུའི་སེམས་ཅན་གང་དག་བདེ་བས་ཐུབ་པའི་དབང་པོ་རྣམས་བཞེད་པ་གྲུབ་པས་ན་དགྱེས་པར་འགྱུར་ཞིང་། སེམས་ཅན་གང་ལ་གནོད་པ་བྱས་ན་ཐུགས་ཀྱི་བཞེད་པ་མ་གྲུབ་པས་མི་དགྱེས་པ་འབྱུང་བར་འགྱུར་བ་ཡི། ཡུལ་སེམས་ཅན་དེ་དག་དགའ་བས་ཐུབ་པ་ཀུན་ཐུགས་དགྱེས་ཤིང་། དེ་དག་ལ་གནོད་པ་བྱས་ན་ཐུབ་པ་རྣམས་ལ་གནོད་པ་བྱས་པ

ཡིན་ནོ།།

何等（愛之如子的有情眾等）獲得安樂，將令能仁眾歡喜，因誓願成就故；傷害何者（有情）將令諸佛生起不歡喜，因誓願不成就故；彼等對象有情歡喜故，能仁亦皆歡喜，傷害了彼等，則亦是傷害了眾能仁。

ཇི་ལྟར་ལུས་ལ་ཀུན་ནས་མེ་འབར་བ། །　猶如一切身處遭火燃，
འདོད་པ་ཀུན་གྱིས་ཡིད་བདེར་མི་འགྱུར་བ། །　一切妙欲不能令意樂，
དེ་བཞིན་སེམས་ཅན་གནོད་པ་བྱས་ན་ཡང་། །　如是既已傷害彼有情，
ཐུགས་རྗེ་ཆེ་རྣམས་དགྱེས་པའི་ཐབས་མེད་དོ། །　則無能令大悲眾喜法。

དཔེ་ཇི་ལྟར་ན་སྐྱེས་བུ་འགའ་ཞིག་ལུས་ཐམས་ཅད་ལ་ཀུན་ནས་མེ་འབར་བར་གྱུར་པ་ན། འདོད་པའི་ཡོན་ཏན་ཀུན་གྱིས་ཡིད་བདེ་བར་མི་འགྱུར་བ་དེ་བཞིན་དུ་སེམས་ཅན་རྣམས་ལ་གནོད་པ་བྱས་ན་ཡང་། ཐུགས་རྗེ་ཆེན་པོ་དང་ལྡན་པ་རྣམས་ཐུགས་དགྱེས་པའི་ཐབས་མེད་དོ།།

猶如比喻所說一般，某人一切身處遭火所燃，彼時一切妙欲功德皆不能令其意獲得安樂，如是既已傷害彼有情眾，則無能令具有大悲心聖眾歡喜之法。

དེ་བས་བདག་གིས་འགྲོ་ལ་གནོད་བྱས་པས། །　是故我曾傷害眾生事，
ཐུགས་རྗེ་ཆེ་ཀུན་མི་དགྱེས་གྱུར་པ་གང་། །　致使大悲聖眾所不喜，
སྡིག་དེ་དེ་རིང་སོ་སོར་བཤགས་བགྱི་ཡིས། །　彼罪今日一一做懺悔，
མི་དགྱེས་གང་ལགས་དེ་ཐུབ་བཟོད་པར་གསོལ། །一切不喜能仁請寬忍。

དེ་ལྟར་ཡིན་པ་དེ་བས་ན་བདག་རྨོངས་པའི་དབང་གིས་འགྲོ་བ་རྣམས་ལ་གནོད་པ་བྱས་པས། ཐུགས་རྗེ་ཆེན་པོ་དང་ལྡན་པ་ཀུན་ཐུགས་མི་དགྱེས་པར་གྱུར་པ་གང་ཡིན་པའི་སྡིག་པ་དེ་དག་ཐམས་ཅད་དེ་རིང་ནས་སོ་སོར་བཤགས་པར་བགྱི་ཡིས། མི་དགྱེས་པ་གང་ལགས་

པ་དེ་ཐུབ་པ་རྣམས་ཀྱིས་བཟོད་པར་མཛོད་དུ་གསོལ།

因如是故，我因愚癡曾經造作傷害眾生之事，致使一切具大悲心的聖眾所不喜，彼一切罪當於今日一一做懺悔，一切不喜能仁聖眾請寬忍。

དེ་བཞིན་གཤེགས་རྣམས་དགྱེས་པར་བགྱི་སླད་དུ། །為能令眾如來歡喜故，
དེང་ནས་དེས་བརྟུལ་འཇིག་རྟེན་བྲན་དུ་མཆི། ། 從今嚴禁且任世間僕，
འགྲོ་མང་རྡོག་པས་བདག་གི་སྤྱིར་འཚོག་གམ། ། 眾人或用鞋底敲我頭，
འགུམས་ཀྱང་མི་བསྙོ་འཇིག་རྟེན་མགོན་དགྱེས་མཛོད། །死不還手以令怙主喜。

དེ་བཞིན་གཤེགས་པ་རྣམས་ཐུགས་དགྱེས་པར་བགྱི་བའི་སླད་དུ། དེང་ནས་བཙམས་ཏེ་རང་གི་ཁྲོ་བ་དང་ཁེངས་སེམས་ལ་སོགས་པ་དེས་པར་བརྟུལ་ཏེ་འཇིག་རྟེན་ཀུན་གྱི་བྲན་དུ་མཆིའོ། །འགྲོ་བ་མང་པོས་རྡོག་པས་བདག་གི་སྤྱི་བོར་འཚོག་གམ། འགུམས་པར་བྱེད་ཀྱང་དེ་དག་ལ་མི་བསྙོ་བས་འཇིག་རྟེན་གསུམ་གྱི་མགོན་པོ་རྣམས་ཐུགས་དགྱེས་པར་མཛོད་ཅིག།

為了能令眾如來歡喜之故，從今日起，嚴禁已生憤怒與傲慢等心，且擔任一切世間眾之僕，眾多人或用鞋底敲我頭，即使是死，也絕不還手與之相較，以此令三世間之怙主眾歡喜。

འགྲོ་བ་འདི་ཀུན་ཐུགས་རྗེའི་བདག་ཅན་དེས། །一切眾生大悲自性主，
བདག་ཏུ་མཛད་པ་འདི་ལ་ཐེ་ཚོམ་མེད། ། 視之為我此事毋庸疑，
སེམས་ཅན་ངོ་བོར་མཐོང་བ་འདི་དག་ཉིད། ། 所見有情本質此等性，
མགོན་དེ་བདག་ཉིད་ཅི་ཕྱིར་གུས་མི་བྱེད། ། 何故不願敬彼怙自性。

འགྲོ་བ་འདི་དག་ཀུན་ཐུགས་རྗེའི་བདག་ཉིད་ཅན་རྫོགས་པའི་སངས་རྒྱས་དེས། ཐོག་མར་ཐུགས་བསྐྱེད་པ་ནས་བདག་ཏུ་མཛད་པ་འདི་ལ་ཐེ་ཚོམ་མེད་པས། སེམས་ཅན་གྱི་ངོ་བོར་མཐོང་བ་འདི་དག་ཉིད། མགོན་པོ་དེ་ཡི་བདག་ཉིད་ཡིན་པས་ཅི་ཕྱིར་དེ་དག་ལ་གུས་པར་མི་བྱེད།

對於此等一切眾生，大悲自性主圓滿佛，從出發心開始，即視之為我，此事毋庸置疑，所見有情的本質此等性，何故不願恭敬彼等即是彼怙主之自性。

འདི་ཉིད་དེ་བཞིན་གཤེགས་པ་མཉེས་བྱེད་ཡིན། །此即能令如來歡喜法，
རང་དོན་ཡང་དག་སྒྲུབ་པ་འང་འདི་ཉིད་དོ། ། 正等成辦自利亦即此，
འཇིག་རྟེན་སྡུག་བསྔལ་སེལ་བ་འང་འདི་ཉིད་དེ། ། 消除世間痛苦亦是此，
དེ་ལྟས་བདག་གིས་རྟག་ཏུ་དེ་ཉིད་བྱ། ། 是故我當恆常修此行。

སེམས་ཅན་ལ་གུས་པར་བྱ་བ་འདི་ཉིད་དེ་བཞིན་གཤེགས་པ་རྣམས་ཐུགས་མཉེས་པར་བྱེད་པའི་ཐབས་ཀྱི་གཙོ་བོ་ཡིན་ཞིང་། རང་གི་དོན་ཚོགས་གཉིས་ཡང་དག་པར་སྒྲུབ་པ་འང་འདི་ཉིད་དོ། །འཇིག་རྟེན་གྱི་སྡུག་བསྔལ་སེལ་བ་འང་འདི་ཉིད་དེ། དེ་ལྟ་བས་ན་བདག་གིས་དུས་རྟག་ཏུ་སེམས་ཅན་ལ་གུས་པ་འདི་ཉིད་རྒྱུན་མི་འཆད་པར་བྱའོ།།

此恭敬有情即是能令眾如來歡喜之主要方法，正等成辦自利二種資糧亦即此，消除世間痛苦亦是此，是故我當恆常修此恭敬有情之行。

༢.༢.༢.༣.༡.༣.༣.ཕན་གནོད་ཀྱི་འབྲས་བུ་ལ་བསམས་ཏེ་གུས་པར་བྱ་བ།
2.2.2.3.1.3.3.當思及成果利弊而恭敬

དཔེར་ན་རྒྱལ་པོའི་མི་འགའ་ཞིག ། 譬如某一王差使，
སྐྱེ་བོ་མང་ལ་གནོད་བྱེད་ཀྱང་། ། 縱然傷害眾多人，
སྐྱེ་བོ་མིག་རྒྱང་རིང་པོ་དག། 有遠見者雖有能，
ནུས་ཀྱང་ཕྱིར་གནོད་མི་བྱེད་དེ། ། 不做報復傷害事。

གཞན་ཡང་མ་འོངས་པའི་འཇིགས་པ་བསྟན་པས་ཀྱང་གཞན་ལ་གནོད་པ་བྱེད་པ་ལས་ཕྱིར་ཕྱོགས་པར་བྱའོ་ཞེས་བསྟན་པ་དཔེར་ན་རྒྱལ་པོས་མངགས་པའི་མི་འགའ་ཞིག་གིས་གྲོང་ཁྱེར་དང་གྲོང་རྡལ་ལ་སོགས་པའི་སྐྱེ་བོ་མང་པོ་ལ་གནོད་པ་བྱེད་ཀྱང་། སྐྱེ་བོ་མིག་རྒྱང་རིང

གཞན་ཡང་འཕྲོ་ཅན་གྱི་ཕྱིར་ལ་འཚེ་བ་བྱེད་པ་ལས་ལྡོག་པར་བསྟན་པ་ནི། རྒྱལ་པོ་ཕྱོགས་ཅིག་གིས་བསྐོ་བའི་མི་ཞིག་གྲོང་དང་ཡུལ་དུ་སྐྱེ་བོ་མང་པོ་ལ་གནོད་ཀྱང་། ཕྱི་ཐག་རིང་ཞིང་སྲོག་ལ་སེམས་ན་ནུས་ཀྱང་ལན་དུ་གནོད་པ་མི་བྱེད་དོ།

ལོ་འཚོ་ཞེས་པ་དག །རྒྱུས་པ་ཡོད་ཀྱང་དེ་ལ་ཕྱིར་གནོད་པ་མི་བྱེད་དེ།
又此處宣說因有後患，故應當從害他一事返回：譬如某一國王派遣的差使，縱然在城鎮和村落裡傷害眾多人，有遠見惜命者雖然有能力，不做報復傷害事。

འདི་ལྟར་དེ་གཅིག་མ་ཡིན་གྱི།། 如是彼非僅一人，
རྒྱལ་པོའི་མཐུ་སྟོབས་དེ་ཡི་དཔུང་།། 國王之力為彼依，
དེ་བཞིན་གནོད་བྱེད་ཞམ་ཆུང་བ།། 如是害者雖弱小，
འགའ་ཡང་ཁྱད་དུ་གསད་མི་བྱ།། 絲毫不可輕視之。

འདི་ལྟར་དེ་གཅིག་པུ་ཉིད་ནི་མ་ཡིན་གྱི། རྒྱལ་པོའི་མཐུ་སྟོབས་ཐམས་ཅད་དེ་ཡི་དཔུང་ཡིན་ནོ། །དེ་བཞིན་དུ་གནོད་བྱེད་ཞམ་ཆུང་བ། འགའ་ཡང་བདག་གིས་ཁྱད་དུ་བསད་པར་མི་བྱ་སྟེ།
如是彼非僅一人而已，國王之一切力量皆為彼所依，如是這般，傷害者雖然弱小，我卻絲毫不可輕視之。

འདི་ལྟར་དམྱལ་བའི་སྲུང་མ་དང་།། 如是地獄守護卒，
ཐུགས་རྗེ་ལྡན་རྣམས་དེ་ཡི་དཔུང་།། 大悲聖眾為彼依，
དེ་ལྟར་དམངས་ཀྱིས་རྒྱལ་གཏུམ་བཞིན།། 故當如民待暴君，
སེམས་ཅན་རྣམས་ནི་མགུ་བར་བྱ།། 滿足有情眾生願。

འདི་ལྟར་དམྱལ་བའི་སྲུང་མ་འཇིགས་སུ་རུང་བ་རྣམས་དང་། ཐུགས་རྗེ་དང་ལྡན་པའི་རྒྱལ་བ་རྣམས་ཀྱང་མི་དགྱེས་པས་དེ་ཡི་དཔུང་ཡིན་ནོ། །དེ་ལྟར་བས་ན་དམངས་རྣམས་ཀྱིས་རྒྱལ་པོ་གཏུམ་པོ་འཇིགས་སུ་རུང་བ་དག་ལ་བྱ་བ་བཞིན། སེམས་ཅན་རྣམས་ནི་མགུ་བའི་ཐབས་ལ་འབད་པར་བྱའོ།།
如是地獄可怕的守護鬼卒，以及令具大悲心的聖眾不喜，皆為彼之所依，是故應當如平民對待可怕的暴君一般，盡力想辦法

滿足有情眾生之願。

རྒྱལ་པོ་ལྷ་ཞིག་ཁྲོས་ན་ཡང་།།　　若令有情不滿意，
སེམས་ཅན་མི་མགུ་བྱས་པ་ཡིས། །　　將會遭受地獄害，
སྐྱོད་བར་འགྱུར་བ་གང་ཡིན་པ། །　　縱然國王盛怒下，
དམྱལ་བའི་གནོད་པ་དེས་བྱེད་དམ། །　　能夠做此傷害否。

རྒྱལ་པོ་ལྷ་ཞིག་སྟེ་ཤིན་ཏུ་ཁྲོས་ན་ཡང་། སེམས་ཅན་རྣམས་མི་མགུ་བར་བྱས་པ་ཡིས། སྡུག་བསྔལ་སྐྱོད་བར་འགྱུར་བ་གང་ཡིན་པ། དམྱལ་བའི་གནོད་པ་རྒྱལ་པོ་དེས་བྱེད་དམ་ཅི།

若令有情眾不滿意，將會遭受地獄種種傷害的痛苦，縱然國王極度盛怒之下，國王能夠做此傷害否。

རྒྱལ་པོ་ལྷ་ཞིག་མགུ་ན་ཡང་།།　　若令有情皆滿意，
སེམས་ཅན་མགུ་བར་བྱས་པ་ཡིས། །　　將會證得佛果位，
འཐོབ་པར་འགྱུར་བ་གང་ཡིན་པ། །　　縱然國王大喜下，
སངས་རྒྱས་ཉིད་སྦྱིན་མི་སྲིད་དོ། །　　不能賜此佛果位。

རྒྱལ་པོ་ལྷ་ཞིག་སྟེ་ཤིན་ཏུ་མགུ་ན་ཡང་། སེམས་ཅན་རྣམས་མགུ་བར་བྱས་པ་ཡིས། འཐོབ་པར་འགྱུར་བ་གང་ཡིན་པ། །རྫོགས་པའི་སངས་རྒྱས་ཉིད་སྦྱིན་པར་མི་སྲིད་དོ།།

若令有情眾皆滿意，將會證得圓滿佛果位，縱然國王極度大喜之下，不能賜此圓滿佛果位。

སེམས་ཅན་མགུ་ལས་བྱུང་བ་ཡི། །　　不提有情得滿足，
མ་འོངས་སངས་རྒྱས་འགྲུབ་ལྟ་ཞོག །　　能生未來成佛果，
ཚེ་འདི་ཉིད་ལ་དཔལ་ཆེན་དང་། །　　此生大富與名聲，
གྲགས་དང་སྐྱིད་འགྱུར་ཅིས་མ་མཐོང་། །　　安樂如何不曾見。

སེམས་ཅན་རྣམས་མགུ་བར་བྱས་པ་ལས་བྱུང་བ་ཡི་འབྲས་བུ་མ་འོངས་པ་ན་སངས་རྒྱས་འགྲུབ་པར་ལྟ་ཞོག །ཚེ་འདི་ཉིད་ལའང་དཔལ་གྱི་འབྱོར་བ་ཆེན་པོ་འཐོབ་པ་དང་། སྙན་པར་གྲགས་པ་དང་བདེ་ཞིང་སྐྱིད་པར་འགྱུར་བ་དག་ཅིས་མ་མཐོང་།

不提令有情眾獲得滿足能生之果，於未來是成就佛果，此生也將獲得大富與名聲，安樂舒適，這些如何不曾見。

འཁོར་ཚེ་བཟོད་པས་མཛེས་སོགས་དང་།། 輪迴時修忍可得，
ནད་མེད་པ་དང་གྲགས་པ་ཡིས། ། 美麗無病與聞名，
ཤིན་ཏུ་ཡུན་རིང་འཚོ་བ་དང་།། 以此長久活於世，
འཁོར་ལོས་སྒྱུར་བའི་བདེ་རྒྱས་ཐོབ། ། 以及輪王廣大樂。

འཁོར་བ་ན་འཁོར་བའི་ཚེ་བཟོད་པ་བསྒོམས་པས་གཟུགས་མཛེས་པ་སོགས་དང་། ནད་མེད་པ་དང་གྲགས་པ་དང་ལྡན་པ་ལས། ཤིན་ཏུ་ཡུན་རིང་དུ་འཚོ་བ་དང་། འཁོར་ལོས་སྒྱུར་བའི་བདེ་བ་དང་རྒྱས་པ་དང་ལོ་ལེགས་པ་ལ་སོགས་པ་འཐོབ་པོ། །

在輪迴中輪迴時修安忍可以獲得美麗身貌、無病與聞名，以此狀態長久活於世間，以及輪王事業廣大、豐收與安樂等等。

༢.༢.༢.༣.༢.མཚན།
2.2.2.3.2.品名

བྱང་ཆུབ་སེམས་དཔའི་སྤྱོད་པ་ལ་འཇུག་པ་ལས། བཟོད་པ་བསྟན་པ་ཞེས་བྱ་བ་སྟེ་ལེའུ་དྲུག་པའོ།། །།

入菩提薩埵行・安忍第六品竟。

༢་༢་༣་མི་ཉམས་པར་གོང་ནས་གོང་དུ་སྤེལ་བར་བྱེད་པའི་ལེའུ།
2.2.3.不衰退且增長

༢་༢་༣་༡་ཀུན་རྫོབ་དང་དོན་དམ་པའི་བྱང་ཆུབ་ཀྱི་སེམས་རྣམ་པ་གཉིས་གོང་ནས་གོང་དུ་སྤེལ་བའི་ཐབས་སམ་གྲོགས་སུ་གྱུར་པ་བརྩོན་འགྲུས་ཀྱི་ལེའུ།
2.2.3.1.增長世俗與勝義二種菩提心的方便、助伴－精進品

༢་༢་༣་༡་༡་གཞུང་།
2.2.3.1.1.正文

༢་༢་༣་༡་༡་༡་བརྩོན་འགྲུས་རྩོམ་དགོས་པའི་རྒྱུ་མཚན་མདོར་བསྟན་པ།
2.2.3.1.1.1.總說需開始精進之理由

དེ་ལྟར་བཟོད་པས་བརྩོན་འགྲུས་བརྩམ།།　依如是忍始精進，
འདི་ལྟར་བརྩོན་ལ་བྱང་ཆུབ་གནས།།　如此勤者有菩提，
རླུང་མེད་གཡོ་བ་མེད་པ་བཞིན།།　譬如無風則不動，
བསོད་ནམས་བརྩོན་འགྲུས་མེད་མི་འབྱུང་།།　若無精進不生福。

དེ་ལྟར་བཟོད་པ་དང་ལྡན་པས་བརྩོན་འགྲུས་བརྩམ་པར་བྱ་སྟེ།　འདི་ལྟར་བརྩོན་འགྲུས་དང་ལྡན་པ་ལ་བྱང་ཆུབ་ཀྱི་གོ་འཕང་ལག་པའི་རྟེན་གནས་ཀྱི།　རླུང་མེད་ན་གཡོ་བ་མེད་པ་བཞིན་དུ་བྱང་ཆུབ་ཀྱི་རྒྱུ་བསོད་ནམས་དང་ཡེ་ཤེས་ཀྱི་ཚོགས་གཉིས་བརྩོན་འགྲུས་མེད་ན་མི་འབྱུང་ངོ་།།

依仗具有如是安忍，而得以開始精進，唯有如此精進之勤者，有菩提果位於掌中，譬如若無風則不動一般，若無精進，不生菩提因－福德與本慧二資糧。

༢.༢.༣.༡.༡.༢.ཇི་ལྟར་བརྩོན་ཚུལ་རྒྱས་པར་བཤད་པ།
2.2.3.1.1.2.廣說如何精進之理

༢.༢.༣.༡.༡.༢.༡.བརྩོན་འགྲུས་ཀྱི་ངོ་བོ་ངོས་བཟུང་བ།
2.2.3.1.1.2.1.明辨精進本質

བརྩོན་གང་དགེ་ལ་སྤྲོ་བའོ།། 何為精進謂樂善

བརྩོན་འགྲུས་གང་ཞེ་ན་དགེ་བའི་ལས་སྦྱིན་པ་སོགས་དང་ཐོས་པ་སོགས་ལ་སྤྲོ་བའོ།།

若問：何為精進？則謂：樂於布施、聞思等善業。

༢.༢.༣.༡.༡.༢.༢.བརྩོན་འགྲུས་ཀྱི་མི་མཐུན་ཕྱོགས་སྤོང་བ།
2.2.3.1.1.2.2.斷除精進的相反方

༢.༢.༣.༡.༡.༢.༢.༡.མི་མཐུན་པའི་ཕྱོགས་ལེ་ལོ་རྒྱུ་འབྲས་དང་བཅས་པ་ངོས་བཟུང་བ།
2.2.3.1.1.2.2.1.明辨相反方懈怠及其因果

དེ་ཡི་མི་མཐུན་ཕྱོགས་བཤད་བྱ།། 當說彼之相反方，
ལེ་ལོ་ངན་ལ་ཞེན་པ་དང་།། 懈怠以及貪惡行，
སྒྱིད་ལུག་བདག་ཉིད་བརྙས་པའོ།། 怯懦自輕之懈怠。

བརྩོན་འགྲུས་དེ་ཡི་མི་མཐུན་པའི་ཕྱོགས་བཤད་པར་བྱ་སྟེ། སྙོམ་ལས་འཛིན་པའི་ལེ་ལོ་དང་། བྱ་བ་ངན་པ་ལ་ཞེན་པའི་ལེ་ལོ་དང་། དཀའ་བའི་ལས་ལ་སྒྱིད་ལུག་སྟེ་བདག་ཉིད་བརྙས་པའི་ལེ་ལོའོ།།

當宣說彼精進之相反方，執著懶散之懈怠，以及貪戀惡行之懈怠，以及對於善業心生怯懦，即自輕之懈怠。

སྙོམ་ལས་བདེ་བའི་རོ་མྱང་དང་།། 嚐到懶散安樂味，
གཉིད་ལ་བརྟེན་པའི་སྲེད་པ་ཡིས།། 依賴睡眠之愛執，
འཁོར་བའི་སྡུག་བསྔལ་མི་སྐྱོ་ལས།། 而對輪迴不覺苦，
ལེ་ལོ་ཉེ་བར་སྐྱེ་བར་འགྱུར།། 從中必生懈怠心。

ལེ་ལོ་དགག་པའི་དོན་དུ་དེའི་རྒྱུ་རེ་ཞིག་བསྟན་པར་འདོད་ནས་བཤད་པ་ནི་སྙོམ་ལས་ཀྱི་བདེ་བའི་རོ་མྱོང་བ་ལ་བརྟེན་ནས་སྙོམ་ལས་འཛིན་པའི་ལེ་ལོ་སྐྱེ་བ་དང་། གཉིད་ལ་བརྟེན་པའི་སྲེད་པ་ཡིས། སྐྱིད་ལུག་བདག་ཉིད་བརྙས་པའི་ལེ་ལོ་སྐྱེ་བ་དང་། འཁོར་བའི་སྡུག་བསྔལ་ལ་མི་སྐྱོ་བ་ལས། བྱ་བ་ངན་ཞེན་གྱི་ལེ་ལོ་ཉེ་བར་སྐྱེ་བར་འགྱུར་རོ།།

為了阻止懈怠之故，欲暫且先宣說其因：由於嚐到了懶散的安樂味，而生起執著懶散的懈怠，依賴睡眠之愛執，能生起怯懦自輕的懈怠，而對輪迴不覺苦，從中必生貪戀惡行之懈怠心。

༢༢༣༡༡༢༢༢ དེ་ཇི་ལྟར་སྤོང་ཐབས་ཀྱི་གཉེན་པོ་བཤད་པ།
2.2.3.1.1.2.2.2.宣說斷除彼之方便對治

༢༢༣༡༡༢༢༢༡ སྙོམ་ལས་འཛིན་པའི་ལེ་ལོའི་གཉེན་པོ་སྒོམ་ཚུལ།
2.2.3.1.1.2.2.2.1.執著懶散之懈怠其對治修法

ཉོན་མོངས་རྒྱ་བས་བཤོར་ནས་ནི།། 既被煩惱網所捕，
སྐྱེ་བའི་རྒྱར་ནི་ཚུད་གྱུར་ནས།། 已入生有之圍網，
འཆི་བདག་ཁར་ནི་སོང་གྱུར་པ།། 送至死主之口中，
ཅི་སྟེ་ད་དུང་མི་ཤེས་སམ།། 為何至今仍無知。

ཉོན་མོངས་པའི་རྒྱ་བས་བཤོར་ཏེ་དབང་དུ་བྱས་ནས་ནི། མིའི་སྐྱེ་བའི་རྒྱར་ནི་ཚུད་པར་གྱུར་ནས། འཆི་བདག་གི་ཁར་ནི་སོང་བར་གྱུར་པ་དེ། ཅི་སྟེ་ད་དུང་ཡང་ཁྱོད་ཀྱིས་མི་ཤེས་སམ། སྐྱེས་པ་ཐམས་ཅད་ནི་ངེས་པར་འཆི་བར་འགྱུར་རོ་ཞེས་པའི་དོན་ནོ།།

既被煩惱網所捕（被煩惱影響），已進入人道生有之圍網，被送至死主之口中，為何汝至今仍無知。此處表示所有人必會死亡。

རང་སྡེ་རིམ་གྱིས་གསོད་པ་ཡང་།། 己方陸續被殺害，
ཁྱོད་ཀྱིས་མཐོང་བར་མ་གྱུར་ཏམ།། 難道汝皆不曾見，

ཨོན་ཀྱང་གཉིད་ལ་བརྟེན་པ་གང་། ། 然則為何仍依眠,
གདོལ་པ་དང་ནི་མ་ཧེ་བཞིན།། 恰似屠夫與水牛。

སྐྱོ་བའི་རྒྱུ་གཞན་ཡང་འདིར་གསུངས་པ་གང་དང་ལྷན་ཅིག་ཏུ་བྱིས་པ་ལ་སོགས་པའི་གནས་སྐབས་སུ་རོལ་ཅིང་དགོད་པ་ལ་སོགས་པའི་རང་གི་སྡེ་ཚན་རྣམས་འཆི་བདག་གིས་རིམ་གྱིས་གསོད་པ་ཡང་། བློ་རྨོངས་པ་ཁྱོད་ཀྱིས་མཐོང་བར་མ་གྱུར་ཏམ། ཨོན་ཀྱང་ད་དུང་དུ་གཉིད་ལ་བརྟེན་པར་བྱེད་ཅིང་དགེ་བའི་ལས་ལ་མི་སྦྱོར་བ་གང་ཡིན་པ་དེ་ནི། གདོལ་པ་དང་ནི་བསད་པར་བྱ་བའི་མ་ཧེ་བཞིན་ནོ།།

此處又宣說可悲之因，曾經在孩童等時期，一同玩耍、歡笑等等之己方陸續被死主殺害，難道愚癡之汝皆不曾見否，然則為何仍是依賴睡眠，不做善行，此情此景恰似屠夫與要被宰殺的水牛。

ལམ་ནི་ཀུན་ནས་བཀག་ནས་སུ། ། 一切道路已被堵,
འཆི་བདག་གིས་ནི་བལྟས་བཞིན་དུ། ། 正被死主所注視,
ཇི་ལྟར་ཁྱོད་ནི་ཟ་དགའ་ཞིང་།། 如何汝仍樂於食,
འདི་ལྟར་གཉིད་ལོག་ཇི་ལྟར་དགའ། ། 如何如此樂於眠。

སྐྱེ་བའི་ལམ་པོ་ཆེ་དེ་ནི་འཆི་བའི་དམག་གིས་ཀུན་ནས་བཀག་ནས་སུ། འཆི་བདག་གིས་ནི་བསད་པར་བྱ་བའི་ཕྱིར་བལྟས་བཞིན་དུ། ཇི་ལྟར་ཁྱོད་ནི་ཉིན་མོ་ཟས་ཟ་བ་ལ་དགའ་ཞིང་། མཚན་མོ་འདི་ལྟར་གཉིད་ལོག་པ་ལ་ཇི་ལྟར་དགའ།

一切活命的道路已被死主大隊所堵，正被死主所注視，為了屠戮之故，如何汝白晝仍樂於飲食，如何夜晚如此樂於眠。

མྱུར་བ་ཉིད་དུ་འཆི་འགྱུར་བས། ། 死亡即刻將至故,
ཇི་སྲིད་དུ་ནི་ཚོགས་བསག་བྱ།། 未死之前當積資,
དེ་ཚེ་ལེ་ལོ་སྤངས་ཀྱང་ནི།། 彼時縱然斷懈怠,

དུས་མ་ཡིན་པར་ཅི་ཞིག་བྱ།། 已然非時有何益。

མྱུར་བ་ཉིད་དུ་འཆི་བར་འགྱུར་བས། ཇི་སྲིད་འཆི་བ་ལ་ཐུག་པ་དེ་སྲིད་དུ་ནི་ཚོགས་བསག་པར་བྱ། འཆི་བདག་གིས་ཟིན་པ་དེ་ཡི་ཚེ་ལེ་ལོ་སྤངས་ཀྱང་ནི། བརྩོན་པར་བྱེད་པའི་དུས་མ་ཡིན་པར་ལེ་ལོ་སྤངས་ཀྱང་ཅི་ཞིག་བྱ།

死亡即刻將至之故，在未死之前應當累積資糧，被死主所縛之彼時，縱然斷除懈怠，已然非精進之時，縱然斷除懈怠又有何益。

འདི་ནི་མ་བྱས་བརྩམས་པ་དང་།། 此事未做剛開始,
འདི་ཕྱེད་བྱས་པར་གནས་པ་ལ།། 此事正處一半中,
གློ་བུར་འཆི་བདག་འོངས་ནས་ནི།། 突然死主已到來,
ཀྱི་ཧུད་བཅོམ་ཞེས་སེམས་པར་འགྱུར།། 必感嗚呼壞我矣。

བྱ་བ་འདི་ནི་མ་བྱས་པ་དང་འདིའི་མགོ་བརྩམས་པ་དང་། འདི་ཕྱེད་ཙམ་བྱས་པར་གནས་པ་ལ། གློ་བུར་དུ་འཆི་བདག་འོངས་པར་གྱུར་ནས་ནི། ཀྱི་ཧུད་བདག་འཆི་བས་བཅོམ་པ་ཡིན་ནོ་ཞེས་སེམས་པར་འགྱུར་རོ།།

此事還未做，以及此事方才剛開始，此事正處在一半當中，突然死主已到來，心中必感嗚呼死主壞我矣。

མྱ་ངན་ཤུགས་ཀྱིས་སྐྲངས་པ་ཡི།། 痛苦使得眼紅腫,
མིག་དམར་གདོང་ལས་མཆི་མ་འཛག། 臉上落下悲戚淚,
ཉེ་དུ་རེ་ཐག་ཆད་པ་དང་།། 親人不再抱希望,
གཤིན་རྗེའི་ཕོ་ཉའི་བཞིན་ལ་བལྟ།། 而我望著閻羅使。

སྡུག་པ་དང་བྲལ་བའི་མྱ་ངན་གྱི་ཤུགས་ཀྱིས་སྐྲངས་པ་ཡི། མིག་དམར་པོར་གྱུར་ཅིང་གདོང་ལ་མཆི་མ་འཛག་པ་དང་། ཉེ་དུ་རྣམས་ཀྱིས་གསོན་པའི་རེ་ཐག་ཆད་པ་དང་། གཤིན་རྗེའི་ཕོ་ཉའི་བཞིན་ལ་ལྟ་བ་སྟེ།

與所愛分離的痛苦使得眼紅腫，臉上落下悲戚的眼淚，親人們皆不再抱有活下去的希望，而我望著閻羅使的面容。

རང་སྡིག་དྲན་པས་གདུང་བ་དང་།། 念及己罪故苦悶,
དམྱལ་བའི་སྒྲ་ནི་ཐོས་པ་ཡིས།། 因為聞得地獄聲,
སྐྲག་པས་མི་གཙང་ལུས་གོས་ཤིང་།། 恐懼致使穢汙身,
སྨྱོས་པར་འགྱུར་ཚེ་ཅི་ཞིག་བྱ།། 瀕臨發狂能如何。

སྐྲེས་བུ་ཁྲོ་གཉེར་ཅན་འཇིགས་སུ་རུང་བ་དག་མཐོང་བར་འགྱུར་ཞིང་། རང་གི་སྡིག་པ་དྲན་པས་འདི་ཅིའི་ཕྱིར་བདག་གིས་བྱས་སྙམ་དུ་སེམས་གདུང་བ་དང་། དམྱལ་བའི་ཨོ་དོད་འབོད་པ་ལ་སོགས་པའི་སྒྲ་ནི་ཐོས་པ་ཡིས། སྐྲག་པའི་དབང་གིས་མི་གཙང་བས་ལུས་ལ་གོས་ཤིང་། རང་དབང་མེད་པ་སྨྱོས་པར་འགྱུར་བའི་ཚེ་བདག་གིས་ཅི་ཞིག་བྱ།

將會看到可怕殘暴之人而念及己罪，想著我為何要如此做，是故心中苦悶，因為聞得地獄哀嚎吶喊等等的聲音，心中的恐懼致使穢物沾汙在身上，瀕臨不能自主的發狂狀態，彼時自己又能如何。

ཉིད་ནི་ཉ་གསོན་འགྲེ་བ་ལྟའི།། 如滚活魚之此生,
ཚེ་འདིར་འཇིགས་དང་ལྡན་གྱུར་ན།། 汝若具有恐懼心,
སྡིག་བྱས་དམྱལ་བ་མི་བཟད་པའི།། 造罪導致下地獄,
སྡུག་བསྔལ་རྣམས་ནི་སྨོས་ཅི་དགོས།། 殘忍痛苦毋庸言。

འབྲས་བུ་སྡུག་བསྔལ་ཆེན་པོ་འབྱུང་བ་དེའི་ཚེ་བཟོད་པར་བྱའོ་སྙམ་ན། ཉིད་ནི་ཉ་གསོན་པོ་བྱེ་ཚན་དུ་འགྲེ་བ་ལྟ་བུའི་ཚེ་འདིར་ཚ་གྲང་ལ་སོགས་པ་གང་ཡང་མི་བཟོད་པར་འཇིགས་པ་དང་ལྡན་པར་གྱུར་ན། སྡིག་པ་བྱས་པའི་འབྲས་བུ་དམྱལ་བ་མི་བཟད་པའི་སྡུག་བསྔལ་རྣམས་ནི་བཟོད་པར་མི་ནུས་པ་སྨོས་ཅི་དགོས།

若以為遭遇大苦果實應當安忍，則曰：譬如在熱沙中翻滾的活魚

之此生，汝若對於冷熱等等皆不能忍，具有恐懼心，造罪的果報導致下地獄，其種種殘忍的痛苦更不可能忍受，毋庸再言。

ཚ་ཚན་གྱིས་ནི་རེག་པ་ན།། 觸及溫泉水之時，
གཞོན་ཤ་ཅན་ལ་རབ་ཚ་བའི།། 新嫩肌膚極燙熱，
དམྱལ་བ་ཡི་ནི་ལས་བྱས་ནས།། 造下如此地獄業，
ཅི་ཕྱིར་འདི་ལྟར་བདེ་བར་གནས།། 何故這般安樂處。

ཁྲོ་ཆུ་དང་ཟངས་ཞུན་ལ་སོགས་པའི་ཚ་ཚན་གྱིས་ནི་ལུས་ལ་རེག་པ་ན། ཤིན་ཏུ་འཇམ་པའི་གཞོན་ཤ་ཅན་དག་ལ་རབ་ཏུ་ཚ་བའི་དམྱལ་བའི་རྒྱུར་གྱུར་པ་ཡི་ནི་སྡིག་པའི་ལས་བྱས་ནས། ཅི་ཕྱིར་འདི་ལྟར་སེམས་བདེ་བར་གནས་པར་བྱེད།

身體觸及鐵液銅汁等等溫泉水之時，極為柔軟新嫩的肌膚極燙熱，造下墮落如此地獄的惡因惡業，何故仍然能夠這般安樂自處。

བརྩོན་མེད་འབྲས་བུ་འདོད་པ་དང་།། 不具精進卻欲果，
བཟི་རེ་ཅན་ལ་གནོད་མང་ཞིང་།། 脆弱之人遭多害，
འཆི་བས་བཟུང་བཞིན་ལྷ་འདྲ་བ།། 為死所縛仍如神，
ཀྱི་ཧུད་སྡུག་བསྔལ་དག་གིས་བཅོམ།། 嗚呼將被苦所壞。

དགེ་བ་ལ་བརྩོན་པ་མེད་པར་འབྲས་བུ་བདེ་བ་འདོད་པ་དང་། བཟི་རེ་ཅན་བཟོད་བསྲན་ཆུང་བ་རྣམས་ལ་གནོད་པ་མང་ཞིང་། འཆི་བས་བཟུང་བཞིན་དུ་འདོད་པའི་ལྷ་རྣམས་དང་འདྲ་བ་བག་མེད་པར་གནས་པ་ནི། ཀྱི་ཧུད་གློ་བུར་དུ་སྡུག་བསྔལ་དག་གིས་བཅོམ་པར་འགྱུར་རོ།།

對於善法不具精進卻欲求安樂果者，以及脆弱（忍耐力差）之人會遭遇諸多傷害，當下正為死亡所束縛，卻仍如欲界天神一般處在放逸之中者，嗚呼將被突然到來的痛苦所壞。

མི་ཡི་གྲུ་ལ་བརྟེན་ནས་སུ།། 依靠人身此大舟，

སྡུག་བསྔལ་ཆུ་བོ་ཆེ་ལས་སྒྲོལ། ། 始能渡過痛苦河，
གྲུ་འདི་ཕྱིས་ནས་རྙེད་དཀའ་བས། ། 此舟來世難再得，
རྨོངས་པ་དུས་སུ་གཉིད་མ་ལོག ། 愚者此刻勿入眠。

མི་ཡི་ལུས་ཀྱི་གྲུ་བོ་ཆེ་འདི་ལ་བརྟེན་ནས་སུ། འཁོར་བའི་སྡུག་བསྔལ་གྱི་ཆུ་བོ་ཆེ་ལས་སྒྲོལ་བར་བྱ་དགོས་ལ། གྲུ་འདི་ཕྱི་ནས་ཡང་དང་ཡང་རྙེད་པར་དཀའ་བས། ཀྱེ་རྨོངས་པ་ཁྱོད་བརྩོན་འགྲུས་བརྩམ་དགོས་པའི་དུས་སུ་གཉིད་མ་ལོག་ཅིག།

必須依靠人身此大舟，始能渡過輪迴痛苦大河，此舟來世難以再次獲得，喂！愚者，汝在此應當精進的時刻，切勿入眠。

༢.༢.༣.༡.༡.༢.༢.༢.༢.བྱ་བ་ངན་ཞེན་གྱི་ལེ་ལོའི་གཉེན་པོ་སྒོམ་ཚུལ།

2.2.3.1.1.2.2.2.2.貪戀惡行之懈怠其對治修法

དགའ་བའི་རྒྱུ་ནི་མཐའ་ཡས་པའི། ། 無邊正法歡喜因，
དམ་ཆོས་དགའ་བའི་མཆོག་སྤངས་ནས།། 為何汝棄最上喜，
སྡུག་བསྔལ་རྒྱུ་ཡིས་གཡེང་བ་དང་། ། 而卻歡喜於放逸，
རྒོད་སོགས་ལ་ཁྱོད་ཅི་ཕྱིར་དགའ། ། 掉舉等彼痛苦因。

དགའ་བའི་རྒྱུ་ནི་མཐའ་ཡས་པར་གྱུར་པའི་དམ་པའི་ཆོས་དགའ་བའི་མཆོག་འདི་ཉིད་སྤངས་ནས། སྡུག་བསྔལ་མཐའ་དག་གི་རྒྱུ་འདོད་ཡོན་ལྔ་ཡིས་གཡེང་བ་དང་། རྒོད་པ་དང་རྩེ་བ་སོགས་ལ་ཁྱོད་ཅི་ཕྱིར་དགའ་བར་བྱེད་ཅེས་འདྲི་བའོ།།

無邊的正法是歡喜因，為何汝捨棄了此最上的歡喜，而卻能夠歡喜於放逸、掉舉、嘻笑戲樂等彼一切痛苦之因 – 五妙欲。如是質問。

སྒྱིད་ལུག་མེད་དང་དཔུང་ཚོགས་དང་། ། 故當無怯集四軍，
ལྷུར་བླང་བདག་ཉིད་དབང་བྱ་དང་། ། 努力積極自作主，
བདག་དང་གཞན་དུ་མཉམ་པ་དང་། ། 觀修自他皆平等，

བདག་དང་གཞན་དུ་བརྗེ་བར་གྱིས། །　　以及苦樂自他換。

སྒྱིད་ལུག་པ་མེད་པ་དང་འཆད་པར་འགྱུར་བའི་དཔུང་གི་ཚོགས་དང་། གཉེན་པོ་ལྷུར་བླང་བ་དང་བདག་ཉིད་དབང་དུ་བྱ་བ་དང་། བསམ་གཏན་གྱི་སྐབས་སུ་འཆད་པར་འགྱུར་བའི་བདག་དང་གཞན་དུ་མཉམ་པ་དང་། བདག་དང་གཞན་དུ་བརྗེ་བར་གྱིས་ཤིག །
故當無所怯懦，集結即將闡述之四軍，努力積極對治，自己能作主，觀修禪定品將闡述之自他皆平等，以及苦樂自他換。

༢.༢.༣.༡.༡.༢.༢.༢.༣ སྒྱིད་ལུག་བདག་ཉིད་བརྙས་པའི་ལེ་ལོའི་གཉེན་པོ་སྒོམ་ཚུལ།
2.2.3.1.1.2.2.2.3.怯懦自輕之懈怠其對治修法

བདག་གིས་བྱང་ཆུབ་ག་ལ་ཞེས། །　　我不應該有怯懦，
སྒྱིད་ལུག་པར་ནི་མི་བྱ་སྟེ།།　　謂己何能證菩提，
འདི་ལྟར་དེ་བཞིན་གཤེགས་པ་ནི། །　　如此如來實語者，
བདེན་པ་གསུང་བས་བདེན་འདི་གསུངས།།　　曾說如是真諦語。

བདག་གིས་བྱང་ཆུབ་ག་ལ་ཐོབ་པར་འགྱུར་ཞེས། སྒྱིད་ལུག་པར་ནི་མི་བྱ་སྟེ། །འདི་ལྟར་དེ་བཞིན་གཤེགས་པ་ནི། ཤིན་ཏུ་བདེན་པ་གསུངས་པ་བས་བདེན་པའི་ཚིག་འདི་གསུངས་ཏེ།
我不應該有怯懦，謂己如何有能力證得菩提，如此如來絕對實語者，曾說如是真諦語：

སྦྲང་བུ་ཤ་སྦྲང་བུང་བ་དང་།།　　果蠅肉蠅與蜜蜂，
དེ་བཞིན་སྲིན་བུར་གང་གྱུར་པ། །　　如是任何為蟲者，
དེས་ཀྱང་བརྩོན་པའི་སྟོབས་བསྐྱེད་ན། །　　若彼亦生精進力，
བྱང་ཆུབ་ཐོབ་དཀའ་བླ་མེད་འཐོབ། །　　無上難得菩提得。
བདག་ལྟ་རིགས་ཀྱིས་མིར་སྐྱེས་ལ། །　　似我同類生為人，
ཕན་དང་གནོད་པའི་ངོ་ཤེས་པས། །　　識得利害取捨者，
བྱང་ཆུབ་སྤྱོད་པ་མ་བཏང་ན།།　　倘若不棄菩提行，
བདག་གིས་བྱང་ཆུབ་ཅིས་མི་འཐོབ། །　　菩提何故不可得。

སྦྲང་བུ་དང་ཤ་སྦྲང་དང་བུང་བ་དང་། དེ་བཞིན་དུ་སྲིན་བུར་གང་གྱུར་པ། དེས་ཀྱང་བརྩོན་པའི་སྟོབས་བསྐྱེད་པར་བྱས་ན། བྱང་ཆུབ་ཐོབ་པར་དཀའ་བ་བླ་ན་མེད་པ་འཐོབ་ན། བདག་ལྟ་བུ་རིགས་ཀྱིས་མི་རུ་སྐྱེས་ལ། ཕན་པ་དང་གནོད་པ་ངོ་ཤེས་པས། བྱང་ཆུབ་སེམས་དཔའི་སྤྱོད་པ་མ་བཏང་ན། བདག་གིས་བྱང་ཆུབ་ཀྱི་གོ་འཕང་དེ་ཅིས་མི་འཐོབ།

果蠅、肉蠅與蜜蜂，如是任何為蟲者，若彼亦生起精進力，無上難得之菩提亦可證得。何況似我同類生為人，識得利與害、取與捨者，倘若不棄菩提薩埵行，菩提果位我何故不可得。

དེ་ཡང་ལག་བཟངས་ཀྱིས་ཞུས་པ་ལས། གཞན་ཡང་བྱང་ཆུབ་སེམས་དཔའ་འདི་ལྟར་ཡང་དག་པར་རྗེས་སུ་སློབ་སྟེ། གང་དག་སེང་གེ་དང་། སྟག་དང་། ཁྱི་དང་། ཅེ་སྤྱང་དང་། བྱ་རྒོད་དང་། ཁྲུང་ཁྲུང་དང་། བྱ་རོག་དང་། འུག་པ་དང་། སྲིན་བུ་དང་། སྦྲང་མ་དང་། སྦྲང་བུ་དང་། ཤ་སྦྲང་དུ་གྱུར་པ་དེ་དག་ཀྱང་བླ་ན་མེད་པའི་བྱང་ཆུབ་ཏུ་འཚང་རྒྱ་བར་འགྱུར་ན། བདག་མིར་གྱུར་བཞིན་དུ་སྲོག་གི་ཕྱིར་ཡང་ཅིའི་ཕྱིར་བྱང་ཆུབ་ཐོབ་པའི་བརྩོན་འགྲུས་ཉམས་པར་བྱེད་ཅེས་སོགས་གསུངས་སོ།།

又《妙臂菩薩請問經》說："復次，菩薩當如是正等隨學，一切獅子、虎、狗、豺狼、禿鷲、鶴、烏鴉、梟、蟲、蜂、果蠅、肉蠅，彼等亦將證得阿耨多羅三藐三菩提，我為人者，何故能為惜命而敗損精進證得菩提"。如是云云。

འོན་ཏེ་རྐང་ལག་ལ་སོགས་པ།།　　然而若言我畏懼，
བཏང་དགོས་བདག་ནི་འཇིགས་ཤེ་ན།།　　必須施捨手腳等，
ལྕི་དང་ཡང་བ་མ་དཔྱད་པར།།　　此乃不知輕與重，
རྨོངས་པས་བདག་ནི་འཇིགས་པར་ཟད།།　　因癡徒自恐懼爾。

འོན་ཏེ་དེའི་དོན་དུ་མགོ་དང་རྐང་ལག་ལ་སོགས་པ། བཏང་དགོས་ན་བདག་ནི་དེ་ལ་

འཇིགས་ཤེ་ན། ལྕི་བ་དང་ཡང་བའི་ཁྱད་པར་ལ་མ་དཔྱད་པར། རྨོངས་པའི་དབང་གིས་བདག་ཉི་འཇིགས་པར་ཟད་དོ།།

然而若言我畏懼，必須為此之故施捨頭、手、腳等，此乃不知輕與重的差別，因為愚癡徒然自我恐懼爾。

བསྐལ་བ་བྱེ་བ་གྲངས་མེད་དུ།། 無數俱胝劫之中，
ལན་གྲངས་དུ་མར་བཅད་པ་དང་།། 多次曾被斬與砍，
དབུག་དང་བསྲེག་དང་གཤགས་འགྱུར་གྱི།། 穿刺燒烤與解剖，
བྱང་ཆུབ་ཐོབ་པར་མི་འགྱུར་རོ།། 然而菩提猶不得。

དེ་ཅིའི་ཕྱིར་ཞེ་ན། འཁོར་བ་འདིར་བསྐལ་བ་བྱེ་བ་གྲངས་མེད་དུ། ལན་གྲངས་དུ་མར་མགོ་དང་ཡན་ལག་བཅད་པ་དང་། མདའ་དང་མདུང་ལ་སོགས་པས་དབུག་པ་དང་མེར་བསྲེག་པ་དང་སོག་ལེ་འབར་བ་ལ་སོགས་པས་བཤགས་པར་འགྱུར་གྱི། སྡུག་བསྔལ་དེས་ནི་བྱང་ཆུབ་ཐོབ་པར་མི་འགྱུར་རོ།།

何故？無數俱胝劫之中在此輪迴裡，頭與四肢多次曾被斬與砍，被箭、矛等穿刺，用火燒烤與用燃燒的鋸子等解剖，然而菩提猶不因彼痛苦而證得。

བདག་གིས་བྱང་ཆུབ་སྒྲུབ་པ་ཡི།། 我為成辦大菩提，
སྡུག་བསྔལ་འདི་ནི་ཚད་ཡོད་དེ།། 所受此苦有限度，
ཟུག་རྔུ་ཁོང་བརྣག་གནོད་བསལ་ཕྱིར།། 為除刺痛內傷故，
ལུས་སྣ་བཀོད་པའི་སྡུག་བསྔལ་བཞིན།། 按壓身瘡苦一般。

བདག་གིས་རྫོགས་པའི་བྱང་ཆུབ་སྒྲུབ་པ་ཡི། སྡུག་བསྔལ་འདི་ནི་སྡུག་བསྔལ་གྱི་ངོ་བོ་དང་སྐྱོང་བའི་དུས་ཀྱང་ཚད་ཡོད་པ་ཉིད་དེ། དཔེར་ན་ཟུག་རྔུ་ཁོང་བརྣག་གི་གནོད་པ་བསལ་བའི་ཕྱིར། ལུས་ལ་སྣ་བཀོད་ནས་དེ་འབྱིན་པའི་སྡུག་བསྔལ་བཟོད་པ་བཞིན་ནོ།།

我為成辦圓滿大菩提，所受此苦的本質與時長皆有限度，譬如為消除刺痛內傷的緣故，忍耐按壓身瘡後拔出的痛苦一般。

སྨན་པ་ཀུན་ཀྱང་གསོ་དཔྱད་ཀྱིས། ། 　醫者皆以治療法，
མི་བདེ་བ་ཡི་ནད་མེད་བྱེད།། 　去除不安樂之病，
དེ་བས་སྡུག་བསྔལ་མང་པོ་དག ། 　是故為摧諸多苦，
གཞོམ་ཕྱིར་མི་བདེ་ཆུང་བཟོད་བྱ། ། 　當忍微小不安樂。

སྨན་པ་མཁས་པ་ཀུན་གྱིས་ཀྱང་མེ་ལ་སོགས་པའི་གསོ་དཔྱད་ཀྱིས། མི་བདེ་བ་ཡིས་ནད་མེད་པར་བྱེད་པ། དེ་བས་ན་ངན་སོང་ལ་སོགས་པའི་སྡུག་བསྔལ་མང་པོ་དག གཞོམ་པའི་ཕྱིར་ཆོས་སྒྲུབ་པའི་གནས་སྐབས་ཀྱི་མི་བདེ་བ་ཆུང་ངུ་རྣམས་བཟོད་པར་བྱའོ།།

專業的醫者皆以火療等治療法，去除不安樂之病，是故為摧毀惡趣等等諸多痛苦，應當忍受修法之時的微小不安樂。

གསོ་དཔྱད་ཐལ་བ་འདི་འདྲ་བ། ། 　這般尋常治療法，
སྨན་པ་མཆོག་གིས་མ་མཛད་དེ། ། 　殊勝醫者不使用，
ཆོ་ག་ཞི་ན་ཁུ་འཇམ་པོ་ཡིས།། 　以極溫和操作法，
ནད་ཆེན་དཔག་མེད་གསོ་བར་མཛད། ། 　治癒無數大疾者。

གསོ་དཔྱད་ཐལ་བ་ལུས་ལ་ཟུག་རྔུ་བསྐྱེད་པ་འདི་འདྲ་བ་ནི། 　སྨན་པ་མཆོག་རྫོགས་པའི་སངས་རྒྱས་དག་གིས་མ་མཛད་དེ། སྒྲུབ་པར་སླ་བའི་ཆོ་ག་ཞི་ན་ཁུ་འཇམ་པོ་ཡིས། ཉོན་མོངས་པའི་ནད་ཆེན་པོ་དཔག་ཏུ་མེད་པ་གསོ་བར་མཛད་དོ།།

令身體生起痛苦的這般尋常治療法，殊勝醫者圓滿佛不使用，以容易修持、極溫和的操作法，治癒無數煩惱大疾者。

ཚོད་མ་ལ་སོགས་སྦྱིན་པ་ལའང་། ། 　蔬菜等等之布施，
འདྲེན་པས་ཐོག་མར་སྦྱོར་བར་མཛད། ། 　導師先令行彼等，
དེ་ལ་གོམས་ནས་ཕྱི་ནས་ནི།། 　直至串習彼等已，
རིམ་གྱིས་རང་གི་ཤ་ཡང་གཏོང་། ། 　漸次亦能施己肉。

རང་གི་ཤ་ལ་སོགས་པ་ཡང་གཏོང་དགོས་པ་མ་ཡིན་ནམ་ཇི་ལྟར་ཆོག་འཇམ་པ་ཡིན་ཞེ་ན།

ཚོད་མ་ལ་སོགས་པའི་དངོས་པོ་དམན་པ་སྦྱིན་པ་ལ་འདད། འདྲེན་པ་རྫོགས་པའི་སངས་རྒྱས་ཀྱིས་ཐོག་མར་སྦྱོར་བར་མཛད་དེ། དེ་ལ་གོམས་པར་གྱུར་ནས་ཕྱི་ནས་ནི། རིམ་གྱིས་རང་གི་ཤ་ཡི་བར་དུ་ཡང་གཏོང་བར་གསུངས་སོ།།

若問：不是須布施自己身肉等等，如何能謂為溫和操作法？則曰：蔬菜等等低劣物品之布施，導師圓滿佛曾說：首先令行彼等，直至串習彼等已，漸次乃至亦能施己肉。

གང་ཚེ་རང་གི་ལུས་ལ་ནི།།　　何時對於己身軀,
ཚོད་སོགས་ལྟ་བུའི་བློ་སྐྱེས་པ།།　　視如菜等心既生,
དེ་ཚེ་ཤ་ལ་སོགས་གཏོང་བ།།　　彼時肉等之布施,
དེ་ལ་དཀའ་བ་ཅི་ཞིག་ཡོད།།　　艱難之處又何在。

འཕགས་པའི་ཡེ་ཤེས་བརྙེས་པ་གང་གི་ཚེ་རང་གི་ལུས་འདི་ལ་ནི། ཞེན་པ་སྤངས་ཏེ་ཚོད་མ་ལ་སོགས་པ་ལྟ་བུའི་བློ་སྐྱེས་པ། དེ་ཡི་ཚེ་ན་ལུས་ཀྱི་ཤ་ལ་སོགས་པ་གཏོང་བ། དེ་ལ་ཡང་བྱ་དཀའ་བ་ཅི་ཞིག་ཡོད།

何時（獲得聖者本慧之時）對於此自己之身軀，斷除了貪戀，視如菜等之心既已生起，彼時身肉等之布施，艱難做到之處又何在。

སྡིག་པ་སྤངས་ཕྱིར་སྡུག་བསྔལ་མེད།།　　斷除罪障故無苦,
མཁས་པའི་ཕྱིར་ན་མི་དགའ་མེད།།　　通達之故無不喜,
འདི་ལྟར་ལོག་པར་རྟོག་པ་དང་།།　　如是因為邪分別,
སྡིག་པས་སེམས་དང་ལུས་ལ་གནོད།།　　以及罪業害身心。

དེ་ལྟར་འོང་བ་དེ་ཅིའི་ཕྱིར་ཡིན་ཞེ་ན། སྡིག་པ་སྤངས་པའི་ཕྱིར་ལུས་ལ་སྡུག་བསྔལ་མེད་ཅིང་། ཆོས་ཀྱི་གནས་ལུགས་ལ་མཁས་པའི་ཕྱིར་ན་སེམས་ལ་མི་དགའ་བ་མེད་དོ། །འདི་ལྟར་ཡུལ་གྱི་གནས་ལུགས་ལ་མ་ཤེས་པའི་ལོག་པར་རྟོག་པ་དང་། སྲོག་གཅོད་པ་ལ་སོགས་པའི་སྡིག་

པས་རིམ་པ་ལྟར་སེམས་དང་ལུས་ལ་གནོད་དོ།།

若問為何如此？則曰：斷除罪障故身無痛苦，通達諸法實相之故，心無不喜，如是因為不趣入所緣境實相之邪分別，以及殺生等等罪業，將逐漸傷害身心。

བསོད་ནམས་ཀྱིས་ནི་ལུས་བདེ་ལ། ། 因為福德故身樂，
མཁས་པ་ཡི་སས་ནི་སེམས་བདེ་ན། ། 因為通達故心樂，
གཞན་དོན་འཁོར་བར་གནས་ཀྱང་ནི། ། 雖為利他在輪迴，
སྙིང་རྗེ་ཅན་དག་ཅི་སྟེ་སྐྱོ།། 大悲心者有何憂。

དེ་ལྟར་རེ་ཞིག་སྡུག་བསྔལ་གྱི་རྒྱུ་སྤང་བའི་ཕྱིར་འདི་ལ་སྡུག་བསྔལ་སྐྱེ་བ་མ་ཡིན་པས་བསྟན་ནས། ད་ནི་འདི་ལ་བདེ་བ་ཁོ་ན་འབྱུང་ངོ་ཞེས་བསྟན་པ་ནི་བསོད་ནམས་ཀྱི་ཕུང་པོ་དཔག་ཏུ་མེད་པ་ཉིད་ཀྱིས་ནི་ལུས་བདེ་ལ། གནས་ལུགས་ལ་མཁས་པ་ཡི་སས་ནི་སེམས་བདེ་བའི་བདག་ཉིད་དུ་གྱུར་ན། གཞན་གྱི་དོན་དུ་འཁོར་བར་གནས་ཀྱང་ནི། རྒྱལ་སྲས་སྙིང་རྗེ་ཅན་དག་དེ་ལ་ཅི་སྟེ་སྐྱོ།

如是先宣說斷苦因則不生苦，此刻宣說此中唯有樂：因為聚集無量福德之故身安樂，因為通達實相之故心安樂，雖然為了利他而在輪迴，佛子大悲心者對此有何憂。

འདི་ནི་བྱང་ཆུབ་སེམས་སྟོབས་ཀྱིས། ། 此依菩提心之力，
སྔོན་གྱི་སྡིག་པ་ཟད་བྱེད་ཅིང་། ། 能消往昔之罪障，
བསོད་ནམས་རྒྱ་མཚོ་སྡུད་བྱེད་ཕྱིར། ། 且能匯集福德海，
ཉན་ཐོས་རྣམས་པ་ལས་མཆོག་ཏུ་བཤད། ། 故說勝於聲聞眾。

བྱང་ཆུབ་སེམས་དཔའ་འདི་ནི་བྱང་ཆུབ་ཀྱི་སེམས་ཀྱི་སྟོབས་ཉིད་ཀྱིས། སྔོན་གྱི་སྡིག་པ་རྣམས་ཟད་པར་བྱེད་ཅིང་། བསོད་ནམས་ཀྱི་ཕུང་པོ་རྒྱ་མཚོ་ལྟ་བུ་སྡུད་པར་བྱེད་པའི་ཕྱིར། ཉན་ཐོས་ཀྱི་ལམ་དུ་ཞུགས་པ་རྣམས་པ་ལས་མཆོག་ཏུ་བཤད་དོ།།

此菩薩依憑菩提心之力，能消往昔之諸罪障，且能匯集福德蘊如大海，故說勝於已入道之聲聞眾。

དེ་བས་སྐྱོ་དལ་ཀུན་སེལ་བའི།། 是故騎乘除一切，
བྱང་ཆུབ་སེམས་ཀྱི་རྟ་ཞོན་ནས།། 憂累菩提心寶駒，
བདེ་ནས་བདེ་བར་འགྲོ་བ་ལ།། 樂哉前往安樂時，
སེམས་ཤེས་སུ་ཞིག་སྒྱིད་ལུག་འགྱུར།། 善思維者誰將怯。

དེ་བས་ན་སེམས་ཀྱི་སྐྱོ་བ་དང་ལུས་ཀྱི་ངལ་བ་ཀུན་སེལ་བའི་རང་བཞིན་མཐའ་གཉིས་ལ་མི་གནས་པའི་བྱང་ཆུབ་སེམས་ཀྱི་རྟ་བཟང་པོ་ལ་ཞོན་ནས། ལམ་བདེ་བ་བྱང་ཆུབ་སེམས་དཔའི་ཐེག་པ་ལ་བརྟེན་ནས་འབྲས་བུ་བདེ་བ་རྫོགས་པའི་སངས་རྒྱས་ཀྱི་སར་འགྲོ་བ་ལ། སེམས་ཤེས་ཀྱི་སྐྱེས་བུ་སུ་ཞིག་སྒྱིད་ལུག་པར་འགྱུར།

是故騎乘能消除一切心中之憂與身中之累、自性不住二邊的菩提心妙寶駒，依止樂哉菩薩乘之道，前往安樂圓滿佛果之時，懂得善做思維者誰將怯懦。

སེམས་ཅན་དོན་བསྒྲུབ་བྱ་ཕྱིར་དཔུང་།། 為辦有情之義利，
མོས་བརྟན་དགའ་དང་དོར་བ་ཡིན།། 慕堅喜捨為彼軍，
མོས་པ་སྡུག་བསྔལ་འཇིགས་པ་དང་།། 信慕由懼苦以及，
དེ་ཡི་ཕན་ཡོན་བསམས་པས་བསྐྱེད།། 思維彼功德生起。

སེམས་ཅན་གྱི་དོན་འགྲུབ་པར་བྱ་བའི་ཕྱིར་དཔུང་བཞི་སྟེ། དགེ་བ་བྱེད་པར་འདོད་པའི་མོས་པ་དང་ཕྱིར་མི་ལྡོག་པ་བརྟན་པ་དང་དམ་པའི་ལས་ལ་དགའ་བ་དང་མི་ནུས་པ་དག་རེ་ཞིག་དོར་བ་རྣམས་ཡིན་ནོ། །དེ་ལས་མོས་པ་ནི་མི་དགེ་བའི་འབྲས་བུ་སྡུག་བསྔལ་འབྱུང་བ་ལ་འཇིགས་པ་དང་། དགེ་བ་ལ་གོམས་པ་དེ་ཡི་ཕན་ཡོན་བསམས་པས་བསྐྱེད་དོ།།

為了成辦有情之義利，欲行善之信慕心，不退轉之堅定心，歡喜正業之心，對於無能力之事暫時捨棄之心，此四心為彼軍，其中信慕心由畏懼痛苦，以及思維彼串習善法之功德生起。

༢་༢་༣་༡་༡་༢་༣་མཐུན་ཕྱོགས་སྒྲུབ་པ།
2.2.3.1.1.2.3.成辦相順方

༢་༢་༣་༡་༡་༢་༣་༡་མདོར་བསྟན་པ།
2.2.3.1.1.2.3.1.總說

དེ་ལྟར་མི་མཐུན་ཕྱོགས་སྤངས་ཏེ། ། 如是斷除相反方，
མོས་དང་ང་རྒྱལ་དགའ་དང་དོར། ། 依靠慕慢喜捨軍，
ལྷུར་ལེན་དབང་བསྒྱུར་སྟོབས་ཀྱིས་ནི། ། 以及積極作主力，
བརྩོན་འགྲུས་སྤེལ་ཕྱིར་འབད་པར་བྱ། ། 為長精進當努力。

ད་ནི་དཔུང་གི་ཚོགས་ཀྱི་བྱ་བ་བསྟན་པའི་ཕྱིར་བཤད་པ་དེ་ལྟར་མི་མཐུན་པའི་ཕྱོགས་ལེ་ལོ་སྤངས་པར་བྱས་ཏེ། མོས་པའི་དཔུང་དང་ང་རྒྱལ་གྱི་དཔུང་དང་དགའ་བའི་དཔུང་དང་དོར་བའི་དཔུང་བཞི་བསགས་པ་དང་། གཉེན་པོ་ལྷུར་ལེན་པའི་སྟོབས་དང་བདག་ཉིད་དབང་བསྒྱུར་བའི་སྟོབས་ཀྱིས་ནི། བརྩོན་འགྲུས་སྤེལ་བའི་ཕྱིར་དུ་འབད་པར་བྱའོ།།
此刻為宣說四軍作用故說：如是已斷除了相反方，依靠集結信慕軍、我慢軍，歡喜軍、捨棄軍，以及積極對治之力與自我作主之力，為了增長精進應當努力。

༢་༢་༣་༡་༡་༢་༣་༢་རྒྱས་པར་བཤད་པ།
2.2.3.1.1.2.3.2.廣說

༢་༢་༣་༡་༡་༢་༣་༢་༡་དཔུང་བཞི་བསགས་པ།
2.2.3.1.1.2.3.2.1.集結四軍

༢་༢་༣་༡་༡་༢་༣་༢་༡་༡་མོས་པའི་དཔུང་བཤད་པ།
2.2.3.1.1.2.3.2.1.1.宣說信慕軍

བདག་དང་གཞན་གྱི་ཉེས་པ་ནི། ། 自他過錯數無量，

དཔག་མེད་བདག་གིས་གཞོམ་བྱ་སྟེ།། 　　一切皆是我當除，
གང་དུ་ཞེས་པ་རེ་རེ་ཡང་འབད།། 　　為彼任何一過錯，
བསྐལ་པ་རྒྱ་མཚོ་ཟད་འགྱུར་བ།། 　　亦將耗盡海劫時。

བདག་གིས་བྱང་ཆུབ་མཆོག་ཏུ་སེམས་བསྐྱེད་ཟིན་པས་བདག་དང་གཞན་གྱི་རྒྱུད་ལ་བརྟེན་པའི་སྒོ་གསུམ་གྱི་ཞེས་པ་ནི། དཔག་གིས་མི་ལོངས་ཤིང་ཚད་བཟུང་དུ་མེད་པ་དེ་དག་བདག་གིས་གཞོམ་བྱ་སྟེ། གང་དུ་ཞེས་པ་དེ་དག་རེ་རེ་སྤོང་བ་ཡང་འབད། བསྐལ་པ་རྒྱ་མཚོ་ལྟ་བུ་ཟད་པའམ་རྫོགས་པར་འགྱུར་དགོས་པ་དེའི་ཕྱིར།

由於自己已發殊勝菩提心之故，依靠自與他心相續的三門過錯，其數乃無量不可計算，一切皆是我所應當滅除之事，為斷除彼等任何一個過錯，亦將耗盡如大海一般之劫時，方得圓滿。

ཞེས་ཟད་སྤོང་པ་དེ་ཡི་ནི།། 　　著手消過之彼行，
ཆ་ཡང་བདག་ལ་མ་མཐོང་ན།། 　　亦不見我有少許，
སྡུག་བསྔལ་དཔག་ཏུ་མེད་པའི་གནས།། 　　無邊痛苦之所在，
བདག་ཀོ་ཅི་ཡི་ཕྱིར་སྙིང་མ་གས།། 　　何故我心不崩潰。

ཞེས་པ་ཟད་པའི་བརྩོན་འགྲུས་སྤོང་པ་དེ་ཡི་ནི། ཆ་ཙམ་ཡང་བདག་ལ་མ་མཐོང་ན། སྡུག་བསྔལ་དཔག་ཏུ་མེད་པའི་གནས་ཏེ། རྟེན་དུ་གྱུར་པས་བདག་ཀོ་རྒྱུ་མཚན་ཅི་ཡི་ཕྱིར་སྙིང་འདི་དུམ་བུར་མ་གས་པ་ཡིན།

因此，著手消過之彼精進行，亦不曾見我有部分少許，無邊痛苦之所在（即作為痛苦之所依），以何理由之故我心不崩潰成碎片。

བདག་དང་གཞན་གྱི་ཡོན་ཏན་ནི།། 　　自他功德數甚多，
མང་པོ་བདག་གིས་བསྒྲུབ་བྱ་སྟེ།། 　　一切皆是我當辦，
དེ་ལ་ཡོན་ཏན་རེ་རེ་ཡང་།། 　　為彼任何一功德，
བསྐལ་པ་རྒྱ་མཚོས་གོམས་འགྱུར་ན།། 　　亦將串習海劫時。

བདག་དང་གཞན་གྱི་རྒྱུད་ལ་སངས་རྒྱས་ཀྱི་ཡོན་ཏན་ནི། མང་པོ་ཐམས་ཅད་བདག་གིས་བསྒྲུབ་བྱ་སྟེ། དེ་ལ་སྐུ་གསུང་ཐུགས་ཀྱི་ཡོན་ཏན་གྱི་ཆ་ཤས་རེ་རེ་ཡང་། བསྐལ་པ་རྒྱ་མཚོ་ལྟ་བུར་གོམས་པར་འགྱུར་དགོས་ན།

自與他心相續中成佛的功德數甚多，一切皆是我所應當成辦，為彼身語意任何一分功德，亦將串習如大海一般之劫時。

བདག་ནི་ཡོན་ཏན་ཆ་ལ་ཡང་།། 我於部分彼功德,
གོམས་པ་ནམ་ཡང་མ་སྐྱེས་ཏེ།། 從來不曾生串習,
ཇི་ཞིག་ལྟར་རྙེད་སྐྱེ་བ་ནི།། 如何獲得此人生,
བདག་གིས་དོན་མེད་བྱས་པ་མཚར།། 我卻虛度奇怪哉。

བདག་ནི་ཡོན་ཏན་དེ་དག་གི་ཆ་ཙམ་ལ་ཡང་། གོམས་པ་དུས་ནམ་དུ་ཡང་མ་སྐྱེས་ཏེ། ཇི་ཞིག་ལྟར་སྟེས་དབང་གིས་རྙེད་པའི་སྐྱེ་བ་འདི་ནི། བདག་རང་གིས་དོན་མེད་པར་བྱས་པ་ནི་མཚར་ཆེའོ།།

我於部分彼等功德，從來不曾生起串習，如何僥倖獲得此人生，我自己卻虛浮度過，奇怪哉。

བདག་གིས་བཅོམ་ལྡན་མ་མཆོད་ཅིང་།། 我不曾供薄迦梵,
དགའ་སྟོན་ཆེན་པོའི་བདེ་མ་བྱིན།། 不曾施大喜宴樂,
བསྟན་ལ་བྱ་བ་མ་བྱས་དང་།། 不曾做過佛門事,
དབུལ་པོའི་བསམ་པ་རྫོགས་མ་བྱས།། 不曾滿足窮人願。

ཇི་ལྟར་དོན་མེད་པར་བྱས་ཞེ་ན། བདག་གིས་བཅོམ་ལྡན་འདས་ལ་ལྷ་ཁང་དང་ཀུན་དགའ་ར་བ་ལ་སོགས་པས་མ་མཆོད་ཅིང་། དགེ་འདུན་གྱི་ཚོགས་ཀྱི་དགའ་སྟོན་ཆེན་པོའི་བདེ་བ་ཡང་མ་བྱིན་ལ། བསྟན་པ་ལ་བྱ་བ་སྡེ་སྣོད་གསུམ་གྱི་འཆད་ཉན་དང་བསླབ་པ་གསུམ་གྱི་ཉམས་ལེན་གང་ཡང་མ་བྱས་པ་དང་། ནོར་གྱི་ཕུང་པོ་ཆེན་པོའི་བགོ་བཤར་གྱིས་དབུལ་པོའི་བསམ་པ་ཡང་རྫོགས་པར་མ་བྱས་ཤིང་།

如何謂虛度？曰：我不曾供養薄迦梵禪堂與林苑，不曾施大喜宴樂予僧團，不曾做過聽講三藏、修持三學等佛門之事，不曾分配廣大財富以滿足窮人所願。

འཇིགས་ལ་མི་འཇིགས་མ་བྱིན་དང་། ། 未施離畏予畏者，
ཉམ་ཐག་བདེ་མ་བྱིན་ན་བདག ། 未施安樂予弱者，
མ་ཡི་མངལ་དུ་ཟུག་རྒུ་དང་།། 則我唯於母胎中，
སྡུག་བསྔལ་འབབ་འཞིག་བསྐྱེད་པར་ཟད།། 苦楚令母生疼爾。

དགྲ་ལ་སོགས་པས་འཇིགས་པ་རྣམས་ལ་མི་འཇིགས་པ་གང་ཡང་མ་བྱིན་པ་དང་། ལུས་དང་སེམས་སྡུག་བསྔལ་གྱིས་གདུངས་པའི་ཉམ་ཐག་པ་རྣམས་ལ་དེ་དང་བྲལ་བའི་བདེ་བ་མ་བྱིན་ན་སྐྱེས་བུ་དམ་པའི་བསྒྲུབ་བྱ་ཐམས་ཅད་དང་བྲལ་བས་བདག །མ་ཡི་མངལ་དུ་སྡུག་བསྔལ་གྱི་ཟུག་རྒུ་དང་། མ་དེ་ལ་ཡང་སྡུག་བསྔལ་འབབ་འཞིག་སྐྱེད་པར་ཟད་གྱི། དལ་འབྱོར་ཐོབ་པའི་དགོས་པ་མ་གྲུབ་པོ་ཞེས་པའི་དོན་ནོ།།

未曾布施離畏施予因敵而畏者，未曾布施離苦之安樂予被身心之苦所逼惱的弱勢者，既然遠離一切正等士夫所應成辦之事，則我唯於母胎之中白受苦楚、又令母親生疼爾。此處表示未成辦獲得暇滿之所需。

བདག་ཉི་སྔོན་དང་ད་ལྟར་ཡང་། ། 往昔乃至當下我，
ཆོས་ལ་མོས་དང་བྲལ་བ་ཡིས།། 猶離信慕純正法，
ཕོངས་པ་འདི་འདྲ་བྱུང་བར་གྱུར། ། 故有這般之困厄，
སུ་ཞིག་ཆོས་ལ་མོས་པ་གཏོང་། ། 誰能捨棄信慕法。

བདག་ནི་ཚེ་རབས་སྔོན་དང་ད་ལྟར་ཡང་། ཡང་དག་པའི་ཆོས་ལ་མོས་པ་དང་བྲལ་བ་ཡིས། འདི་ལས་ཕོངས་པ་འདི་འདྲ་བ་བྱུང་བར་གྱུར་པས། དཔྱོད་པ་དང་ལྡན་པ་སུ་ཞིག་ཆོས་ལ་མོས་པ་གཏོང་བར་བྱེད།

往昔累生累世乃至當下我，猶遠離信受欣慕純正法，因此故有這般之困厄，有思辨能力者誰能捨棄信受欣慕純正法。

དགེ་བའི་ཕྱོགས་ནི་ཐམས་ཅད་ཀྱི། ། 一切善方之根本,
རྩ་བ་མོས་པར་ཐུབ་པས་གསུངས། ། 能仁說為信慕心,
དེ་ཡི་རྩ་བ་རྟག་ཏུ་ནི།། 而彼根本為倚仗,
རྣམ་སྨིན་འབྲས་བུ་བསྒོམས་པས་སོ། ། 恆常觀修異熟果。

དགེ་བའི་ཕྱོགས་ནི་མ་ལུས་པ་ཐམས་ཅད་ཀྱི་རྩ་བ་ཡང་དོན་དུ་གཉེར་བའི་མོས་པ་འམ་འདུན་པ་ཡིན་པར་ཐུབ་པས་གསུངས་ཏེ་དགེ་བའི་ཆོས་ཐམས་ཅད་ཀྱི་རྩ་བ་ནི་མོས་པའོ་ཞེས་དང་། ཆོས་རྣམས་ཐམས་ཅད་རྐྱེན་ཡིན་ཏེ། །འདུན་པའི་རྩེ་ལ་རབ་ཏུ་གནས། །ཞེས་སོ། །འདུན་པ་དེ་ཡི་རྩ་བ་དུས་རྟག་ཏུ་ནི། ལས་དང་ལས་ཀྱི་རྣམ་པར་སྨིན་པའི་འབྲས་བུ་བསྒོམས་པ་ཁོ་ནས་སྐྱེ་བར་གསུངས་སོ།།

所有一切善方之根本，能仁說為專心致力的信慕心或希求心，佛說：“一切法之根本為信慕”（宋 惟淨譯：佛說海意菩薩所問淨印法門經、北涼　曇無讖譯：大方等大集經・海慧菩薩品）。“一切法皆緣所起，究竟住於希求端”（唐　菩提流志譯《大寶積經》文殊師利授記會第十五之二：一切因緣法，隨根欲所行。西晉　竺法護譯《文殊師利佛土嚴淨經》：滑哀於眾生，樂住於法本。唐　不空譯《大聖文殊師利菩薩佛刹功德莊嚴經》：諸法屬因緣，樂欲為根本）。而佛說彼希求之根本為唯倚仗恆常觀修業與業的異熟果而生起。

སྡུག་བསྔལ་ཡིད་མི་བདེ་བ་དང་། ། 痛苦以及意不樂,
འཇིགས་པ་རྣམ་པ་སྣ་ཚོགས་དང་། ། 各種各樣之恐懼,
འདོད་པ་རྣམས་དང་བྲལ་བ་ཉིད། ། 以及遠離諸所願,
སྡིག་པ་སྤྱོད་ལས་འབྱུང་བར་འགྱུར། ། 將由造罪而產生。

དེ་ཡང་འདི་ལྟ་སྟེ། ལུས་ལ་སྡུག་བསྔལ་བ་དང་སེམས་ལ་ཡིད་མི་བདེ་བ་དང་། སྲོག་དང་

ཡོངས་སྨྲོད་ལ་འཚེ་བའི་འཇིགས་པ་རྣམ་པ་སྣ་ཚོགས་པ་དང་། འདོད་པ་རྣམས་དང་བྲལ་ཏེ་མི་འདོད་པ་ཐོབ་པར་གྱུར་པ་ཉི། སྡིག་པ་སྤྱོད་པ་ལས་འབྱུང་བར་འགྱུར་རོ།།

又如是：身體上的痛苦以及心理上的意不樂，各種各樣之傷害性命與受用的恐懼，以及遠離諸所願、得到種種所不願得之事，將由造罪而產生。

ཡིད་ལ་བསམས་པའི་དགེ་བྱས་པས། ། 因行心中所思善，
གང་དང་གང་དུ་འགྲོ་འགྱུར་བ། ། 是故去往任何處，
དེ་དང་དེར་ནི་བསོད་ནམས་དེས། ། 將因福德於彼處，
འབྲས་བུའི་ཡོན་གྱིས་མངོན་མཆོད་འགྱུར།། 果報酬資為供養。

ཡིད་ལ་བསམས་པའམ་སྨོན་པའི་དགེ་བ་བྱས་པས། གནས་རིས་གང་དང་གང་དུ་འགྲོ་བར་འགྱུར་བ། དེ་དང་དེར་ནི་བསོད་ནམས་ཀྱི་དངོས་པོ་དེས། འབྲས་བུའི་ཡོན་ནམ་རིན་གྱིས་མངོན་པར་མཆོད་པར་འགྱུར་རོ།།

因行心中所思或所願之善，是故去往任何生處，將因福德性，於彼處果報酬資或價值作為供養。

སྡིག་པ་བྱེད་པ་བདེ་འདོད་ཀྱང་། ། 造罪者雖欲安樂，
གང་དང་གང་དུ་འགྲོ་འགྱུར་བ། ། 然而去往任何處，
དེ་དང་དེར་ནི་སྡིག་པ་དེས།། 將因罪業於彼處，
སྡུག་བསྔལ་མཚོན་གྱིས་རྣམ་པར་འཇོམས།། 被苦兵刃所毀滅。

སྡིག་པ་བྱེད་པའི་སྐྱེ་བོ་དག་ཡིད་ལ་བདེ་བ་འདོད་ཀྱང་། གནས་རིས་གང་དང་གང་དུ་འགྲོ་བར་འགྱུར་བ། དེ་དང་དེར་ནི་སྡིག་པ་དེས་འབྲས་བུ་སྡུག་བསྔལ་གྱི་མཚོན་གྱིས་ལུས་སེམས་རྣམ་པར་འཇོམས་པར་བྱེད་དོ།།

造罪者心中雖欲得安樂，然而去往任何生處，將因罪業於彼處，能被痛苦的果報兵刃所毀滅。

རྒྱ་ཆེ་དྲི་བཟང་བསིལ་བའི་པདྨའི་སྙིང་པོར་གནས། །

རྒྱལ་བའི་གསུང་སྙན་ཟས་ཀྱིས་གཟི་བརྗིད་བསྐྱེད་བྱས་པ། །
ཐུབ་འོད་ཀྱིས་རྒྱས་པདྨ་ལས་བྱུང་ལུས་མཆོག་ཅན། །
རྒྱལ་བའི་མདུན་གནས་བདེ་གཤེགས་སྲས་སུ་དགེ་བས་འགྱུར། །
廣大妙香清涼蓮華蕊中住,
勝者雅語為食而生莊嚴相,
佛光使開蓮華中顯殊勝身,
勝者前住因善成為善逝子。

ཡང་དགེ་བ་ཁྱད་པར་དུ་འཕགས་པའི་འབྲས་བུ་བསྟན་པ་ནི་ཤིན་ཏུ་རྒྱ་ཆེ་བ་དྲི་བཟང་ཞིང་ཡིད་དུ་འོང་བ་རེག་བྱ་བསིལ་བའི་རང་བཞིན་གྱི་པདྨའི་སྙིང་པོ་ར་གནས་ནས། རྒྱལ་བའི་གསུང་སྙན་པ་ཚངས་པའི་དབྱངས་ཀྱི་ཡན་ལག་དང་ལྡན་པའི་ཟས་ཀྱིས་གཟི་བརྗིད་བསྐྱེད་པར་བྱས་པ། ཐུབ་པའི་དབང་པོའི་སྐུ་ཡི་འོད་ཀྱིས་རྒྱས་ཤིང་ཁ་བྱེ་བའི་པདྨ་ལས་བྱུང་བ་མཚན་དཔེ་དང་ལྡན་པའི་ལུས་མཆོག་ཅན། དག་པའི་ཞིང་དུ་རྒྱལ་བའི་མདུན་ན་གནས་ཤིང་བདེ་བར་གཤེགས་པའི་སྲས་སུ་དགེ་བའི་ལས་རྣམས་ཀྱིས་འབྱུང་ཞིང་སྐྱེ་བ་འགྱུར་རོ།།
又此處宣說特殊善之果報：具有廣大、妙香、悅意、觸感清涼等自性之蓮華蕊中住已，具有梵音支分的勝者雅語為食，而生得莊嚴之相，佛能仁自主身上放光，使得花開，於蓮華中顯現殊勝相好年華之身，在淨土勝者尊前安住，因善業之故，出生成為善逝子。

གཤིན་རྗེའི་སྐྱེས་བུས་པགས་པ་མ་ལུས་བཤུས་པས་ཤིན་ཏུ་ཉམ་ཐག་ཅིང་། །
རབ་ཏུ་ཚ་བའི་མེ་ཡིས་བཞུས་པའི་ཟངས་ཞུན་ལུས་ལ་བླུགས་གྱུར་ལ། །
འབར་བའི་རལ་གྲི་མདུང་ཐུང་གིས་བསྣུན་ཤ་ཡི་དུམ་བུ་བརྒྱར་ལྟགས་ཤིང་། །
ཤིན་ཏུ་འབར་བའི་ལྕགས་ཀྱི་ས་གཞི་ར་ལྷུང་བ་མི་དགེ་མང་པོས་འགྱུར། །
閻羅之人剝除一切皮膚其情甚悲慘,
極度燒紅之火所融銅液灌入身軀中,

熾燃利劍短矛刺砍使得肉體成百段，
惡業多重使得墮於極度熾熱鐵大地。

གཅིག་ཏུ་གནས་པའི་ལས་ཀྱི་རྣམ་པར་སྨིན་པ་ནི་གཤིན་རྗེའི་སྐྱེས་བུ་རྣམས་ཀྱིས་ལུས་ཀྱི་པགས་པ་མ་ལུས་པ་བཤུས་པས་ཉམ་ཐག་ཅིང་། དུས་ཀྱི་མཐའི་མེ་ལས་ཀྱང་བདུན་འགྱུར་དུ་རེག་བྱ་རབ་ཏུ་ཚ་བའི་མེ་ཡིས་བཞུས་པའི་ཁྲོ་ཆུ་དང་ཟངས་ཞུན་ལུས་ལ་བླུགས་པར་གྱུར་ལ། དེ་ལ་སླར་ཡང་རབ་ཏུ་འབར་བའི་རལ་གྲི་དང་མདུང་ཐུང་དག་གིས་བསྣུན་པས་ཤ་ཡི་དུམ་བུ་བརྒྱར་ས་ལ་ལྷགས་ཤིང་། མེ་ལྕེ་ཤིན་ཏུ་འབར་བའི་ལྕགས་ཀྱི་ས་གཞིར་ལྷུང་བ་དེ་ནི་མི་དགེ་བ་མང་པོའི་དབང་གིས་འགྱུར་རོ།།

此處宣說心行俱存業的異熟果報：閻羅王差使之人們剝除身體一切皮膚其情甚悲慘，七倍熱於末劫之火，一觸即極度燒紅之火所融銅液鐵水灌入身軀之中，於彼又以熾燃利劍短矛刺砍，使得肉體碎成百段散於地上，因具有諸多不善業之故，使得墮於火舌極度熾熱之燒鐵大地上。

དེ་བས་དགེ་ལ་མོས་བྱ་ཞིང་།།　　是故於善當信慕，
གུས་པ་ཉིད་དུ་བསྒོམ་པར་བྱ།།　　心懷敬意做修持。

དེ་ལྟར་བས་ན་དགེ་བ་ལ་མོས་པས་འདུན་པར་བྱ་ཞིང་། གུས་པ་ཉིད་དུ་བྱས་ཏེ་བསྒོམ་པར་བྱའོ།།

是故於善當信受欣慕而起希求，心懷敬意地做修持。

༢་༢་༣་༡་༡་༢་༣་༢་༡་༢་བརྟན་པའམ་ང་རྒྱལ་གྱི་དཔུང་བཤད་པ།
2.2.3.1.1.2.3.2.1.2.宣說堅定軍（我慢軍）

༢་༢་༣་༡་༡་༢་༣་༢་༡་༢་༡་སྤྱིར་བསྟན་པ།
2.2.3.1.1.2.3.2.1.2.1.總說

རྡོ་རྗེ་རྒྱལ་མཚན་ཆོ་ག་ཡིས།།　　當依金剛幢軌則，

བརྩམས་ནས་ང་རྒྱལ་བསྒོམ་པར་བྱ།། 既已著手當修慢。

ཕལ་པོ་ཆེའི་རྡོ་རྗེ་རྒྱལ་མཚན་ཚོ་ག་ཡིས། བརྩམས་ནས་གང་ཡང་འགྲུབ་པར་ནུས་སོ་སྙམ་པའི་ང་རྒྱལ་བསྒོམ་པར་བྱ།

當依華嚴經金剛幢軌則（實叉難陀譯八十卷華嚴經十迴向品：譬如日天子出現世間，不以生盲不見故，隱而不現；.....常為利益一切眾生而修善法，曾不誤起捨眾生心；不以眾生其性弊惡、邪見、瞋濁、難可調伏，便即棄捨，不修迴向），既已著手當修念想無論如何皆能完成之慢。

དང་པོར་འབྱོར་པ་བརྟགས་ནས་ནི།། 首先觀察條件已，
བརྩམ་མམ་ཡང་ན་མི་བརྩམ་བྱ།། 決定當為不當為，
མ་བརྩམས་པ་ཉིད་མཆོག་ཡིན་གྱི།། 自始不為乃最上，
བརྩམས་ནས་ལྡོག་པར་མི་བྱ་འོ།། 既已作為不當退。

དེ་ལ་འཇུག་པའི་དང་པོར་མངོན་པར་འདོད་པའི་བསྒྲུབ་པའི་ཆེད་དུ་འབྱོར་བ་བརྟགས་ནས་ནི། སྟོབས་དང་ལྡན་པར་གྱུར་ན་བརྩམ་མམ་ཡང་ན་སྟོབས་མེད་པ་ན་མི་བརྩམ་བྱ་མི་ནུས་པ་དེ་ནི་དང་པོ་ཉིད་དུ་མ་བརྩམས་པ་ཉིད་མཆོག་ཡིན་གྱི། བརྩམས་པར་བྱས་ནས་སླར་ལྡོག་པར་མི་བྱའོ།།

趣入彼事之初，首先觀察為了所欲成辦之事的條件已，決定若有能力，則當為，若無能力，則不當為，對於無能為力之事，自始不為乃最上，既已作為，不應當再次退轉。

སྐྱེ་བ་གཞན་དུ་དེ་གོམས་ཤིང་།། 將於他生串習彼，
སྡིག་དང་སྡུག་བསྔལ་འཕེལ་བར་འགྱུར།། 增長罪業與痛苦，
གཞན་དུ་འབྲས་བུའི་དུས་ཀྱང་ནི།། 他事報應果報時，
དམན་འགྱུར་དེ་ཡང་འགྲུབ་མི་འགྱུར།། 亦將轉劣不成就。

གལ་ཏེ་ལྡོག་པར་བྱས་ན་སྐྱེ་བ་གཞན་དུ་བརྩམས་ལྡོག་བྱེད་པ་དེ་གོམས་ཤིང་། དམ་བཅའ་ལས་ཉམས་པའི་སྡིག་པ་དང་དེ་ལས་བྱུང་བའི་སྡུག་བསྔལ་འཕེལ་བར་འགྱུར་ལ། སྔ་མ་ཉམས་པར་བྱས་ཏེ་གཞན་ལ་ཞུགས་པ་དང་སྔ་མ་དེའི་འབྲས་བུའི་དུས་ཀྱང་ནི། འབྲས་བུ་དམན་པར་འགྱུར་ཞིང་གཞན་དེ་ཡང་འགྲུབ་པར་མི་འགྱུར་རོ།།

若是退轉，將於他生串習彼退轉所作的習氣，增長敗損誓言的罪業與由彼而生的痛苦，敗損過去之事，而趣入他事以及報應過去彼事之果報時，果報亦將轉為低劣，彼他事也將不成就。

ལས་དང་ཉོན་མོངས་ནུས་པ་སྟེ།། 業與煩惱與能力，
གསུམ་པོ་དག་ལ་ང་རྒྱལ་བྱ།། 應當修此三種慢。

དགེ་བའི་ལས་དང་ཉོན་མོངས་པ་གཞོམ་པ་དང་དེའི་ནུས་པ་སྟེ། གསུམ་པོ་དག་ལ་ང་རྒྱལ་བྱ།།

善業與消滅煩惱與彼能力，應當修此三種慢。

༢་༢་༣་༡་༡་༢་༣་༢་༡་༢་༢་ཞིབ་ཏུ་བཤད་པ།
2.2.3.1.1.2.3.2.1.2.2.廣說

༢་༢་༣་༡་༡་༢་༣་༢་༡་༢་༢་༡་ལས་ཀྱི་ང་རྒྱལ་སྒོམ་ཚུལ།
2.2.3.1.1.2.3.2.1.2.2.1.業慢觀修法

བདག་ཉིད་གཅིག་པུས་བྱ་འོ་ཞེས།། 一切我當獨自為，
འདི་ནི་ལས་ཀྱི་ང་རྒྱལ་ཉིད།། 此即事業之我慢，
ཉོན་མོངས་དབང་མེད་འཇིག་རྟེན་འདིས།། 由於煩惱不自在，
རང་དོན་སྒྲུབ་པར་མི་ནུས་པས།། 世人不能辦自利，
འགྲོ་བས་བདག་ལྟར་མི་ནུས་ཏེ།། 是故眾生不如我，
དེ་བས་བདག་གིས་འདི་བྱ་འོ།། 因此此事我當為。

གང་ཅུང་ཟད་སེམས་ཅན་རྣམས་ཀྱི་ཁ་ན་མ་ཐོ་བ་མེད་པའི་ལས་བྱ་བར་གྱུར་པ་དེ་ཐམས་ཅད་

བདག་ཉིད་གཅིག་པུས་བྱའོ་ཞེས། འདི་ནི་ལས་ཀྱི་ང་རྒྱལ་ཉིད་དོ། ཉོན་མོངས་པས་རང་དབང་མེད་པར་གྱུར་པའི་འཇིག་རྟེན་འདིས། རང་གི་དོན་ཡང་སྒྲུབ་པར་མི་ནུས་པས། འགྲོ་བ་རྣམས་ཀྱིས་བདག་གིས་འདོད་པ་ལྟར་བསྒྲུབ་མི་ནུས་ཏེ། དེ་བས་ན་བདག་རང་གིས་གཞན་གྱི་དོན་འདི་དག་ཐམས་ཅད་བསྒྲུབ་པར་བྱའོ།

任何一切有情眾生無過的些許事業，我都應當獨自為，此即事業之我慢，由於煩惱而不得自在之世人（有情世間）不能辦自利，是故眾生不能如我所希求的一般成辦事業，因此此等利他一切事我都應當為之。

གཞན་དག་དམན་པའི་ལས་བྱེད་ན། ། 他人若行下劣業，
བདག་ཉིད་ཀྱང་ནི་ཇི་ལྟར་འདུག ། 我又如何能安坐，
ང་རྒྱལ་གྱིས་ནི་མི་བྱེད་དེ།། 不以我慢做是業，
བདག་ལ་ང་རྒྱལ་མེད་པ་མཆོག ། 我無我慢為最上。

གཞན་དག་གིས་དམན་པའི་ལས་མི་དགེ་བ་སོགས་པར་བྱེད་ན། བདག་ཉིད་ཀྱང་ནི་བག་བསྐྱངས་ཏེ་ཇི་ལྟར་འདུག །ཐམས་ཅད་ཀྱི་དོན་དུ་དགེ་བའི་ལས་ལ་བརྩོན་པ་ལྷུར་ལེན་པར་བྱའོ་ཞེས་པའི་དོན་ནོ། །དེ་ལྟར་ན་ཡང་ང་རྒྱལ་གྱིས་ནི་ཁེངས་བཞིན་དུ་འཇུག་པར་མི་བྱེད་དེ། བདག་ལ་ང་རྒྱལ་མེད་པ་ནི་ཡོན་ཏན་གྱི་མཆོག་ཡིན་ནོ།།

他人若行下劣業（造惡業），我又如何能悠閒安坐，此處表示為利益一切之故，應當積極精進於善業。如是做之時，又不以我慢做是業（趣入此善業），我無我慢為最上功德。

༢་༢་༣་༡་༡་༢་༣་༢་༡་༢་༢་༢་ནུས་པའི་ང་རྒྱལ་སྒོམ་ཚུལ།
2.2.3.1.1.2.3.2.1.2.2.2.能慢觀修法

ཤི་བའི་སྦྲུལ་དང་ཕྲད་གྱུར་ན།། 若是會遇一死蛇，
ཁྭ་ཡང་མཁའ་ལྡིང་ལྟ་བུར་སྤྱོད། ། 烏鴉行徑亦如鵬，

གལ་ཏེ་བདག་ཉིད་ཉམ་ཆུང་ན།། 　　若我成一弱小者，
ལྟུང་བ་ཆུང་ངུ་འང་གནོད་པར་འགྱུར།། 　　小小之墮亦能害。

ཤི་བའི་སྦྲུལ་གྱི་རོ་དང་ཕྲད་པར་གྱུར་ན། དམན་པར་གྱུར་པའི་ཁྭ་ཡང་མཁའ་ལྡིང་ལྟ་བུར་སྤྱོད་པར་བྱེད་དོ། །དེ་བཞིན་དུ་གལ་ཏེ་བདག་ཉིད་སེམས་ཀྱི་སྟོབས་དམས་ཏེ་ཉམ་ཆུང་བར་གྱུར་ན། ལྟུང་བ་ཆུང་ངུ་འང་བདག་ལ་གནོད་པར་བྱེད་དོ།།

若是會遇一死蛇屍體，能力低下的烏鴉之行徑亦能如同大鵬鳥，同樣地，若我心力衰減，成為一個弱小者，小小之墮亦能傷害我。

ཞུམ་བཅས་རྩོལ་བ་དོར་བ་ལ།། 　　帶有怯懦捨勤奮，
ཐོདས་ལས་ཐར་བ་ཡོད་དམ་ཅི།། 　　可有解脫唯困厄，
ང་རྒྱལ་རྩོལ་བ་བསྐྱེད་བྱས་ན།། 　　若已生慢與勤奮，
ཆེན་པོ་ཡིས་ཀྱང་ཐུབ་པར་དཀའ།། 　　雖是大罪亦難勝。

བསམ་པ་ཞུམ་པ་དང་བཅས་པས་སྤྱོར་བ་རྩོལ་བ་ཐམས་ཅད་དོར་བ་དེ་ལ། ཐོདས་པའི་གནས་སྐབས་ལས་དུས་ནམ་ཡང་ཐར་བ་ཡོད་དམ་ཅི། གཉེན་པོ་ཁྱུལ་དུ་བྱུང་བའི་ང་རྒྱལ་དང་རྩོལ་བའི་སྟོབས་བསྐྱེད་པར་བྱས་ན། སྤང་བྱ་ཆེན་པོ་ཡིས་ཀྱང་རྒྱལ་སྲས་དེ་ཉིད་ཐུབ་པར་དཀའ་འོ།།

心中帶有怯懦而捨棄勤奮於一切事者，此人何時可有解脫？唯有處在困厄之處境而已，若已生起殊勝對治之我慢與勤奮力，雖是大罪（所斷）亦難戰勝彼佛子。

དེ་བས་སེམས་ནི་བརྟན་པ་ཡིས།། 　　是故當以堅毅心，
ལྟུང་བ་རྣམས་ནི་གཞོམ་བྱ་སྟེ།། 　　消滅一切之墮罪，
བདག་ནི་ལྟུང་བས་ཕམ་བྱས་ན།། 　　若我敗於墮罪下，
ཁམས་གསུམ་རྒྱལ་འདོད་བཞད་གད་འགྱུར།།欲勝三界成笑柄。

དེ་ལྟར་ཡིན་པ་དེ་བས་ན་སེམས་ནི་བརྟན་པ་སྙིང་རྒྱལ་གྱི་གོ་ཆ་བགོས་པ་ཡིས། ལྟུང་བ་རྣམས་ནི་མཐུ་མེད་པར་གཞོམ་པར་བྱ་སྟེ། གལ་ཏེ་བདག་ནི་ལྟུང་བས་ཕམ་པར་བྱས་ན། ཁམས་གསུམ་ལས་རྒྱལ་བར་འདོད་པ་དེ་ཡང་གཞད་གད་ཀྱི་གནས་སུ་འགྱུར་རོ།།

正因如此，是故當以堅毅心，披戴我慢鎧甲，消滅一切之墮罪，使之不得作用，若我敗於墮罪之下，欲戰勝三界之豪語將成為笑柄。

བདག་གིས་ཀུན་ལས་རྒྱལ་བྱ་སྟེ། ། 我當戰勝彼一切，
བདག་ལས་སུ་ཡང་རྒྱལ་མི་བྱ། ། 不令誰能戰勝我，
རྒྱལ་བ་སེང་གེའི་སྲས་བདག་གིས། ། 人中獅子勝者子，
ང་རྒྱལ་འདི་ལ་གནས་པར་བྱ། ། 我當住於此我慢。

བདག་གིས་རང་མི་མཐུན་པའི་ཕྱོགས་ཀུན་ལས་རྒྱལ་བར་བྱ་སྟེ། བདག་ལས་མི་མཐུན་པའི་ཕྱོགས་དེ་དག་སུ་ཡང་རྒྱལ་བར་མི་བྱ་ཞིང་། རྒྱལ་བ་མི་ཡི་སེང་གེའི་སྲས་སུ་གྱུར་པ་བདག་གིས་ནི། ང་རྒྱལ་འདི་ལ་རྟག་ཏུ་གནས་པར་བྱའོ།།

我當戰勝彼一切相反方，不令誰（彼等相反方）能戰勝我，作為人中獅子勝者之子的我，應當恆常住於此我慢。

འགྲོ་གང་ང་རྒྱལ་གྱིས་བཅོམ་དེ། ། 我慢所壞之眾生，
ཉོན་མོངས་ང་རྒྱལ་ཅན་མ་ཡིན། ། 是具煩惱非慢者，
ང་རྒྱལ་ཅན་དགྲའི་དབང་མི་འགྲོ ། 慢者不受敵主宰，
དེ་དག་ང་རྒྱལ་དགྲ་དབང་འགྱུར། ། 彼等慢敵所主宰。

གལ་ཏེ་དེ་ལྟར་ན་དགྲ་ལ་སོགས་པ་ལས་རྒྱལ་བའི་ང་རྒྱལ་ཅན་དེ་རྣམས་ཀྱང་བསྔགས་པར་བྱ་བ་ཅིའི་ཕྱིར་མི་འགྱུར་ཞེ་ན། འགྲོ་བ་གང་ཞིག་རང་གི་ཡོན་ཏན་གྱིས་ཁེངས་པའི་ང་རྒྱལ་གྱིས་བདག་ཉིད་བཅོམ་པ་དེ་དག་ནི་ཉོན་མོངས་ཤིང་སྡུག་བསྔལ་ཅན་ཡིན་གྱི་ང་རྒྱལ་ཅན་མ་ཡིན་ཏེ། ང་རྒྱལ་ཅན་ནི་མི་མཐུན་པའི་དགྲའི་དབང་དུ་མི་འགྲོ་ལ། སེམས་ཅན་དེ་དག་ང་

རྒྱལ་གྱི་དགྲ་ཡི་དབང་དུ་གྱུར་པ་ཡིན་ནོ།།

若是如此，戰勝敵人的我慢者為何不應當得到讚歎？曰：被驕矜於己所具有之功德的我慢所壞滅自己之眾生，是具煩惱者、具痛苦者，並非具我慢者，慢者不受相反方之敵所主宰，彼等有情則受我慢敵所主宰。

ཉོན་མོངས་ང་རྒྱལ་གྱིས་ཁེངས་ནས། །　　充滿煩惱我慢已，
ངན་འགྲོར་ང་རྒྱལ་གྱིས་ཁྲིད་ཅིང་། །　　慢將引墮惡趣處，
མི་ཡི་དགའ་སྟོན་བཅོམ་པ་དང་། །　　壞滅人間之喜宴，
གཞན་གྱི་ཟན་ཟའི་བྲན་དང་ནི། །　　成為食人殘食傭，
གླེན་པ་མི་སྡུག་ཉམ་ཆུང་དང་།།　　愚蠢醜惡且弱小，
ཐམས་ཅད་དུ་ནི་བརྙས་པར་འགྱུར། །　　一切皆受人輕蔑。

ཉོན་མོངས་པའི་ཕྱོགས་ཀྱི་ང་རྒྱལ་གྱིས་སེམས་ཁེངས་ནས་འཇུག་པ་དག་ངན་འགྲོར་ང་རྒྱལ་གྱིས་ཁྲིད་པར་བྱེད་ཅིང་། བརྒྱ་ལ་མིའི་དངོས་པོ་ཐོབ་པར་གྱུར་པ་དེའི་ཚེ་ཡང་མི་ཡི་དགའ་སྟོན་ཐམས་ཅད་བཅོམ་པ་དང་། ཟས་མེད་པ་གཞན་གྱི་ཟན་ལ་ཟ་བའི་བྲན་དང་ནི། གླེན་པ་ལུག་ལྟར་ལྐུགས་པ་ལག་བརྡ་བྱེད་པ་དང་མདོག་མི་སྡུག་པ་དང་ལུས་ཉམ་ཆུང་བ་དང་། ཐམས་ཅད་དུ་ནི་གཞན་གྱིས་བརྙས་པར་འགྱུར་རོ།།

心中充滿相反方的煩惱我慢已，我慢將引導墮落惡趣處，就算得到人身，彼時也將壞滅人間之一切喜宴，成為無物可食僅能食人殘食之傭奴，愚蠢（如羊一般不能言語，只能手語）醜惡且身體弱小，一切皆受他人輕蔑。

ང་རྒྱལ་གྱིས་ཁེངས་དཀའ་ཐུབ་ཅན། །　　充滿我慢苦行者，
དེ་ཡང་ང་རྒྱལ་ཅན་གཏོགས་ན། །　　若彼亦屬我慢者，
དམན་པ་ཅི་འདྲ་ཡིན་པ་སྨྲོས།།　　缺彼者何請說明。

འཇིག་རྟེན་ན་གྲགས་པའི་ང་རྒྱལ་ཅན་དེ་ཅིའི་ཕྱིར་འདིར་གཏོགས་པའི་ང་རྒྱལ་ཅན་མ་ཡིན་ཞེ

ན། ང་རྒྱལ་གྱིས་རྒྱུད་ཁེངས་ཤིང་ཡོན་ཏན་གྱི་ལུས་ཟུངས་རྒྱས་པའི་རྒྱུ་དམ་པའི་ཆོས་ཀྱི་ཟས་མི་ཟ་བའི་དཀའ་ཐུབ་ཅན། དེ་འདྲ་བ་ཡང་གཉེན་པོའི་ང་རྒྱལ་ཅན་དུ་གཏོགས་ན། དམན་པ་ང་རྒྱལ་མེད་པ་དེ་ཅི་འདྲ་ཡིན་པ་སྨྲོས་ཤིག།

若問：世人稱道的我慢者為何不屬此類我慢者？則曰：心中充滿我慢，不以正等增長功德元氣之因-正法為食的苦行者，若彼這般者亦屬於對治之我慢者，則缺彼者（無我慢者）是如何請說明之。

གང་ཞིག་ང་རྒྱལ་དགྲ་ལས་རྒྱལ་ཕྱིར་ང་རྒྱལ་འཆང་། །
དེ་ནི་ང་རྒྱལ་ཅན་དང་རྣམ་རྒྱལ་དཔའ་བ་དེ་ཉིད། །
གང་ཞིག་ང་རྒྱལ་དགྲ་བདོ་བ་ཡང་དེས་བཅོམ་སྟེ། །
འགྲོ་ལ་འདོད་བཞིན་རྒྱལ་བའི་འབྲས་བུ་རྫོགས་པར་བྱེད། །

何人為勝我慢敵故持我慢，
是人為具慢者尊勝與勇士，
何人以彼亦滅我慢敵盛者，
則能如眾所願圓滿勝者果。

འོ་ན་ང་རྒྱལ་ཅན་གྱི་མཚན་ཉིད་དེ་ཇི་ལྟ་བུ་ཞིག་ཡིན་ཅེ་ན། གང་ཞིག་ཁམས་གསུམ་གྱི་ང་རྒྱལ་གྱི་དགྲ་ལས་རྒྱལ་བའི་ཕྱིར་གཉེན་པོའི་ང་རྒྱལ་འཆང་བ། དེ་ནི་ང་རྒྱལ་ཅན་དང་རྣམ་པར་རྒྱལ་བ་དང་དཔའ་བ་པོ་ཡང་དེ་ཉིད་དོ། གང་ཞིག་ང་རྒྱལ་གྱི་དགྲ་ཤིན་དུ་བདོ་བ་དེ་ཡང་དེས་པར་བཅོམ་སྟེ། འགྲོ་བ་རྣམས་ལ་ཇི་ལྟར་འདོད་པ་བཞིན་དུ་རྒྱལ་བའི་འབྲས་བུ་རྫོགས་པར་བྱེད་པ་ཡིན་ནོ།།

那麼，具我慢者，其定義為何？曰：何人為戰勝三界我慢之敵，故持對治之我慢，是人為具慢者、尊勝者、與勇士，何人以彼亦壞滅我慢敵增盛者，則能如眾生所願一般地圓滿勝者佛果位。

2.2.3.1.1.2.3.2.1.2.2.3.煩惱慢觀修法

ཉོན་མོངས་ཕྱོགས་ཀྱི་ཁྲོད་གནས་ན། ། 若處煩惱方群中,
རྣམ་པ་སྟོང་དུ་སྲན་གཟུགས་ཏེ། ། 應當千倍堅忍心,
ཝ་ལ་སོགས་པས་སེང་གེ་བཞིན། ། 如獅不為狐等傷,
ཉོན་མོངས་ཚོགས་ཀྱིས་མི་ཚུགས་བྱ། ། 不為煩惱群所傷。

ཉོན་མོངས་པ་སྐྱེ་བའི་ཕྱོགས་སྐྱེ་བོ་མི་སྲུན་པ་རྣམས་ཀྱི་ཁྲོད་དུ་གནས་ན། རྣམ་པ་སྟོང་དུ་ཡང་རིག་པ་ལ་བསྲན་གཟུགས་ཏེ། དཔེར་ན་ཝ་ལ་སོགས་པས་སེང་གེ་ལ་མི་ཚུགས་པ་བཞིན་དུ། ཉོན་མོངས་པའི་ཚོགས་ཀྱིས་བདག་ལ་མི་ཚུགས་པར་བྱའོ།།

若處在生起煩惱的一方人群之中，警覺中應當更具千倍堅忍心，譬如獅子不為狐等所傷害，我亦不為煩惱群所傷害。

ཉམ་ང་ཆེ་ཐང་བྱུང་གྱུར་ཀྱང་།། 雖然大難已到來,
མི་ཡིས་མིག་ནི་བསྲུང་བ་ལྟར། ། 人人皆護眼一般,
དེ་བཞིན་ཉམ་ང་བྱུང་གྱུར་ཀྱང་། ། 如是縱有大難生,
ཉོན་མོངས་དབང་དུ་མི་འགྱུར་བྱ། ། 不可煩惱作我主。

ཉམ་ང་ཆེ་ཐང་སྟེ་འཇིགས་པ་ཆེན་པོ་བྱུང་བར་གྱུར་ཀྱང་། མི་ཡིས་མིག་ནི་བསྒྲིམས་ཏེ་བསྲུང་བ་ལྟར། དེ་བཞིན་དུ་ཉམ་ང་ཆེན་པོ་ཇི་ལྟར་བྱུང་བར་གྱུར་ཀྱང་། སེམས་ཉོན་མོངས་པའི་དབང་དུ་མི་འགྱུར་བ་དེ་ལྟར་བྱའོ།།

雖然大危難已到來，人人皆專注在守護眼一般，如是縱然有大難生，心不可讓煩惱作我主。

བདག་ནི་བསྲེགས་ཏེ་བསད་གྱུར་ཏམ། ། 寧願我為火燒死,
བདག་གི་མགོ་བོ་བཅད་ཀྱང་ལའི། ། 或是砍下我頭顱,
རྣམ་པ་ཀུན་ཏུ་ཉོན་མོངས་པ་ཡི། ། 無論如何不應當,
དགྲ་ལ་འདུད་པར་མི་བྱ་འོ།། 恭敬禮遇煩惱敵。

བདག་ནི་མེ་ནང་དུ་བསྲེགས་ཏེ་བསད་པར་གྱུར་ཏམ། བདག་གི་མགོ་བོ་དྲུངས་ནས་བཅད

ཀྱང་སླའི། རྣམ་པ་ཀུན་ཏུ་ཉོན་མོངས་པའི། །དགྲ་བོ་འདི་ལ་གུས་པས་འདུད་པར་མི་བྱའོ།།

寧願我為火燒死，或是砍下我頭顱，無論如何不應當，以恭敬心禮遇此煩惱敵。

དེ་བཞིན་གནས་སྐབས་ཐམས་ཅད་དུ། ། 如是一切階段中，
རིགས་པ་ལས་ནི་གཞན་མི་སྤྱད། ། 唯理不行其餘業。

དེ་བཞིན་དུ་དུས་དང་གནས་སྐབས་ཐམས་ཅད་དུ། རིགས་ཤིང་འཐད་པ་ལས་ནི་གཞན་དུ་གྱུར་པའི་ལས་གང་ཡང་མི་སྤྱད་དོ།།

如是一切時刻、任何階段當中，唯行合理之業，不行其餘之業。

༢.༢.༣.༡.༡.༢.༣.༢.༡.༣.དགའ་བའི་དཔུང་བཤད་པ།
2.2.3.1.1.2.3.2.1.3.宣說歡喜軍

རྩེད་མོའི་བདེ་འབྲས་འདོད་པ་ལྟར། ། 欲得嬉戲樂果般，
འདི་ཡིས་བྱ་བའི་ལས་གང་ཡིན། ། 此者一切所作業，
ལས་དེ་ལ་ནི་ཞེན་བྱ་སྟེ།། 應當貪戀行彼業，
ལས་དེས་མི་ངོམས་དགའ་བར་བྱ། ། 當喜彼業無饜足。

རྩེད་མོ་ལ་དགའ་བ་དག་རྩེད་མོའི་བདེ་བའི་འབྲས་བུ་དོན་དུ་གཉེར་བར་འདོད་པ་ལྟར། བྱང་ཆུབ་སེམས་དཔའ་འདི་ཡི་བྱ་བའི་ལས་ཚུལ་ཁྲིམས་དང་ཏིང་ངེ་འཛིན་དང་ཤེས་རབ་ཀྱི་བསླབ་པ་གང་ཡིན་པའི་ལས་དེ་ཉིད་ལ་ནི་དགའ་བའི་ཡིད་ཀྱིས་ཞེན་པར་བྱ་སྟེ། ལས་དེས་དུས་ནམ་དུ་ཡང་མི་ངོམས་པར་དགའ་བར་བྱའོ།།

譬如喜於嬉戲的眾人，一心欲得嬉戲之樂果一般，此菩薩者於一切所作業戒定慧三學，應當以歡喜心貪戀行彼業，當喜於彼業永無饜足之時。

བདེ་བའི་དོན་དུ་ལས་བྱས་ཀྱང་། ། 雖為得樂而造業，

བདེ་འགྱུར་མི་འགྱུར་གཏོལ་མེད་ཀྱི།། 得不得樂不確定，
གང་གི་ལས་ཉིད་བདེ་འགྱུར་བ།། 何者之業即是樂，
དེ་ལས་མི་བྱེད་ཇི་ལྟར་བདེ།། 彼不造業如何樂。

འཇིག་རྟེན་གྱི་སྐྱེ་བོ་ཐམས་ཅད་ཀྱིས་རང་ཉིད་བདེ་བ་ཐོབ་པའི་དོན་དུ་ལས་བྱས་ཀྱང་། དེས་འབྲས་བུ་བདེ་བར་འགྱུར་རམ་མི་འགྱུར་གཏོལ་མེད་ཀྱི། རྒྱལ་སྲས་གང་གི་ལས་ཉིད་ཀྱང་དེ་ཡི་བདེ་བའི་རྒྱུར་འགྱུར་བ་ཡིན་པས། རྒྱལ་སྲས་དེ་སྦྱིན་པ་ལ་སོགས་པའི་ལས་མི་བྱེད་ན་ཐུགས་ཇི་ལྟར་བདེ། ཐུགས་བདེ་བའི་རྒྱུ་གཞན་གྱི་དོན་ལ་བརྩོན་པ་ཁོ་ནའོ་ཞེས་པའི་དོན་ནོ།།

雖然一切世人為了獲得自己的安樂而造業，然而以彼得不得到安樂之果並不確定，何者（佛子）之業本身即是作為樂之因，彼佛子不造布施等等之業，心如何安樂。此處表示心中安樂之因唯有勤行利他。

སྤུ་གྲིའི་སོར་ཆགས་སྦྲང་རྩི་ལྟའི།། 不為快刀所沾蜜，
འདོད་པ་རྣམས་ཀྱིས་མི་ངོམས་ན།། 各種欲樂所滿足，
རྣམ་སྨིན་བདེ་ལ་ཞི་བ་ཡི།། 何況樂寂異熟果，
བསོད་ནམས་ཀྱིས་ལྟ་ཅི་སྟེ་ངོམས།། 其福如何可滿足。

སྤུ་གྲིའི་སོར་ཆགས་པའི་སྦྲང་རྩི་ལ་སྤྱོད་པ་ལྟ་བུའི་ཁེ་ཆུང་ལ་ཉེས་དམིགས་ཆེ་བའི་འདོད་པ་རྣམས་ཀྱིས་མི་ངོམས་ན། རྣམ་སྨིན་བདེ་ལ་ངོ་བོ་ཞི་བ་ཡི། བདུད་རྩི་དང་འདྲ་བའི་བསོད་ནམས་ཀྱིས་ལྟ་ཅི་སྟེ་ངོམས་པར་བྱེད།

不為快刀上所沾蜂蜜一般、利益微小而過患極大的各種欲樂所滿足，何況本質上是安樂、寂靜的異熟果，其猶如甘露一般的福德如何可滿足。

དེ་ལྟས་ལས་ཚར་ཕྱིན་བྱའི་ཕྱིར།། 是故為令事業竟，
ཉི་མ་ཕྱེད་དུས་གདུངས་པ་ཡི།། 日中時所逼惱象，
གླང་ཆེན་མཚོ་ཕྲད་མཚོར་འཇུག་ལྟར།། 遇湖奔入湖中般，

ལས་དེ་ལ་ཡང་འཇུག་པར་བྱ།། 應當趣入彼事業。

མཇུག་བསྡུ་བ་ནི་དེ་ལྟ་བུས་ལས་བརྩམས་པ་དེ་ཆར་ཕྱིན་པར་བྱ་བའི་ཕྱིར། སོ་ག་ཉི་མ་ཕྱེད་ཀྱི་དུས་སུ་ཚ་བས་གདུངས་པ་ཡི། གླང་ཆེན་གང་མཚོ་ཕྲད་པ་ན་མཚོ་དེར་འཇུག་པ་ལྟར། བྱང་ཆུབ་སེམས་དཔའི་སྤྱོད་པའི་ལས་དེ་ལ་ཡང་འཇུག་པར་བྱའོ།།

最後之總結：是故為令彼著手之事業完竟，夏季日中之時為燥熱所逼惱的大象，遇見湖水即奔入湖水之中一般，應當如此趣入彼菩薩行之事業。

༢.༢.༣.༡.༡.༢.༣.༢.༡.༤.དོར་བའི་དཔུང་བཤད་པ།

2.2.3.1.1.2.3.2.1.4.宣說捨棄軍

སྟོབས་ཉམས་པ་དང་རྗེས་འབྲེལ་ན།། 若是涉及力衰損，
སླར་བྱའི་དོན་དུ་དོར་བར་བྱ།། 為求再辦當捨棄，
ལེགས་པར་ཟིན་ན་ཕྱི་མ་དང་།། 若已圓滿欲後事，
ཕྱི་མ་འདོད་པས་དེ་གྲང་བྱ།། 與再後故當捨彼。

ནུས་པའི་སྟོབས་ཉམས་པ་དང་རྗེས་སུ་འབྲེལ་ན། སླར་བསྒྲུབ་པར་བྱ་བའི་དོན་དུ་རེ་ཞིག་འདོར་བར་བྱ། ཐོས་པ་ལ་སོགས་པའི་ཚེ་དགེ་བའི་ལས་སྔ་མ་དག་ལེགས་པར་ཟིན་ན་སླར་ཡང་ཕྱི་མ་དང་། དེའི་ཕྱི་མ་གཞན་བསྒྲུབ་པར་འདོད་པས་སྔ་མ་དེ་གྲང་བར་བྱའོ།།

若是涉及能力衰損，為求再次成辦之故，應當暫時捨棄，聞法等等之時，若前者善業已圓滿，欲成辦後事，與成辦彼再後其餘事之故，應當捨棄彼前事。

༢.༢.༣.༡.༡.༢.༣.༢.༢.སྟོབས་གཉིས་བསྐྱེད་ཚུལ་བཤད་པ།

2.2.3.1.1.2.3.2.2.講述生起二力之理

༢.༢.༣.༡.༡.༢.༣.༢.༢.༡.ལྷུར་ལེན་པའི་སྟོབས།

2.2.3.1.1.2.3.2.2.1.積極力

འཐབ་རྙིང་དགྲ་དང་ལྷན་ཅིག་ཏུ།། 猶如老將與敵方,
གཡུལ་ངོར་རལ་ཁ་ལྷགས་པ་བཞིན།། 交戰同時亮劍般,
ཉོན་མོངས་མཚོན་ལས་གཟུར་བྱ་ཞིང་།། 當躲煩惱敵兵刃,
ཉོན་མོངས་དགྲ་རྣམས་འཛེམས་པར་བཏགས།། 巧妙消滅煩惱敵。

གཡུལ་དུ་འཐབ་རྙིང་པ་ཡང་ཡང་གོམས་པ་དག་དགྲ་དང་ལྷན་ཅིག་ཏུ། གཡུལ་ངོར་སྤྱོད་དེ་རལ་ཁ་བསྒྱེ་བའི་སར་ལྷགས་པ་ན་རང་ལ་མཚོན་གྱིས་མི་ཕོག་པར་དགྲ་སྡེ་ཐམས་ཅད་འཇོམས་ནུས་པ་བཞིན་དུ། ཉོན་མོངས་པའི་མཚོན་ལས་གཟུར་བར་བྱ་ཞིང་། ཉོན་མོངས་པའི་དགྲ་བོ་རྣམས་ནི་སླར་སྐབས་རྙེད་པར་མི་འགྱུར་བར་བྱས་ཏེ་འཛེམས་པར་བཏགས།
猶如戰場上屢屢熟悉的老將們，與敵方交戰同時來到亮劍之地，自己躲過兵刃、消滅一切敵軍一般，應當躲煩惱敵兵刃，巧妙地不令煩惱敵再次取得機會而消滅煩惱敵。

གཡུལ་དུ་རལ་གྲི་ལྷུང་གྱུར་ན།། 若於戰場劍掉落,
འཇིགས་པས་མྱུར་དུ་ལེན་པ་ལྟར།། 因懼旋即拾起般,
དེ་བཞིན་དྲན་པའི་མཚོན་ཤོར་ན།། 如是若失正念刃,
དམྱལ་བའི་འཇིགས་དྲན་མྱུར་དུ་བླང་།། 憶地獄苦速拾念。

དཔེར་ན་གཡུལ་དུ་རལ་གྲི་ས་ལ་ལྷུང་བར་གྱུར་ན། འཇིགས་སྐྲག་དང་བཅས་པས་མྱུར་དུ་ལེན་པ་ལྟར། དེ་བཞིན་དུ་ཉོན་མོངས་པའི་དགྲ་ལས་རྣམ་པར་རྒྱལ་བའི་དབང་དུ་བྱས་ཏེ་བླང་དོར་གྱི་གནས་མི་བརྗེད་པའི་དྲན་པའི་མཚོན་ཆ་དེ་ཤོར་བར་གྱུར་ན། དམྱལ་བའི་འཇིགས་པ་རྣམས་དྲན་པར་བྱས་ནས་མྱུར་དུ་བླང་ངོ༎
譬如若於戰場劍掉落於地上，因恐懼與驚嚇之故旋即拾起劍一般，如是若失去用以戰勝煩惱敵、不忘失取捨的正念刃，當憶起地獄之苦與威脅，而快速拾起正念。

ཇི་ལྟར་ཁྲག་ལ་རྟེན་བཅས་ནས།། 猶如有血為所依,

དུག་ནི་ལུས་ལ་ཁྱབ་གྱུར་པ།། 毒能遍佈身各處，
དེ་བཞིན་གླགས་ནི་རྙེད་གྱུར་ན། ། 如是若能得機便，
ཉེས་པས་སེམས་ལ་ཁྱབ་པར་འགྱུར། ། 過錯亦將遍覆心。

ཇི་ལྟར་མདའ་དུག་ཅན་གྱིས་ཕོག་པ་ན་ཁྲག་ལ་རྟེན་བཅས་ནས། དུག་ནི་ལུས་ཐམས་ཅད་ལ་ཁྱབ་པར་གྱུར་པ། དེ་བཞིན་དུ་གལ་ཏེ་གླགས་ནི་རྙེད་པར་གྱུར་ན། དེ་ལ་བརྟེན་ནས་ཉེས་པས་སེམས་ལ་ཁྱབ་པར་འགྱུར།

猶如若身重有毒之箭，有血為所依，毒能遍佈身各處，如是若能獲得機便，過錯依此亦將遍覆心。

ཡུངས་མར་བཀང་བའི་སྣོད་བསྐུར་ལ། ། 予一盛滿芥子油，
རལ་གྲི་ཐོགས་པས་དྲུང་བསྡད་དེ། ། 容器並持劍於側，
བོ་ན་གསོད་བསྡིགས་འཇིགས་པ་ལྟར། ། 恐嚇溢則殺害般，
བརྟུལ་ཞུགས་ཅན་གྱིས་དེ་བཞིན་བསྒྲིམ།། 用心持戒當如是。

དེ་བས་ན་ཡུངས་མར་གྱིས་བཀང་བའི་སྣོད་ལག་ཏུ་བསྐུར་ལ། རལ་གྲི་ཐོགས་པ་དུ་མས་དྲུང་དུ་བསྡད་དེ། ཅུང་ཟད་ཅིག་བོ་ན་མགོ་བོ་ས་ལ་དོར་ཏེ་གསོད་དོ་ཞེས་བསྡིགས་པས་འཇིགས་པ་ལྟར། སྡོམ་བརྩོན་བརྟུལ་ཞུགས་ཅན་གྱིས་དམྱལ་བ་ལ་སོགས་པའི་སྡུག་བསྔལ་གྱིས་འཇིགས་ནས་དེ་བཞིན་དུ་བསྒྲིམ་པར་བྱའོ།།

因此，給予一盛滿芥子油的容器於是人手中，並有多人持劍於彼身側，恐嚇稍微溢出些許，則殺害彼，令彼人頭落地，正如恐懼此一般，恐懼地獄等痛苦而用心精進於持戒禁行者，應當亦如是。

དེ་བས་པང་དུ་སྦྲུལ་འོངས་ན།། 是故蛇入懷中時，
ཇི་ལྟར་རིངས་པར་ལྡང་བ་ལྟར། ། 如何急忙起身般，
དེ་བཞིན་གཉིད་དང་སྙོམ་འོངས་ན། ། 如是困懶到來時，

སྦྱར་དུ་དེ་དག་བཟློག་པར་བྱ།། 應當即刻遣彼等。

དེ་བས་ན་སྦྲུལ་མའི་པང་དུ་སྦྲུལ་འོངས་པ་ན། ཇི་ལྟར་བདག་ལ་དུག་གིས་ཟིན་པར་འགྱུར་སྙམ་སྟེ་རིངས་པས་ལྡང་བ་ལྟར། དེ་བཞིན་དུ་གཉིད་དང་སྙོམ་ལས་འོངས་ན། སྦྱར་དུ་དེ་དག་བཟློག་པར་བྱའོ།།

是故蛇入膽小者懷中時，如何想著我會中毒而急忙起身一般，如是困睡與懶散到來時，應當即刻遣除彼等。

ཉེས་པ་བྱུང་བ་རེ་རེ་ཞིང་།། 一一過錯發生已，
བདག་ལ་སྨད་ནས་ཅི་ནས་ཀྱང་། ། 一一自責並常思，
བདག་ལ་ཕྱིས་འདི་མི་འབྱུང་བ། ། 無論如何我日後，
དེ་ལྟར་བྱ་ཞེས་ཡུན་རིང་བསམ། ། 不再出現此過錯。

དེ་ལྟར་འབད་པར་བྱས་ཀྱང་བདག་ལ་ཉེས་པ་ཅུང་ཟད་རེ་འབྱུང་སྲིད་པས་ཉེས་པ་བྱུང་བ་རེ་རེ་ཞིང་། བདག་རང་ལ་སྨད་པར་བྱས་ནས་ཅི་ནས་ཀྱང་། བདག་ལ་ཕྱིས་ནི་ཉེས་པ་འདི་མི་འབྱུང་བ། དེ་ལྟར་འབད་པར་བྱ་ཞེས་ཡུན་རིང་དུ་བསམ་མོ། །

雖然如此努力，然而我仍有可能出現些許過錯，因此對於一一過錯發生已，一一自責並如是努力時常思維：無論如何我日後，不再出現此過錯。

ཇི་ལྟར་གནས་སྐབས་འདི་དག་ལ། ། 如何此等當下中，
དྲན་པ་གོམས་པ་ཉིད་འགྱུར་ཞེས། ། 成為串習正念事，
རྒྱུ་འདི་ཡིས་ནི་ཕྲད་པ་འམ།། 當以此因或值遇，
རིགས་པའི་ལས་ནི་འདོད་པར་བྱ། ། 或求合理之事業。

ཇི་ལྟར་ཉོན་མོངས་པ་འཇུག་པའི་གནས་སྐབས་འདི་དག་ལ། ཇི་ལྟར་ཉེས་པ་དེའི་གཉེན་པོ་དྲན་པ་གོམས་པ་ཉིད་དུ་འགྱུར་ཞེས། དེ་གོམས་པའི་རྒྱུ་འདི་ཡིས་ནི་སྐྱེ་མཁན་པོ་དང་སློབ་དཔོན་དང་དེ་ལས་གཞན་པའི་ཚངས་པ་མཚུངས་པར་སྤྱོད་པ་མང་དུ་ཐོས་པ་རྣམས་དང་ཕྲད་

པའམ། དེ་དག་ལས་ཐོབ་པའི་རིགས་ཤིང་འཐད་པ་ཡི་ལས་གདམས་ངག་དང་རྗེས་སུ་བསྟན་པ་ལ་སོགས་པ་དག་ནི་འདོད་ཅིང་བསྒྲུབ་པར་བྱའོ།།

如何於此等煩惱得便的當下之中，如何使之成為串習對治過錯的正念之事，當以此串習彼之因（即積極心），或值遇戒師、阿闍黎以及其餘同梵行的多聞者，或希求並成辦從彼等所獲得的合理之事業（教導與開示等等）。

༢.༢.༣.༡.༡.༢.༣.༢.༢.༢.དབང་བསྒྱུར་བའི་སྟོབས།

2.2.3.1.1.2.3.2.2.2.作主力

ཅི་ནས་ལས་ནི་བྱེད་སྔོན་རོལ་ནས། །　　務必於行業之前，
ཐམས་ཅད་ལ་ནི་མཐུ་ཡོད་པ།། 　　一切之中有能力，
དེ་ལྟར་བག་ཡོད་གཏམ་དྲན་ཏེ། ། 　　如是念不放逸語，
བདག་ཉིད་སྣང་བ་ཡང་བར་བྱ། ། 　　我當感覺心輕鬆。

ཅི་ནས་ཀྱང་དགེ་བའི་ལས་རྣམས་སྒྲུབ་པར་བྱེད་པའི་སྔོན་རོལ་ནས། ལས་དེ་དག་ཐམས་ཅད་ལ་ནི་བརྩོན་པས་དབང་སྒྱུར་བའི་མཐུ་ཡོད་པ། དེ་ལྟར་བྱ་བའི་ཆེད་དུ་བག་ཡོད་བརྟེན་པའི་ཚུལ་གྱི་གཏམ་དྲན་ཏེ། བདག་ཉིད་གཞན་གྱི་དོན་ལ་འཇུག་པ་ན་སྣང་བ་ཡང་བར་བྱའོ།།

務必於行諸善業之前，於彼等一切善業之中，因精進，故有作主的能力，為如是行而憶念如何依止不放逸之語，我趣入利他之時，應當感覺心輕鬆。

ཇི་ལྟར་རླུང་ནི་འགྲོ་བ་དང་།། 　　猶如風來與風去，
འདབ་བརས་ཤིང་བལ་དབང་བསྒྱུར་བ། ། 　　使得棉絮受引導，
དེ་བཞིན་སྤྲོ་བས་དབང་བསྒྱུར་ཏེ། ། 　　如是歡喜作主導，
དེ་ལྟ་ན་ནི་འགྲུབ་པར་འགྱུར།། 　　以此事業將成就。

དཔེ་ཇི་ལྟར་ན་རླུང་ནི་འགྲོ་བ་དང་། འདབ་བརས་ལམ་གྱི་ཤིང་བལ་གཡོ་བ་ལ་དབང་སྒྱུར་བ།

དེ་བཞིན་དུ་སེམས་ཀྱི་སྤྲོ་བས་ལུས་ངག་གི་བྱ་བ་ལ་དབང་བསྒྱུར་ཏེ་བསྒྲུབས་པས། དེ་ལྟར་ན་ནི་ལས་ཐམས་ཅད་འགྲུབ་པར་འགྱུར་རོ།།

猶如此譬喻：風來與風去，使得風道上棉絮的移動受引導，如是歡喜心作身語事業的主導，以此一切事業將成就。

༢.༢.༣.༡.༢.མཚན།
2.2.3.1.2.品名

བྱང་ཆུབ་སེམས་དཔའི་སྤྱོད་པ་ལ་འཇུག་པ་ལས། བརྩོན་འགྲུས་བསྟན་པ་ཞེས་བྱ་བ་སྟེ་ལེའུ་བདུན་པའོ།། །།

入菩提薩埵行・精進第七品竟。

༢.༢.༣.༢.ཀུན་རྫོབ་སེམས་བསྐྱེད་གོང་ནས་གོང་དུ་སྤེལ་བའི་བསམ་གཏན་གྱི་ལེའུ།།

2.2.3.2.增長世俗發心的禪定品

༢.༢.༣.༢.༡.གཞུང་།

2.2.3.2.1.正文

༢.༢.༣.༢.༡.༡.མཚམས་སྦྱར་བའི་སྒོ་ནས་མདོར་བསྟན་པ།

2.2.3.2.1.1.引導總說

དེ་ལྟར་བརྩོན་འགྲུས་བསྐྱེད་ནས་ནི།། 如是生起精進已，
ཡིད་ནི་ཏིང་ངེ་འཛིན་ལ་བཞག། 意當安住三摩地，
སེམས་ནི་རྣམ་པར་གཡེངས་པའི་མི།། 心念極度散亂者，
ཉོན་མོངས་མཆེ་བའི་ཕྲག་ན་གནས།། 住在煩惱牙縫中。

དེ་ལྟར་མི་མཐུན་པའི་ཕྱོགས་རྩད་ནས་བཏོན་པའི་ཕྱིར་བརྩོན་འགྲུས་བསྐྱེད་ནས་ནི། ཡིད་ནི་རྩེ་གཅིག་ཏུ་ཏིང་ངེ་འཛིན་ལ་མཉམ་པར་བཞག་དགོས་ཏེ། བརྩོན་འགྲུས་དང་ལྡན་པར་གྱུར་ཀྱང་སེམས་ནི་མཉམ་པར་མ་བཞག་པ་རྣམ་པར་གཡེངས་པའི་མི་དེ་ནི་སྲིན་པོ་ལྟ་བུའི་ཉོན་མོངས་པ་རྣམས་ཀྱི་མཆེ་བའི་ཕྲག་སྟེ་དབུས་ན་གནས་སོ།།

如是為了根除相反方而生起精進已，意應當專一平等安住在三摩地中，雖然精進卻心念不能平等住、極度散亂者，彼則住在猶如羅剎一般煩惱眾的牙縫之中。

༢.༢.༣.༢.༡.༢.བསམ་གཏན་གྱི་མི་མཐུན་ཕྱོགས་སྤོང་བ།

2.2.3.2.1.2.斷除禪定相反方

༢.༢.༣.༢.༡.༢.༡.མདོར་བསྟན་པ།

2.2.3.2.1.2.1.總說

ལུས་དང་སེམས་ནི་དབེན་པ་ཡིས།། 身心二者沉寂故，

རྣམ་པར་གཡེང་བ་མི་འབྱུང་ངོ༎ །　　不會生起散亂心，
དེ་བས་འཇིག་རྟེན་སྤང་བྱ་ཞིང་༎ །　　是故應當斷世間，
རྣམ་པར་རྟོག་པ་ཡོངས་སུ་དོར༎ །　　徹底拋棄分別念。

དེ་ལ་རེ་ཞིག་ཏིང་ངེ་འཛིན་གྱི་མི་མཐུན་པའི་ཕྱོགས་རྣམ་པར་གཡེང་བ་སྤང་བར་འདོད་ནས་གཞི་འཆའ་བ་ནི་ལུས་འདུ་འཛི་ལས་དབེན་པ་དང་སེམས་ནི་རྣམ་པར་རྟོག་པ་ལས་དབེན་པ་ཞི་ནས། འདོད་པའི་ཕྱོགས་སུ་རྣམ་པར་གཡེང་བ་མི་འབྱུང་ངོ༎ །དེ་བས་ན་ནང་སེམས་ཅན་གྱི་འཇིག་རྟེན་ལ་སོགས་པ་སྤང་བར་བྱ་ཞིང་། སེམས་ཀྱི་འདོད་པའི་ཕྱོགས་ཀྱི་རྣམ་པར་རྟོག་པ་ཐམས་ཅད་ཡོངས་སུ་དོར་བར་བྱའོ༎

欲暫時斷捨三摩地的相反方 - 散亂而後奠定基礎者：身無喧鬧，心無分別念，身心二者沉寂故，不會生起散亂於所欲方之心，是故應當斷捨內有情世間等等，徹底拋棄對於所欲方的一切分別念。

༢་༢་༣་༢་༡་༢་༢་རྒྱས་པར་བཤད་པ།
2.2.3.2.1.2.2.廣說

༢་༢་༣་༢་༡་༢་༢་༡་འཇིག་རྟེན་སྤོང་བ།
2.2.3.2.1.2.2.1.斷捨世間

༢་༢་༣་༢་༡་༢་༢་༡་༡་འཇིག་རྟེན་སྤོང་དགོས་པའི་རྒྱུ་མཚན་བཤད་པ།
2.2.3.2.1.2.2.1.1.宣說必須斷捨世間之理

ཆགས་པའི་ཕྱིར་དང་རྙེད་སོགས་ལ༎ །　　因為貪戀與愛利，
སྲེད་པས་འཇིག་རྟེན་མི་སྤོང་སྟེ༎ །　　致使不能捨世間，
དེ་བས་འདི་དག་ཡོངས་སྤངས་ལ༎ །　　是故應當捨此等，
མཁས་པས་འདི་ལྟར་སྤྱད་པར་བྱ༎ །　　智者應當這般行。

དེ་ལ་འཇིག་རྟེན་མི་སྤོང་བའི་རྒྱུ་ནི་སེམས་ཅན་གྱི་འཇིག་རྟེན་ལ་ཆགས་པའི་ཕྱིར་དང་རྙེད་

པ་དང་བཀུར་སྟི་ལ་སོགས་ལ། སྲེད་པའི་དབང་གིས་འཇིག་རྟེན་མི་སྤོང་སྟེ། དེ་བས་ན་ཐོག་མར་འདི་དག་ཡོངས་སུ་སྤྲོངས་ལ། མཁས་པས་འཆད་པར་འགྱུར་བ་འདི་ལྟར་སྤྱད་པར་བྱའོ།།

不能斷捨世間之因，是因為貪戀有情世間與愛執恭敬利養等，致使不能斷捨世間，是故首先應當捨此等，智者應當依照所將宣說這般行。

ཞི་གནས་རབ་ཏུ་ལྡན་པའི་ལྷག་མཐོང་གིས། ། 既知具足寂止之勝觀，
ཉོན་མོངས་རྣམ་པར་འཇོམས་པར་ཤེས་བྱས་ནས། ། 方能徹底滅除諸煩惱，
ཐོག་མར་ཞི་གནས་བཙལ་བྱ་དེ་ཡང་ནི། ། 是故首先應當求寂止，
འཇིག་རྟེན་ཆགས་པ་མེད་ལ་མངོན་དགས་འགྲུབ། ། 彼亦由喜無戀世間成。

སེམས་བཏང་འགྲོ་བཞག་སྟོད་ལ་རང་དབང་ཐོབ་པའི་ཞི་གནས་རབ་ཏུ་ལྡན་པའི་ཚེ་དེ་དང་ལྡན་ཅིག་པར་ཇི་ལྟར་བྱུར་གྱུར་པའི་དེ་ཁོ་ན་ཉིད་ཡོངས་སུ་ཤེས་པའི་རང་བཞིན་གྱི་ལྷག་མཐོང་གིས། ཉོན་མོངས་པ་རབ་ཏུ་རྣམ་པར་འཇོམས་པར་ཤེས་པར་བྱས་ནས། ཐོག་མར་ཞི་གནས་བཙལ་བར་བྱ་སྟེ་ཞི་གནས་དེ་ཡང་ནི། སེམས་ཅན་དང་སྙེད་བཀུར་གྱི་འཇིག་རྟེན་ཀུན་ལ་ཆགས་པ་མེད་པ་ལ་མངོན་པར་དགའ་བས་འགྲུབ་ཀྱི། གཞན་གྱིས་ནི་མ་ཡིན་ནོ། །དེ་སྐད་དུ། མཉམ་གཞག་ཡང་དག་ཇི་བཞིན་དུ། །ཤེས་པར་འགྱུར་ཞེས་ཐུབ་པས་གསུངས། །ཕྱི་རོལ་གཡོ་བ་བཟློག་པ་ཡིས། །སེམས་ནི་ཞི་ལས་གཡོ་མི་འགྱུར། །ཞེས་གསུངས་སོ།།

既知具足寂止（心的用行放止得到自在）之勝觀（對於寂止當下所轉變的真如完全了知的自性），方能徹底滅除諸煩惱，是故首先應當求寂止，彼寂止亦唯有由喜於無貪戀有情與恭敬利養一切世間而成就，非由他事可成。《學集》說：“能仁說具平等住，將起正等如是知。遮遣動盪於外相，則心不會動搖止”。

༢་༢་༣་༢་༡་༢་༢་༡་༢་ནང་སེམས་ཅན་གྱི་འཇིག་རྟེན་ལ་ཆགས་པ་སྤོང་ཚུལ།
2.2.3.2.1.2.2.1.2.貪戀內有情世間的斷捨之理

མི་རྟག་སུ་ཞིག་མི་རྟག་ལ།།　　無常對於無常者，
ཡང་དག་ཆགས་པར་བྱེད་པ་ཡོད།།　　能起正等之貪戀，
དེས་ནི་ཚེ་རབས་སྟོང་ཕྲག་ཏུ།།　　因彼之故千世中，
སྡུག་པ་མཐོང་བར་ཡོང་མི་འགྱུར།།　　將不可見所喜愛。

རང་ཉིད་མི་རྟག་པའི་རང་བཞིན་སུ་ཞིག་བུ་ལ་སོགས་པ་མི་རྟག་པ་རྣམས་ལ་ཡང་དག་ཆགས་པར་བྱེད་པ་ཡོད་དེ། ཆགས་པ་དེས་འཕངས་པའི་འབྲས་བུ་ནི་ཚེ་རབས་སྟོང་ཕྲག་ཏུ་སྡུག་པ་ཡིད་དུ་འོང་བའི་དངོས་པོ་མཐོང་བར་ཡོང་མི་འགྱུར།

自己乃無常之自性，又對於任何無常者，如子女等，能起正等之貪戀，因彼貪戀所引之果之故，千世之中將不可見所喜愛、悅意之事物。

མ་མཐོང་ན་ནི་དགར་མི་འགྱུར།།　　若不能見則不喜，
ཡིད་ཀྱང་མཉམ་འཇོག་མི་འགྱུར་ལ།།　　意也不能平等住，
མཐོང་ཡང་ངོམས་པར་མི་འགྱུར་བས།།　　見又不能獲滿足，
སྔར་བཞིན་སྲེད་པས་གདུང་བར་འགྱུར།།　　如前因愛所逼惱。

སྙིང་དུ་སྡུག་པའི་གྲོགས་དག་མ་མཐོང་ན་ནི་དགའ་བར་མི་འགྱུར་ཞིང་། ཡིད་ཀྱང་ཏིང་ངེ་འཛིན་ལ་མཉམ་པར་འཇོག་པར་མི་འགྱུར་ལ། གལ་ཏེ་མཐོང་ཡང་ངོམས་ཤིང་ཚིམས་པར་མི་འགྱུར་བས། སྔར་བཞིན་དུ་ལྷག་པར་སྲེད་པས་གདུང་བར་འགྱུར་རོ།།

若不能見所愛之友則不會歡喜，意也不能平等住於三摩地，倘若見了，又不能獲得滿足，猶如先前一般地因為熱愛所逼惱。

སེམས་ཅན་རྣམས་ལ་ཆགས་བྱས་ན།།　　若是貪戀有情眾，
ཡང་དག་ཉིད་ལ་ཀུན་ནས་སྒྲིབ།།　　一切正等性皆障，
སྐྱོ་བའི་སེམས་ཀྱང་འཇིག་པར་བྱེད།།　　亦能毀壞厭患心，

ཐ་མར་མྱ་ངན་གདུང་བར་འགྱུར། ། 最終為苦所逼惱。

གཞན་ཡང་དོན་ཉམས་པ་ཐམས་ཅད་ཀྱི་རྒྱུ་སྡུག་པ་དང་ཕྲད་པ་ཡིན་ནོ་ཞེས་བསྟན་པའི་ཕྱིར་སེམས་ཅན་རྣམས་ལ་ཆགས་པར་གྱུར་ན། མ་ནོར་བའི་ཡོན་ཏན་དང་སྐྱོན་མི་མཐོང་བས་ཡང་དག་པ་ཉིད་ལ་ཀུན་ནས་སྒྲིབ་ཅིང་། སྐྱོ་བའི་སེམས་དང་ངེས་པར་འབྱུང་བའི་བསམ་པ་ལ་སོགས་པ་རྣམས་ཀྱང་འཇིག་པར་བྱེད། ཐ་མར་གྲོགས་དེ་དང་འབྲལ་བའི་མྱ་ངན་གྱིས་ཡིད་གདུང་བར་འགྱུར་རོ། །

另外，一切正事的敗損因，也是會欲所愛：若是貪戀有情眾，則不見無誤的功德以及過失，故一切正等性皆受障礙，亦能毀壞厭患心與出離心等等，最終為與友分離的痛苦所逼惱。

དེ་ལ་སེམས་པ་འབའ་ཞིག་གིས། ། 由於一心思彼故，
ཚེ་འདི་དོན་མེད་འདའ་བར་འགྱུར། ། 將無意義過此生，
རྟག་པ་མེད་པའི་མཛའ་བཤེས་ཀྱིས། ། 因為無常之愛友，
གཡུང་དྲུང་ཆོས་ཀྱང་འཇིག་པར་འགྱུར། ། 堅固法亦將毀壞。

སྡུག་པ་དེ་ལ་སེམས་པ་འབའ་ཞིག་གི་ངང་ནས། ཚེ་ཡི་འདུ་བྱེད་འདི་སྐད་ཅིག་རེ་རེ་བཞིན་ཟད་དེ་དོན་མེད་ཉིད་དུ་འདའ་བར་འགྱུར་ཞིང་། རྟག་པ་མེད་པའི་མཛའ་བཤེས་རྣམས་ཀྱིས། གཡུང་དྲུང་སྟེ་དུས་རིང་པོའི་ཚོགས་སུ་གྱུར་པའི་ཆོས་ཀྱང་འཇིག་པར་འགྱུར་རོ། །

由於一心思彼愛人故，將無意義虛度過此生行每一剎那，因為無常之愛友，堅固、長久之法亦將毀壞。

བྱིས་དང་སྐལ་བ་མཉམ་སྤྱོད་ན། ། 若行同於凡夫行，
ངེས་པར་ངན་འགྲོར་འགྲོ་འགྱུར་ཏེ། ། 則必將墮三惡趣，
སྐལ་མི་མཉམ་པར་ཁྲིད་བྱེད་ན། ། 若能引至不等聖，
བྱིས་པ་བསྟེན་པས་ཅི་ཞིག་བྱ། ། 親近凡夫有何益。

བྱིས་པའི་གྲོགས་རྣམས་དང་སྐལ་བ་མཉམ་པར་སྤྱོད་པར་གྱུར་ན། ངེས་པར་ངན་འགྲོར་འགྲོ་

བར་འགྱུར་ཏེ། འཕགས་པ་རྣམས་དང་སྐལ་བ་མི་མཉམ་པར་ཁྲིད་པར་བྱེད་ན། བྱིས་པའི་གྲོགས་ལ་བསྟེན་པས་ཅི་ཞིག་བྱ།

若行持等同於凡夫友之行，則必定將墮於三惡趣，若能引導至不等同聖者眾，則親近凡夫友又有何益。

སྐད་ཅིག་གཅིག་གིས་མཛའ་འགྱུར་ལ།། 剎那之間成摯友，
ཡུད་ཙམ་གྱིས་ནི་དགྲར་ཡང་འགྱུར།། 須臾之間又成敵，
དགའ་བའི་གནས་ལ་ཁྲོ་བྱེད་པས།། 能於歡喜處生嗔，
སོ་སོའི་སྐྱེ་བོ་མགུ་བར་དཀའ།། 故難滿足凡夫眾。

དགོས་པ་ཅུང་ཟད་ལ་བརྟེན་ནས་སྐད་ཅིག་གཅིག་གིས་མཛའ་བ་བཤེས་སུ་འགྱུར་ལ། ཡང་རྒྱུ་མཚན་ཅུང་ཟད་ཙམ་ལ་དམིགས་ནས་ཡུད་ཙམ་གྱིས་ནི་དགྲར་ཡང་འགྱུར་ཞིང་། དགའ་བའི་གནས་ཀྱི་ཁྱད་པར་རྙེད་པ་ལ་ཁྲོ་བར་བྱེད་པས། སོ་སོའི་སྐྱེ་བོ་རྣམས་ནི་མགུ་བར་དཀའ་འོ།།

基於稍許需求而剎那之間成為摯友，沒有一點理由須臾之間又成為敵人，能對於得到特殊歡喜處而生嗔，是故難以滿足凡夫眾。

ཕན་པར་སྨྲས་ན་ཁྲོ་བར་བྱེད།། 若給善言則生嗔，
བདག་ཀྱང་ཕན་ལས་ཟློག་པར་བྱེད།། 又能使我退善道，
དེ་དག་དག་ནི་མ་མཉན་ན།། 若是不聽彼等語，
ཁྲོ་བས་ངན་འགྲོར་འགྲོ་བར་འགྱུར།། 將因嗔怒墮惡趣。

འདི་ནི་བྱ་བ་ཡིན་ལ། འདི་ནི་བྱ་བ་མ་ཡིན་ནོ་ཞེས་ཕན་པར་གྱུར་པའི་ངག་སྨྲས་ན་ཁྲོ་བར་བྱེད་ཅིང་། སླར་བདག་ཉིད་ཀྱང་ཕན་པའི་ལམ་ལས་ཟློག་པར་བྱེད་ལ། དེའི་ཚེ་བྱིས་པ་དེ་དག་གི་ངག་ནི་མི་མཉན་ན། དེ་ཉིད་ཁྲོ་བས་བསྐུལ་ནས་ངན་འགྲོར་འགྲོ་བར་འགྱུར་རོ།།

若給予這應當做，這不應當做的饒益善言則生嗔，又能使我退轉饒益的善道，彼時若是不聽彼等凡夫之語，彼即將因嗔怒使然，墮入惡趣。

མཐོ་ལ་ཕྲག་དོག་མཉམ་དང་འགྲན།། 高則生嫉同則爭，
དམའ་ལ་ང་རྒྱལ་བསྟོད་ན་དྲེགས།། 低則輕慢贊則驕，
མི་སྙན་བརྗོད་ན་ཁོང་ཁྲོ་སྐྱེ།། 言語刺耳則生怒，
ནམ་ཞིག་བྱིས་ལས་ཕན་པ་འབྱོར།། 饒益何時從凡得。

བྱིས་པའི་ཆོས་གཞན་ཡང་མཐོ་བ་རྣམས་ལ་ཕྲག་དོག་དང་མཉམ་པ་དག་དང་འགྲན་སེམས་དང་། དམའ་བ་ལ་འང་ང་རྒྱལ་དང་བསྟོད་ན་ང་རྒྱལ་གྱིས་དྲེགས་པ་དང་། མི་སྙན་པ་བརྗོད་ན་སེམས་འཁྲུགས་ཏེ་ཁོང་ཁྲོ་སྐྱེ་བ་ཡིན་པས། །དེ་ལྟར་ན་ནམ་ཞིག་བྱིས་པའི་གྲོགས་དང་འགྲོགས་པ་ལས་ཕན་པ་འབྱོར་བ་སྲིད་མི་འཐད་པོ།།

凡夫的特性為：又對於高於己者則心生嫉妒，對於等同於己者則心生競爭，對於低於己者則心生輕慢，贊則驕傲，言語刺耳則生怒。如此饒益何時能從結交凡夫友獲得，不可得也。

བྱིས་དང་འགྲོགས་ན་བྱིས་པ་ལས།། 結交凡夫則必生，
བདག་བསྟོད་གཞན་ལ་སྨོད་པ་དང་།། 稱讚自己詆毀他，
འཁོར་བར་དགའ་བའི་གཏམ་ལ་སོགས།། 喜於輪迴言語等，
མི་དགེ་ཅིས་ཀྱང་ངེས་པར་འབྱུང་།། 不善凡夫之業行。

བྱིས་པ་རྣམས་དང་འགྲོགས་ན་བྱིས་པ་དེ་དག་ལས། བདག་གི་ཕྱོགས་ལ་བསྟོད་པ་དང་གཞན་གྱི་ཕྱོགས་ལ་སྨད་པ་དང་། འཁོར་བ་ལ་མངོན་པར་དགའ་བའི་གཏམ་སྨྲ་བ་ལ་སོགས་པ། མི་དགེ་བ་དག་ཅིས་ཀྱང་ངེས་པར་འབྱུང་བ་ཡིན་ནོ།།

若結交凡夫則必生稱讚自己一方、詆毀他方，喜於輪迴之言語，等等不善凡夫之業行。

དེ་ལྟར་བདག་དང་གཞན་བསྟེན་པ།། 如是自他相親近，
དེས་ནི་ཕུང་བར་འགྱུར་བར་ཟད།། 以此將相禍害爾，
དེས་ཀྱང་བདག་དོན་མ་བྱས་ལ།། 因彼既未辦自利，

བདག་ཀྱང་དེ་དོན་མི་འགྱུར་བས། ། 我亦未辦彼利益，
བྱིས་ལས་ཐག་རིང་བྱོལ་བར་བྱ། ། 故當遠避凡夫眾。

དེ་ལྟར་བདག་དང་གཞན་ཕན་ཚུན་བསྟེན་ཏེ་འགྲོགས་པ་ནི་མི་དགེ་བའི་རྒྱུ་ཡིན་པས་དེས་ནི་ཕུང་བར་འགྱུར་བར་ཟད་དོ། །དེས་ཀྱང་བདག་གི་དོན་མ་བྱས་ལ། བདག་གིས་ཇི་ལྟར་བྱས་ཀྱང་དེ་ཡི་དོན་དུ་མི་འགྱུར་བས། བྱིས་པ་རྣམས་ལས་ཐག་རིང་བྱོལ་བར་ཏེ་བྲོས་པར་བྱའོ།།

如是自他相互親近，為不善因，故以此唯有將互相禍害爾，因彼既未辦自利，我亦未辦彼凡夫眾之利益，故當遠避凡夫眾。

ཕྲད་ན་དགའ་བས་མགུ་བྱས་ཏེ། ། 遇則以喜使滿足，
འདྲིས་ཆེན་ཉིད་དུ་མི་འགྱུར་བར། ། 而不轉為極熟識，
ཐ་མལ་པ་ཙམ་ལེགས་པར་བྱ།། 僅限尋常善對待。

གལ་ཏེ་རང་ཉིད་དབེན་པར་གནས་པའི་ཚེ་འགའ་ཞིག་དང་ཕྲད་པར་གྱུར་ན་དགའ་བ་བའི་སྤྱོད་ཚུལ་གྱིས་མགུ་བར་བྱས་ཏེ། ཧ་ཅང་འདྲིས་ཆེན་པོ་ཉིད་དུ་མི་འགྱུར་བར། ཆགས་སྡང་དང་བྲལ་བས་ཐ་མལ་པ་ཙམ་དུ་ལེགས་པར་བྱའོ།།

倘若自己隱居時，遇見某人，則以歡喜之行儀使滿足，而不轉為極熟識，遠離貪嗔，僅限以尋常方式善對待。

བུང་བས་མེ་ཏོག་སྦྲང་རྩི་བཞིན། ། 猶如蜜蜂採蜜般，
ཆོས་ཀྱི་དོན་ཙམ་བླངས་ནས་ནི། ། 為佛法故而取受，
ཀུན་ལ་སྔོན་ཆད་མ་མཐོང་བཞིན། ། 應當如昔不曾見，
འདྲིས་པ་མེད་པར་གནས་པར་བྱ། ། 不識眾人自安住。

བུང་བས་མེ་ཏོག་ལས་སྦྲང་རྩི་བླངས་ཏེ་དེ་ལ་ཆགས་པ་མེད་པར་འགྲོ་བ་བཞིན། ཆོས་ཀྱི་དོན་དུ་ཆོས་གོས་དང་བསོད་སྙོམས་ལ་སོགས་པ་དེ་ཙམ་ཞིག་བླངས་ནས་ནི། ཀུན་ལ་སྔོན་ཆད་ནས་ཡང་མ་མཐོང་བ་བཞིན་དུ་ཕན་ཚུན་འདྲིས་པ་མེད་པར་གནས་པར་བྱའོ།།

猶如蜜蜂從花中採蜜，對彼無所貪戀地離去一般，為佛法之故而僅取受彼法衣、乞食等，應當猶如往昔從來不曾相見，彼此互相不熟識地於眾人之中自在安住。

༢.༢.༣.༢.༡.༢.༢.༡.༣.ཕྱི་རྙེད་སོགས་ཀྱི་འཇིག་རྟེན་སྤྱད་པ་སྤོང་ཚུལ།
2.2.3.2.1.2.2.1.3.愛執外在利養等世間的斷捨之理

བདག་ནི་རྙེད་མང་བཀུར་སྟི་བཅས།། 我得恭敬多利養，
བདག་ལ་མང་པོ་དགའ་འོ་ཞེས།། 我為多人所歡喜，
དེ་འདྲའི་སྙེམས་པ་འཆང་གྱུར་ན།། 若持如是驕矜心，
ཤི་བའི་འོག་ཏུ་འཇིགས་པ་སྐྱེ།། 死後將生諸苦難。

བདག་ནི་རྙེད་པ་མང་བ་དང་བཀུར་སྟི་དང་བཅས་པ་དང་། བདག་ལ་སྐྱེ་བོ་མང་པོ་དགའོ་ཞེས། དེ་འདྲའི་སྙེམས་པ་སྙེ་ང་རྒྱལ་འཆང་བར་གྱུར་ན། དེའི་རྣམ་སྨིན་གྱིས་ཤི་བའི་འོག་ཏུ་འཇིགས་པ་སྐྱེའོ།།

我得到恭敬與眾多利養，我為多人所歡喜，若持如是傲慢驕矜心，因為其異熟果報，死後將生諸苦難。

དེ་བས་རྣམ་པར་རྨོངས་པའི་ཡིད།། 是故極度愚癡意，
གང་དང་གང་ལ་ཆགས་གྱུར་པ།། 一旦貪著某和某，
དེ་དང་དེ་བསྡོངས་སྟོང་འགྱུར་དུ།། 則生千倍彼和彼，
སྡུག་བསྔལ་ཉིད་དུ་འགྱུར་ཞིང་ལྡང་།། 所有總和之痛苦。

དེ་བས་ན་རྣམ་པར་རྨོངས་པའི་ཡིད་འདི་རྙེད་པ་ལ་སོགས་པ་གང་དང་གང་ལ་ཆགས་པར་གྱུར་པ། དེ་དང་དེ་ཐམས་ཅད་ཕྱོགས་གཅིག་ཏུ་བསྡོངས་པའམ་བསྡོམས་ཏེ་དེའི་སྟོང་འགྱུར་དུ་སྡུག་བསྔལ་ཉིད་དུ་འགྱུར་ཞིང་སྡུག་བསྔལ་མང་པོ་ལྡང་ངོ་།།

是故極度愚癡意，一旦貪著如利養等某事和某物，則將生起千倍於彼和彼所有一切總和於一處之痛苦。

དེ་བས་མཁས་པས་ཆགས་མི་བྱ། ། 是故智者不應貪，
ཆགས་པ་ལས་ནི་འཇིགས་པ་སྐྱེ། ། 由貪能生諸苦難。
འདི་དག་རང་བཞིན་འདོར་འགྱུར་བས།། 此等自然將捨棄，
བརྟན་པར་གྱིས་ཏེ་རབ་ཏུ་རྟོགས། ། 心當堅定善領悟。

དེ་བས་ན་མཁས་པ་རྣམས་ཀྱིས་གང་ལ་ཡང་ཆགས་པར་མི་བྱ་སྟེ་ཆགས་ཤིང་ཞེན་པ་ལས་ནི་དམྱལ་བ་ལ་སོགས་པའི་འཇིགས་པ་ཐམས་ཅད་སྐྱེ་བའི་ཕྱིར་རོ། །རྙེད་པ་དང་བཀུར་སྟི་ལ་སོགས་པ་འདི་དག་རང་བཞིན་གྱིས་གདོན་མི་ཟ་བ་འདོར་བར་འགྱུར་བས། དེའི་ཚུལ་ལ་བློ་བརྟན་པར་གྱིས་ཏེ་རབ་ཏུ་རྟོགས་ཤིག།

是故智者們不應貪戀任何事物，乃因由貪戀能生地獄等等諸（一切）苦難。恭敬利養此等毋庸置疑地自然將被捨棄，因此心當堅定、完善地領悟其理。

རྙེད་པ་དག་ནི་མང་བྱུང་ཞིང་།། 雖然出現多利養，
གྲགས་དང་སྙན་པ་བྱུང་གྱུར་ཀྱང་། ། 名聲廣大與美譽，
རྙེད་དང་གྲགས་པའི་ཚོགས་བཅས་ཏེ། ། 利養名聲等聚集，
གང་དུ་འདོང་བའི་གཏོལ་མེད་དོ། ། 將去何處不確定。

ནོར་རྫས་ཀྱི་རྙེད་པ་དག་ནི་མང་དུ་བྱུང་ཞིང་། ཕྱོགས་ཀུན་ཏུ་གྲགས་པ་དང་སྙན་པར་སྨྲ་བ་མང་དུ་བྱུང་བར་གྱུར་ཀྱང་། རྙེད་པ་དང་བཀུར་སྟི་གྲགས་པའི་ཚོགས་དང་བཅས་ཏེ། དེ་དག་ཐམས་ཅད་གང་དུ་འདོང་བའི་གཏོལ་མེད་དོ།།

雖然出現諸多財物之利養，名聲廣大遍諸方與讚美稱譽，恭敬利養與名聲等聚集，彼等一切將去何處不確定。

བདག་ལ་སྨོད་པ་གཞན་ཡོད་ན། ། 若有其餘罵我者，
བསྟོད་པས་བདག་དགར་ཅི་ཞིག་ཡོད། ། 稱讚於我有何喜，
བདག་ལ་བསྟོད་པ་གཞན་ཡོད་ན། ། 若有其餘贊我者，
སྨད་པས་མི་དགར་ཅི་ཞིག་ཡོད། ། 譏罵於我有何惱。

བདག་ལ་སྨོད་པར་བྱེད་པ་གཞན་ཡོད་ན། འགའ་ཞིག་གིས་བསྟོད་པས་བདག་དགའ་བར་གྱུར་པ་ཅི་ཞིག་ཡོད། དེ་བཞིན་དུ་བདག་ལ་བསྟོད་པར་བྱེད་པ་གཞན་ཡོད་ན། སྨད་པས་མི་དགའ་བར་གྱུར་པ་ཅི་ཞིག་ཡོད།

若有其餘罵我者，某人之稱讚於我有何喜，如是，若有其餘贊我者，譏罵於我有何惱。

སེམས་ཅན་མོས་པ་སྣ་ཚོགས་པ། ། 有情志樂各不同，
རྒྱལ་བས་ཀུན་ཀྱང་མི་མགུ་ན།། 勝者亦難使滿足，
བདག་འདྲ་ངན་པས་སྨོས་ཅི་དགོས། ། 況劣如我毋庸言，
དེ་བས་འཇིག་རྟེན་བསམ་པ་བཏང་། ། 是故當捨世間想。

སེམས་ཅན་རྣམས་ནི་མོས་པ་སྣ་ཚོགས་པ་ཡིན་པས། འགའ་ཞིག་རྒྱལ་བས་ཀྱང་ནི་མི་མགུ་ན། བདག་འདྲ་བའི་ཤེས་རྒྱུད་ངན་པས་མི་མགུ་བ་སྨོས་ཅི་དགོས། དེ་བས་འཇིག་རྟེན་པ་རྣམས་དང་འགྲོགས་པའི་བསམ་པ་དེ་བཏང་བར་བྱའོ།།

有情眾生志樂各不相同，雖是勝者亦難使某一有情滿足，何況心性低劣如我不能使之滿足更毋庸言，是故應當捨棄此結交世間眾人之想。

སེམས་ཅན་རྙེད་པ་མེད་ལ་སྨོད། ། 罵無利養有情眾，
རྙེད་པ་ཅན་ལ་མི་སྙན་བརྗོད།། 有利養者則譭謗，
རང་བཞིན་འགྲོགས་དཀའ་དེ་དག་གིས།། 彼等難處之本性，
དགའ་བ་ཇི་ལྟར་སྐྱེ་བར་འགྱུར། ། 如何能夠取悅我。

སེམས་ཅན་རྣམས་ཀྱིས་རྙེད་པ་མེད་པ་དག་ལ་སྨོད་ཅིང་། རྙེད་པ་ཅན་རྣམས་ལའང་མི་སྙན་པ་བརྗོད་པར་བྱེད་པས། རང་བཞིན་གྱིས་འགྲོགས་པར་དཀའ་བ་དེ་དག་གིས། བདག་ལ་དགའ་བ་ཇི་ལྟར་སྐྱེ་བར་འགྱུར།

罵無利養之有情眾，有利養者則遭譭謗，彼等難以相處之本

性，如何能夠取悅我。

གང་ཕྱིར་བྱིས་པ་རང་དོན་ཅེ།།　　乃因凡夫唯利己，
མེད་པར་དགའ་བ་མི་འབྱུང་བས། །　　心中於無不生喜，
བྱིས་པ་འགའ་ཡང་བཤེས་མིན་ཞེས། །　　是故一切如來說，
དེ་བཞིན་གཤེགས་པ་རྣམས་ཀྱིས་གསུངས།།　　無一凡夫可為友。

གང་གི་ཕྱིར་བྱིས་པ་རྣམས་རང་གི་དོན་ལྷག་པར་གྲུབ་པ་ཏེ།　མེད་པར་སེམས་ལ་དགའ་བ་མི་འབྱུང་བས།　བྱིས་པ་འགའ་ཡང་ཕན་འདོགས་པའི་བཤེས་མིན་ཞེས།　དེ་བཞིན་གཤེགས་པ་རྣམས་ཀྱིས་གསུངས་ཏེ།　ཇི་ལྟར་གཅན་གཟན་ཁྲོད་གནས་ན། །ནམ་ཡང་དགའ་བར་མི་འགྱུར་བ། །དེ་བཞིན་བྱིས་པ་བརྟེན་པས་ཀྱང་། །ནམ་ཡང་དགའ་བར་མི་འགྱུར་རོ། །ཞེས་པ་ལ་སོགས་པ་གསུངས་སོ། །དེ་ལྟར་ན་གཞན་གྱི་དོན་ལ་ལྟོས་པ་མེད་པས་སེམས་བསྐྱེད་ཉམས་པར་མི་འགྱུར་རམ་སྙམ་ན། དེ་ནི་མི་འགྱུར་ཏེ། གཞན་ཕན་ལས་ལ་མཐུ་མེད་ཀྱང་། །དེ་ཡི་བསམ་པ་རྟག་ཏུ་བྱ། །གང་ལ་བསམ་པ་དེ་ཡོད་པ། །དེ་ནི་དེ་ལ་དོན་གྱིས་ཞུགས། །ཞེས་པ་བཞིན་ནོ།།
乃因凡夫眾唯獨成就利己，心中於無不生喜，是故一切如來說，無一凡夫可為饒益之友。“猶如處在野獸中，永遠不能歡喜故，依止凡夫亦如是，永遠不能生歡喜”如是云云。若是如此，不觀待利他之故，發心豈不將敗損？不至於，所謂：“雖於利他無能力，然而常做彼心念，何人具有彼心念，是人實則入彼行”。

༢.༢.༣.༢.༡.༢.༢.༡.༤ སྤངས་ནས་དབེན་པའི་ཡོན་ཏན་བསྟེན་ཚུལ་བཤད་པ།
2.2.3.2.1.2.2.1.4.宣說斷後依止沉寂功德之理

ནགས་ན་རི་དྭགས་བྱ་རྣམས་དང་། །　　林中動物與群鳥，
ཤིང་རྣམས་མི་སྙན་བརྗོད་མི་བྱེད། །　　樹等不做譭謗語，
འགྲོགས་ན་བདེ་བ་དེ་དག་དང་། །　　相伴則樂我何時，
ནམ་ཞིག་ལྷན་ཅིག་བདག་གནས་འགྱུར།།　　能與彼等一同住。

ནགས་ཚལ་དབེན་པ་ན་རི་དྭགས་དང་བྱ་རྣམས་དང་། ཤིང་རྣམས་ཀྱིས་བདག་ལ་མི་སྙན་བརྗོད་པར་མི་བྱེད་པས། འགྲོགས་ན་རབ་ཏུ་བདེ་བ་དེ་དག་དང་། དུས་ནམ་ཞིག་ན་ལྷན་ཅིག་ཏུ་བདག་གནས་པར་འགྱུར་ཞེས་སྨོན་པ་དང་།

林中沉寂之處，動物與群鳥，以及樹等不做譭謗我之言語，相伴則極為歡樂，我何時能與彼等一同住。如是開始發願。

ཕུག་གམ་ལྷ་ཁང་སྟོང་པ་འམ།། 山洞或是空佛堂，
ལྗོན་ཤིང་དྲུང་དུ་གནས་བཅས་ཏེ།། 或是住於大樹下，
ནམ་ཞིག་རྒྱབ་ཏུ་མི་བལྟ་ཞིང་།། 何時能不再回望，
ཆགས་པ་མེད་པར་འགྱུར་ཞིག་གྲུ། 而為無所貪戀者。

དེར་བྲག་རིའི་ཕུག་གམ་སྐྱེ་བོའི་ཚོགས་དང་བྲལ་བའི་ལྷ་ཁང་སྟོང་པ་འམ། ལྗོན་ཤིང་གི་དྲུང་དུ་གནས་བཅས་ཏེ། ནམ་ཞིག་ཁྱིམ་གྱི་བྱ་བ་སོགས་ལ་རྒྱབ་ཏུ་མི་ལྟ་ཞིང་། གང་ལ་ཡང་ཆགས་པ་མེད་པ་དེ་ལྟར་འགྱུར་ཞིག་གྲུ།

或是住於該處的山洞或是眾人已離去的空佛堂，或是住於大樹下，何時能不再回頭盼望家中種種及其他，而成為這般無所貪戀者。

ས་ཕྱོགས་བདག་གིར་བཟུང་མེད་པ།། 種種非為人所有，
རང་བཞིན་གྱིས་ནི་ཡངས་རྣམས་སུ།། 天然廣大遼闊地，
རང་དབང་སྤྱོད་ཅིང་ཆགས་མེད་པར།། 自在使用而無貪，
ནམ་ཞིག་བདག་ནི་གནས་པར་འགྱུར།། 何時我能住彼處。

ས་ཕྱོགས་གཞན་གྱིས་བདག་གིར་བཟུང་བ་མེད་པ། རང་བཞིན་གྱིས་ནི་ཡངས་ཤིང་རྒྱ་ཆེ་བ་ཡིད་དུ་འོང་བ་རྣམས་སུ། གཞན་ལ་རག་མ་ལུས་པས་རང་དབང་དུ་སྤྱོད་ཅིང་དེ་ལ་ཡང་ཆགས་པ་མེད་པར། ནམ་ཞིག་ན་བདག་ནི་གནས་པར་འགྱུར།

種種非為他人所持有，天然廣大遼闊且悅意之地，不需顧忌他人、自在使用而又對該處無貪戀，何時我能住於彼處。

ལྷུང་བཟེད་ལ་སོགས་ཉེ་ཚེ་དང་།།　持有缽等破爛物，
ཀུན་ལ་མི་མཁོའི་གོས་འཆང་ཞིང་།།　人皆不穿之布衣，
ལུས་འདི་སྦ་བར་མ་བྱས་ཀྱང་།།　縱然不隱此身軀，
འཇིགས་མེད་གནས་པར་ནམ་ཞིག་འགྱུར།།　住亦無懼何時得。

དེར་ས་ལས་བྱས་པའི་ལྷུང་བཟེད་ལ་སོགས་པ་ཡོ་བྱད་དམན་པ་ཉེ་ཚེ་དང་། ཕྱག་དར་ཁྲོད་ལས་བྱས་པའི་ཀུན་ལ་མི་མཁོ་བའི་གོས་འཆང་ཞིང་། ལུས་འདི་ཆོམ་རྐུན་སོགས་ལ་སྦ་བར་མ་བྱས་ཀྱང་། འཇིགས་པ་མེད་པའི་རང་བཞིན་གྱིས་གནས་པར་ནམ་ཞིག་ན་འགྱུར།
於該處，持有土制之缽等低劣破爛物，以及從垃圾中做成、人皆不穿之布衣，縱然不對盜賊等隱匿此身軀，自然安住亦無所恐懼，此何時可得。

དུར་ཁྲོད་སོང་ནས་གཞན་དག་གི །　何時來到屍林已，
རུས་གོང་དག་དང་བདག་གི་ལུས། །　能夠對於其他人，
འཇིག་པའི་ཆོས་ཅན་དག་ཏུ་ནི། །　所留白骨與己身，
ནམ་ཞིག་མགོ་སྙོམས་བྱེད་པར་འགྱུར། །　平等視為壞滅法。

ལུས་ལ་ཞེན་པ་འདོར་བའི་ཕྱིར་དུ་དུར་ཁྲོད་དུ་སོང་ནས་གཞན་སྔར་ཤི་བ་དག་གི། རུས་གོང་འཕོར་བ་དག་དང་བདག་གི་ལུས་འདི་ཡང་འདི་ལྟ་བུའི་རང་བཞིན། འདི་ལྟ་བུའི་ཆོས་ཅན། མཚན་ཉིད་འདི་ལྟ་བུ་ལས་མ་འདས་པའོ་ཞེས་འཇིག་པའི་ཆོས་ཅན་དག་ཏུ་ནི། ནམ་ཞིག་ན་མགོ་སྙོམས་བྱེད་པར་འགྱུར་ཞེས་པའི་བར་དུ་སྨོན་པའོ།།
何時為了捨棄對身體的愛戀，而來到屍林已，能夠對於過去已死的其他人所留下的白骨，與己身平等視為壞滅法（是這般自性，是這般有法，是不逾越這般性相）。如是結束發願。

བདག་གི་ལུས་ནི་འདི་ཉིད་ཀྱང་། །　我所具有此身軀，
གང་གི་དྲི་ཡིས་ཝ་དག་ཀྱང་།།　將因何臭乃至狐，

དྲུང་དུ་ཉེར་འགྲོ་མི་འགྱུར་བ།། 亦不願意近向前，
དེ་ལྟ་བུར་ནི་འགྱུར་བར་འོང་།། 此般情景亦將至。

ནམ་ཞིག་གི་ཚེ་བདག་གི་ལུས་ནི་འདི་ཉིད་ཀྱང་དུར་ཁྲོད་ཀྱི་རོར་གྱུར་ཏེ་ལུས་རུལ་བ་གང་གི་དྲི་ཡིས་ཤ་ལ་དགའ་བའི་ཝ་དག་ཀྱང་། དྲུང་དུ་ཉེ་བར་འགྲོ་བར་མི་འགྱུར་བ། དེ་ལྟ་བུར་ནི་གདོན་མི་ཟ་བར་འགྱུར་བ་འོང་ངོ་།།

何時我所具有的此身軀，將因何臭（在屍林場成為屍體，屍體腐爛之臭）乃至喜好肉食的狐，亦不願意走近向前，此般情景亦無疑地必然將至。

ལུས་འདི་གཅིག་པུ་བྱུང་བ་ཡང་། ། 獨一無二有此身，
ལྷན་ཅིག་སྐྱེས་པའི་ཤ་རུས་དག ། 然而俱生之肉骨，
ཞིག་སྟེ་སོ་སོར་འགྱེས་འགྱུར་ན། ། 亦將毀壞各分離，
མཛའ་བ་བ་གཞན་དག་ཅི་ཞིག་སྨོས། ། 其他摯友毋庸言。

འཇིག་རྟེན་ན་ཐ་དད་པར་མ་གྲགས་པས་ལུས་འདི་གཅིག་པུ་ཙ་བྱུང་བ་ཡང་། ལྷན་ཅིག་སྐྱེས་པའི་ཤ་དང་རུས་པ་དག །ཞིག་སྟེ་སོ་སོར་ཐ་དད་དུ་འགྱེས་པར་འགྱུར་ན། མཛའ་བ་བ་གཞན་དག་སོ་སོར་འབྲལ་བར་ལྟ་ཅི་ཞིག་སྨོས།

在世間之中，不曾聽過有其二，故獨一無二有此身，然而俱生之肉與骨等等，亦將毀壞各自分離，與其他摯友各自分離更毋庸言。

སྐྱེ་ན་གཅིག་པུ་སྐྱེ་འགྱུར་ཞིང་། ། 生時則是獨自生，
འཆི་ན་འང་དེ་ཉིད་གཅིག་འཆི་སྟེ། ། 死時亦是獨自死，
སྡུག་བསྔལ་སྐལ་གཞན་མི་ལེན་ན། ། 他人不能分受苦，
གེགས་བྱེད་མཛའ་བས་ཅི་ཞིག་བྱ། ། 能障之友有何益。

དེ་ལྟར་ནའང་གཉེན་འདུན་གྱི་སྐྱེ་བོ་རྣམས་ནི་བདེ་བའི་རྒྱུ་ཡིན་པས་དེ་ལ་རྗེས་སུ་ཆགས་པར་

རིགས་སོ་སྙམ་ན། སྐྱེ་བའི་ཚེ་ན་རང་ཉིད་གཅིག་པུ་སྐྱེ་བར་འགྱུར་ཞིང་། འཆི་ནའང་དེ་ཉིད་གཅིག་པུ་གྲོགས་མེད་པར་འཆི་སྟེ། སྡུག་བསྔལ་གྱི་སྐལ་བ་གཞན་སུས་ཀྱང་མི་ལེན་ན། དགེ་བའི་ཕྱོགས་ཀྱི་གེགས་བྱེད་པའི་བདུད་སྡིག་ཅན་དང་འདྲ་བའི་མཛའ་བ་བ་དེས་ཅི་ཞིག་བྱ་སྟེ་དགོས་པ་མེད་དོ།།

雖然如此，但若仍舊認為親戚是安樂之因，故貪戀彼等乃合理，則曰：生時則是自己獨自地生，死時亦是自己無人陪伴獨自地死，其他任何人都不能分攤承受痛苦，能障礙善方、猶如魔王波旬一般之友有何益？無需要此友之必要也。

ལམ་དག་ཏུ་ནི་ཞུགས་པ་རྣམས། ། 猶如路上行走眾，
ཇི་ལྟར་གནས་ནི་འཛིན་བྱེད་ལྟར། ། 如何執想所經處，
དེ་བཞིན་སྲིད་པའི་ལམ་ཞུགས་པ་འང་། ། 輪迴路上行走眾，
སྐྱེ་བའི་གནས་ནི་ཡོངས་སུ་འཛིན། ། 如是執想生之處。

དཔེར་ན་ལམ་དག་ཏུ་ནི་ཞུགས་པའི་མགྲོན་པོ་རྣམས། ཇི་ལྟར་གྲོགས་གཞན་དག་དང་ལྷན་ཅིག་ཏུ་ཚོང་ཁང་ལ་སོགས་པའི་གནས་ནི་འཛིན་པར་བྱེད་པ་ལྟར་དུ། དེ་བཞིན་དུ་ལས་ཀྱི་དབང་གིས་སྲིད་པའི་ལམ་དུ་ཞུགས་པ་འང་། སྐྱེ་བའི་གནས་ནི་ཡོངས་སུ་འཛིན་པ་ན་རིགས་གཅིག་པ་དང་སྤུག་གི་གཉེན་མཚམས་ལ་སོགས་པ་རྣམས་དང་ལྷན་ཅིག་ཏུ་སྡོད་དེ། སླར་ཡང་དེ་དག་སྤངས་ནས་གྲོགས་མེད་པར་གཅིག་པུར་འགྲོའོ།།

猶如於路上行走的旅客大眾，如何執想和其他友人一同所經過的商店等處，因業力於輪迴路上行走的大眾，如是執想生之處，則雖然與家族血親等一同生活，但是最終得捨棄彼等，自己獨自前行。

འདིག་རྟེན་ཀུན་ནས་གདུང་བཞིན་དུ། ། 莫等世人全沉浸，
ཇི་སྲིད་སྐྱེས་བུ་བཞི་ཡིས་ནི།། 哀慟之中由四人，

དེ་ལུས་དེ་ནི་མ་བཏེགས་པ།། 從彼家中抬出彼，
དེ་སྲིད་དུ་ནི་ནགས་སུ་སོང་།། 即於此前遁山林。

འཇིག་རྟེན་གཉེན་བཤེས་ཀྱི་སྐྱེ་བོ་རྣམས་སྡུག་བསྔལ་གྱིས་ཀུན་ནས་གདུང་བཞིན་དུ། དེ་སྲིད་སྐྱེས་བུ་བཞི་ཡིས་ཁྱོགས་སུ་བླངས་ནས་ནི། ཁྱིམ་དེ་ལས་ལུས་དེ་ནི་དུར་ཁྲོད་དུ་མ་བཏེག་པ། དེ་སྲིད་དུ་ནི་ནགས་སུ་སོང་ཤིག།

莫待親友等世間人，因痛苦而全然沉浸於哀慟之中，由四人取屍架，從彼家中抬出彼屍體至屍林場，即於此前遁山林。

བཤེས་མེད་འཁོན་པ་འང་མེད་བྱས་ནས།། 既無親屬亦無仇，
ལུས་འདི་གཅིག་པུ་དབེན་གནས་ཏེ།། 此身獨自沉隱居，
སྔ་ནས་ཤི་དང་འདྲར་བརྩིས་ན།། 若視己如早已死，
ཤི་ནའང་མྱ་ངན་བྱེད་པ་མེད།། 既死亦不生悲苦。

དེར་ཡོན་ཏན་གྱི་ཁྱད་པར་ཅི་ལྟ་བུ་ཞིག་ཡོད་ཅེ་ན། བཤེས་མེད་ཅིང་འཁོན་པ་འང་མེད་པར་བྱས་ནས། ལུས་འདི་ཉིད་གཅིག་པུར་དབེན་པར་གནས་ཏེ། འཇིག་རྟེན་དང་འབྲེལ་ཚོད་པས་ཉེ་དུ་སོགས་ཀྱིས་སྔ་ནས་ཤི་བ་དང་འདྲ་བར་བརྩིས་ན། ཤི་ནའང་དེའི་ཚེ་མྱ་ངན་བྱེད་པ་འགའ་ཡང་མེད་དོ།།

若問此中有何特殊功德？則曰：既無親屬亦無仇人，任由此身獨自沉寂地隱居，世人與熟識者如親屬等，若視己如同早已死去，則既我死，彼時亦不會生起一絲一毫悲苦。

དྲུང་ན་འཁོད་པ་སུ་དག་ཀྱང་།། 身前亦無任何人，
མྱ་ངན་གནོད་པ་བྱེད་མེད་པས།། 哀慟以致造傷害，
འདི་ཡི་སངས་རྒྱས་རྗེས་དྲན་སོགས།། 以此憶念佛陀等，
སུས་ཀྱང་གཡེང་བར་འགྱུར་བ་མེད།། 無人可以使散亂。

བྱུང་ན་འཁོད་པ་སྤུ་དག་ཀྱང་། །ཀྱཱ་ངན་དང་སྨྲེ་སྔགས་འདོན་པ་ལྟ་བུས་བདག་གི་ཡིད་ལ་གནོད་པ་བྱེད་པ་མེད་པས། དབེན་པར་གནས་པ་འདི་ཡིས་སངས་རྒྱས་རྗེས་སུ་དྲན་པ་དང་ལ་སོགས་པ་སྟེ་ཆོས་རྗེས་སུ་དྲན་པ་དང་དགེ་འདུན་རྗེས་སུ་དྲན་པ་དང་། ཚུལ་ཁྲིམས་རྗེས་སུ་དྲན་པ་དང་། གཏོང་བ་རྗེས་སུ་དྲན་པ་དང་། ལྷ་རྗེས་སུ་དྲན་པ་དང་། དེ་ཁོ་ན་ཉིད་ཡིད་ལ་བྱེད་པ་ལ་སོགས་པ་རྣམས་ལ་སུས་ཀྱང་སེམས་གཞན་དུ་གཡེང་བར་འགྱུར་བ་མེད་དོ།།

身前亦無任何人哀慟、哭喊等等以致於造成我意念上的傷害，以此隱居而憶念佛陀、念法、念僧、念戒、念施、念神、真如做意等等，無人可以使我心散亂於他處。

དེ་བས་ཞིན་ཏུ་མདངས་དགའ་བའི། །	故我應當獨自居，
ནགས་ཚལ་ཚེགས་ཆུང་བདེ་སྐྱིད་ཅིང་། །	美麗歡喜少艱難，
གཡེང་བ་ཐམས་ཅད་ཞི་བྱེད་པར། །	安樂且能止一切，
བདག་ཉིད་གཅིག་པུ་གནས་པར་བྱ། །	散亂放逸之山林。

མཇུག་བསྡུ་བ་ནི། དེ་བས་ཞིན་ཏུ་མདངས་དང་ལྡན་པ་ཉམས་དགའ་བའི་ནགས་ཚལ་ཚེགས་ཆུང་ངུས་འཚོ་བ་མངོན་པར་མཐོ་བ་དང་ངེས་པར་ལེགས་པའི་བདེ་སྐྱིད་ཐམས་ཅད་ཀྱི་རྒྱུ་བྱེད་ཅིང་། སྒོ་གསུམ་གྱི་གཡེང་བ་ཐམས་ཅད་ཞི་བར་བྱེད་པ་དེར། བདག་རང་ཉིད་གཅིག་པུ་གྲོགས་མེད་པར་གནས་པར་བྱའོ།།

結語：故我應當無人陪伴、獨自地隱居於風景美麗，且令人歡喜，生活少艱難，能作為一切增上生、決定勝安樂之因，且能止一切三門散亂放逸之山林。

བསམ་པ་གཞན་ནི་ཀུན་བཏང་སྟེ། །	當捨一切其他想，
བདག་ལ་སེམས་པ་གཅིག་པུ་ཡིས། །	唯一心想己之事，
སེམས་ནི་མཉམ་པར་གཞག་ཕྱིར་དང་། །	為令心能平等住，
དུལ་བར་བྱ་ཕྱིར་བརྩོན་པར་བྱ། །	與受調伏當精進。

དེའི་ཚེ་བསམ་པ་གཞན་འཇིག་རྟེན་ཆོས་བརྒྱད་ལྟ་བུ་ནི་ཆ་དང་བཅས་པ་ཀུན་བཏང་སྟེ། བདག་གི་སེམས་དུལ་བའི་ཐབས་ལ་སེམས་པ་གཅིག་པུ་ཡིས། སེམས་ནི་ཞི་གནས་ཀྱིས་མཉམ་པར་བཞག་པའི་ཕྱིར་དང་། ལྷག་མཐོང་གིས་དུལ་བར་བྱ་བའི་ཕྱིར་དུ་བརྩོན་པར་བྱའོ།།

彼時應當捨棄如世間八法等一切其他想，唯一心想調伏己心之事，為令心能寂止平等住，與受勝觀之調伏，應當精進。

༢་༢་༣་༢་༡་༢་༢་༢་རྣམ་རྟོག་དོར་བ།
2.2.3.2.1.2.2.2.抛棄分別念

༢་༢་༣་༢་༡་༢་༢་༢་༡་མདོར་བསྟན་པ།
2.2.3.2.1.2.2.2.1.總說

འཇིག་རྟེན་འདི་དང་ཕ་རོལ་ཏུ་འང་། ། 無論今世及來世,
འདོད་པ་རྣམས་ནི་ཕུང་ཁྲོལ་བསྐྱེད། ། 種種欲望生禍端,
འདིར་ནི་བསད་དང་བཅིངས་དང་གཅོད།། 今世遭殺縛與砍,
ཕ་རོལ་ཏུ་ནི་དམྱལ་སོགས་སྒྲུབ། ། 來世造成地獄等。

འཇིག་རྟེན་འདི་དང་འཇིག་རྟེན་ཕ་རོལ་ཏུ་འང་། གཟུགས་ལ་སོགས་པ་འདོད་པའི་ཡོན་ཏན་རྣམས་ནི་ཕུང་ཁྲོལ་སྐྱེད་པའི་གཞི་སྟེ། འདིར་ནི་བསད་པ་དང་བཅིངས་པ་དང་གཅོད་པ་དང་། ཕ་རོལ་ཏུ་ནི་དམྱལ་བ་དང་ཡི་དྭགས་ལ་སོགས་པའི་སྡུག་བསྔལ་སྒྲུབ་པ་ཡིན་ནོ།།

無論今世及來世，對於色等種種妙欲的欲望是生起禍端的根基，今世遭殺縛與砍，來世造成地獄、餓鬼等痛苦。

༢་༢་༣་༢་༡་༢་༢་༢་༢་རྒྱས་པར་བཤད་པ།
2.2.3.2.1.2.2.2.2.廣說

༢་༢་༣་༢་༡་༢་༢་༢་༢་༡་བུད་མེད་ལ་སྲེད་པ་སྤོང་བ།
2.2.3.2.1.2.2.2.2.1.斷除愛執女人

༢.༢.༣.༢.༡.༢.༢.༢.༢.༡.༡.རྒྱུ་སྒྲུབ་དཀའ་བར་བསམ་པ།
2.2.3.2.1.2.2.2.2.1.1.思維因的難成辦

ཕོ་ཉ་ཕོ་ཉ་མོ་ཡིས་སྔོན།། 先遣媒人或媒婆,
གང་ཕྱིར་དུ་མར་གསོལ་བཏབ་ཅིང་། ། 為何多次做祈求,
སྡིག་པ་རྣམས་སམ་གྲགས་མིན་ལའང་། ། 種種罪業或惡名,
གང་གི་དོན་དུ་མ་འཛེམས་པར། ། 亦為何故不顧忌,
འཇིགས་པ་ལ་ཡང་བདག་ཞུགས་ཤིང་། ། 縱是苦難我亦往,
རྫས་ཀུན་ཟད་པར་བྱས་གྱུར་ཏེ། ། 錢財亦皆消耗盡。

ཕོ་ཉ་དང་ཕོ་ཉ་མོ་ཡིས་བསྐུལ་ཏེ་དེ་དང་ཕྲད་པའི་སྔོན། བུད་མེད་གང་གི་ཕྱིར་ལན་གྲངས་དུ་མར་གསོལ་བ་བཏབ་ཅིང་། དེའི་ལས་ཀྱི་རྣམ་པར་སྨིན་པ་ལས་འཇིག་རྟེན་ཕ་རོལ་ལ་གནོད་པའི་སྡིག་པ་རྣམས་སམ་འཇིག་རྟེན་འདི་ལ་གནོད་པའི་གྲགས་པ་མིན་པ་ལའང་། བུད་མེད་གང་ཞིག་གི་དོན་དུ་མ་འཛེམས་པར། རྒྱལ་པོས་ཆད་པ་དང་ཁྱི་གཏུམ་པོས་གནོད་པ་ལ་སོགས་པའི་འཇིགས་པ་ལ་ཡང་བདག་ཞུགས་ཤིང་། གོས་དང་རྒྱན་དང་ག་བུར་ལ་སོགས་པའི་བྱུག་པར་སྤྱད་པས་རྫས་ཀུན་ཡོངས་སུ་ཟད་པར་བྱས་པར་གྱུར་ཏེ།

在與彼相會之前，先遣媒人或媒婆, 為何（為了女人）多次做祈求，由彼業報將害及來世之種種罪業或害及今生的惡名，亦為何故（為了女人）不顧忌，縱然是有受到國王懲罰與猛犬傷害等苦難，我亦往此苦難中行，因享用衣服、飾品、冰片等等塗香，所有錢財亦皆消耗殆盡。

གང་ལ་ཡོངས་སུ་འཁྱུད་པས་ན། ། 因為擁抱何者故,
མཆོག་ཏུ་དགའ་འགྱུར་དེ་དག་ཉིད། ། 即生上喜而彼等,
ཀེང་རུས་ཉིད་ཡིན་གཞན་མིན་ན། ། 若僅白骨非其他,
རང་དབང་དང་ནི་བདག་མིན་ལ། ། 於己作主與非我, （於非自主與有我）
རབ་ཏུ་འདོད་ཅིང་ཡོངས་ཞེན་ནས། ། 極度欲求貪戀已,

ཅི་ཕྱིར་མྱ་ངན་འདས་མི་འགྲོ། 何故不向涅槃行。

རྣག་ཁྲག་གི་ལུས་གང་ལ་ཡོངས་སུ་འཁྱུད་པས་ན། ཁྱོད་ལ་མཆོག་ཏུ་དགའ་བ་སྐྱེ་བར་འགྱུར་བའི་ལུས་དེ་དག་ཉིད། གལ་ཏེ་རུས་ཉིད་ཡིན་གྱི། འདོད་བྱ་ཡིད་འོང་གི་དངོས་པོ་གཞན་མིན་ན། རང་གི་དབང་དུ་གྱུར་པའི་ཆུང་མ་དང་ནི་བདག་གིས་ཐོབ་པ་མིན་པའི་མཛའ་ན་མོ་ལྟ་བུ་ལ། རབ་ཏུ་འདོད་ཅིང་ཡོངས་སུ་ཞེན་ནས། ཁྱོད་ཅི་ཡི་ཕྱིར་ན་མྱ་ངན་ལས་འདས་པའི་ལམ་དུ་མི་འགྲོ།

因為擁抱何者（膿血之身）故，汝即生起最上之喜，然而彼等若僅是白骨，並非其他可愛悅意之物，對於譬如自己能作主的妻子，與非我所得的女友，極度欲求貪戀已，汝何故不向涅槃之道前行？

༢.༢.༣.༢.༡.༢.༢.༢.༢.༡.༢.རང་བཞིན་མི་གཙང་བར་བསམ་པ།

2.2.3.2.1.2.2.2.2.1.2.思維本質乃不淨

གང་ཞིག་དང་པོ་འབད་དེ་བཏེགས། ། 何人起初奮力托，
དྲངས་ཀྱང་ངོ་ཚས་འོག་ཏུ་བལྟ། ། 上引猶羞而垂視，
སྔོན་ནི་མཐོང་ངམ་མ་མཐོང་ཡང་། ། 無論先前見未見，
གོས་ཀྱིས་གདོང་ནི་གཡོགས་པར་འགྱུར།། 皆以遮紗覆其容。

ཆགས་ལྡན་གང་ཞིག་དང་པོ་བུད་མེད་དེའི་གདོང་གསལ་པོར་བལྟ་བར་འདོད་པས་འབད་དེ་བཏེག་ཅིང་། གོས་དེ་ཕྱེ་ནས་དྲངས་ཀྱང་ཆུང་མ་དེ་ངོ་ཚ་བས་འོག་ཏུ་ལྟ་བར་བྱེད་དེ། དུར་ཁྲོད་དུ་འགྲོ་བའི་སྔོན་ནི་གཞན་གྱིས་མཐོང་ངམ་མ་མཐོང་ཡང་། གོས་ཏེ་སེང་རས་ཀྱིས་གདོང་ནི་གཡོགས་པར་འགྱུར་རོ།།

何人（懷貪之人）於起初欲清楚得見彼女子面容故，奮力托起女子頭，向上引掀彼遮紗後，妻子猶因為羞赧而垂視，無論去往屍林場先前，他人曾見或未見，皆以遮紗覆其容。

ཁྱོད་ཉོན་མོངས་པའི་གདོང་དེ་ཉི།། 煩惱汝心彼面容，
ད་ལྟ་མངོན་སུམ་གྱུར་པ་བཞིན།། 當下為鷲所揭明，
བྱ་རྒོད་ཀྱིས་བསལ་བྱས་མཐོང་ནས།། 現前面容既見已，
ད་ལྟ་ཅི་ཕྱིར་འབྱེར་བར་བྱེད།། 當下何故欲逃離。

དེ་དུར་ཁྲོད་ཀྱི་ཆོས་དང་སྦྱར་ཏེ་བསྟན་པ་ནི། གང་ལ་བལྟ་བར་འདོད་དེ་ཁྱོད་ཉོན་མོངས་པར་གྱུར་པའི་གདོང་དེ་ཉི། ད་ལྟ་མངོན་སུམ་དུ་གྱུར་པ་བཞིན་གྱི་རས་དག་བྱ་རྒོད་ཀྱིས་བསལ་བར་བྱས་པ་མཐོང་ནས། ད་ལྟ་ཅི་ཡི་ཕྱིར་འབྱེར་བར་བྱེད་ཅིང་བྲོས་པར་བྱེད།

此處結合屍林之法而宣說：煩惱汝心、所欲瞧見的彼面容，當下為鷲所揭明，現前的種種面容既見已，當下何故欲逃避離去。

གཞན་རྣམས་མིག་གིས་ལྟ་ན་ཡང་།། 他眾唯以眼瞧視，
གང་ཞིག་ཡོངས་སུ་བསྲུངས་གྱུར་པ།། 汝即守護之彼物，
ཇི་སྲིད་དེ་ཉི་དེས་ཟ་ན།། 此間彼為其所食，
སེར་སྣ་ཅན་ཁྱོད་ཅིས་མི་བསྲུང་།། 汝慳吝者何不護。

སྐྱེས་པ་གཞན་རྣམས་ཀྱིས་མིག་གིས་ལྟ་ན་ཡང་། གང་ཞིག་ཡོངས་སུ་བསྲུང་བར་གྱུར་པ། ཇི་སྲིད་བུད་མེད་ཀྱི་ལུས་དེ་ཉི་བྱ་རྒོད་ལ་སོགས་པ་དེས་ཟ་ན། སེར་སྣ་ཅན་ཁྱོད་ཀྱིས་དེ་ཅིས་མི་བསྲུང་།

其他男子眾唯以眼瞧視，汝即守護之彼物，此間彼女人身為其禿鷲所食，汝慳吝者為何不守護彼。

ཤ་ཡི་ཕུང་པོ་འདི་མཐོང་ནས།། 見此色身肉蘊聚，
བྱ་རྒོད་དང་གཞན་ཟ་བྱེད་ན།། 能為鷲與他所食，
གཞན་གྱི་ཟས་ལ་མེ་ཏོག་གི། 為他食糧以鮮花，
ཕྲེང་བ་ཙནྡན་རྒྱན་གྱིས་མཆོད།། 鬘飾旃檀獻殷勤。

ཤ་ཡི་ཕུང་པོ་བུད་མེད་གཞོན་ནུའི་ལུས་དེ་ཡང་འཕགས་པ་མི་རྟག་པ་སྒོམ་པ་རྣམས་ཀྱིས་གང་

རུས་སུ་མཐོང་བ་དང་། སྐྱེ་བོ་ཆགས་སྲེད་ཅན་རྣམས་ཀྱིས་འདོད་བྱ་ཡིད་འོང་གི་དངོས་པོར་མཐོང་བ་དང་ཡང་འདི་ཉིད་མཐོང་ནས། བྱ་རྒོད་དང་གཞན་ཅེ་སྤྱང་ལ་སོགས་པ་རྣམས་ཀྱིས་ཟས་སུ་མཐོང་ནས་ཟ་བར་བྱེད་ན། གཞན་གྱི་ཟས་ལ་མེ་ཏོག་གི་མགོ་རྒྱན་དང་། རིན་པོ་ཆེའི་ཕྲེང་བ་དང་ཙནྡན་གྱི་བྱུག་པ་དང་གསེར་གྱི་རྒྱན་གྱིས་ཅིའི་ཕྱིར་ན་མཆོད་པར་བྱེད་དེ་མི་རིགས་སོ།།

修不淨觀的聖者，見此女人色身肉蘊聚為白骨，而貪愛之人，則視之為所欲所求，悅意之物，能為鷲與其他豺狼等眼中所見之食，為何為了他眾之食糧，能以鮮花頭冠、珠寶之鬘、黃金飾品、旃檀塗香獻殷勤。

རུས་གོང་ཉིད་དུ་མཐོང་ནས་ནི། །	見此白晰之骨骸,
མི་འགུལ་ཡང་ནི་ཁྱོད་སྐྲག་ན།།	雖然不動汝猶懼,
རོ་ལངས་བཞིན་དུ་འགའ་ཡིས་ཀྱང་། །	為何不懼如起屍,
བསྐྱོད་པར་གྱུར་ན་ཅིས་མི་འཇིགས། །	亦由許因能動者。

དུར་ཁྲོད་ན་སྒལ་ཚིགས་ལ་སོགས་པའི་རུས་གོང་ཡོད་པ་ཉིད་དུ་མཐོང་ནས་ནི། ཤིང་དང་བོང་བ་ལ་སོགས་པ་ལྟར་མི་གཡོ་ཞིང་མི་འགུལ་ཡང་ནི་དེ་ལ་ཁྱོད་སྐྲག་པ་སྐྱེ་ན། འབྱུང་པོའི་གདོན་གྱིས་བསྐྱེད་པའི་རོ་ལངས་བཞིན་དུ་རླུང་སེམས་འགའ་ཡིས་ཀྱང་། བསྐྱོད་པར་གྱུར་ན་དེ་ལ་ཅིས་མི་འཇིགས།

於屍林場中，見此脊椎等等白晰之骨骸，雖然如木、土一般不動，汝猶對彼心生恐懼，然而為何不畏懼如同一個由魔祟所生的起屍，亦由些許心氣為因，而能走動者。

གང་ལ་གཡོགས་ཀྱང་འདི་ཆགས་པ། །	何物雖蔽猶貪戀,
དེ་མ་གཡོགས་ན་ཅིས་མི་འདོད། །	若彼不蔽何不欲,
དེ་ལ་དགོས་པ་མེད་ན་ནི།།	若無對彼之需求,

གཡོགས་པ་ལ་ནི་ཅི་ཕྱིར་འཁྱུད།། 然則為何擁蔽者。

གང་ལ་གོས་ལ་སོགས་པས་གཡོགས་ཀྱང་ལུས་འདི་ལ་ཆགས་པར་བྱེད་ན། དེ་གོས་ལ་སོགས་པས་མ་གཡོགས་ན་ཅིས་མི་འདོད། མ་གཡོགས་པར་དེ་ལ་དགོས་པ་མེད་ན་ནི། གཡོགས་པ་ལ་ནི་ཅི་ཡི་ཕྱིར་འཁྱུད་པར་བྱེད།

何物雖然被衣等遮蔽，卻猶能對此生起貪戀，若彼不被衣等遮蔽，為何不起欲求，若無對彼無遮蔽者之需求，然則為何願意擁抱遮蔽者。

ཟས་ནི་གཅིག་པུ་ཉིད་ལས་ནི།། 由一單獨食物中,
བཤང་དང་ཁ་ཆུ་བྱུང་གྱུར་ན།། 能生屎糞與口水,
དེ་ལས་བཤང་ལ་མི་དགའ་ཞིང་།། 不喜其中之屎糞,
ཁ་ཆུ་ལ་ཁྱོད་ཅི་ཕྱིར་དགའ།། 則汝何故喜口水。

འབྲས་ཆན་ལ་སོགས་པའི་ཟས་ནི་གཅིག་པུ་ཉིད་རྒྱུར་བྱས་པ་ལས་ནི། དེའི་རྒྱུ་ཅན་གྱི་བཤང་གཅི་དང་ཁ་ཆུ་བྱུང་བར་གྱུར་ན། དེ་ལས་བཤང་གཅི་ལ་མི་དགའ་ཞིང་། བུད་མེད་ཀྱི་ཁ་ཆུ་ལ་ཁྱོད་ཅི་ཡི་ཕྱིར་དགའ་བར་བྱེད།

由米飯等等一單獨食物作為因，從中能生屎糞尿與口水，不喜其中之屎糞尿，則汝何故能喜歡女人之口水。

ཤིང་བལ་རེག་ན་འཇམ་པ་ཡི།། 不願喜歡柔軟觸,
སྔས་ལ་དགའ་བར་མི་བྱེད་པར།། 棉絮所制之枕頭,
དྲི་ང་འཛག་པ་མ་ཡིན་ཞེས།། 而謂並非泄臭物,
འདོད་ལྡན་མི་གཙང་བ་ལ་རྨོངས།། 有欲者昧諸不淨。

བཤང་གཅི་ནི་དྲི་ང་བའི་རང་བཞིན་ཡིན་པས་དེ་ལས་ཕྱིར་ཕྱོགས་པར་འོས་ཀྱི། གཞན་ཤ་དང་ལྡན་པའི་ལུས་ཀྱི་ཆ་རྣམས་ནི་དེ་ལྟར་མ་ཡིན་ནོ་ཞེ་ན། ཤིང་བལ་རེག་ན་འཇམ་པ་ཡི། རང་བཞིན་གྱི་སྔས་དང་མལ་སྟན་དག་ལ་དགའ་བར་མི་བྱེད་པར། དྲི་ང་བའི་རང་བཞིན་ཡིན་

བཞིན་དུ་དྲི་ང་འཇོག་པ་མ་ཡིན་ནོ་ཞེ་ན། འདོད་ལྡན་རྣམས་མི་གཙང་བ་ལ་གཙང་བར་འཛིན་པའི་རྨོངས་པ་འབྱུང་ངོ༎

若說屎尿等，其性是臭，故可排除在外，然而其他有肉的身體各部分卻並非如此。則曰：不願喜歡由具有柔軟觸感自性之棉絮所製成之枕頭、床墊等，而謂自性是臭的身體並非是排泄穢臭之物，有欲者癡昧於諸不淨，將之執為清淨。

འདོད་ལྡན་ངན་པ་རྨོངས་པ་རྣམས། ། 有欲低劣愚癡眾，
ཤིང་བལ་རེག་ན་འཇམ་པ་ལ་འང་། ། 棉絮觸感雖柔軟，
ཉལ་པོ་བྱ་བར་མི་ནུས་ཞེས༎ 卻謂不能行交歡，
དེ་ལ་ཁྲོ་བ་དག་ཏུ་བྱེད༎ 而能對彼生怒等。

འདོད་པ་དང་ལྡན་ཞིང་ངན་པའི་ངང་ཚུལ་འཆང་བའི་རྨོངས་པ་རྣམས། ཤིང་བལ་རེག་ན་འཇམ་པའི་མལ་སྟན་དག་ལ་འང་། འདིས་ཉལ་པོ་བྱ་བར་མི་ནུས་སོ་ཞེས། དེ་ལ་རྒྱབ་ཀྱིས་ཕྱོགས་ཏེ་ཁྲོ་བ་དག་ཏུ་བྱེད་དོ༎

具有欲求、持低劣行之愚癡眾，棉絮枕墊等觸感雖柔軟，卻謂不能以此行交歡，而背對之，能對彼生怒等。

གལ་ཏེ་མི་གཙང་ཆགས་མེད་ན། ། 若於不淨無貪戀，
རུས་གཟེབ་རྒྱུས་པས་སྦྲེལ་བ་ལ། ། 骨架及筋所拼合，
ཤ་ཡི་འདམ་གྱིས་ཞལ་ཞལ་བྱས། ། 並由肉泥為其表，
གཞན་ཁྱོད་ཅི་ཕྱིར་པང་དུ་འཁྱུད། ། 他體汝何擁入懷。

གལ་ཏེ་མི་གཙང་བ་ལ་ཆགས་པ་མེད་ཅིང་རྣམ་པ་ཐམས་ཅད་དུ་ཞེན་པ་མེད་ན། རུས་པའི་གཟེབ་ཡན་ཚུན་རྒྱུས་པས་སྦྲེལ་བ་ལ། ཤ་ཡི་འདམ་གྱིས་བསྐུས་ཏེ་ཞལ་ཞལ་བྱས་པའི་གཞན་བུད་མེད་ཀྱི་ལུས་དེ་ཁྱོད་ཀྱིས་ཅི་ཡི་ཕྱིར་པང་དུ་འཁྱུད་པར་བྱེད།

若於不淨無一絲一毫的貪著與眷戀，則對於此由骨頭支架，以

及相互間的筋所拼合，並由肉泥覆蓋，作為其外表之女子他人之體，汝為何擁入懷中。

ཁྱོད་ཉིད་མི་གཙང་མང་ཡོད་པ། ། 汝自具有多不淨，
དེ་ཉིད་ལ་ཁྱོད་གཏན་སྤྱོད་བྱེད། ། 汝於恆時受用彼，
མི་གཙང་རྐྱལ་པ་གཞན་དག་ལའང་། ། 猶對其他不淨囊，
མི་གཙང་བཀམ་པས་འདོད་པར་བྱེད། ། 亦圖不淨故起貪。

ཁྱོད་རང་ཉིད་མཆིལ་མ་དང་སྣབས་དང་ཀླད་རྒྱས་དང་བཤང་བ་དང་གཅི་བ་ལ་སོགས་པ་མི་གཙང་བ་མང་དུ་ཡོད་པ་དེ་ཉིད་ལ་ཁྱོད་ཀྱིས་གཏན་དུ་ལོངས་སྤྱོད་བྱེད། མི་གཙང་བའི་རྐྱལ་པ་གཞན་བུད་མེད་ཀྱི་ལུས་དག་ལའང་། མི་གཙང་བ་ལ་བཀམ་པས་ཅིའི་ཕྱིར་འདོད་པར་བྱེད།

汝自己即具有諸多不淨，如唾液、鼻涕、軟骨、屎尿等等，汝於恆時受用彼，猶對於其他女人身不淨臭皮囊，亦貪圖其不淨，故而能起貪著。

བདག་ནི་ཤ་འདི་ལ་དགའ་ཞེས། ། 謂我所喜為此肉，
རེག་དང་བལྟ་བར་འདོད་ན་ཀོ། ། 而欲觸碰見視彼，
སེམས་མེད་པ་ཡི་རང་བཞིན་གྱི། ། 則於無心自性肉，
ཤ་ནི་ཁྱོད་ཀོ་ཅིས་མི་འདོད།། 汝又何故不欲求。

བདག་ནི་བུད་མེད་ཀྱི་ལུས་ཀྱི་ཤ་འདི་ལ་དགའ་འོ་ཞེས། དེ་ལ་རེག་པ་དང་བལྟ་བར་འདོད་ན་ཀོ། ཤི་བར་གྱུར་ཏེ་སེམས་མེད་པ་ཡི་རང་བཞིན་གྱི། ཤ་ནི་རྨོངས་པ་ཁྱོད་ཀོ་རྒྱུ་ཅི་ཞིག་གིས་མི་འདོད་པ་ཡིན།

謂我所喜為此女人身之肉，而欲觸碰與見視彼，則於已死無心自性之肉，愚癡之汝又何故不欲求。

འདོད་པའི་སེམས་གང་ཡིན་པ་དེ། ། 汝之所欲彼心者，
རེག་དང་བལྟ་བར་མི་ནུས་ལ།། 不能觸碰與見視，

གང་ཞིག་ནུས་དེ་ཤེས་པ་མིན།། 能如此者彼非識,
དོན་མེད་འཁྱུད་དེས་ཅི་ཞིག་བྱ།། 無義擁彼有何益。

གལ་ཏེ་སེམས་ཡོད་པའི་རང་བཞིན་དེ་ལ་དགའ་བ་ཡིན་ནོ་ཞེ་ན། ཁྱོད་ཀྱིས་འདོད་པའི་སེམས་གང་ཡིན་པ་དེ་ལ་ནི་རེག་པ་དང་བལྟ་བར་མི་ནུས་ལ། གང་ཞིག་རེག་པ་དང་བལྟ་བར་ནུས་པའི་ལུས་དེ་ནི་ཤེས་པ་མིན་པས། དོན་མེད་པར་དེ་ལ་འཁྱུད་པ་དེས་ཅི་ཞིག་བྱ།

若謂所喜為彼有心之自性者，則曰：汝之所欲彼心者，不能觸碰與見視，能被如此觸碰與見視者是身，彼非識，故無意義地擁抱彼身有何益。

མི་གཙང་རང་བཞིན་གཞན་གྱི་ལུས།། 不淨自性他人身,
མི་རྟོགས་ངོ་མཚར་མི་ཆེ་ཡི།། 無所了悟不稀奇,
རང་ཉིད་མི་གཙང་ཉིད་ཡིན་པར།། 然於自己乃不淨,
རྟོགས་པར་མི་འགྱུར་ངོ་མཚར་ཆེ།། 無所了悟甚稀奇。

མི་གཙང་བའི་རང་བཞིན་ཅན་གཞན་གྱི་ལུས་དེ་མི་གཙང་བར་མི་རྟོགས་ཀྱང་དེ་ལ་ངོ་མཚར་མི་ཆེ་ཡི། རང་ཉིད་ཀྱི་ལུས་འདི་མི་གཙང་བ་ཉིད་ཡིན་པར། རྟོགས་པར་མི་འགྱུར་བ་དེ་ནི་ངོ་མཚར་ཆེའོ།།

對於不淨自性之他人身，無所了悟，此事並不稀奇，然而對於自己之身乃不淨，無所了悟，此事甚為稀奇。

སྤྲིན་བྲལ་ཉི་ཟེར་གྱིས་ཕྱེ་བའི།། 捨棄無雲之日光,
པདྨ་གཞོན་ནུ་སྤངས་ནས་ནི།། 所啟青春之蓮華,
མི་གཙང་ཞེན་པའི་སེམས་ཀྱིས་ནི།། 反以貪戀不淨心,
མི་གཙང་གཟེབ་ལ་ཅིའི་ཕྱིར་དགའ།། 何故歡喜不淨簍。

བྱད་མེད་ཀྱི་ལུས་ནི་ཁ་དོག་གསལ་བ་ཡིན་པས་བདག་ནི་དེ་ལ་དགའོ་ཞེ་ན། སྤྲིན་དང་བྲལ་བའི་ཉི་མའི་འོད་ཟེར་གྱིས་ཕྱེ་བའི་མེ་ཏོག་པདྨ་གཞོན་ནུ་ཁ་དོག་ཤིན་ཏུ་གསལ་བ་དག་སྤངས་

ནས་ཅི། མི་གཙང་བ་ལ་རབ་ཏུ་ཞེན་པའི་སེམས་ཀྱིས་ཅི། མི་གཙང་བའི་གཟེབ་དེ་ལ་ཅིའི་ཕྱིར་དགའ།

若謂：所喜為女人身其鮮豔之色澤。則曰：捨棄無雲之日光所開啟具有鮮豔色澤的青春之蓮華，反以極為貪戀不淨物之心，何故歡喜彼不淨之簍。

ས་ཕྱོགས་མི་གཙང་གིས་གོས་པ།། 不淨所汙之地方，
གལ་ཏེ་རེག་པར་མི་འདོད་ན།། 若汝不欲觸碰之，
གང་ལས་དེ་ནི་བྱུང་བ་ཡི།། 然彼不淨之所源，
ལུས་ལ་ཇི་ལྟར་ཁྱོད་རེག་འདོད།། 此身如何汝欲觸。

ས་ཕྱོགས་གང་ཞིག་བཤང་གཅི་ལྟ་བུའི་མི་གཙང་བ་དག་གིས་གོས་པར་གྱུར་པ་ལ་གལ་ཏེ་བལྟ་བ་དང་ལུས་ཀྱིས་རེག་པར་མི་འདོད་ན། གང་ལས་དེ་ནི་བྱུང་བར་གྱུར་པ་ཡི། ལུས་དེ་ལ་ཇི་ལྟར་ཁྱོད་ཀྱིས་རེག་པར་འདོད་པ་ཡིན།

任何被屎尿等不淨所污穢之地方，若汝眼不欲觀，身不欲觸碰之，然彼不淨之所源，此身如何汝欲觸碰。

གལ་ཏེ་མི་གཙང་ཆགས་མེད་ན།། 若於不淨無貪戀，
མི་གཙང་ཞིང་ལས་བྱུང་གྱུར་ཅིང་།། 不淨田中所出生，
དེ་ཡི་ས་བོན་དེས་བསྐྱེད་པ།། 由彼種子所生起，
གཞན་ཁྱོད་ཅི་ཕྱིར་པང་དུ་འཁྱུད།། 汝何故擁他入懷。

གལ་ཏེ་བདག་མི་གཙང་བ་ལ་ཆགས་པ་མེད་དོ་ཞེ་ན། མི་གཙང་བའི་ཞིང་མའི་མངལ་ལས་བྱུང་བར་གྱུར་ཅིང་། མི་གཙང་བ་དེ་ཡི་ས་བོན་ཕ་མའི་ཁུ་ཁྲག་དང་ཟས་ལ་སོགས་པ་དེས་བསྐྱེད་པ་ལ། གཞན་བུད་མེད་ཀྱི་ལུས་དེར་ཁྱོད་ཀྱིས་ཅི་ཡི་ཕྱིར་པང་དུ་འཁྱུད་པར་བྱེད།

若謂我於不淨無貪戀，則從母胎不淨田中所出生，由彼不淨之種子－父母精血、食物等所生起之他人女子之身體，汝何故擁抱此他人女子之身體入懷中。

མི་གཙང་ལས་བྱུང་མི་གཙང་སྲིན།། 不淨所生不淨蛆，
ཆུང་ཏུ་འདང་ཁྱོད་འདོད་མི་བྱེད་ལ།། 雖小汝亦不起欲，
མི་གཙང་མང་པོའི་རང་བཞིན་ལུས།། 有多不淨自性身，
མི་གཙང་སྐྱེས་པ་འདང་འདོད་པར་བྱེད།། 不淨所生卻起欲。

བཤང་བ་ལ་སོགས་པའི་མི་གཙང་བའི་འདམ་རྫབ་ལས་བྱུང་བའི་མི་གཙང་བའི་སྲིན་བུ་ཆུང་ཏུ་ལའང་ཁྱོད་འདོད་པར་མི་བྱེད་ལ། མི་གཙང་བ་མང་པོ་ཚོགས་པའི་རང་བཞིན་གྱི་ལུས། མི་གཙང་བ་ལས་སྐྱེས་པ་དེ་ལའང་ཅིའི་ཕྱིར་འདོད་པར་བྱེད།

由屎等不淨污泥所生之不淨蛆雖小，汝亦不起欲求，有諸多不淨自性聚集之身，對於此亦由不淨之所生，為何卻能起欲求。

ཁྱོད་ནི་རང་ཉིད་མི་གཙང་ལ།། 汝於自己不清淨，
སྨོད་མི་བྱེད་པར་མ་ཟད་ཀྱི།། 不僅不願自訶責，
མི་གཙང་རྐྱལ་པ་མི་གཙང་ལ།། 更因貪圖不淨故，
བརྐམ་པས་གཞན་ཡང་འདོད་པར་བྱེད།། 於他穢囊起欲求。

གལ་ཏེ་བདག་ཀྱང་དེའི་ལུས་ལྟར་ཡིན་པས་མི་གཙང་བ་མི་གཙང་བ་དང་ཕྲད་པ་ལ་ཉེས་པ་ཅི་ཡོད་དེ། གནོད་སྦྱིན་ཛེ་ལྟ་བར་གཏོར་མ་ལ་ཡང་དེ་བཞིན་ནོ་ཞེ་ན། འདི་ནི་དོན་དང་བྲལ་བ་ཤིན་ཏུ་སྨད་པའི་གནས་ཏེ་ཁྱོད་ནི་རང་ཉིད་མི་གཙང་བ་ཡིན་པ་ལ། སྨོད་པ་མི་བྱེད་པར་མ་ཟད་ཀྱི། མི་གཙང་བའི་རྐྱལ་པ་ཁྱོད་ཉིད་མི་གཙང་བ་བ་ལ། བརྐམ་པས་གཞན་བུད་མེད་ཀྱི་ལུས་ལ་ཡང་འདོད་པར་བྱེད་དམ་ཅི།

若言：我也如同彼身體，因此，不淨與不淨相會有何過？正如夜叉遇食子。則曰：此背離義理之心，是極為該罵之點。汝於自己即是不清淨，不僅不願自訶責，更因貪圖不淨故，於他人污穢、不淨之女子身囊起欲求，是何理？

ག་པུར་ལ་སོགས་ཡིད་འོང་དང་།། 冰片等等悅意物，

འབྲས་ཆན་དག་གམ་ཚོད་མ་འབད་ཏུད།། 米飯或者蔬菜等，
ཁར་བཅུག་ཕྱིར་ཕྱུང་བོར་བ་ཡིས།། 入口後吐棄於外，
ས་ཡང་མི་གཙང་བཙོག་པར་འགྱུར།། 土地亦轉穢不淨。

ག་པུར་ལ་སོགས་པ་ཡིད་དུ་འོང་བའི་དངོས་པོ་དང་། འབྲས་ཆན་དག་གམ་དེའི་རོ་གསལ་བར་བྱེད་པའི་ཚོད་མ་འབད་ཏུད། བུད་མེད་དེའི་ཁར་བཅུག་སྟེ་ཕྱིར་ཕྱུང་ནས་བོར་བ་ཡིས། སྐྱུགས་པ་དང་འབྲེལ་བའི་ས་དེ་ཡང་མི་གཙང་བ་བཙོག་པར་འགྱུར་རོ།།
冰片等等悅意之物，米飯或者增添其味之蔬菜等，入彼女人之口後，吐出棄於外，沾有唾液的土地亦轉為污穢不淨。

གལ་ཏེ་མི་གཙང་འདི་འདྲ་བ།། 若於如此不淨身，
མངོན་སུམ་གྱུར་ཀྱང་ཐེ་ཚོམ་ན།། 明顯至此猶懷疑，
དུར་ཁྲོད་དག་ཏུ་བོར་བའི་ལུས།། 則當觀察屍林中，
མི་གཙང་གཞན་ཡང་བལྟ་བར་གྱིས།། 所棄不淨他人身。

གལ་ཏེ་མི་གཙང་བའི་རང་བཞིན་འདི་འདྲ་བ། མངོན་སུམ་དུ་གྱུར་ཀྱང་ད་དུང་ཐེ་ཚོམ་ཟ་ན། དུར་ཁྲོད་དག་ཏུ་བོར་བའི་བུད་མེད་ཀྱི་ལུས། མི་གཙང་གཞན་ལ་ཡང་ཁྱོད་ཀྱིས་བལྟ་བར་གྱིས་ཤིག།
若於具有如此不淨自性之身，明顯至此猶存懷疑，則汝應當觀察屍林場中，所丟棄的不淨他人女子之身。

གང་ལས་པགས་པའི་ཁ་ཕྱེ་ན།། 雖知揭開彼皮時，
འཇིགས་པ་ཆེན་པོ་སྐྱེ་འགྱུར་བར།། 將生極大恐懼心，
ཤེས་ཀྱང་དེ་ལྟར་དེ་ཉིད་ལ།། 然而如何仍於彼，
ཕྱིར་ཞིང་དགའ་བ་སྐྱེ་བར་འགྱུར།། 又能再次生歡喜。

ལུས་གང་ལས་པགས་པའི་ཁ་ཕྱེ་བ་ན། འཇིགས་པ་ཆེན་པོ་སྐྱེ་བར་འགྱུར་བར། ཤེས་ཀྱང་དེ་ལྟར་ན་ལུས་དེ་ཉིད་ལ། ཕྱིར་ཞིང་སླར་ཡང་དགའ་བ་སྐྱེ་བར་འགྱུར་ཏེ་སྐྱེ་བར་འོས་པ་མ་

ཡིན་ནོ།།

雖知揭開彼身外皮之時，將生起極大恐懼心， 然而如何仍舊對於彼，又能再次生起歡喜心，不應該生起也。

ལུས་ལ་བསྐུས་པའི་དྲི་དེ་ཡང་། །　　身上所抹彼香氣，
ཙནྡན་སོགས་ཡིན་གཞན་མ་ཡིན། །　　是旃檀等並非他，
གཞན་གྱི་དྲི་དེས་གཞན་དག་ལ། །　　如何能因他香氣，
ཅི་ཡི་ཕྱིར་ན་ཆགས་པར་བྱེད།།　　而於其他起貪戀。

དྲི་ཞིམ་ཕུན་སུམ་ཚོགས་པ་དང་ལྡན་པའི་ལུས་འདི་ལ་ཆགས་པར་རིགས་སོ་ཞེ་ན། ལུས་ལ་བསྐུས་པའི་དྲི་དེ་ཡང་། ཙནྡན་ལ་སོགས་པའི་ཡིན་གྱི་གཞན་ལུས་ལས་བྱུང་བ་མ་ཡིན་པས། དངོས་པོ་གཞན་གྱི་དྲི་དེ་ཡིས་གཞན་དག་ལ། ཅི་ཡི་ཕྱིར་ན་འདོད་ཅིང་ཆགས་པར་བྱེད།

若言：貪戀此具有圓滿香氣之身乃合理。則曰：身上所抹彼香氣，是旃檀等香氣，並非由他身所出之香，如何能因他物之香氣，而於其他起欲求和貪戀。

གལ་ཏེ་རང་བཞིན་དྲི་ང་བས།།　　因其自性是臭故，
འདི་ལ་མ་ཆགས་ལེགས་མིན་ནམ། །　　不貪戀此豈非善，
འཇིག་རྟེན་དོན་མེད་སྲེད་པ་དག །　　世間無義愛執眾，
ཇི་སྟེ་དེ་ལ་དྲི་ཞིམ་སྐུད།།　　何復於彼抹香氣。

གལ་ཏེ་དྲི་ལ་ཆགས་པར་བྱེད་ན་ལུས་འདི་རང་བཞིན་གྱིས་དྲི་ང་བ་ཡིན་པས། འདི་ལ་མ་ཆགས་ན་ལེགས་པ་མིན་ནམ། འཇིག་རྟེན་པ་དོན་མེད་པ་ལ་སྲེད་པ་དག །ཇི་སྟེ་ལུས་དེ་ལ་དྲི་ཞིམ་སྐུད་པར་བྱེད།

若於香氣能起貪戀，則因為此身其自性是臭故，不貪戀此豈非善，世間人對於無意義能起愛執的大眾，為何更復於彼身上抹香氣。

འོན་ཏེ་དྲི་ཞིམ་ཙནྡན་ནི།།　　然而香氣乃旃檀，

ལུས་ལས་འདིར་ནི་ཅི་ཞིག་བྱུང་།། 此刻如何由身出，
གཞན་གྱི་དྲི་ཡིས་གཞན་དག་ལ།། 如何能因他香氣，
ཅི་ཡི་ཕྱིར་ན་ཆགས་པར་བྱེད།། 而於其他起貪戀。

འོན་ཏེ་དྲི་ཞིམ་པོ་དེ་ནི་ཙནྡན་ལ་སོགས་པའི་དྲི་ཡིན་ན། ལུས་ལས་འདིར་དྲི་ཞིམ་པ་ནི་ཅི་ཞིག་འབྱུང་སྟེ། དེ་བས་ན་དངོས་པོ་གཞན་གྱི་དྲི་ཡིས་གཞན་དག་ལ། རྒྱུ་མཚན་ཅི་ཡི་ཕྱིར་ན་ཆགས་པར་བྱེད།

然而彼香氣乃旃檀等之香，此刻如何由身出香氣，因此如何能因他物之香氣，而於其他起貪戀。

གལ་ཏེ་སྐྲ་སེན་རིང་བ་དང་།། 倘若頭髮指甲長，
སོ་སྐྱ་དྲིར་བཅས་འདམ་གྱི་དྲིས།། 牙齒灰白有氣味，
བསྒོས་པས་ལུས་ཀྱི་རང་བཞིན་ནི།། 泥臭所薰身自性，
གཅེར་བུ་འཇིགས་པ་ཉིད་ཡིན་ན།། 赤裸即是一怖畏，
རང་ལ་གནོད་པའི་མཚོན་བཞིན་དུ།། 何故努力清潔彼，
དེ་འབད་ཅི་ཕྱིར་བྱི་དོར་བྱེད།། 猶如害己之兵器。
བདག་ལ་རྨོངས་པའི་འབད་པ་ཡིས།། 勤於愚己癲狂者，
སྨྱོས་པས་ས་འདི་ཀུན་ཏུ་འཁྲུགས།། 禍亂一切此大地。

གལ་ཏེ་ལུས་འདི་བཅོས་པར་མ་བྱས་ན་སྐྲ་དང་སེན་མོ་རིང་བ་དང་། སོ་སྐྱ་བོ་དྲི་མར་བཅས་པ་འདམ་གྱི་དྲིས། བསྒོས་པས་ལུས་ཀྱི་རང་བཞིན་དེ་ནི། གོས་མེད་པའི་གཅེར་བུ་ཡི་དྭགས་བཞིན་དུ་འཇིགས་པར་བྱེད་པ་ཉིད་ཡིན་ན། རང་ལ་གནོད་པའི་དོན་དུ་མཚོན་ཆ་བྱི་དོར་བྱེད་པ་བཞིན་དུ། ལུས་དེ་ལ་འབད་པས་ཅི་ཡི་ཕྱིར་ན་བྱི་དོར་བྱེད། བདག་ཉིད་ལ་རྨོངས་པར་བྱེད་པའི་སྨྱོན་ཅི་ལོག་གི་འབད་པ་ཡིས། སྨྱོས་པས་ས་འདི་ཀུན་ཏུ་འཁྲུགས་ཤིང་ཁྲབ་པར་གྱུར་ཏོ།།

倘若不修整此身，則頭髮與指甲增長，牙齒灰白有氣味，泥臭所熏，彼身體之自性，不穿衣物赤裸即是一如同餓鬼一般，令人怖畏之物，何故努力清潔彼，猶如為了傷害自己之兵器。顛倒地勤於愚弄自己而導致癲狂者，覆蓋、禍亂於一切此大地。

དུར་ཁྲོད་འབའ་ཞིག་མཐོང་ནས་ནི། །　　若於屍林中所見，
དུར་ཁྲོད་དུ་ནི་ཡིད་འབྱུང་ན།།　　唯有白骨而生厭，
གཡོ་བའི་དུར་ཁྲོད་གིས་ཁྱབ་པའི། །　　則於充滿動白骨，
གྲོང་གི་དུར་ཁྲོད་ལ་དགའ་འམ། །　　城市屍林喜好否。

དུར་ཁྲོད་འབའ་ཞིག་སོ་སོ་ན་གནས་པ་མཐོང་ནས་ནི། དུར་ཁྲོད་དུ་ནི་ཉམས་མི་དགའ་ཞིང་ཡིད་འབྱུང་བར་གྱུར་ན། རླུང་སེམས་ཀྱིས་གཡོ་བའི་དུར་ཁྲོད་གིས་ཁྱབ་པའི། གྲོང་གི་དུར་ཁྲོད་འདི་ལ་ཁྱོད་དགའ་འམ་ཅི།
若於屍林中所見，唯有一個個的白骨而不悅、心生厭離，則於充滿因心氣而動的白骨，此城市屍林汝喜好否。

༢.༢.༣.༢.༡.༢.༢.༢.༢.༡.༣.འབྲས་བུ་གནོད་པ་མང་བར་བསམ་པ།
2.2.3.2.1.2.2.2.2.1.3.思維其果乃多害

དེ་ལྟར་མི་གཙང་གྱུར་དེ་ཡང་།།　　復又如是彼不淨，
རིན་མེད་པར་ནི་མི་རྙེད་དོ།།　　亦非獲得無代價，
དེ་དོན་བསྒྲུབས་པས་ཤ་ཐང་དང་། །　　因辦彼事將疲憊，
དམྱལ་ལ་སོགས་པའི་གནོད་པར་འགྱུར།།　　及受地獄等傷害。

དེ་ལྟར་མི་གཙང་བའི་རང་བཞིན་དུ་གྱུར་པའི་ལུས་དེ་འདྲ། 　　རིན་དུ་ནོར་མེད་པར་ནི་མི་རྙེད་དོ། །རྙེད་ནས་ཀྱང་བུད་མེད་དེ་ཡི་དོན་བསྒྲུབས་པས་ཤ་ཐང་ཚད་པ་དང་། ཕྱི་མ་དམྱལ་བ་དང་ཡི་དྭགས་ལ་སོགས་པའི་སྡུག་བསྔལ་གྱིས་ཀྱང་གནོད་པར་འགྱུར་རོ།།
復又如是彼不淨自性之身，亦非獲得無需代價、錢財，即使獲得，因為要成辦彼女人之事而將疲憊，以及來世受地獄、餓鬼

等痛苦之傷害。

བྱིས་པ་ནོར་སྒྲུབ་མི་ནུས་པས། ། 孩童無力增長財，
དར་ལ་བབ་ན་འདིས་ཅི་བདེ།། 成人何以此得樂，
ནོར་གསོག་པ་ཡིས་ཚེ་གཏུགས་ན། ། 為了積財過一生，
རྒས་ནས་འདོད་པས་ཅི་ཞིག་བྱ། ། 既老欲樂有何益。

བྱིས་པའི་དུས་སུ་ནོར་སྒྲུབ་མི་ནུས་པས། དར་ལ་བབ་པ་ན་ནོར་སྒྲུབ་པའི་ངལ་བ་ཁོ་ནར་དུས་འདའ་བ་ལས་ཆུང་མ་འདིས་ཅི་ཞིག་བདེ། ནོར་སོག་པ་ཡིས་ཚེ་མཐར་གཏུགས་པ་ན། རྒས་ནས་འདོད་པ་བསྟེན་པའི་ནུས་པ་མེད་པས་དེས་ཅི་ཞིག་བྱ།

孩童時期無力增長財富，成人時期全為了掙錢而度過，如何以此妻子獲得快樂，為了積財過一生，既老無能力親近欲樂，彼又有何益。

འདོད་ལྡན་ངན་པ་ཁ་ཅིག་ནི།། 部分有欲低劣者，
ཉིན་རངས་ལས་ཀྱིས་ཡོངས་དུབ་སྟེ། ། 黎明起盡疲於活，
ཁྱིམ་དུ་འོངས་ནས་ཆད་པའི་ལུས། ། 回家之後疲憊身，
རོ་དང་འདྲ་བར་ཉལ་བར་བྱེད། ། 能如死屍般入眠。

ཡང་འདོད་ལྡན་ངན་པ་གཞན་གྱི་ལས་བྱེད་པ་ཁ་ཅིག་ནི། ཉིན་མོའི་མཐར་ཐུག་པའི་རིངས་ལ་ཐྲག་ཁུར་ཁྱེར་བ་ལ་སོགས་པའི་ལས་ཀྱིས་ཡོངས་སུ་དུབ་སྟེ། མཚན་མོ་ཁྱིམ་དུ་འོངས་ནས་ཐང་ཆད་པའི་ལུས། རོ་དང་འདྲ་བར་གཉིད་ལོག་སྟེ་ཉལ་བར་བྱེད་དོ།།

又部分有欲、低劣、從事他業者，黎明起整天盡疲於挑擔等勞動之活，夜晚回家之後疲憊的身體能如同死屍一般入眠。

ཁ་ཅིག་བྱེས་བགྲོད་ཉོན་མོངས་དང་། ། 部分遠行心煩惱，
རིང་དུ་སོང་བའི་སྡུག་བསྔལ་ཅན། ། 距離遙遠痛苦者，
བུ་སྨད་འདོད་བཞིན་བུ་སྨད་རྣམས། ། 欲會妻小卻全年，
ཁྲུད་འཁོར་ལོས་ཀྱང་མཐོང་མི་འགྱུར། ། 與彼妻小不能見。

ཁ་ཅིག་ཀྱེས་སུ་བགྲོད་པས་ཉོན་མོངས་པ་དང་། རང་གི་གནས་ལས་རིང་དུ་སོང་བའི་སྡུག་བསྔལ་ཅན། བུ་སྨད་རྣམས་དང་ཕྲད་པར་འདོད་བཞིན་དུ་བུ་སྨད་རྣམས། ལྷུད་ཁོར་ཡོས་ཀྱང་དེ་དག་གིས་མཐོང་བར་མི་འགྱུར་རོ།།

部分遠行、心有煩惱、與家鄉距離遙遠的痛苦者，欲相會妻小卻全年與彼妻小不能相見。

བདག་ལ་ཕན་འདོད་རྨོངས་པས། ། 雖欲利己卻因癡，
གང་དོན་ཉིད་དུ་བཙོངས་པ་ཡང་། ། 為何事故而賣身，
དེ་མ་ཐོབ་པར་དོན་མེད་པའི།། 卻不得彼因無義，
གཞན་གྱི་ལས་ཀྱི་རླུང་གིས་བདས། ། 他業之風所驅策。

བདག་ལ་ཕན་པའི་ཐབས་སྒྲུབ་པར་འདོད་ཀྱང་དེ་ལ་རྨོངས་པར་རྨོངས་པས། བདེ་བ་ཐོབ་པ་གང་གི་དོན་ཉིད་དུ་རང་གི་ལུས་བཙོངས་པ་སྟེ་ཚེ་ཟད་པ་ལ་རྩིས་མེད་པར་བྱས་ནས་ནོར་སྒྲུབ་པར་བྱེད་ན་ཡང་། བདེ་བ་དེ་མ་ཐོབ་པར་དོན་མེད་པའི་བྱ་བ་བུ་དང་ཆུང་མ་ལ་སོགས་པ་གཞན་གྱི་ལས་བྱེད་པ་ཉིད་ཀྱི་རླུང་གིས་བདས་སོ།།

雖欲成辦利己之方便卻因為對彼癡昧之故，為何事（獲得安樂）故而出賣己身，即不計多少地耗盡壽命去積財，卻不得彼安樂，因無意義妻小等等之事，而被造作他業之風所驅策。

ལ་ལ་རང་དགེ་ལུས་བཙོངས་ཤིང་། ། 或有出賣己身體，
དབང་མེད་གཞན་གྱིས་བཀོལ་གྱུར་ཏེ། ། 不得自在他所役，
ཆུང་མ་དག་ཀྱང་བུ་བྱུང་ན།། 若是妻妾又懷子，
ཤིང་དྲུང་དགོན་པར་བབ་བབ་འབྱུང་། ། 樹下曠野處產子。

ལ་ལ་རང་དགེ་ལུས་གཞན་གྱི་ཁྲན་དུ་བཙོངས་ཤིང་། རང་དབང་མེད་པར་གཞན་གྱིས་བཀོལ་བར་གྱུར་ཏེ། དེར་ཆུང་མ་དག་ཀྱང་བུ་བྱུང་བ་ན། རང་ལ་ཁྱིམ་མེད་པས་ཤིང་དྲུང་དང་དགོན་པ་ལ་སོགས་པ་གར་བབ་བབ་ཏུ་འབྱུང་བར་འགྱུར་རོ།།

或有出賣己身體，作為他人奴僕，不得自在，受他人所使役，若是此人妻妾又懷子，因己無宅之故，將於樹下、曠野等隨意之處產子。

འདོད་པས་བསླུས་པའི་གླེན་པ་དག །　　欲望所欺愚蠢眾，
འཚོ་འདོད་འཚོ་བར་བྱ་འོ་ཞེས། །　　欲求活命謂當活，
སྲོག་སྟོར་དོགས་བཞིན་གཡུལ་དུ་འཇུག །　　擔心喪命入戰場，
ཁེ་ཕྱིར་བྲན་དུ་འགྲོ་བར་བྱེད། །　　為求得勝願為奴。

ཡང་འདོད་པས་བསླུས་པའི་བྱིས་པ་གླེན་པ་དག །ཡིད་ཀྱིས་སྲོག་འཚོ་བར་འདོད་ཅིང་འཚོ་བར་བྱ་འོ་ཞེས་དག་ཏུ་བརྗོད་ནས་བདག་གསོན་པར་འགྱུར་རམ་མི་འགྱུར་སྙམ་སྟེ། སྲོག་སྟོར་བའི་དོགས་པ་དང་བཅས་བཞིན་གཡུལ་དུ་འཇུག་པ་དང་། འགའ་ཞིག་གིས་གནོད་པ་བྱས་པ་ན་དེ་ལས་ཁེ་ཐོབ་པའི་ཕྱིར་གཞན་ལ་ལ་དག་གི་བྲན་དུ་འགྲོ་བར་བྱེད་དོ།།

又被欲望所欺騙的愚蠢眾，心中欲求活命，謂應當活命，雖然如是說，然而可不可活？擔心喪命的同時，進入戰場，某些人受傷之時為求得勝，願為其他人之奴。

འདོད་ལྡན་ལ་ལ་ལུས་ཀྱང་བཅད། །　　或有欲者亦殺身，
ཁ་ཅིག་གསལ་ཤིང་རྩེ་ལ་བཙུགས། །　　部分豎於標竿尖，
ཁ་ཅིག་མདུང་ཐུང་དག་གིས་བསྣུན། །　　部分短矛所擊刺，
ཁ་ཅིག་བསྲེགས་པ་དག་ཀྱང་སྣང་། །　　亦有部分被火燒。

འདོད་པ་དང་ལྡན་པ་ལ་ལ་གཞན་གྱི་ཆུང་མ་དང་ནོར་འཕྲོག་པའི་དབང་གིས་ལུས་ཀྱང་བཅད། ཁ་ཅིག་རྒྱལ་པོའི་ཆད་པས་གསལ་ཤིང་གི་རྩེ་ལ་བཙུགས་པ་དང་། ཁ་ཅིག་གཡུལ་དུ་མདུང་ཐུང་ལ་སོགས་པ་དག་གིས་བསྣུན་ཅིང་། ཁ་ཅིག་མེ་ནང་དུ་བསྲེགས་པ་དག་ཀྱང་སྣང་ངོ།།

或某些有欲者亦因為搶奪他人妻妾與財富之故而殺身， 部分因國王之刑罰，豎於標竿尖，部分於戰場中被短矛等等所擊刺，亦有部分被火燒。

༢.༢.༣.༢.༡.༢.༢.༢.༢.༢.ཕྱི་རྙེད་སོགས་ལ་སྲེད་པ་སྤོང་བ།
2.2.3.2.1.2.2.2.2.2.斷除愛執外在利養等

བསག་དང་བསྲུང་དང་བརླག་པའི་གདུང་བ་ཡིས།། 積累守護毀滅之逼惱，
ནོར་ནི་ཕུང་ཁྲོལ་མཐའ་ཡས་ཤེས་པར་བྱ།། 當知財為無邊之禍端，
ནོར་ལ་ཆགས་པས་གཡེངས་པར་གྱུར་པ་རྣམས།། 因貪錢財導致放逸眾，
སྲིད་པའི་སྡུག་བསྔལ་ལས་གྲོལ་སྐབས་མེད་དོ།། 沒有脫離有苦之機會。

བདེ་བའི་ཕྱིར་ནོར་སྒྲུབ་པ་དེ་ཡང་སྡུག་བསྔལ་གྱི་རྒྱུར་བསྟན་པ་ནི་ཐོག་མར་བསག་དཀའ་བ་དང་བར་དུ་བསྲུང་དཀའ་བ་དང་ཐ་མར་བརླག་པའི་ཚེ་སྡུག་བསྔལ་གྱིས་གདུངས་པ་ཡིས། ནོར་ནི་ཕུང་ཁྲོལ་ཏེ་སྡུག་བསྔལ་མཐའ་ཡས་པའི་རྒྱུ་ཡིན་པ་ཤེས་པར་བྱ་སྟེ། ནོར་ལ་ཆགས་ཤིང་ཞེན་པས་དུས་རྟག་ཏུ་དེ་ལ་གཡེངས་པར་གྱུར་པ་རྣམས་ཆོས་འགྲུབ་པའི་སྐབས་མེད་པས་སྲིད་པའི་སྡུག་བསྔལ་རྣམས་ལས་གྲོལ་བའི་སྐབས་མེད་དོ།།

此處宣說為得安樂而修財富亦是痛苦之因：最初難以積累，中間難以守護，最終毀滅之時，被痛苦所逼惱，當知財為無邊之禍端起因，因貪戀錢財導致極度放逸的大眾，因為沒有成就佛法的時刻，故沒有脫離三有痛苦之機會。

འདོད་ལྡན་རྣམས་ལ་དེ་ལ་སོགས།། 有欲大眾有彼等，
ཉེས་དམིགས་མང་ལ་མནོག་ཆུང་སྟེ།། 眾多過患利卻小，
ཤིང་རྟ་འདྲེན་པའི་ཕྱུགས་དག་གིས།། 猶如拉車之牲畜，
རྩྭ་ནི་ཁམ་འགའ་ཟོས་པ་བཞིན།། 僅食幾口之草糧。

ཐམས་ཅད་ཀྱི་མཇུག་བསྡུས་ནས་འདོད་པ་ལ་ཞེན་པ་ཡོངས་སུ་སྤང་བའི་ཆེད་དུ་སྐྱོ་བའི་གཏམ་གྱིས་སྐབས་ཡང་བསྟན་པ་ནི། འདོད་ལྡན་རྣམས་ལ་སྔར་བཤད་པ་དེ་ལ་སོགས་པའི་ཉེས

དམིགས་ཏེ་སྡུག་བསྔལ་ཤིན་ཏུ་མང་ལ་མཆོག་ཆུང་བ་སྟེ། དཔེར་ན་ཁུར་ཤིན་ཏུ་ལྕི་བས་ངལ་བའི་ལུས་དང་ལྡན་པ་ཤིང་རྟ་འདྲེན་པར་བྱེད་པའི་ཕྱུགས་དག་གིས། རྩྭ་ནི་ཁམ་འགའ་ཙམ་ཟོས་པ་བཞིན་ནོ།།

總結一切結果，為了斷捨貪戀妙欲而再次以哀語宣說：有欲大眾有前述所說彼等眾多痛苦和過患，然而利益卻極微小，猶如負擔極為沉重、帶著疲累的身體拉車之牲畜，僅食幾口之草糧一般。

ཕྱུགས་ཀྱིས་བསླབས་ནའང་མི་དཀོན་པའི།། 為求雖是畜生類,
མཆོག་ཆུང་གང་ཡིན་དེ་དོན་དུ།། 成辦亦多微小利,
དལ་འབྱོར་ཕུན་སུམ་རྙེད་དཀའ་འདི།། 圓滿難得此暇滿,
ལས་ཀྱིས་མནར་བ་རྣམས་ཀྱིས་བཅོམ།། 為業所迫眾所滅。

ཕྱུགས་རྣམས་ཀྱིས་བསླབས་ནའང་མི་དཀོན་པའི། མཆོག་ཆུང་ངུ་གང་ཡིན་པ་དེ་ཡི་དོན་དུ། དལ་འབྱོར་ཕུན་སུམ་ཚོགས་པ་ཤིན་ཏུ་རྙེད་པར་དཀའ་བ་འདི། སྔོན་གྱི་ལས་ཀྱིས་མནར་ཏེ་བླང་དོར་ལ་རྨོངས་པའི་འགྲོ་བ་རྣམས་ཀྱིས་བཅོམ་པར་བྱེད་དོ།།

為求得雖然是畜生類，能成辦者亦多的微小利，圓滿極為難得此暇滿，能被為過去業所迫、昧於取捨的眾生所滅。

འདོད་པ་ངེས་པར་འཇིག་འགྱུར་ཞིང་།། 欲望必定會壞滅,
དམྱལ་ལ་སོགས་པར་ལྟུང་བྱེད་པ།། 能墮地獄等等處,
ཆེན་པོ་མིན་ཕྱིར་དུས་ཀུན་ཏུ།། 因非大故一切時,
ངལ་བའི་ཚེགས་འབྱུང་གང་ཡིན་པ།། 能生疲憊之困難,
དེ་ཡི་བྱེ་བའི་ཆ་ཙམ་གྱིས།། 以彼千分幾許難,
ཚེགས་ཀྱིས་སངས་རྒྱས་ཉིད་འགྲུབ་ན།། 亦能成就佛果位,
འདོད་ལྡན་བྱང་ཆུབ་སྤྱོད་པ་བས།། 有欲比起菩提行,
སྡུག་བསྔལ་ཆེ་ལ་བྱང་ཆུབ་མེད།། 痛苦更巨無菩提。

འདོད་པའི་ཡོན་ཏན་རྣམས་ནི་ངེས་པར་འཇིག་པར་འགྱུར་ཞིང་། དེ་ལ་ཞེན་པའི་འབྲས་བུ་

དམྱལ་བ་ལ་སོགས་པར་ལྟུང་བར་བྱེད་པ། མཚམས་མེད་པའི་ལས་ལ་སོགས་པ་ཆེན་པོ་མིན་པ་ཉེས་པ་གཞན་རྣམས་ཀྱི་ཕྱིར་དུས་ཀུན་ཏུ། སྡུག་བསྔལ་གྱིས་དུབ་པའི་ཚེགས་ཆེན་པོ་འབྱུང་བ་གང་ཡིན་པ། དེ་ཡི་བྱེ་བ་མང་པོར་བགོས་པའི་ཆ་ཤས་ཙམ་གྱི། ཚེགས་ཀྱིས་ཀྱང་སངས་རྒྱས་ཀྱི་གོ་འཕང་ཉིད་འགྲུབ་པར་འགྱུར་ན། འདོད་ལྡན་རྣམས་བྱང་ཆུབ་ཀྱི་སྤྱོད་པ་སྤྱོད་པ་བས། སྡུག་བསྔལ་སྟོང་འགྱུར་དུ་ཆེ་ལ་བྱང་ཆུབ་ཐོབ་པ་མེད་དོ།

種種欲望必定會壞滅，貪戀彼之果能墮地獄等等處，因為並非五無間等大罪，由於其他種種過患之故，於一切時因為痛苦能生強烈疲憊之困難，以彼劃分為千分幾許之困難，亦能成就佛果位，有欲望大眾比起行持菩提行，痛苦更有千倍之巨，且無菩提可得。

དམྱལ་སོགས་སྡུག་བསྔལ་བསམ་བྱས་ན།།	若思地獄等等苦,
འདོད་པ་རྣམས་ལ་མཚོན་དང་ནི།།	種種欲望非武器,
དུག་དང་མེ་དང་གཡང་ས་དང་།།	毒藥烈火與險地,
དགྲ་རྣམས་ཀྱིས་ཀྱང་དཔེར་མི་ཕོད།།	敵等亦難相比擬。

དམྱལ་བ་ལ་སོགས་པའི་སྡུག་བསྔལ་ལ་བསམ་པར་བྱས་ན། དེའི་རྒྱུར་གྱུར་པའི་འདོད་པའི་ཡོན་ཏན་རྣམས་ལ་མཚོན་ཆ་དང་ནི། དུག་དང་མེ་དང་གཡང་ས་དང་། དགྲ་བོ་རྣམས་ཀྱིས་ཀྱང་དཔེར་མི་ཕོད་དོ།

若思及地獄等等之痛苦，作為其因的種種欲望，非武器、毒藥、烈火與險地、敵等等亦難以相比擬。

༢.༢.༣.༢.༡.༢.༢.༢.༢.༣.དབེན་པའི་ཡོན་ཏན་དྲན་པ།
2.2.3.2.1.2.2.2.2.3.憶念沉寂之功德

དེ་ལྟར་འདོད་ལ་སྐྱོ་བྱས་ཏེ།།	如是於欲生厭已,
དབེན་པ་ལ་ནི་དགའ་བ་བསྐྱེད།།	當於沉寂生歡喜,

རྩོད་དང་ཉོན་མོངས་ཀྱིས་སྟོང་བ། ། 沒有紛爭與煩惱，
ཞི་བའི་ནགས་ཀྱི་ནང་དག་ཏུ།། 息止沉寂山林中。

དེ་ལྟར་བརྗོད་པའི་རིམ་པས་འདོད་པ་ལ་སྐྱོ་བར་བྱས་ཏེ། དབེན་པའི་ཡོན་ཏན་ལ་ཡི་དགའ་བ་བསྐྱེད་པར་བྱའོ། །གང་དུ་གནས་ནས་བྱ་ཞེ་ན། ཕྱིས་རྩོད་པ་དང་ནང་གི་ཉོན་མོངས་རྣམས་ཀྱིས་སྟོང་བ། ཆོམ་རྐུན་ལ་སོགས་པའི་གནོད་པ་ཞི་བའི་ནགས་ཀྱི་ནང་དག་ཏུའོ།།

以如是所說之次第，而於欲求生厭已，當於沉寂之功德生歡喜，若問：應當住於何處？則曰：外在沒有紛爭，與內在沒有煩惱，盜賊等等傷害息止之沉寂山林中。

སྐལ་ལྡན་ཟླ་འོད་ཙནྡན་གྱིས་བསིལ་བའི། །
ཡངས་པའི་རྡོ་ལེབ་ཁང་བཟང་ཉམས་དགའ་བར། །
སྒྲ་མེད་ཞི་བའི་ནགས་རླུང་གཡོབ་པ་ཡིས། །
གཞན་ལ་ཕན་དོན་སེམས་ཤིང་འཆག་པར་བྱེད། །

福者月光旃檀使清涼，
寬廣悅意扁石妙屋中，
無聲寂止林風吹拂故(林與溪動故)，
能使心生利他做散步。

ལེགས་པར་སྤྱོད་པའི་སྐལ་ལྡན་དེ་ནི་ཟླ་བའི་འོད་ཀྱི་ཙནྡན་གྱིས་བསིལ་བར་གྱུར་པའི་སྤྱོད་ལམ་བཞི་ཤོང་གི་ཡངས་པའི་རྡོ་ལེབ་ཀྱི་ཁང་བཟང་ཉམས་དགའ་བ་དེར། ཉིན་མོ་མིའི་ཅ་ཅོ་དང་མཚན་མོ་དགྲའི་གླགས་ཚོལ་ལྟ་བུའི་ཡིད་དུ་མི་འོང་བའི་སྒྲ་མེད་ཅིང་རྩུབ་པའི་རེག་པ་ཞི་བའི་ནགས་རླུང་ཀླུང་གིས་གཡོབ་པ་བ་ཡིས། གཞན་སེམས་ཅན་མང་པོ་ལ་ཕན་པའི་དོན་ལ་སེམས་ཤིང་འཆག་པར་བྱེད་དོ།།

彼善於行持的福者，於月光旃檀使清涼、寬廣（容得下四威儀）悅意之扁石妙屋中，白晝無人吵鬧，夜晚無敵人伺機等不悅意之聲、粗暴之觸寂止、林風吹拂故，能使心生利他（眾多有情）做散步。

ཁང་སྟོང་ཤིང་དྲུང་ཕུག་དག་ཏུ། །　　空屋樹下岩洞中，
ཇི་སྲིད་འདོད་པར་གནས་ཤིང་། །　　願住多久皆如願，
ཡོངས་འཛིན་བསྲུང་བའི་སྡུག་བསྔལ་སྤངས།།　斷捨執著守護苦，
ལྟོས་པ་མེད་པར་བག་ཡངས་སྤྱོད། །　　無所依賴悠閒用。

དབེན་པར་གནས་པ་རྣམས་ལ་བདེ་བ་ཐུན་མོང་མ་ཡིན་པ་གཞན་ཡང་ཡོད་པར་བསྟན་པ་ནི། ཁང་སྟོང་དང་ཤིང་དྲུང་དང་བྲག་རིའི་ཕུག་དག་ཏུ། ཇི་སྲིད་འདུག་འདོད་པ་དེ་སྲིད་དུ་གནས་ཤིང་། ལོངས་སྤྱོད་ཡོངས་སུ་འཛིན་པ་དང་བསྲུང་བའི་སྡུག་བསྔལ་སྤངས་ཏེ། ཕུན་སུམ་ཚོགས་པའི་ཡོ་བྱད་མེད་པས་ལྟོས་པ་མེད་པར་བག་ཡངས་སུ་སྤྱོད་དོ།།

此處宣說隱居者有其他不共的安樂：空屋樹下以及岩洞中，願住多久皆如願，斷捨對於受用的執著與守護的痛苦，因為無圓滿資具，故無所依賴悠閒用。

རང་དབང་སྤྱོད་ཅིང་ཆགས་མེད་པ། །　　自在使用無貪戀，
གང་དང་ཡང་ནི་འབྲེལ་མེད་པ། །　　任何一切無牽連，
ཆོག་ཤེས་བདེ་སྤྱོད་གང་ཡིན་པ། །　　知足行樂是為何，
དབང་པོས་ཀྱང་ནི་དེ་རྙེད་དཀའ། །　　帝釋亦難獲得彼。

གནས་དེ་ལ་རང་དབང་དུ་སྤྱོད་ཅིང་ཆགས་པ་མེད་ལ། དགྲ་གཉེན་གང་དང་ཡང་ནི་འབྲེལ་བ་མེད་པས། འདོད་པ་ཆུང་ཞིང་ཆོག་ཤེས་པའི་བདེ་བ་ལ་སྤྱོད་པ་གང་ཡིན་པ། ལྷའི་དབང་པོས་ཀྱང་ནི་དེ་རྙེད་པར་དཀའ་འོ།།

自在使用該處卻無貪戀，任何一切敵親皆無牽連，少欲知足之行樂是為何，連帝釋亦難獲得彼。

2.2.3.2.1.3.觀修禪定正文

༢.༢.༣.༢.༡.༣.༡.མཚམས་སྦྱར་ཏེ་མདོར་བསྟན་པ།
2.2.3.2.1.3.1.引導總說

དེ་ལ་སོགས་པའི་རྣམ་པ་ཡིས།། 以彼等等各方面，
དབེན་པའི་ཡོན་ཏན་བསམ་བྱས་ནས། ། 思維沉寂功德已，
རྣམ་རྟོག་ཉེ་བར་ཞི་བ་དང་།། 應當息止分別念，
བྱང་ཆུབ་སེམས་ནི་བསྒོམ་པར་བྱ། ། 以及觀修菩提心。

སྔར་བརྗོད་པའི་རིམ་པ་དེ་ལ་སོགས་པའི་རྣམ་པ་ཡིས། ལུས་སེམས་དབེན་པར་བྱས་པའི་ཡོན་ཏན་བསམ་པར་བྱས་ནས། རྣམ་རྟོག་གི་རྒྱུ་ཚུལ་བཞིན་མ་ཡིན་པ་ཡིད་ལ་བྱེད་པ་ཉེ་བར་ཞི་བ་དང་། བྱང་ཆུབ་ཀྱི་སེམས་ནི་བསྒོམ་པར་བྱའོ།།

以先前所說彼次第等等各方面，思維身心沉寂之功德已，應當息止分別念之因－非如理作意，以及觀修菩提心。

༢.༢.༣.༢.༡.༣.༢.བསམ་གཏན་སྒོམ་ཚུལ་རྒྱས་པར་བཤད་པ།
2.2.3.2.1.3.2.廣說觀修禪定之理

༢.༢.༣.༢.༡.༣.༢.༡.བདག་གཞན་མཉམ་པ་སྒོམ་ཚུལ།
2.2.3.2.1.3.2.1.觀修自他平等之理

༢.༢.༣.༢.༡.༣.༢.༡.༡.མདོར་བསྟན་པ།
2.2.3.2.1.3.2.1.1.總說

བདག་དང་གཞན་དུ་མཉམ་པ་ནི། ། 初於自他之平等，
དང་པོ་ཉིད་དུ་འབད་དེ་བསྒོམ། ། 應當努力做觀修，
བདེ་དང་སྡུག་བསྔལ་མཉམ་པས་ན། ། 因於苦樂平等故，
ཐམས་ཅད་བདག་བཞིན་བསྲུང་བར་བྱ།། 當護一切如自己。

བདག་དང་གཞན་དུ་མཉམ་པ་བྱང་ཆུབ་ཀྱི་སེམས་དེ་ནི། དང་པོ་ཉིད་དུ་འབད་དེ་བསྒོམ་

ནས་ཕྱིས་ནི་བདག་དང་གཞན་དུ་བརྗེ་བའོ་ཞེས་པའི་དོན་ནོ། །སེམས་ཅན་ཐམས་ཅད་བདེ་བ་འདོད་པ་དང་སྡུག་བསྔལ་མི་འདོད་པ་ལ་མཉམ་པས་ན། ཐམས་ཅད་བདག་གི་ལུས་བཞིན་དུ་བསྲུང་བར་བྱའོ།།

初於自他之平等菩提心，應當努力做觀修，表示之後當做自他交換。因於欲離苦得樂平等故，當護一切如自己身一般。

༢.༢.༣.༢.༡.༣.༢.༡.༢.རྒྱས་པར་བཤད་པ།
2.2.3.2.1.3.2.1.2.廣說

༢.༢.༣.༢.༡.༣.༢.༡.༢.༡.མཉམ་པ་ཇི་ལྟར་སྒོམ་ཚུལ།
2.2.3.2.1.3.2.1.2.1.如何觀修平等之理

ལག་པ་ལ་སོགས་དབྱེ་བ་རྣམ་མང་ཡང་། ། 雖有手等各部之分別，
ཡོངས་སུ་བསྲུང་བྱའི་ལུས་སུ་གཅིག་པ་ལྟར། ། 盡皆所要守護同為身，
དེ་བཞིན་འགྲོ་བ་ཐ་དད་བདེ་སྡུག་དག ། 如是不同苦樂有情眾，
ཐམས་ཅད་བདག་བཞིན་བདེ་བ་འདོད་མཉམ་གཅིག ། 一切如我同樣欲得樂。

དཔེར་ན་ལག་པ་དང་རྐང་པ་དང་མགོ་བོ་ལ་སོགས་པའི་དབྱེ་བ་རྣམ་པ་མང་ཡང་། ཡོངས་སུ་བསྲུང་བར་བྱ་བའི་ལུས་སུ་གཅིག་པ་ལྟར། དེ་བཞིན་དུ་འགྲོ་བ་ཐ་དད་པའི་བདེ་སྡུག་སྣ་ཚོགས་པ་དག་ཀྱང་། ཐམས་ཅད་བདག་བཞིན་དུ་བདེ་བ་འདོད་པ་དང་སྡུག་བསྔལ་མི་འདོད་པ་ལ་མཉམ་པས་གཅིག་ཏུ་བལྟའོ།།

譬如雖然有頭手腳等各部之分別，盡皆所要守護同樣為身一般，如是各種不同苦樂的有情眾，當視一切也如我一般同樣欲離苦得樂。

གལ་ཏེ་བདག་གི་སྡུག་བསྔལ་གྱིས། ། 倘若以我之痛苦，
གཞན་གྱི་ལུས་ལ་མི་གནོད་པ།། 不能傷害他人身，
དེ་ལྟའང་དེ་ནི་བདག་སྡུག་བསྔལ་དེ། ། 然而彼為我之苦，

བདག་ཏུ་ཞེན་པས་མི་བཟོད་ཉིད། །　　因貪戀我故難忍。

གལ་ཏེ་བདག་དང་ལྷན་ཅིག་འགྲོ་བ་གཅིག་གི་རང་བཞིན་ཡིན་པ་དེའི་ཚེ་བདག་གི་སྡུག་བསྔལ་གྱིས་གཞན་ལ་གནོད་པ་དང་། གཞན་གྱི་སྡུག་བསྔལ་གྱིས་ཀྱང་བདག་ལ་གནོད་པར་འགྱུར་རོ་སྙམ་ན། གལ་ཏེ་བདག་གི་སྡུག་བསྔལ་གྱིས། །གཞན་གྱི་ལུས་ལ་མི་གནོད་པ། །དེ་ལྟ་ནའང་དེ་བདག་གི་སྡུག་བསྔལ་ཡིན་པ་ཉིད་དེ། རང་གི་ལུས་ལ་བདག་ཏུ་ཞེན་པས་མི་བཟོད་པ་ཉིད་དོ། །

若謂眾生與我是俱行自性者，彼時我苦亦將害他，他苦亦能害我。則曰：倘若以我之痛苦，不能傷害他人身，然而彼為我之苦，因對於己身貪戀為我故難忍。

དེ་བཞིན་གཞན་གྱི་སྡུག་བསྔལ་དག །　　如是他眾之痛苦，
བདག་ལ་འབབ་པར་མི་འགྱུར་ཡང་། །　　雖然不落己之上，
དེ་ལྟའང་དེ་བདག་སྡུག་བསྔལ་དེ། །　　然而彼為我之苦，
བདག་ཏུ་ཞེན་པས་བཟོད་པར་དཀའ། །　　因貪戀我故難忍。

དེ་བཞིན་དུ་གཞན་གྱི་སྡུག་བསྔལ་དག །བདག་ལ་འབབ་པར་མི་འགྱུར་ཡང་། །དེ་ལྟ་ནའང་དེ་བདག་གི་སྡུག་བསྔལ་ཡིན་པ་ཉིད་དེ། སེམས་ཅན་རྣམས་ལ་བདག་ཏུ་ཞེན་པས་བཟོད་པར་དཀའ་བ་ཡིན་ནོ། །

如是他眾之痛苦，雖然不落己之上，然而彼亦為我之苦，因對於有情眾貪戀為我故難忍。

བདག་གིས་གཞན་གྱི་སྡུག་བསྔལ་བསལ། །　　我當消除他眾苦，
སྡུག་བསྔལ་ཡིན་ཕྱིར་བདག་སྡུག་བཞིན། །　　是痛苦故如我苦，
བདག་གིས་གཞན་ལ་ཕན་པར་བྱ། །　　我當饒益他有情，
སེམས་ཅན་ཡིན་ཕྱིར་བདག་ལུས་བཞིན། །　　是有情故如我身。

བདག་གིས་གཞན་གྱི་སྡུག་བསྔལ་བསལ་བར་བྱ་དགོས་ཏེ། སྡུག་བསྔལ་ཡིན་པའི་ཕྱིར

དཔེར་ན་བདག་རང་གི་སྡུག་བསྔལ་བཞིན་ནོ། །ཡང་བདག་གིས་སེམས་ཅན་གཞན་ལ་ཕན་པར་བྱ་དགོས་ཏེ། སེམས་ཅན་ཡིན་པའི་ཕྱིར་དཔེར་ན་བདག་གི་ལུས་བཞིན་ནོ།།
我應當消除他眾之苦，因為是痛苦之故，譬如我之痛苦一般，我應當饒益他有情，因為是有情之故，譬如我之身一般。

གང་ཚེ་བདག་དང་གཞན་གཉིས་ག །　自他二者一切時，
བདེ་བ་འདོད་དུ་མཚུངས་པ་ལ། །　欲得安樂皆相似，
བདག་དང་ཁྱད་པར་ཅི་ཡོད་ན། །　與我有何差別處，
གང་ཕྱིར་བདག་གཅིག་བདེ་བར་བརྩོན།།　何故勤於我獨樂。

གང་གི་ཚེ་བདག་དང་གཞན་གཉིས་ཀ། བདེ་བ་ཐོབ་པར་འདོད་པ་ཉིད་དུ་མཚུངས་པ་ལ། བདག་དང་གཞན་ལ་ཁྱད་པར་ཅི་ཞིག་ཡོད་དེ་མེད་ན། རྒྱུ་མཚན་གང་གི་ཕྱིར་གཞན་གྱི་དོན་མ་ཡིན་པར་བདག་གཅིག་པུ་བདེ་བར་བརྩོན་པར་བྱེད།
自他二者一切時，欲得安樂皆相似，他與我有何差別處，既然無差別，何故不勤於利他，而勤於我獨自之樂。

གང་ཚེ་བདག་དང་གཞན་གཉིས་ག །　自他二者一切時，
སྡུག་བསྔལ་མི་འདོད་མཚུངས་པ་ལ། །　不欲痛苦皆相似，
བདག་དང་ཁྱད་པར་ཅི་ཡོད་ན། །　與我有何差別處，
གང་ཕྱིར་གཞན་མིན་བདག་སྲུང་བྱེད། །　何故護非他之我。

ཡང་གང་གི་ཚེ་བདག་དང་གཞན་གཉིས་ཀ སྡུག་བསྔལ་མི་འདོད་པར་མཚུངས་པ་ལ། བདག་དང་གཞན་ལ་ཁྱད་པར་ཅི་ཞིག་ཡོད་དེ་མེད་ན། རྒྱུ་མཚན་གང་གི་ཕྱིར་གཞན་མིན་པར་བདག་གཅིག་པུ་སྲུང་བར་བྱེད།
又自他二者一切時，不欲痛苦皆相似，他與我有何差別處，何故單獨守護非他之我。

གལ་ཏེ་དེ་ལ་སྡུག་བསྔལ་བས།།　倘若因為彼之苦，

བདག་ལ་མི་གནོད་ཕྱིར་མི་བསྲུང་། །　　不會害我故不護，
མ་འོངས་པ་ཡི་སྡུག་བསྔལ་ཡང་། །　　未來將生之痛苦，
གནོད་མི་བྱེད་ན་དེ་ཅིས་བསྲུང་། །　　不做傷害為何護。

གལ་ཏེ་དེ་ལ་སྡུག་བསྔལ་འབྱུང་བས། བདག་ལ་མི་གནོད་པའི་ཕྱིར་མི་བསྲུང་ངོ་ཞེ་ན། མ་འོངས་པ་ཡི་དམྱལ་བ་ལ་སོགས་པའི་སྡུག་བསྔལ་ཡང་། ཚེ་འདིར་གནོད་པ་མི་བྱེད་ན་དེ་རྒྱུ་ཅི་ཞིག་གིས་བསྲུང་བར་བྱེད།

若言：倘若因為彼產生之痛苦，不會害我，故不做守護，未來將生之地獄等等痛苦，對此生不做傷害，為何願意做守護。

བདག་གིས་དེ་ནི་མྱོང་སྙམ་པའི། །　　認為我將嚐受彼，
རྣམ་པར་རྟོག་དེ་ལོག་པ་སྟེ། །　　彼分別念為顛倒，
འདི་ལྟར་ཤི་བའདད་གཞན་ཉིད་ལ། །　　如是已死即為他，
སྐྱེ་བ་ཡང་ནི་གཞན་ཉིད་ཡིན། །　　將生亦為他之故。

གལ་ཏེ་བདག་ལ་ཐ་དད་པ་མེད་པས་མ་འོངས་པའི་སྡུག་བསྔལ་གྱིས་ཀྱང་གནོད་པ་ཡིན་ནོ་ཞེ་ན། བདག་གིས་མ་འོངས་པའི་སྡུག་བསྔལ་དེ་ནི་མྱོང་ངོ་སྙམ་པའི། རྣམ་པར་རྟོག་པ་དེ་ཡང་ལོག་པ་པོ་ན་སྟེ། འདི་ལྟར་ཤི་བར་འགྱུར་བའི་ཚེ་འདིའདད་གཞན་ཉིད་ཡིན་ལ། སྐྱེ་བ་ཕྱི་མ་དེ་ཡང་ནི་གཞན་ཉིད་ཡིན་ནོ།།

若謂我無分別，亦將因為未來之苦受害。則曰：認為我將嚐受彼未來之苦，彼分別念僅為顛倒念，如是死時，已死即為他，來世將生亦為他之故。

གང་ཚེ་གང་གི་སྡུག་བསྔལ་གང་། །　　何時何者之痛苦，
དེ་ནི་དེ་ཉིད་ཀྱིས་བསྲུང་ན། །　　彼當由彼所守護，
རྐང་པའི་སྡུག་བསྔལ་ལག་པས་མིན། །　　腳之痛苦非手受，
ཅི་ཕྱིར་དེས་ནི་དེ་བསྲུང་བྱ། །　　何故當以彼護彼。

སྡུག་བསྔལ་འབྱུང་བའི་དུས་གང་གི་ཚེ་སེམས་ཅན་གང་གི་སྡུག་བསྔལ་གང་ཡིན་པ་དེ་ཉི་སེམས་ཅན་དེ་རང་ཉིད་ཀྱིས་བསྲུང་དགོས་ན། རྐང་པ་ལ་གནོད་པ་བྱུང་བའི་སྡུག་བསྔལ་དེ་ཡང་ལག་པས་མྱོང་བ་མིན་པས། ཅི་ཕྱིར་རྐང་པ་ལ་སོགས་པའི་སྡུག་བསྔལ་དེ་ཉི་ལག་པ་དེས་བསྲུང་བར་བྱ་སྟེ་བྱ་བར་མི་རིགས་སོ།།
何時（出現痛苦之時）何者（有情）之痛苦，彼應當由彼（痛苦）自己所守護，腳受傷之痛苦，彼非由手嚐受，何故當以彼手守護彼腳等之痛苦。

གལ་ཏེ་རིགས་པ་མིན་ཡང་འདིར། །	倘若非理又此時,
བདག་ཏུ་འཛིན་པས་འཇུག་ཅེ་ན། །	因執為我故趣入,
བདག་གཞན་མི་རིགས་གང་ཡིན་དེ། །	彼凡自他非理者,
ཅི་ནུས་པར་ནི་སྤང་བྱ་ཉིད།།	是為盡力之所斷。

གལ་ཏེ་དེ་ལྟར་བསྲུང་བ་དེ་རིགས་ཤིང་འཐད་པ་མིན་ཡང་འདིར། ལུས་འདི་ལ་བདག་ཏུ་འཛིན་པ་གོམས་པས་སྲུང་བའི་བློ་འཇུག་པ་ཡིན་ཅེ་ན། བདག་དང་གཞན་གྱི་རྒྱུ་གང་ན་ཡོད་ཀྱང་རུང་སྟེ་མི་རིགས་པ་གང་ཡིན་པ་དེ་ནི། ཅི་ནུས་པར་ནི་སྤང་བར་བྱ་བ་ཉིད་ཡིན་ནོ།།
倘若這般守護為非理，又此時因執此身為我，串習之故而趣入守護之心，彼凡所有一切自與他之非理因者，是為盡力之所斷。

རྒྱུད་དང་ཚོགས་ཞེས་བྱ་བ་ནི།།	所謂相續與蘊聚,
ཕྲེང་བ་དམག་ལ་སོགས་བཞིན་བརྫུན། །	念珠軍等般虛假,
སྡུག་བསྔལ་ཅན་གང་དེ་མེད་པ། །	受苦者何彼不存,
དེས་འདི་སུ་ཞིག་དབང་བར་འགྱུར། །	是故此由誰擁有。

ཐ་དད་པར་འདྲ་ཡང་རང་གི་ཚེ་སྔ་ཕྱི་རྒྱུད་གཅིག་དང་རྐང་ལག་སོགས་ཀྱང་ལུས་ཀྱི་ཚོགས་པ་གཅིག་ཡིན་པས་སེམས་ཅན་གཞན་དང་འདྲ་བ་ཡིན་ནོ་སྙམ་ན། སེམས་ཀྱི་རྒྱུད་དང་ལུས་ཀྱི་

ཚོགས་པ་གཅིག་ཅེས་བྱ་བ་ནི། ཕྲེང་བ་ལ་རྒྱུད་གཅིག་དང་དམག་དང་ནགས་ཚལ་ལ་སོགས་པ་ལ་ཚོགས་པ་གཅིག་ཏུ་བརྗོད་པ་བཞིན་དུ་རྫུན་པ་བསླུ་བའི་ཆོས་ཅན་ནོ། །སྡུག་བསྔལ་ཅན་གྱི་བདག་གང་ཡིན་པ་དེ་མེད་པས། དེས་ན་སྡུག་བསྔལ་འདི་སུ་ཞིག་ལ་དབང་བར་འགྱུར།

若言：雖然看似分別，然而己前後世相續，手腳等亦是同一身聚，因此不同於其他有情。則曰：所謂心相續與身蘊聚為同一者，正如念珠一般是相續，軍和森林等等一般是一蘊聚，皆是虛假欺騙之有法，受苦者之我為何，彼不存在，是故此痛苦由誰擁有。

སྡུག་བསྔལ་བདག་པོ་མེད་པར་ནི། །	痛苦無主此義中,
ཐམས་ཅད་བྱེ་བྲག་མེད་པ་ཉིད། །	一切沒有分別性,
སྡུག་བསྔལ་ཡིན་ཕྱིར་དེ་བསལ་བྱ། །	是苦故彼為所除,
ངེས་པས་འདིར་ནི་ཅི་ཞིག་བྱ།།	決定分別何益此。

སྡུག་བསྔལ་ལ་བདག་པོ་མེད་པར་ནི། བདག་གཞན་ཐམས་ཅད་ལ་བྱེ་བྲག་མེད་པ་ཉིད་དོ། །སྡུག་བསྔལ་གྱི་རང་བཞིན་ཡིན་པའི་ཕྱིར་ན་གཞན་གྱི་སྡུག་བསྔལ་དེ་ཡང་བསལ་བར་བྱ། སྡུག་བསྔལ་དུ་འདྲ་ཡང་བདག་གི་སྡུག་བསྔལ་སེལ་གྱི། གཞན་གྱི་ནི་མ་ཡིན་ནོ་ཞེས་ངེས་པས་འདིར་ནི་ཅི་ཞིག་བྱ།

痛苦無主，在此義之中，對於自他一切沒有分別性，是苦自性之故，彼他有情之苦亦為所除，對於痛苦，只有我的痛苦要消除，他人痛苦不需消除之決定分別，何益於此除苦之事。

ཅི་ཕྱིར་ཀུན་གྱི་སྡུག་བསྔལ་ནི།།	何故一切之痛苦,
བཟློག་པར་བྱ་ཞེས་བརྩད་དུ་མེད། །	皆為應遣無爭議,
གལ་ཏེ་བཟློག་ན་འདང་ཐམས་ཅད་བཟློག །	若遣則當遣一切,
དེ་མིན་བདག་ཀྱང་སེམས་ཅན་བཞིན། །	非則我亦同有情。

ཅི་ཕྱིར་སེམས་ཅན་ཀུན་གྱི་སྡུག་བསྔལ་ནི། བདག་གིས་བཟློག་པར་བྱ་ཞེས་བརྩད་དུ་མེད་

དེ། གལ་ཏེ་སྡུག་བསྔལ་ཡིན་པས་བདག་གི་སྡུག་བསྔལ་དེ་བཟློག་ན་འདར་སྡུག་བསྔལ་ཡིན་པས་སེམས་ཅན་ཐམས་ཅད་ཀྱི་སྡུག་བསྔལ་དེ་བཟློག་པར་བྱ་ལ། དེ་བཟློག་བྱ་མིན་ན་བདག་གི་སྡུག་བསྔལ་ཉིད་ཀྱང་སེམས་ཅན་གཞན་གྱི་སྡུག་བསྔལ་བཞིན་བཟློག་པར་མི་བྱའོ།།
何故一切有情之痛苦，皆為我之應遣無爭議，若因為是痛苦而遣我之痛苦，則當因為是痛苦而遣一切有情之痛苦，若彼非應遣，則我之痛苦亦不應當遮遣，如同其他有情之苦一般。

༢.༢.༣.༢.༡.༣.༢.༡.༢.༢.དེ་ལ་རྩོད་པ་སྤོང་བ།
2.2.3.2.1.3.2.1.2.2.捨棄對彼的爭議

སྙིང་རྗེ་སྡུག་བསྔལ་མང་གྱུར་པས། ། 若言悲將成多苦，
ཅི་ཕྱིར་ནན་གྱིས་བསྐྱེད་ཅེ་ན།། 何故殷切生起彼，
འགྲོ་བའི་སྡུག་བསྔལ་བསམ་བྱས་ན། ། 若思眾生之痛苦，
ཇི་ལྟར་སྙིང་རྗེ་སྡུག་བསྔལ་མང་། ། 悲心如何有多苦。

སྙིང་རྗེ་སྒོམ་པ་ནི་གཞན་གྱི་སྡུག་བསྔལ་ལ་མི་བཟོད་པའི་བློ་འབྱུང་བའི་ཕྱིར་རང་གི་སེམས་ལ་སྡུག་བསྔལ་མང་པོར་གྱུར་པས། དེ་ཅི་ཡི་ཕྱིར་ནན་གྱིས་བསྐྱེད་པར་བྱེད་ཅེ་ན། འགྲོ་བའི་དམྱལ་བ་ལ་སོགས་པའི་སྡུག་བསྔལ་རྣམས་ལ་བསམ་པར་བྱས་ནས་དེ་དག་ལ་ལྟོས་ན། ཇི་ལྟར་སྙིང་རྗེ་སྒོམ་པ་སྡུག་བསྔལ་མང་སྟེ་མང་བ་མ་ཡིན་ནོ།།
若言：觀修悲心，因為生起難忍他眾痛苦之心，故將造成自心多痛苦，何故殷切生起彼悲心，若思及地獄等眾生之種種痛苦，若觀待彼等，觀修悲心如何有多苦，不多。

གལ་ཏེ་སྡུག་བསྔལ་གཅིག་གིས་ནི། ། 倘若能以一痛苦，
སྡུག་བསྔལ་མང་པོ་མེད་འགྱུར་ན། ། 令多痛苦悉不存，
བརྩེ་དང་ལྡན་པས་སྡུག་བསྔལ་དེ། ། 具悲憫者於彼苦，
རང་དང་གཞན་ལ་བསྐྱེད་བྱ་ཉིད། ། 當為自他而生起。

གལ་ཏེ་སྐྱེས་བུ་གཅིག་ལ་བརྟེན་པའི་སྡུག་བསྔལ་གཅིག་གིས་ནི། སེམས་ཅན་མང་པོ་ལ་བརྟེན་པའི་སྡུག་བསྔལ་མང་པོ་མེད་པར་འགྱུར་ན། ཐུགས་བརྩེ་བ་དང་ལྡན་པ་རྣམས་ཀྱིས་སྡུག་བསྔལ་དེ། རང་དང་གཞན་ལ་བསྐྱེད་པར་བྱ་ཞིང་བསྒྲུབ་པར་བྱ་བ་ཉིད་དོ།།

倘若能由一人以一痛苦，令眾多有情諸多痛苦悉不存，具悲憫者眾於彼苦，當為自他而生起並修持。

དེས་ན་མེ་ཏོག་ཟླ་མཛེས་ཀྱིས།།　　因此善花月法師，
རྒྱལ་པོའི་གནོད་པ་ཤེས་ཀྱང་ནི།།　　雖知將受國王害，
བདག་གི་སྡུག་བསྔལ་མ་བསལ་ཏེ།།　　不除自己之痛苦，
མང་པོའི་སྡུག་བསྔལ་ཟད་འགྱུར་ཕྱིར།།　　為盡眾多痛苦故。

དེས་ན་བྱང་ཆུབ་སེམས་དཔའ་མེ་ཏོག་ཟླ་མཛེས་ཀྱིས། རྒྱལ་པོ་དཔལ་བྱིན་ལས་བྱུང་བའི་གནོད་པ་ནི་རྒྱལ་པོའི་གནོད་པ་སྟེ་དེ་ཉིད་འབྱུང་བར་ཤེས་ཀྱང་ནི། བདག་གི་འཆི་བའི་སྡུག་བསྔལ་མ་བསལ་ཏེ། དེ་ལ་བརྟེན་ནས་སེམས་ཅན་མང་པོའི་སྡུག་བསྔལ་ཟད་པར་འགྱུར་བའི་ཕྱིར་དུའོ།།

因此菩薩善花月法師，雖知將受勇施國王造成的傷害，不除自己死亡之痛苦，為了以此盡眾多有情的痛苦故。

༢.༢.༣.༢.༡.༣.༢.༡.༢.༣.དེ་ལྟར་གོམས་པའི་ཕན་ཡོན།
2.2.3.2.1.3.2.1.2.3.如是串習的利益

དེ་ལྟར་རྒྱུད་ནི་གོམས་གྱུར་པ།།　　如是心續串習已，
གཞན་གྱི་སྡུག་བསྔལ་ཞི་དགའ་བས།།　　因喜息止他苦故，
པདྨའི་མཚོ་རུ་ངང་པ་ལྟར།།　　如入蓮湖之野雁，
མནར་མེད་པར་ཡང་འཇུག་པར་འགྱུར།།　　雖是無間亦趣入。

གཞན་སྡུག་བསྔལ་བས་སྡུག་བསྔལ་བར་གྱུར་པའི་སྙིང་རྗེ་ཅན་རྣམས་ནི་སྡུག་བསྔལ་ཆེན་པོས་ཀྱང་གནོད་པར་འགྱུར་བ་མ་ཡིན་ནོ་ཞེས་བསྟན་པའི་ཕྱིར་དེ་ལྟར་བདག་གཞན་མཉམ་པ་ལ་

རྒྱུད་ནི་གོམས་པར་གྱུར་པ་དེ། གཞན་གྱི་སྡུག་བསྔལ་ཞི་བའི་ཐབས་ལ་མངོན་པར་དགའ་བས། པདྨའི་མཚོ་རུ་ངང་པ་དགའ་བཞིན་དུ་འཇུག་པ་ལྟར། གཞན་གྱི་དོན་དུ་མནར་མེད་པར་ཡང་འཇུག་པར་འགྱུར་རོ།།

此處說明因他眾之苦而苦的悲憫者，雖是大苦亦不會受傷：如是心續串習自他平等已，因喜於息止他苦之法故，如歡喜進入蓮湖之野雁一般，為了利他雖是無間亦趣入。

སེམས་ཅན་རྣམས་ནི་གྲོལ་བ་ན། །　　有情眾生解脫時，
དགའ་བའི་རྒྱ་མཚོ་གང་ཡིན་པ། །　　歡喜大海是為何，
དེ་ཉིད་ཀྱིས་ནི་ཆོག་མིན་ནམ།།　　以彼不能滿足否，
ཐར་པ་འདོད་པས་ཅི་ཞིག་བྱ།།　　希求解脫有何益。

ཡང་ཅིའི་ཕྱིར་བདག་ཉིད་ཀྱི་སྡུག་བསྔལ་ཞི་བ་ལ་བྱང་ཆུབ་སེམས་དཔའ་དགའ་བར་མི་འགྱུར་ཞེ་ན། སེམས་ཅན་རྣམས་ནི་སྡུག་བསྔལ་གྱི་འཆིང་བ་ལས་གྲོལ་བ་ན། དགའ་བའི་རྒྱ་མཚོ་མཐའ་ཡས་པར་ཐོབ་པ་གང་ཡིན་པ། དེ་ཉིད་ཀྱིས་ནི་ཆོག་པ་མིན་ནམ། རང་ཉིད་གཅིག་པུ་ཐར་བ་འདོད་པས་ཅི་ཞིག་བྱ།

若問：何故菩薩不喜息止自己之苦？則曰：有情眾生從痛苦束縛中解脫時，所獲得之無邊歡喜大海是為何，以彼不能滿足否，希求自己獨自解脫有何益。

དེ་ལྟས་གཞན་གྱི་དོན་བྱས་ཀྱང་། །　　因此雖然行利他，
རློམ་སེམས་དང་ནི་ངོ་མཚར་མེད། །　　毫無驕矜與稀奇，
གཅིག་ཏུ་གཞན་དོན་ལ་དགའ་བས། །　　一味喜於利他事，
རྣམ་སྨིན་འབྲས་བུའི་རེ་བ་མེད། །　　故無希求異熟果。

དེ་ལྟ་བས་ན་གཞན་གྱི་དོན་བྱས་ཀྱང་། རློམ་སེམས་ཀྱིས་ཁེངས་པ་དང་ནི་རང་ལ་ངོ་མཚར་དུ་འཛིན་པ་མེད་ཅིང་། མཐའ་གཅིག་ཏུ་གཞན་དོན་བྱེད་པ་ལ་དགའ་བས། བདག་གིས་དམ་

པའི་ཆོས་དང་མཐུན་པར་བྱས་པ་འདིའི་རྣམ་སྨིན་གྱི་འབྲས་བུ་འཇིག་རྟེན་ཕྱི་མར་འབྱུང་ངོ་སྙམ་པའི་རེ་བ་མེད་དོ།།

因此雖然行利他，卻毫無驕矜與自視稀奇，一味地喜於利他事，故無希求自己如法而行，於來世會出現的異熟果。

༢་༢་༣་༢་༡་༣་༢་༡་༣་དོན་བསྡུ་བ།
2.2.3.2.1.3.2.1.3.攝義

དེ་བས་ཇི་ལྟར་ཆུང་ངུ་ན།། 是故無論多微末，
མི་སྙན་ལས་ཀྱང་བདག་བསྲུང་བ། ། 如護對己不悅言，
དེ་བཞིན་གཞན་ལ་བསྲུང་སེམས་དང་། ། 如是護他菩提心，
སྙིང་རྗེའི་སེམས་ཉིད་དེ་ལྟར་བྱ།། 以及悲心這般行。

བདག་དང་གཞན་ལ་ཁྱད་པར་ཅུང་ཟད་ཀྱང་མེད་པ་དེ་བས་ན་ཇི་ལྟར་སྡུག་བསྔལ་གྱི་རྒྱུ་ཆུང་ངུ་ཞིག་བྱུང་ནའང་། མི་སྙན་པ་བརྗོད་པ་ལས་ཀྱང་བདག་བསྲུང་བ། དེ་བཞིན་དུ་གཞན་ལ་བསྲུང་བའི་སེམས་དང་། སྙིང་རྗེའི་སེམས་ཉིད་དེ་ལྟར་གོམས་པར་བྱའོ།།

自他沒有絲毫差別是故無論出現多微末的痛苦，如守護對於自己的不悅言一般，如是護他的菩提心，以及悲心這般行串習。

༢་༢་༣་༢་༡་༣་༢་༢་བདག་གཞན་བརྗེ་བ་སྒོམ་ཚུལ།
2.2.3.2.1.3.2.2.觀修自他交換之理

༢་༢་༣་༢་༡་༣་༢་༢་༡་རྒྱུ་མཚན་བརྗོད་པས་མདོར་བསྟན་པ།
2.2.3.2.1.3.2.2.1.說因以總述

གོམས་པ་ཡིས་ནི་གཞན་དག་གི ། 因為串習力之故，
ཁུ་བ་ཁྲག་གི་ཐིགས་པ་ལ།། 對於他人精血滴，
དངོས་པོ་མེད་པར་གྱུར་ཀྱང་ནི། ། 雖然作為無實性，
བདག་གོ་ཞེས་ནི་ཤེས་པ་ལྟར།། 然而了知其為我，

དེ་བཞིན་གཞན་གྱི་ལུས་ལ་ཡང་། ། 如是對於其他身，
བདག་ཅེས་ཅི་ཡི་ཕྱིར་མི་གཟུང་། ། 何故不執我之名，
བདག་གི་ལུས་ཉིད་གཞན་དག་ཏུ་འང་། ། 這般對於我身軀，
བཞག་པ་དེ་ལྟར་དཀའ་བ་མེད། ། 設為其他亦不難。

གོམས་པ་ཡིས་ནི་གཞན་པ་མ་དག་གི། ཁུ་བ་དང་ཁྲག་གི་ཐིགས་པ་ཙམ་ལ། བདག་གི་དངོས་པོ་མེད་པར་གྱུར་ཀྱང་ནི། གོམས་པ་འབའ་ཞིག་གིས་བདག་གོ་ཞེས་ཤེས་པ་ལྟར། དེ་བཞིན་དུ་གོམས་པར་བྱས་ནས་སེམས་ཅན་གཞན་གྱི་ལུས་ལ་ཡང་། བདག་ཅེས་ཅི་ཡི་ཕྱིར་ན་མི་བཟུང་སྟེ་བཟུང་བར་ནུས་སོ། །བདག་གི་ལུས་ཉིད་གཞན་དག་ཏུ་འང་། བཞག་པ་དེ་ལྟར་གོམས་པར་བྱས་ན་དཀའ་བ་མེད་དོ། །

因為串習力之故，對於父母他人之精血滴，雖然作為無我之實性，然而因為僅以串習力，就能了知其為我，如是以串習力對於其他有情之身，何故不能執我之名，能執也。這般對於我身軀，若以串習力設為其他亦不難。

བདག་ཉིད་སྐྱོན་བཅས་གཞན་ལ་ཡང་། ། 了知我乃有過患，
ཡོན་ཏན་རྒྱ་མཚོར་ཤེས་བྱས་ནས། ། 他乃功德大海已，
བདག་འཛིན་ཡོངས་སུ་དོར་བ་དང་། ། 應當觀修徹底捨，
གཞན་བླང་བ་ནི་བསྒོམ་པར་བྱ། ། 我執以及承擔他。

བདག་ཉིད་ལ་གཅེས་པར་བཟུང་ན་སྐྱོན་དང་བཅས་པར་ཤེས་པ་དང་སེམས་ཅན་གཞན་ལ་གཅེས་པར་བཟུང་བ་ཡང་། ཡོན་ཏན་རྒྱ་མཚོ་ལྟ་བུར་ཤེས་པར་བྱས་ནས། བདག་གཅེས་འཛིན་གྱི་འཛིན་པ་ཡོངས་སུ་དོར་བ་དང་། གཞན་དང་དུ་བླང་བ་ནི་བསྒོམ་པར་བྱའོ། །

了知若愛執我，乃是有過患，若愛執他，乃是功德大海已，應當觀修徹底捨棄我的愛執，以及承擔他。

༢༢༣༢༡་༣༢༢༢་དེ་སྒོམ་ཚུལ་རྒྱས་པར་བཤད་པ།

2.2.3.2.1.3.2.2.2.廣說其觀修之理

༢་༢་༣་༢་༡་༣་༢་༢་༢་༡་བརྗེ་ཚུལ་སྤྱིར་བསྟན་པ།

2.2.3.2.1.3.2.2.2.1.總說交換之理

༢་༢་༣་༢་༡་༣་༢་༢་༢་༡་༡་གཞན་དང་དུ་བླང་བ།

2.2.3.2.1.3.2.2.2.1.1.承擔他

ཇི་ལྟར་ལག་པ་ལ་སོགས་པ།། 猶如主張手等等，
ལུས་ཀྱི་ཡན་ལག་ཡིན་འདོད་ལྟར།། 是為身體支分般，
དེ་བཞིན་འགྲོ་བའི་ཡན་ལག་ཏུ།། 如是何故不主張，
ཅི་ཕྱིར་ལུས་ཅན་རྣམས་མི་འདོད།། 有身眾為眾生分。

སེམས་ཅན་རྣམ་པ་མང་པོ་རྣམས་ལ་ཇི་ལྟར་བདག་དང་གཞན་དུ་བརྗེ་བ་བསྒོམ་པར་ནུས་སྙམ་ན། ཇི་ལྟར་ལག་པ་ལ་སོགས་པ། ཐ་དད་པ་མང་པོ་རྣམས་ལུས་ཀྱི་ཡན་ལག་དང་ལུས་དེ་ནི་གཅིག་པོ་ཡིན་པར་འདོད་པ་ལྟར། དེ་བཞིན་དུ་འགྲོ་བ་ཞེས་གཅིག་ཏུ་ཞེན་ནས་འགྲོ་བའི་ཡན་ལག་ཏུ་ཅི་ཡི་ཕྱིར་ལུས་ཅན་རྣམས་ནི་འདོད་དེ་མཚུངས་པའི་ཕྱིར་རོ།།

若想：面對如此多有情，如何能觀修自他交換？則曰：猶如主張手等等諸多分別處，是為身體支分，並主張該身體為一整體一般，如是何故不貪戀眾生為一整體，主張有身眾為眾生的支分，其理相似也。

ཇི་ལྟར་བདག་མེད་ལུས་འདི་ལ།། 猶如於此無我身，
གོམས་པས་བདག་གི་བློ་འབྱུང་བ།། 因為串習生我念，
དེ་བཞིན་སེམས་ཅན་གཞན་ལ་ཡང་།། 如是對於他有情，
གོམས་པས་བདག་བློ་ཅིས་མི་སྐྱེ།། 串習豈不生我念。

བདག་དང་གཞན་དུ་བརྗེ་བ་འདི་ཡང་གོམས་པ་པོ་ནས་འགྲུབ་པར་བསྟན་པ་ནི། ཇི་ལྟར་བདག་མེད་པའི་ལུས་ཀྱི་ཚོགས་པ་འདི་ལ། གོམས་པར་གྱུར་པས་བདག་གི་བློ་འབྱུང་བ། དེ་

བཞིན་དུ་སེམས་ཅན་གཞན་རྣམས་ལ་ཡང་། གོམས་པར་གྱུར་པས་བདག་གི་བློ་ཅི་སྟེ་མི་སྐྱེ་སྟེ་སྐྱེའོ།།

此處宣說自他交換唯以串習修成：猶如於此無我之身蘊聚，因為串習而生起我念，如是對於其他有情眾，因為串習豈不生起我念。

དེ་ལྟར་ནི་གཞན་གྱི་དོན།།
བྱས་ཀྱང་ངོ་མཚར་སྙམ་མི་འབྱུང་། །
བདག་ཉིད་ཀྱིས་ནི་ཟས་ཟོས་ནས། །
ལན་ལ་རེ་བ་མི་འབྱུང་བཞིན།།

如是雖然行利他，
不起稀有與驕矜，
譬如自己吃飯已，
不起回報之希求。

སེམས་ཅན་གཞན་རྣམས་ལ་བདག་གི་བློ་སྐྱེས་པ་དེ་ལྟར་ན་ནི་གཞན་གྱི་དོན་ཇི་ལྟར་བྱས་ཀྱང་རང་ལ་ངོ་མཚར་དུ་མི་འཛིན་ཅིང་སྙམ་པས་ཁེངས་པ་མི་འབྱུང་སྟེ། བདག་རང་ཉིད་ཀྱིས་ནི་ཟས་ཟོས་ནས། དེའི་ལན་ལ་རེ་བ་མི་འབྱུང་བ་བཞིན་དུ་སེམས་ཅན་གྱི་དོན་བྱས་ཀྱང་དེའི་འབྲས་བུ་ལ་རེ་བ་མེད་དོ།།

如是生起其他有情為我之心，雖然怎樣行利他，自己不起此為稀有之執想，與傲慢驕矜，譬如自己吃飯已，不起回報之希求，同樣地，雖然行有情義利，卻不求其果報。

དེ་བས་ཇི་ལྟར་ཆུང་ངུ་ན།།
མི་སྙན་ལས་ཀྱང་བདག་བསྲུང་བ། །
དེ་བཞིན་འགྲོ་ལ་སྲུང་སེམས་དང་། །
སྙིང་རྗེའི་སེམས་ནི་གོམས་པར་བྱ། །

是故無論多微末，
如護對己不悅言，
如是護眾菩提心，
以及悲心當串習。

དེ་བས་ཇི་ལྟར་སྡུག་བསྔལ་གྱི་རྒྱུ་ཆུང་ངུ་ཞིག་བྱུང་ན་ཡང་། མི་སྙན་པ་བརྗོད་པ་ལས་ཀྱང་བདག་བསྲུང་བ་དེ་བཞིན་དུ་འགྲོ་བ་གཞན་ལ་བསྲུང་སེམས་དང་། སྙིང་རྗེའི་སེམས་ནི་དེ་ལྟར་ཡུན་རིང་དུ་གོམས་པར་བྱའོ།།

是故無論痛苦因多微末，如守護對於自己的不悅言一般，如是守護眾生的菩提心，以及悲心應當長期串習。

དེ་བས་མགོན་པོ་སྤྱན་རས་གཟིགས།། 是故怙主觀世音，
ཐུགས་རྗེ་ཆེན་པོས་འགྲོ་བ་ཡི།། 以大悲心為消除，
འཁོར་གྱི་འཇིགས་པ་བསལ་བའི་ཕྱིར།། 眾生眾中焦慮懼，
རང་གི་མཚན་ཡང་བྱིན་གྱིས་བརླབས།། 於己名號亦加持。

དེ་ལྟར་གོམས་པ་དེ་བས་ན་མགོན་པོ་སྤྱན་རས་གཟིགས། ཐུགས་རྗེ་ཆེན་པོ་དང་ལྡན་པ་དེས་འགྲོ་བ་ཡི། འཁོར་གྱི་ནང་དུ་བག་ཚ་བའི་འཇིགས་པའང་བསལ་བའི་ཕྱིར། རང་གི་མཚན་ཡང་བྱིན་གྱིས་བརླབས་པར་མཛད་དོ། །དེ་ཡང་སྡོང་པོ་བཀོད་པ་ལས། བདག་གི་མིང་ལན་གསུམ་དྲན་པས་འཁོར་གྱི་ནང་དུ་བག་ཚ་བའི་འཇིགས་པ་མེད་པར་གྱུར་ཅིག་ཅེས་གསུངས་སོ།།
因為如是串習，是故怙主觀世音，以彼具有之大悲心，為消除眾生於大眾之中焦慮的恐懼，於己名號亦做加持。又《華嚴經》說：“願憶念三次我名號者，於大眾之中無焦慮之恐懼”。

དཀའ་ལས་ཕྱིར་ལྡོག་མི་བྱ་སྟེ།། 不當因難而退轉，
འདི་ལྟར་གོམས་པའི་མཐུ་ཡིས་ནི།། 依靠此般串習力，
གང་གི་མིང་ཐོས་འཇིགས་པ་ཡང་།། 雖然聞彼名生畏，
དེ་ཉིད་མེད་ན་མི་དགར་འགྱུར།། 亦將無彼則不喜。

དཀའ་བ་དག་ལས་ཕྱིར་ལྡོག་པར་མི་བྱ་སྟེ། འདི་ལྟར་གོམས་པར་གྱུར་པའི་མཐུ་ཡིས་ནི། གང་གི་མིང་ཙ་བའི་ལམ་དུ་ཐོས་པ་ན་འཇིགས་པ་སྐྱེ་བ་དེ་ཡང་མཛའ་བར་གྱུར་ཏེ། སླར་དེ་ཉིད་མེད་ན་བདག་མི་དགའ་བར་འགྱུར་བ་ཡིན་ནོ།།
不應當因為困難而退轉，依靠此般串習力，雖然耳聞彼名即心生畏懼，亦將轉為喜愛，又轉為無彼則我不歡喜。

གང་ཞིག་བདག་དང་གཞན་རྣམས་ནི།། 凡是欲令自與他，
མྱུར་དུ་བསྐྱབ་པར་འདོད་པ་དེས།། 快速獲得救度者，

བདག་དང་གཞན་དུ་བརྗེ་བྱ་བ། ། 應當行持此名為，
གསང་བའི་དམ་པ་སྤྱད་པར་བྱ། ། 自他交換密正法。

གང་ཞིག་བ་བདག་དང་གཞན་མཐའ་ཡས་པའི་སེམས་ཅན་རྣམས་ནི། སྡུར་དུ་སྡུག་བསྔལ་ཐམས་ཅད་ལས་བསྐྱབ་པར་འདོད་པ་དེས་ནི། བདག་དང་གཞན་དུ་བརྗེ་བ་བྱང་ཆུབ་ཀྱི་སེམས་ཞེས་བྱ་བར། ནོ་དམན་པ་རྣམས་ལ་གསང་བར་བྱ་བའི་གནས་མཆོག་ཏུ་གྱུར་པའི་དམ་པ་འདི་ཉིད་སྤྱད་པར་བྱའོ།།

凡是欲令自與其他無邊有情，快速從一切痛苦中獲得救度者，應當行持此名為，自他交換–菩提心，此應當對於下劣者保密、最為殊勝正等之法。

༢.༢.༣.༢.༡.༣.༢.༢.༢.༡.༢.བདག་གཅེས་འཛིན་དོར་བ།
2.2.3.2.1.3.2.2.2.1.2.捨棄我執

བདག་ལུས་གང་ལ་ཆགས་པ་ཡིས། ། 因為貪戀我身故，
འཇིགས་གནས་ཆུང་ལ་འདང་འཇིགས་སྐྱེ་བ།། 雖是小怖亦生畏，
འཇིགས་པ་སྐྱེ་བའི་ལུས་དེ་ལ།། 對彼能生怖畏身，
སུ་ཞིག་དགྲ་བཞིན་སྡང་མི་བྱེད། ། 何人不該嗔如敵。

ཇི་ལྟར་བདག་སྐྱོན་དང་བཅས་པ་ཉིད་ཡིན་པར་ཤེས་པར་བྱས་ནས་སྤང་བར་བྱ་ཞེ་ན། བདག་གི་ལུས་གང་ལ་རབ་ཏུ་ཆགས་པ་ཡིས། འཇིགས་པའི་གནས་ཆུང་ངུ་སྦྲང་བུ་ལ་སོགས་པ་དག་ལ་འདང་འཇིགས་པ་སྐྱེ་བའི་ཕྱིར། འཇིགས་པ་ཐམས་ཅད་སྐྱེ་བར་འགྱུར་བའི་ལུས་དེ་ལ། སེམས་དང་ལྡན་པ་སུ་ཞིག་དགྲ་བཞིན་དུ་སྡང་བར་མི་བྱེད།

若問：應該如何知道我為有過患，而捨棄我？則曰：因為極度貪戀我身之故，雖是小怖如小蟲子等，亦能生畏，對彼能生一切怖畏之身，何人（有心者）不該嗔如敵。

ལུས་གང་བཀྲེས་དང་སྐོམ་སོགས་ནད། ། 因身饑餓與渴等，

གསོ་བའི་ཆོ་ག་བྱེད་འདོད་པས། ། 或求治病之法故，
ཉ་དང་བྱ་དང་རི་དྭགས་དག། 能殺魚鳥草食獸，
གསོད་པར་བྱེད་ཅིང་ལམ་སྒུག་བྱེད། ། 及於道上伺機便。

ལུས་གང་གི་བཀྲེས་པ་དང་སྐོམ་པ་དང་གོས་མེད་པ་ལ་སོགས་པ་དང་ནད་དང་གནོད་པ་ཐམས་ཅད་གསོ་བའི་ཆོ་ག་བྱེད་པར་འདོད་པས། ཉ་དང་བྱ་དང་རི་དྭགས་ལ་སོགས་པ་དག །གསོད་པར་བྱེད་ཅིང་གཞན་གྱི་ནོར་འཕྲོག་པར་བྱེད་པའི་ཕྱིར་ལམ་སྒུག་བྱེད་དོ།།

因身饑餓與渴、無衣穿等等，或求治一切病、消除一切傷害之法故，能殺魚鳥草食獸等等，及於為了搶奪他人財物而在道上伺機便。

གང་ཞིག་ཁེ་དང་རིམ་གྲོའི་ཕྱིར། ། 為何利益服侍故，
ཕ་དང་མ་ཡང་གསོད་བྱེད་ཅིང་། ། 亦能殺害父與母，
དཀོན་མཆོག་གསུམ་གྱི་དཀོར་བརྐུས་ནས།། 竊取三寶之資財，
དེས་ནི་མནར་མེད་བསྲེག་འགྱུར་ན། ། 以此將受無間焚，
མཁས་པ་སུ་ཞིག་ལུས་དེ་ལ།། 有何智者於彼身，
འདོད་ཅིང་བསྲུང་དང་མཆོད་བྱེད་ཀྱི། ། 能起欲求護供心，
འདི་ལ་སུ་ཞིག་དགྲ་བཞིན་དུ།། 而不視此如敵寇，
བལྟ་བར་མི་བྱེད་བརྙས་མི་བྱེད། ། 不願對此起輕蔑。

དེ་བཞིན་དུ་ལུས་གང་ཞིག་རྒྱལ་སྲིད་ལ་སོགས་པའི་ཁེ་དང་སྐྱེ་བོ་མང་པོ་ལས་རིམ་གྲོ་ཐོབ་པའི་ཕྱིར། ཕ་དང་མ་ཡང་གསོད་པས་མཚམས་མེད་པའི་ལས་བྱེད་ཅིང་། དཀོན་མཆོག་གསུམ་གྱི་དཀོར་བརྐུས་ཏེ་ཉེ་བའི་མཚམས་མེད་པའི་ལས་བྱས་ནས། དེས་ནི་མནར་མེད་པའི་མེ་ནང་དུ་བསྲེག་པར་འགྱུར་ན། རྣམ་པར་དཔྱོད་པ་དང་ལྡན་པའི་མཁས་པ་སུ་ཞིག་ཉེས་པ་དུ་མའི་འབྱུང་གནས་ཀྱི་ལུས་དེ་ལ། མངོན་པར་འདོད་ཅིང་བསྲུང་བ་དང་མཆོད་པར་བྱེད་ཀྱི། ལུས་འདི་ལ་སུ་ཞིག་དགྲ་བཞིན་དུ་ལྟ་བར་མི་བྱེད་ཅིང་བརྙས་པར་མི་བྱེད་དེ་བྱེད་པར་

དེ་རིགས་སོ།།

同時為何（為了身體）得到王權等等之利益與多人服侍之故，亦能造作殺害父與母等無間業，竊取三寶之資財等近無間罪，以此將受無間地獄之火焚燒，有何具有分辨能力的智者於諸多過患來源的彼身，能起欲求、守護與供養心，而不視此身如敵寇，不願對此起輕蔑，應該起輕蔑。

༢.༢.༣.༢.༡.༣.༢.༢.༢.༡.༣.བདག་གཞན་གཙོ་བོར་བྱས་པའི་སྐྱོན་ཡོན། 2.2.3.2.1.3.2.2.2.1.3.自他為主之功過

གལ་ཏེ་བྱིན་ན་ཅི་སྤྱད་ཅེས།།　倘若布施何以用，
བདག་དོན་སེམས་པ་འདྲེ་ཡི་ཚུལ།།　心思利己為鬼理，
གལ་ཏེ་སྤྱད་ན་ཅི་སྦྱིན་ཞེས།།　倘若用之何以施，
གཞན་དོན་སེམས་པ་ལྷ་ཡི་ཆོས།།　心思利他為神法。

གལ་ཏེ་དངོས་པོ་འདི་གཞན་ལ་བྱིན་ན་བདག་རང་གིས་ཅི་སྤྱོད་ཅེས། བདག་གི་དོན་ལ་སེམས་པ་ནི་འདྲེ་སྟེ་ཡི་དྭགས་སུ་སྐྱེ་བའི་རྒྱུ་ཡི་ཚུལ་དང་། གལ་ཏེ་འདི་བདག་གིས་སྤྱད་ན་གཞན་དག་ལ་ཅི་སྦྱིན་ཞེས། གཞན་གྱི་དོན་ལ་སེམས་པ་ནི་ལྷ་ཡི་རྒྱུར་གྱུར་པའི་ཆོས་སོ།།
倘若布施此物予他者，則己何以用，心思利己為鬼理（生為餓鬼之因），倘若我用之，則何以布施他者，心思利他為神法（成神之因）。

བདག་ཕྱིར་གཞན་ལ་གནོད་བྱས་ན།།　若為己故傷害他，
དམྱལ་ལ་སོགས་པར་གདུང་བར་འགྱུར།།　將於地獄等煎熬，
གཞན་ཕྱིར་བདག་ལ་གནོད་བྱས་ན།།　若為他故傷害己，
ཕུན་སུམ་ཚོགས་པ་ཐམས་ཅད་འཐོབ།།　一切圓滿將可得。

བདག་བདེ་བར་འདོད་པའི་ཕྱིར་སེམས་ཅན་གཞན་ལ་གནོད་པར་བྱས་ན། དམྱལ་བ་ལ་སོགས་པར་སྡུག་བསྔལ་གྱིས་གདུང་བར་འགྱུར་ལ། གཞན་གྱི་བདེ་བའི་ཕྱིར་བདག་ལ་

གནོད་པ་བྱས་ན། ཕུན་སུམ་ཚོགས་པའི་ཡོན་ཏན་ཐམས་ཅད་འཐོབ་པར་འགྱུར་རོ།།

若為自己欲得安樂之故而傷害其他有情，將於地獄等處受痛苦煎熬，若為其他有情利樂之故而傷害己，一切圓滿功德將可得。

བདག་ཉིད་མཐོ་བར་འདོད་པ་དེས། ། 我欲高貴彼心行,
ངན་འགྲོ་ངན་དང་བླུན་པར་འགྱུར། ། 卻成惡趣惡與癡,
དེ་ཉིད་གཞན་ལ་སྤོ་བྱས་ན།། 若移彼欲於他眾,
བདེ་འགྲོར་རིམ་གྲོ་འཐོབ་པར་འགྱུར། ། 將得善趣與服侍。

བདག་ཉིད་གཞན་ཐམས་ཅད་ལས་མཐོ་བར་འདོད་པ་དེས། ངན་འགྲོ་རུ་སྐྱེ་བ་དང་མིར་གྱུར་ཀྱང་རིགས་དང་གཟུགས་ལ་སྐྱོན་ཆགས་པའི་ངན་པ་དང་བླུན་པར་འགྱུར་ཞིང་། མཐོ་བར་འདོད་པ་དེ་ཉིད་གཞན་ལ་སྤོ་བར་བྱས་ན། བདེ་འགྲོར་འགྲོ་བ་དང་ཀུན་གྱིས་མཆོད་པའི་རིམ་གྲོ་འཐོབ་པར་འགྱུར་རོ།།

我欲比一切他眾高貴之彼心行，卻成生於惡趣，或雖然為人，卻有種姓色身過失之惡，與成為愚癡者，若轉移彼欲得高貴之欲於他眾，將得往生善趣與受到眾人供養服侍。

བདག་གི་དོན་དུ་གཞན་བཀོལ་ན། ། 若為己利使役他,
བྲན་ལ་སོགས་པ་མྱོང་བར་འགྱུར། ། 將受奴役等處境,
གཞན་གྱི་དོན་དུ་བདག་སྐྱད་ན། ། 若為他利使用己,
རྗེ་དཔོན་ཉིད་སོགས་མྱོང་བར་འགྱུར། ། 將受尊重圓滿等。

བདག་གི་ལས་བསྒྲུབ་པའི་དོན་དུ་གཞན་དབང་མེད་དུ་བཀོལ་བར་བྱས་ན། འཇིག་རྟེན་ཕྱི་མར་རང་ཉིད་བྲན་དང་སློང་མོའི་འཚོ་བ་ལ་སོགས་པའི་གནས་སྐབས་མྱོང་བར་འགྱུར་ལ། སེམས་ཅན་གཞན་གྱི་དོན་དུ་བདག་ངར་རྒྱལ་མེད་པར་ཞབས་ཏུ་སྐྱད་ན། རྗེ་དཔོན་ཉིད་དང་ལོངས་སྤྱོད་ཕུན་སུམ་ཚོགས་པ་ལ་སོགས་པ་མྱོང་བར་འགྱུར་རོ།།

若為成辦己事業之利而使役他，令他不得自在，來世自己將受奴役與乞丐為生等處境，若為其他有情利而無慢心地使用己作為僕役，將受尊重與受用圓滿等。

འཇིག་རྟེན་བདེ་བ་ཇི་སྙེད་པ།། 世間安樂盡所有，
དེ་ཀུན་གཞན་བདེ་འདོད་ལས་བྱུང་།། 彼皆出自利他樂，
འཇིག་རྟེན་སྡུག་བསྔལ་ཇི་སྙེད་པ།། 世間痛苦盡所有，
དེ་ཀུན་རང་བདེ་འདོད་ལས་བྱུང་།། 彼皆出自利己樂。

དེ་ནི་བརྗོད་པའི་དོན་ཉིད་བསྡུས་ནས་བསྟན་པའི་ཕྱིར་འཇིག་རྟེན་ན་བདེ་བ་ཇི་སྙེད་ཡོད་པ། དེ་དག་ཀུན་གཞན་ལ་ཕན་པ་དང་བདེ་བའི་ཐབས་བསྒྲུབ་པར་འདོད་པ་ལས་བྱུང་ཞིང་། འཇིག་རྟེན་ན་སྡུག་བསྔལ་ཇི་སྙེད་ཡོད་པ་དེ་དག་ཀུན་རང་ཉིད་བདེ་བའི་ཐབས་བསྒྲུབ་པར་འདོད་པ་ལས་བྱུང་ངོ་།།

此處為總攝所詮故說：世間安樂盡所有，彼皆出自欲成辦利他與安樂之法，世間痛苦盡所有，彼皆出自欲成辦利己安樂之法。

མང་དུ་བཤད་ལྟ་ཅི་ཞིག་དགོས།། 有何必要多講說，
བྱིས་པ་རང་གི་དོན་བྱེད་དང་།། 凡夫利己之行為，
ཐུབ་པ་གཞན་གྱི་དོན་མཛད་པ།། 能仁利他之行為，
འདི་གཉིས་ཀྱི་ནི་ཁྱད་པར་ལྟོས།། 觀此二者之差別。

དེ་དག་གི་དཔེ་བསྟན་པ་ནི་རྒྱས་པར་མང་དུ་བཤད་པ་ལྟ་ཅི་ཞིག་དགོས། མདོར་བསྡུ་ན་བྱིས་པ་སོ་སོའི་སྐྱེ་བོ་རྣམས་ཀྱིས་རང་གི་དོན་བྱེད་པ་དང་། ཐུབ་པ་སངས་རྒྱས་བཅོམ་ལྡན་འདས་ཀྱིས་གཞན་གྱི་དོན་མཛད་པ། འདི་གཉིས་ཀྱི་ནི་ཁྱད་པར་ལ་ལྟོས་ཤིག།

此處舉彼等之例：有何必要詳細多做講說，總之，凡夫利己之行為，能仁佛陀薄迦梵利他之行為，觀此二者之差別。

བདག་བདེ་གཞན་གྱི་སྡུག་བསྔལ་དག། 種種自樂與他苦，

ཡང་དག་བརྗེ་བར་མ་བྱས་ན།།　若不正等交換之，
སངས་རྒྱས་ཉིད་དུ་མི་འགྲུབ་ཅིང་།།　則於佛果不可成，
འཁོར་བ་ན་ཡང་བདེ་བ་མེད།།　於輪迴中亦無樂。

གལ་ཏེ་སངས་རྒྱས་དོན་དུ་གཉེར་བ་ལ་ལམ་དེ་དགོས་ཀྱང་འཁོར་བའི་བདེ་བ་ཙམ་འདོད་པ་རྣམས་ལ་ནི་མ་ཡིན་པས་ཐམས་ཅད་ཀྱི་དབང་དུ་བྱས་ཏེ་འདི་བསྟན་པས་ཅི་བྱ་ཞེ་ན། བདག་གི་བདེ་བ་དང་གཞན་གྱི་སྡུག་བསྔལ་དང་། ཡང་དག་པར་བརྗེ་བར་མ་བྱས་ན། རྫོགས་པའི་སངས་རྒྱས་ཉིད་དུ་མི་འགྲུབ་ཅིང་། དེར་མ་ཟད་འཁོར་བ་ན་ཡང་མཐོ་རིས་ཀྱི་བདེ་བ་ཐོབ་པ་མེད་དོ།།

若言：雖然致力於佛果者，需要此道，然而僅欲得輪迴些許安樂者，不需此道，何故為一切眾宣說此道？則曰：種種自樂與他苦，若不正等交換之，則於圓滿佛果不可成就，處於輪迴之中亦無善趣之樂可得。

འཇིག་རྟེན་ཕ་རོལ་ཕར་ཞོག་གི །　莫論來世將如何，
བྲན་གཡོག་ལས་མི་བྱེད་པ་དང་།།　不做勞務之奴僕，
རྗེ་དཔོན་རྔན་པ་མི་སྟེར་བས།།　不予酬資之尊長，
ཚེ་འདིའི་དོན་ཡང་འགྲུབ་མི་འགྱུར།།　以此不成此生利。

ཤིན་ཏུ་ལྐོག་གྱུར་གྱི་དངོས་པོ་འཇིག་རྟེན་ཕ་རོལ་ཉིད་ཕར་ཞོག་གི། བྲན་གཡོག་རང་གི་ལས་མི་བྱེད་པ་དང་། རྗེ་དཔོན་ཇི་ལྟར་འོས་པའི་རྔན་པ་མི་སྟེར་བ་འདི་གཉིས་ཀྱིས་ནི། མཐོང་བའི་ཆོས་ཚེ་འདིའི་དོན་ཡང་འགྲུབ་པར་མི་འགྱུར་རོ།།

莫論來世極為不張顯之事將如何，不做自己勞務之奴僕，與不給予相應酬資之尊長，以此二事，不成此生可見之利。

མཐོང་དང་མ་མཐོང་བདེ་འགྲུབ་པའི།།　能成見與未見樂，
ཕུན་སུམ་བདེ་སྐྱིད་ཡོངས་བོར་ཞིང་།།　圓滿安樂盡捨棄，

གཞན་ལ་སྡུག་བསྔལ་བྱས་པའི་རྒྱུས།། 愚癡造他痛苦因，
སྨོངས་པ་ས་སྡུག་བསྔལ་མི་བཟད་ལེན།། 故受強烈之痛苦。

མཐོང་བ་ཚེ་འདི་དང་མ་མཐོང་བ་འཇིག་རྟེན་ཕྱི་མའི་བདེ་བ་འགྲུབ་པར་བྱེད་པའི་ཕུན་སུམ་ཚོགས་པའི་བདེ་སྐྱིད་ཐམས་ཅད་ཀྱི་རྒྱུ་བདག་དང་གཞན་དུ་བརྗེ་བའི་སེམས་དེ་ཡོངས་སུ་བོར་ཞིང་། གཞན་དག་ལ་སྡུག་བསྔལ་བསྐྱེད་པར་བྱས་པའི་རྒྱུས། སྨོངས་པའི་དབང་གིས་དམྱལ་བ་ལ་སོགས་པའི་སྡུག་བསྔལ་མི་བཟད་པ་དག་ལེན་ཅིང་འཛིན་པ་ཡིན་ནོ།།

對於能成就見（此生）與未見（來世）之樂的圓滿安樂因 - 自他交換之心盡皆捨棄，而愚癡地造作其他有情生起痛苦之因，故嚐受與擁有地獄等等強烈之痛苦。

༢.༢.༣.༢.༡.༣.༢.༢.༢.༡.༤.དེས་ན་ངེས་པར་བརྗེ་དགོས་པར་གདམས་པ།
2.2.3.2.1.3.2.2.2.1.4.因此教誡務必交換

འཇིག་རྟེན་དག་ན་འཚེ་བ་གང་ཡོད་དང་།། 諸世間中所有一切害，
འཇིགས་དང་སྡུག་བསྔལ་ཇི་སྙེད་ཡོད་གྱུར་པ།། 所有一切威脅與痛苦，
དེ་ཀུན་བདག་ཏུ་འཛིན་པ་ལས་བྱུང་ན།། 若是彼等皆由我執起，
འདྲེ་ཆེན་དེ་ཡིས་བདག་ལ་ཅི་ཞིག་བྱ།། 彼大魔鬼於我有何益。

འཇིག་རྟེན་དག་ན་ཡིད་མི་བདེ་བའི་འཚེ་བ་གང་ཡོད་པ་དང་། སྡུག་བསྔལ་སྐྱེད་པར་བྱེད་པའི་འཇིགས་པ་དང་ལུས་སེམས་ཀྱི་སྡུག་བསྔལ་ཇི་སྙེད་ཡོད་པར་གྱུར་པ། དེ་ཀུན་བདག་ཏུ་འཛིན་པ་ལས་བྱུང་བ་ཡིན་པས་ན། སྡུག་བསྔལ་ཐམས་ཅད་ཀྱི་རྒྱུར་གྱུར་པའི་འདྲེ་ཆེན་དེས་ཀྱི་བདག་ལ་ཅི་ཞིག་བྱ་སྟེ་དགོས་པ་མེད་དོ།།

諸世間中所有一切意不樂之害，所有一切能生起痛苦之威脅與身心之痛苦，若是彼等皆由我執起，彼作為一切痛苦之因的大魔鬼於我有何益，無必要也。

བདག་ཉིད་ཡོངས་སུ་མ་བཏང་ན།། 若不完全捨棄我，

སྡུག་བསྔལ་སྤོང་བར་མི་ནུས་ཏེ། །　　則將不能捨棄苦，
ཇི་ལྟར་མེ་ནི་མ་བཏང་ན།།　　猶如若是不棄火，
སྲེག་པ་སྤོང་བར་མི་ནུས་བཞིན། །　　則將不能捨棄燒。

བདག་ཏུ་འཛིན་པ་དེ་ཉིད་ཡོངས་སུ་མ་བཏང་ན། སྡུག་བསྔལ་རྣམས་སྤོང་བར་མི་ནུས་ཏེ། ཇི་ལྟར་མེ་ལག་ཏུ་ཐོགས་པ་དེ་ནི་མ་བཏང་ན། མེ་དེས་སྲེག་པ་སྤོང་བར་མི་ནུས་པ་བཞིན་ནོ།།

若不完全捨棄我執，則將不能捨棄諸苦，猶如若是不棄手中所持之火，則將不能捨棄彼火之焚燒。

དེ་ལྟས་བདག་གནོད་ཞི་བ་དང་། །　　因此當為止己害，
གཞན་གྱི་སྡུག་བསྔལ་ཞི་བྱའི་ཕྱིར། །　　息止他眾痛苦故，
བདག་ཉིད་གཞན་ལ་གཏང་བྱ་དང་། །　　應當施己於他眾，
གཞན་རྣམས་བདག་བཞིན་གཟུང་བར་བྱ།།　　並視他眾如自己。

བདག་ཏུ་འཛིན་པས་རང་དང་གཞན་ལ་སྡུག་བསྔལ་བསྐྱེད་པ་དེ་ལྟ་བས་ན་བདག་གི་གནོད་པ་ཞི་བ་དང་། གཞན་གྱི་སྡུག་བསྔལ་ཐམས་ཅད་ཞི་བར་བྱ་བའི་ཕྱིར། བདག་ཉིད་གཞན་ལ་གཏང་བ་དང་། གཞན་རྣམས་བདག་བཞིན་དུ་གཟུང་བར་བྱའོ།།

我執能生起自他之苦，因此應當為了止己害，息止他眾一切痛苦之故，應當施己於他眾，並視他眾如自己。

བདག་ནི་གཞན་གྱི་དབང་གྱུར་ཅེས། །　　我已由他所作主，
ཡིད་ཁྱོད་ངེས་པར་ཤེས་གྱིས་ལ། །　　心汝務必了知此，
སེམས་ཅན་ཀུན་དོན་མ་གཏོགས་པར། །　　是故唯除有情利，
དེ་ནི་ཁྱོད་ཀྱིས་གཞན་མི་བསམ། །　　此後汝勿思餘事。

བདག་ནི་སེམས་ཅན་གཞན་གྱི་དབང་དུ་གྱུར་པ་ཡིན་ཅེས། ཡིད་ཁྱོད་ཀྱིས་ངེས་པར་ཤེས་པར་གྱིས་ལ། སེམས་ཅན་ཀུན་ལ་ཕན་པའི་དོན་སྒྲུབ་པ་མ་གཏོགས་པར། དེ་ནི་ཡིད་ཁྱོད་ཀྱིས་གཞན་རང་གི་དགོས་པའི་དོན་ལ་མི་བསམ་མོ། །

我已由其他有情所作主，心汝務必了知此，是故唯除成辦有情之義利，此後汝勿思餘事（自己所需之事）。

གཞན་དབང་མིག་ལ་སོགས་པ་ཡིས།། 他眾所有之眼等，
རང་དོན་སྒྲུབ་པར་རིགས་མ་ཡིན།། 用於利己不合理，
དེའི་དོན་མིག་ལ་སོགས་པ་ཡིས།། 用於利彼之眼等，
དེ་ལ་ལོག་པར་བྱ་མི་རིགས།། 顛倒用彼不合理。

གཞན་རྣམས་ལ་དབང་བའི་མིག་དང་རྣ་བ་ལ་སོགས་པ་ཡིས་ཀྱང་། རང་གི་དོན་སྒྲུབ་པར་རིགས་པ་མ་ཡིན་ལ། གཞན་དེའི་དོན་དུ་བཏང་བའི་མིག་ལ་སོགས་པ་ཡིས། དེ་དག་ལ་ལོག་པར་བྱ་མི་རིགས་སོ།།

他眾所擁有之眼耳等等，用於利己不合理，用於利彼（利他）之眼等，顛倒用彼等不合理。

དེས་ན་སེམས་ཅན་གཙོར་བྱ་སྟེ།། 故當有情作為主，
བདག་གི་ལུས་ལ་ཅི་མཐོང་བ།། 於我身中何所見，
དེ་དང་དེ་ཉི་ཕྲོགས་ནས་ཀྱང་།། 即當奪取彼與彼，
གཞན་དག་ལ་ནི་ཕན་པར་སྤྱོད།། 還復行持利他眾。

དེས་ན་བདག་དང་སེམས་ཅན་གཉིས་ལས་སེམས་ཅན་གཙོ་བོར་བྱ་སྟེ། བདག་གི་ལུས་ལ་གོས་སོགས་འདོད་བྱ་ཡིད་འོང་གི་དངོས་པོ་ཅི་མཐོང་བ། དེ་དང་དེ་ཉི་སེམས་ཅན་རྣམས་ལ་སྦྱིན་པར་བྱ་ཞིང་། གལ་ཏེ་སེར་སྣའི་དབང་གིས་སྦྱིན་པར་མི་ནུས་ན་གཉེན་པོའི་སྟོབས་བསྐྱེད་དེ་ཡོ་བྱད་དེ་དག་ཕྲོགས་ནས་ཀྱང་། ཁྱོད་ཀྱིས་གཞན་དག་ལ་ནི་ཕན་པར་སྤྱོད་ཅིག།

是故在自己與有情二者之間，應當有情作為主，於我身中何所見，如衣服等等所欲悅意之物，即當施予有情眾生，若因慳吝不能布施，應當生起對治力，奪取彼與彼等資具，汝還復行持利益他眾之事。

༢་༢་༣་༢་༡་༣་༢་༢་༢་༢་གཉེན་པོའི་ཁྱད་པར་བྱེ་བྲག་ཏུ་སྒོམ་པ།
2.2.3.2.1.3.2.2.2.2.分別觀修殊勝對治

༢་༢་༣་༢་༡་༣་༢་༢་༢་༢་༡་མདོར་བསྟན་པ།
2.2.3.2.1.3.2.2.2.2.1.總說

དམན་སོགས་བདག་ཏུ་བྱས་པ་དང་། །	低者等他眾為我,
གཞན་ཉིད་དུ་ནི་བདག་བྱས་ནས། །	而我作為他等眾,
རྣམ་རྟོག་མེད་པའི་སེམས་ཀྱིས་སུ། །	以無分別念之心,
ཕྲག་དོག་འགྲན་དང་ང་རྒྱལ་བསྒོམ། །	修嫉競爭與慢心。

ད་ནི་དམན་པ་ལ་སོགས་པ་རྣམས་ལ་ང་རྒྱལ་ལ་སོགས་པའི་སེམས་ཀྱི་སྡིག་པ་བསལ་བར་བཞེད་ནས་དམན་པ་དང་ལ་སོགས་པ་སྟེ་མཉམ་པ་དང་ཆེ་བ་རྣམས་བདག་ཏུ་བཟུང་བར་བྱས་པ་དང་། གཞན་གྱི་གོས་ཉིད་དུ་ནི་བདག་འདུག་པར་བྱས་ནས། རྣམ་རྟོག་སྟེ་ཐེ་ཚོམ་མེད་པའི་སེམས་ཀྱིས་སུ། དམན་པ་དང་བརྗེས་ནས་ཕྲག་དོག་དང་མཉམ་པ་དང་བརྗེས་ནས་འགྲན་སེམས་དང་ཆེ་བ་དང་བརྗེས་ནས་ང་རྒྱལ་བསྒོམ་མོ། །མཐོ་ལ་ཕྲག་དོག་མཉམ་དང་འགྲན། །དམའ་ལ་ང་རྒྱལ་ཞེས་གསུངས་པས་འདི་དག་ཉོན་མོངས་པའི་རང་བཞིན་ཡིན་ཀྱང་བདག་དང་གཞན་དུ་བརྗེས་པས་རྣམ་པར་བྱང་བའི་རྒྱུ་ཉིད་དུ་སྒྱུར་བར་བྱེད་པའོ།།

當下為了消除對於低者等等他眾所生起的慢心等等心罪，故把低者等等他眾（即同等者與高者）持為我，而我作為他等眾，以無分別念（不懷疑）之心，與低者交換修嫉妒心，與同等者交換修競爭心，與高者交換修慢心。雖然說“高則生嫉同則爭，低則輕慢贊則驕”，彼等是煩惱自性，然而自他交換之後，能轉為清淨之因。

༢.༢.༣.༢.༡.༣.༢.༢.༢.༢.༢.རྒྱས་པར་བཤད་པ།
2.2.3.2.1.3.2.2.2.2.2.廣說

༢.༢.༣.༢.༡.༣.༢.༢.༢.༢.༢.༡.དམན་པ་དང་བརྗེས་ནས་ཕྲག་དོག་སྒོམ་པ།
2.2.3.2.1.3.2.2.2.2.2.1.與低者交換修嫉妒心

འདི་ནི་བཀུར་བྱས་བདག་ནི་མིན། ། 我非如此受恭敬，
འདི་བཞིན་བདག་གིས་མ་རྙེད་ཅིང་། ། 我非如此得利養，
འདི་ནི་བསྟོད་བྱས་བདག་ལ་སྨོད། ། 此受稱讚我受罵，
འདི་བདེ་བདག་ནི་སྡུག་བསྔལ་ལ། ། 此受安樂我受苦，
བདག་ནི་ལས་རྣམས་བྱེད་པ་དང་། ། 我做一切之勞務，
འདི་ནི་བདེ་བ་ཉིད་དུ་གནས།། 此則安樂閒適處。

དེ་ནས་ཕྲག་དོག་བསྒོམ་པ་ལ་གཞན་དང་བདག་བརྗེས་ནས་འདི་ནི་འཇིག་རྟེན་གྱིས་བཀུར་བར་བྱས་ཤིང་བདག་ནི་དེ་ལྟར་མིན་ནོ། །འདི་ཡིས་རྙེད་པ་བཞིན་དུ་བདག་གིས་མ་རྙེད་ཅིང་། འདི་ལ་ནི་བསྟོད་པ་བྱས་ཏེ་བདག་ལ་ནི་དེ་ལྟར་མ་ཡིན་པར་སྨོད་དོ། །འདི་བདེ་བར་གནས་ཤིང་བདག་ནི་སྡུག་བསྔལ་བར་འགྱུར་ལ། བདག་ནི་ཁུར་ཁྱེར་བ་ལ་སོགས་པ་དམན་པའི་ལས་རྣམས་བྱེད་པ་དང་། འདི་ནི་ལུས་དང་སེམས་བདེ་བ་ཉིད་དུ་གནས་སོ།།

爾後為了觀修嫉妒，先自他交換已，我非如此受世人恭敬，我非如此得利養，此受稱讚而我非如此，唯受罵爾，此受安樂而我受苦，我承擔責任、做一切低下之勞務，此則身心安樂閒適自處。

འདི་ནི་འཇིག་རྟེན་ལ་ཆེ་དང་།། 此於世間甚高貴，
བདག་དམན་ཡོན་ཏན་མེད་པར་གྲགས།། 世稱我卑無功德，
ཡོན་ཏན་མེད་པས་ཅི་ཞིག་བྱ།། 不具功德有何益，
བདག་ཀུན་ཡོན་ཏན་ལྡན་པ་ཉིད། ། 我皆具有功德爾。

འདི་ནི་འཇིག་རྟེན་ལ་ཆེ་བར་གྲགས་པ་དང་། བདག་ནི་དམན་པ་ཡོན་ཏན་མེད་པར

གྲགས་ཀྱང་རང་ཉིད་ཡོན་ཏན་དང་ལྡན་པར་བྱས་པས་ཆོག་མོད། བདག་ལ་ཡོན་ཏན་མེད་པས་ཁྱེད་ཅག་ལ་ཅི་ཞིག་བྱ། བདག་ཀྱང་རྣམ་པ་ཀུན་ཏུ་ཡོན་ཏན་མེད་པ་མ་ཡིན་པས་ཡོན་ཏན་དང་ལྡན་པ་ཉིད་དོ།།

此於世間中稱道甚為高貴，雖然世人皆稱我卑下無功德，但是自己有功德即可，然而，我不具功德於汝等有何益，我並非方方面面皆無功德，是具有功德爾。

གང་བས་འདི་དམན་དེ་ཡོད་ཅིང་། ། 亦有此比某低下,
གང་བས་བདག་མཆོག་དེ་ཡང་ཡོད། ། 亦有我比某高貴,
ཚུལ་ཁྲིམས་ལྟ་བ་རྒུད་སོགས་ནི། ། 戒律見地敗損等,
ཉོན་མོངས་སྟོབས་ཀྱིས་བདག་དབང་མིན།། 是煩惱力非我咎,
ཅི་ནུས་བདག་ནི་གསོ་དགོས་ཏེ། ། 應當盡力救濟我,
གནོད་པ་འང་བདག་གིས་དང་དུ་བླང་། ། 雖有傷害我亦受。

འཇིག་རྟེན་པའི་ནང་ན་གང་ལ་ལ་བས་འདི་དམན་པ་དེ་ཡང་ཡོད་ཅིང་། གང་ལ་ལ་བས་བདག་མཆོག་ཏུ་གྱུར་པ་དེ་ཡང་ཡོད་དོ། །གལ་ཏེ་ཚུལ་ཁྲིམས་དང་ལྟ་བ་ཉམས་པ་སོགས་ཀྱིས་བདག་ལ་བརྙས་པར་བྱེད་ན་ཚུལ་ཁྲིམས་དང་ལྟ་བ་རྒུད་པ་སོགས་ནི། ཉོན་མོངས་པའི་སྟོབས་ཀྱིས་ཡིན་གྱི་བདག་རང་གི་དབང་གིས་ནི་མིན་ནོ། །ཁྱོད་སྙིང་རྗེ་ཅན་དུ་བལྟ་ན་ཅི་ནུས་པར་བདག་ནི་གསོ་དགོས་ཏེ། དེ་ལྟར་ན་གནོད་པ་འང་བདག་གིས་དང་དུ་བླང་བར་བྱའོ།།

世間之中，亦有此比某人低下，亦有我比某人高貴，若是因為戒律與見地敗損等等而能輕蔑我，戒律與見地的敗損是煩惱力的緣故，並非我之過咎。若汝自視為悲心者，應當盡力救濟我，若是如此，雖有傷害我亦接受。

འོན་ཏེ་བདག་འདིའི་གསོ་བྱ་མིན། ། 然而我非此所濟,
ཅི་ཕྱིར་བདག་ལ་བརྙས་པ་བྱེད། ། 何故能夠輕蔑我,
བདག་ལ་དེ་ཡི་ཡོན་ཏན་གྱིས།། 以彼功德何益我,

ཅི་བྱ་འདི་བདག་ཡོན་ཏན་ཅན། །　　令此自為功德者，
ངན་འགྲོ་གདུག་པའི་ཁར་གནས་པ། །　　處在惡趣兇險口，
འགྲོ་ལ་སྙིང་རྗེ་མེད་པས་འདི། །　　此於眾生無悲者，
ཕྱིར་ལ་ཡོན་ཏན་རློམ་པ་ཡིས། །　　對外自詡功德者，
མཁས་པ་དག་ལ་བསྡོ་བར་འདོད། །　　欲與智者眾相較。

འོན་ཏེ་བདག་འདིའི་གསོ་བར་བྱ་བ་ནི་མིན་པས། རྒྱུ་མཚན་ཅི་ཡི་ཕྱིར་བདག་ལ་བརྙས་པ་བྱེད། དེ་ལ་ཡོན་ཏན་ཡོད་དུ་ཆུག་ཀྱང་བདག་གསོ་བར་མི་ནུས་ན་བདག་ལ་དེ་ཡི་ཡོན་ཏན་གྱིས། ཅི་ཞིག་བྱ་འདི་ཡིས་བདག་རང་ཉིད་ཡོན་ཏན་ཅན་དུ་མཐོང་ཞིང་། སྐྱེ་བོ་དམན་པ་སྡིག་པའི་ལས་བྱས་པས་ངན་འགྲོ་གདུག་པའི་ཁར་གནས་པ། དེ་ལྟ་བུའི་འགྲོ་བ་རྣམས་ལ་སྙིང་རྗེ་མེད་པས་འདི་ཉིད། ཕྱིར་ལ་ཡོན་ཏན་ཅན་དུ་རློམ་པ་ཡིས། རང་ཉིད་རྒྱལ་བའི་ཕྱིར་མཁས་པ་དག་ལ་ཡང་བསྡོ་བར་འདོད་པས་འདི་ནི་སྐྱོན་ཅན་ནོ་ཞེས་སེམས་པར་བྱས་ཏེ། མཇུག་དུ་ཕྲག་དོག །འདི་ཡིས་བརྒྱ་ཕྲག་ཐམས་ཅད་དུ། །འཁོར་བར་བདག་ལ་གནོད་པ་བྱས། །ཞེས་དོན་བསྡུ་བར་བྱའོ།།

然而我非此所救濟之物件，何故何理由能夠輕蔑我，縱使任彼具有功德，然而若無法救濟我，以彼功德有何益於我，而令此能視自己為有功德者。低下者因為造惡業，而處在惡趣的兇險入口，此對於如是這般的眾生無悲心者，對外自詡為有功德者，為了自己得勝之故，欲與智者眾相較，此誠為有過失者。如是思維，而總結為：以此嫉妒，成百一切數，輪迴之中傷害我。

༢.༢.༣.༢.༡.༣.༢.༢.༢.༢.༢.༢.མཉམ་པ་དང་བརྗེས་ནས་འགྲན་སེམས་སྒོམ་པ།
2.2.3.2.1.3.2.2.2.2.2.2.與同等者交換修競爭心

བདག་དང་མཉམ་ལ་ལྟོས་ནས་ནི། །　　面對與我等同者，
གང་གིས་རང་ཉིད་ལྷག་བྱའི་ཕྱིར། །　　當以何令己勝故，

བདག་གི་རྙེད་དང་བཀུར་སྟི་ནི། ། 我之利養與恭敬，
རྩོད་པ་ཡིས་ཀྱང་ངེས་པར་བསྒྲུབ། ། 縱然有諍亦必成。

འཁྲུན་སེམས་བསྒོམ་པ་ནི་བདག་དང་མཉམ་པ་ཞིག་ལ་ལྟོས་ནས་ནི། རྙེད་པ་ལ་སོགས་པ་གང་དག་གིས་རང་ཉིད་ལྷག་པར་བྱ་བའི་ཕྱིར། བདག་གི་ནོར་གྱི་རྙེད་པ་དང་ཕྱག་བྱ་བ་ལ་སོགས་པའི་བཀུར་སྟི་ནི། འཐབ་མོ་དང་རྩོད་པ་ཡིས་ཀྱང་ངེས་པར་བསྒྲུབ་པར་བྱའོ།།

修競爭心：面對某一與我等同者，當以何（以利養等）令己得勝之故，我之錢財利養與頂禮等恭敬，縱然有諍有鬥，亦應當務必成辦。

ཅི་ནས་བདག་གི་ཡོན་ཏན་ནི།། 盡力使我之功德，
འཇིག་རྟེན་ཀུན་ལ་གསལ་བ་དང་། ། 顯於世間一切處，
གཞན་ཡང་འདི་ཡི་ཡོན་ཏན་གང་། ། 又此任何之功德，
སུས་ཀྱང་ཐོས་པར་མི་འགྱུར་བྱ། ། 不令任何人聽聞。

ཅི་ནས་ཀྱང་བདག་གི་ཡོན་ཏན་རྣམས་ནི། འཇིག་རྟེན་ཀུན་ལ་མངོན་པར་གསལ་བ་དང་། གཞན་ཡང་འཁྲུན་ཟླ་འདི་ཡི་ཡོན་ཏན་གང་དག་སུས་ཀྱང་ཐོས་པར་མི་འགྱུར་བ་དེ་ལྟར་བྱའོ།།

盡力使我之種種功德，彰顯於世間一切處，又此對手任何之功德，不令任何一人聽聞。

བདག་གི་སྐྱོན་ཡང་སྦ་བྱ་ཞིང་། ། 應當隱瞞我過失，
བདག་ནི་མཆོད་འགྱུར་འདི་ལ་མིན། ། 我將受供非此受，
བདག་དེང་རྙེད་པ་ལེགས་རྙེད་ཅིང་། ། 我今善得諸利養，
བདག་ནི་བཀུར་འགྱུར་འདི་ལ་མིན། ། 我將受敬非此受。

བདག་གི་སྐྱོན་ཚུལ་ཁྲིམས་འཆལ་བ་ལ་སོགས་པ་ཡང་སྦ་བར་བྱ་ཞིང་། འདིའི་སྐྱོན་རྣམས་བསལ་བར་བྱས་ནས་བདག་ནི་སྐྱེ་བོ་མང་པོས་མཆོད་པར་འགྱུར་ཞིང་འདི་ལ་དེ་ལྟར་མིན

པ་དང་། བདག་ནི་རིང་ནས་སྦེད་པ་ལེགས་པར་སྦེད་ཅིང་འདི་དེ་ལྟར་མིན་པ་དང་། བདག་ནི་ཀུན་གྱིས་བཀུར་བར་འགྱུར་ཞིང་འདི་ལ་མིན་པ་དང་།

應當隱瞞我破戒等等之過失，彰顯此種種過失之後，我將受眾人供養，非此受供養，我今善得諸利養，此非如是，我將受眾生恭敬非此受恭敬。

འདི་ནི་མ་རུངས་བྱས་པ་ལ།། 此曾造作不堪事,
ཡུན་རིང་བདག་ནི་དགའ་བས་བལྟ།། 我以喜心長期觀,
འགྲོ་བ་ཀུན་གྱི་བཞད་གད་དང་།། 作為一切眾笑柄,
ཕན་ཚུན་སྨོད་པ་དག་ཏུ་བྱ།། 作為交相謾罵事。

གལ་ཏེ་འདི་ནི་ཚུལ་ཁྲིམས་འཆལ་བ་ལ་སོགས་པ་མ་རུངས་པའི་ལས་བྱས་པར་གྱུར་པ་ན་དེ་ལ་ཡུན་རིང་པོར་བདག་ནི་དགའ་བས་བལྟ་ཞིང་། འགྲོ་བ་ཀུན་གྱི་དེ་ལ་ཁྲེལ་ཏེ་བཞད་གད་དང་། ཕན་ཚུན་འདུས་ཏེ་སྨད་པ་དག་ཏུ་བྱའོ་ཞེས་བསམས་ནས། ཡང་མཇུག་ཏུ་འཕྲན་སེམས། འདི་ཡིས་བརྒྱ་ཕྲག་ཐམས་ཅད་དུ། །འཁོར་བར་བདག་ལ་གནོད་པ་བྱས། །ཞེས་དོན་བསྡུ་བར་བྱའོ།།

倘若此曾造作破戒等不堪之事，我以喜心長期觀彼事，作為一切眾恥笑之柄，作為交相聚集、謾罵之事。如是思維已，又總結：以此競爭心，成百一切數，輪迴之中傷害我。

༢.༢.༣.༢.༡.༣.༢.༢.༢.༢.༢.༡༣.ལྷག་པ་དང་བརྗེས་ནས་ང་རྒྱལ་སྒོམ་པ།
2.2.3.2.1.3.2.2.2.2.2.13.與高者交換修慢心

ཉོན་མོངས་འདི་ཡང་བདག་དང་ནི།། 此煩惱者也宣稱,
ལྷན་ཅིག་ཏུ་ནི་འགྲན་ཞེས་གྲགས།། 與我一同做競爭,
འདི་བདག་ཐོས་དང་ཤེས་རབ་བམ།། 此所聞智或色身,
གཟུགས་རིགས་ནོར་གྱིས་མཉམ་མམ་ཅི།། 種姓財富豈同我。

ང་རྒྱལ་བསྒོམ་པ་ནི།　ཉོན་མོངས་ཏེ་དམན་པ་འདི་ཡང་ཡོན་ཏན་གྱིས་མཐོན་པར་མཐོ་བ་བདག་དང་ནི། ལྷན་ཅིག་ཏུ་ནི་འགྲན་པ་ཡིན་ཞེས་གྲགས་ཀྱང་། འདི་དང་བདག་ཐོས་པ་དང་ཤེས་རབ་བམ། གཟུགས་དང་རིགས་དང་ནོར་གྱིས་མཉམ་མམ་ཅི།

修慢心：此煩惱者（即低下者）竟然也宣稱，要與我功德高者一同做競爭，此所具有的多聞、智慧或色身，種姓、財富豈能等同我。

དེ་ལྟར་ཀུན་ལ་གྲགས་པ་ཡི། ། 如是聽聞普稱道，
བདག་གི་ཡོན་ཏན་ཐོས་ནས་ནི། ། 我所具有功德已，
སྤུ་ལྡང་དགའ་བ་སྐྱེ་འགྱུར་བའི། ། 將生毛豎之歡喜，
བདེ་སྐྱིད་ལ་ནི་ལོངས་སུ་སྤྱོད། ། 如是安樂盡受用。

དེ་ལྟར་མི་མཉམ་པའི་ཚུལ་ཀུན་ལ་གྲགས་པ་ཡི། བདག་གི་ཡོན་ཏན་སྐྱེ་བོ་ཀུན་གྱིས་ཐོས་ནས་ནི། ལུས་ལས་བ་སྤུ་ལྡང་བར་གྱུར་པའི་དགའ་བ་སྐྱེ་བར་འགྱུར་བའི། བདེ་སྐྱིད་དེ་ཉིད་ལ་ནི་བདག་ལོངས་སུ་སྤྱོད་པར་བྱེད་དོ།

如是眾人聽聞普為眾人所稱道，我所具有不等同他人之功德已，將生身中汗毛直豎之歡喜，如是這般之安樂我盡情受用。

ཅི་སྟེ་འདི་ལ་རྙེད་ཡོད་ཀྱང་། ། 就算此已有利養，
གལ་ཏེ་ང་ཡི་ལས་བྱེད་ན། ། 然而若做我之事，
འདི་ལ་འཚོ་བ་ཙམ་བྱིན་ནས། ། 僅予此堪過生活，
བདག་གི་སྟོབས་ཀྱིས་དེ་བླང་བྱ། ། 以我之力取用彼。

ཅི་སྟེ་བརྒྱ་ལམ་ཞིག་ན་འདི་ལ་རྙེད་པ་འགའ་ཞིག་ཡོད་པར་གྱུར་ཀྱང་།　གལ་ཏེ་ང་ཡི་ལས་བཀའ་བསྒོ་བ་བཞིན་དུ་བྱེད་ན། དེའི་ཚེ་འདི་ལ་འཚོ་བ་ཙམ་ཞིག་བྱིན་ནས། བདག་གི་སྟོབས་ཀྱིས་རྙེད་པ་དེ་དག་བླང་བར་བྱའོ།

就算此已有些許利養，然而若要依我囑咐做我之事，彼時僅給予此堪過生活之資，而我以我之力取用彼利養。

འདི་ཉི་བདེ་ལས་ཉམས་བྱ་ཞིང༌། །　　　當令此從樂衰損，
བདག་གིས་གནོད་དང་རྟག་སྦྱར་བྱ། །　　　我當常配合傷害。
འདི་ཡིས་བརྒྱ་ཕྲག་ཐམས་ཅད་དུ། །　　　以此成百一切數，
འཁོར་བར་བདག་ལ་གནོད་པ་བྱས། །　　　輪迴之中傷害我。

གལ་ཏེ་འདི་ཉི་བདེ་བ་དང་ལྡན་པར་གྱུར་ན་བདེ་བ་དེ་ལས་ཉམས་པར་བྱ་ཞིང༌། བདག་གིས་འདི་གནོད་པ་དང་སྡུག་བསྔལ་མང་པོ་ལ་རྟག་ཏུ་སྦྱར་བར་བྱའོ་ཞེས་བསམས་ནས། མཇུག་ཏུ་ང་རྒྱལ་འདི་ཡིས་བསྐལ་པ་བརྒྱ་ཕྲག་ཐམས་ཅད་དུ། འཁོར་བའི་གནས་འདིར་བདག་ལ་གནོད་པ་བྱས་པས། དེ་ནི་འདིའི་དབང་དུ་འགྲོ་བར་མི་བྱའོ་ཞེས་ཅིས་ཀྱང་དྲན་པར་བྱའོ།།

若此得到安樂，我當令此從安樂中衰損，我當常配合諸多痛苦傷害此。如是思維以，總結為：以此慢心，成百一切數劫中，在此輪迴之中傷害我，故不應該受其所控。無論如何應當念茲在茲。

༢.༢.༣.༢.༡.༣.༢.༢.༢.༣.བརྗེས་ནས་ཇི་ལྟར་སྒྲུབ་པ།
2.2.3.2.1.3.2.2.2.3.交換後如何修

༢.༢.༣.༢.༡.༣.༢.༢.༢.༣.༡.འཇམ་པོའི་སྒོ་ནས་གདམས་པ།
2.2.3.2.1.3.2.2.2.3.1.溫和地教授

ཡིད་ཁྱོད་རང་དོན་བྱེད་འདོད་པས། །　　　心汝因欲行自利，
བསྐལ་པ་གྲངས་མེད་འདས་གྱུར་ཀྱང༌། །　　　雖已度過無數劫，
ངལ་བ་ཆེན་པོ་དེ་སྙེད་ཀྱིས།།　　　如是這般大辛苦，
ཁྱོད་ཀྱིས་སྡུག་བསྔལ་འབའ་ཞིག་བསྒྲུབས།།　　　汝唯成辦痛苦爾。

ཀྱེ་མ་ཡིད་ཁྱོད་ཀྱིས་རང་དོན་འབའ་ཞིག་བྱེད་པར་འདོད་པ་ཡིས་ཐོག་མ་མེད་པའི་འཁོར་བར་གཞལ་བར་མི་ནུས་པའི་བསྐལ་པ་གྲངས་མེད་དཔག་ཏུ་མེད་པ་འདས་པར་གྱུར་ཀྱང༌།

ལུས་དང་སེམས་ཀྱི་དཀའ་བ་ཆེན་པོ་དེ་ལྟ་བུས། ཁྱོད་ཀྱིས་རང་ལ་སྡུག་བསྔལ་འབའ་ཞིག་བསྒྲུབས་པར་བྱས་སོ།།

嗚呼，心汝因為僅欲行自利之故，雖然在無法衡量的無始輪迴中已度過無量數劫，身心如是這般大辛苦，汝唯成辦自己的痛苦爾。

དེ་ལྟར་ངེས་པར་གཞན་དག་གི །　　如是他眾之義利，
དོན་ལ་རབ་ཏུ་འཇུག་གྱིས་དང་། །　　務必積極趣入之，
ཐུབ་པའི་བཀའ་ནི་མི་སླུ་བས།།　　能仁教誨無欺故，
དེ་ཡི་ཡོན་ཏན་ཕྱིས་མཐོང་འགྱུར། །　　彼之功德後可見。

སླར་རང་ཉིད་ཀྱི་དོན་ལ་འབད་པ་དེ་ལྟར་ངེས་པར་སེམས་ཅན་གཞན་དག་གི། དོན་ལ་རབ་ཏུ་འཇུག་པར་གྱིས་ཤིག་དང་། ཐུབ་པའི་བཀའ་ཡིས་ནི་དུས་ནམ་དུ་ཡང་མི་སླུ་བས། བདག་གཞན་བརྗེ་བ་དེ་ཡི་ཡོན་ཏན་ཕྱིས་ཁྱོད་ཀྱིས་མཐོང་བར་འགྱུར་རོ།།

又如是勤勉於自利者，於他眾之義利，務必積極趣入之，能仁教誨無論何時都無欺之故，彼自他交換之功德汝日後可見。

གལ་ཏེ་ཁྱོད་ཀྱིས་སྔ་དུས་སུ།།　　倘若汝於過去時，
ལས་འདི་བྱས་པར་གྱུར་ན་ནི།།　　已然做此之事業，
སངས་རྒྱས་ཕུན་སུམ་བདེ་མིན་པ། །　　則除佛陀圓滿樂，
གནས་སྐབས་འདི་འདྲར་འགྱུར་མི་སྲིད།།　　不可能是此境遇。

གལ་ཏེ་ཁྱོད་ཀྱིས་སྔ་དུས་སུ། བདག་གཞན་བརྗེ་བའི་ལས་འདི་བྱས་པར་གྱུར་ན་ནི། ད་ལྟ་སངས་རྒྱས་ཀྱི་སའི་ཕུན་སུམ་ཚོགས་པའི་བདེ་བ་མིན་པ། སྡུག་བསྔལ་གནས་སྐབས་འདི་འདྲ་བར་འགྱུར་མི་སྲིད་དོ།།

倘若汝於過去時，已然做此自他交換之事業，則現在除佛陀果位圓滿之安樂，不可能是此般之境遇。

དེ་བས་འདི་ལྟར་གཞན་དག་གི །　　是故這般於他眾，

ཁུ་བ་ཁྲག་གི་ཐིགས་པ་ལ།། 所擁有之精血滴，
ཁྱོད་ཀྱིས་ངར་འཛིན་བྱས་པ་ལྟར། ། 汝曾執為我一般，
དེ་བཞིན་གཞན་ལ་འདང་གོམས་པར་གྱིས།། 如是亦當串習他。

དེ་བས་ན་འདི་ལྟར་གཞན་དག་གི། ཁུ་བ་དང་ཁྲག་གི་ཐིགས་པ་ལ། ཁྱོད་ཀྱིས་འདི་ནི་བདག་གི་ལུས་སོ་ཞེས་ངར་འཛིན་བྱས་པ་ལྟར། དེ་བཞིན་དུ་སེམས་ཅན་གཞན་ལ་འདང་གོམས་པར་གྱིས་ཤིག །

是故這般於他眾，所擁有之精血滴，汝認定此為我身，曾執為我一般，如是亦當串習其他有情。

གཞན་གྱི་རྟོག་ཆེན་བྱས་ནས་ནི། ། 作為他眾偵察者，
བདག་གི་ལུས་ལ་ཅི་སྣང་བ།། 於我身中何所有，
དེ་དང་དེ་ཉིད་ཕྲོག་བྱས་ནས། ། 搶奪彼與彼物已，
ཁྱོད་ཀྱིས་གཞན་ལ་ཕན་པར་སྤྱོད། ། 由汝行持利他事。

གཞན་གྱི་རྟོག་ཆེན་པ་བྱས་ནས་ནི། བདག་གི་ལུས་ལ་བརྟགས་ནས་ཡིད་དུ་འོང་བ་ཅི་སྣང་བ། དེ་དང་དེ་ཉིད་གཞན་ལ་སྦྱིན་པར་བྱ་ཞིང་། གལ་ཏེ་སྦྱིན་པར་མ་ནུས་ན་ཕྲོག་པར་བྱས་ནས་ཀྱང་། ཁྱོད་ཀྱིས་གཞན་ལ་ཕན་པར་སྤྱོད་ཅིག །

作為他眾之偵察者，觀察於我身中何悅意之物所有，應當布施彼與彼物與他眾，倘若不能布施，則搶奪彼與彼物已，仍由汝行持利他事。

བདག་སྐྱིད་གཞན་ནི་མི་སྐྱིད་ལ། ། 謂我安樂他不樂，
བདག་མཐོ་གཞན་ནི་དམའ་བ་དང་། ། 我且高貴他低下，
བདག་ནི་ཕན་བྱེད་གཞན་མིན་ཞེས། ། 能饒益我而非他，
བདག་ལ་ཕྲག་དོག་ཅིས་མི་བྱེད། ། 何故於我不生嫉。

བདག་སྐྱིད་ཅིང་གཞན་ནི་མི་སྐྱིད་ལ། བདག་མཐོ་ཞིང་གཞན་ནི་དམའ་བ་དང་། བདག་ལ

ཉི་ཕན་པར་བྱེད་པའི་གཉེན་ཡང་ལ་གཞན་ལ་ནི་དེ་ལྟར་མིན་ཞེས། བདག་ལ་ཕྲག་དོག་ཅིག་ཅིས་མི་བྱེད།

謂我安樂而他不樂，我且高貴而他低下，亦是能饒益我之親而非他親，何故於我不生嫉。

བདག་ནི་བདེ་དང་བྲལ་གྱིས་ཏེ། ། 應當令我離安樂，
གཞན་གྱི་སྡུག་བསྔལ་བདག་ལ་སྦྱོར། ། 他眾痛苦加於我，
གང་ཚེ་འདི་ནི་ཅི་བྱེད་ཅེས། ། 一切時中問何為，
བདག་གི་སྐྱོན་ལ་བརྟག་པར་གྱིས། ། 應當觀察己過失。

བདག་ནི་ལོངས་སྤྱོད་ལ་སོགས་པའི་བདེ་བ་དང་བྲལ་བར་གྱིས་ཏེ། གཞན་གྱི་དབུལ་ཕོངས་ལ་སོགས་པའི་སྡུག་བསྔལ་རྣམས་བདག་ལ་སྦྱོར། གང་གི་ཚེ་འདི་ཡིས་ནི་ད་ལྟ་ཅི་བྱེད་པ་ཡིན་ཅེས། བདག་གི་ཆོས་མིན་བྱེད་པའི་སྐྱོན་ལ་བརྟག་པར་གྱིས།

應當令我遠離受用等安樂，他眾貧困等種種痛苦加於我，一切時中以此問自己當下做何作為，應當觀察己不如法之過失。

གཞན་གྱིས་ཉེས་པ་བྱས་པ་ཡང་། ། 他眾所犯之過失，
རང་གི་སྐྱོན་དུ་བསྒྱུར་བྱོས་ལ། ། 也當轉為己之過，
བདག་གི་ཉེས་པ་ཆུང་བྱས་ཀྱང་། ། 我雖犯下小過失，
སྐྱེ་བོ་མང་ལ་རབ་ཏུ་ཤོགས། ། 當於多人前懺悔。

གཞན་གྱིས་ཉེས་པ་བྱས་པ་རྣམས་ལ་ཡང་། བདག་གིས་བྱས་པ་ཡིན་ནོ་ཞེས་རང་གི་སྐྱོན་དུ་བསྒྱུར་བར་བྱོས་ལ། བདག་གིས་ཉེས་པ་ཆུང་ངུ་ཞིག་བྱས་ཀྱང་། སྐྱེ་བོ་མང་པོ་ལ་མངོན་པར་བྱས་ནས་རབ་ཏུ་ཤོགས་ཤིག །

他眾所犯之過失，也應當說：是我所做。轉為己之過，我雖然犯下小小之過失，也應當直接於多人面前懺悔。

གཞན་གྱི་གྲགས་པ་ལྷག་བརྗོད་པས། ། 特別稱道他名聲，
རང་གི་གྲགས་པ་ཟིལ་གྱིས་ནོན། ། 抑制自己之名聲，

བདག་ཉི་བྲན་གྱི་ཐ་མ་ལྟར།།　　己當猶如最下僕，
དོན་རྣམས་ཀུན་ལ་བཀོལ་བར་བྱིས།།　　安排一切勞務事。

རང་ལ་གྲགས་པ་འདོད་པ་ནི་གཞན་གྱི་ཡོན་ཏན་གྱི་གྲགས་པ་ལྷག་པར་བརྗོད་པས། རང་གི་གྲགས་པ་ཟིལ་གྱིས་ནོན་པ་དང་། བདག་ཉི་བྲན་གྱི་ཐ་མ་ལྟར་ང་རྒྱལ་མེད་པར་བྱས་ནས། གཞན་གྱི་དགོས་པའི་དོན་རྣམས་ཀུན་ལ་བཀོལ་བར་བྱིས་ཤིག།

欲自己獲得名聲者，應當特別稱道他人功德之名聲，抑制自己之名聲，自己應當無慢心、猶如最下僕，安排一切他眾所需之勞務事。

འདི་ནི་སྐྱོན་བཅས་རང་བཞིན་ཏེ།།　　此為有患之自性，
གློ་བུར་ཡོན་ཏན་ཆས་མི་བསྟོད།།　　不讚一時功德分，
འདི་ཨི་ཡོན་ཏན་ཅི་ནས་ཀྱང་།།　　無論如何此功德，
འགས་ཀྱང་མི་ཤེས་དེ་ལྟར་གྱིས།།　　如是不令些許知。

བདག་འདི་ནི་ཉེས་པ་དུ་མའི་སྐྱོན་དང་བཅས་པའི་རང་བཞིན་ཏེ། གློ་བུར་གྱི་ཡོན་ཏན་ཅུང་ཟད་སྐྱེས་ཀྱང་དེའི་ཆ་ལས་མི་བསྟོད་དོ། །འདི་ཨི་ཡོན་ཏན་གྱི་ཕྱོགས་ཐམས་ཅད་ཅི་ནས་ཀྱང་། སྐྱེ་བོ་འགས་ཀྱང་མི་ཤེས་པ་དེ་ལྟར་སྦ་བར་གྱིས་ཤིག།

此我，為有諸多過失過患之自性，不讚歎一時生起的些許功德分，無論如何此功德的方方面面，應當如是隱瞞，不令些許人知曉。

མདོར་ན་བདག་གི་དོན་གྱི་ཕྱིར།།　　總之為利己之故，
ཁྱོད་ཀྱིས་གཞན་ལ་གནོད་བྱས་གང་།།　　汝所害他一切事，
གནོད་དེ་སེམས་ཅན་དོན་གྱི་ཕྱིར།།　　為利一切有情故，
བདག་ཉིད་ལ་ནི་འབབ་པར་གྱིས།།　　彼害應當落於我。

མདོར་ན་སྔར་བདག་གི་དོན་གྱི་ཕྱིར། ཁྱོད་ཀྱིས་གཞན་ལ་གནོད་པ་བྱས་པ་གང་ཡིན་པའི་

གཙོ་བོ་ནི་འདས་པ་རྣམས་དུ་ཕྱིན་ཆད་སེམས་ཅན་རྣམས་ཀྱི་དོན་གྱི་ཕྱིར། བདག་རང་ཉིད་ལ་ཉི་འབབ་པར་གྱིས་ཤིག།

總之過去為了利己之故，汝所害他一切事，為了這般大眾日後能利益一切有情之故，彼害報應應當落於我。

འདི་ནི་གཞན་དྲག་འགྱུར་རྩུལ་དུ། ། 此不應當強後頸，
ཞེད་བསྐྱེད་པར་ནི་མི་བྱ་སྟེ།། 如是生起剽悍力，
བག་མ་གསར་པའི་རྩུལ་བཞིན་དུ། ། 應當猶如新媳婦，
ངོ་ཚ་འཇིགས་དང་བསྡམས་ཏེ་བཞག ། 羞愧恐懼拘謹處。

བདག་འདི་ནི་མགོ་འཕང་བསྟོད་དེ་གཞན་དྲག་འགྱུར་བའི་རྩུལ་དུ། ཞེད་བསྐྱེད་པར་ནི་མི་བྱ་སྟེ། །བག་མ་གསར་པ་འོང་བའི་རྩུལ་བཞིན་དུ་བྱ་བ་མི་འོས་པའི་ལས་བྱེད་པ་ལ་ངོ་ཚ་བ་དང་ཡང་དག་པའི་ཆོས་ལས་ཉམས་ཀྱིས་དོགས་པའི་འཇིགས་པ་དང་དབང་པོ་རྣམས་བསྡམས་ཏེ་བཞག་པར་བྱའོ།།

此我，不應當以擺威風、強後頸，如是生起剽悍力，應當猶如新媳婦，做了不該做之事而羞愧，擔心對於正法有所敗損之恐懼，諸根拘謹而處。

དེ་བྱ་དེ་ལྟར་གནས་བྱ་ཞིང་།། 應當做彼如彼處，
དེ་ལྟར་བྱེད་ཀྱིས་མི་བྱ་བ།། 若汝不如彼做為，
དེ་ལྟར་འདི་ནི་དབང་བྱ་སྟེ།། 應當如彼控制此，
དེ་ལས་འདས་ན་ཚར་གཅད་བྱ། ། 若逾越彼當消滅。

ཐོག་མར་བདག་དང་གཞན་དུ་བརྗེ་བའི་བསམ་པ་དེ་བྱ་ལ་སྦྱོར་བས་ཀྱང་དེ་ལྟར་གནས་པར་བྱ་ཞིང་། གལ་ཏེ་དེ་ལྟར་ཁྱོད་ཀྱིས་མི་བྱ་བ། དེ་ལྟར་ན་སེམས་འདི་ནི་གཉེན་པོས་དབང་དུ་བྱ་སྟེ། སྤང་བླང་གི་གནས་དེ་ལས་འདས་ན་སེམས་ཁྱོད་ཚར་གཅད་པར་བྱའོ།།

首先應當做彼自他交換之思維，而行為亦將如彼處，倘若汝不如彼做為，應當以對治力如彼控制此心，若逾越彼取捨之處，應當消滅汝心。

༢.༢.༣.༢.༡.༣.༢.༢.༢.༣.༢.རྩུབ་མོའི་སྒོ་ནས་ཚར་གཅོད་པ།
2.2.3.2.1.3.2.2.2.3.2.威猛地消滅

༢.༢.༣.༢.༡.༣.༢.༢.༢.༣.༢.༡.ཡིད་ཚར་གཅོད་པ།
2.2.3.2.1.3.2.2.2.3.2.1.消滅意

འོན་ཏེ་དེ་ལྟར་གདམས་kྱང་ཉི།། 雖然如彼教授已，
སེམས་ཁྱོད་དེ་ལྟར་མི་བྱེད་ན།། 若心汝不願如彼，
ཁྱོད་ལ་ཉེས་པ་ཀུན་བསྟེན་པས།། 則汝親近諸過故，
ཁྱོད་ཉིད་ཚར་གཅད་བྱ་བར་ཟད།། 唯有消滅汝而已。

འོན་ཏེ་འཇམ་པོའི་དག་གིས་དེ་ལྟར་གདམས་ཀྱང་ཉི། སེམས་ཁྱོད་དེ་ལྟར་བསྒྲུབ་པར་མི་བྱེད་ན། ཁྱོད་ལ་རང་དོན་ཡིད་བྱེད་ཀྱིས་བསྐྱེད་པའི་ཉེས་པ་ཀུན་བསྟེན་པས། ཁྱོད་ཉིད་ཚར་བཅད་པར་བྱ་བ་ཁོ་ནར་ཟད་དོ།།

雖然以溫和方式如彼教授已，倘若心汝不願如彼成辦，則汝親近以作意利己所生的諸過患故，唯有消滅汝而已。

ཁྱོད་ཀྱིས་ཁོ་བོ་གར་བརྫག་པའི།། 汝曾何處糟蹋我，
སྔོན་གྱི་དུས་དེ་གཞན་ཡིན་ཏེ།། 過去彼時是別情，
ངས་མཐོང་ད་ཁྱོད་གང་དུ་འགྲོ།། 今我已見汝何往，
ཁྱོད་ཀྱི་དྲེགས་པ་ཀུན་གཞོམ་བྱ།། 當滅一切汝傲慢。

ཁྱོད་ཀྱིས་རང་གི་དོན་བྱ་བ་ལ་སེམས་པས་ཁོ་བོ་གར་བརྫགས་པར་བྱས་པའི་སྔོན་གྱི་དུས་དེ་ནི་ཁྱོད་ཀྱི་སྐྱོན་མ་མཐོང་བའི་དུས་གཞན་ཡིན་ཏེ། ད་ནི་ངས་གསུང་རབ་ཀྱི་རྗེས་སུ་འབྲངས་ཏེ་ལེགས་པར་བརྟགས་པས་སེམས་འདི་ཉེས་པ་ཐམས་ཅད་ཀྱི་རྩ་བར་མཐོང་བས་ད་ཁྱོད་ཉིད་གང་དུ་འགྲོ། ཁྱོད་ཀྱི་ངར་འཛིན་པའི་དྲེགས་པ་ཀུན་གཞོམ་པར་བྱའོ།།

汝因為心念自利，於曾何處糟蹋我，過去不見汝過失之彼時是別一情理，今我奉行教典，妥善觀察，已得見此心為一切過患之根本，因此如今汝將何往，應當消滅一切汝我執之傲慢。

ད་དུང་བདག་ལ་རང་གི་དོན།།	仍舊認為我尚有，
ཡོད་སྙམ་སེམས་པ་དེ་དོར་ཅིག །	自利彼心當捨棄，
བདག་གིས་གཞན་ལ་ཁྱོད་བཙོང་གིས།།	因我賣汝予他故，
སྐྱོ་བར་མ་སེམས་ཞོ་ཤ་ཕྲུལ།།	勿念憂愁當出力。

ད་དུང་དུ་ཡང་བདག་ལ་རང་གི་དོན་གྱི་བྱ་བ་ཞིག་ཡོད་སྙམ་པའི་སེམས་པ་དེ་མྱུར་དུ་དོར་ཅིག །བདག་གིས་མཐའ་ཡས་པའི་སེམས་ཅན་གཞན་དག་ལ་ཁྱོད་བཙོང་གིས། ཁྱོད་གཞན་གྱི་དོན་ མ་ནུས་སོ་སྙམ་དུ་སྐྱོ་བར་མ་སེམས་པར་ཞོ་ཤ་སྟེ་ནུས་པ་ཕྲུལ་ཅིག །

仍舊認為我尚有某些自利之事，彼心念應當盡速捨棄，因我賣汝予其他無邊有情之故，汝勿念無力利他，起憂愁心，應當出力。

གལ་ཏེ་བག་མེད་གྱུར་ནས་ཁྱོད།།	若因放逸未將汝，
སེམས་ཅན་རྣམས་ལ་མ་བྱིན་ན།།	布施給予有情眾，
ཁྱོད་ཀྱིས་ངེ་བོ་དམྱལ་བ་ཡི།།	則汝必定會將我，
སྲུང་མ་རྣམས་ལ་བྱིན་དུ་ངེས།།	施予地獄守護眾。

རྒྱུ་མཚན་གང་གིས་ན་བདག་ལ་མི་མགུ་བའི་བློས་ཡོངས་སུ་གཏོང་བར་སྤྱོད་ཅེ་ན། གལ་ཏེ་བདག་བླང་དོར་གྱི་གནས་ལ་བག་མེད་པར་གྱུར་ནས་སེམས་ཁྱོད་བདག་དང་གཞན་དུ་བརྗེས་ཏེ་སེམས་ཅན་རྣམས་ལ་མ་བྱིན་ན། ཁྱོད་ཀྱིས་ངེ་བོ་དམྱལ་བ་ཡི། །སྲུང་མ་འཇིགས་སུ་རུང་བ་རྣམས་ལ་སྦྱིན་དུ་ངེས་ཏེ་ཐེ་ཚོམ་ཡོད་པ་མ་ཡིན་ནོ།།

心問：以何理由而不滿意地要完全捨棄我？則曰：若因為在取捨上有所放逸未將汝做自他交換，布施給予有情眾，則汝毋庸置疑地必定會將我，施予地獄恐怖的守護眾。

དེ་ལྟར་ཁྱོད་ཀྱིས་རེ་ལྟ་ཞིག། 汝曾這般無數次，
ཀོ་བོ་བྱིན་པ་ས་ཡུན་རིང་སྡུག། 施捨我受長久苦，
ད་ཤི་ཁོན་རྣམས་དྲན་བྱས་ཏེ།། 而今想起種種仇，
ཁྱོད་ཀྱིས་རང་དོན་སེམས་པ་གཞོམ། ། 汝當消滅思自利。

འོན་ཏེ་བདག་གིས་དེ་ལྟར་གྱུར་པའི་གནོད་པ་བྱས་སམ་ཞེ་ན། དེ་ལྟར་ཁྱོད་ཀྱིས་སྔར་ཡང་རེ་ལྟ་ཞིག་སྐྱེ་ཡུན་རིང་དུ་ཀོ་བོ་དམྱལ་བའི་སྲུང་མ་རྣམས་ལ་བྱིན་པ་ས་ཡུན་རིང་པོར་སྡུག་བསྔལ་བར་བྱས་པས། ད་ཤི་སྔར་གྱི་ཁོན་རྣམས་ཀྱང་དྲན་པར་བྱས་ཏེ། ཁྱོད་ཀྱིས་རང་དོན་བྱེད་པར་སེམས་པ་དེ་གཞོམ་པར་བྱའོ།།

然而心問：我曾做過這般之傷害否？則曰：汝過去曾這般無數次（即長久以來），施捨我給予地獄守護眾，使我受長久痛苦，而今想起過去種種仇，汝應當消滅思維能自利。

དེ་སྟེ་བདག་ནི་དགའ་འདོད་ན། ། 然而若我欲歡喜，
རང་ལ་བདག་གིས་དགར་མི་བྱ། ། 則我不當歡喜己，
དེ་སྟེ་བདག་ནི་བསྲུང་འདོད་ན། ། 然而若欲守護我，
གཞན་དག་རྟག་ཏུ་བསྲུང་བར་བྱ། ། 則當恆時護他眾。

དེ་སྟེ་བདག་ནི་དགའ་བའི་ཐབས་ལ་བརྩོན་པར་འདོད་ན། རང་ལ་བདག་གིས་དགའ་བར་མི་བྱ་ཞིང་དེ་སྟེ་བདག་ནི་འཇིགས་པ་ཐམས་ཅད་ལས་བསྲུང་བར་འདོད་ན། སེམས་ཅན་གཞན་དག་འཇིགས་པ་ཐམས་ཅད་ལས་རྟག་ཏུ་བསྲུང་བར་བྱའོ།།

然而若我欲勤於歡喜之道，則我不應當歡喜己，然而若欲從一切危難中守護我，則當恆時從一切危難中守護其他有情眾生。

2.2.3.2.1.3.2.2.2.3.2.2.消滅身

ཇི་ལྟ་ཇི་ལྟར་ལུས་འདི་ནི།།　如何那般於此身，
ཡོངས་སུ་སྐྱོང་བར་བྱེད་གྱུར་པ། །　能夠盡力做守護，
དེ་ལྟ་དེ་ལྟར་ཤིན་ཏུ་ནི།།　就將這般墮落為，
བཟེ་རེ་ཅན་གྱུར་ཉིད་དུ་ལྷུང་།།　極為不堪脆弱者。

ཇི་ལྟ་ཇི་ལྟར་རང་བཞིན་ཕྱིན་ཅི་ལོག་ཏུ་གྱུར་པའི་ལུས་འདི་ནི་གཅེས་པར་བཟུང་སྟེ་ཡོངས་སུ་སྐྱོང་བར་བྱེད་པར་གྱུར་པ། དེ་ལ་དེ་ལྟར་ཤིན་ཏུ་ནི། །བཟེ་རེ་ཅན་དུ་གྱུར་པ་སྡུག་བསྔལ་ཕྲ་མོ་ཙམ་ཡང་བཟོད་པར་མི་ནུས་པ་ཉིད་དུ་ལྷུང་བར་འགྱུར་རོ།།

如何那般於此自性顛倒之身，生起愛執而能夠盡力做守護，就將這般墮落為些微痛苦亦不能忍受之極為不的堪脆弱者。

དེ་ལྟར་ལྷུང་བ་དེ་ཡི་ཡང་།།　如是墮落者彼欲，
འདོད་པ་ས་འདི་ཐམས་ཅད་ཀྱིས། །　縱使以此地一切，
རྫོགས་པར་ནུས་པ་ཡོད་མིན་ན། །　仍舊不能使圓滿，
དེ་ཡི་འདོད་པ་སུས་བྱེད་ནུས།།　彼欲誰能使滿足，
ནུས་མེད་འདོད་པ་ཉོན་མོངས་དང་། །　無能有欲亦將生，
བསམ་པ་ཉམས་པའང་སྐྱེ་བར་འགྱུར། །　煩惱以及敗損思。

ལྷུང་དུ་ཆུག་མོད། དེ་ལ་ཉམས་པ་ཅི་ཞིག་ཡོད་སྙམ་ན། དེ་ལྟར་ལྷུང་བར་གྱུར་པ་དེ་ཡི་ཡང་། འདོད་པ་ནི་ས་ཡི་དཀྱིལ་འཁོར་འདི་ཐམས་ཅད་ཀྱིས་ཀྱང་། རྫོགས་པར་ནུས་པ་ཡོད་པ་མིན་ན། དེ་ཡི་འདོད་པ་བཞིན་དུ་སུ་ཞིག་གིས་བྱེད་པར་ནུས། ནུས་པ་མེད་ཅིང་འདོད་པ་ཆེ་བ་རྣམས་ལ་ཞེ་སྡང་ལ་སོགས་པའི་ཉོན་མོངས་དང་། ཕྲག་དོག་གི་དབང་གིས་བསམ་པ་ཉམས་པའང་སྐྱེ་བར་འགྱུར་རོ།།

若以為墮則墮矣，彼有何敗損？則曰：如是墮落者彼之欲望，縱使以此大地壇城一切物，仍舊不能使圓滿其願，彼之欲望誰能如願使滿足，無能力卻有大欲望之眾，亦將生起嗔等煩惱，以及出自於嫉妒的敗損心思。

གང་ཞིག་ཀུན་ལ་ལྟོས་མེད་པ།། 何人一切無指望，
དེ་ཡི་ཕུན་ཚོགས་ཟད་མི་ཤེས།། 彼之圓滿無窮盡，
དེ་བས་ལུས་ཀྱི་འདོད་པ་ཉི།། 是故身欲將增長，
འཕེལ་ཕྱིར་སྐབས་དབྱེ་མི་བྱ་སྟེ།། 不該對彼有開許，
གང་ཞིག་ཡིད་འོང་མི་འཛིན་པ།། 於何悅意物無執，
དེ་ཉི་དངོས་པོ་བཟང་པོ་ཡིན།། 彼即是為賢善物。

གང་ཞིག་ལུས་དང་ལོངས་སྤྱོད་ཀུན་ལ་ལྟོས་པ་མེད་པར་གནས་པ། དེ་ཡི་ཕུན་སུམ་ཚོགས་པ་ནི་ཟད་མི་ཤེས་པས། དེ་བས་ན་རང་གི་ལུས་ཀྱི་འདོད་པ་ཉི། འཕེལ་བའི་ཕྱིར་སྐབས་དབྱེ་བར་མི་བྱ་སྟེ། གང་ཞིག་འདོད་པར་བྱ་བའི་དངོས་པོ་ཡིད་དུ་འོང་བ་མི་འཛིན་པ། དེ་ཉི་དང་པོ་བསྒྲུབ་སླ་ཞིང་བར་དུ་དེ་ལ་ཞེན་པ་མེད་པ་དང་ཐ་མ་ཡང་བྲལ་བའི་སྡུག་བསྔལ་མེད་པས་དངོས་པོ་བཟང་པོ་ཡིན་ནོ།།

何人對於一切身與受用無所指望地對待，彼之圓滿無窮盡，是故己身欲望將增長，因此不該對彼欲望有開許，於何悅意所欲之物無所執著，因為初時易成辦、中時無貪戀、後時無離苦之故，彼即是為賢善物。

ཐ་མར་ཐལ་བའི་མཐར་གཏུགས་ཤིང་།། 最後灰燼之結局，
མི་གཡོ་གཞན་གྱིས་བསྐྱོད་བྱ་བ།། 不動需由他使動，
མི་གཙང་གཟུགས་ཉི་མི་བཟད་པ།། 不淨色身甚殘酷，
འདི་ལ་ཅི་ཕྱིར་བདག་ཏུ་འཛིན།། 何故於此執為我。

ལོངས་སྤྱོད་འདི་ལྟར་ཡིན་ཀྱང་ལུས་འདི་གཅེས་པར་འཛིན་འོས་སོ་ཞེ་ན། ལུས་འདི་ཇི་ལྟར་བྱས་ཀྱང་ཐ་མར་ཐལ་བའི་རང་བཞིན་དུ་གྱུར་པས་མཐར་གཏུགས་ཤིང་། དེ་ལྟ་ཡང་མི་གཡོ་བ་གཞན་གྱིས་ཏེ་ཡིད་ཀྱིས་བསྐྱོད་པར་བྱ་བ། མི་གཙང་བའི་རང་བཞིན་གྱི་གཟུགས་དེ་ཉི

འཇིགས་པ་ཐམས་ཅད་ཀྱི་རྒྱུར་གྱུར་པས་མི་བཟད་པ་སྟེ། དེ་ལྟ་བུ་འདི་ལ་ཅི་ཕྱིར་བདག་ཏུ་འཛིན་པར་བྱེད།

若言：對於受用是如此，然而應該執愛此身。則曰：無論怎樣對待此身，最後皆是成為灰燼之結局，又身體不能自動，需由他（即心）使動，彼不淨自性之色身，是一切恐懼之因，甚為殘酷，何故於此這般之身體執為我。

གསོན་ནམ་ཡང་ན་ཤི་ཡང་སླའི། །　　無論活著或死亡，
བདག་ལ་འཁྲུལ་འཁོར་འདིས་ཅི་བྱ། །　　此幻輪身何益我，
བོང་སོགས་འདི་ཁྱད་ཅི་ཡོད་ན། །　　土塊與此有何別，
ཀྱི་ཧུད་ང་རྒྱལ་སེལ་མི་བྱེད། །　　嗟呼不願除慢心。

བདག་གསོན་ནམ་ཡང་ན་ཤི་ཡང་སླའི། བདག་ལ་འཁྲུལ་འཁོར་ལྟ་བུ་འདིས་ཅི་ཞིག་བྱ། བོང་བ་ལ་སོགས་པ་དང་ལུས་འདི་ཁྱད་ཅི་ཞིག་ཡོད་དེ་མེད་ན། ཀྱི་ཧུད་འདི་ལ་ང་འོ་སྙམ་པའི་ང་རྒྱལ་ཅིའི་ཕྱིར་སེལ་བར་མི་བྱེད།

無論我活著或死亡，此如同幻輪之身何益我，土塊與此身有何別，沒有差別。嗟呼，為何不願消除認為此為我之慢心。

ལུས་ཀྱི་ཁ་ཏ་བྱས་པ་ཡིས། །　　因為身體之勸導，
དོན་མེད་སྡུག་བསྔལ་ཉེར་བསགས་ནས། །　　累積無義痛苦已，
རྗེས་སུ་ཆགས་དང་ཁོང་ཁྲོ་བ། །　　生起貪愛與嗔怒，
ཤིང་མཚུངས་འདི་ལ་ཅི་ཞིག་བྱ། །　　於此如木有何益。

ལུས་ཀྱི་ཁ་ཏ་བྱས་ཏེ་ཀུན་ཏུ་འཛིན་པ་ཡིས། དོན་མེད་པའི་སྡུག་བསྔལ་མང་པོ་ཉེ་བར་བསགས་ནས། ལུས་ཀྱི་ཕྱིར་རྗེས་སུ་ཆགས་པ་དང་ཁོང་ཁྲོ་བ་ཡིས་ཤིང་དང་མཚུངས་པ་འདི་ལ་འབད་པས་ཅི་ཞིག་བྱ།

因為身體之勸導而起執著，累積諸多無意義之痛苦已，為了身體而生起貪愛與嗔怒，對於此如木之身勤勤懇懇有何益。

བདག་གིས་འདི་ལྟར་བསྲུངས་པ་འམ།། 無論是我這般護，
བྱ་རྒོད་སོགས་ཀྱིས་ཟོས་ཀྱང་རུང་།། 或是為鷲等所食，
ཆགས་མེད་ཞེ་སྡང་ཡོད་མིན་ན།། 不起貪愛或嗔怒，
ཅི་སྟེ་དེ་ལ་ཆགས་པར་བྱེད།། 何故能夠貪愛彼。

བདག་གིས་འདི་ལྟར་གཅེས་པར་བསྲུངས་པ་འམ། བྱ་རྒོད་དང་ཝ་ལ་སོགས་པ་རྣམས་ཀྱིས་ཟོས་ཀྱང་རུང་། བདག་ལ་ཆགས་པ་མེད་ཅིང་བྱ་རྒོད་ལ་སོགས་པ་དེ་དག་ལ་ཞེ་སྡང་བ་ཡོད་པ་མིན་ན། ཅི་སྟེ་བདག་ལུས་དེ་ལ་ཆགས་པར་བྱེད།

無論是我這般愛護，或是為鷲、狐狸等所食，身體既不對我起貪愛，或對鷲等起嗔怒，我何故能夠貪愛彼身。

གང་ཞིག་སྨོད་པས་ཁྲོ་བ་དང་།། 何者因罵能生嗔，
གང་ཞིག་བསྟོད་པས་མགུ་འགྱུར་བ།། 何者因讚能滿足，
གལ་ཏེ་དེ་ཉིད་ཤེས་མེད་ན།། 倘若彼無此智識，
བདག་གིས་གང་གི་ངལ་བ་བྱས།། 則我為何做劬勞。

ལུས་གང་ཞིག་སྨོད་པས་ཁྲོ་བ་མེད་པ་དང་། ལུས་གང་ཞིག་བསྟོད་པས་མགུ་བར་འགྱུར་བ་མེད་པས། གལ་ཏེ་ལུས་དེ་ཉིད་ལ་ཤེས་པ་མེད་ན། བདག་གིས་རྒྱུ་མཚན་གང་གི་ཕྱིར་ངལ་བ་བྱས་ཏེ་དེ་ནི་དོན་མེད་དོ་སྙམ་དུ་དགོངས་པའོ།།

何者（身體）不因罵而能生嗔，何者（身體）不因讚而能滿足，倘若彼身無此智識，則我以何理由為何如此做劬勞，認為彼為無意義之事。

གང་ཞིག་ལུས་འདི་འདོད་འགྱུར་བ།། 若言凡愛此身者，
དེ་དང་བདག་བཤེས་ཡིན་ཞེ་ན།། 我則與彼為好友，
ཐམས་ཅད་རང་གི་ལུས་འདོད་པས།། 一切皆愛己身故，
དེ་ལ་བདག་གོ་ཅིས་མི་དགའ།། 為何我不歡喜彼。

ལུས་ཀྱིས་དེ་དག་མི་ཤེས་ཀྱང་། གང་ཞིག་ལུས་འདི་འདོད་ཅིང་ཡིད་དུ་འོང་བར་གྱུར་པ། དེ་དང་བདག་བཤེས་པ་ཡིན་ནོ་ཞེ་ན། ལུས་ཅན་ཐམས་ཅད་རང་གི་ལུས་འདོད་ཅིང་ཡིད་དུ་འོང་བར་གྱུར་པས། དེ་ལ་བདག་གོ་ཅིས་མི་དགའ་སྟེ་དགའ་བར་རིགས་སོ།།

若言雖然身不知彼等，然而凡愛、歡喜此身者，我則與彼為好友，一切有身皆愛、歡喜己身故，為何我不歡喜彼，應當歡喜。

དེ་བས་བདག་གིས་ཆགས་མེད་པར། །　　是故我當無貪愛，
འགྲོ་ལ་ཕན་ཕྱིར་ལུས་གཏང་བྱ། །　　為利眾生布施身，
དེས་ན་འདི་ལ་ཉེས་མང་ཡང་། །　　是故此中雖多患，
ལས་ཀྱི་སྤྱད་བཞིན་གཟུང་བར་བྱ། །　　應當視之如工具。

དེ་བས་བདག་གིས་ཆགས་པ་དང་ཞེན་པ་མེད་པར། འགྲོ་བ་རྣམས་ལ་ཕན་པའི་ཕྱིར་ལུས་འདི་བཏང་བར་བྱའོ། །དེས་ན་ལུས་འདི་ལ་ཉེས་པ་སྟེ་སྡུག་བསྔལ་མང་ཡང་། ལས་བྱེད་པ་རྣམས་ཀྱི་སྤྱད་དེ་མཁོ་བའི་དངོས་པོ་བཞིན་དུ་བཟུང་བར་བྱའོ།།

是故我應當無貪愛與眷戀，為了利益眾生而布施此身，是故此身之中雖有諸多過患（即有諸多痛苦），應當視之如工人工作所需的工具一般。

༢.༢.༣.༢.༡.༣.༣.ཏིང་ངེ་འཛིན་སྒྲུབ་པའི་ཐབས་ལ་དགམས་པ།
2.2.3.2.1.3.3.教授修定之法

དེ་བས་བྱིས་པའི་སྤྱོད་པས་ཆོག །　　是故凡夫行已足，
བདག་གིས་མཁས་པའི་རྗེས་བསྙེགས་ཏེ།།　　我當追隨智者跡，
བག་ཡོད་གཏམ་ནི་དྲན་བྱས་ནས། །　　憶念不放逸之言，
གཉིད་དང་རྨུགས་པ་བཟློག་པར་བྱ། །　　遮遣睡眠與昏沉。

དེ་བས་བྱིས་པའི་སྤྱོད་པ་དོན་མེད་པ་ལ་ཞེན་པས་ཆོག་སྟེ་དགོས་པ་མེད་ལ། བདག་གིས་

མཁས་པ་འི་ཚོགས་རྒྱལ་བའི་སྲས་པོ་རྣམས་ཀྱི་རྗེས་སུ་བསྙེགས་ཏེ། ལེའུ་བཞི་པ་ལ་སོགས་པར་བསྟན་པའི་བག་ཡོད་ཀྱི་གཏམ་ཉི་དྲན་པར་བྱས་ཏེ་སེམས་ལ་བཞག་ནས། གཉིད་དང་རྨུགས་པ་ལ་སོགས་ཏིང་ངེ་འཛིན་གྱི་སྒྲིབ་པ་རྣམས་བཟློག་པར་བྱའོ།།

是故貪戀無意義之凡夫行已足，再無必要，我當追隨智者眾諸佛子之足跡，憶念牢記不放逸等第四品所說之言，遮遣睡眠與昏沉等等禪定諸蓋障。

རྒྱལ་སྲས་ཐུགས་རྗེ་ཆེ་རྣམས་ལྟར།། 當如大悲佛子眾，
རིགས་པའི་སྲན་ཉི་གཟུགས་བྱ་སྟེ།། 忍受合理之困厄，
ཉིན་མཚན་ཕྱེད་པར་མ་འབབ་ན།། 若不日以繼夜勤，
བདག་གི་སྡུག་བསྔལ་ནམ་མཐར་ཕྱིན།། 我之苦難何時了。

རྒྱལ་སྲས་ཐུགས་རྗེ་ཆེན་པོ་མངའ་བ་རྣམས་ལྟར། རིགས་པའི་ལས་ལ་གཉེན་པོའི་སྲན་ཉི་གཟུགས་པར་བྱ་སྟེ། ཉིན་མཚན་ཕྱེད་པར་ཏེ་མཉམ་པར་མ་འབབ་ན། བདག་གི་སྡུག་བསྔལ་འདི་ནམ་མཐར་ཕྱིན་པར་འགྱུར་ཏེ་མི་འགྱུར་རོ།།

應當如同具有大悲心之佛子眾，忍受合理艱難事業之困厄，若不日以繼夜平等地勤行，我之苦難何時能了，永遠不能終了。

དེ་བས་སྒྲིབ་པ་བསལ་བའི་ཕྱིར།། 是故為除諸障故，
ལོག་པའི་ལམ་ལས་སེམས་བླན་ཏེ།། 從邪道中召回心，
ཡང་དག་དམིགས་ལ་རྟག་པར་ཡང་།། 常於正等之所緣，
བདག་གིས་མཉམ་པར་གཞག་པར་བྱ།། 我亦應當平等住。

དེ་བས་ན་སེར་སྣ་ལ་སོགས་པ་ཉོན་མོངས་པའི་སྒྲིབ་པ་དང་འཁོར་གསུམ་དུ་རྣམ་པར་རྟོག་པའི་ཤེས་བྱའི་སྒྲིབ་པ་དག་བསལ་བའི་ཕྱིར། ཕྱིན་ཅི་ལོག་པའི་ལམ་ལས་སེམས་བླན་ཏེ། ཡང་དག་པ་དགེ་བའི་དམིགས་པ་སྤྱི་དང་བདག་དང་གཞན་དུ་མཉམ་པ་དང་བརྗེ་བའི་དོན་

ལ་རྟག་པར་ཡང་། བདག་གིས་མཉམ་པར་བཞག་པར་བྱའོ།།

是故為除慳吝等煩惱障、與三輪分別念之所知障諸多障礙之故，從顛倒邪道中召回心，恆常於正等之善所緣，以及自他平等、自他交換之義理，我亦應當平等住。

༢.༢.༣.༢.༢.མཚན།
2.2.3.2.2.品名

བྱང་ཆུབ་སེམས་དཔའི་སྤྱོད་པ་ལ་འཇུག་པ་ལས།　བསམ་གཏན་བསྟན་པ་ཞེས་བྱ་བ་སྟེ་ལེའུ་བརྒྱད་པའོ།། །།

入菩提薩埵行・禪定第八品竟。

༢.༢.༣.༣.དོན་དམ་སེམས་བསྐྱེད་གོང་ནས་གོང་དུ་སྤེལ་བའི་ཤེས་རབ་ཀྱི་ལེའུ།

2.2.3.3.增長勝義發心的智慧品

༢.༢.༣.༣.༡.གཞུང་།

2.2.3.3.1.正文

༢.༢.༣.༣.༡.༡.ཤེས་རབ་བསྐྱེད་པ་མདོར་བསྟན་པ།

2.2.3.3.1.1.生起智慧之總說

ཡན་ལག་འདི་དག་ཐམས་ཅད་ནི།། 此等一切之支分，
ཐུབ་པས་ཤེས་རབ་དོན་དུ་གསུངས།། 能仁是為智慧說，
དེ་ཡི་ཕྱིར་ན་སྡུག་བསྔལ་དག། 是故欲止諸苦者，
ཞི་བར་འདོད་པས་ཤེས་རབ་བསྐྱེད།། 應當生起般若智。

དེ་ལ་བསྟན་བཅོས་འདིར་བརྗོད་མ་ཐག་པའི་མཚན་ཉིད་ཅན་སྦྱིན་པ་ལ་སོགས་ཡན་ལག་འདི་དག་ཐམས་ཅད་ནི། ཐུབ་པས་ཇི་ལྟར་གནས་པའི་རྟེན་ཅིང་འབྲེལ་བར་འབྱུང་བ་དངོས་པོའི་དེ་ཁོ་ན་ཉིད་རབ་ཏུ་རྣམ་པར་འབྱེད་པའི་ཤེས་རབ་ཀྱི་དོན་དུ་གསུངས་ཏེ། སྦྱིན་པ་ལ་སོགས་པ་འཁོར་གསུམ་མི་དམིགས་པའི་སྦྱོར་བས་ཡོངས་སུ་སྦྱངས་ཏེ་དུས་རིང་དུ་གོམས་པས་མ་རིག་པས་བསྐྱེད་པའི་རྣམ་པར་རྟོག་པའི་དྲ་བ་མཐའ་དག་བྲལ་ནས་སྒྲིབ་གཉིས་སྤངས་ཤིང་། བདག་མེད་གཉིས་ཐུགས་སུ་ཆུད་པའི་རང་བཞིན་ཕན་པ་ཐམས་ཅད་ཀྱི་གཞིར་གྱུར་པ་དོན་དམ་པའི་དེ་ཁོ་ན་ཉིད་ཀྱི་བདག་ཉིད་དེ་བཞིན་གཤེགས་པའི་ཆོས་ཀྱི་སྐུ་མངོན་པར་ཐོབ་པར་བྱེད་པས་ཤེས་རབ་ནི་གཙོ་བོ་ཡིན་ཅིང་སྦྱིན་པ་ལ་སོགས་པ་ནི་ཕལ་པ་ཡིན་པའི་ཕྱིར་རོ།།

在此論典所剛講述之布施等內容**此等一切之支分**，**能仁是為**了對於如是存在之緣起真如，能夠予以辨別之**智慧而說**，以三輪無所緣取之加行，去清淨布施等，因常久串習之故，能遠離一切由無明所生起的分別念羅網，斷除二障，能通達二種無我、證得一切自

他二利之根基 - 勝義真如本性如來法身。因此智慧為主，布施等為次。

དེ་ཡང་ཇི་སྐད་དུ། འཕགས་པ་ཤེས་རབ་ཀྱི་ཕ་རོལ་ཏུ་ཕྱིན་པ་སྟོང་ཕྲག་བརྒྱ་པ་ལས། རབ་འབྱོར་འདི་ལྟ་སྟེ། དཔེར་ན་ཉི་མའི་དཀྱིལ་འཁོར་དང་ཟླ་བའི་དཀྱིལ་འཁོར་ནི་གླིང་བཞིར་ལས་བྱེད་ཅིང༌། གླིང་བཞིའི་རྗེས་སུ་འགྲོའོ། །གླིང་བཞིའི་རྗེས་སུ་འབྲང་ངོ༌། །རབ་འབྱོར་དེ་བཞིན་དུ་ཤེས་རབ་ཀྱི་ཕ་རོལ་ཏུ་ཕྱིན་པ་ཡང་ཕ་རོལ་ཏུ་ཕྱིན་པ་ལྔར་ལས་བྱེད་ཅིང༌། ཕ་རོལ་ཏུ་ཕྱིན་པ་ལྔའི་རྗེས་སུ་འགྲོའོ། །ཕ་རོལ་ཏུ་ཕྱིན་པ་ལྔའི་རྗེས་སུ་འབྲང་སྟེ། ཤེས་རབ་ཀྱི་ཕ་རོལ་ཏུ་ཕྱིན་པ་དང་བྲལ་ན་སྦྱིན་པ་ལ་སོགས་པ་ལྔས་ཕ་རོལ་ཏུ་ཕྱིན་པའི་མིང་མི་འཐོབ་བོ། །རབ་འབྱོར་འདི་ལྟ་སྟེ། དཔེར་ན་འཁོར་ལོས་སྒྱུར་བའི་རྒྱལ་པོ་དང་བྲལ་ན་རིན་པོ་ཆེ་སྣ་བདུན་གྱིས་འཁོར་ལོས་སྒྱུར་བའི་མིང་མི་འཐོབ་བོ། །རབ་འབྱོར་དེ་བཞིན་དུ་སྦྱིན་པ་ལ་སོགས་པ་ལྔ་ཡང་ཤེས་རབ་ཀྱི་ཕ་རོལ་ཏུ་ཕྱིན་པ་དང་བྲལ་ན་ཕ་རོལ་ཏུ་ཕྱིན་པའི་མིང་མི་འཐོབ་བོ། །ཞེས་པ་ལ་སོགས་པར་གསུངས་སོ།།

《聖般若波羅蜜多十萬頌》說：“善現當知！如日月輪周行照燭四大洲界作大事業，其中所有若情非情，隨彼光明勢力而轉，各成已事。如是般若波羅蜜多，照燭餘五波羅蜜多，作大事業，布施等五波羅蜜多，隨順般若波羅蜜多勢力而轉，各成已事。善現當知！布施等五波羅蜜多，皆由般若波羅蜜多所攝受故，乃得名為波羅蜜多，若離般若波羅蜜多，布施等五不得名為波羅蜜多。善現當知！如轉輪王若無七寶，不得名為轉輪聖王，要具七寶乃得名為轉輪聖王。布施等五波羅蜜多亦復如是，若非般若波羅蜜多之所攝受，不得名為波羅蜜多，要為般若波羅蜜多之所攝受，乃得名為波羅蜜多”。（玄奘譯：大般若波羅蜜多經第三百五十一卷，初分多問不二品第六十一之一）

ཡང་ན་ཡན་ལག་ཅེས་པ་འདས་མ་ཐག་པའི་ཞི་གནས་ཀྱི་བདག་ཉིད་ཀྱི་རྒྱུན་ཏེ། ཞི་གནས་ཀྱི་

ཡོངས་སུ་དག་པར་བྱས་པའི་སེམས་ཀྱི་རྒྱུན་ལ་ཤེས་རབ་སྐྱེ་བས་ལེགས་པར་སྦྱངས་པའི་ཞིང་ལས་འབྲས་བུ་སྐྱེ་བ་བཞིན་དུའོ། །དེ་ཡི་ཕྱིར་ན་སྡུག་བསྔལ་གསུམ་གྱིས་སྡུག་བསྔལ་བའི་འགྲོ་བ་མཐའ་ཡས་པའི་སྡུག་བསྔལ་དག །ཞི་བར་འདོད་པས་རྒྱུར་གྱུར་པ་དང་འབྲས་བུར་གྱུར་པའི་ཤེས་རབ་རྣམ་པ་གཉིས་ལས་ཐོག་མར་རྒྱུ་དང་ཤེས་རབ་བསྐྱེད་པར་བྱའོ།།

又所謂“支分”乃剛述說之寂止心相續，於寂止徹底清淨之心相續中能生起智慧，猶如清淨田中能生果一般。**是故欲息止**被三苦所苦的有情眾生所擁有的一切**諸苦**，在作為因之智與作為果之智二者之中，首先**應當生起因與般若智**。

༢.༢.༣.༣.༡.༢.རྒྱས་པར་བཤད་པ།
2.2.3.3.1.2.廣說

༢.༢.༣.༣.༡.༢.༡.ལྟ་བས་གཏན་ལ་ཕབ་པ།
2.2.3.3.1.2.1.以見地確定

༢.༢.༣.༣.༡.༢.༡.༡.བདེན་གཉིས་རྣམ་པར་བཞག་པ།
2.2.3.3.1.2.1.1.安立二諦

༢.༢.༣.༣.༡.༢.༡.༡.༡.བདེན་གཉིས་ཀྱི་དབྱེ་བ།
2.2.3.3.1.2.1.1.1.二諦之別

ཀུན་རྫོབ་དང་ནི་དོན་དམ་སྟེ།། 世俗以及勝義諦，
འདི་ནི་བདེན་པ་གཉིས་སུ་འདོད།། 主張此等為二諦。

སྒྲིབ་པས་ན་ཀུན་རྫོབ་སྟེ་མ་རིག་པ་དང་། རྟེན་པས་ན་ཀུན་རྫོབ་སྟེ་འདི་ཡོད་པས་འདི་འབྱུང་བ་སོགས་དང་། བརྡར་བཏགས་པས་ན་ཀུན་རྫོབ་སྟེ་ཐ་སྙད་དུ་བྱ་བ་དང་བཅས་པ་**ཀུན་རྫོབ་**ཀྱི་བདེན་པ་**དང་**ཡོད་པ་དང་མེད་པ་དང་གཉིས་ག་དང་གཉིས་ག་བཀག་པའི་རང་བཞིན་མེད་པ་གདོད་མ་ནས་ཉེ་བར་ཞི་བ་**ནི་དོན་དམ་**པ་**སྟེ**། **འདི་ནི་བདེན་པ་གཉིས་སུ་འདོད**་ལ། བདེན་པ་བཞིར་བཤད་པ་ཡང་འདིར་འདུས་ཏེ། འདི་ལྟར་སྡུག་བསྔལ་དང་ཀུན་འབྱུང་བ་དང་ལམ་གྱི་

བདེན་པ་རྣམས་ཀུན་རྫོབ་ཀྱི་བདེན་པ་དང་། འགོག་བདེན་ནི་དོན་དམ་པའི་བདེན་པ་ཡིན་ནོ།། 因為遮蔽故謂世俗；因為無明與有所依，故謂世俗；有此故此生等等，因為名言故謂世俗；作為名言等等之**世俗**諦，**以及**有、無、俱有、俱無之自性咸不存，本來寂靜為**勝義諦**，**主張此等為二諦**。所謂四諦也攝於此之中，如是苦諦、集諦、道諦屬世俗諦，滅諦為勝義諦。

༢་༢་༣་༣་༡་༢་༡་༡་༢་བདེན་གཉིས་ཀྱི་མཚན་ཉིད།
2.2.3.3.1.2.1.1.2.二諦之性相

དོན་དམ་བློ་ཡི་སྤྱོད་ཡུལ་མིན།། 勝義非心之行境,
བློ་ནི་ཀུན་རྫོབ་ཡིན་པར་བརྗོད། ། 說心是為世俗諦。

དོན་དམ་པའི་བདེན་པ་ནི་མཚན་ཉིད་ཐམས་ཅད་ལས་འདས་པས་རྣམ་པར་རྟོག་པའི་བློ་ཡི་སྤྱོད་ཡུལ་མིན་ལ། བློ་ལ་སྣང་བ་དང་མི་སྣང་བའི་དབང་གིས་དངོས་པོ་དང་དངོས་མེད་བདེན་པ་དང་བདེན་པ་མིན་པ་ལ་སོགས་པ་ཇི་ལྟ་ན་རྣམ་པར་གཞག་པ་ཐམས་ཅད་ནི་ཀུན་རྫོབ་ཡིན་པར་བརྗོད་དོ། །ཇི་སྐད་དུ། རབ་རིབ་མཐུ་ཡིས་སྐྲ་ཤད་ལ་སོགས་པའི། །ངོ་བོ་ལོག་པ་གང་ཡིན་རྣམ་བརྟགས་པ། །དེ་ཉིད་བདག་ཉིད་གང་དུ་མིག་དག་པས། །མཐོང་དེ་དེ་ཉིད་དེ་བཞིན་འདིར་ཤེས་ཀྱིས། །ཞེས་གསུངས་སོ།།

勝義諦超越一切性相，故**非**分別念**心之行境**，心因顯與不顯而如是安立一切實、非實、真、非真等等，故說**說心是為世俗諦**。《入中論》說：“如眩翳力所遍計，見毛髮等顛倒性，淨眼所見彼體性，乃是實體此亦爾”。

༢་༢་༣་༣་༡་༢་༡་༡་༣་བདེན་གཉིས་གཏན་ལ་འབེབས་པའི་གང་ཟག
2.2.3.3.1.2.1.1.3.確定二諦之人

དེ་ལ་འཇིག་རྟེན་རྣམ་གཉིས་མཐོང་། ། 於彼見二世間人,

རྣལ་འབྱོར་པ་དང་ཕལ་པ་འོ།། 瑜伽士與凡夫爾。
དེ་ལ་འཇིག་རྟེན་ཕལ་པ་ནི།། 彼中瑜伽士世人，
རྣལ་འབྱོར་འཇིག་རྟེན་གྱིས་གནོད་ཅིང་།། 傷害凡夫世間人，
རྣལ་འབྱོར་པ་ཡང་བློ་ཁྱད་ཀྱིས། ། 瑜伽士又因心異，
གོང་མ་གོང་མ་རྣམས་ཀྱིས་གནོད། ། 上者為更上者傷。

བདེན་པ་གཉིས་པོ་དེ་ལ་རྟོགས་པ་པོ་འཇིག་རྟེན་རྣམ་པ་གཉིས་མཐོང་སྟེ། ཞི་ལྷག་གི་ཏིང་ངེ་འཛིན་གང་ལ་ཡོད་པའི་རྣལ་འབྱོར་པ་དང་དེ་མེད་པའི་ཕལ་པ་འོ། །དེ་ལ་འཇིག་རྟེན་ཕལ་པ་རྣམས་ནི། རྣལ་འབྱོར་འཇིག་རྟེན་གྱིས་གནོད་ཅིང་། །སླར་ཅིག་ཤེས་ཀྱིས་ནི་རྣལ་འབྱོར་པའི་ཤེས་པ་ལ་གནོད་པ་མ་ཡིན་ཏེ། མིག་ནི་རབ་རིབ་ཅན་གྱིས་དམིགས་པ་ཡིས། །རབ་རིབ་མེད་ཤེས་ལ་གནོད་མིན་ཇི་ལྟར། །དེ་བཞིན་དྲི་མེད་ཡེ་ཤེས་སྤངས་པའི་བློས། །དྲི་མེད་བློ་ལ་གནོད་པ་ཡོད་མ་ཡིན། །ཞེས་གསུངས་པ་ཡིན་ནོ། །ཕལ་པ་འབའ་ཞིག་ལ་གནོད་པར་མ་ཟད་རྣལ་འབྱོར་པ་ཡང་བློ་སྟེ་ཤེས་རབ་ཀྱི་ཁྱད་པར་དང་ཏིང་ངེ་འཛིན་དང་སྙོམས་པར་འཇུག་པ་ལ་སོགས་ཀྱིས། ས་གོང་མ་གོང་མ་ལ་གནས་པ་རྣམས་ཀྱིས་འོག་མ་འོག་མ་དག་ལ་གནོད་དོ། །གནོད་ཅེས་པ་ནི་ཟིལ་གྱིས་གནོན་ཞེས་པའི་ཐ་ཚིག་གོ། །

對於彼二諦的了悟者，見有二種世間人：具有止觀禪修的瑜伽士，與不具備止觀的凡夫爾。彼中瑜伽士世人，傷害凡夫世間眾人；又反方面不傷害瑜伽士之識，《入中論》說："如有翳眼所緣事，不能害於無翳識，如是諸離淨智識，非能害於無垢慧" 。不僅傷害凡夫，瑜伽士又因心（智慧）的差異，以及等持等至等等之差別，下者為上者所傷，上者為更上者所傷。所謂"傷"，為壓制之意。

༢.༢.༣.༣.༡.༢.༡.༢.དེ་ལ་རྩོད་པ་སྤོང་བ།
2.2.3.3.1.2.1.2.斷除彼爭議

༢.༢.༣.༣.༡.༢.༡.༢.༡.གཞི་བདེན་གཉིས་ལ་རྩོད་པ་སྤོང་བ།
2.2.3.3.1.2.1.2.1.斷除基二諦之爭議

༢.༢.༣.༣.༡.༢.༡.༢.༡.༡.འཇིག་རྟེན་ཕལ་བའི་རྩོད་པ་སྤོང་བ།
2.2.3.3.1.2.1.2.1.1.斷除凡夫世間之爭議

གཉིས་ཀ་ཡང་ནི་འདོད་པའི་དཔེས།། 亦以二者所許喻，

རྣལ་འབྱོར་པའི་བློའི་ཁྱད་པར་ལས་ཕལ་པའི་ཤེས་པ་འཁྲུལ་པ་ཡིན་ནོ་ཞེས་ཇི་ལྟར་རྟོགས་པར་ནུས་ཞེ་ན། རྣལ་འབྱོར་པ་དང་ཕལ་པ་**གཉིས་ཀ་ཡང་**སྒྱུ་མ་དང་རྨི་ལམ་ལ་སོགས་པ་ནི་རང་བཞིན་མེད་པར་**འདོད་པའི་**ཕྱིར་**དཔེས་**ཆོས་ཐམས་ཅད་རང་བཞིན་མེད་པ་ཉིད་དུ་སྟོན་པ་ཡིན་ནོ།།

若說：比起瑜伽士的差別心智，凡夫之識為迷惑。如何能了悟。則曰：**亦以**瑜伽士與凡夫**二者**對於夢、幻等**所**承**許**無自性之**喻**，來宣說一切法為無自性。

འབྲས་བུའི་དོན་དུ་མ་དཔྱད་ཕྱིར།། 為果不做辨察故，

འོ་ན་སེམས་ཅན་ཐམས་ཅད་གདོན་པའི་བསམ་པས་སྦྱིན་པ་ལ་སོགས་པའི་ཚོགས་ཡོངས་སུ་རྫོགས་པའི་ཕྱིར་བྱང་ཆུབ་སེམས་དཔའ་ཡང་ཇི་ལྟར་འཇུག་པར་འགྱུར་ཏེ། དེ་རྣམས་རང་བཞིན་མེད་པ་ཡིན་པའི་ཕྱིར་ཞེ་ན། **འབྲས་བུའི་དོན་དུ་མ་དཔྱད་**པར་དེའི་རྒྱུ་ལ་འཇུག་པའི་**ཕྱིར་**ཏེ། དེ་ལྟར་གྱུར་ན་དེ་ལ་འདི་ནི་རྟེན་ཅིང་འབྲེལ་བར་འབྱུང་བའི་ངེས་པ་ཡོད་པའི་ཕྱིར་རྒྱུ་དང་འབྲས་བུ་ལ་འགལ་བ་མེད་དོ།།

然而若說：以拔度一切有情之心念，為圓滿布施等資糧之故，菩薩又如何能趣入？因彼等皆無自性故。則曰：**為果不做辨察**地趣入因**故**，若能如此，彼中有緣起之必然，因此因果不相違。

འཇིག་རྟེན་པ་ཡིས་དངོས་མཐོང་ཞིང་།། 世間人能見實有，
ཡང་དག་ཉིད་དུའང་རྟོག་བྱེད་ཀྱི།། 又能分別正等性，
སྒྱུ་མ་ལྟ་བུར་མིན་པས་འདིར།། 而非如幻於此點，
རྣལ་འབྱོར་པ་དང་འཇིག་རྟེན་རྩོད།། 瑜伽士與世人爭。

གལ་ཏེ་སྒྱུ་མ་ལ་སོགས་པ་དང་མཚུངས་པའི་དངོས་པོའི་རང་གི་ངོ་བོ་རྣལ་འབྱོར་པས་རྟོགས་པ་དེ་ཉིད་སྐྱེ་བོ་ཕལ་པས་རྟོགས་ན་ཇི་ལྟར་གོང་དུ་ལོག་པར་རྟོག་པ་ཡོད་པར་འགྱུར་ཞེ་ན། འཇིག་རྟེན་པ་ཡི་རྒྱུ་དང་རྐྱེན་ལ་བརྟེན་པའི་དངོས་པོའི་རང་བཞིན་མཐོང་ཞིང་མཐོང་བ་འབའ་ཞིག་ཏུ་མ་ཟད། ཡང་དག་པ་སྟེ་དོན་དམ་པ་ཉིད་དུའང་རྟོག་པར་བྱེད་ཀྱི། རྣལ་འབྱོར་པས་མཐོང་བ་བཞིན་སྒྱུ་མ་ལྟ་བུར་མཐོང་བ་མིན་པས་འདིར། རྣལ་འབྱོར་པ་དང་འཇིག་རྟེན་པ་ལྷན་ཅིག་རྩོད་དོ།

若說：倘若由瑜伽士了悟的如幻等等之實有，其本質，若由凡夫來了悟，在其之上如何會有顛倒念？**世間人能見**依賴因緣的**實有**之自性，不僅是見，**又能分別正等**（勝義）**性**，**而非**瑜伽士**如**所見一般地視之**如幻**，**關於此點**，**瑜伽士與世間人**交互有**爭**議。

༢.༢.༣.༣.༡.༢.༡.༢.༡.༢.ཉན་ཐོས་རྣམས་ཀྱི་རྩོད་པ་སྤོང་བ།
2.2.3.3.1.2.1.2.1.2.斷除聲聞眾之爭議

གཟུགས་སོགས་མངོན་སུམ་ཉིད་ཀྱང་ནི།། 色等雖為現前知，
གྲགས་པས་ཡིན་གྱི་ཚད་མས་མིན།། 然僅以名非以量，
དེ་ནི་མི་གཙང་ལ་སོགས་ལ།། 如彼於不淨等等，
གཙང་སོགས་གྲགས་པ་བཞིན་དུ་བརྫུན།། 名為清淨般虛假。

དེ་ལྟར་གྱུར་ན་ཡང་གོང་སྐྱེ་བོ་མ་ལུས་པས་ཐུན་མོང་དུ་མངོན་སུམ་གྱི་ཚད་མས་མཐོང་བའི་དངོས་པོའི་རང་བཞིན་དེ་དོན་བྱེད་ནུས་པ་ཡིན་ལ། དེ་ལ་ཇི་ལྟར་བསྙོན་པར་ནུས་ཞེས་གཞན་གྱི་སེམས་ཀྱི་དོགས་པ་བསུས་ནས། གཟུགས་ལ་སོགས་པ་གང་ཞིག་མངོན་སུམ་དུ་གྱུར་པ་ཉིད

ཀྱང་ནི། འཇིག་རྟེན་པའི་ཡོངས་སུ་གྲགས་པ་ཙམ་ཡིན་གྱི་ཚད་མས་རྟོགས་པ་མངོན་སུམ་གྱི་གཟུགས་ལ་སོགས་པ་ཡོད་པ་ནི་མིན་ཏེ། དེ་ནི་དོན་དམ་པར་བུད་མེད་ཀྱི་ལུས་སོགས་མི་གཙང་བ་དང་མི་རྟག་པ་ལ་སོགས་པ་ལ། གཙང་བ་དང་རྟག་པ་སོགས་སུ་གྲགས་པ་བཞིན་དུ་རྫུན་པ་ཕྱིན་ཅི་ལོག་ཏུ་འཛིན་པ་ཡིན་ནོ།།

既然如此，彼前述一切人共同以現量所見實有之自性，是有作用的，如何能否認彼？如是迎來他心疑慮已，說：**色等任何雖然為現前知**之實有，然而**僅以世人普稱之名**而有，**非是以量了悟現**知之色等等有，**如彼於女人身等之不淨、無常等等，名為清淨、常一般虛假、顛倒執著**。

འཇིག་རྟེན་གཞུག་པའི་དོན་དུ་ནི།། 為令世人趣入故，
མགོན་པོས་དངོས་བསྟན་དེ་ཉིད་དུ།། 怙主說有真如中，
དེ་དག་སྐད་ཅིག་མ་ཉིད་མིན།། 彼等並非剎那性。

འདི་ལྟར་ཕུང་པོ་དང་ཁམས་དང་སྐྱེ་མཆེད་ལ་སོགས་པ་རང་བཞིན་གྱིས་ཡོད་པར་བཅོམ་ལྡན་འདས་ཀྱིས་མདོ་ལས་བསྟན་པ་དང་། དེ་སྐད་ཅིག་མ་ལ་སོགས་པའི་རང་བཞིན་ཡང་བསྟན་ཏོ་ཞེ་ན། དངོས་པོ་ལ་མངོན་པར་ཞེན་པའི་འཇིག་རྟེན་རྣམས་སྟོང་པ་ཉིད་ལ་རིམ་གྱིས་གཞུག་པའི་དོན་དུ་ནི། མགོན་པོས་དངོས་པོ་རྣམས་བསྟན་ལ་དེ་ཁོ་ན་ཉིད་དུ་ཕུང་པོ་ལ་སོགས་པ་དེ་དག་སྐད་ཅིག་མ་ཉིད་ཀྱང་མིན་ནོ།།

若說：如是薄迦梵於經中說蘊界處等等為自性有，宣說彼為剎那自性。則曰：**為令**貪戀實有的**世間**眾**人**循序**趣入**空性之**故**，**怙主**宣**說有**，然而於**真如**之**中**，**彼等**蘊界處也**並非剎那性**。

ཀུན་རྫོབ་ཏུ་ཡང་འགལ་ཞེ་ན།། 若謂世俗上亦違，
རྣལ་འབྱོར་ཀུན་རྫོབ་ཉེས་མེད་དེ།། 瑜伽世俗則無過，
འཇིག་རྟེན་ལ་ལྟོས་དེ་ཉིད་མཐོང་།། 依於世間見真如，

གཞན་དུ་བུད་མེད་མི་གཙང་བར།། 否則世間將傷害，
ངེས་རྟོགས་འཇིག་རྟེན་གྱིས་གནོད་འགྱུར།། 悟女不淨之必然。

འོ་ན་ཀུན་རྫོབ་ཏུ་ཡང་འགལ་ཏེ་སུས་ཀྱང་མཐོང་བར་མི་ནུས་སོ་ཞེ་ན། ཚུ་རོལ་མཐོང་བ་རྣམས་ཀྱིས་སྐད་ཅིག་མ་ཉིད་མ་རྟོགས་མོད་ཀྱི་རྣལ་འབྱོར་པའི་ཀུན་རྫོབ་ཏུ་མཐོང་བས་ཉེས་པ་མེད་དེ། ཅིའི་ཕྱིར་ཀུན་རྫོབ་ཏུ་ཡང་སྐད་ཅིག་མ་ལ་སོགས་པ་རྣལ་འབྱོར་པ་རྣམས་ཀྱིས་མཐོང་གི། ཚུ་རོལ་མཐོང་བ་རྣམས་ཀྱིས་མ་ཡིན་ཞེ་ན། འཇིག་རྟེན་པ་ལ་ལྟོས་ཏེ་དབང་པོ་ལས་འདས་པ་མཐོང་བས་དེ་ཁོ་ན་ཉིད་མཐོང་བ་ཡིན་ནོ། །གཞན་དུ་ན་མི་སྡུག་བསྒོམ་པའི་དུས་སུ་བུད་མེད་ཀྱི་ལུས་མི་གཙང་བར། ངེས་པར་རྟོགས་པ་དེ་འཇིག་རྟེན་གྱིས་གནོད་པར་འགྱུར་ཏེ་འཇིག་རྟེན་པས་བུད་མེད་ཀྱི་ལུས་གཙང་བ་ཉིད་དུ་ཞེན་པའི་ཕྱིར་རོ།།

那麼，若謂於世俗諦上亦有相違，故誰也不能見（此剎那性）。則曰：雖然見此岸之凡夫眾不了悟剎那性，然而於瑜伽士之世俗諦中可見則無過。若問：為何只有瑜伽士可於世俗諦中見剎那性，而見此岸之凡夫不可見？則曰：依於世間見超越諸根，故見真如，否則世間將傷害，觀修不淨觀時了悟女不淨之必然，因世間人貪戀女人身為清淨故。

སྒྱུ་འདྲའི་རྒྱལ་ལས་བསོད་ནམས་ནི།། 如幻勝者中生福，
ཇི་ལྟར་དངོས་ཡོད་ལ་ཇི་བཞིན།། 猶如存在實有般。

འོ་ན་སངས་རྒྱས་ཀྱང་སྒྱུ་མ་དང་རྨི་ལམ་ལྟ་བུར་འགྱུར་ལ། དེ་ལྟར་ན་དེ་ལ་ཕན་པ་དང་གནོད་པ་དག་ལ་ཇི་ལྟར་བསོད་ནམས་དང་སྡིག་པ་སྐྱེ་བར་འགྱུར་ཞེ་ན། སྒྱུ་མ་འདྲ་བའི་རྒྱལ་བ་ལ་མཆོད་པ་དང་བསྙེན་བཀུར་བྱས་པ་ལས་སྒྱུ་མ་ལྟ་བུའི་བསོད་ནམས་འབྱུང་བ་ནི། དཔེ་ཇི་ལྟར་ན་དོན་དམ་པའི་དངོས་པོར་ཡོད་པའི་རྒྱལ་བ་ལ་བསྙེན་བཀུར་བྱས་ཏེ་དོན་དམ་པའི་བསོད་ནམས་སྐྱེ་བ་ཇི་ལྟ་བ་བཞིན་ནོ།།

若言：那麼，佛陀亦將會是如夢如幻，若如此，對彼饒益或傷害如何能生福德與罪惡？則曰：對於**如幻一般**的**勝者**恭敬供養，從**中**將**生**起如幻一般的福德，**猶如**恭敬供養勝義上**存在實有**的勝者，將生勝義福德一般。

གལ་ཏེ་སེམས་ཅན་སྒྱུ་འདྲ་ན།། 倘若有情如虛幻，
ཤི་ནས་ཇི་ལྟར་སྐྱེ་ཞེ་ན།། 則問死後如何生，
ཇི་སྲིད་རྐྱེན་རྣམས་ཚོགས་གྱུར་པ།། 何時諸緣已聚集，
དེ་སྲིད་སྒྱུ་མའང་འབྱུང་བར་འགྱུར།། 彼時虛幻亦將起。

དེ་ལྟར་ན་འཁོར་བའི་སེམས་ཅན་རྣམས་ལ་ཇི་ལྟར་བརྗོད་ཅེ་ན། དེ་རྣམས་ཀྱང་དེ་བཞིན་དུ་བརྗོད་དེ་ལྷའི་བུ་སེམས་ཅན་དེ་རྣམས་ཀྱང་སྒྱུ་མ་ལྟ་བུའོ། །ཞེས་སོགས་གསུངས་པའི་ཕྱིར་རོ།། གལ་ཏེ་སེམས་ཅན་རྣམས་སྒྱུ་མ་དང་འདྲ་ན། རིགས་མཐུན་བཏང་སྟེ་ཤི་ནས་ཇི་ལྟར་ཡང་སྐྱེ་བ་འབྱུང་ཞེ་ན། ཇི་སྲིད་སྔགས་དང་སྨོན་ལ་སོགས་པའི་རྐྱེན་རྣམས་ཚོགས་པར་གྱུར་པ། དེ་སྲིད་དུ་སྒྱུ་མའང་འབྱུང་བར་འགྱུར་ལ། དེ་བཞིན་དུ་ཇི་སྲིད་དུ་མ་རིག་པ་དང་ལས་དང་སྲེད་པའི་རང་བཞིན་ཚོགས་པ་དེ་སྲིད་དུ་སེམས་ཅན་གྱི་རྒྱུད་ཀྱི་སྒྱུ་མ་ཡང་འབྱུང་བར་འགྱུར་ཏེ། རྐྱེན་རྣམས་ཀྱི་འཇུག་པ་ཡོད་པའི་ཕྱིར་རོ།།

若是如此，該如何說輪迴的有情，彼等亦當如是說：“天子，彼等有情眾亦如幻”[1]。**倘若有情眾如虛幻**，依此類推，**則問死後如何生**？**何時**咒與發願等等**諸緣已聚集，彼時虛幻亦將起**。同樣地，何時無明、業、愛等自性聚集，有情之心相續亦將生起，因為有諸緣趣入之故。

རྒྱུན་རིང་ཙམ་གྱིས་ཇི་ལྟར་ན།། 僅長久爾有情眾，

1 大寶積經第一百五卷・善住意天子會：“文殊師利言。天子。言眾生者於意云何。善住意言。大士。我言眾生。眾生者乃至一切但有名字。皆想取故”。（達摩笈多譯）
འཇམ་དཔལ་གྱིས་སྨྲས་པ། ལྷའི་བུ་སེམས་ཅན་སེམས་ཅན་ཞེས་བྱ་བ་ཅི་ཞིག་ཡིན་པར་སེམས། ལྷའི་བུས་སྨྲས་པ། འཇམ་དཔལ་སེམས་ཅན་སེམས་ཅན་ཞེས་བགྱི་བ་ནི་འདི་ལྟ་སྟེ། མིང་ཙམ་དང་། འཛིན་པའི་འདུ་ཤེས་ཙམ་ལགས་སོ།། བཀའ་འགྱུར། དཀོན་བརྩེགས། ཆ ༤༩ འཕགས་པ་ལྷའི་བུ་བློ་གྲོས་རབ་གནས་ཀྱིས་ཞུས་པ་ཞེས་བྱ་བ་ཐེག་པ་ཆེན་པོའི་མདོ། དེབ།44-ལྡེབ།39

སེམས་ཅན་བདེན་པར་ཡོད་པ་ཡིན། ། 如何是為真實存。

གལ་ཏེ་དོན་དམ་པར་སེམས་ཅན་མེད་ན་འཁོར་བ་ཇི་སྲིད་དུ་སེམས་ཅན་གྱི་རྒྱུན་རྣམས་ཇི་ལྟར་འཇུག་པར་འགྱུར་ཞེ་ན། རྒྱུན་རིང་བ་ཙམ་གྱིས་ཇི་ལྟར་ན། སེམས་ཅན་བདེན་པར་ཡོད་པ་ཡིན་ཞེས་འདྲི་བའོ།།

倘若勝義上無有情，則有情的心相續將於何時、如何趣入輪迴之中？則反問：僅長久爾有情眾，如何是為真實地存有。

སྒྱུ་མའི་སྐྱེས་བུ་བསད་སོགས་ལ། ། 殺一虛幻人等等，
སེམས་མེད་ཕྱིར་ན་སྡིག་མེད་དེ། ། 無心之故無罪惡，
སྒྱུ་མའི་སེམས་དང་ལྡན་པ་ལ།། 對於具有幻心者，
བསོད་ནམས་དང་ནི་སྡིག་པ་འབྱུང་། ། 將生福德與罪惡。

འོ་ན་སྒྱུ་མའི་སྐྱེས་བུ་བསད་པ་ལ་སོགས་པ་ལ་སྲོག་གཅོད་པ་སོགས་མེད་པ་དེ་བཞིན་དུ་དེ་ལས་གཞན་པའི་སྐྱེས་བུ་བསད་པ་ལ་སོགས་པ་ཡང་དེ་ལྟར་འགྱུར་ཏེ། རང་བཞིན་ཐ་དད་པ་མ་ཡིན་པའི་ཕྱིར་ཞེ་ན། སྒྱུ་མའི་སྐྱེས་བུ་བསད་པ་དང་འདི་ལ་མ་བྱིན་པ་ལེན་པ་སོགས་ལ། སེམས་མེད་པའི་ཕྱིར་ན་སྡིག་པ་མེད་དེ་མི་དགེ་བའི་དངོས་གཞི་སྐྱེ་བར་མི་འགྱུར་རོ། །སྒྱུ་མའི་རང་བཞིན་གྱི་སེམས་དང་ལྡན་པ་ལ། ཕན་འདོགས་པར་བསོད་ནམས་དང་གནོད་པ་བྱས་པ་ལས་ནི་སྡིག་པ་འབྱུང་ངོ་།།

若言：那麼，殺一虛幻之人等等，並無殺生等等，如是殺其他人等等亦如此，因自性無分別故。則曰：殺一虛幻人以及對此人行竊等等，因為此人無心之故無罪惡，不會生起不善正行。對於具有虛幻自性之心者，饒益將生福德，與傷害將生罪惡。

སྔགས་སོགས་རྣམས་ལ་ནུས་མེད་ཕྱིར། ། 咒等諸緣無力故，
སྒྱུ་མའི་སེམས་ནི་འབྱུང་བ་མེད། ། 虛幻之心沒生起，
སྣ་ཚོགས་རྐྱེན་ལས་བྱུང་བ་ཡི།། 依恃多種緣所生，

སྒྱུ་མ་དེ་ཡང་སྣ་ཚོགས་ཉིད།།　　彼等虛幻亦多種，
རྐྱེན་གཅིག་གིས་ནི་ཀུན་ནུས་པ།།　　能以一緣生一切，
གང་ན་ཡང་ནི་ཡོད་མ་ཡིན།།　　任何地方皆不存。

དེ་ལ་གཞན་གྱི་སྔགས་དང་སྨོན་ལ་སོགས་པ་རྣམས་ལ་སེམས་བསྐྱེད་པའི་ནུས་པ་མེད་པའི་ཕྱིར། སྒྱུ་མའི་རང་བཞིན་གྱི་སེམས་ནི་འབྱུང་བ་མེད་པས་རྫུན་པ་ཉིད་དོ་ཞེ་ན། སྣ་ཚོགས་པའི་རྐྱེན་རྣམས་དུ་མ་ལས་བྱུང་བ་ཡི། སྒྱུ་མ་དེ་ཡང་སྣ་ཚོགས་པ་ཉིད་དུ་འབྱུང་བ་ཡིན་ལ། རྐྱེན་གཅིག་གིས་ནི་ཀུན་བསྐྱེད་པར་ནུས་པ། ཡུལ་དང་དུས་གང་ན་ཡང་ནི་ཡོད་པ་མ་ཡིན་ནོ།།

若言：其他的咒與發願等諸緣之中無生心的能力之故，虛幻之心沒生起。則曰：依恃諸多各種之緣所生起的彼等虛幻亦有諸多各種，能以一緣生起一切，任何地方任何時刻皆不存在。

གལ་ཏེ་དོན་དམ་མྱ་ངན་འདས།།　　倘若勝義是涅槃，
འཁོར་བ་ཀུན་རྫོབ་དེ་ལྟ་ན།།　　輪迴即是世俗諦，
སངས་རྒྱས་ཀྱང་ནི་འཁོར་འགྱུར་བས།།　　則佛亦將是輪迴，
བྱང་ཆུབ་སྤྱོད་པས་ཅི་ཞིག་བྱ།།　　菩提行持有何益。

གལ་ཏེ་དོན་དམ་པའི་བདེན་པ་རང་བཞིན་གྱིས་མྱ་ངན་ལས་འདས་པ་སྐྱེ་བ་དང་འགག་པ་ལ་སོགས་པ་དང་བྲལ་བ་ཡིན་ལ། འཁོར་བ་ནི་སྐྱེ་བ་དང་རྒ་ཤི་ལ་སོགས་པ་དང་ལྡན་པའི་ཀུན་རྫོབ་ཀྱི་བདེན་པ་ཡིན་པ་དེ་ལྟར་ན། སྒྲིབ་པ་ཐམས་ཅད་དང་བྲལ་བས་མྱ་ངན་ལས་འདས་པའི་སངས་རྒྱས་ཀྱང་ནི་སྐྱེ་བ་ལ་སོགས་པའི་ཆ་དང་ལྡན་པའི་ཕྱིར་འཁོར་བར་འགྱུར་བས། བྱང་ཆུབ་ཀྱི་ཆེད་དུ་ཤིན་ཏུ་བྱ་དཀའ་བའི་སྤྱོད་པས་ཅི་ཞིག་བྱ་སྟེ་དགོས་པ་མེད་དོ་ཞེ་ན།

倘若勝義諦自性上是遠離生滅等之涅槃，而輪迴即是有生老病死等等之世俗諦，若是如此，則遠離一切垢染而涅槃的佛陀，因為具有生等等部分，故亦將是輪迴，如此，為得菩提而難行能行之行持有何益？有何必要？

རྐྱེན་རྣམས་རྒྱུན་ནི་མ་ཆད་ན།། 諸緣之流若不絕，
སྒྱུ་མ་འདང་ལྡོག་པར་མི་འགྱུར་གྱི།། 縱然是幻亦不退，
རྐྱེན་རྣམས་རྒྱུན་ནི་ཆད་པ་ན།། 諸緣之流若斷絕，
ཀུན་རྫོབ་ཏུ་ཡང་མི་འབྱུང་ངོ་།། 世俗之中亦不起。

དེ་ལ་ཁྱད་པར་བསྟན་པའི་ཕྱིར་རྐྱེན་རྣམས་རྒྱུན་ནི་མ་ཆད་ཅིང་མ་ཉམས་ན། འཁོར་བ་འབའ་ཞིག་མ་ཡིན་པར་སྒྱུ་མ་འདང་ལྡོག་པར་མི་འགྱུར་གྱི། རྐྱེན་རྣམས་རྒྱུན་ནི་ཆད་པ་ན། །ཀུན་རྫོབ་ཏུ་ཡང་འཁོར་བ་མི་འབྱུང་ངོ་། །རྐྱེན་རྣམས་རྒྱུན་ཆད་པ་ཡང་དེ་ཁོ་ན་ཉིད་ལ་གོམས་པར་བྱས་པས་མ་རིག་པ་ལ་སོགས་པ་རིམ་གྱིས་འགག་པར་འགྱུར་བ་ལ་ཤེས་པར་བྱའོ།།

為宣說此中差別，故說：諸緣之流若不絕，縱然是幻亦不退，諸緣之流若斷絕，世俗之中亦不起。當知諸緣之流斷絕，又由串習真如而將次第息滅無明等。

༢.༢.༣.༣.༡.༢.༡.༢.༡.༣.སེམས་ཙམ་རྣམས་ཀྱི་རྩོད་པ་སྤོང་བ།

2.2.3.3.1.2.1.2.1.3.斷除唯識眾之爭議

གང་ཚེ་འཁྲུལ་པ་འདང་ཡོད་མིན་ན།། 若於何時皆無惑，
སྒྱུ་མ་གང་གིས་དམིགས་པར་འགྱུར།། 虛幻將以何緣取，
གང་ཚེ་ཁྱོད་ལ་སྒྱུ་མ་ཉིད།། 若汝何時皆無幻，
མེད་ན་འདང་དེ་ཚེ་ཅི་ཞིག་དམིགས།། 彼時又將緣取何。

དེ་ནི་རྣལ་འབྱོར་སྤྱོད་པའི་ལོག་པར་རྟོག་པ་བསལ་བའི་ཆེད་དུ་དེའི་ལུགས་ཀྱིས་ཉེས་པ་བརྗོད་པ་ནི། གང་གི་ཚེ་འགྲོ་བ་ཐམས་ཅད་རང་བཞིན་གྱིས་སྟོང་པར་ཁས་བླངས་པས་འཁྲུལ་བ་སྟེ་སེམས་དེ་འདང་ཡོད་པ་མིན་ན། དེའི་ཚེ་སྒྱུ་མ་གང་གིས་དམིགས་པར་འགྱུར་ཞེ་ན། གང་གི་ཚེ་རྣམ་པར་ཤེས་པར་སྨྲ་བ་ཁྱོད་ལ་སྒྱུ་མ་ཉིད། མེད་ན་འདང་དེ་ཚེ་འདིར་ཅི་ཞིག་ལ་དམིགས།

為消除瑜伽行派的邪分別，故以該派觀點說過失：若於何時皆承認一切眾生自性空，故無惑（即無心），那麼彼時虛幻將以何緣取？若汝唯識師何時皆無幻，彼時又於此中將緣取何。

གལ་ཏེ་དེ་ཉིད་དུ་གཞན་ཡོད།།　　倘若彼中有其他，
རྣམ་པ་དེ་ཉི་སེམས་ཉིད་ཡིན།།　　彼種樣相即是心，
གང་ཚེ་སེམས་ཉིད་སྒྱུ་མ་ན།།　　何時若心是虛幻，
དེ་ཚེ་གང་ཞིག་གང་གིས་མཐོང་།། །　　彼時以何見何物。

གལ་ཏེ་ཡུལ་གྱི་ཕྱོགས་དེ་ཉིད་དུ་གཞན་ཞིག་ཡོད་དེ། ཡུལ་གྱི་རྣམ་པ་དེ་ཉི་སེམས་ཉིད་ཡིན་ནོ་ཞེ་ན། དེ་ཡང་འབྲེལ་བ་མ་ཡིན་ཏེ་ཞེས་བསྟན་པའི་ཕྱིར་གང་གི་ཚེ་སེམས་རྣམ་པར་ཤེས་པ་ཉིད་སྒྱུ་མ་ལས་གཞན་མ་ཡིན་ན། དེ་ཚེ་གང་ཞིག་གང་གིས་མཐོང་། །དེ་བས་ན་འགྲོ་བ་མཐའ་དག་ལོང་བ་ཉིད་ཐོབ་པར་འགྱུར་རོ་ཞེས་དགོངས་པ་ཡིན་ནོ།།

倘若說：於彼對境之立場中，有某其他物，彼種對境之樣相即是心爾。為宣說彼即不是關連性，而謂：何時若心識僅是虛幻而非他物，彼時以何見何物。意指以此一切眾生皆將成盲。

འཇིག་རྟེན་གྱི་ནི་མགོན་པོས་ཀྱང་།། །　　世間怙主薄迦梵，
སེམས་ཀྱིས་སེམས་མི་མཐོང་ཞེས་གསུངས།།　　亦曾言心不見心，
རལ་གྲི་སོ་ཉི་རང་ལ་རང་།།　　猶如劍鋒己於己，
ཇི་ལྟར་མི་གཅོད་དེ་བཞིན་ཡིན།། །　　如何不砍如是意。

འཇིག་རྟེན་གྱི་ནི་མགོན་པོ་སངས་རྒྱས་བཅོམ་ལྡན་འདས་ཀྱིས་ཀྱང་། བདག་ཉིད་ལ་བྱེད་པ་འགལ་བའི་ཕྱིར་སེམས་ཀྱིས་སེམས་མི་མཐོང་ཞེས་གསུངས་ཏེ། དཔེར་ན་རལ་གྲི་རྣོན་པོའི་སོ་ཉི་རང་ལ་རང་། ཇི་ལྟར་མི་གཅོད་པ་དེ་བཞིན་ཡིན་ཀྱང་བདག་ཉིད་ཀྱིས་བདག་ཉིད་མི་མཐོང་སྟེ་ཤེས་པ་གཅིག་པུ་དེ་ལ་རིག་པར་བྱ་བ་དང་། རིག་པར་བྱེད་པ་དང་རིག་པའི་བདག་ཉིད་གསུམ་མི་རིགས་ཏེ་ཆ་ཤས་མེད་པ་གཅིག་ལ་རང་བཞིན་གསུམ་མི་འཐད་པའི་ཕྱིར་རོ།།

世間怙主薄迦梵，作用於自身乃相違之故，亦曾言心不見心，猶如銳利劍鋒己於己，如何不能砍，如是意亦自己不見自己；一心識不可既是所覺、能覺與覺事三者，因一不可分者不可為三之故。

ཇི་ལྟར་མར་མེ་རང་གི་དངོས།། 猶如油燈能對己，
ཡང་དག་གསལ་བར་བྱེད་བཞིན་ནོ།། 正等照耀光明爾，
མར་མེ་གསལ་བར་བྱ་མིན་ཏེ།། 油燈並非所明物，
གང་ཕྱིར་མུན་གྱིས་བསྒྲིབས་པ་མེད།། 乃因不曾為暗遮。

འདིར་སེམས་ཙམ་ཉིད་དུ་སྨྲ་བས་རང་ལ་བྱེད་པ་འགལ་བ་བསལ་བར་འདོད་ཅིང་རང་གི་ཕྱོགས་སྒྲུབ་པའི་ཆེད་དུ་དཔེ་བརྗོད་པ། ཇི་ལྟར་མུན་པས་བསྒྲིབས་པའི་བུམ་པ་ལ་སོགས་པ་རྟོགས་པའི་ཆེད་དུ་མར་མེ་འདེགས་པར་བྱེད་པ་ན་མར་མེ་རང་གི་དངོས་པོ་དེ་ཡང། ཡང་དག་པར་གསལ་བར་བྱེད་པ་བཞིན་མི་འགལ་ལོ་ཞེ་ན། མར་མེ་བུམ་པ་ལ་སོགས་པ་བཞིན་དུ་གསལ་བར་བྱ་བ་མིན་ཏེ། གང་གི་ཕྱིར་མུན་གྱིས་བསྒྲིབས་ཏེ་གཡོགས་པ་མེད་དོ།།

此處唯識論師欲消除作用自身之相違，並使己方成立，故說此喻：猶如為了知被黑暗所遮蔽的瓶子等，故舉起油燈之時，油燈能對於自己，正等照耀光明一般，不相違爾，油燈並非如同瓶子等一般是所明之物，何故？乃因不曾為黑暗所遮蔽、覆蓋之故。

ཤེལ་བཞིན་སྔོན་པོ་སྔོ་ཉིད་ལ།། 如晶之青而青物，
གཞན་ལ་ལྟོས་པ་ཡོད་མ་ཡིན།། 並非依賴於他物，
དེ་བཞིན་འགའ་ཞིག་གཞན་ལ་ནི།། 如是亦見有些許，
ལྟོས་དང་ལྟོས་མེད་པ་ཡང་མཐོང་།། 依他以及不依他，
སྔོ་ཉིད་མིན་ལ་སྔོན་པོར་དེ།། 非青物成青色者，
བདག་གིས་བདག་ཉིད་བྱས་པ་མེད།། 並無自己造己者。

སྨྲས་པ། དེ་ལྟ་མོད་ཀྱི་འོན་ཀྱང་དེའི་རང་བཞིན་གྱི་དབང་དུ་བྱས་ཏེ་གཞན་ལ་ལྟོས་པ་མ་ཡིན་པ་ཙམ་ཞིག་བརྗོད་པ་ཡིན་ནོ། །དེ་ཉིད་བསྟན་པའི་ཕྱིར་ཤེལ་རང་བཞིན་གྱིས་སྔོན་པོ་མ་ཡིན་པ་གཞན་འདབ་མ་སྔོན་པོ་ལ་སོགས་པ་དག་ལ་ལྟོས་དགོས་ཤིང་རང་བཞིན་གྱིས་སྔོ་བ་ཉིད་ནི་སྔོན་པོར་འགྱུར་བ་ལ། ཁྱད་པར་གཞན་ལ་ལྟོས་པ་ཡོད་པ་མ་ཡིན་པས། དེ་བཞིན་དུ་བུམ་པ་ལ་སོགས་པའི་དངོས་པོ་འགའ་ཞིག་མར་མེ་ལ་སོགས་པ་གཞན་ལ་ནི། ལྟོས་པས་གསལ་བར་མཐོང་བ་དང་མར་མེ་རང་གི་ངོ་བོ་གཞན་ལ་ལྟོས་པ་མེད་པ་ཡང་གསལ་བའི་བདག་ཉིད་དུ་མཐོང་ངོ་ཞེ་ན། དེ་ལ་སྔོན་པོ་ཉིད་རེ་ཞིག་གཞན་ལ་ལྟོས་པ་མེད་པར་དཔེའི་སྒོ་ནས་བསྟན་པ་དགག་པའི་ཕྱིར་བཤད་པ་སྔོ་ཉིད་མིན་ལ་སྔོན་པོར་གྱུར་པ་ནི། རྒྱུ་དང་རྐྱེན་ལ་མ་ལྟོས་པར་བདག་གིས་བདག་ཉིད་བྱས་པ་ནི་མེད་དོ།།

又謂："雖然如此，然而僅是就彼自性而言不依靠他之理爾"。為闡明此觀點故說：如水晶自性不是青色，其青色需要依賴其他如綠葉等等之青，而自性是青之物的青色，並非依賴於其他特殊之物，所以，如是亦見有些許，如瓶子等物需依他，如油燈等，而能清楚得見，以及油燈本質上不依他亦能得見其為光明者。

為遮止比喻最初所說某不需依他之青物之故，而說：非青物成青色者，並無不依賴因緣而自己造己者。

མར་མེ་གསལ་བར་བྱེད་དོ་ཞེས། ། 所謂油燈能光明，
ཤེས་པས་ཤེས་ཏེ་བརྗོད་བྱེད་ན།། 乃由識知而能說，
བློ་ནི་གསལ་བ་ཉིད་ཡིན་ཞེས།། 則謂心是明性時，
གང་གིས་ཤེས་ནས་དེ་སྐད་བརྗོད། ། 是由何知而說彼。

མར་མེ་རབ་ཏུ་གསལ་བའི་བདག་ཉིད་དུ་གྱུར་པ་དེ་ལྟར་ན་ཡང་བློ་རང་རིག་པར་བསྒྲུབ་པ་ལ་འདྲ་བའི་དཔེ་མ་ཡིན་ནོ་ཞེས་བཤད་པའི་ཕྱིར་མར་མེ་གསལ་བར་བྱེད་དོ་ཞེས་གང་ཟག་གི་ཤེས་པས་ཤེས་ཏེ་བརྗོད་པར་བྱེད་ན། བློ་ནི་གསལ་བ་ཉིད་ཡིན་ནོ་ཞེས། རང་དང་གཞན་གང་

གིས་ཤེས་ནས་དེ་སྐད་དུ་བརྗོད་ཅེས་འདྲི་བ་ཡིན་ནོ།།

為說明：以這般“油燈為光明自性者”之喻，來成立心能自知並不恰當。故說：若所謂油燈能光明，乃由補特迦羅之識了知而能述說，則反問：謂心是明性之時，是由自他何人了知而說彼語。

གང་ཚེ་འགས་ཀྱང་མཐོང་མིན་ན།། 何時少許皆不見，
གསལ་བ་འམ་ནི་མི་གསལ་བ།། 則明不明皆如同，
མོ་གཤམ་བུ་མོའི་འགྱིང་བག་བཞིན།། 石女之女其神彩，
དེ་ནི་བརྗོད་ཀྱང་དོན་མེད་དོ།། 雖詮述彼卻無義。

གང་གི་ཚེ་ཤེས་པ་སྔ་མ་དང་ཕྱི་མ་དང་དུས་མཉམ་པ་འགས་ཀྱང་མཐོང་བ་མིན་ན། མར་མེ་བཞིན་དུ་གསལ་བ་འམ་བུམ་པ་བཞིན་དུ་ནི་མི་གསལ་བ་ཡིན་པ་གང་བརྗོད་ཀྱང་། མོ་གཤམ་གྱི་བུ་མོའི་ལུས་ཀྱི་འགྱིང་བག་བརྗོད་པ་བཞིན་དུ། དེ་ནི་བརྗོད་པར་བྱས་ཀྱང་དོན་མེད་དོ།།

以過去之識、未來之識、現在之識何時少許識皆不可見，則如油燈之明，與如瓶子之不明的任何詮述，皆如同詮述石女所生之女其神彩，雖做了詮述彼卻無任何意義。

གལ་ཏེ་རང་རིག་ཡོད་མིན་ན།། 倘若並無自證分，
རྣམ་ཤེས་དྲན་པར་ཇི་ལྟར་འགྱུར།། 則識如何做憶念，
གཞན་མྱོང་བ་དང་འབྲེལ་བ་ལས།། 感他關連成憶念，
དྲན་འགྱུར་བྱི་བའི་དུག་བཞིན་ནོ།། 猶如鼠毒之情理。

སྨྲས་པ། འདི་རིགས་པས་སྟོང་ཞིང་ཚིག་ཙམ་མ་ཡིན་པར་རིགས་པ་ནི་འདི་ཡིན་ཏེ། གལ་ཏེ་ཤེས་པས་རང་རིག་པ་ཡོད་པ་མིན་ན། ཡུལ་མྱོང་བ་ན་ཕྱིས་སུ་དེ་དང་དུས་གཅིག་པའི་རྣམ་པར་ཤེས་པ་དྲན་པར་ཇི་ལྟར་འགྱུར་ཏེ། ཉམས་སུ་མ་མྱོང་བ་དྲན་པར་ནི་ཧ་ཅང་ཐལ་བར་འགྱུར་བས་སོ། །དེ་ལྟ་བས་ན་ཉམས་སུ་མྱོང་བའི་འབྲས་བུ་དྲན་པ་དུས་ཕྱིས་དམིགས་པའི་ཕྱིར། རང་

རིག་པའི་ཤེས་པ་ཡོད་དོ་ཞེས་དཔོག་པར་བྱའོ།།

又謂：覺知此故，並非空洞及文詞上的覺知即是此，**倘若識並無自證分**，則感知了外境，之後與彼同時之**識如何做憶念**，此將使沒有感知的憶念成為一大破綻。因此，去憶念感知之果，是後來緣取，故應當推測有自證分之識。

དེ་ལ་བརྗོད་པར་བྱ་སྟེ། ཤེས་པ་ལས་གཞན་གཟུང་བར་བྱ་བའི་དངོས་པོ་ཡུལ་དུ་གྱུར་པ་ཉམས་སུ་མྱོང་བ་ཉིད་དྲན་པ་དང་དེ་དང་འབྲེལ་བ་ལས། རྣམ་པར་ཤེས་པའང་དྲན་པར་འགྱུར་ཏེ་དཔེར་ན་བྱི་བའི་དུག་བཞིན་ནོ།། འདི་ལྟར་བྱི་བའི་དུག་སྐད་ཅིག་མ་གཅིག་ལ་ལུས་ལ་འཛོམས་ནས་ཡང་དུས་གཞན་དུ་འབྲུག་གི་སྒྲའི་རྐྱེན་དང་འཕྲད་པ་ལས་རང་རིག་པས་བཞག་པའི་དྲན་པས་བག་ཆགས་ཀྱི་ས་བོན་མེད་པར་ཡང་རྐྱེན་དང་དྲན་པ་ཉིད་ཀྱི་ཕྱིར་སྐད་ཅིག་གཞན་དུ་རྣམ་པར་འགྱུར་བ་འཐོབ་སྟེ། དེ་བཞིན་དུ་སྐབས་སུ་བབ་པ་ལ་ཡང་སྐྱོན་མེད་དོ་ཞེས་དགོངས་སོ།།

應當對於彼做說明：憶念出所感知到識以外其他作為對境的所執事物的同時，與彼對境**關連**，而識就成為了**憶念，猶如鼠毒之情理**。鼠毒在一剎那之際侵入身體，之後的某時刻因為遇到打雷之緣，自證分所安立的憶念，雖然無習氣之種子，卻因為緣和憶念之故，而於另一剎那獲得轉變，如是此處亦無過失。

རྐྱེན་གཞན་དག་དང་ལྡན་པ་ཡི།། 具他緣者可以見，
མཐོང་ཕྱིར་རང་ཉིད་རང་གསལ་ན།། 是故己可證自己，
སྒྲུབ་པའི་མིག་སྨན་སྦྱོར་བ་ལས།། 成就眼藥之藥方，（添加修成之眼藥）
བུམ་མཐོང་མིག་སྨན་ཉིད་འགྱུར་མིན།། 非是見瓶之眼藥。（見瓶非能見眼藥）

སླར་ཡང་རྣམ་པར་ཤེས་པ་ཙམ་དུ་སྨྲ་བས་རང་རིག་པ་སྒྲུབ་པར་བྱ་བའི་ཆེད་དུ་རྣམ་པ་གཞན་བསྟན་པའི་ཕྱིར་རྐྱེན་གཞན་ཏིང་ངེ་འཛིན་བསྒོམས་པ་དག་དང་ལྡན་པ་ཡི། གཞན་གྱི་སེམས་ཀྱི་ཁྱད་པར་མཐོང་བའི་ཕྱིར་རྣམ་པར་ཤེས་པ་རང་ཉིད་རང་ལ་གསལ་པོ་ཞེ་ན། འདིས་ཀྱང་

ཤེས་པའི་རང་རིག་པ་གྲུབ་པ་མ་ཡིན་ནོ་ཞེས་བསྟན་པའི་ཕྱིར་གྲུབ་པའི་མིག་སྨན་གྱི་སྦྱོར་བ་ལས། ས་འོག་གི་གཏེར་གྱི་བུམ་པ་ལ་མཐོང་བ་སོགས་པ་མིག་སྨན་ཉིད་དུ་འགྱུར་བ་མིན་པས། དེ་ལྟར་ན་འདི་ནི་བསྒྲུབ་བྱ་ལ་མཁོ་བའི་སྒྲུབ་བྱེད་མ་ཡིན་ནོ།།

又唯識論師為使自證分成立，而宣說其他方面：**具有禪定功夫等其他緣者，可以見他心差別，是故識自己可證自己**。為宣說以此也不能成立自證分，故曰：**成就眼藥之藥方**，並**非是**可以看見地下瓶子等等之**眼藥**。如是此並非所立必要的能立。

ཇི་ལྟར་མཐོང་ཐོས་ཤེས་པ་དག ། 猶如見聞知等等，
འདིར་ནི་དགག་པར་བྱ་མིན་ཏེ། ། 此處並非所遮止，
འདིར་ནི་སྡུག་བསྔལ་རྒྱུར་གྱུར་པ། ། 此處作為痛苦因，
བདེན་པར་རྟོག་པ་བཟློག་བྱ་ཡིན། ། 妄思實有是所遮。

གལ་ཏེ་ཤེས་པ་རང་རིག་པའི་ངོ་བོར་མ་གྱུར་ན་དོན་ཡང་རྟོགས་པར་མི་འགྱུར་བ་མ་ཡིན་ནམ་ཞེ་ན། **ཇི་ལྟར་**ན་མིག་ལ་སོགས་པའི་ཤེས་པས་མངོན་སུམ་དུ་**མཐོང་**བ་དང་གང་ཟག་གཞན་ལས་དང་ལུང་ལས་**ཐོས་**པ་དང་ཚུལ་གསུམ་པའི་རྟགས་ལས་སྐྱེས་པའི་ངེས་པས་**ཤེས་པ་དག །འདིར་ནི་དགག་པར་བྱ་བ་མིན་ཏེ།** ཇི་ལྟར་འཇིག་རྟེན་རབ་ཏུ་གྲགས་པ་དེ་དེ་བཞིན་དུ་མ་དཔྱད་པའི་ངོ་བོར་ཁས་བླང་བར་བྱའོ། **།འདིར་ནི་སྡུག་བསྔལ་**ཐམས་ཅད་ཀྱི་**རྒྱུར་གྱུར་པ། བདེན་པར་རྟོག་པ**འི་གཏི་མུག་ཉིད་**བཟློག་**པར་**བྱ**་བ་**ཡིན**་ནོ།།

若言：識不作為自證分之本質，則亦無法悟理。則曰：**猶如**眼識等可**現見**，可從他人與經教**聽聞**，由三相因而生決定故**知等等**，**此處並非所遮止**，應當如同世間普稱一般地，不做辨察地承許。**此處作為**一切**痛苦**之**因**，**妄**念**思**為**實有**-愚癡**是所遮**。

སེམས་ལས་སྒྱུ་མ་གཞན་མིན་ཞིང་། ། 除心之外幻非他，
གཞན་མིན་པར་ཡང་མི་བརྟག་ན། ། 亦不辨幻為非他，

དངོས་ན་ཇི་ལྟར་དེ་གཞན་མིན། ། 若實如何彼非他，
གཞན་མིན་ཞེ་ན་དངོས་པོར་མེད། ། 若非他則不為實。

ད་ནི་ཞར་ལས་བྱུང་བ་ཡོངས་སུ་རྫོགས་པར་བྱས་ནས་སྐབས་སུ་བབ་པ་ལ་སྦྱར་བའི་ཕྱིར། སེམས་ལས་སྒྱུ་མ་གཞན་ཡིན་པར་གྱུར་པའམ། གཞན་མ་ཡིན་པར་གྱུར་པའམ། གཉི་གའི་རང་བཞིན་ཡིན་པའམ། གཉིས་ཀའི་རང་བཞིན་མ་ཡིན་པ་ཞེས་བརྟགས་ན། ཕྱོགས་དང་པོ་ལྟར་ན་སེམས་ཙམ་དུ་འདོད་པའི་གྲུབ་མཐའ་དང་འགལ་བར་འགྱུར་རོ། །ཕྱོགས་གཉིས་པ་ལ་ནི། གང་ཚེ་ཁྱོད་ལ་སྒྱུ་མ་ཉིད། །མེད་ནའང་དེ་ཚེ་ཅི་ཞིག་དམིགས། །ཞེས་པའི་ཉེས་པ་ཡིན་ནོ། །ཕྱོགས་གསུམ་པ་ཡང་གཅིག་ལ་ཕན་ཚུན་འགལ་བས་མི་སྲིད་པའི་ཕྱིར་རོ། །ཕྱོགས་བཞི་པའི་དབང་དུ་བྱས་ཏེ་སེམས་ལས་ཡུལ་སྒྱུ་མ་དེ་གཞན་མིན་ཞིང་། གཞན་མིན་པར་ཏེ་གཅིག་ཏུ་ཡང་མི་བརྟག་ཅེ་ན། དེ་ཡང་རིགས་པ་མ་ཡིན་ཏེ། སྒྱུ་མ་དེ་དངོས་པོ་ཡིན་ན་ཇི་ལྟར་དེ་གཞན་མིན་ཏེ་སེམས་ལས་གཞན་དུ་འགྱུར་རོ། །གཞན་མིན་ཞེ་ན་སེམས་ཉིད་སྒྱུ་མ་ཡིན་པས་དངོས་པོར་མེད་དེ་དོན་དམ་པར་ཡོད་པ་མ་ཡིན་པ་དེའི་རང་བཞིན་ཡིན་པའི་ཕྱིར་རོ།།

為令意思圓滿而添加此附加之文：心以外，虛幻是他，非他，既是是他也是非他，既非是他也非非他，若予以辨察；一、是他，與唯識之主張相違。二、非他，則有“若汝何時皆無幻，彼時又將緣取何”之過失。三、既是是他也是非他，則一事之中彼此相違，不可能。四、既非是他也非非他，若說除心之外，彼虛幻的對境非他（非非他），亦不辨虛幻的對境為非他（非是他），則亦不合理。若彼虛幻是實，如何彼非他，因轉為心以外之他故。若言非他，則心即是幻，故不為實，是在勝義上不存在之自性故。

ཇི་ལྟར་སྒྱུ་མ་བདེན་མིན་ཡང་། ། 如幻非實是所見，
བལྟ་བྱ་དེ་བཞིན་ལྟ་བྱེད་ཡིད།། 如是能見意亦然。

མཇུག་བསྡུ་བའི་ཕྱིར་ཇི་ལྟར་སྒྱུ་མ་ལ་བདེན་པའི་དངོས་པོར་ཡོད་པ་མིན་ཡང་། བལྟ་བྱར

འོས་པ་དེ་བཞིན་དུ་སྒྱུ་མ་བྱེད་ཀྱི་ཡིད་ཀྱང་དོན་དམ་པར་དངོས་པོ་མེད་པ་ཡིན་དུ་ཟིན་ཀྱང་མཐོང་བར་བྱེད་ནུས་པ་ཡིན་ནོ།།

為總結故說：猶如虛幻雖然非實有，卻可以是所見，如是能見之意亦然如此，雖然於勝義上是無實有，然而卻是能見。

གལ་ཏེ་འཁོར་བ་དངོས་རྟེན་ཅན།། 若言輪迴依實有，
དེ་ནི་གཞན་དུ་མཁའ་འདྲར་འགྱུར།། 彼將成別如虛空，（否則彼將如虛空）
དངོས་མེད་དངོས་ལ་བརྟེན་པ་ནས།། 倘若無實依實有，
བྱེད་དང་ལྡན་པར་ཇི་ལྟར་འགྱུར།། 如何將會具作用。

གཞན་ཡང་རྣམ་པ་གཞན་གྱིས་དོན་དམ་པར་ཡོད་པའི་རྣམ་པར་ཤེས་པ་བསྒྲུབ་པའི་ཆེད་དུ་སྨྲས་པ་གལ་ཏེ་འཁོར་བ་དངོས་པོའི་རྟེན་ཅན་ཡིན་ལ། དངོས་པོ་ནི་སེམས་ཡིན་ནོ་ཞེ་ན། སེམས་ལ་བརྟེན་པ་ལ་འཁོར་བ་ཞེས་བརྗོད་ན། དེ་ཅི་དངོས་པོ་ཡིན་ནམ། དངོས་པོ་མེད་པ་ཡིན། དངོས་པོ་ཡིན་ན་སེམས་ཡིན་ནམ། དེ་ལས་གཞན་ཡིན། དང་པོ་ལྟར་ན་འཁོར་བ་དེ་སྤང་བྱ་མ་ཡིན་པར་འགྱུར་ལ། གཉིས་པ་ལྟར་ན་གྲུབ་པའི་མཐའ་ལས་ཉམས་པར་འགྱུར་རོ། །འོན་ཏེ་དངོས་པོ་མེད་པ་ཡིན་ནོ་ཞེ་ན། དེ་ནི་དོན་བྱེད་པའི་ནུས་པ་མེད་པས་དངོས་པོ་ལས་གཞན་དུ་ནམ་མཁའ་དང་འདྲ་བར་འགྱུར་རོ། །དེ་ལྟར་ཡིན་ཡང་ཡོད་པའི་དངོས་པོར་གྱུར་པའི་སེམས་ལ་བརྟེན་པས་དེ་དོན་བྱེད་ནུས་པར་འགྱུར་རོ་ཞེ་ན། རྟེན་དང་བརྟེན་པའི་དངོས་པོ་ནི་རྒྱུ་དང་འབྲས་བུའི་ངོ་བོ་ཡིན་པས་དངོས་མེད་ནི་གང་གི་ཡང་འབྲས་བུར་མི་རུང་བའི་ཕྱིར་དངོས་པོ་ལ་བརྟེན་པ་ནས། དོན་བྱེད་པ་དང་ལྡན་པར་ཇི་ལྟར་འགྱུར།

又為了從其它方面使存在於勝義諦上的識成立，故說：若言，輪迴是依賴於實有，實有即是心。則曰：若依於心故名輪迴，彼究竟是實有，還是無實有？若是實有，是心，還是心以外？若是前者（是實有），彼輪迴將不成為所斷。若是後者（是心以外），將損唯識宗義。然而若說：輪迴是無實有，則曰：彼無作用之能故，將成為別於實有、如同虛空。然而若說：雖然如此，依賴作為實有之心，將能作用。則曰：倘若所依與能依的實有，是因果之體性故，無實不能作為任何之果，因此，依於實有如何將會具作用。

ཁྱོད་ཀྱི་སེམས་ནི་གྲོགས་མེད་པ། །　　如此汝心無助伴，
གཅིག་པུ་ཉིད་དུ་འགྱུར་བ་ཡིན། །　　乃是作為獨一性，
གང་ཚེ་སེམས་ནི་གཟུང་བྲལ་བ། །　　何時心乃離所取，
དེ་ཚེ་ཐམས་ཅད་དེ་བཞིན་གཤེགས། །　　彼時一切皆如來，
དེ་ལྟ་ན་ཡང་སེམས་ཙམ་དུ།།　　如此復又尋思為，
བརྟགས་ལ་ཡོན་ཏན་ཅི་ཞིག་ཡོད། །　　唯識則有何功德。

དེ་བས་ན་ཁྱོད་ཀྱི་སེམས་ནི་གཟུང་འཛིན་གྱི་གྲོགས་མེད་པར། གཉིས་སྟོང་གི་ཤེས་པ་གཅིག་པུ་ཉིད་དུ་འགྱུར་བ་ཡིན་ལ། གང་གི་ཚེ་སེམས་ནི་གཟུང་འཛིན་དང་བྲལ་བ་གཉིས་སུ་མེད་པའི་རང་བཞིན་ཡིན་ལ། དེ་ཡི་ཚེ་སེམས་ཅན་ཐམས་ཅད་དེ་བཞིན་གཤེགས་པར་འགྱུར་ལ། དེ་ལྟར་ཁས་བླངས་པ་ཡིན་ན་ཡང་སེམས་ཙམ་དུ་རྟོགས་པས་བརྟགས་པ་ལ་ཡོན་ཏན་ཅི་ཞིག་ཡོད་དེ། སེམས་ཅན་ཐམས་ཅད་ཀྱི་རྒྱུད་ལ་འདོད་ཆགས་ལ་སོགས་པ་ཡོངས་སུ་གནས་པའི་ཕྱིར་རོ།།
如此，汝之心無能所二取之助伴，乃是作為獨一性二空之識，何時心乃離能所二取，彼時一切有情皆成為如來，若如此承許復又尋思了悟為唯識，則有何功德，因一切有情心相續中，有貪愛等等之故。

༢.༢.༣.༣.༡.༢.༡.༢.༢.ལམ་སྟོང་ཉིད་ལ་རྩོད་པ་སྤོང་བ།
2.2.3.3.1.2.1.2.2.斷除道空性之爭議

༢.༢.༣.༣.༡.༢.༡.༢.༢.༡.མདོར་བསྟན་པ།
2.2.3.3.1.2.1.2.2.1.總說

སྒྱུ་མ་ལྟ་བུར་ཤེས་ན་ཡང་།།　　縱使了知如虛幻，
ཇི་ལྟར་ཉོན་མོངས་ལྡོག་འགྱུར་ཏེ། །　　如何又能遣煩惱，

གང་ཚེ་སྒྱུ་མའི་བུད་མེད་ལ།། 何時於一虛幻女，
དེ་བྱེད་ཉིད་ཀྱང་ཆགས་སྐྱེ་འགྱུར།། 彼作者亦生貪欲。

ཅི་སྟེ་ཁྱེད་དབུ་མར་སྨྲ་བ་ལ་ཡང་མཚུངས་པ་ཡིན་པ་ཉིད་དུ་བརྗོད་པའི་ཕྱིར་སྨྲས་པ། སྒྱུ་མ་ལྟ་བུར་ཤེས་པར་གྱུར་ནཡང་། ཇི་ལྟར་འདོད་ཆགས་ལ་སོགས་པའི་ཉོན་མོངས་པ་ལྡོག་པར་འགྱུར་ཏེ། འཐད་པ་ནི་གང་གི་ཚེ་སྒྱུ་མའི་བུད་མེད་ལ། དེ་བྱེད་པ་པོ་སྒྱུ་མའི་མཁན་པོ་ཉིད་ཀྱང་ཆགས་པ་སྐྱེ་བར་འགྱུར་རོ་ཞེན།

為了假設如汝中觀論師所描述而說：縱使已然了知如虛幻，如何又能遮遣貪欲等煩惱？理由是：何時於一虛幻女，彼作者幻術師亦能生貪欲。

དེ་བྱེད་པ་ནི་ཤེས་བྱ་ལ།། 彼作者於諸所知，
ཉོན་མོངས་བག་ཆགས་མ་སྤངས་པ།། 未斷煩惱及習氣，
དེས་ན་དེ་མཐོང་བ་ན་དེ།། 故見彼時彼見者，
སྟོང་ཉིད་བག་ཆགས་ཉམ་ཆུང་ཉིད།། 空性習氣弱之故。

དེ་ལ་ལན་ནི་སྒྱུ་མའི་བུད་མེད་དེ་བྱེད་པ་པོ་ནི་ཤེས་བྱ་ཐམས་ཅད་ལ། ཉོན་མོངས་པ་དང་དེའི་བག་ཆགས་མ་སྤངས་པ། དེས་ན་བུད་མེད་དེ་མཐོང་བ་ན་མཐོང་བ་པོ་དེ། སྟོང་པ་ཉིད་ཀྱི་བག་ཆགས་ཏེ་གོམས་པ་ཉམ་ཆུང་བ་ཉིད་ཀྱིས་དངོས་པོའི་བག་ཆགས་དེ་སྟོབས་དང་ལྡན་པ་ཡིན་ནོ།།

對於彼之回復：彼女之作者於諸一切所知，尚未斷除煩惱及其習氣之故，見彼女人時彼見者，因空性之習氣微弱之故，彼實有之習氣具有威力。

སྟོང་ཉིད་བག་ཆགས་གོམས་པས་ནི།། 串習空性習氣故，
དངོས་པོའི་བག་ཆགས་སྤོང་འགྱུར་ཞིང་།། 將斷實有之習氣，
ཅི་ཡང་མེད་ཅེས་གོམས་པས་ནི།། 串習一無所有故，

དེ་ཡང་ཕྱི་ནས་སྤོང་བར་འགྱུར།། 彼亦之後將斷除。

འོ་ན་ཇི་ལྟར་དེ་བཟློག་པར་འགྱུར་ཞེ་ན། སྟོང་ཉིད་ཀྱིས་བཞག་པའི་བག་ཆགས་གོམས་པས་ནི། མེ་དང་ཉེ་བར་གྱུར་པའི་གྲང་བའི་རེག་པ་བཞིན་དུ་དངོས་པོར་འཛིན་ཅིང་ཞེན་པའི་བག་ཆགས་དེ་གོམས་པ་སྤོང་བར་འགྱུར་ཞིང་དྲུངས་ནས་འབྱིན་པ་བྱེད་དོ། །དངོས་པོ་ལ་མངོན་པར་ཞེན་པ་འདམ། སྟོང་ཉིད་ལ་མངོན་པར་ཞེན་པ་དག་གཉིས་ཀ་རྟོག་པ་ལས་མ་འདས་པས་ཁྱད་པར་མེད་པ་མ་ཡིན་ནམ་ཞེ་ན། དངོས་པོ་དང་དངོས་པོ་མེད་པའི་རང་བཞིན་ཅི་ཡང་མེད་ཅེས་གོམས་པར་བྱས་པས་ནི། རང་བཞིན་མེད་པར་འཛིན་པའི་བློ་དེ་ཡང་ཆུ་བཀལ་ཟིན་པའི་གཟིངས་དང་འདྲ་བར་ཕྱི་ནས་སྟོང་ཉིད་མངོན་དུ་བྱེད་པ་ན་སྤོང་བར་འགྱུར་ཏེ། ཇི་སྐད་དུ། ཀུན་རྟོག་ཐམས་ཅད་སྤང་བྱའི་ཕྱིར། །སྟོང་ཉིད་བདུད་རྩི་སྟོན་མཛད་ལ། །གང་ཞིག་དེ་ལ་ཞེན་གྱུར་ན། །དེ་ཉིད་ཁྱོད་ཀྱིས་ཤིན་ཏུ་སྨད། །ཅེས་གསུངས་པས་སོ།།

若問：那麼，如何能遮遣彼？串習空性所安設之習氣故，猶如火與所集之冷觸一般，將能斬斷、根除執著、貪戀實有之習氣、串習。若說：貪戀實有與貪戀空性，二者皆不超越分別念，有何差別？則曰：串習實有與無實有皆一無所有之性故，彼無自性之心念，亦如同渡河之舟一般，之後空性現前之時，將斷除。龍樹菩薩《讚出世間》說：“分別念皆為所斷，故說空性之甘露，何人於彼若貪戀，汝當對彼大訶責”。

༢་༢་༣་༣་༡་༢་༡་༢་༢་༢་རྒྱས་པར་བཤད་པ།

2.2.3.3.1.2.1.2.2.2.廣說

གང་ཚེ་གང་ཞིག་མེད་དོ་ཞེས།། 何時謂無任何有，
བརྟག་བྱའི་དངོས་པོ་མི་དམིགས་པ།། 不緣所分別實有，
དེ་ཚེ་དངོས་མེད་རྟེན་བྲལ་བ།། 彼時無實離所依，
བློ་ཡི་མདུན་ན་ཇི་ལྟར་གནས།། 心念面前如何住。

སྟོང་ཉིད་ཀྱི་སྟོབས་ཀྱིས་གཞིག་པས་དངོས་པོའི་བག་ཆགས་ཟློག་ཏུ་ཆུག་ནའང་དེ་ལ་འགོག་པ་མེད་པའི་ཕྱིར་དངོས་པོ་མེད་པའི་མངོན་པར་ཞེན་པ་གང་གིས་ཟློག་པར་བྱེད་ཅེ་ན། གང་གི་ཚེ་དངོས་པོ་གང་ཞིག་མེད་དོ་ཞེས། འགོག་པར་བྱས་ནས་ཇི་ལྟར་གནས་པ་བཞིན་མཐོང་བ་ན་རབ་རིབ་ཅན་གྱི་སྐྲའི་དོག་པ་ལྟར་བརྟག་པར་བྱ་བའི་དངོས་པོ་མི་དམིགས་པ། དེ་ཡི་ཚེ་དངོས་པོ་མེད་པའི་རྟེན་དངོས་པོ་དང་བྲལ་བ་དེས་ན། བློ་ཡི་མདུན་ན་རྟེན་མེད་པའི་དངོས་མེད་དེ་ཇི་ལྟར་གནས་ཏེ་གནས་པ་མེད་དོ།།

若問：雖然以空性之力做分析，以遮遣實有之習氣，然而彼（無實有）無所遮止者故，能以何物遮止無實有之貪戀？則曰：**何時謂無任何實有**，已去除而安住一般，猶如觀看之時，**不緣取眩翳者所分別**的毛髮**實有**一般，**彼時無實離所依**實有之故，於**心念面前**，彼無所依之無實有**如何住**，無可住也。

གང་ཚེ་དངོས་དང་དངོས་མེད་དག།	何時實有無實有，
བློ་ཡི་མདུན་ན་མི་གནས་པ།།	不住心念之面前，
དེ་ཚེ་རྣམ་པ་གཞན་མེད་པས།།	彼時無他種種故，
དམིགས་པ་མེད་པར་རབ་ཏུ་ཞི།།	無所緣取徹底止。

དེ་ཡང་དངོས་པོར་མངོན་པར་ཞེན་པ་ནི་ཆོས་ཐམས་ཅད་སྟོང་པ་ཉིད་དུ་གོམས་པས་སྤོང་བར་བརྗོད་ལ། སྟོང་པ་ཉིད་ཀྱི་ཞེན་པ་དེ་ཡང་སྤྲོས་པ་མཐའ་དག་དང་བྲལ་བའི་སྟོང་པ་ཉིད་མངོན་དུ་བྱེད་པ་ལས་སྤོང་བར་འགྱུར་རོ། །དེ་ལྟར་རྣམ་པར་རྟོག་པ་ཐམས་ཅད་ནུབ་པས་སྒྲིབ་པ་མཐའ་དག་ལས་གྲོལ་བར་འགྱུར་རོ་ཞེས་བཤད་པ་གང་གི་ཚེ་དངོས་པོ་དང་དངོས་པོ་མེད་པའི་རང་བཞིན་དག །བློ་ཡི་མདུན་ན་མི་གནས་པ། །དེའི་ཚེ་དགག་སྒྲུབ་ཀྱི་རྣམ་པ་གཞན་མེད་པས། དམིགས་པ་མེད་པ་ཉིད་དང་རྣམ་པར་རྟོག་པ་ཐམས་ཅད་རབ་ཏུ་ཞི་བ་ཡིན་ནོ།།
又言貪戀實有為實有，以串習一切法為空性來斷除；對於彼空性之貪戀又可從離一切戲論之空性現前來斷除。如此一切分別念皆沒

落，而將從一切障礙中解縛。何時實有無實有等等性，不住心念之面前，彼時無他種種遮立，是故無所緣取、一切分別念徹底止。

༢.༢.༣.༣.༡.༢.༡.༢.༣.འབྲས་བུ་གཞན་དོན་ལ་རྩོད་པ་སྤོང་བ།

2.2.3.3.1.2.1.2.3.斷除果利他之爭議

ཡིད་བཞིན་ནོར་བུ་དཔག་བསམ་ཤིང་། ། 摩尼寶與如意樹，
ཇི་ལྟར་རེ་བ་ཡོངས་སྐོང་བ། ། 如何滿足眾生願，
དེ་བཞིན་གདུལ་བྱར་སྨོན་ལམ་གྱི། ། 如是曾為度化眾，
དབང་གིས་རྒྱལ་བའི་སྐུར་སྣང་ངོ་། ། 發願故顯勝者身。

དེ་ལྟར་ན་བཅོམ་ལྡན་འདས་ཀྱིས་གཞན་གྱི་དོན་རྫོགས་པ་ཇི་ལྟར་མཛད་སྙམ་པ་ལ་བཤད་པ། བསམ་པའི་འབྲས་བུ་སྟེར་བའི་ཡིད་བཞིན་གྱི་ནོར་བུ་དང་དཔག་བསམ་གྱི་ཤིང་ལ་རྣམ་པར་རྟོག་པ་མེད་ཀྱང་སྣོད་ཇི་ལྟ་བར་རེ་བ་ཡོངས་སུ་བསྐང་བ། དེ་བཞིན་དུ་གདུལ་བྱར་སྔོན་བྱང་ཆུབ་སེམས་དཔའི་གནས་སྐབས་ན་བཏབ་པའི་སྨོན་ལམ་གྱི། དབང་གིས་སྐྱེས་བུ་ཆེན་པོའི་མཚན་དང་ལྡན་པའི་རྒྱལ་བའི་སྐུར་སྣང་ངོ་། །

如此，薄迦梵如何圓滿利他，而說：給予所想之果的摩尼寶與如意樹，雖無分別念，然而如何滿足眾生心器之願，如是過去於菩薩位階時曾為度化眾所做發願之故，而顯現具有大士相好之勝者身。

དཔེར་ན་ནམ་མཁའ་ལྡིང་གི་ནི། ། 譬如金翅鳥供塔，
མཆོད་སྡོང་བསྒྲུབས་ནས་འདས་གྱུར་པ། ། 修成之後人逝世，
དེ་འདས་ཡུན་རིང་ལོན་ཡང་དེ། ། 逝已雖歷長久時，
དུག་ལ་སོགས་པ་ཞི་བྱེད་བཞིན། ། 猶能息止毒等般。

དཔེར་ན་ནམ་མཁའ་ལྡིང་གི་རིག་སྔགས་གྲུབ་པས་ནི། ཛོ་བ་ལ་སོགས་པའི་དངོས་པོ་ལ་

མཆོད་སྡོང་བསྒྲུབས་ནས་མཁའ་ལྡིང་གྲུབ་པ་དེ་འདས་པར་གྱུར་པ་ན། དེ་འདས་ནས་ཡུན་རིང་ལོན་ཡང་དེ་ཡི་མཐུས། དུག་དང་གདོན་ལ་སོགས་པ་ཞི་བར་བྱེད་པ་བཞིན།

譬如修金翅鳥的明咒成就者，用石頭等修建金翅鳥供塔，修成之後，此金翅鳥明咒成就之人逝世，逝已雖歷長久時，然而以彼威力，猶能息止毒與邪厲等一般。

བྱང་ཆུབ་སྤྱོད་པའི་རྗེས་མཐུན་པར། །　　隨順菩提之行持，
རྒྱལ་བའི་མཆོད་སྡོང་བསྒྲུབས་པ་ཡང་། །　　而成勝者之供塔，
བྱང་ཆུབ་སེམས་དཔའ་མྱ་ངན་ལས། །　　雖然菩薩已涅槃，
འདས་kyང་དོན་རྣམས་ཐམས་ཅད་མཛད། །　　涅槃仍行一切利。

བྱང་ཆུབ་ཐོབ་པའི་ཕྱིར་སྤྱོད་པ་རྒྱ་མཚོ་ལྟ་བུ་ལ་བསླབ་པའི་རྗེས་སུ་མཐུན་པའི་དེའི་འབྲས་བུ་རྒྱལ་བའི་མཆོད་སྡོང་བསྒྲུབས་པ་དེ་ཡང་། བྱང་ཆུབ་སེམས་དཔའ་མི་གནས་པའི་མྱ་ངན་ལས། འདས་པར་གྱུར་ཀྱང་གདུལ་བྱའི་དོན་རྣམས་ཐམས་ཅད་ཡང་དག་པར་རྫོགས་པའི་སངས་རྒྱས་ཀྱིས་མཛད་དོ།

隨順學習為證得菩提如大海一般之行持，而成辦其果彼勝者之供塔，雖然菩薩已達無住涅槃，涅槃後仍以正等圓滿佛行一切所化徒眾之利。

སེམས་མེད་པ་ལ་མཆོད་བྱས་པས། །　　對於無心者供養，
ཇི་ལྟར་འབྲས་བུ་ལྡན་པར་འགྱུར། །　　如何能夠具有果，
གང་ཕྱིར་བཞུགས་པ་འམ་མྱ་ངན་འདས། །　　乃因住世或涅槃，
མཚུངས་པ་ཉིད་དུ་བཤད་ཕྱིར་རོ། །　　說此二為一致故。

ཀུན་རྫོབ་ཀྱི་སེམས་དང་སེམས་ལས་བྱུང་བ་གང་ཡང་མེད་པའི་སངས་རྒྱས་དེ་ལ་མཆོད་པར་བྱས་པས། ཇི་ལྟར་ན་འབྲས་བུ་དང་ལྡན་པར་འགྱུར་ཞེ་ན། གང་གི་ཕྱིར་སངས་རྒྱས་བཅོམ་ལྡན་འདས་བཞུགས་པ་འམ་དེ་མྱ་ངན་ལས་འདས་པའི་རིང་བསྙེལ་ལ་མཆོད་པ་གཉིས་ཀྱི་

བསོད་ནམས་མཚུངས་པ་ཉིད་དུ་ལུང་ལས་བཤད་པའི་ཕྱིར་རོ།།
若問：對於無世俗諦之心與心所者（佛陀）做供養，如何能夠具有果？乃因供養住世的佛陀薄迦梵，或其涅槃的舍利，佛經說此二者福德為一致故。

ཀུན་རྫོབ་བམ་ནི་དེ་ཉིད་དུ་འང་། ། 世俗真如皆無妨，
རུང་སྟེ་དེ་འབྲས་ལུང་ལས་ཡིན། ། 其果經中皆有說，
དཔེར་ན་བདེན་པའི་སངས་རྒྱས་ལ། ། 譬如對於真諦佛，
ཇི་ལྟར་འབྲས་བུར་བཅས་པ་བཞིན། ། 如何具有果一般。

ཁ་ཅིག་གིས་འབྲས་བུ་དེ་ཀུན་རྫོབ་དང་ལ་ལ་དོན་དམ་པར་འདོད་ཀྱང་འདིས་དཔྱད་པ་བཏང་སྙོམས་སུ་བྱས་ཏེ། ཀུན་རྫོབ་བམ་ནི་དེ་ཉིད་དུ་འང་། རུང་སྟེ་དེའི་འབྲས་བུ་མཉམ་པ་ནི་ལུང་ལས་ཡིན་ཏེ། གང་ཞིག་བཞུགས་ལ་མཆོད་པ་དང་། །མི་གནས་མྱ་ངན་འདས་པ་ལ། །སེམས་ནི་མཉམ་པར་དྭངས་པ་ཡི། །བསོད་ནམས་ལ་ནི་ཁྱད་པར་མེད། །ཅེས་པ་ལ་སོགས་པ་གསུངས་སོ། །དཔེར་ན་དོན་དམ་པར་ཡོད་པར་བདེན་པའི་སངས་རྒྱས་ལ་མཆོད་པར་བྱས་པས། ཇི་ལྟར་བསོད་ནམས་ཀྱི་འབྲས་བུར་བཅས་པ་བཞིན་ནོ།།
雖然部分人主張其果為世俗，某些人主張為勝義，然而關於此並不做辨析：世俗或真如皆無妨，其果經中皆有說相等同：“何人供養住世者，以及無住涅槃者，平等清澈心福德，並無絲毫之差別”。譬如對於勝義諦上存在的真諦佛做供養，如何具有福德果一般。

༢་༢་༣་༣་༡་༢་༡་༣་ཐེག་ཆེན་མཆོག་ཏུ་སྒྲུབ་པ།
2.2.3.3.1.2.1.3.立大乘之殊勝

༢་༢་༣་༣་༡་༢་༡་༣་༡་ཐེག་ཆེན་བཀའ་སྒྲུབ་པ།
2.2.3.3.1.2.1.3.1立大乘為佛語

བདེན་པ་མཐོང་བས་གྲོལ་འགྱུར་གྱི། ། 見諦即能解縛矣，
སྟོང་ཉིད་མཐོང་བས་ཅི་ཞིག་བྱ། ། 而見空性有何益，
གང་ཕྱིར་ལུང་ལས་ལམ་འདི་ནི། ། 乃因經中說此道，
མེད་པར་བྱང་ཆུབ་མེད་པར་གསུངས། ། 若無則無菩提故。

བྱེ་བྲག་ཏུ་སྨྲ་བ་རྣམས་ཆོས་ཐམས་ཅད་སྟོང་པ་ཉིད་དུ་ཤེས་པས་སྒྲིབ་པ་ཐམས་ཅད་སྤོང་བར་མི་བཟོད་པར་འཕགས་པའི་བདེན་པ་བཞི་མཐོང་བ་དང་བསྒོམ་པ་ནི་དེའི་ཐབས་སུ་འདོད་པས་སྨྲས་པ། འཕགས་པའི་**བདེན་པ་**བཞི་པོ་སྡུག་བསྔལ་དང་། ཀུན་འབྱུང་དང་། འགོག་པ་དང་། ལམ་གྱི་མཚན་ཉིད་རྣམས་**མཐོང་བས་**སྡུག་བསྔལ་ལས་རྣམ་པར་**གྲོལ་**བར་**འགྱུར་གྱི།** **སྟོང་**པ་**ཉིད་**དེ་ཆོས་ཐམས་ཅད་རང་བཞིན་མེད་པ་**མཐོང་བས་ཅི་ཞིག་བྱ་**ཞེ་ན། **གང་**གི་**ཕྱིར་**ཤེས་རབ་ཀྱི་ཕ་རོལ་ཏུ་ཕྱིན་པའི་**ལུང་ལས་**སྟོང་པ་ཉིད་ཀྱི་རང་བཞིན་གྱི་**ལམ་འདི་ནི།** **མེད་པར་**བྱང་ཆུབ་གསུམ་པོ་གང་ཡང་**མེད་པར་གསུངས་**ཏེ། ཡུམ་བར་མ་ལས། རབ་འབྱོར་ཉན་ཐོས་ཀྱི་བྱང་ཆུབ་ཐོབ་པར་འདོད་པས་ཀྱང་ཤེས་རབ་ཀྱི་ཕ་རོལ་ཏུ་ཕྱིན་པ་འདི་ཉིད་ལ་བསླབ་པར་བྱའོ། །རབ་འབྱོར་རང་སངས་རྒྱས་ཀྱི་བྱང་ཆུབ་ཐོབ་པར་འདོད་པས་ཀྱང་ཤེས་རབ་ཀྱི་ཕ་རོལ་ཏུ་ཕྱིན་པ་འདི་ཉིད་ལ་བསླབ་པར་བྱའོ། །རབ་འབྱོར་བླ་ན་མེད་པ་ཡང་དག་པར་རྫོགས་པའི་བྱང་ཆུབ་ཐོབ་པར་འདོད་པས་ཀྱང་ཤེས་རབ་ཀྱི་ཕ་རོལ་ཏུ་ཕྱིན་པ་འདི་ཉིད་ལ་བསླབ་པར་བྱའོ། །ཞེས་རྒྱ་ཆེར་གསུངས་སོ། །

毗婆沙宗論師不能忍受斷除一切所知障（了知一切法為空性），而主張見四聖諦、修四聖諦為法門，故說：**見**四聖**諦**苦、集、滅、道之種種性相**即能**從苦之中**解縛矣**，**而見**一切法無自性的**空性有何益**？則曰：**乃因**般若部經典**中說**：**此**空性自性之**道若無**，**則無**三種**菩提**之**故**。又《般若波羅蜜多兩萬五千誦》說：“須菩提，欲得聲聞菩提者，亦當學此般若波羅蜜多。須菩提，欲得辟支佛菩提者，亦當學此般若波羅蜜多。須菩提，欲得無上正等圓滿菩

提者，亦當學此般若波羅蜜多”。

གལ་ཏེ་ཐེག་ཆེན་མ་གྲུབ་ན།། 倘若大乘不成立，
ཁྱོད་ཀྱི་ལུང་ནི་ཇི་ལྟར་གྲུབ།། 汝之經教如何立。

ཐེག་པ་ཆེན་པོའི་ཚིག་འདི་མ་བཟོད་ནས་གལ་ཏེ་སྟོང་པ་ཉིད་དུ་སྨྲ་བའི་ཐེག་པ་ཆེན་པོ་སངས་རྒྱས་ཀྱི་བཀའ་ཡིན་པར་མ་གྲུབ་པོ་ཞེ་ན། འདིར་གཞན་དང་ལན་མཚུངས་པའི་སྒོ་ནས་སུན་དབྱུང་བ་ནི། ཁྱོད་ཀྱི་ལུང་ནི་བཅོམ་ལྡན་འདས་ཀྱི་བཀར་ཇི་ལྟར་གྲུབ་སྟེ་ཚད་མ་ལྷག་པ་འགའ་ཞིག་ཡོད་པར་མ་མཐོང་ངོ་།།

倘若不能忍受此大乘章句，而說：空性論師的大乘為佛語不成立。則此處從回復他人的一致性上做駁斥：汝之經教薄迦梵之語如何能成立，完全不見在量上有絲毫殊勝處。

གང་ཕྱིར་གཉིས་ཀ་ལ་འདི་གྲུབ།། 乃因二者此成立，
དང་པོ་ཁྱོད་ལ་འདི་མ་གྲུབ།། 最初汝不成立此，
རྐྱེན་གང་གིས་ནི་དེར་ཡིད་ཆེས།། 因何緣故信賴彼，
དེ་ནི་ཐེག་ཆེན་ལ་ཡང་མཚུངས།། 彼與大乘亦一致。

རྒྱུ་མཚན་གང་གི་ཕྱིར་ཁྱོད་དང་ཁོ་བོ་ཅག་གཉིས་ཀ་ལ་བདག་གི་ལུང་འདི་ལུང་ཉིད་དུ་གྲུབ་ལ། ཁྱོད་ཀྱི་ལུང་ནི་དེ་ལྟར་མ་ཡིན་ནོ་ཞེ་ན། དང་པོ་སྟེ་ཁས་ལེན་པའི་སྔོན་རོལ་དུ་ཁྱོད་ལ་འདི་ལུང་དུ་མ་གྲུབ་བོ། གལ་ཏེ་སངས་རྒྱས་ཀྱི་གསུང་རབ་ཉིད་དུ་བླ་མ་དང་སློབ་མ་བརྒྱུད་པ་ལས་འབྱུང་བ་ཡིན་ལ། དེ་ཡང་མདོ་སྡེ་ལ་འཇུག །འདུལ་བ་ལ་སྣང་། ཆོས་ཉིད་དང་མི་འགལ་བ་དེ་སངས་རྒྱས་ཀྱི་བཀའ་ཡིན་ལ། གཞན་ནི་མ་ཡིན་ནོ་ཞེ་ན། རྐྱེན་ཏེ་རྒྱུ་མཚན་གང་གིས་ནི་དེར་ཡིད་ཆེས་པའི་རྒྱུ་མཚན་དེ་ནི་ཐེག་པ་ཆེན་པོ་ལ་ཡང་མཚུངས་སོ།།

回復說：乃因於汝與我二者中，我此經教成立為經教，汝經教非如是。則曰：最初承許彼之前，汝不成立此為經教。若言：成為經教，是由師徒傳承而出，又加入於經藏之中，存在於戒律之中，且與法性不相違者，彼方為佛語，餘則不是。則曰：因何緣故（何理由）信賴彼之理由，彼理由與大乘亦一致。

གཞན་གཉིས་འདོད་པས་བདེན་ན་ནི།། 若他二許則為真，
རིག་བྱེད་སོགས་ཀྱང་བདེན་པར་འགྱུར།། 吠陀等等亦成真。

གལ་ཏེ་ཡུ་བུ་ཅག་རྩོད་པ་དང་བཅས་པའི་ཕྱིར་དེ་ལས་གཞན་པ་གཉིས་ལ་གྲུབ་པའི་བདག་ཉིད་ཀྱི་ལུང་ནི་བླང་བར་བྱ་བ་ཡིན་ལ། ཐེག་པ་ཆེན་པོ་ནི་དེ་ལས་བཟློག་པ་ཡིན་ནོ་ཞེ་ན། གཞན་གང་ཡང་རུང་བ་གཉིས་ཀྱིས་འདོད་པས་བདེན་པའི་དོན་ཡིན་ན་ནི། རིག་བྱེད་སོགས་ཀྱང་བདེན་པ་ཉིད་དུ་གྲུབ་པར་འགྱུར་རོ།།

若說：因為我們有爭議，故於其它二人之中成立的我的經教是應取，大乘則反之。若隨意其它二人承許則為真義，則吠陀等等亦將成為真。

ཐེག་ཆེན་རྩོད་བཅས་ཕྱིར་ཞེ་ན།། 若謂大乘有爭議，
ལུང་ལ་མུ་སྟེགས་པ་རྣམས་དང་།། 則於經教與外道，
ལུང་གཞན་ལ་ཡང་རང་གཞན་དག། 及他經教自他等，
རྩོད་བཅས་ཡིན་ཕྱིར་དོར་བྱར་འགྱུར།། 亦有爭故成所捨。

གལ་ཏེ་ཐེག་ཆེན་ལུང་མ་ཡིན་གྱི་རྩོད་པ་དང་བཅས་པའི་ཕྱིར་དོར་བྱ་ཡིན་ནོ་ཞེ་ན། ཁྱོད་ཀྱི་ལུང་ལ་ཁྱོད་དང་མུ་སྟེགས་པ་རྣམས་ཡང་དག་པ་ཡིན་མིན་དུ་རྩོད་པ་དང་། ཁྱོད་ཀྱི་ཁས་བླངས་པའི་ལུང་ལས་གཞན་པ་རྣམས་ལ་ཡང་རང་གི་སྡེ་པ་ལས་ཕྱེས་པ་རྣམས་དང་སྡེ་པ་གཞན་དག་གིས་ཀྱང་། རྩོད་པ་དང་བཅས་པ་ཡིན་པའི་ཕྱིར་དོར་བྱར་འགྱུར་རོ།།

若謂：大乘有非經教的爭議，因此是所捨。則曰：對於汝之經教，汝與與外道眾是否正確之爭議，以及對於汝所承許以外的其它種種經教，與從自己部派分離者，和其它部派等等，亦有爭議之故，也將成為所捨。

བསྟན་རྩ་དགེ་སློང་ཉིད་ཡིན་ན། །　　若教之根是比丘，
དགེ་སློང་ཉིད་ཀྱང་དཀའ་བར་གནས། །　　比丘則亦難是處，
སེམས་ནི་དམིགས་དང་བཅས་རྣམས་ཀྱི། །　　種種有緣取之心，
མྱ་ངན་འདས་པ་འང་དཀའ་བར་གནས། །　　其涅槃亦難是處。

དེ་ལྟར་ལན་དང་སུན་འབྱིན་པ་མཚུངས་པར་བརྗོད་ནས། ཡང་གཞན་གྱིས་ཁས་བླངས་པ་ལ་ཁྱད་པར་གྱི་སྒོ་ནས་སུན་འབྱིན་པ་བརྗོད་པའི་ཕྱིར་བཤད་པ། བཅོམ་ལྡན་འདས་ཀྱི་བསྟན་པའི་རྩ་བ་དགེ་སློང་ཉིད་ཡིན་ན། སྟོང་ཉིད་མ་ཡིན་པའི་བདེན་པ་མཐོང་བ་ལས་ཉོན་མོངས་པ་སྤངས་པའི་དགེ་སློང་དུ་གྱུར་པ་ཉིད་ཀྱང་དཀའ་བར་གནས་སོ། །དགེ་སློང་འབའ་ཞིག་དཀའ་བ་མ་ཡིན་པར་སེམས་ནི་དམིགས་པ་དང་བཅས་པ་རྣམས་ཀྱི། མྱ་ངན་ལས་འདས་པ་འང་དཀའ་བར་གནས་ཏེ། ཇི་སྲིད་ཕུང་པོའི་འཛིན་པ་ཡོད་པ་དེ་སྲིད་དུ་ངར་འཛིན་པ་དང་ལས་དང་དེ་ལས་བྱུང་བའི་སྐྱེ་བ་ལ་སོགས་པ་ཡོད་པ་ཡིན་ནོ། །

如是回復與駁斥已，又為了從特點駁斥他人的承許，故說：若薄迦梵法教之根本是比丘，見空性以外真諦而斷煩惱的比丘則亦難以是處，非唯比丘難以是處，種種有緣取之心，其涅槃亦難以是處。有蘊執則有我執、業，以及由彼而起之生等等。

ཉོན་མོངས་སྤངས་པས་གྲོལ་ན་དེའི། །　　若斷煩惱即解縛，
དེ་མ་ཐག་ཏུ་དེར་འགྱུར་རོ། །　　則彼當下將成彼，
ཉོན་མོངས་མེད་ཀྱང་དེ་དག་ལ། །　　雖無煩惱彼等中，
ལས་ཀྱི་ནུས་པ་མཐོང་བ་ཡིན། །　　仍可見諸業之力。

གལ་ཏེ་ཉོན་མོངས་པ་སྤངས་པས་གྲོལ་བར་འགྱུར་ན་ཉོན་མོངས་སྤང་བ་དེའི། དེ་མ་ཐག་ཏུ་གྲོལ་བ་དེར་འགྱུར་རོ། །དེ་ལ་ཐེ་ཚོམ་ཅི་ཞིག་ཡོད་ཅེ་ན། ཉོན་མོངས་པ་མེད་ཀྱང་འཕགས་པ་དགྲ་བཅོམ་པ་དེ་དག་ལ། ལས་ཀྱི་མཚན་ཉིད་ཀྱི་ནུས་པ་སྨིན་པར་མཐོང་བ་ཡིན་པས། དེ་བས་ན་ཉོན་མོངས་པ་སྤངས་པའི་རྗེས་ལ་གྲོལ་བར་འགྱུར་བ་ནི་མ་ཡིན་ནོ། །

倘若斷煩惱即能解縛，則彼斷煩惱之當下將成為彼解縛者。若言：關於彼有何疑惑？則曰：雖然無煩惱，然而於彼等阿羅漢聖者之中，仍可見諸業性相之力成熟，因此，並非斷煩惱之後就能解縛。

རེ་ཞིག་ཉེར་ལེན་སྲེད་པ་ནི།།
མེད་ཅེས་ངེས་པ་ཉིད་ཅེ་ན།།
སྲེད་འདི་ཉོན་མོངས་ཅན་མིན་ཡང་། །
ཀུན་རྨོངས་བཞིན་དུ་ཅི་སྟེ་མེད། །
ཚོར་བའི་རྐྱེན་གྱིས་སྲེད་པ་ཡིན། །
ཚོར་བ་དེ་དག་ལ་ཡང་ཡོད།།

若言一旦近取愛，
不存則是得決定，
此愛雖然非煩惱，
如癡一般怎不存，
因受緣故而有愛，
彼等亦有如是受。

རེ་ཞིག་མ་རིག་པ་སྤངས་པས་ཡང་སྲིད་ཉེ་བར་ལེན་པའི་སྲེད་པ་ནི། མེད་ཅེས་གྲོལ་བ་ངེས་པ་ཉིད་དུ་འདོད་ཅེ་ན། དེ་ལ་བརྗོད་པར་བྱ་སྟེ་གང་གི་ཕྱིར་དམིགས་པ་དང་བཅས་པའི་ལྟ་བ་དང་ལྡན་པ་རྣམས་ལ་མ་རིག་པ་སྤོང་བ་ཉིད་འཐད་པ་མ་ཡིན་ཏེ། དེ་ཡོད་པས་སྲེད་པ་སྤངས་པ་ཡང་ཡོད་པ་མ་ཡིན་པའི་ཕྱིར་རོ། །ཡོད་དུ་ཆུག་ཀྱང་ཉོན་མོངས་པ་མཚུངས་པར་མི་ལྡན་པའི་སྲེད་པ་འདི་ཉོན་མོངས་ཅན་མིན་ཡང་། ཉོན་མོངས་ཅན་མ་ཡིན་པའི་ཀུན་དུ་རྨོངས་པ་བཞིན་དུ་ཁྱོད་ཀྱི་རྣལ་འབྱོར་རྣམས་ལ་ཅི་སྟེ་མེད། འདིས་ཀྱང་སྲེད་པ་སྤོང་བར་མི་ནུས་ཏེ་ཚོར་བའི་རྐྱེན་གྱིས་སྲེད་པ་འབྱུང་བ་ཡིན་པས། རྒྱུ་ཚོར་བ་ཉམས་པ་མེད་པར་དགྲ་བཅོམ་པ་དེ་དག་ལ་ཡང་ཡོད་དོ།།

若言一旦斷除無明，近取再有之愛不存，則是得決定解縛。則曰：關於此當作說明，乃因具有有所緣取之見者，並非斷除無明者，因為有彼無明故，並非斷除愛之故。雖然使之為有，然而此不等同煩惱之愛雖然非煩惱，如非煩惱的愚癡一般，汝眾瑜伽士怎麼不存，以此亦不能斷除愛，因受之緣故而有愛，因此，彼

等無煩惱阿羅漢亦有如是因之受。

དེ་ལ་ཁ་ན་མ་ཐོ་བ་མེད་པའི་ཚོར་བ་ཡོད་ན་ཡང་སྲེད་པ་ཡོད་པ་མ་ཡིན་ནོ་ཞེ་ན། དངོས་པོ་ལ་མངོན་པར་ཞེན་པ་ཅན་ལ་ཁ་ན་མ་ཐོ་བ་མེད་པ་ཉིད་ཀྱང་གྲུབ་པ་མ་ཡིན་ནོ། །དེའི་ཕྱིར་གལ་ཏེ་ཉོན་མོངས་པ་ཅན་མ་ཡིན་པའི་མི་ཤེས་པ་ཡོད་ཀྱང་སྲེད་པ་ཁས་མི་ལེན་པ་དེ་ལྟར་ན་ཡང་། སྟོང་པ་ཉིད་མཐོང་བ་དང་བྲལ་བར་རིགས་པའི་སྟོབས་ཀྱིས་འཐོབ་པ་ཡིན་ནོ།། འདིར་བསྡུས་པའི་དོན་ནི་གང་གི་ཚེ་རྒྱུད་གྲོལ་བ་ཡིན་ན་ཡང་ལས་འབྲས་བྱ་སྟེར་བ་ལ་ནུས་པ་དང་ལྡན་པར་མཐོང་བ་ཡིན་ལ། སྲེད་པ་དང་ཚོར་བ་ཡོད་པ་ཡིན་པ་ན་དེའི་ཚེ་ཉོན་མོངས་པ་སྤངས་པ་ལའང་ཐེ་ཚོམ་ཟ་བས་ཇི་ལྟར་གྲོལ་བར་ངེས་པར་བྱ། དེ་ལྟ་བས་ན་སྟོང་པ་ཉིད་མེད་པར་ཇི་ལྟར་དགེ་སློང་ཉིད་ལེགས་པར་གནས་པར་སྣང་བར་འགྱུར། སེམས་ནི་དམིགས་དང་སོགས་ཀྱི་དོན་བརྗོད་པའི་ཕྱིར།

若說：雖然彼有無過之受，卻非有愛。則曰：貪戀實有者是無過者亦不成立。因此，雖然有非煩惱者的無知，卻不承許愛，如此仍會以離見空性之明覺力而得（涅槃）。此處所攝之理為：何時雖然心得解縛，卻仍能看見具有給予業果之力，既然有愛和受，彼時斷除煩惱者亦有疑惑，如何是決定解縛。因此，無空性，比丘將如何善作是處，因為“種種有緣取之心，其涅槃亦難是處”之故。

དམིགས་པ་དང་ནི་བཅས་པའི་སེམས། །　有所緣取之此心，
འགའ་ཞིག་ལ་ནི་གནས་པར་འགྱུར། །　能夠住於某境中，
སྟོང་ཉིད་དང་ནི་བྲལ་བའི་སེམས། །　然而此離空性心，
འགགས་པ་སླར་ཡང་སྐྱེ་འགྱུར་ཏེ། །　停頓又將再出生，
འདུ་ཤེས་མེད་པའི་སྙོམས་འཇུག་བཞིན།།　猶如無想定一般，
དེས་ན་སྟོང་ཉིད་བསྒོམ་པར་བྱ། །　因此應當修空性。

དམིགས་པ་དང་ནི་བཅས་པའི་སེམས་དེ་ཡང་འཕགས་པའི་བདེན་པའམ་དེ་བསྒོམས་པའི་

འབྲས་བུ་ལྟ་བུ་ཡུལ་འགའ་ཞིག་ལ་ནི་མངོན་པར་ཞེན་པས་གནས་པར་འགྱུར་ལ། སྟོང་ཉིད་དང་ནི་བྲལ་བའི་སེམས་དམིགས་པའི་ཞགས་པས་བསྡམས་ཏེ་རེ་ཞིག་འགགས་པ་དེ་ནི་སླར་ཡང་འཁོར་བར་སྐྱེ་བར་འགྱུར་ཏེ། དཔེར་ན་འདུ་ཤེས་མེད་པའི་སྙོམས་འཇུག་ལྟར་ཡང་སེམས་དང་སེམས་ལས་བྱུང་བ་རྣམས་སྐྱེ་བ་བཞིན་ནོ། །དེས་ན་དགེ་སློང་ཉིད་དང་མྱ་ངན་ལས་འདས་པ་ཉིད་ཐོབ་པར་འདོད་པས་སྟོང་པ་ཉིད་ནི་བསྒོམ་པར་བྱའོ། །དེ་བསྒོམས་པས་ནི་ཉོན་མོངས་པ་སྤོང་བ་དང་མྱ་ངན་ལས་འདས་པ་ཡང་འཐོབ་པར་འགྱུར་གྱི། གཅིག་ཏུ་བདེན་པ་ལ་སོགས་པ་བསྒོམས་པས་ནི་མ་ཡིན་ནོ་ཞེས་པའི་དོན་ནོ།།

有所緣取之此心，也能夠具有貪戀地住於譬如觀修四聖諦之果的某境之中，然而此離空性之心被緣取之繩所束縛，一時彼停頓之心又將再出生於輪迴，猶如無想定又再生起心與心所一般，因此欲得應當修空性。此處要旨為：觀修彼能斷除煩惱與獲得涅槃，並非單一地觀修四聖諦等等而得涅槃。

ངག་གང་མདོ་སྡེ་ལ་འཇུག་དེ།། 若入經藏之言語,
གལ་ཏེ་སངས་རྒྱས་གསུངས་འདོད་ན།། 則主張為佛所說,
ཐེག་ཆེན་ཕལ་ཆེར་ཁྱེད་ཅག་གི ། 大乘多數同汝經,
མདོ་དང་མཚུངས་འདོད་མིན་ནམ་ཅི།། 何故不如是主張。

གལ་ཏེ་ཁྱོད་ཀྱི་ལུང་སངས་རྒྱས་ཀྱིས་གསུངས་པའི་མཚན་ཉིད་ཅན་མ་ཡིན་ནོ་ཞེ་ན། ངག་གང་ཞིག་མདོ་སྡེ་ལ་འཇུག་པ་དེ། གལ་ཏེ་སངས་རྒྱས་ཀྱི་གསུངས་ཡིན་པར་འདོད་ན། རྣམ་པ་ཐམས་ཅད་དུ་མི་མཐུན་ཡང་ཐེག་ཆེན་གྱི་བརྗོད་བྱ་ཕལ་ཆེར་ཁྱེད་ཅག་གི། མདོ་དང་མཚུངས་པར་འདོད་པ་མིན་ནམ་ཅི།

若言：汝經教不具佛說之性相。則曰：若加入於經藏之言語，則主張為佛所說，雖然各方面有所不同，然而大乘大多數之所詮等同汝等之經教，何故不如是主張。

གལ་ཏེ་མ་གཏོགས་གཅིག་གིས་ནི། ། 若因額外之一點，
ཐམས་ཅད་སྐྱོན་དང་བཅས་འགྱུར་ན། ། 一切將成有過失，
མདོ་མཚུངས་གཅིག་གིས་ཐམས་ཅད་ནི།། 經一點同豈不能，
རྒྱལ་བས་གསུངས་པ་ཅིས་མ་ཡིན། ། 令一切皆成佛說。

ཡང་སྟོང་པ་ཉིད་ལ་སོགས་པའི་ཕྱོགས་འགའ་ཞིག་མི་མཐུན་པས་སངས་རྒྱས་ཀྱི་གསུང་མ་ཡིན་ཞེ་ན། གལ་ཏེ་དེའི་ཕྱོགས་སུ་མ་གཏོགས་པ་གཅིག་གིས་ནི། ཐེག་ཆེན་ཐམས་ཅད་སྐྱོན་དང་བཅས་པར་འགྱུར་ན། ཁྱོད་ཀྱི་མདོ་ཡང་དག་པར་ལྡན་པའི་ལུང་ལ་སོགས་པ་སྟོང་པ་ཉིད་ཆེན་པོ་དང་ཚུལ་མཚུངས་པར་སྟོན་པ་གཅིག་གིས་ཐེག་པ་ཆེན་པོ་ཐམས་ཅད་ནི། རྒྱལ་བས་གསུངས་པ་ཅིས་མ་ཡིན་ཏེ་ཡིན་ནོ།།

又言：空性等等某方面不一致，故非佛說。則曰：若因為彼方面額外之一點，使一切大乘將成為有過失，在汝具足正等經之教言等等中，宣說了一點等同大空性，豈不能以此令一切大乘皆成為佛說？可也。

ངག་གང་འོད་སྲུང་ཆེན་པོ་ལ།། 一切大迦葉等眾，
སོགས་པས་གཏིང་དཔོགས་མ་གྱུར་པ། ། 不能揣測之言語，
དེ་ནི་ཁྱོད་ཀྱིས་མ་རྟོགས་པས།། 誰願因汝不了悟，
གཟུང་བྱ་མིན་པར་སུ་ཞིག་བྱེད། ། 而視彼為非應持。

ངག་གང་ཞིག་འོད་སྲུང་ཆེན་པོ་ལ་སོགས་པས་ལུང་གཏིང་དཔོག་པར་མ་གྱུར་པ། དེ་ནི་ཁྱོད་ཀྱིས་མ་རྟོགས་པས། །གཟུང་བར་བྱ་བ་མིན་པར་སུ་ཞིག་གིས་བྱེད།

一切大迦葉等眾不能揣測之言語，有誰願意因為汝不了悟，而視彼言語為非應持。

༢.༢.༣.༣.༡.༢.༡.༣.༢་ལམ་སྟོང་ཉིད་གཉེན་པོར་བསྒྲུབ་པ།
2.2.3.3.1.2.1.3.2立空性道為對治

རྨོངས་པས་སྡུག་བསྔལ་ཅན་དོན་དུ། ། 為利愚癡受苦者，
ཆགས་དང་འཇིགས་མཐའ་ལས་གྲོལ་བ།། 從貪懼邊得解縛，
འཁོར་བར་གནས་པ་འགྲུབ་འགྱུར་བ། ། 成就住於輪迴中，
འདི་ནི་སྟོང་ཉིད་འབྲས་བུ་ཡིན། ། 此即是為空性果。

ད་ནི་ཐེག་པ་ཆེན་པོའི་སྟོང་པ་ཉིད་ཀྱི་དབང་དུ་བྱས་ནས་བཤད་པ། ཕྱིན་ཅི་ལོག་ཏུ་རྨོངས་པས་སྡུག་བསྔལ་ཅན་འཁོར་བའི་སེམས་ཅན་རྣམས་ཀྱི་དོན་དུ། ཆགས་པའི་མཐའ་དང་འཇིགས་ཤིང་སྐྲག་པའི་མཐའ་གཉིས་ལས་གྲོལ་བའི་སྙིང་རྗེའི་གཞན་དབང་གིས་འཁོར་བར་གནས་པ་འགྲུབ་པར་འགྱུར་བ། འདི་ནི་མཐའ་བཞིའི་སྤྲོས་པ་དང་བྲལ་བའི་སྟོང་པ་ཉིད་བསྒོམས་པའི་འབྲས་བུ་ཡིན་ནོ། །དེ་སྐད་དུ་བྱང་ཆུབ་སེམས་འགྲེལ་ལས་ཀྱང་། དེ་ལྟར་རྣལ་འབྱོར་པ་རྣམས་ཀྱིས། །སྟོང་པ་ཉིད་ནི་བསྒོམས་བྱས་ནས། །བློ་ནི་གཞན་དོན་ལ་དགའ་བར། །འགྱུར་བ་འདི་ལ་ཐེ་ཚོམ་མེད། །ཅེས་དང་། ཡང་ཀླུ་སྒྲུབ་ཞབས་ཀྱིས། གདོད་ནས་སྐྱེ་མེད་རང་བཞིན་འདི། །བློ་ཡིས་གཏིང་ནས་རྟོགས་གྱུར་ན། །འཁོར་བའི་འདམ་དུ་བྱིངས་པ་ལ། །སྙིང་རྗེ་ངང་གིས་སྐྱེ་བར་འགྱུར། །ཞེས་གསུངས་སོ།།

當下主要宣說大乘空性：為利顛倒愚癡受苦者（輪迴有情眾生），從貪與恐懼二邊之中得解縛的大悲他力，而成就住於輪迴之中，此即是為遠離四邊戲論空性的觀修之果。又《菩提心釋》說："如是瑜伽士等眾，既然觀修空性已，心將喜於利他事，於此絲毫無可疑"。又龍樹菩薩說："本來無生此自性，若心深刻了悟已，於陷輪迴沼等眾，自然將起大悲心"。

དེ་ལྟར་སྟོང་པ་ཉིད་ཕྱོགས་ལ།། 如是對於空性方，
སུན་འབྱིན་པ་ནི་འཐད་མ་ཡིན། ། 所做駁斥不合理，
དེས་ན་ཐེ་ཚོམ་མི་ཟ་བར།། 是故應當無猶豫，
སྟོང་པ་ཉིད་ནི་བསྒོམ་པར་བྱ།། 觀修空性之義理。

དེ་ལྟར་སྟོང་པ་ཉིད་ཀྱི་ཕྱོགས་ལ། །སུན་འབྱིན་པ་ནི་འཐད་པ་མ་ཡིན་པས། དེས་ན་ཐེ་ཚོམ་མི་ཟ་བར་ཆོས་ཐམས་ཅད་རང་བཞིན་གྱིས་མི་དམིགས་པའི་སྟོང་པ་ཉིད་ནི་བསྒོམ་པར་བྱའོ།།
如是對於空性方所做的駁斥皆不合理，是故應當毫無猶豫，觀修一切法自性無所緣取的空性之義理。

ཉོན་མོངས་ཤེས་བྱའི་སྒྲིབ་པ་ཡི། །　　煩惱所知障之暗，
མུན་པའི་གཉེན་པོ་སྟོང་པ་ཉིད། །　　彼等對治即空性，
མྱུར་དུ་ཐམས་ཅད་མཁྱེན་འདོད་པས། །　　欲速證得遍知者，
དེ་ནི་ཇི་ལྟར་སྒོམ་མི་བྱེད།།　　如何不願觀修彼。

ཡང་སྟོང་པ་ཉིད་ཀྱི་ཁྱད་པར་བརྗོད་པའི་ཕྱིར་འདོད་ཆགས་ལ་སོགས་པ་ཉོན་མོངས་པ་དང་འཁོར་གསུམ་དུ་དམིགས་པའི་ཤེས་བྱའི་སྒྲིབ་པ་ཡི། མུན་པའི་གཉེན་པོ་སྟོང་པ་ཉིད་ཡིན་ལ། མྱུར་དུ་ཐམས་ཅད་མཁྱེན་པ་ཉིད་ཐོབ་པར་འདོད་པས། སྟོང་པ་ཉིད་དེ་ནི་ཇི་ལྟར་སྒོམ་པར་མི་བྱེད། དེ་ཡང་འཁོར་གསུམ་ལ་བདེན་པར་ཞེན་པ་དང་དེ་ལ་གཉིས་སུ་ཞེན་པའི་ཁྱད་པར་གྱིས་སྔ་མ་ཉོན་སྒྲིབ་དང་ཕྱི་མ་ཤེས་བྱའི་སྒྲིབ་པ་རིག་པའི་ཚད་དུ་བྱེད་པ་ནི་ལུགས་འདིའི་ཁྱད་ཆོས་ཡིན་ནོ།།
又為宣說空性特點故說：貪等煩惱障，以及三輪緣取的所知障之黑暗，彼等之對治即是空性，欲快速證得遍一切知者，如何不願觀修彼空性。又於三輪貪戀為真者，與對彼貪戀為二者的差別，前者以煩惱障為明悟的限度，後者以所知障為明悟的限度，是此宗的特點。

དངོས་གང་སྡུག་བསྔལ་སྐྱེད་བྱེད་པ། །　　任何實有能生苦，
དེ་ལ་སྐྲག་པ་སྐྱེ་འགྱུར་ན།།　　對於彼可生畏懼，
སྟོང་ཉིད་སྡུག་བསྔལ་ཞི་བྱེད་པ། །　　然而空性能止苦，
དེ་ལ་འཇིགས་པ་ཇི་ལྟར་སྐྱེ།།　　於彼如何生畏懼。

སྐྲག་པས་སྟོང་པ་ཉིད་སྤོང་བ་ཡང་རིགས་པ་མ་ཡིན་ཏེ་དངོས་པོ་གང་སྡུག་བསྔལ་སྐྱེད་པར་བྱེད་པ། དེ་ལ་སྐྲག་པ་སྐྱེ་བར་འགྱུར་ན། སྟོང་པ་ཉིད་སྡུག་བསྔལ་ཐམས་ཅད་ཞི་བར་བྱེད་པ། དེ་ལ་འཇིགས་པ་ཇི་ལྟར་སྐྱེ། །ཡོན་ཏན་ཐམས་ཅད་ཀྱི་འབྱུང་གནས་ཡིན་པའི་ཕྱིར་དེ་ལ་དགའ་བ་ཉིད་དུ་རིགས་སོ་ཞེས་དགོངས་པ་ཡིན་ནོ།།

因為恐懼而摒棄空性亦不合理，任何實有都能生痛苦，對於彼可生畏懼，然而空性能止一切痛苦，於彼如何生畏懼。意指：空性是一切功德之所源，因此對彼心生歡喜乃合理。

གལ་ཏེ་བདག་འགའ་ཡོད་ན་ནི། ། 倘若少許我存在,
ཅི་ཡང་རུང་ལ་འཇིགས་འགྱུར་ན། ། 則可畏懼堪懼物,
བདག་ཉིད་འགའ་ཡང་ཡོད་མིན་པས། ། 然而不存少許我,
འཇིགས་པར་འགྱུར་བ་སུ་ཞིག་ཡིན། ། 故恐懼者是何人。

གལ་ཏེ་བདག་ཅེས་བྱ་བ་འགའ་ཞིག་ཡོད་པར་གྱུར་ན་ནི། འཇིགས་པའི་གནས་ཅི་ཡང་རུང་བ་ལ་འཇིགས་པར་འགྱུར་ན། བདག་ཉིད་འགའ་ཡང་ཡོད་མིན་པས། །འཇིགས་པར་འགྱུར་བ་དེ་སུ་ཞིག་ཡིན།

倘若有少許所謂的我存在，則可畏懼堪畏懼之事物，然而不存少許我，故恐懼者是何人。

༢་༢་༣་༣་༡་༢་༢་སྒོམ་པས་ཉམས་སུ་བླངས་པ།
2.2.3.3.1.2.2.以修持實踐

༢་༢་༣་༣་༡་༢་༢་༡་གང་ཟག་གི་བདག་མེད་སྒོམ་ཚུལ།
2.2.3.3.1.2.2.1.觀修人無我之理

༢་༢་༣་༣་༡་༢་༢་༡་༡་ལྷན་སྐྱེས་ཀྱི་བདག་སྟོང་པར་སྒོམ་ཚུལ།
2.2.3.3.1.2.2.1.1.觀修俱生我為空之理

སོ་དང་སྐྲ་སེན་བདག་མ་ཡིན། ། 齒與髮甲並非我,
བདག་ནི་རུས་པ་ཁྲག་མ་ཡིན། ། 我既非骨亦非血,

སྣབས་མིན་བད་ཀན་མ་ཡིན་ཏེ། །
既非鼻涕與涎津，

ཆུ་སེར་དང་ནི་རྣག་ཀྱང་མིན།།
既非黃水亦非膿，

བདག་ནི་ཞག་དང་རྔུལ་མིན་ཏེ། །
我非油脂非汗水，

གློ་མཆིན་དག་ཀྱང་བདག་མ་ཡིན། །
肺肝等等亦非我，

ནང་གྲོལ་གཞན་ཡང་བདག་མིན་ཏེ། །
其餘內臟亦非我，

བདག་ནི་ཕྱི་ས་གཅིན་མ་ཡིན།།
我非屎糞亦非尿，

ཤ་དང་པགས་པ་བདག་མིན་ཏེ། །
肉與皮膚亦非我，

དྲོད་དང་རླུང་ཡང་བདག་མ་ཡིན། །
暖與風息亦非我，

བུ་ག་བདག་མིན་རྣམ་ཀུན་ཏུ།།
孔竅非我各方面，

རྣམ་ཤེས་དྲུག་ཀྱང་བདག་མ་ཡིན། །
六種根識亦非我。

བརྟགས་ཤིང་དཔྱད་ན་བདག་གི་ངོ་བོ་ཅུང་ཟད་ཀྱང་ཡོད་པ་མ་ཡིན་ནོ་ཞེས་བཤད་པ། ས་དང་ཆུའི་ཁམས་ཀྱི་སོ་དང་སྐྲ་དང་སེན་མོ་རྣམས་བདག་མ་ཡིན་ལ། བདག་ནི་རུས་པ་དང་ཁྲག་མ་ཡིན་ནོ། །སྣབས་བདག་མིན་ལ་བད་ཀན་ཡང་མ་ཡིན་ཏེ། ཆུ་སེར་དང་ནི་རྣག་ཀྱང་བདག་མིན་ན། བདག་ནི་ཞག་དང་རྔུལ་ཡང་མིན་ཏེ། གློ་བ་དང་མཆིན་པ་དག་ཀྱང་བདག་མ་ཡིན་ལ། ནང་གྲོལ་གཞན་རྒྱུ་མ་ལ་སོགས་པ་ཡང་བདག་མིན་ཏེ། བདག་ནི་ཕྱི་ས་དང་གཅིན་མ་ཡིན་ལ། ཤ་དང་པགས་པ་དག་ཀྱང་བདག་མིན་ཏེ། མེའི་ཁམས་ཀྱི་དྲོད་དང་རླུང་ཁམས་ཀྱི་དབུགས་དེ་ཡང་བདག་མ་ཡིན། ནམ་མཁའི་ཁམས་བུ་ག་ཡང་བདག་མིན་ཞིང་རྣམ་པ་ཀུན་ཏུ་རྣམ་ཤེས་ཀྱི་ཁམས་དྲུག་པོ་དག་ཀྱང་བདག་མ་ཡིན་ནོ།།

此處說明若做辨察，我之體性絲毫也不存。地界與水界的牙齒與毛髮、指甲並非我，我既非骨亦非血，既非鼻涕與涎津，既非黃水亦非膿，我非油脂非汗水，肺肝等等亦非我，其餘小腸等內臟亦非我，我非屎糞亦非尿，肉與皮膚亦非我，火界之暖與風界氣息亦非我，空界的孔竅非我各方面，識界的六種根識亦非我。

༢་༢་༣་༣་༡་༢་༢་༡་༢་ཀུན་བཏགས་ཀྱི་བདག་སྟོང་པར་སྒོམ་ཚུལ།
2.2.3.3.1.2.2.1.2.觀修遍計我為空之理

༢་༢་༣་༣་༡་༢་༢་༡་༢་༡་བདག་ཤེས་པར་འདོད་པ་དགག་པ།
2.2.3.3.1.2.2.1.2.1.遮遣我為識之主張

གལ་ཏེ་སྒྲ་ཡི་ཤེས་རྟག་ན།། 倘若聲識為常法，
ཐམས་ཅད་ཚེ་ན་སྒྲ་འཛིན་འགྱུར།། 則一切時能執聲，
ཤེས་བྱ་མེད་ན་ཅི་རིག་ནས།། 若無所知則明何，
གང་གིས་ཤེས་པ་ཞེས་བརྗོད་བྱེད།། 以何而能名為識。

དེ་ལ་གྲངས་ཅན་པ་རྣམས་ཀྱིས་བདག་ནི་རིག་པའི་རང་བཞིན་ཡིན་པའི་ཕྱིར་སྒྲ་ལ་སོགས་པའི་ཤེས་པའི་རང་བཞིན་གྱི་བདག་རྟག་པར་འདོད་པ་མ་ཡིན་ནམ། ཇི་ལྟར་ན་བདག་དགག་པར་བྱེད་སྙམ་པ་ལ་བཤད་པ། གལ་ཏེ་སྒྲ་ཡི་ཤེས་པ་རྟག་ན། སྒྲ་ཡོད་པ་དང་མེད་པའི་དུས་ཐམས་ཅད་ཀྱི་ཚེ་ན་སྒྲ་འཛིན་པར་འགྱུར་རོ། །གལ་ཏེ་སྒྲ་ནི་རྟག་ཏུ་ཡོད་པ་མ་ཡིན་གྱི། རྟག་ཏུ་ཡོད་པ་པོ་ནི་རྣམ་པར་ཤེས་པ་འབའ་ཞིག་ཡིན་པས་ན་དེའི་ཕྱིར་རྟག་ཏུ་འཛིན་ནོ་སྙམ་པ་ལ་བཤད་པ་ཤེས་བྱ་ཡུལ་མེད་པ་ན་ཤེས་པ་དེས་ཅི་ཞིག་རིག་ནས། རྒྱུ་གང་གིས་ཤེས་པ་ཞེས་བརྗོད་པར་བྱེད།

然而數論師不是主張：我為明覺自性，故聲識等之自性為常我。關於如何遮遣我，而說：**倘若聲識為常法**，則有聲與無聲一切時，**都能執取聲**，倘若認為聲非常有，常有者唯是識，故能常執取，則曰：**若無所知**境，則彼識**明**知**何**物，**以何**因**而能名為識**。

གལ་ཏེ་ཤེས་མེད་ཤེས་ཡིན་ན།། 倘若是無識之識，
ཤིང་ཡང་ཤེས་པར་ཐལ་བར་འགྱུར།། 樹木為識相應成，

དེས་ན་ཤེས་བྱ་ཉེར་གནས་པ།།　　因此必然如是說，
མེད་པར་ཤེས་པ་མེད་ཅེས་ངེས། །　　無所知住則無識。

གལ་ཏེ་ཡུལ་ཤེས་པའི་བྱ་བ་མེད་བཞིན་དུ་ཤེས་པ་ཡིན་ན། ཤེས་པ་མེད་པའི་རང་བཞིན་གྱི་ཤིང་ཡང་ཤེས་པར་ཐལ་བར་འགྱུར་ལ། ཡུལ་མེད་པར་ཤེས་པར་མི་འགྱུར་བའི་རྒྱུ་མཚན་དེས་ན་ཤེས་བྱ་ཉེ་བར་གནས་པ། མེད་པར་དེར་འཛིན་པའི་ཤེས་པ་ཡང་མེད་ཅེས་ངེས་པར་བྱའོ།།

倘若是如同對境無認識行為一般之識，則無識自性的樹木為識也相應成理，因此必然如是說，無所知住則無識。

དེ་ཉིད་ཀྱིས་ནི་གཟུགས་ཤེས་ན། །　　若言即以彼識色，
དེ་ཚེ་ཐོས་པ་འདད་ཅི་སྟེ་མིན།།　　彼時何故不聞聲，
གལ་ཏེ་སྒྲ་མི་ཉེ་ཕྱིར་ན།།　　若言音聲不近故，
དེས་ན་དེ་ཡི་ཤེས་པ་འདད་མེད།།　　因彼彼識亦不存。

སྒྲ་ཤེས་དེ་ཉིད་ཀྱིས་ནི་གཟུགས་ཀྱང་ཤེས་པ་ཡིན་ནོ་ཞེ་ན། གཟུགས་འཛིན་པ་དེ་ཚེ་སྒྲ་ཐོས་པ་འདད་ཅི་སྟེ་མིན་ཏེ་སྒྲའི་ཤེས་པ་ཡིན་པའི་ཕྱིར་རོ། །གལ་ཏེ་སྒྲ་དྲུང་ན་མེད་པས་མི་ཉེ་བའི་ཕྱིར་མི་འཛིན་པ་ཡིན་ནོ་ཞེ་ན། དེས་ན་སྒྲ་དེ་ཡི་ཤེས་པ་འདད་མེད་པ་ཉིད་དོ།།

若言亦即以彼聲識識色，執取色者彼時何故不聞聲，乃因是聲識之故。若言音聲不在跟前、非於近處，故不執取，因彼之故，彼聲識亦不存。

སྒྲ་འཛིན་རང་བཞིན་གང་ཡིན་པ། །　　執聲自性是何者，
དེ་གཟུགས་འཛིན་པར་ཇི་ལྟར་འགྱུར། །　　如何彼能持取色，
གཅིག་ནི་ཕ་དང་བུ་ཉིད་དུ།།　　一人是父又是子，
བརྟགས་ཡིན་ཡང་དག་ཉིད་མིན་ཏེ། །　　僅是尋思非正等。

གཞན་ཡང་གལ་ཏེ་སྒྲའི་ཤེས་པ་ཡིན་ན་དེའི་ཚེ་གཟུགས་འཛིན་པའི་བདག་ཉིད་དུ་མི་འཐད་དོ་

ཞེས་བཤད་པ། སྒྲ་འཛིན་པའི་རང་གི་རང་བཞིན་གང་ཡིན་པ། དེ་ཡིས་གཟུགས་འཛིན་པར་ཇི་ལྟར་འགྱུར་ཏེ་ཆ་ཤས་མེད་པ་གཅིག་ལ་གཟུགས་གཉིས་མི་རིགས་པའི་ཕྱིར་རོ། །ཅི་སྟེ་དཔེར་ན་གཅིག་འགའ་ཞིག་ལ་ལྟོས་ནས་ཕ་ཡིན་ལ། འགའ་ཞིག་ལ་ལྟོས་ཏེ་དེ་ཉིད་བུ་ཡིན་པར་འགྱུར་བ་དེ་བཞིན་དུ་སྐབས་སུ་བབ་པ་ལ་ཡང་གཟུགས་གཉིས་པོ་དག་གཅིག་ཏུ་འགྱུར་རོ་ཞེ་ན། གང་ཟག་གཅིག་ལ་ནི་སྐྱེད་པ་པོ་ཕ་དང་བསྐྱེད་བྱ་བུ་ཉིད་དུ། བརྟགས་པ་ཙམ་ཡིན་གྱི་ཡང་དག་པ་དོན་དམ་པ་ཉིད་མིན་ཏེ།

又闡述：若是聲識，則彼時不可作為色的執取者。執聲者自己的自性是何者，如何以彼能持取色，乃因不可分割的一之中，有二色法不合理故。若言：何故？譬如一人依某人而是父親，又依某人而是兒子，如是此刻二色法亦為一。則曰：一人是能生之父又是所生之子，僅僅是尋思爾，並非正等勝義。

འདི་ལྟར་སྙིང་སྟོབས་རྡུལ་དང་ནི། ། 如是心力與灰塵，
མུན་པ་བུ་མིན་ཕ་ཡང་མིན། ། 黑暗非子也非父，
དེ་ནི་སྒྲ་འཛིན་དང་ལྡན་པའི། ། 不可見彼為具有，
རང་བཞིན་དུ་ནི་མཐོང་མ་ཡིན། ། 執取聲之自性者。

འདི་ལྟར་སྙིང་སྟོབས་ཏེ་བདེ་བ་དང་རྡུལ་ཏེ་སྡུག་བསྔལ་དང་ནི། མུན་པ་སྟེ་མ་རིག་པ་རྣམས་བུ་དང་ཕའི་གནས་སྐབས་དག་ཏུ་བུ་ཡང་མིན་ལ་ཕ་ཡང་མིན་ཏེ་ཐམས་ཅད་དུ་ཡོན་ཏན་གཅིག་ཁོ་ནར་ཡོད་པ་ཡིན་ནོ། །དེ་བས་ན་གཟུགས་འཛིན་པ་པོ་དེ་ནི་སྒྲ་འཛིན་པ་དང་ལྡན་པའི་རང་བཞིན་དུ་ནི་མཐོང་བ་མ་ཡིན་ནོ། །

如是心力（樂）與灰塵（苦），黑暗（無明），於子和父的時刻，既非子也非父，一切之中唯有一功德。因此不可見彼色的執取者為具有執取聲之自性者。

གར་མཁན་ལྟ་བུར་ཚུལ་གཞན་གྱིས། ། 猶如舞者以別態，

དེ་ཉིད་མཐོང་ན་དེ་རྟག་མིན།།　　若觀彼一彼非常。

དེ་ལ་ཇི་ལྟར་གར་མཁན་གཅིག་ཏུ་ཉིད་སྣ་ཚོགས་པའི་གཟུགས་ཀྱིས་འཇུག་པ་དེ་བཞིན་དུ་སྐབས་སུ་བབ་པ་ལ་ཡང་ཉེས་པ་མེད་དོ་ཞེ་ན། གར་མཁན་ལྟ་བུར་སྔ་མའི་རང་བཞིན་ཡོངས་སུ་དོར་ནས་ཚུལ་གཞན་གྱིས་དེ་ཉིད་མཐོང་ན་དེ་རྟག་པ་མིན་པས་དེ་ནི་བསྒྲུབ་བྱ་མེད་པའི་དཔེ་ལྟར་སྣང་བ་ཡིན་ནོ།།

若言：猶如一舞者，以各種形象趣入，如是此刻亦無過失。則曰：**猶如舞者**完全捨棄先前之自性，而**以別種姿態**，**若觀彼**為一，**則彼非常**法。因此彼為無所成立之喻。

གལ་ཏེ་ཚུལ་གཞན་དེ་ཉིད་ན།།　　倘若別態為彼一，
གཅིག་ཉིད་དེ་ནི་སྔོན་མེད་གཅིག །　　彼一為昔所無一，
གལ་ཏེ་ཚུལ་གཞན་བདེན་མིན་ན། །　　倘若別態非真實，
དེ་ཡི་རང་གི་རང་བཞིན་སྨྲོས།།　　則當說彼己自性。

འོན་ཏེ་དེ་ལྟར་ན་ཡང་དངོས་པོ་དེ་དེ་ཉིད་ཀྱི་རང་བཞིན་སླར་ཡང་གཞན་དང་གཞན་དུ་སྐྱེ་ཞིང་འགག་པ་དེས་ན་ཉེས་པ་འདི་མེད་དོ་ཞེ་ན། གལ་ཏེ་ཚུལ་གཞན་དང་གཞན་དུ་གྱུར་ཀྱང་དེ་ཉིད་དེ་གཅིག་ཏུ་བརྗོད་ན། གཅིག་ཉིད་དེ་ནི་སྔོན་འཇིག་རྟེན་ན་མེད་པའི་གཅིག་ཉིད་ཡིན་ན། རིག་པའི་རང་བཞིན་གྱི་བདག་ལས་གཞན་ཡུལ་གྱི་ཁྱད་པར་དུ་བྱས་པ་ནི་ཤེལ་གྱི་སྔོན་པོ་བཞིན་བདེན་པ་མ་ཡིན་ནོ་སྙམ་པ་ལ་བཤད་པ། གལ་ཏེ་ཚུལ་གཞན་བདེན་པ་མིན་ན། གཉུག་མ་དེ་ཡི་རང་གི་རང་བཞིན་དེ་ཅི་འདྲ་ཡིན་པར་སྨྲོས་ཤིག།

然而，又言：縱使如此，彼實有之自性又生為其它，因此滅止無過。則曰：**倘若**雖然轉為**別態**，然而仍**為彼一**，則**彼一為**往**昔**過去世間之中**所無之一**，是故，由明覺自性之我所做的別境之差別，如同水晶之青一般，並非真實，故說：**倘若別態非真實，則當說彼**原本自**己**之**自性**是如何。

ཤེས་ཉིད་ཅེ་ན་དེ་ལྟ་ན།། 若言是識則如是，
སྐྱེས་ཀུན་གཅིག་ཏུ་ཐལ་བར་འགྱུར། ། 眾生為一相應成，
སེམས་པ་སེམས་མེད་དེ་དག་ཀུན། ། 彼等心者無心者，
གཅིག་འགྱུར་གང་ཕྱིར་ཡོད་ཉིད་མཚུངས།། 成一乃因同有故。

དུས་སྔ་མ་དང་ཕྱི་མ་ཐམས་ཅད་ལ་རྗེས་སུ་ཞུགས་པའི་ཤེས་པ་ཉིད་ཅེ་ན་དེ་ལྟར་ན། །སྐྱེས་བུ་ཀུན་གཅིག་ཏུ་ཐལ་བར་འགྱུར་ཏེ་ཤེས་པ་ཉིད་ཐུན་མོང་བའི་ཆོས་ཡིན་པས་སོ། །གཞན་ཡང་ཐ་དད་པའི་རྒྱུ་མཚན་གྱི་ཁྱད་པར་སྤངས་ཏེ་རྣམ་པ་ཅུང་ཟད་ལ་བརྟེན་ནས་གཅིག་ཏུ་བརྗོད་ན་སེམས་དང་ལྡན་པ་དང་སེམས་མེད་པ་དེ་དག་ཀུན། གཅིག་ཏུ་འགྱུར་ཏེ་གང་གི་ཕྱིར་ཡོད་པ་ཉིད་དུ་མཚུངས་པའི་ཕྱིར་རོ།།

若言是趣入一切過去與未來之識，則如是眾生為一相應成，乃因識為共法故。復又斷除分別理由的差別，而由少許方面說為一，則彼等有心者無心者亦成為一，乃因同為有之故。

གང་ཚེ་཭ྱེ་བྲག་ཕྱིན་ཅི་ལོག། 何時各別皆顛倒，
དེ་ཚེ་འདྲ་བའི་རྟེན་གང་ཡིན།། 彼時同所依為何。

ཅི་སྟེ་འདི་ལ་ཡང་དངོས་པོ་ཐ་དད་ཀྱང་འདྲ་བའི་རྒྱུ་མཚན་གྱིས་གཅིག་པ་ཉིད་དེ། དེ་ལྟ་བས་ན་གང་འདོད་པའི་དངོས་པོ་བསྒྲུབས་པས་ཉེས་པ་མེད་དོ་ཞེ་ན། གང་གི་ཚེ་ཁྱེ་བྲག་ཐགས་ཅད་ཕྱིན་ཅི་ལོག་ཡིན་ལ། དེའི་ཚེ་གང་ལ་བརྟེན་ནས་འདྲ་བ་རྣམ་པར་བཞག་པར་བྱེད་པའི་འདྲ་བའི་རྟེན་གང་ཞིག་ཡིན།

若言：此中實有雖有分別，然而以同理由說為一，以此成立所主張之實有並無過失。則曰：何時一切各別皆是顛倒，彼時依於何者能安立為同的同所依為何。

༢.༢.༣.༣.༡.༢.༢.༡.༢.༢.བདག་བེམ་པོར་འདོད་པ་དགག་པ།
2.2.3.3.1.2.2.1.2.2.遮遣我為色法之主張

སེམས་མེད་པ་ཡང་བདག་མིན་ཏེ། །　　無心者亦並非我，
སེམས་མེད་ཉིད་ཕྱིར་བུམ་སོགས་བཞིན། །　　無心之故如瓶等。

ད་ནི་རིག་པ་ཅན་ལ་སོགས་པས་བརྟགས་པའི་སེམས་མེད་པའི་རང་བཞིན་གྱི་བདག་དགག་པའི་ཕྱིར་བཤད་པ། སེམས་མེད་པ་ཡང་བདག་མིན་ཏེ། སེམས་མེད་པ་ཉིད་ཀྱི་ཕྱིར་དཔེར་ན་བུམ་པ་དང་ཤིང་ལ་སོགས་པ་བཞིན་ནོ། །

此刻為遮止尼業耶派（正理派）等諸外道所尋思出的無心自性之我，故說：**無心者亦並非我，無心之故**，譬**如瓶**子、樹木**等**等。

འོན་ཏེ་སེམས་དང་ལྡན་པའི་ཕྱིར། །　　然而具有心之故，
ཤེས་ན་མི་ཤེས་འཇིག་པར་ཐལ། །　　識則無識相應破，
ཅི་སྟེ་བདག་ལ་འགྱུར་མེད་ན། །　　倘若自我無變動，
སེམས་པས་དེ་ལ་ཅི་ཞིག་བྱས། །　　則心曾於彼做何。
དེ་ལྟར་ཤེས་མེད་བྱ་བྲལ་བ། །　　如是無識無做為，
ནམ་མཁའ་བདག་ཏུ་བྱས་པར་འགྱུར། །　　則以虛空作為我。

འོན་ཏེ་འདི་ལ་བློའི་སེམས་ཀྱི་སེམས་དང་ལྡན་པའི་ཕྱིར། ཤེས་པར་འགྱུར་ན་བརྒྱལ་བ་ལ་སོགས་པས་མི་ཤེས་པའི་ཚེ་ན་བློ་དང་འབྲེལ་བ་དེ་འཇིག་པར་ཐལ་བར་འགྱུར་རོ། །འདི་ལ་སེམས་དང་འབྲེལ་བ་དང་མ་འབྲེལ་བ་གཉིས་ག་རང་བཞིན་གཅིག་ཉིད་ཡིན་པས་ཉེས་པ་མེད་དོ་ཞེ་ན། ཅི་སྟེ་བདག་ལ་རྣམ་པ་ཐམས་ཅད་དུ་འགྱུར་བ་མེད་ན། སེམས་པས་དེ་ལ་ཁྱད་པར་གསར་པ་ཅི་ཞིག་བསྐྱབས་པར་བྱས། དེ་ལྟར་ཤེས་པ་མེད་པ་དང་བྱ་བ་དང་བྲལ་བ་ཉིད་ཀྱི་ཕྱིར། ནམ་མཁའ་བདག་ཏུ་བྱས་པར་འགྱུར་རོ། །

然而此中**具有**知心之**心之故**能認識，**則**昏厥等**無識**之時，將令彼與心的（隸屬）關係**相應破**[(2)]。又言：此中與心有關係或無關

2　「無知的我有心」。賢噶堪布破有心：我有一個額外於我的心，平常我與心相連，所以心能知，我昏厥時為何心也無知了？是沒有心了嗎？破心與我的隸屬關係。滾貝堪布破無知的我：雖然我自己無心的體性，但是有一個類似心的某事物加持我，使我能知。則我

係，二種情況自性皆同，故無過。則曰：**倘若自我**一切方方面面**皆無變動，則心曾於彼做何**新鮮特別之事。**如是無**認識以及**無所做**為之故，**則將以虛空作為我**。

༢.༢.༣.༣.༡.༢.༢.༡.༢.༣.བདག་མེད་པའི་དོན་རྩོད་པ་སྤོང་བ།

.2.3.3.1.2.2.1.2.3.斷除無我義的爭議

༢.༢.༣.༣.༡.༢.༢.༡.༢.༣.༡.བདག་མེད་ན་ལས་འབྲས་མི་འཐད་པའི་རྩོད་པ་སྤོང་བ།

2.2.3.3.1.2.2.1.2.3.1.斷除無我則因果不合理之爭議

གལ་ཏེ་བདག་ནི་ཡོད་མིན་ན།། 倘若並非是有我，
ལས་འབྲས་འབྲེལ་བ་རིགས་མིན་ཏེ།། 因果關係不合理，
ལས་བྱས་ནས་ནི་ཞིག་པས་ན།། 造業後即壞滅故，
སུ་ཡི་ལས་སུ་འགྱུར་ཞེ་ན།། 則問成為誰之業。

ཡང་རྣམ་པ་གཞན་གྱིས་བདག་སྒྲུབ་པར་འདོད་ནས་གལ་ཏེ་བདག་འཇིག་རྟེན་ཕ་རོལ་ཏུ་འགྲོ་བ་དེ་ནི་ཡོད་པ་མིན་ན། ལས་བྱས་པ་འབྲས་བུ་དང་འབྲེལ་བ་རིགས་པ་མིན་ཏེ། དགེ་བ་དང་མི་དགེ་བའི་མཚན་ཉིད་ཀྱི་ལས་བྱས་ནས་ནི་བྱེད་པ་པོ་དེ་ཉིད་ཞིག་སྟེ་འགགས་པར་གྱུར་པས་ན། སུ་ཡི་ལས་སུ་འགྱུར་བ་ཡིན་ཞེ་ན།

又有他眾欲成立我而說：**倘若並非是有**前往來世之**我**，造下**因**與受**果**報的**關係不合理**，乃因造了善惡等性相之**業後**，造業者**即壞滅之故**，**則問**此業是**成為誰之業**。

བྱ་བ་འབྲས་གཞི་ཐ་དད་དང་།། 所做與果基相異，
དེར་བདག་བྱེད་པ་མེད་པར་ཡང་།། 以及彼時我無用，
ཕྱི་རུ་གཉིས་ག་ལ་གྲུབ་པས།། 亦是我等二方許，
འདིར་བརྩད་དོན་མེད་མ་ཡིན་ནམ།། 此處爭辯豈無義。

དེ་ལ་བཤད་པར་བྱ་སྟེ་ བྱ་བ་བསྒྲུབ་པའི་གཞི་དང་འབྲས་བུ་ལ་སྤྱོད་པའི་གཞི་ཐ་དད་པ་དང་།

是色法無識、無認知的主張豈不就被破了？破我為無識。

ལས་བྱེད་པ་དང་འབྲས་བུ་སྤྱོད་པའི་དུས་དེར་སེམས་མེད་པའི་ཕྱིར་དང་རྟག་པའི་ཕྱིར་བདག་དེ་ལ་བྱེད་པ་མེད་པ་ཡང་། བདག་ཏུ་སྨྲ་བ་བདག་མེད་པར་སྨྲ་བ་ཕྱོགས་གཉི་ག་ལ་གྲུབ་པས། འདིར་བརྩད་པ་ལ་དོན་མེད་པ་མ་ཡིན་ནམ།

於彼當做說明：成辦所做之基（所依）與受用果之基相異，以及彼造業與受業之時，因為無心與常之故，我無作用，亦是我等說為我與說無我二方所共許，此處爭辯豈無義。

རྒྱུ་ལྡན་འབྲས་བུ་དང་བཅས་ཞེས། །　　具因之時謂有果，
མཐོང་བ་འདི་ནི་སྲིད་མ་ཡིན། །　　不可能有此見聞，
རྒྱུད་གཅིག་ལ་ནི་བརྟེན་ནས་སུ། །　　由於依止一相續，
བྱེད་པོ་སྤྱོད་པོ་ཞེས་བྱར་བསྟན། །　　說為作者與受者。

རྒྱུ་ལས་བྱེད་པ་དང་ལྡན་པ་ན་འབྲས་བུ་དང་བཅས་པ་ཡིན་ཞེས། བྱ་བ་མཐོང་བ་འདི་ནི་སྲིད་པ་མ་ཡིན་ལ། སྐད་ཅིག་མ་དུ་མར་འདུས་པའི་རྒྱུད་གཅིག་ལ་ནི་བརྟེན་ནས་སུ། ལས་བྱེད་པ་པོ་དང་འབྲས་བུ་ལ་སྤྱོད་པ་པོ་ཞེས་བྱ་བར་གདུལ་བྱའི་བསམ་པའི་དབང་གིས་བཅོམ་ལྡན་འདས་ཀྱིས་བསྟན་ཏོ། །

具有造業因之時謂具有果，不可能有此見聞之事，由於依止數個剎那聚集的一相續，薄迦梵隨教化徒眾所想，而說為作業者與受果者。

གལ་ཏེ་ཇི་ལྟར་ཡང་བདག་མེད་ན་འོ་ན། བདག་ཉིད་བདག་གི་མགོན་ཡིན་གྱི། །གཞན་ནི་སུ་ཞིག་མགོན་དུ་འགྱུར། །བདག་ཉིད་ལེགས་པར་དུལ་བ་ཡིས། །མཁས་པས་མཐོ་རིས་འཐོབ་པར་འགྱུར། །ཞེས་ཚོགས་སུ་བཅད་པ་ཇི་ལྟར་གསུངས་ཞེ་ན། སེམས་ཉིད་བདག་ཏུ་འཛིན་པའི་རྟེན་ཡིན་པའི་ཕྱིར་འདི་ལ་བདག་གི་སྒྲར་གསུངས་པ་ཡིན་ནོ། །མདོ་སྡེ་གཞན་དུ། སེམས་དུལ་བ་ནི་ལེགས་པ་སྟེ། །སེམས་དུལ་བ་ནི་བདེ་བ་འཐོབ། །ཅེས་སེམས་འདུལ་བར་གསུངས་པའི་ཕྱིར་རོ། །དེ་ཡང་བདག་ཏུ་ལྟ་བུའི་མངོན་ཞེན་གྱི་ཕྱིན་ཅི་ལོག་ཏུ་འཛིན་པ་སྤོང་བའི་ཕྱིར་དྲངས་པའི་དོན་

གྱིས་ཀུན་རྫོབ་ཏུ་སེམས་ལ་བདག་ཅེས་བསྟན་པ་ཡིན་ཏེ། འཕགས་པ་ལང་ཀར་གཤེགས་པ་ལས་གསུངས་པ། གང་ཟག་རྒྱུད་དང་ཕུང་པོ་དང་། །རྐྱེན་དང་རྡུལ་དང་དེ་བཞིན་དུ། །གཙོ་བོ་དབང་ཕྱུག་བྱེད་པོ་དག །སེམས་ཙམ་ཉིད་དུ་ང་སྨྲའོ། །[3]ཞེས་བསྟན་པ་ཡིན་ནོ།།

若無論如何都無我，那麼為何《法句經》如此說：“唯有我為我依怙，他人誰能為依怙，以善調伏我之故，智者將得善趣生”（可對應天息災譯本《法集要誦經・己身品》第二十二：自己心為師，不隨他為師．．．己以被降伏，智者演其義）。則曰：因為執心為我之故，此中用我一詞。又他經有言：“調伏己心是為善，調伏心則得安樂”（天息災譯本《法集要誦經・護心品》第三十一：降心則為善，以降便輕安）此乃為了調伏心而說（為我）之故。又為了斷除貪戀為我的顛倒執著之故，於不了義將心說為我，《入楞伽經・總品》說：“補特迦羅續及蘊，諸緣微塵又如是，眾主自在造物者，唯心義中說為我”。

འདས་དང་མ་འོངས་པ་ཡི་སེམས། །　　過去心與未來心，
བདག་མིན་དེ་ནི་མེད་པའི་ཕྱིར། །　　非我彼不存在故，
འོན་ཏེ་སྐྱེས་སེམས་བདག་ཡིན་ན། །　　然而生心若是我，
དེ་ཞིག་ན་ཡང་བདག་མེད་དོ།།　　彼壞滅時亦無我。

དེའི་ཕྱིར་དངོས་པོ་ལ་སེམས་ཀྱང་ང་འོ་སྙམ་ནས་ཞེན་པའི་ཡུལ་མ་ཡིན་ནོ་ཞེས་བསྟན་པའི་ཕྱིར་བཤད་པ། འདས་པ་དང་མ་འོངས་པ་ཡི་སེམས། བདག་མིན་ཏེ་དེ་ནི་ཞིག་པ་དང་མ་སྐྱེས་པས་མེད་པའི་ཕྱིར་རོ། །འོན་ཏེ་ད་ལྟར་སྐྱེས་པའི་སེམས་བདག་ཡིན་ན། དེ་འགགས་ཏེ་ཞིག

---

3 གང་ཟག་རྒྱུ་དང་ཕུང་པོའི་རྣམས། །དེ་བཞིན་རྐྱེན་དང་རྡུལ་ཕྲན་དང་། །གཙོ་བོ་དབང་ཕྱུག་བྱེད་པོ་རྣམས། །སེམས་ཙམ་ལ་ནི་རྣམ་པར་རྟོག །[བཀའ་འགྱུར། མདོ་སྡེ། ཙ ༤༩ འཕགས་པ་ལང་ཀར་གཤེགས་པའི་ཐེག་པ་ཆེན་པོའི་མདོ། དེབ།49-ཤོག།402]
《入楞伽經・總品》說：“人體及五陰，諸緣及微塵，勝人自在作，惟是心分別”（菩提留支譯）。

པར་གྱུར་པ་ན་ཡང་བདག་མེད་དོ།།

因此，「為了實有而認為心亦即我」，在此為了說明（心）非所知境（非我），故說：過去心與未來心非我，因為彼已滅、未生，不存在之故，然而現在所生之心若是我，彼停止、壞滅時亦無我。

དཔེར་ན་ཆུ་ཤིང་སྡོང་པོ་དག། 譬如芭蕉樹幹等，
ཆ་ཤས་ཕྱེ་ན་འགའ་འང་མེད་པ།། 分剝成片不存一，
དེ་བཞིན་རྣམ་པར་དཔྱད་པ་ཡིས།། 如是依靠細伺察，
བཙལ་ན་བདག་ཀྱང་ཡང་དག་མིན།། 覓則知我非正等。

དཔེར་ན་ཆུ་ཤིང་གི་སྡོང་པོ་དག །ཆ་ཤས་སུ་ཕྱེ་སྟེ་རྣམ་པར་གཞིག་པ་ན་ཆ་ཤས་ཅན་གྱི་དངོས་པོ་འགའ་ཡང་མེད་པ། དེ་བཞིན་དུ་རྣམ་པར་དཔྱད་པ་ཡིས། བཙལ་ན་བདག་ཀྱང་ཡང་དག་པ་མིན་ཏེ་འདི་ལ་ཁྱད་པར་ཅུང་ཟད་ཡོད་པ་མ་ཡིན་ནོ།།

譬如芭蕉樹的樹幹等等，若全部分剝成片，不存一片實物，如是依靠細伺察，做尋覓則知我非正等。此無絲毫區別。

༢.༢.༣.༣.༡.༢.༢.༡.༢.༣.༢ བདག་མེད་ན་སྙིང་རྗེ་མི་འཐད་པའི་རྩོད་པ་སྤོང་བ།

2.2.3.3.1.2.2.1.2.3.2.斷除無我則悲心不合理之爭議

གལ་ཏེ་སེམས་ཅན་ཡོད་མིན་ན།། 倘若有情並非有，
སུ་ལ་སྙིང་རྗེ་བྱ་ཞེ་ན།། 問當為誰修悲心，
འབྲས་བུའི་དོན་དུ་ཁས་བླངས་པའི།། 為得果而做承諾，
རྨོངས་པས་བརྟགས་པ་གང་ཡིན་པའོ།། 癡所尋思境即是。

ཡང་རྣམ་པ་གཞན་གྱིས་བདག་སྒྲུབ་པར་འདོད་ནས་སྨྲས་པ། གལ་ཏེ་སེམས་ཅན་དང་གང་ཟག་དང་བདག་ཅེས་བྱ་བ་རྣམ་པ་ཐམས་ཅད་དུ་ཡོད་པ་མིན་ན། བྱང་ཆུབ་སེམས་དཔའ་རྣམས་ཀྱིས་སུ་ལ་སྙིང་རྗེ་བསྒོམ་པར་བྱ་ཞེ་ན། འབྲས་བུ་སངས་རྒྱས་ཐོབ་པའི་དོན་དུ་འགྲོ་བ

སྒྲོལ་བར་ཁས་བླངས་པ་འི། རྨོངས་པ་མ་རིག་པས་བརྟགས་པ་གང་ཡིན་པ་དེ་ལའོ།།
又有他眾欲成立我而說：倘若一切所謂的有情、人、我皆並非有，則問：菩薩應當為誰而觀修悲心，為證得佛果義而做承諾之愚癡無明所尋思境為何即是彼。

༢་༢་༣་༣་༡་༢་༢་༡་༢་༣་༣་བཏགས་པའི་བདག་མི་འགོག་པར་བསྟན་པ།
2.2.3.3.1.2.2.1.2.3.3.宣說不刨除假名之我

སེམས་ཅན་མེད་འབྲས་སུ་ཡི་ཡིན།། 若無有情果屬誰,
བདེན་ཏེ་འོན་ཀྱང་རྨོངས་ལས་འདོད།། 雖真然而從癡說,
སྡུག་བསྔལ་ཉེ་བར་ཞི་དོན་དུ།། 為令痛苦息止故,
འབྲས་བུའི་རྨོངས་པ་བཟློག་མི་བྱ།། 果癡不應當遮遣。

ཅི་སྟེ་དོན་དམ་པར་སེམས་ཅན་མེད་ན་གཟུགས་ལ་སོགས་པ་རྣམས་སྐྱེས་ནས་ཞིག་པའི་ཕྱིར་འབྲས་བུ་དེ་སུ་ཡི་ཡིན་ཞེ་ན། བདེན་ཏེ་འོན་ཀྱང་རྨོངས་པས་རྣམ་པར་བརྟགས་པ་ལས་ཡོད་པར་འདོད་དོ། །གལ་ཏེ་རྨོངས་པ་ཞེས་པ་ནི་མ་རིག་པ་ཡིན་ན་དེ་ཇི་ལྟར་ཁས་ལེན་པར་བྱེད་སྙམ་པ་ལ་བཤད་པ། རྨོངས་པ་ནི་རྣམ་པ་གཉིས་ཏེ། འཁོར་བ་ལ་འཇུག་པའི་རྒྱུ་དང་། དེ་ཉེ་བར་ཞི་བའི་རྒྱུའོ། །དེ་ལས་སྔ་མ་སྤོང་ཡང་སེམས་ཅན་ཐམས་ཅད་ཀྱི་སྡུག་བསྔལ་ཉེ་བར་ཞི་བའི་དོན་དུ། ཕྱི་མ་འབྲས་བུའི་རྨོངས་པ་དེ་ནི་བཟློག་པར་མི་བྱ་སྟེ་དོན་དམ་པ་རྟོགས་པ་ལ་ཉེ་བར་མཁོ་བའི་ཕྱིར་རོ།།
問：倘若勝義上無有情，色等生而又滅之故，彼果屬於誰。答：雖然所言為真，然而從愚癡所起尋思而主張說果存在。問：若所謂愚癡，是指無明，則如何能承許彼。答：愚癡有二類，進入輪迴之因，與究竟息止彼之因。其中雖斷前者，然為為令一切有情之痛苦息止之故，後者果癡不應當遮遣，在了悟勝義上必備之故。

སྡུག་བསྔལ་རྒྱུ་ཡི་ང་རྒྱལ་ནི།། 三種痛苦因我慢,

བདག་ཏུ་རྨོངས་པས་འཕེལ་བར་འགྱུར།།　　將因我癡更增長，
དེ་ལས་ཀྱང་བཟློག་མེད་ཅེ་ན།།　　若言較彼尤難遣，
བདག་མེད་བསྒོམ་པ་མཆོག་ཡིན་ནོ། །　　則觀無我乃最上。

འོ་ན་བདག་ཏུ་རྨོངས་པ་ཡང་བཟློག་པར་མི་བྱ་སྟེ་དེའི་དངོས་པོ་འདོད་པའི་དོན་བསྒྲུབ་པའི་ཕྱིར་རོ་སྙམ་པ་ལས་བཤད་པ། **སྡུག་བསྔལ་**གསུམ་གྱི་**རྒྱུ་ཡི་**ངའོ་སྙམ་པའི་**ང་རྒྱལ་ནི། བདག་ཏུ་རྨོངས་པ་**རབ་ཏུ་འཇུག་**པས་འཕེལ་བར་འགྱུར་**རོ། །བདག་ལ་ཆགས་པའི་ངར་འཛིན་པ་**དེ་ལས་ཀྱང་བཟློག་**ཏུ་**མེད་ཅེ་ན། བདག་མེད་**པ་**བསྒོམ་པ་**ནི་དེ་བཟློག་པའི་**མཆོག་ཡིན་ནོ།།**
若言：那麼，我癡[4]亦不應當遮遣，因為能成辦所欲彼實有之故。則曰：**三種痛苦之因**認為是我的**我慢**，**將因我癡**的加入而**更**加**增長**，**若言較彼**我愛之我執更**尤**為**難遣**，**則觀無我乃**是遮遣彼之**最上**法。

༢་༢་༣་༣་༡་༢་༢་༢་ཆོས་ཀྱི་བདག་མེད་སྒོམ་ཚུལ།
2.2.3.3.1.2.2.2.觀修法無我之理

༢་༢་༣་༣་༡་༢་༢་༢་༡་ལུས་དྲན་པ་ཉེར་བར་བཞག་པ་སྒོམ་ཚུལ།
2.2.3.3.1.2.2.2.1.觀修身念住之理

༢་༢་༣་༣་༡་༢་༢་༢་༡་༡་ལུས་སྤྱིར་བརྟགས་པ།
2.2.3.3.1.2.2.2.1.1.總辨察身

ལུས་ནི་རྐང་པ་བྱིན་པ་མིན།།　　身亦非足非小腿，
བརླ་དང་རྐེད་པ་འང་ལུས་མ་ཡིན། །　　大腿與腰亦非身，
ལྟོ་དང་རྒྱབ་ཀྱང་ལུས་མིན་ཏེ།།　　腹與背部亦非身，
བྲང་དང་དཔུང་པ་འང་ལུས་མ་ཡིན། །　　胸與上臂亦非身，
རྩིབ་ལོགས་ལག་པ་འང་ལུས་མིན་ཏེ། །　　側肋與手亦非身，

4　我癡：四種根本煩惱之一，末那識的四種煩惱ཉོན་མོངས་པ་ཅན་གྱི་ཡིད་ཀྱི་འཁོར་བཞི།（煩惱意四眷）：我慢，倨傲；我見，我執；我愛：貪著我；我癡：昧於我相、不知無我。

མཆན་ཁུང་དཔྲག་པ་འདང་ལུས་མ་ཡིན། ། 腋窩肩膀亦非身，
ནང་ཁྲོལ་རྣམས་ཀྱང་དེ་མིན་ལ། ། 內臟等等亦非彼，
མགོ་དང་མགྲིན་པ་འདང་ལུས་མིན་ན། ། 頭頸非身若如是，
འདི་ལ་ལུས་ནི་གང་ཞིག་ཡིན།། 於此之中身為何。

གལ་ཏེ་འདི་ལྟར་ཡན་ལག་ཅན་གྱི་ལུས་བདག་ཏུ་འཛིན་པའི་ཡུལ་ཡིན་ནོ་སྙམ་པ་ལ་བཤད་པ། རྐང་པ་ལ་སོགས་པ་འགའ་ཞིག་བཅད་ན་ལུས་ཞིག་པར་འགྱུར་བའི་ཕྱིར་དང་། གཞན་གྱིས་ཁས་བླངས་པ་མེད་པའི་ཕྱིར་ལུས་ནི་རྐང་པ་དང་བྱིན་པ་མིན་ལ། བརླ་དང་རྐེད་པ་འདང་ལུས་མ་ཡིན་ཅིང་། ལྟོ་བ་དང་རྒྱབ་ཀྱང་ལུས་མིན་ཏེ། བྲང་དང་དཔུང་པ་འདང་ལུས་མ་ཡིན་ལ། རྩིབ་ལོགས་དང་ལག་པ་འདང་ལུས་མིན་ཏེ། མཆན་ཁུང་དང་དཔྲག་པ་འདང་ལུས་མ་ཡིན། ནང་ཁྲོལ་རྣམས་ཀྱང་ལུས་དེ་མིན་ལ། མགོ་དང་མགྲིན་པ་འདང་ལུས་མིན་ན། །འདི་ལ་ལུས་ནི་གང་ཞིག་ཡིན།།

「如此，具有支分的身為我執之境」，若如此認為，則說：若斷足等某部位，則身將壞滅，他人亦不承許之故，因此，身亦非足非小腿，大腿與腰亦非身，腹與背部亦非身，胸與上臂亦非身，側肋與手亦非身，腋窩肩膀亦非身，內臟等等亦非彼，頭頸非身若如是，於此之中身為何。

གལ་ཏེ་ལུས་འདི་ཐམས་ཅད་ལ། ། 倘若此身以局部，
ཕྱོགས་རེ་ཡིས་ནི་གནས་གྱུར་ན། ། 住於一切支分中，
ཆ་རྣམས་ཆ་ལ་གནས་གྱུར་མོད། ། 則雖部分住部分，
དེ་རང་ཉིད་ནི་གང་ལ་གནས།། 而彼自己住何處。

དེ་ལྟ་མོད་ཀྱི་ཡན་ལག་ཐམས་ཅད་ལ་ཁྱབ་པའི་ཡན་ལག་ཅན་གྱི་ལུས་ཡོད་པ་ཡིན་ནོ་སྙམ་པ་ལ་བཤད་པ། ཡན་ལག་རྣམས་ལ་དེ་ཕྱོགས་གཅིག་པའང་ཐམས་ཅད་ལ་ཡོད་གྲང་གལ་ཏེ་ལུས་འདི་ཡན་ལག་ཐམས་ཅད་ལ་ཆ་འགའ་ཞིག་གི་ཆས་འགའ་ལ་ཁྱབ་སྟེ་ཕྱོགས་རེ་ཡིས་ནི་

གནས་པར་གྱུར་ན། ལུས་ཀྱི་ཆ་རྣམས་ཡན་ལག་གི་ཆ་ལ་གནས་པར་འགྱུར་མོད། ཡན་ལག་ཅན་གྱི་ལུས་དེ་རང་ཉིད་ནི་གང་ན་གནས་པ་ཡིན།

雖然如此，卻仍然認為「遍及一切支分、這樣具有支分的身存在」，則說：所謂的「雖然對於諸支分，彼是部份，但是對於一切則是存在」**倘若此身以局部**（以某部分遍及某處），**住於一切支分中，則雖身**體的**部分住**於支分的**部分，而彼**具有支分的**身自己住何處。**

གལ་ཏེ་བདག་ཉིད་ཀུན་གྱི་ལུས། །　　倘若自己一切身，
ལག་སོགས་རྣམས་ལ་གནས་ན་ནི། །　　住於手等各處中，
ལག་སོགས་དེ་དག་ཇི་སྙེད་པ།།　　則手彼等盡其數，
དེ་སྙེད་ཀྱི་ནི་ལུས་སུ་འགྱུར།།　　等同彼數成為身。

འོན་ཏེ་རྣམ་པར་རྟོག་པ་གཉིས་པ་ཡིན་ན་གལ་ཏེ་ཕྱོགས་གཅིག་མ་ཡིན་པ་བདག་ཉིད་ཀུན་གྱི་ལུས། ལག་པ་ལ་སོགས་པ་རྣམས་ལ་གནས་པར་གྱུར་ན་ནི། ལག་པ་ལ་སོགས་པ་དེ་དག་ཇི་སྙེད་ཡོད་པ། དེ་སྙེད་ཀྱི་ནི་གྲངས་ཉིད་ཀྱི་ལུས་སུ་འགྱུར་རོ།།

而第二念是：**倘若**並非一部份、**自己一切身，住於手等各處**之**中，則手彼等盡其數，等同彼**等之**數成為身**。

ཕྱི་དང་ནང་ན་ལུས་མེད་ན།།　　倘若外內皆無身，
ཇི་ལྟར་ལག་སོགས་ལ་ལུས་ཡོད། །　　如何手等中有身，
ལག་སོགས་རྣམས་ལས་གཞན་མེད་ན། །　　若除手等無其他，
དེ་ནི་ཇི་ལྟར་ཡོད་པ་ཡིན།།　　則彼如何能存在。

དེ་ལྟར་རྣམ་པར་དཔྱད་པ་ན་ཕྱི་དང་ནང་དུ་ལུས་གྲུབ་པ་མེད་ན། ཇི་ལྟར་ཏེ་རྣམ་པ་གང་གིས་ལག་པ་སོགས་ལ་ལུས་དེ་ཡོད་པར་འགྱུར། ལག་པ་ལ་སོགས་པ་རྣམས་ལས་གཞན་མེད་ན། ལུས་ཞེས་བྱ་བ་དེ་ནི་ཇི་ལྟར་ཡོད་པ་ཡིན།

如此分析時，**倘若外內皆無身**可立，**如何**以某方式令**手等**之**中**

有彼身，若除手等無其它，則彼所謂的身如何能存在。

དེས་ན་ལུས་མེད་ལག་སོགས་ལ།། 因此無身於等等，
རྨོངས་པ་ཡིས་ནི་ལུས་བློར་འགྱུར།། 因癡而起身之想，
དབྱིབས་སུ་བཀོད་པའི་ཁྱད་པར་གྱིས།། 如因塑形突出點，
ཐོ་ཡོར་ལ་ནི་མི་བློ་བཞིན།། 於土石堆起人想。

དེས་ན་ལུས་མེད་ཀྱང་ལག་པ་ལ་སོགས་པ་རྣམས་ལ། རྨོངས་པ་མ་རིག་པ་ཡི་དབང་གིས་ནི་ལུས་ཀྱི་བློར་འགྱུར་རོ། །དཔེར་ན་ལག་པ་དང་རྐང་པ་ལ་སོགས་པའི་དབྱིབས་སུ་བཀོད་པའི་ཁྱད་པར་གྱིས། ཐོ་ཡོར་ལ་ནི་མི་ཡི་བློ་འབྱུང་བ་བཞིན་དུ་སྐབས་སུ་བབ་པ་ལ་ཡང་ཡིན་ནོ་ཞེས་པའི་དོན་ནོ།།

因此雖然無身，然而對於手等等，因無明愚癡而起身之想，譬如因手腳等塑形的突出點，於土石堆起人想。意旨此刻亦相同。

ཇི་སྲིད་རྐྱེན་ཚོགས་དེ་སྲིད་དུ།། 緣聚之時於彼時，
ལུས་ནི་སྐྱེས་བུ་ལྟར་སྣང་བ།། 身展現為人一般，
དེ་བཞིན་ཇི་སྲིད་ལག་སོགས་ལ།། 如是手等有彼時，
དེ་ཡོད་དེ་སྲིད་དེ་ལུས་སྣང་།། 彼時彼展現為身。

ཇི་སྲིད་དུ་ས་ལ་སོགས་པའི་ཁམས་དྲུག་དང་། རེག་པ་ལ་སོགས་པའི་རྟེན་སྐྱེ་མཆེད་དྲུག་དང་ཡིད་ཀྱི་ཉེ་བར་རྒྱུ་བ་བཅོ་བརྒྱད་ཀྱི་བདག་ཉིད་ལས་ལ་རག་ལས་པའི་རྐྱེན་ཚོགས་པ་དེ་སྲིད་དུ། ལུས་ནི་དོན་དམ་པར་སྟོང་ཡང་ཡོངས་སུ་བརྟགས་པའི་རང་བཞིན་གྱི་སྐྱེས་བུ་སྟེ་གང་ཟག་ལྟར་སྣང་བ་དང་ཐ་སྙད་ཀྱང་བྱེད་དོ། །དེ་བཞིན་དུ་ཇི་སྲིད་ལག་པ་ལ་སོགས་པ་ལ། རྐྱེན་ཚོགས་པ་དེ་ཡོད་པ་དེ་སྲིད་དུ་དེར་རྟོག་པའི་དབང་གིས་ལུས་སུ་སྣང་ཡང་དོན་དམ་པ་ནི་མ་ཡིན་ནོ།།

地等六大，觸等六入，以及十八意近行（受）之主，是由業決定之緣聚之時於彼時，身雖然於勝義是空，然而展現、名為全然

尋思之自性的人（補特迦羅）一般，**如是手等等有彼**緣聚者之時，**彼時彼**雖然以分別念**展現為身**，然而勝義上非如此。

༢.༢.༣.༣.༡.༢.༢.༢.༡.༢.ཡན་ལག་ཕྱེ་བྲག་ཏུ་བརྟགས་པ།
2.2.3.3.1.2.2.2.1.2.別辨察支分

དེ་བཞིན་སོར་མོའི་ཚོགས་ཡིན་ཕྱིར།།	如是手指所聚合，
ལག་པ་འདང་གང་ཞིག་ཡིན་པར་འགྱུར།།	故手亦將是何物，
དེ་ཡང་ཚིགས་ཀྱི་ཚོགས་ཡིན་ཕྱིར།།	彼亦指節所聚合，
ཚིགས་ཀྱང་རང་གི་ཆ་ཕྱེ་བས།།	節亦分成己部分，
ཆ་ཡང་རྡུལ་དུ་ཕྱེ་བས་ནི།།	部分亦分成為塵，
རྡུལ་དེ་འདང་ཕྱོགས་ཆའི་དབྱེ་བ་ཡིས།།	彼塵又以方分分，
ཕྱོགས་དབྱེ་འདང་ཆ་ཤས་དང་བྲལ་ཕྱིར།།	方分又離部分故，
མཁའ་བཞིན་དེས་ན་རྡུལ་ཡང་མེད།།	猶如虛空故無塵。

གལ་ཏེ་ལུས་མེད་ན་ཡང་ལག་པ་དང་རྐང་པ་རྣམས་མངོན་སུམ་གྱིས་མཐོང་བའི་ཕྱིར་དགག་པར་མི་ནུས་སོ་སྙམ་པ་ལ་བཤད་པ། ཇི་ལྟར་རྣམ་པར་དཔྱད་པ་ན་ལུས་མེད་པ་**དེ་བཞིན་**དུ་**སོར་མོའི་ཚོགས་ཡིན་**པའི་**ཕྱིར། ལག་པ་འདང་གང་ཞིག་ཡིན་པར་འགྱུར་**ཏེ་མེད་དོ། །**སོར་**མོ་**དེ་ཡང་ཚིགས་ཀྱི་ཚོགས་ཡིན་**པའི་**ཕྱིར་**ཡོད་པ་མ་ཡིན་ཞིང་། **ཚིགས་ཀྱང་རང་གི་ཆ་**ཤས་སུ་**ཕྱེ་བས་**མེད་ལ། **ཆ་ཡང་རྡུལ་དུ་ཕྱེ་བས་**བསལ་ཏེ། **རྡུལ་དེ་འདང་**ཤར་ནུབ་ལྷོ་བྱང་སྟེང་འོག་གི་**ཕྱོགས་ཆའི་དབྱེ་བ་ཡིས་**དྲུག་ཏུ་འགྱུར་ཏེ། ཇི་སྐད་དུ། དྲུག་གིས་གཅིག་ཆར་སྦྱར་བས་ན། །ཕྲ་རབ་རྡུལ་ཆ་དྲུག་ཏུ་འགྱུར། །དྲུག་པོ་དག་ནི་གོ་གཅིག་ན། །གོང་བུའང་རྡུལ་ཕྲན་ཙམ་དུ་འགྱུར། །ཞེས་གསུངས་སོ། །**ཕྱོགས་དབྱེ་འདང་**ཐར་བཞིན་དཔྱད་པས་**ཆ་ཤས་དང་བྲལ་**བའི་**ཕྱིར་**ནམ་**མཁའ་བཞིན་**དུ་**དེས་ན་རྡུལ་**ཕྲ་རབ་ཀྱི་དངོས་པོ་**ཡང་མེད་**དོ།།

若以為：“雖然無身，然而手腳等可見之故，不能遮遣”。則曰：猶如辨察之時，無身體一般，**如是**手為**手指所聚合，故手亦將**

是何物，無手也。彼手指亦指節所聚合，亦非有；節亦分成自己的各個部分，故非有；部分亦分成為塵，故消失；彼塵又以上下東南西北方分做劃分而成六，世親菩薩所造之《二十頌》（ཉི་ཤུ་པའི་ཚིག་ལེའུར་བྱས་པ）說：“以六合為一之時，極微成為六塵分，若彼六種同一位，粒子亦成微塵爾”。方分又如前一般辨察，而離部分故，猶如虛空，故無極微塵之實有。

༢.༢.༣.༣.༡.༢.༢.༢.༡.༣.དེས་ན་ལུས་ལ་ཆགས་པ་སྤོང་དགོས་པར་བསྟན་པ།

2.2.3.3.1.2.2.2.1.3.宣說故須捨棄貪戀身

དེ་ལྟར་རྨི་ལམ་ལྟ་བུ་ཡི།། 如是具慧者誰能，
གཟུགས་ལ་དཔྱོད་ལྡན་སུ་ཞིག་ཆགས།། 貪戀如夢般之色，
གང་ཚེ་དེ་ལྟར་ལུས་མེད་པ།། 何時如是無身軀，
དེ་ཚེ་སྐྱེས་གང་བུད་མེད་གང་།། 彼時男女是為何。

དེ་ལྟར་དཔྱད་པས་རྨི་ལམ་ལྟ་བུ་ཡི། གཟུགས་ལ་རྣམ་པར་དཔྱོད་པ་དང་ལྡན་པ་སུ་ཞིག་ཆགས་སུ་ཞིག་ཞེ་སྡང་བར་འགྱུར་ཞིང་སུ་ཞིག་རྨོངས་པར་འགྱུར་ཞེས་ཀྱང་རིག་པར་བྱའོ། །གང་གི་ཚེ་དེ་ལྟར་རང་བཞིན་མེད་པ་དེའི་ཚེ་ལུས་མེད་པའི་ཕྱིར། དེ་ཡི་ཚེ་སྐྱེས་པ་གང་ཞིག་ཡིན་ཅིང་བུད་མེད་ཀྱང་གང་ཞིག་ཡིན།

因如是辨察，具有辨察慧者誰能貪戀如夢一般之色，誰能嗔怒、誰能愚癡..依此類推。何時（無自性之時）如是無身軀之故，彼時男人是為何，女人又是為何。

༢.༢.༣.༣.༡.༢.༢.༢.༢.ཚོར་བ་དྲན་པ་ཉེར་བར་བཞག་པ་སྒོམ་ཚུལ།

2.2.3.3.1.2.2.2.2.觀修受念住之理

༢་༢་༣་༣་༡་༢་༢་༢་༢་༡་ངོ་བོ་ལ་བརྟགས་པ།
2.2.3.3.1.2.2.2.2.1.辨察本質

སྡུག་བསྔལ་དེ་ཉིད་དུ་ཡོད་ན། །	痛苦若在真如中，
ཅི་སྟེ་རབ་དགའ་ལ་མི་གནོད། །	何故不害極歡喜，
བདེ་ན་མྱ་ངན་གདུང་སོགས་ལ། །	若樂則於苦悶時，
ཞིམ་སོགས་ཅི་སྟེ་དགའ་མི་བྱེད། །	美食何故不能喜。

དེ་ལྟར་ལུས་དྲན་པ་ཉེ་བར་བཞག་པ་བསྟན་ནས། ཚོར་བ་དྲན་པ་ཉེ་བར་བཞག་པ་བསྟན་པའི་ཕྱིར། དེ་ལ་གཟུགས་བཞིན་དུ་ཚོར་བ་ཡང་དོན་དམ་པར་ཡོད་པ་མ་ཡིན་ནོ། །ཇི་ལྟར་ཞེ་ན། **སྡུག་བསྔལ་དེ་**ཁོ་ན་**ཉིད་དུ་ཡོད་ན།** **ཅི་སྟེ་རབ་**ཏུ་**དགའ་**བ་དང་ལྡན་པ་རྣམས་**ལ་མི་གནོད་**དེ་སྡུག་བསྔལ་བར་མི་འགྱུར། **བདེ་**བ་ཡང་དོན་དམ་པར་ཡོད་**ན་མྱ་ངན་**དང་འཇིགས་པས་**གདུང་**བ་**སོགས་ལ།** རོ་མཆོག་གི་བཟའ་བཏུང་**ཞིམ་**པོ་དང་མེ་ཏོག་དང་ཙནྡན་**སོགས་**ལ་**ཅི་སྟེ་**
དགའ་བར་**མི་བྱེད་**དེ་བདེ་བའི་རྒྱུ་ཡིན་པའི་ཕྱིར་རོ། །

如是宣說身念住已，為了宣說受念住，而言如色一般之受，於勝義上亦非有。何故？**痛苦若在真如**之**中**，**何故不**傷**害**具有**極**度**歡喜**之人，彼不轉為痛苦者；**若樂**存在於真如之中，**則於苦**難而煩**悶**之**時**，**美**味之飲**食**、鮮花、旃檀等等**何故不能**令**歡喜**，因彼為樂因之故。

སྟོབས་དང་ལྡན་པས་ཟིལ་མནན་ཕྱིར། །	具有力勢制伏故，
གལ་ཏེ་དེ་མྱོང་མ་ཡིན་ན། །	倘若彼非一經驗，
གང་ཞིག་ཉམས་མྱོང་བདག་ཉིད་མིན། །	凡非經驗自性者，
དེ་ནི་ཚོར་བ་ཇི་ལྟར་ཡིན། །	彼將如何是為受。

དེ་ལ་གཞན་གྱིས་རབ་ཏུ་དགའ་བའི་གནས་སྐབས་ན་སྡུག་བསྔལ་རྣམ་པ་ཐམས་ཅད་དུ་མེད་པ་

ནི་མ་ཡིན་ཏེ། བདེ་བ་སྟོབས་དང་ལྡན་པས་ཟིལ་གྱིས་མནན་པའི་ཕྱིར། གལ་ཏེ་སྡུག་བསྔལ་དེ་མྱོང་བ་མ་ཡིན་ནོ་ཞེ་ན། འདི་ནི་རིག་པ་མ་ཡིན་ཏེ་མྱོང་བ་ཉིད་ནི་ཚོར་བའི་རང་བཞིན་ཡིན་ན་གང་ཞིག་ཉམས་སུ་མྱོང་བའི་བདག་ཉིད་མིན་པ། དེ་ཡི་ཚེ་དེ་ཚོར་བ་ཇི་ལྟར་ཡིན།

又他人極為歡喜之時，痛苦並非完全不存在，**具有安樂之力勢制伏故**，**倘若言彼痛苦非一經驗**，此則不合理，若經驗為受之自性，**則凡非經驗自性者，彼時將如何是為受**。

སྡུག་བསྔལ་ཕྲ་མོ་ཉིད་དུ་ཡོད།།　　苦以細微狀存在，
འདི་ཡི་རགས་པ་བསལ་མིན་ནམ། །　　是否消除此粗分，
དེ་ནི་དེ་ལས་གཞན་དགའ་ཙམ། །　　彼乃由彼他微喜，
ཞེ་ན་ཕྲ་ཉིད་དེ་ཡང་དེའི།།　　說此彼微亦屬彼。

འོན་ཏེ་རྣམ་པ་ཐམས་ཅད་དུ་མ་མྱོང་བ་ནི་མ་ཡིན་ཏེ་ཉམས་སུ་མྱོང་ན་ཡང་ཕྲ་བས་ཉམས་སུ་མ་མྱོང་བ་དང་འདྲ་བ་ཡིན་ནོ་ཞེས་བསྟན་པའི་ཕྱིར་སྡུག་བསྔལ་དེ་ནི་ཆ་ཕྲ་མོ་ཉིད་དུ་ཡོད་དོ་ཞེ་ན། རབ་ཏུ་དགའ་བའི་གནས་སྐབས་ན་སྡུག་བསྔལ་འདི་ཡི་རགས་པ་བསལ་བ་མིན་ནམ། དེ་ནི་ཕྱུལ་དུ་བྱུང་བའི་བདེ་བ་དེ་ལས་གཞན་དགའ་བའི་ཆ་ཙམ་དུ་འགྱུར། སྡུག་བསྔལ་ཕྲ་བ་ཞིག་ཡིན་ནོ་ཞེ་ན་དགའ་བ་ཕྲ་མོ་ཉིད་དེ་ཡང་དགའ་བ་ནི་བདེ་བའི་རིགས་ཡིན་པས་སྡུག་བསྔལ་དེའི།

然而並非完全沒經驗到，若去感受，則又因為太細微而與似沒經驗到一般。為表達此意而說，若言：彼**苦以細微狀存在**，則反問：極度歡喜之時，**是否消除此**痛苦之**粗分**？若言：**彼乃由彼**殊勝之樂轉為**他微喜**分，則曰：**說此**是細微之苦，**彼微喜亦**是喜，是喜一類，故痛苦**屬彼**。

གལ་ཏེ་འགལ་རྐྱེན་སྐྱེས་པས་ན། །　　倘若因為生違緣，
སྡུག་བསྔལ་སྐྱེས་པ་མིན་ན་ནི།།　　彼時痛苦不生起，

ཚོར་བར་རྟོག་པ་འདོད་ཞེན་ཉིད། །　　妄想為受是貪戀，
ཡིན་ཞེས་བྱ་བར་གྲུབ་མིན་ནམ། །　　此說豈不能成立。

གལ་ཏེ་འགལ་རྐྱེན་དུ་སྐྱེས་པས་ན། དེའི་ཚེ་སྡུག་བསྔལ་སྐྱེས་པ་མིན་ན་ནི། ཚོར་བར་རྟོག་པས་འདོད་པར་ཞེན་པ་ཉིད། ཡིན་ཅེས་བྱ་བར་གྲུབ་པ་མིན་ནམ་ཅི། དེ་སྐད་དུ་ཡང་། སྦྲུལ་ལ་རྨ་བྱ་དགའ་བ་སྐྱེ་བར་འགྱུར། །དུག་ལ་གོམས་པ་རྣམས་ལ་དགའ་ཉིད་རྩེན། །རྔ་མོའི་ཁ་ན་ཚེར་མ་ཚྭ་བཞིན་དུ། །དགའ་བའི་རྒྱུ་ཡི་ཁྱད་པར་སྐྱེད་པར་བྱེད། །ཅེས་གསུངས་སོ།།

倘若因為生違緣，彼時痛苦不生起，妄想為受是貪戀，此說豈不能成立。又所謂：“孔雀喜於蛇，喜於習毒眾，如駝口能喜，刺鹽特殊物” 。

དེ་ཉིད་ཕྱིར་ན་འདི་ཡི་ནི།།　　由於此理當觀修，
གཉེན་པོ་རྣམ་དཔྱོད་འདི་བསྒོམ་སྟེ། །　　對治此之伺察法，
རྣམ་བརྟགས་ཞིང་ལས་བྱུང་བ་ཡི། །　　辨察田所生禪定，
བསམ་གཏན་རྣལ་འབྱོར་པ་ཡི་ཟས། །　　乃為瑜伽士之食。

ཚོར་བ་མངོན་པར་ཞེན་པའི་རང་བཞིན་ཡིན་པས་རྣམ་པར་དཔྱོད་པ་ཉིད་ཀྱིས་ཟློག་པར་ནུས་སོ་ཞེས་བསྟན་པའི་ཕྱིར་བཤད་པ། དེ་ཉིད་ཀྱི་ཕྱིར་ན་བདེ་བ་ལ་སོགས་པ་ཏུ་མངོན་པར་ཞེན་པ་འདི་ཡི་ནི། གཉེན་པོ་རྣམ་པ་དཔྱོད་པ་འདི་བསྒོམ་པར་བྱ་སྟེ། རྣམ་པར་བརྟགས་པའི་ཞིང་ས་བཟང་པོ་ལས་བྱུང་བ་ཡི། བསམ་གཏན་དེ་ནི་རྣལ་འབྱོར་པ་ཡི་ཡོན་ཏན་གྱི་ལུས་ཟུངས་སྐྱེད་པའི་ཟས་སོ། །དེ་སྐད་དུ་ཡང་། སོ་སོ་སྐྱེ་བོ་རྣམས་ནི་རྟོག་པས་བཅིངས། །མི་རྟོག་རྣལ་འབྱོར་རྣམས་ནི་གྲོལ་བར་འགྱུར། །རྟོག་རྣམས་ལོག་པར་གྱུར་པ་གང་ཡིན་པ། །རྣམ་པར་དཔྱད་པའི་འབྲས་བུར་མཁས་རྣམས་གསུངས། །ཞེས་སོ།།

由於受為貪戀之自性，能以伺察遮遣。為宣說此理故說：**由於此理當觀修對治此**貪戀樂等**之伺察法**，普遍**辨察**的良**田**中**所生**的**禪定**，**乃為瑜伽士**啟動功德身力**之食**。又《入中論》說：“異生皆被分別縛，能滅分別即解脫，智者說滅諸分別，即是觀察所得果”。

༢.༢.༣.༣.༡.༢.༢.༢.༢.༢.ཚོར་བའི་རྒྱུ་ལ་བརྟགས་པ།

2.2.3.3.1.2.2.2.2.2.辨察受之因

གལ་ཏེ་དབང་དོན་བར་བཅས་ན། ། 倘若根塵有間隔，
དེ་དག་གང་དུ་ཕྲད་པར་འགྱུར། ། 彼等何處能相會，
བར་མེད་ན་ཡང་གཅིག་ཉིད་དེ། ། 若無間隔則成一，
གང་ཞིག་གང་དང་ཕྲད་པར་འགྱུར། ། 何者與何能相會。

ད་ནི་རྒྱུ་མེད་པ་ཉིད་ཀྱི་ཚོར་བ་ཡོད་པ་མ་ཡིན་ནོ་ཞེས་བསྟན་པའི་ཕྱིར་བཤད་པ། ཡུལ་དང་དབང་པོ་དང་རྣམ་པར་ཤེས་པ་རྣམས་འདུས་ཤིང་ཕྲད་པ་ལས་རེག་པ་དང་། རེག་པ་དེ་ལས་ཚོར་བ་སྐྱེ་བ་ཡིན་ན་དེ་དག་བར་དང་བཅས་པའམ་བར་མེད་པ་གཅིག་ཡིན་གྲང་གལ་ཏེ་དབང་པོ་དང་དོན་དག་བར་དང་བཅས་པ་ཡིན་ན། དེ་དག་འདུས་ཤིང་ཚོགས་ཏེ་གང་དུ་འཕྲད་པར་འགྱུར། བར་མེད་པར་འདོད་ན་ཡང་གཅིག་པོ་ན་ཉིད་དེ་ལ། གཉིས་མེད་པའི་ཕྱིར་གང་ཞིག་གང་དང་འཕྲད་པར་འགྱུར་ཏེ་བདག་ཉིད་བདག་དང་འཕྲད་པ་ནི་རིགས་པ་མ་ཡིན་ནོ་སྙམ་དུ་དགོངས་པའོ།།

此時為宣說“無因之受不存在”，故說：若是由境、根、識相聚相會而生觸，由彼觸生受，則彼等是有間隔還是無間隔？倘若根與塵有間隔，彼等在何處能相會聚集，若主張無間隔，則又成為一，無二之故，是何者與何者能相會。意旨自己會遇自己不合理。

རྡུལ་ཕྲན་རྡུལ་ཕྲན་ལ་འཇུག་མེད། ། 微塵不入他微塵，
དེ་ནི་སྐབས་མེད་མཉམ་པ་ཡིན། ། 彼無機便相等同，
མ་ཞུགས་པ་ལ་འདྲེ་མེད་ཅིང་། ། 未加入者無相混，
མ་འདྲེས་པ་ལ་ཕྲད་པ་མེད།། 未相混則無相會。

གལ་ཏེ་འདི་ལྟར་རྡུལ་ཕྲ་རབ་རྣམས་འདུས་ཤིང་ཕྲད་པ་ལས་འདུ་བར་འགྱུར་སྙམ་པ་ལ་བཤད་པར་བྱ་སྟེ། གང་གི་ཕྱིར་རྡུལ་ཕྲན་རྣམས་རྡུལ་ཕྲན་གཞན་ལ་འཇུག་པ་མེད་དེ། རྡུལ་ཕྲ་རབ་དེ་ཉི་གོ་སྐབས་ཀྱི་ནམ་མཁའ་མེད་པ་དང་བོངས་ཚད་མཉམ་པ་ཡིན་པའི་ཕྱིར་རོ། །གལ་ཏེ་འཇུག་པ་མེད་ཀྱང་ཕྲད་པ་ཙམ་འབའ་ཞིག་ནི་ཡོད་པ་ཡིན་ནོ་ཞེ་ན། མ་ཞུགས་པ་ལ་པན་ཚུན་འདྲེས་པ་མེད་ཕྱིར། མ་འདྲེས་པ་ལ་ཚོགས་ཤིང་ཕྲད་པ་མེད་དེ།

若以為是由各個極微塵聚集交會而組合，則說：何故各個微塵不入他微塵？乃因彼極微塵無機便之虛空，以及體量相等同之故。若說：縱使沒有進入，僅是相會也是有的。則曰：**未加入者彼此無相混，未相混則無相會聚**。

ཆ་མེད་པ་ལ་འདད་ཕྲད་པ་ཞེས།།　　**謂無部分亦相會，**
བྱ་བ་ཇི་ལྟར་འཐད་པར་འགྱུར།།　　**此事如何能合理，**
ཕྲད་པ་དང་ནི་ཆ་མེད་པར།།　　**相會且又無部分，**
གལ་ཏེ་མཐོང་ན་བསྟན་པར་གྱིས།།　　**若有見聞當明示。**

ཆ་མེད་པ་ཡང་རྣམ་པ་ཐམས་ཅད་དུ་ཕྲད་པར་རིགས་པ་མ་ཡིན་ནོ་ཞེས་བསྟན་པའི་ཕྱིར། ཆ་མེད་པ་ལ་འདད་ཕྲད་པ་ཞེས། །བྱ་བ་ཇི་ལྟར་འཐད་པར་འགྱུར་ཏེ་ཆ་མེད་པ་ནི་ཆ་ཤས་ཀྱིས་སྟོང་པ་ཡིན་ལ། ཕྲད་པ་ནི་དངོས་པོའི་ཚོགས་པ་ཡིན་ནོ། །ཕྲད་པ་དང་ནི་ཆ་མེད་པར། །གལ་ཏེ་མཐོང་ན་དེའི་དཔེ་དང་གཏན་ཚིགས་རྣམས་ཀྱང་བསྟན་པར་གྱིས་ཤིག །

為了宣說“雖然無部分，卻完全可以相會”不合理，故說：**謂無部分亦相會，此事如何能合理**，無部分者，是部分空者，相會者，是有相聚者。**相會且又無部分，若有見聞當**以舉例及理由**明示**。

རྣམ་ཤེས་ལུས་མེད་པ་ལ་ནི།།　　**而於無身之根識，**
ཕྲད་པ་འཐད་པ་མ་ཡིན་ཉིད།།　　**相會亦是不合理，**

ཚོགས་པ་འདང་དངོས་པོ་མེད་ཕྱིར་ཏེ། ། 聚集亦無實有故，
སྔར་ཉི་ཇི་ལྟར་རྣམ་དཔྱད་བཞིན། ། 猶如先前伺察般。

རྣམ་པར་ཤེས་པ་ལ་ལུས་མེད་པའི་ཕྱིར་དེ་ལ་ཡང་ཉི། འཕྲད་པ་འཐད་པ་མ་ཡིན་པ་ཉིད་དོ། །ད་ནི་ཚོགས་པ་ཉིད་ཀྱང་དངོས་པོ་ལ་ཡོད་པ་མ་ཡིན་ནོ་ཞེས་བསྟན་པའི་ཚོགས་པ་འདང་རྟའི་རྭ་བཞིན་དུ་དངོས་པོ་མེད་པའི་ཕྱིར་ཏེ། དེ་བཞིན་སོར་མོའི་ཚོགས་ཡིན་ཕྱིར་སོགས་ཀྱིས་སྔར་ཉི་ཇི་ལྟར་རྣམ་པར་དཔྱད་པ་བཞིན་ནོ། །

由於識無身之故，而對於彼無身之根識，相會亦是不合理。此處又說明聚集亦非實有：聚集亦如馬角一般無實有故，猶如先前手是手指的聚集一般地做伺察般。

དེ་ལྟར་རེག་པ་ཡོད་མིན་ན། ། 如是既然觸非有，
ཚོར་བ་གང་ལས་འབྱུང་བར་འགྱུར། ། 則受將能由何起，
ངལ་འདི་ཅི་ཡི་དོན་དུ་ཡིན། ། 如此劬勞是為何，
གང་གིས་གང་ལ་གནོད་པར་འགྱུར། ། 何會對何有傷害。

དེ་ལྟར་རྣམ་པར་དཔྱད་པས་རེག་པ་ཡོད་པ་མིན་ན། བདེ་བ་ལ་སོགས་པའི་ཚོར་བ་རྒྱུ་གང་ཞིག་ལས་འབྱུང་བར་འགྱུར། བདེ་བ་ཐོབ་པ་དང་སྡུག་བསྔལ་སྤང་བའི་ཆེད་དུ་ངལ་བ་བྱེད་པ་འདི་ཅི་ཡི་དོན་དུ་ཡིན། ཚོར་བ་གང་གིས་གང་ཟག་གང་ལ་གནོད་པར་འགྱུར་ཏེ་མི་འགྱུར་རོ། །

因如是伺察，既然觸非有，則樂等受將能由何因起，如此為了得樂斷苦而劬勞是為何，何受會對何人有傷害？不會也。

༢་༢་༣་༣་༡་༢་༢་༢་༢་༣་ཚོར་བའི་འབྲས་བུ་ལ་བརྟགས་པ།
2.2.3.3.1.2.2.2.2.3.辨察受之果

གང་ཚེ་ཚོར་པོ་འགའ་མེད་ཅིང་། ། 何時不存一受者，
ཚོར་བ་འདང་ཡོད་པ་མ་ཡིན་པ། ། 感受亦並非存在，

དེ་ཚེ་གནས་སྐབས་འདི་མཐོང་ནས། །　　　彼時觀見此刻已，
སྲིད་པ་ཅི་ཕྱིར་ལྡོག་མི་འགྱུར།།　　　何故不能遮遣愛。

ད་ནི་ཚོར་བ་མེད་པའི་ཕྱིར་དེའི་རྐྱེན་ལས་བྱུང་བའི་སྲིད་པ་ཡང་རྒྱུ་དང་བྲལ་བའི་ཕྱིར་དོན་དམ་པར་སྐྱེ་བར་རིགས་པ་མ་ཡིན་ནོ་ཞེས་བསྟན་པའི་ཕྱིར་བཤད་པ། གང་གི་ཚེ་ཚོར་བ་སྤྱོང་བ་པོ་འགའ་འང་མེད་ཅིང་། དེ་མ་ཐག་ཏུ་དཔྱད་ཟིན་པའི་ཕྱིར་ཚོར་བ་འང་ཡོད་པ་མ་ཡིན་པ། དེའི་ཚེ་སྐྱེ་བ་མེད་པའི་གནས་སྐབས་འདི་མཐོང་ནས། ལྟོས་པ་མེད་པར་སྲིད་པ་ཅི་ཡི་ཕྱིར་ན་ལྡོག་པར་མི་འགྱུར།

此處宣說“無受，故由彼緣而起的愛亦離因，故於勝義上生起不合理”：何時不存一受者，當下因伺察之故，感受亦並非存在，彼時觀見此無生之時刻已，何故不能遮遣無所依恃的愛。

༢.༢.༣.༣.༡.༢.༢.༢.༢.༤.ཚོར་བ་པོ་ལ་བརྟགས་པ།

2.2.3.3.1.2.2.2.2.4.辨察受者

མཐོང་བ་འམ་ནི་རེག་པ་ཡང་། །　　　無論是見或是觸，
རྨི་ལམ་སྒྱུ་འདྲའི་བདག་ཉིད་ཀྱིས། །　　　因彼夢幻之自性，
སེམས་དང་ལྷན་ཅིག་སྐྱེས་པའི་ཕྱིར། །　　　與心一同生起故，
ཚོར་བ་དེ་ཡིས་མཐོང་མ་ཡིན།།　　　感受是彼所不見。

གལ་ཏེ་རིག་པར་བྱ་བའི་དངོས་པོ་ཉིད་མེད་ན་ཇི་ལྟར་མཐོང་བ་ལ་སོགས་པའི་ཐ་སྙད་ཡོད་པར་འགྱུར་སྙམ་ན། གང་མིག་གི་དབང་པོས་མཐོང་བ་འམ་ནི་ལུས་ཀྱིས་རེག་པ་ལས་སྐྱེས་པའི་ཤེས་པ་ཡང་། རྨི་ལམ་དང་སྒྱུ་མ་འདྲ་བའི་བདག་ཉིད་ཀྱིས་ཡིན་གྱི་དོན་དམ་པར་ཡོད་པ་མ་ཡིན་ནོ། །གལ་ཏེ་དེ་ལྟར་ན་སེམས་ཀྱིས་མཐོང་བའི་ཚོར་བ་ཡོད་དོ་སྙམ་པ་ལ་སེམས་དང་ཚོར་བ་ལྷན་ཅིག་ཏུ་སྐྱེས་པའི་ཕྱིར་ཕན་ཚུན་འབྲེལ་བ་མེད་པས། ཚོར་བ་དེ་སེམས་དེ་ཡིས་མཐོང་བ་མ་ཡིན་ནོ།།

若說：倘若無可知之實有，則如何有見等名言。則曰：無論是由眼根所見或是由身所觸而生之識，因彼夢幻之自性，勝義上不存在。若說：如此，因為心而說有可見之受。則曰：受與心一同生起故，彼此無關係，因此感受是彼心所不見。

སྔར་དང་ཕྱི་མར་སྐྱེས་པས་ཀྱང་། །	亦因所生前與後,
དྲན་པར་འགྱུར་གྱི་མྱོང་མ་ཡིན། །	僅成憶念非經驗,
རང་གིས་བདག་ཉིད་མྱོང་མིན་ལ། །	因己自性非經驗,
གཞན་དག་གིས་ཀྱང་མྱོང་མ་ཡིན། །	亦因他故非經驗。

འོན་ཀྱང་ཤེས་པ་ཡུལ་གྱི་རྣམ་པ་ཅན་གྱིས་དེ་སྐྱེ་བར་འགྱུར་བ་དུས་ཕྱི་མ་ལ་འཛིན་པར་བརྗོད་དོ་ཞེ་ན། ཚོར་བ་སྔར་སྐྱེས་པ་དང་སེམས་ཕྱི་མར་སྐྱེས་པས་ཀྱང་དེའི་དུས་ན་ཚོར་བ་འགགས་ཟིན་པའི་ཕྱིར། དྲན་པར་འགྱུར་བ་ཡིན་གྱི་མྱོང་བ་མ་ཡིན་ནོ། །རང་རིག་པ་ཉིད་མེད་པའི་ཕྱིར་ན་ཚོར་བ་དེ་རང་གིས་བདག་ཉིད་མྱོང་བ་མིན་ལ། ཤེས་པ་གཞན་དག་གིས་ཀྱང་མྱོང་བ་མ་ཡིན་ཏེ་སྔར་བཀག་པའི་ཕྱིར་རོ།།

若言：然而，有境之心於彼生起之時，能執取後者（彼）。則曰：亦因所生前受與後心，彼時受已滅止故，僅成憶念非經驗。因無自證分之故，彼受自己自性非經驗，亦因他識故非經驗，前者已滅止故。

ཚོར་པོ་འགའ་ཡང་ཡོད་མིན་ཏེ། །	受者少許亦不存,
དེས་ན་ཚོར་བ་དེ་ཉིད་མིན།།	是故感受非真如,
དེ་ལྟར་བདག་མེད་ཚོགས་འདི་ལ། །	如是於此無我聚,
འདི་ཡིས་ཅི་སྟེ་གནོད་པར་བྱ།།	何故因此將受害。

ཚོར་བ་ཅུང་ཟད་མ་མྱོང་བས་ཚོར་བ་པོ་འགའ་ཡང་ཡོད་པ་མིན་ཏེ། དེས་ན་རང་གི་མཚན་ཉིད་ཀྱིས་ཀྱང་སྟོང་པས་ཚོར་བ་དེ་ཁོ་ན་ཉིད་དུ་ཡོད་པ་མིན་ནོ། །དེ་ལྟར་བདག་མེད་པ་རྟེན་ཅིང་འབྲེལ་བར་འབྱུང་བའི་ཚོགས་པ་འདི་ལ། ཚོར་བ་འདི་ཡིས་ཅི་སྟེ་གནོད་པར་བྱས་ཏེ་མ

བྱས་སོ།།

些許受皆不曾經驗故，受者少許亦不存，是故已性相空故感受非存在於真如。如是對於此無我緣起之聚集，何故因此受將受害，不會受害。

༢་༢་༣་༣་༡་༢་༢་༢་༣་སེམས་དྲན་པ་ཉེར་བར་བཞག་པ་སྒོམ་ཚུལ། 2.2.3.3.1.2.2.2.3.觀修心念住之理

༢་༢་༣་༣་༡་༢་༢་༢་༣་༡་སེམས་རང་བཞིན་མེད་པར་བརྟགས་པ། 2.2.3.3.1.2.2.2.3.1.辨察心為無自性

ཡིད་ནི་དབང་རྣམས་ལ་མི་གནས།། 意不住於諸根中，
གཟུགས་སོགས་ལ་མིན་བར་ནའང་མིན།། 既非色等亦非間，
ནང་ཡང་སེམས་མིན་ཕྱི་མིན་ཞིང་།། 亦非於內非於外，
གཞན་དུ་ཡང་ནི་རྙེད་མ་ཡིན།། 又於他處不可得。

ད་ནི་སེམས་དྲན་པ་ཉེ་བར་བཞག་པ་བསྟན་པའི་ཕྱིར་བཤད་པ། ཡིད་ནི་མིག་ལ་སོགས་པའི་དབང་པོ་རྣམས་ལ་མི་གནས་ཤིང་། ལུས་ལས་ཐ་དད་པའི་གཟུགས་ལ་སོགས་པའི་ཡུལ་རྣམས་ལ་གནས་པ་མིན་པ་དབང་པོ་དང་ཡུལ་གྱི་བར་ནའང་གནས་པ་མིན་ནོ། །ལུས་ཀྱི་ནང་ནའང་སེམས་གནས་པ་མིན་ལ་ཕྱིའི་ཡན་ལག་རྣམས་ལ་ཡང་གནས་པ་མིན་ཞིང་། དེ་དག་ལས་གཞན་གང་དུ་ཡང་ནི་རྙེད་པ་མ་ཡིན་ནོ།།

此時為宣說心念住故說：意不住於眼等諸根之中，既非住於異於身之色等外境，亦非住於根境二者之間，亦非住於身內，也非住於外在支分，又於此外任何他處皆不可得。

གང་ཞིག་ལུས་མིན་གཞན་དུ་མིན།། 任何非身亦非他，
འདྲེས་མིན་ལོགས་སུའང་འགར་མེད་པ།། 非混亦無另外者，
དེ་ནི་ཅུང་ཟད་མིན་དེའི་ཕྱིར།། 則彼絲毫非有故，
སེམས་ཅན་རང་བཞིན་མྱ་ངན་འདས།། 有情自性即涅槃。

སེམས་གང་ཞིག་ཕྱི་དང་ནང་གི་ལུས་མིན་ཅིང་དེ་ལས་གཞན་དུ་ཡང་ཡོད་པ་མིན་ལ། ལུས་དང་གཅིག་ཏུ་འདྲེས་ཏེ་གནས་པའང་མིན་ཅིང་ལོགས་སུ་འབར་རང་དབང་ཅན་འགར་མེད་པས་ན། དེ་ནི་ཕྲ་རབ་ཙམ་ཡང་ཡོད་པ་མིན་པ་དེའི་ཕྱིར། སེམས་ཅན་རྣམས་རང་བཞིན་མེད་པའི་མཚན་ཉིད་རང་བཞིན་གྱིས་མྱ་ངན་ལས་འདས་པ་ཡིན་ནོ།།

任何（心）非內外身，且亦非存在於其它處，非與身混合為一地存在，亦無另外自主者，則彼絲毫非有故，諸有情無自性之自性，即自性涅槃。

༢.༢.༣.༣.༡.༢.༢.༢.༣.༢.སེམས་སྐྱེ་བ་མེད་པར་བརྟགས་པ།

2.2.3.3.1.2.2.2.3.2.辨察心為無生

ཤེས་བྱ་ལས་སྔར་ཤེས་ཡོད་ན།། 若於所識先有識，
དེ་ནི་ཅི་ལ་དམིགས་ནས་སྐྱེ།། 則彼緣取何而生，
ཤེས་དང་ཤེས་བྱ་ལྷན་ཅིག་ན།། 所識能識若俱生，
དེ་ནི་ཅི་ལ་དམིགས་ནས་སྐྱེ།། 則彼緣取何而生，
འོན་ཏེ་ཤེས་བྱའི་ཕྱིས་ཡོད་ན།། 若是所識之後有，
དེ་ཚེ་ཤེས་པ་གང་ལས་སྐྱེ།། 彼時之識從何生。

དེ་ལྟར་ཡིད་རྣམ་པར་དཔྱད་ནས་མིག་ལ་སོགས་པའི་རྣམ་པར་ཤེས་པ་རྣམས་དཔྱད་པའི་ཆེད་དུ་ཤེས་བྱ་སྐྱེས་པ་ལས་སྔར་ཤེས་པ་ཡོད་ན། ཤེས་པ་དེ་ནི་ཡུལ་མེད་པས་ཅི་ལ་དམིགས་ནས་སྐྱེ། ཤེས་པ་དང་ཤེས་བྱ་ལྷན་ཅིག་ཏུ་སྔ་ཕྱི་མེད་པར་དུས་གཅིག་ཅར་སྐྱེ་ན། ཤེས་པ་དེ་ནི་ཡུལ་དང་འབྲེལ་བ་མེད་པས་ཅི་ལ་དམིགས་ནས་སྐྱེ། འོན་ཏེ་ཤེས་བྱའི་ཕྱིས་སུ་ཤེས་པ་ཡོད་ན། དེ་ཚེ་ཤེས་བྱ་འགགས་ཟིན་པས་ཤེས་པ་གང་ལས་སྐྱེ་སྟེ། དེ་ལྟ་བས་ན་ཡུལ་ལ་སོགས་པའི་ཚོགས་པ་ལས་ཀྱང་ཤེས་པ་དོན་དམ་པར་མི་འགྲུབ་བོ།།

如是伺察意之後，為伺察眼識等等之故，若於所識生起先有識，則彼識無對境，是緣取何而生，所識能識若無前後分別地俱

生，則彼識與對境無關連故，是緣取何而生，然而若是所識滅止之後而有識，因為所識已然滅止，彼時之識是從何而生。因此，由對境等聚集而有識，於勝義上不成立。

༢་༢་༣་༣་༡་༢་༢་༢་༤་ཆོས་དྲན་པ་ཉེར་བར་བཞག་པ་སྒོམ་ཚུལ།

2.2.3.3.1.2.2.2.4.觀修法念住之理

༢་༢་༣་༣་༡་༢་༢་༢་༤་༡་ཆོས་དྲན་པ་ཉེར་བར་བཞག་པ་དངོས།

2.2.3.3.1.2.2.2.4.1.法念住正文

དེ་ལྟར་ཆོས་རྣམས་ཐམས་ཅད་ཀྱི། ། 如是一切法之生，
སྐྱེ་བ་རྟོགས་པར་འགྱུར་མ་ཡིན། ། 非是能為知解事。

ད་ནི་ཆོས་དྲན་པ་ཉེ་བར་བཞག་པ་བསྟན་པའི་ཕྱིར། དེ་ལྟར་རང་གི་རྒྱུ་ལས་སྔར་རམ་དུས་མཚུངས་པའམ་ཕྱི་ནས་སྐྱེ་བ་མེད་པས་འདུ་ཤེས་དང་། འདུ་བྱེད་ཀྱིས་མཚོན་པའི་ཆོས་རྣམས་ཐམས་ཅད་ཀྱི་ངོ་བོ། སྐྱེ་ཞིང་འབྱུང་བ་རྟོག་པར་འགྱུར་བ་མ་ཡིན་ནོ།།

此時為宣說法念住故說：如是不存在先於己因，同時、後於己因而生，故想、行等所代表的一切法之本質，生起非是能為知解事。

༢་༢་༣་༣་༡་༢་༢་༢་༤་༢་དེ་ལ་རྩོད་པ་སྤོང་བ།

2.2.3.3.1.2.2.2.4.2.斷除彼爭議

༢་༢་༣་༣་༡་༢་༢་༢་༤་༢་༡་བདེན་གཉིས་མི་འཐད་པའི་རྩོད་པ་སྤོང་བ།

2.2.3.3.1.2.2.2.4.2.1.斷除二諦不合理之爭議

གལ་ཏེ་དེ་ལྟར་ཀུན་རྫོབ་མེད།། 若是如此無世俗，
དེ་ལ་བདེན་གཉིས་ག་ལ་ཡོད།། 則彼何來二種諦，
དེ་ཡང་ཀུན་རྫོབ་གཞན་གྱིས་ན། ། 又彼世俗若依他，
སེམས་ཅན་མྱ་ངན་ག་ལ་འདའ། ། 有情涅槃何處來。

གལ་ཏེ་དེ་ལྟར་ཆོས་ཐམས་ཅད་མ་སྐྱེས་ཤིང་མ་འགགས་པར་བསྟན་ན་ཀུན་རྫོབ་ཀྱི་བདེན་པ་མེད་པས། དེ་ལ་བདེན་པ་གཉིས་ག་ལ་ཡོད་དེ་དོན་དམ་པ་གཅིག་པ་ཉིད་ཡིན་ནོ། །དེ་ཡང་ཀུན་རྫོབ་ནི་རྣམ་པར་རྟོག་པ་གཞན་གྱིས་སྨིག་རྒྱུ་ལ་ཆུར་རྟོག་པ་ལྟར་རྣམ་པར་བཞག་ན། དོན་དམ་པ་རང་བཞིན་གྱིས་སྟོང་ཡང་བློས་ཡུལ་དུ་བྱས་པས་ཀུན་རྫོབ་ཏུ་འགྲོ་བའི་ཕྱིར། ཆོས་ཐམས་ཅད་རང་བཞིན་མེད་པའི་མཚན་ཉིད་དོན་དམ་པའི་བདེན་པ་མི་དམིགས་པའི་སྒྲོར་བས་རྟོགས་ཀྱང་སེམས་ཅན་རྣམས་མྱ་ངན་ལས་ག་ལ་འདའ་སྟེ་དེ་ཡང་བློའི་ཡུལ་དུ་བྱས་པའི་ཕྱིར་རོ་ཞེ་ན།

若問：若是如此宣說一切法不曾生滅，則無世俗諦，因此，則彼何來二種諦，只有一勝義諦爾。又彼安立世俗諦若是依他分別念，如以為陽焰是水；又以勝義諦自性空為知解境，故成為世俗，則一切法無自性之性相，雖然用勝義諦無所緣取去了悟，然而有情涅槃何處來，彼也是作為知解境之故。

འདི་ནི་གཞན་སེམས་རྣམ་རྟོག་སྟེ། །
དེ་ནི་རང་གི་ཀུན་རྫོབ་མིན།།
ཕྱིས་དེ་ངེས་ན་དེ་ཡོད་དེ།།
མིན་ན་ཀུན་རྫོབ་མེད་པ་ཉིད།།

此為他心分別念，
彼非己之世俗諦，
後者決定彼有彼，
若非則無世俗諦。

སྒྲུབ་པ་པོས་ལན་བརྗོད་པ་འདི་ནི་མྱ་ངན་ལས་འདས་པར་གྱུར་པའི་སེམས་ཅན་ལས་གཞན་པའི་སེམས་ཀྱི་རྣམ་པར་རྟོག་པ་སྟེ། དེ་ནི་མྱ་ངན་ལས་འདས་པར་གྱུར་པ་རང་གི་ཀུན་རྫོབ་མིན་ཏེ་འདི་རང་ཉིད་ནི་རྣམ་པར་རྟོག་པ་ཐམས་ཅད་དང་བྲལ་བའི་ཕྱིར་རོ། །གལ་ཏེ་རང་ལ་ཀུན་རྫོབ་དེ་ཡོད་པ་མ་ཡིན་པ་དེ་ལྟར་ན་ནི་གཞན་གྱི་ཀུན་རྫོབ་ཀྱང་ཀུན་རྫོབ་ཉིད་དུ་ཇི་ལྟར་འགྱུར་སྙམ་པ་ལ། ཕྱིས་མངོན་པར་རྫོགས་པར་སངས་རྒྱས་པ་ན་གང་རྐྱེན་ལས་བྱུང་བའི་མཚན་ཉིད་ཀྱི་ཆོས་དེ་ངེས་པར་བྱེད་པ་ཡིན་ན་ཀུན་རྫོབ་དེ་ཡོད་དེ། གང་གི་ཚེ་དེ་ཡང་ཡོད་པ་མིན་ན་དེའི་ཚེ་ཀུན་རྫོབ་མེད་པ་ཉིད་དེ་ནམ་མཁའི་མེ་ཏོག་བཞིན་ནོ།།

此立宗者所說的回復**為**：除了已涅槃的有情，**其它人的心分別念**，**彼非**已涅槃者自**己之世俗諦**，因為自己離一切分別念之故。又問：若是如此，自己無彼世俗諦者，他世俗諦如何轉為世俗諦？**後者**於現證圓滿佛果之時，若能**決定彼**緣起性相之法，則**有彼**世俗諦，**若**何時**非**有彼，**則**彼時**無世俗諦**，如虛空的花朵。

འདི་ལྟར་མྱ་ངན་ལས་འདས་པ་བློའི་ཡུལ་དུ་བྱས་ནས་གཞན་གྱི་རྣམ་པར་རྟོག་པ་ཙམ་གྱིས་དེ་མྱ་ངན་ལས་འདས་པར་མི་འགྱུར་བ་ཁོ་ན་ནི་མ་ཡིན་ཏེ། འདི་རང་ཉིད་ནི་རྣམ་པར་རྟོག་པའི་སྤྲོས་པ་ཉེ་བར་ཞི་བའི་ཕྱིར་རོ། །ཆགས་པ་དང་བཅས་པའི་སེམས་ཀྱིས་དམིགས་པས་རང་ཉིད་ཀྱི་ཉོན་མོངས་པའི་སྒྲིབ་པ་སྤངས་པའི་འདོད་ཆགས་དང་བྲལ་བ་ཡང་འདོད་ཆགས་དང་བྲལ་བ་མ་ཡིན་པར་མི་འགྱུར་རོ། །དེ་ལྟ་བས་ན་རྣམ་པར་རྟོག་པ་ཐམས་ཅད་དང་བྲལ་བའི་ཕྱིར་གཞན་གྱི་ཀུན་རྫོབ་ཀྱིས་དམིགས་ན་ཡང་རང་ཉིད་འདིར་དོན་དམ་པར་མྱ་ངན་ལས་འདས་པ་ཉིད་ཡིན་ནོ། །དེའི་ཕྱིར་ཆོས་ཐམས་ཅད་རང་བཞིན་གྱིས་རྣམ་པར་རྟོག་པ་དང་བྲལ་བའི་ཕྱིར་མ་སྐྱེས་པ་དང་མ་འགག་པའི་རང་བཞིན་ཡིན་པའི་ཕྱིར། རང་བཞིན་གྱིས་མྱ་ངན་ལས་འདས་པ་དང་གདོད་ནས་ཞི་བ་ཡིན་ནོ་ཞེས་བརྗོད་དོ།།

如是，“涅槃者的知解境，就因他人之分別念，不轉為涅槃者”並非如此，乃因此人自己之分別念戲論徹底息止之故。以帶有貪欲之心所做的緣取，斷除自己煩惱障的離貪者，也不轉為非離貪。如是離一切分別念之故，雖然以他人的世俗諦所作的緣取，此人自己仍是勝義涅槃。因此一切法離分別念故，不曾生滅，故說自性涅槃、本來寂靜。

༢་༢་༣་༣་༡་༢་༢་༢་༤་༢་༢་གཏན་ཚིགས་མེད་པའི་རྩོད་པ་སྤོང་བ།
2.2.3.3.1.2.2.2.4.2.2.斷除因理不合理之爭議

རྟོག་དང་བརྟག་པར་བྱ་བ་དག། 分別念與所分別，

གཉིས་པོ་ཕན་ཚུན་བརྟེན་པ་ཡིན།། 二者互相依止故，
ཇི་ལྟར་གྲགས་པ་ལ་བརྟེན་ནས།། 依靠如何共稱名，
རྣམ་པར་དཔྱད་པ་ཐམས་ཅད་བརྗོད།། 而說一切之伺察。

དེ་ལྟར་ན་འདིར་གང་ཞིག་གང་གིས་འགོག་པར་འགྱུར་ཏེ། རྣམ་པར་དཔྱོད་པ་ཡང་མེད་པར་འགྱུར་ལ། དེ་ལྟ་བས་ན་ཅང་མི་སྨྲ་བར་གནས་པར་བྱའོ་ཞེ་ན། རྟོག་པ་སྒྲོ་འདོགས་པའི་བློ་དང་དེར་བརྟག་པར་བྱ་བ་འདི་དག་གཉིས་པོ་ཕན་ཚུན་གཅིག་བརྟེན་པ་ཡིན་པས། ཇི་ལྟར་འཇིག་རྟེན་གྲགས་པའི་ཐ་སྙད་ལ་བརྟེན་ནས། རྣམ་པར་དཔྱད་པ་ཐམས་ཅད་བརྗོད་པ་ཡིན་ནོ།།

若言：如此，此中將以何滅止何，伺察亦將不存在，因此將無所說地存在。則曰：分別念（增益之心）與對彼所做之分別，二者互相依止故，依靠世間如何共稱許之名，而說一切之伺察。

༢.༢.༣.༣.༡.༢.༢.༢.༤.༢.༣.རྣམ་དཔྱོད་ཐུག་མེད་དུ་འགྱུར་བའི་རྩོད་པ་སྤོང་བ།
2.2.3.3.1.2.2.2.4.2.3.斷除伺察無休止之爭議

གང་ཚེ་རྣམ་པར་དཔྱད་པ་ཡི།། 何時若以能伺察，
རྣམ་དཔྱོད་ཀྱིས་ནི་དཔྱོད་བྱེད་ན།། 伺察者來做伺察，
དེ་ཚེ་རྣམ་དཔྱོད་དེ་ཡང་ནི།། 彼時彼之伺察者，
རྣམ་དཔྱོད་ཕྱིར་ན་ཐུག་པ་མེད།། 他伺察故無終止。

གང་གི་ཚེ་རྣམ་པར་དཔྱད་པ་ཡི། རྣམ་དཔྱོད་ཀྱིས་ནི་ཡུལ་རྣམས་ལ་དཔྱོད་དེ་ངེས་པར་བྱེད་ན། དེ་ཚེ་རྣམ་པར་དཔྱོད་བྱེད་ཀྱི་བློ་དེ་ཡང་ནི། རྣམ་དཔྱོད་གཞན་གྱིས་དཔྱད་དགོས་པའི་ཕྱིར་ན་ཐུག་པ་མེད་དོ་ཞེ་ན།

說言：何時若需要以能伺察之伺察者來對諸境做伺察，彼時彼之伺察者（心），亦需要以其它伺察者伺察，故無終止。

དཔྱད་བྱ་རྣམ་པར་དཔྱད་བྱས་ན།། 若已伺察所察物，

རྣམ་དཔྱོད་ལ་ནི་རྟེན་ཡོད་མིན། །　　伺察者非有所依，
རྟེན་མེད་ཕྱིར་ན་མི་སྐྱེ་སྟེ། །　　無所依故無生起，
དེ་ཡང་མྱ་ངན་འདས་པར་བརྗོད། །　　亦說彼名為涅槃。

དཔྱད་པར་བྱ་བ་ལ་རྣམ་པར་དཔྱད་དེ་གཏན་ལ་ཕབ་པར་བྱས་ན། རྣམ་དཔྱོད་ལ་ནི་རྣམ་པར་དཔྱད་པའི་གཞིའམ་རྟེན་ཡོད་པ་མིན་ལ། རྟེན་མེད་པའི་ཕྱིར་ན་སྒྲོ་འདོགས་པར་མི་སྐྱེ་སྟེ། དེ་ཡང་མྱ་ངན་ལས་འདས་པར་བརྗོད་དེ་ཐ་སྙད་ཐམས་ཅད་ལོག་པའི་ཕྱིར་རོ། །ཐམས་ཅད་དུ་བྱ་བ་མེད་པའི་ཕྱིར་རང་བཞིན་གྱིས་ཞི་བས་དེ་ཉིད་ལ་མྱ་ངན་ལས་འདས་པར་བརྗོད་དོ།།

則曰：若已伺察並確定所伺察物，則伺察者非有伺察之基或所依，無所依故增益無生起，亦說彼名為涅槃，乃因從一切名言回返故。於一切無為之故，自性寂止故名為涅槃。

༢.༢.༣.༣.༡.༢.༣.གཏན་ཚིགས་ཀྱིས་སྒྲོ་འདོགས་གཅོད་པ།
2.2.3.3.1.2.3.以因理斷疑情

༢.༢.༣.༣.༡.༢.༣.༡.དངོས་པོར་སྨྲ་བའི་སྒྲུབ་བྱེད་དགག་པ།
2.2.3.3.1.2.3.1.破說實宗之能立

གང་གི་ལྟར་ན་འདི་གཉིས་བདེན། །　　如何此二為真實，
དེ་ཉིད་ཤིན་ཏུ་དཀའ་བར་གནས། །　　彼能成立是極難，
གལ་ཏེ་ཤེས་དབང་ལས་དོན་གྲུབ། །　　若由識根而成境，
ཤེས་ཡོད་ཉིད་ལ་རྟེན་ཅི་ཡོད། །　　識存則有何所依。

གང་གི་ལྟར་ན་ཚད་མ་དང་རྣམ་པར་བརྟག་པར་བྱ་བའམ་གཞལ་བར་བྱ་བ། འདི་གཉིས་བདེན་པར་འདོད་པ། དེ་ཉིད་ཤིན་ཏུ་བསྒྲུབ་པར་དཀའ་བར་གནས་ཏེ། གལ་ཏེ་ཤེས་པ་ཚད་མའི་དབང་ལས་ཏེ་སྟོབས་ཀྱིས་དོན་གཞལ་བར་བྱ་བ་གྲུབ་པར་ལྟ་ན། དེའི་ཚེ་ཤེས་པ་ཡོད་པ་ཉིད་ལ་རྟེན་ཅི་ཞིག་ཡོད་དེ་རང་གིས་རང་རིག་པ་ནི་མེད་ལ། ཚད་མ་གཞན་ཚོལ་ན་ཡང་ཐུག་པ་མེད་པར་འགྱུར་བའི་ཕྱིར་རོ།།

如何量與所分別（所度量）之物此二者為真實，彼能成立是極難，若由量之識根（因其力）而成境（所度量之物），彼時識存則有何所依？乃因無自證分，若尋他量則又將無終止故。

འོན་ཏེ་ཤེས་བྱ་ལས་ཤེས་གྲུབ།། 然則所識成立識，
ཤེས་བྱ་ཡོད་ལ་རྟེན་ཅི་ཡོད།། 所識存則有何依，
དེ་སྟེ་ཕན་ཚུན་དབང་གིས་ཡོད། ། 彼因互相而存在，
གཉི་ག་ཡང་ནི་མེད་པར་འགྱུར། ། 二者則又將不存。

འོན་ཏེ་ཤེས་བྱ་ལས་ཤེས་པ་གྲུབ་ན། ཤེས་བྱ་ཡོད་པ་ལ་རྟེན་ཅི་ཞིག་ཡོད། དེ་སྟེ་ཤེས་པའི་སྟོབས་ཀྱིས་ཤེས་བྱའི་སྟོབས་ཀྱིས་ཤེས་པ་འཇོག་པས་ཕན་ཚུན་གྱི་དབང་གིས་ཡོད་པར་འདོད་ན། དེའི་ཚེ་གཉི་ག་ཡང་ནི་མེད་པར་འགྱུར་ཏེ་ཕན་ཚུན་བརྟེན་པ་ཡིན་པའི་ཕྱིར་གཅིག་མ་གྲུབ་པས་གཉི་ག་ཡང་མི་འགྲུབ་བོ། །

然則若是由所識成立識，所識存則有何依，若主張彼（所識）因識之力，因所識之力而安立識，故因互相而存在，彼時二者則又將不存，互為所依之故，一不成立，則二者皆不成立。

གལ་ཏེ་བུ་མེད་ཕ་མིན་ན།། 倘若無子則非父，
བུ་ཉིད་གང་ལས་བྱུང་བ་ཡིན།། 則子是從何而生，
བུ་མེད་པར་ནི་ཕ་མེད་པ།། 無子則是無父故，
དེ་བཞིན་དེ་གཉིས་མེད་པ་ཉིད། ། 如是俱無彼二者。

འདིར་རང་བཞིན་མཐུན་པའི་དཔེ་བསྟན་པའི་ཕྱིར་གལ་ཏེ་མི་འགའ་ཞིག་གིས་བུ་སྐྱེད་པ་ན་ཕར་འགྱུར་གྱི་བུ་མེད་པའི་སྔ་རོལ་དུ་ཕ་ཡོད་པ་མིན་ན། ཇི་སྲིད་དུ་ཕ་མེད་པ་དེ་སྲིད་དུ་བུ་ཉིད་གང་ལས་བྱུང་བ་ཡིན། བུ་མེད་པ་སྔ་མ་སྐྱེས་པར་ནི་ཕ་ཡང་མེད་པ། དེ་བཞིན་དུ་ཤེས་པ་དང་ཤེས་བྱ་དེ་གཉིས་ཀ་ཡང་མེད་པ་ཉིད་ཡིན་ནོ།།

在此宣說自性相順之比喻：倘若某人生子方為父，無子之前則非有父，無父之時，則彼時子是從何而生，無子（無生）則亦是無父故，如是俱無彼識與所識二者。

ཨྱུ་གུ་ས་བོན་ལས་སྐྱེ་ཞིང་།། 苗芽乃由種子發，
ས་བོན་དེ་ཉིད་ཀྱིས་རྟོགས་བཞིན།། 因彼而知有種子，
ཤེས་བྱ་ལས་སྐྱེས་ཤེས་པ་ཡིས།། 如是由所識生識，
དེ་ཡོད་པ་ནི་ཅིས་མི་རྟོགས།། 何故不知彼存在。

ཨྱུ་གུ་ས་བོན་ལས་སྐྱེ་བར་འགྱུར་ཞིང་། ས་བོན་ཡོད་པའང་ཨྱུ་གུ་ཡོད་པའི་རྟགས་དེ་ཉིད་ཀྱིས་རྟོགས་པ་བཞིན་དུ། ཤེས་བྱ་ལས་སྐྱེས་པའི་ཤེས་པ་ཡིས། ཤེས་པར་བྱ་བ་དེ་ཡོད་པ་ནི་ཅིས་མི་རྟོགས་ཞེ་ན།
若問：苗芽乃由種子發，因彼苗芽之徵相而知有種子，如是由所識生識，何故不知彼所識之存在。

ཨྱུ་གུ་ལས་གཞན་ཤེས་པ་ཡིས།། 由於苗芽以外識，
ས་བོན་ཡོད་ཅེས་རྟོགས་འགྱུར་ན།། 能知所謂有種子，
གང་ཕྱིར་ཤེས་བྱ་དེ་རྟོགས་པ།། 何故能知彼所識，
ཤེས་པ་ཡོད་ཉིད་གང་ལས་རྟོགས།། 識存乃由何了知。

འདི་ནི་དཔེ་དང་འདྲ་བ་མ་ཡིན་ནོ་ཞེས་བསྟན་པའི་ཕྱིར། ཨྱུ་གུ་ལས་གཞན་ཐ་དད་པའི་ཤེས་པ་ཡིས་ཨྱུ་གུ་ཤེས་པར་བྱས་ནས། འདི་ན་ས་བོན་ཡོད་ཅེས་གོ་བར་བྱེད་ཅིང་རྟོགས་པར་འགྱུར་ན། གང་གི་ཕྱིར་ཤེས་བྱ་དེ་རྟོགས་པར་བྱེད་པའི་ཤེས་པ་ཡོད་པ་ཉིད་གང་ལས་རྟོགས་ཏེ་རང་རིག་པ་མེད་པའི་ཕྱིར་གཞན་གྱིས་ཀྱང་ཤེས་པ་མིན་ཏེ་ཐུག་པ་མེད་པའི་ཕྱིར་རོ། །དེ་ལྟ་བས་ན་དངོས་པོའི་ཕྱོགས་ལ་ཤེས་པ་དང་ཤེས་བྱ་གྲུབ་པ་དཔྱད་པར་ནུས་པ་མ་ཡིན་ཏེ། བརྟགས་པའི་ཕྱོགས་ལ་ནི་ཇི་ལྟར་གྲགས་པའི་བཞིན་དུ་ཐ་སྙད་ལ་བརྟེན་ནས་ནུས་པ་ཡིན་ནོ་ཞེས་ངེས་སོ།།
此處為說明與比喻不同，故說：由於有苗芽以外之識了知苗芽，故於此中能知所謂有種子，何故能知彼所識之識，彼識之存在乃由何了知。無自證分故，又非以他而知，乃因無終止故。因此，對實有面而言，識與所識的成立不能通過伺察，從尋思面而言，如何稱名即必然能如是依止名言。

༢.༢.༣.༣.༡.༢.༣.༢.སྟོང་པར་སྨྲ་བའི་སྒྲུབ་བྱེད་བཀོད་པ།
2.2.3.3.1.2.3.2.設立說空宗之能立

༢.༢.༣.༣.༡.༢.༣.༢.༡.རྒྱུ་ལ་དཔྱོད་པ་རྡོ་རྗེའི་གཟེགས་མ།
2.2.3.3.1.2.3.2.1.伺察因金剛釘

༢.༢.༣.༣.༡.༢.༣.༢.༡.༡.རྒྱུ་མེད་ལས་སྐྱེ་བར་འདོད་པ་དགག་པ།
2.2.3.3.1.2.3.2.1.1.破無因生之主張

རེ་ཞིག་འཇིག་རྟེན་མངོན་སུམ་གྱིས། །	一時世間以現知，
རྒྱུ་རྣམས་ཐམས་ཅད་མཐོང་བ་ཡིན། །	可見一切各種因，
པདྨའི་སྡོང་བུ་སོགས་དབྱེ་ནི།།	蓮花枝等之分別，
རྒྱུ་ཡི་དབྱེ་བས་བསྐྱེད་པ་ཡིན།།	以因分別而產生。

རྒྱུ་མེད་པར་སྨྲ་བ་རྣམས་ན་རེ། འགྲོ་བ་སྣ་ཚོགས་ནི་རྒྱུ་མེད་པ་ཉིད་ཡིན་ཏེ། དེ་སྐད་དུའང་། པདྨ་གེ་སར་ལ་སོགས་པ། །རྣམ་པ་སྣ་ཚོགས་སུ་ཡིས་བྱས། །རྨ་བྱའི་མདོངས་ལ་སོགས་པ་ཡི། །སྣ་ཚོགས་ཁྲ་བོ་སུ་ཡིས་སྤྲུལ། །ཞེས་འབྱུང་བས་སོ་སྙམ་པ་ལ་བརྗོད་པ། རེ་ཞིག་འཇིག་རྟེན་གྱི་སྐྱེ་བ་ཐམས་ཅད་ཀྱིས་ཀྱང་མངོན་སུམ་གྱིས། སྣ་ཚོགས་པའི་རྒྱུ་རྣམས་ཐམས་ཅད་མཐོང་བ་ཡིན་ནོ། །མེ་ཏོག་པདྨའི་སྡོང་བུ་ལ་སོགས་པ་རྣམས་ལ་རྒྱུ་སྔོན་དུ་སོང་བ་མེད་དོ་ཞེ་ན། པདྨའི་སྡོང་བུ་དང་ལོ་མ་དང་འདབ་མ་དང་ཡལ་ག་དང་ཟེའུ་འབྲུ་ལ་སོགས་པའི་དབྱེ་བ་ནི། རྒྱུ་ཡི་དབྱེ་བ་ཐ་དད་པས་བསྐྱེད་པ་ཡིན་ཏེ། གཞན་དུ་ན་ངེས་པ་མེད་པར་ཐམས་ཅད་དུ་འབྱུང་བར་ཐལ་བའི་ཕྱིར་རོ།།

又說無因者言：各種眾生乃無因。正所謂：“蓮花花蕊等，由誰造萬象，孔雀翎等等，繽紛色誰化”。有此說故認為如此。則曰：一時世間一切所生，以現知皆可見一切各種不同因。若言：蓮花枝等並無先有之因。則曰：蓮花枝、葉、瓣、幹、花蕊等之分別，以因之差異分別而產生，否則將不定地生起一切之故。

རྒྱུ་དབྱེ་གང་གིས་བྱས་ཞེ་ན། ।	若問何造因分別，
སྔར་གྱི་རྒྱུ་དབྱེ་ཉིད་ལས་སོ།།	前因分別所造爾。
ཅི་ཕྱིར་རྒྱུ་ཡིས་འབྲས་སྐྱེད་ནུས། ।	何故以因能生果，
སྔར་གྱི་རྒྱུ་ཡི་མཐུ་ཉིད་ལས།།	乃由先前因之力。

རྒྱུ་ཡི་དབྱེ་བ་འདི་དག་གང་གིས་བྱས་པ་ཡིན་ཞེ་ན། སྔར་གྱི་རྒྱུའི་ཁྱད་པར་གྱི་དབྱེ་བ་ཉིད་ལས་སོ། །དེ་ལྟར་ཕྱི་མའི་ཁྱད་པར་རྣམས་སྔ་མ་སྔ་མའི་ཁྱད་པར་ལས་ཞེས་ལན་བརྗོད་པར་བྱ་ལ། ཐུག་པ་མེད་པ་མི་འདོད་པ་ཅུང་ཟད་དུ་ཡང་འགྱུར་བ་མ་ཡིན་ཏེ། འཁོར་བ་ལ་ཐོག་མ་མེད་པས་སྔོན་གྱི་མཐའ་ཤེས་པར་འགྱུར་བ་མ་ཡིན་ཞེས་ཁས་བླངས་པའི་ཕྱིར་རོ། །ཅི་ཕྱིར་རྒྱུ་ཡི་འབྲས་བུ་སྐྱེད་པར་ནུས་ཤེ་ན། གཅིག་ནས་གཅིག་ཏུ་བརྒྱུད་པའི་སྔར་གྱི་རྒྱུ་ཡི་མཐུ་ཉིད་ལས་སོ།།

若問是由何造成此等因之分別，乃前因之分別差異所造爾。如是，當說“後者差別皆由前者所造”，則絲毫不成為不主張無終止（則完全成為主張無終止），乃因承許“輪迴無始，前者邊際不能知”之故。若問：何故以因能生果，乃由前後一一接續之先前因之力故。

༢་༢་༣་༣་༡་༢་༣་༢་༡་༢་གཞན་ལས་སྐྱེ་བར་འདོད་པ་དགག་པ།
2.2.3.3.1.2.3.2.1.2.破他因生之主張

༢་༢་༣་༣་༡་༢་༣་༢་༡་༢་༡་གཞན་མི་རྟག་པ་ལས་སྐྱེ་བ།
2.2.3.3.1.2.3.2.1.2.1.由無常之他而生先前已述。

༢.༢.༣.༣.༡.༢.༣.༢.༡.༢.༢.གཞན་རྟག་པ་ལས་སྐྱེ་བ།
2.2.3.3.1.2.3.2.1.2.2.由常之他而生

དབང་ཕྱུག་འགྲོ་བའི་རྒྱུ་ཡིན་ན། ། 若大自在為眾因,
རེ་ཞིག་དབང་ཕྱུག་གང་ཡིན་སྨྲོས། ། 當說大自在為何。

འདིར་དབང་ཕྱུག་རྒྱུར་སྨྲ་བ་དག་ན་རེ། རྒྱུ་དེ་ཡོད་དུ་ཆུག་ཀྱང་དེ་ནི་དབང་ཕྱུག་གི་བློ་སྔོན་དུ་བཏང་བ་དེ་ཉིད་ཀྱི་ལུས་ཅན་དང་། གནས་ལ་སོགས་པ་ཐམས་ཅད་བྱས་པ་ཡིན་ནོ་ཞེས་རྟོགས་པས་དེའི་ཕྱིར་དེ་ལྟར་དབང་ཕྱུག་འགྲོ་བའི་རྒྱུ་ཡིན་པར་སེམས་ན། རེ་ཞིག་དབང་ཕྱུག་ཉིད་གང་ཡིན་པར་སྨྲོས་ཤིག།

又此處有說大自在天為因者，了悟“使因存在者，乃大自在天先起之念，而造一切有身與地等”。則曰：若以為大自在為眾生之因，一時當說大自在是為何。

འབྱུང་རྣམས་ཞེ་ན་དེ་ལྟ་མོད།། 若言大種然如此,
མིང་ཙམ་ལ་ཡང་ཅི་ཞིག་ངལ།། 又於唯名何故勞,
འོན་ཀྱང་ས་སོགས་དུ་མ་དང་།། 甚且土等乃是多,
མི་རྟག་གཡོ་མེད་ལྷ་མིན་ཞིང་། ། 無常無動且非天,
འགོམ་བྱ་ཉིད་དང་མི་གཙང་བས། ། 又是所跨且不淨,
དེ་ནི་དབང་ཕྱུག་ཉིད་མ་ཡིན། ། 故彼並非大自在。

གལ་ཏེ་དེ་དག་ན་རེ། འབྱུང་བ་རྣམས་ཡིན་ནོ་ཞེ་ན་ཁོ་བོ་ཅག་ཀྱང་དེ་རྣམས་ལ་སྔ་མ་སྔ་མ་ལས་ཕྱི་མ་ཕྱི་མ་འབྲས་བུའི་ཚུལ་གྱིས་འགྲོ་བའི་རྒྱུ་ཉིད་དུ་འདོད་པས་དེ་ལྟར་ཡིན་པར་ཟད་མོད། དོན་གྱི་དབྱེ་བས་སྟོང་པའི་མིང་ཙམ་ལ་ཡང་ཅི་ཞིག་ངལ་བར་བྱེད། འོན་ཀྱང་ས་ལ་སོགས་པ་འདི་དག་དུ་མ་ཡིན་པ་དང་། སྐྱེ་བ་དང་འཇིག་པ་ཡིན་པས་མི་རྟག་པ་དང་བློའི་གཡོ་བ་མེད་པ་དང་བརྟེན་པར་བྱ་བའི་རང་བཞིན་གྱི་ལྷ་མིན་ཞིང་། འགོམ་པར་བྱ་བ་ཉིད་དང་མི་གཙང་བ་དང་འབྲེལ་བས། དེ་ནི་དབང་ཕྱུག་ཉིད་མ་ཡིན་ཏེ། ཁྱོད་ནི་འདི་ལྟར་གཅིག་པུ་ཡིན་

པ་དང་རྟག་པ་ཉིད་དང་སྣོའི་གཡོ་བ་སྔོན་དུ་འགྲོ་བ་དང་ལྷའི་འགྲོ་བས་བསྡུས་པ་དང་གཙང་ཞིང་མཆོད་པར་འོས་པའོ་ཞེས་འདོད་པའི་ཕྱིར་རོ།།

又若彼等言：大自在天乃諸大種。我等也是由彼等前因生後果之理而主張為眾生之因。縱然是如此，又對於實為空之唯名何故劬勞，甚且此土等大種乃是多，是生滅無常，心無動、且非具有可依止自性之天，又是為眾生所跨，且牽涉不淨，故彼並非大自在。乃因汝先如是主張：大自在天乃一、常、先於心之動、天神眾生所總集，清淨、應供之故。

དབང་ཕྱུག་མཁའ་མིན་གཡོ་མེད་ཕྱིར།། 亦非虛空不動故，
བདག་མིན་སྔར་ནི་བཀག་ཟིན་ཕྱིར།། 非我前已遮遣故，
བསམ་མིན་པ་ཡི་བྱེད་པོ་ཡང་།། 非所能想造物主，
བསམ་མིན་བརྗོད་པས་ཅི་ཞིག་བྱ།། 既非所想言何益。

གལ་ཏེ་ས་ལ་སོགས་པ་དབང་ཕྱུག་མ་ཡིན་ནོ། །འོ་ན་ནམ་མཁའ་དབང་ཕྱུག་ཡིན་ནོ་ཞེ་ན། དབང་ཕྱུག་ནམ་མཁའ་མིན་ཏེ་བློ་ཡི་གཡོ་བ་དང་བྱ་བ་མེད་པའི་ཕྱིར་རོ། །འོ་ན་བདག་ཡིན་ནོ་ཞེ་ན། བདག་མིན་ཏེ་སྔར་ནས་བཀག་ཟིན་པའི་ཕྱིར་རི་བོང་གི་རྭ་དང་འདྲའོ། །གལ་ཏེ་དབང་ཕྱུག་དེ་བསམ་གྱིས་མི་ཁྱབ་པར་ཡིན་ནོ་ཞེས་འདོད་ན་བསམ་བྱ་མིན་པ་ཡི་བྱེད་པ་པོ་ཡང་མེད་ལ། བསམ་པར་བྱ་བ་མིན་པ་དེ་ཉིད་བརྗོད་པས་ཅི་ཞིག་བྱ།

若言：地等非大自在天，然則虛空為大自在天。則曰：大自在天亦非虛空，心不動、無為之故。若言：是我。則曰：非我前已遮遣故，猶如兔角。若主張彼大自在天乃不可思議，則無非所能想之造物主，既非所想言及彼有何益。

དེས་བསྐྱེད་འདོད་པ་འདབ་གང་ཞིག་ཡིན།། 主張彼所生是何，
བདག་ཉི་དེ་དང་ས་སོགས་དང་།། 彼我以及地等等，
དབང་ཕྱུག་ངོ་བོ་འདབ་རྟག་མིན་ནམ།། 自在本質豈非常，

ཤེས་པ་ཤེས་བྱ་ལས་སྐྱེ་དང་།། 識由所識而生起，
ཐོག་མེད་བདེ་སྡུག་ལས་ལས་ཡིན།། 無始苦樂乃由業，
དེ་ཡིས་གང་ཞིག་བསྐྱེད་པ་སྨྲོས།། 故彼生何當明說。

དེས་བསྐྱེད་པར་འདོད་པའི་དངོས་པོ་དེ་འདྲ་གང་ཞིག་ཡིན། བདག་ཅེས་བྱ་བ་འབྱིན་པར་འདོད་ན་བདག་དེ་རྟག་པར་ཁས་བླངས་པ་དང་། ས་དང་ཆུ་དང་མེ་དང་རླུང་དང་ནམ་མཁའ་དང་དུས་དང་ཕྱོགས་ལ་སོགས་པ་ཡང་རྟག་པར་ཁས་བླངས་པ་དང་། དབང་ཕྱུག་རང་གི་ངོ་བོ་འདྲ་རྟག་པར་ཁས་བླངས་པ་མིན་ནམ་ཅི། མིག་ལ་སོགས་པའི་ཤེས་པ་ནི་ཤེས་བྱ་ལ་དམིགས་པ་ལས་སྐྱེ་བ་དང་། ཐོག་མ་མེད་པའི་དུས་ནས་འོང་བའི་བདེ་སྡུག་ཐམས་ཅད་ནི་དགེ་བ་དང་མི་དགེ་བའི་ལས་ལས་ཡིན་ལ། དབང་ཕྱུག་དེ་ཡིས་གང་ཞིག་བསྐྱེད་པར་སྨྲོས་ཤིག།

主張彼所生之物是為何，若欲說彼物為我，則彼為常的承許，以及地、水、火、風、空、時、方等等亦為常的承許，大自在天自己本質為常的承許，豈皆成為非常？眼識等根識，是由緣取所識而生起，無始時來的一切苦樂，乃由善惡之業而生，故彼大自在天生何物當明說。

རྒྱུ་ལ་ཐོག་མ་ཡོད་མིན་ན།། 倘若因者非有始，
འབྲས་བུའི་ཐོག་མ་ག་ལ་ཡོད།། 則果之始何處有，
རྟག་ཏུ་ཅི་ཕྱིར་བྱེད་མིན་ཏེ།། 何故非為常做者，
དེ་ནི་གཞན་ལ་ལྟོས་པ་མིན།། 乃因彼非依他故。

རྒྱུ་སྟེ་བྱེད་པ་པོ་ལ་རྟག་པ་ཡིན་པས་ཐོག་མ་ཡོད་པ་མིན་ན། དེའི་ཚེ་འབྲས་བུའི་ཐོག་མ་ཡང་ག་ལ་ཡོད། དེ་ལྟར་ཡིན་དུ་ཟིན་ཀྱང་རྟག་ཏུ་མི་བྱེད་དེ་ལྟོས་ནས་བྱེད་པ་ཡིན་ནོ་ཞེ་ན། རྟག་ཏུ་ཅིའི་ཕྱིར་བྱེད་པ་མིན་ཏེ། དབང་ཕྱུག་དེ་ནི་ལྷན་ཅིག་བྱེད་པའི་རྒྱུ་གཞན་ལ་ལྟོས་རིགས་པ་མིན་ནོ།།

倘若因者（造物主）為常，故非有始，則彼時果之始又何處有。若言：雖然如此，然而常無做，乃有依而做。則曰：何故非為常做者，乃因彼大自在天非合理依他同做因故。

དེས་བྱས་མིན་གཞན་ཡོད་མིན་ན། །　　若無非彼做他物，
དེས་འདི་གང་ལ་ལྟོས་པར་འགྱུར། །　　則彼做此要依何，
གལ་ཏེ་ལྟོས་ན་ཚོགས་པ་ཉིད། །　　若有所依則成為，
རྒྱུ་ཡིན་འགྱུར་གྱི་དབང་ཕྱུག་མིན། །　　聚集因非自在天。

དབང་ཕྱུག་དེས་བྱས་པ་མིན་པའི་དངོས་པོ་གཞན་ཡོད་པ་མིན་ན། དེ་བས་འདི་གང་ཞིག་ལ་ལྟོས་པར་འགྱུར། གལ་ཏེ་ལྟོས་པར་ཁས་ལེན་ན་ཚོགས་པ་ཉིད། རྒྱུ་ཡིན་པར་འགྱུར་གྱི་དབང་ཕྱུག་རྒྱུ་མིན་ནོ། །

若無非彼大自在天所做其它物，則彼做此要依何，若承許有所依則成為聚集因，而非大自在天為因。

ཚོགས་ན་མི་སྐྱེ་དབང་མེད་ཅིང་། །　　聚無不生之自在，
དེ་མེད་པར་ནི་སྐྱེ་དབང་མེད། །　　無彼無生之自在，
གལ་ཏེ་དབང་ཕྱུག་མི་འདོད་བཞིན། །　　自在若是非欲為，
བྱེད་ན་གཞན་གྱི་དབང་དུ་ཐལ། །　　則陷依他之破綻。

རྒྱུ་ཚོགས་ཚང་ཞིང་གེགས་མེད་པ་ན་འབྲས་བུ་དེ་མི་སྐྱེ་བའི་དབང་མེད་ཅིང་། ཚོགས་པ་ཚང་བ་དེ་མེད་པར་ནི་སྐྱེ་བའི་དབང་མེད་དོ། །ཡང་ཚོགས་པ་ཡོད་པ་ན་བྱེད་པ་ཡོད་པར་འགྱུར་དུ་ཆུག་མོད། དེའི་ཚེ་རང་ཉིད་མི་འདོད་ཀྱང་དྲངས་ནས་བྱེད་པ་ཡིན་ནམ། འོན་ཏེ་འདོད་ནས་ཡིན་ཞེས་རྣམ་པར་བརྟགས་ནས་གལ་ཏེ་དབང་ཕྱུག་མི་འདོད་བཞིན་དུ་འབྲས་བུ་བྱེད་ཅིང་བསྒྲུབ་པ་ཡིན་ན་གཞན་ལ་རག་ལས་ཤིང་གཞན་གྱི་དབང་དུ་སོང་བར་ཐལ།

若因齊聚且無障礙，則無不生其果之自在，若無彼齊聚，則無生之自在。又雖然有聚集之時，會使之有作為，然而彼時是已不欲而勉強為之，還是所欲而為之，如是辨察已，自在若是非欲而為，非欲而成辦果，則會陷於依他、受制於他之破綻。

འདོད་ན་བདང་འདོད་ལ་རག་ལས་འགྱུར།། 由欲則又受制欲，
བྱེད་ན་བདང་དབང་ཕྱུག་ག་ལ་ཡིན།། 有為則何有自在，
གང་དག་རྡུལ་ཕྲན་རྟག་སྨྲ་བ།། 一切微塵說常者，
དེ་དག་ཀྱང་ནི་སྔར་བཟློག་ཟིན།། 先前亦已遮彼等。

འོན་ཏེ་འདོད་ནས་བྱེད་ན་འདང་འདོད་པ་ཉིད་ལ་རག་ལས་པར་འགྱུར་ཏེ་དེ་ལ་ལྟོས་པ་ཡོད་པའི་ཕྱིར་རོ། །འབྲས་བུ་སྒྲུབ་པར་བྱེད་ན་འདང་དབང་ཕྱུག་ག་ལ་ཡིན་ཏེ་རང་གི་མཚན་ཉིད་དང་འགལ་བ་ཡིན་པའི་ཕྱིར་རོ། །དཔྱོད་པ་བ་གང་དག་རྡུལ་ཕྲན་རྟག་པར་སྨྲ་བ། དེ་དག་ཀྱང་ནི་སྔར་རྡུལ་དེའང་ཕྱོགས་ཆའི་དབྱེ་བ་ཡིས་སོགས་ཀྱིས་བཟློག་ཟིན་ཏོ།།

然而若是由欲而為，則又受制於欲，因依彼故。若是有為、有成辦果，則何有自在，與己性相（常）相違故。一切伺察派者將微塵說為常者，先前亦由彼塵方分等理已遮彼等。

༢་༢་༣་༣་༡་༢་༣་༢་༡་༣་བདག་ལས་སྐྱེ་བར་འདོད་པ་དགག་པ།
2.2.3.3.1.2.3.2.1.3.破自因生之主張

༢་༢་༣་༣་༡་༢་༣་༢་༡་༣་༡་གཙོ་བོ་དགག་པ།
2.2.3.3.1.2.3.2.1.3.1.破主宰

གཙོ་བོ་རྟག་པ་འགྲོ་བའི།། 數論派者之主張，
རྒྱུ་ཡིན་པར་ནི་གྲངས་ཅན་འདོད།། 主宰為常眾生因，
སྙིང་སྟོབས་རྡུལ་དང་མུན་པ་ཞེས།། 所謂心力塵與暗，
བྱ་བའི་ཡོན་ཏན་མཉམ་གནས་ནི།། 所作功德等處時，
གཙོ་བོ་ཞེས་བྱར་རབ་བརྗོད་དེ།། 名為主宰稱呼之，
མི་མཉམ་འགྲོ་བ་ཡིན་པར་བརྗོད།། 不等時則名眾生。

གཙོ་བོ་རྟག་པ་གཡོ་བ་དང་མི་གཡོ་བའི་འགྲོ་བའི། ཡོངས་སུ་གྱུར་པའི་རྒྱུ་ཡིན་པར་ནི་

གྲངས་ཅན་པ་འདོད་དོ། །གཙོ་བོ་ཞེས་བྱ་བ་ནི་སྙིང་སྟོབས་ཏེ་བདེ་བ་དང་རྡུལ་ཏེ་སྡུག་བསྔལ་དང་མུན་པ་སྟེ་བཏང་སྙོམས་ཞེས། བྱ་བའི་ཡོན་ཏན་མཉམ་པར་གནས་པ་ནི། གཙོ་བོ་ཞེས་བྱ་བར་རབ་ཏུ་བརྗོད་དེ་རང་བཞིན་གྱི་གནས་སྐབས་ཡིན་ལ། མི་མཉམ་པ་ནི་འགྲོ་བ་སྣ་ཚོགས་པར་ཡོངས་སུ་གྱུར་པ་ཡིན་པར་བརྗོད་དོ།།

數論派者之主張：主宰為常，是作為動靜一切眾生之因，所謂主宰，為所謂心力（樂）、塵（苦）、與暗（平等），所作功德平等而處之時，名為主宰稱呼之，是自性階段；不平等時則名眾生，成為萬物。

གང་གི་ཚེ་སྐྱེས་བུ་ཡུལ་ལ་ལོངས་སྤྱོད་པའི་འདོད་པ་སྐྱེ་བ་དེའི་ཚེ་སྐྱེས་བུའི་འདོད་པ་རང་བཞིན་གྱིས་ཡོངས་སུ་ཤེས་ནས་སྒྲ་ལ་སོགས་པ་འབྱིན་པའི་ངོ་བོ་ཡོངས་སུ་གྱུར་པས་ཉེ་བར་འགྱུར་རོ། །དེའི་ཚེ་རིམ་པ་ནི་འདི་ཡིན་ཏེ། རང་བཞིན་ལས་ནི་ཆེན་པོ་དེ་ལས་ནི། །ངར་འཛིན་དེ་ལས་ཚོགས་ནི་བཅུ་དྲུག་ཡིན། །བཅུ་དྲུག་པོ་ཡི་ནང་ནས་ལྔ་པོ་རྣམས། །དེ་ལས་ཀྱང་ནི་འབྱུང་བ་ལྔ་རྣམས་ཡིན།།

人受用對境、生起欲望之時，自然了知人欲，而轉變成為出音聲等體性。彼時其次第為：

"自性成為大，彼大成我執，彼成十六聚，十六聚有五，此五成五大"。

དེའི་དོན་ནི་འདི་ཡིན་ཏེ། རང་བཞིན་ལས་ཆེན་པོ་ནི་གཙོ་བོ་ལས་ཆེན་པོ་ཡིན་ལ། ཆེན་པོ་ཞེས་པ་ནི་བློ་བུར་དུ་འབྱུང་བའོ། །དེ་ལས་ངར་འཛིན་པ་དང་། དེ་ལས་ཚོགས་བཅུ་དྲུག་སྟེ། དབང་པོ་བཅུ་གཅིག་དང་དེ་ཙམ་ལྔའོ། །དེ་ལ་ལས་ཀྱི་དབང་པོ་ལྔ་ནི། ཁ་དང་། རྐང་པ་དང་། ལག་པ་དང་། འདོམས་དང་རྐུབ་སྟེ་རིམ་པ་ལྟར་སྨྲ་བ་དང་། འགྲོ་བ་དང་། སྟེར་བ་དང་། འཁྲིག་པ་དང་། བཤང་བའི་ལས་རྣམས་ལ་དབང་བྱེད་པ་ཡིན་ནོ། །བློའི་དབང་པོ་ལྔ་ནི། རྣ་བ་དང་། ལུས་དང་། མིག་དང་། ལྕེ་དང་། སྣའོ། །ཐམས་ཅད་ལ་ཁྱབ་པ་ནི་ཡིད་ཀྱི་དབང་པོའོ། །དེ་ཙམ་ལྔ་ནི། སྒྲ་དང་། རེག་

བྱ་དང་། གཟུགས་དང་། རོ་དང་། དྲི་དེ་ཙམ་མོ། །ཡང་སྒྲ་ལས་ནམ་མཁའ་དང་། རེག་ལས་རླུང་དང་། གཟུགས་ལས་མེ་དང་། རོ་ལས་ཆུ་དང་། དྲི་ལས་ས་རྣམས་འབྱུང་བ་ཡིན་ནོ།།

彼意義為：

“自性成為大”：由主宰成為大，大乃突然而生。

“彼大成我執”、“彼成十六聚”：即十一根與五唯彼。其中五業根為：口、腳、手、陰部、臀部。分別有如下作用：說、走、給予、交合、排泄。五心根為：耳、身、眼、舌、鼻。而遍及一切之根為意根。五唯彼為：聲、觸、色、味、香。

དང་པོ་རང་བཞིན་ནི་རྒྱུ་ཉིད་ཡིན་ཏེ་འབྲས་བུ་མ་ཡིན་ནོ། །ཆེན་པོ་དང་ངར་འཛིན་པ་དང་སྒྲ་ལ་སོགས་པ་ལྔ་ནི་འབྲས་བུ་ཡང་ཡིན་ལ་རྒྱུ་ཡང་ཡིན་ནོ། །དབང་པོ་བཅུ་གཅིག་པོ་རྣམས་དང་ནམ་མཁའ་ལ་སོགས་པ་ལྔ་པོ་རྣམས་འབྲས་བུ་ཉིད་ཡིན་ལ་རྒྱུ་ནི་མ་ཡིན་ནོ། །སྐྱེས་བུ་ནི་རྒྱུ་དང་འབྲས་བུ་གཉིས་ཀའི་རང་བཞིན་སྤངས་པ་ཡིན་ནོ། །ཡང་བརྗོད་པ། རྩ་བའི་རང་བཞིན་རྣམ་པར་འགྱུར་མིན་ལ། །ཆེན་པོ་སོགས་བདུན་རང་བཞིན་རྣམ་འགྱུར་ཡིན། །བཅུ་དྲུག་པོ་ནི་རྣམ་པར་འགྱུར་བ་སྟེ། །སྐྱེས་བུ་རང་བཞིན་མ་ཡིན་རྣམ་འགྱུར་མིན། །ཞེས་སོ།།

“十六聚有五，此五成五大”：又聲成虛空，觸成風，色成火，味成水，香成地。首先自性是因，非果。大、我執、以及聲等五唯彼既是果又是因。十一根與虛空等五大是果，非因。而人則是俱舍因與果二者之自性。有謂：“根本自性非變動，大等七為自性變，十六聚為變動爾，人非自性亦非變”。

གཙོ་བོ་དེ་ཡང་འབྲས་བུ་མ་ལུས་པ་ནུས་པའི་རང་བཞིན་ཉིད་ཡོན་ཏན་གསུམ་གྱི་རང་བཞིན་ཁོ་ན་ལས་འབྲས་བུ་སྒྲུབ་པར་བྱེད་པ་ཡིན་ཏེ། གཞན་དུ་ན། ཇི་ལྟར་དེ་ལ་ཡོད་པ་མ་ཡིན་པ་འབྲས་བུ་སྣ་ཚོགས་པའི་གཟུགས་སྐྱེད་པར་བྱེད་དེ། དེ་སྐད་དུ་ཡང་། མ་ལུས་ནུས་པའི་ཚོགས་རྣམས་ཀྱི། །རང་བཞིན་འབའ་ཞིག་ཁོ་ན་ལས། །འབྲས་བུའི་ཁྱད་པར་འཇུག་པ་ནི། །དངོས་པོ་དེ་ཡི་རང་

བཞིན་ནོ། །གལ་ཏེ་རྒྱུ་ཡི་བདག་ཉིད་ལ། །ནུས་པའི་ངོ་བོར་འབྲས་མེད་ན། །དེ་ཉིད་བསྐྱེད་པར་ནུས་མིན་ཏེ། །མེད་ཕྱིར་ནམ་མཁའི་མེ་ཏོག་བཞིན། །ཞེས་ཟེར་རོ།།

彼主宰是能成一切果之自性，僅由三種功德能成辦果。也有別種說法：“正如彼非有，能生各種果之色”。又言：“由彼唯一性，各種能一切，入於差別果，實有亦自性，若於能體性，因主無其果，則彼非能生，無如空中花”。

གཅིག་ལ་རང་བཞིན་གསུམ་ཉིད་ནི།། 一者中有三自性，
རིགས་མིན་དེས་ན་དེ་ཡོད་མིན།། 不合理故非有彼，
དེ་བཞིན་ཡོན་ཏན་ཡོད་མིན་ཏེ།། 如是亦非有功德，
དེ་ཡང་སོ་སོར་རྣམ་གསུམ་ཕྱིར།། 彼又各自分三故。

དེ་དག་ཐམས་ཅད་ནམ་མཁའ་ལ་མཛོན་པར་བྲིས་པའི་རི་མོ་བཞིན་དུ་སྣང་བ་ཡིན་ཞེས་དགོངས་ནས་གྲུབ་པའི་མཐའ་སླ་བས་སུན་དབྱུང་བའི་ཕྱིར་བཤད་པ། གཙོ་བོ་གཅིག་ལ་རྡུལ་གྱི་རང་བཞིན་དང་མུན་པ་དང་སྙིང་སྟོབས་ཀྱི་རང་བཞིན་གསུམ་ཉིད་ནི། རིགས་པ་མིན་པས་དེས་ན་གཙོ་བོ་དེ་ཡོད་པ་མིན་ནོ། །དེ་བཞིན་དུ་ཡོན་ཏན་གསུམ་ཡང་ཡོད་པ་མིན་ཏེ། དེ་ཡང་སོ་སོར་རྣམ་པ་གསུམ་གསུམ་དུ་འགྱུར་བའི་ཕྱིར་རོ།།

意指彼等一切皆似空中作畫一般地顯現，為對於彼宗義起厭離，故說：主宰一者之中有塵、暗、心力三種自性，不合理故非有彼主宰，如是亦非有三種功德，乃因彼又可各自分成為三之故。

ཡོན་ཏན་མེད་ན་སྒྲ་སོགས་ཀྱང་།། 若無功德則聲等，
ཡོད་ཉིད་ཤིན་ཏུ་རྒྱང་རིང་འགྱུར།། 距離存在也遙遠。
སེམས་མེད་གོས་ལ་སོགས་པ་ལ།། 無心之衣等等物，
བདེ་སོགས་ཡོད་པ་སྲིད་པ་འང་མིན།། 非有樂等之可能。

དེ་ལྟར་ཡོན་ཏན་རྣམས་མེད་པ་ན་སྒྲ་ལ་སོགས་པའི་དངོས་པོ་དག་ཀྱང་། ཡོད་པ་ཉིད་དུ

བརྗོད་པ་ནི་ཤིན་ཏུ་རྒྱང་རིང་བར་འགྱུར་རོ། །སེམས་མེད་པའི་རང་བཞིན་གྱི་གོས་ལ་སོགས་པ་ལ། སེམས་ཀྱི་བདག་ཉིད་བདེ་བ་ལ་སོགས་པ་ཡོད་པ་སྲིད་པའང་མིན་ལ།

如是若無種種功德，則聲等實有，距離說為存在也遙遠。無心自性之衣等等物，非有心自己樂等之可能。

དངོས་རྣམས་དེ་རྒྱུའི་རང་བཞིན་ན། ། 若是實有因自性，
དངོས་པོ་རྣམ་དཔྱད་མ་ཟིན་ནམ། ། 實有豈不已伺察，
ཁྱོད་ཀྱི་རྒྱུ་ཡང་བདེ་སོགས་ཉིད། ། 又汝之因樂等等，
དེ་ལས་སྣམ་སོགས་འབྱུང་བའང་མེད། ། 由彼不生氆氌等。

དངོས་པོ་རྣམས་དངོས་པོ་དེ་ཡི་རྒྱུ་བདེ་བ་ལ་སོགས་པའི་རང་བཞིན་ནམ་ངོ་བོ་ཉིད་ཡིན་ན། དྲན་པ་ཉེ་བར་བཞག་པའི་སྐབས་སུ་དངོས་པོ་དག་རྣམ་པར་དཔྱད་ཟིན་པ་མིན་ནམ། ཁྱོད་ཀྱི་རྒྱུ་ཡང་བདེ་བ་ལ་སོགས་པ་ཉིད་དུ་འདོད་པ་དེ་ནི་མ་ཡིན་ཏེ། བདེ་བ་ལ་སོགས་པ་དེ་ལས་སྣམ་བུ་ལ་སོགས་པའི་དངོས་པོ་འབྱུང་བའང་མེད་ལ།

若是實有彼實有因樂等的自性、體性，實有於念住階段，豈不已伺察，又非汝主張之因樂等等，由彼樂等不生氆氌等實有。

སྣམ་སོགས་ལས་ནི་བདེ་སོགས་ཡིན། ། 由氆氌等而有樂，
དེ་མེད་ཕྱིར་ན་བདེ་སོགས་མེད། ། 無彼故亦無樂等，
བདེ་སོགས་རྟག་པ་ཉིད་དུ་ཡང་། ། 而且謂樂等是常，
ནམ་ཡང་དམིགས་པ་ཡོད་མ་ཡིན། ། 永遠非有可緣取。

སྣམ་བུ་དང་ཙནྡན་ལ་སོགས་པ་ལས་ནི་བདེ་བ་སོགས་པ་ཡིན་ན། སྣམ་བུ་ལ་སོགས་པ་དེ་མེད་པའི་ཕྱིར་ན་བདེ་བ་ལ་སོགས་པ་མེད་དེ། དེ་དག་གི་འབྲས་བུ་ཡིན་པའི་ཕྱིར་རོ། །བདེ་བ་ལ་སོགས་པ་རྟག་པ་ཉིད་དུ་ཡང་། དུས་ནམ་དུ་ཡང་ན་དམིགས་པ་ཡོད་པ་མ་ཡིན་ནོ།།

若是由氆氌、旃檀等而有樂，無彼氆氌等之故亦無樂等，乃因是彼等之果故。而且謂樂等是常，永遠或非有可緣取。

བདེ་སོགས་གསལ་བ་ཡོད་ཉིད་ན། །	樂等顯現若存在，
རྟག་བ་ཅི་ཕྱིར་འཛིན་མ་ཡིན།།	何故不能掌彼受，
དེ་ཉིད་ཕྲ་མོར་གྱུར་ན་དེ།།	若彼是轉細微爾，
རགས་དང་ཕྲ་བ་འདད་ཇི་ལྟར་ཡིན། །	則彼粗細是如何。

བདེ་བ་ལ་སོགས་པའི་གསལ་བ་འགའ་ཞིག་རྟག་པ་ཏུ་ཡོད་པ་ཉིད་དུ་འདོད་ན། ཐམས་ཅད་དུ་དེ་རྟག་བ་ཅི་ཡི་ཕྱིར་འཛིན་པ་མ་ཡིན། དེ་ཉིད་ཕྲ་མོར་གྱུར་པ་ཡིན་ཏེ་ཉིན་མོའི་སྐར་མ་ལ་སོགས་པ་བཞིན་མི་དམིགས་སོ་ཞེ་ན་དེ། རགས་པ་དང་ཕྲ་བ་འདད་ཇི་ལྟར་ཡིན་རྟག་པའི་རང་བཞིན་གཅིག་ལ་དུ་མ་མི་རིགས་པའི་ཕྱིར་རོ།།

對於樂等顯現若主張為恆常地存在，何故不能於一切（時刻）皆可掌握彼感受？若言：彼是轉成細微爾，如白晝星辰等等一般不可緣取。則曰：彼粗細是如何，乃因於一常自性中有多不合理故。

རགས་པ་དོར་ནས་ཕྲ་གྱུར་པས། །	捨棄粗大成微故，
ཕྲ་རགས་དེ་དག་མི་རྟག་ཉིད།།	彼等粗細即無常，
དེ་བཞིན་དངོས་པོ་ཐམས་ཅད་ཉི། །	如是何故不主張，
མི་རྟག་ཉིད་དུ་ཅིས་མི་འདོད།།	一切實有即無常。

གལ་ཏེ་རིམ་གྱིས་རགས་པ་སྤངས་ནས་ཕྱིས་ཕྲ་བར་འགྱུར་གྱི། གཅིག་ཅར་དུ་ནི་མ་ཡིན་ནོ་ཞེ་ན། རགས་པའི་ངོ་བོ་དེ་དོར་ནས་ཕྲ་བར་འགྱུར་བས། ཕྲ་རགས་དེ་དག་མི་རྟག་པ་ཉིད་ཡིན་ནོ། །དེ་བཞིན་དུ་ཆེན་པོ་ལ་སོགས་པའི་དངོས་པོ་ཐམས་ཅད་ཀྱང་ནི། མི་རྟག་པ་ཉིད་དུ་ཅིས་མི་འདོད།

若言：是有序地先捨粗大，之後方轉為細，非同時。則曰：捨棄粗大之體性成為細微故，彼等粗細即是無常，如是何故不主張一切大等實有，亦即是無常。

རགས་པ་བདེ་ལས་གཞན་མིན་ན།། 若粗唯樂非其他，
བདེ་བ་གསལ་བ་མི་རྟག་ཉིད།། 則樂顯現即無常。

ཕྲ་བ་དང་རགས་པའི་གནས་སྐབས་ཐ་དད་པ་ཡིན་གྱི། གནས་སྐབས་ཅན་གྱི་གཞི་བདེ་བ་ལ་ནི་ཐ་དད་པ་མེད་དོ་ཞེ་ན། གསལ་བའི་ངོ་བོར་གྱུར་པའི་བདེ་བ་རགས་པ་དེ་བདེ་བ་ལས་གཞན་མིན་ན། བདེ་བ་ཡང་གསལ་བ་བཞིན་དུ་མི་རྟག་པ་ཉིད་དུ་འགྱུར་རོ།།
若言：僅是粗細不同階段，作為各階段主體的樂無分別。則曰：若作為顯現之體性的彼粗樂，唯是樂，並非其它，則樂亦如顯現一般地即成為無常。

༢.༢.༣.༣.༡.༢.༣.༢.༡.༣.༢.བདག་སྐྱེ་དགག་པ།

2.2.3.3.1.2.3.2.1.3.2.破自生

གལ་ཏེ་མེད་པ་འགའ་ཡང་ནི།། 若言無則毫毛許，
སྐྱེ་མིན་མེད་ཕྱིར་ཞེ་ན་འདོད་ན།། 亦不可生因無故，
གསལ་བ་མེད་པ་སྐྱེ་བར་ནི།། 先無後生之顯現，
ཁྱོད་མི་འདོད་ཀྱང་གནས་པ་ཉིད།། 雖不主張汝卻在。

གལ་ཏེ་རྣམ་པ་ཐམས་ཅད་དུ་བདེ་བ་ཞིག་སྟེ་མེད་པར་གྱུར་པ་འགའ་ཡང་ནི། སླར་སྐྱེ་བ་མིན་ཏེ་མེད་པའི་ཕྱིར་ནམ་མཁའི་ཨུཏྤལ་བཞིན་ནོ་ཞེ་ན་འདོད་ན། གསལ་བ་སྔར་མེད་པར་ཕྱིས་སྐྱེ་བར་ནི། ཁྱོད་ཀྱིས་མི་འདོད་ཀྱང་གནས་པ་ཉིད་ཡིན་ནོ། །གཞན་དུ་ན་སྔར་ཡང་དེ་ཡོད་པ་ཡིན་ན་ཕྱི་མ་བཞིན་དུ་སྔར་ཡང་དེ་དམིགས་པར་ཐལ་བར་འགྱུར་རོ། །ཇི་ལྟར་གསལ་བ་སྔར་མེད་པ་སྐྱེས་པ་དེ་བཞིན་དུ་དངོས་པོ་གཞན་ཡང་ཡིན་པ་དེའི་ཚེ་འགལ་བ་ཅུང་ཟད་ཀྱང་ཡོད་པ་མ་ཡིན་ནོ།།
若言：若方方面面樂皆成無（樂滅），則毫毛許亦不可再生，因成為無之故，如虛空中的鄔陀羅花。則回復：先無後生之顯

現，汝雖不主張汝卻在（此主張之中）。否則若是先前有彼，當如之後一般地可緣取（先前之）彼。正如顯現先無後生，同樣地，其他實有也當如此，彼時一點相違也無。

གལ་ཏེ་རྒྱུ་ལ་འབྲས་གནས་ན།	倘若因中存在果，
ཟན་ཟ་མི་གཙང་ཟ་བར་འགྱུར།	吃食將成吃不淨，
རས་ཀྱི་རིན་གྱིས་རས་བལ་གྱི།	又當以布之價格，
ས་བོན་ཉོས་ལ་བགོ་བར་གྱིས།	購棉布種穿於身。

འདི་ལ་གནོད་པ་གཞན་ཡང་ཡོད་དེ། གལ་ཏེ་རྒྱུ་ལ་འབྲས་བུ་གནས་པར་ལྟ་ན། ཟན་ཟ་བའི་ཚེ་མི་གཙང་བ་ཟ་བར་འགྱུར་ཞིང་། རས་ཀྱི་རིན་གྱིས་རས་བལ་གྱི། །ས་བོན་ཉོས་ལ་དེ་ཉིད་ལུས་ལ་བགོ་བར་གྱིས་ཤིག །

此說還有其他過失：倘若因中存在果，吃食之時將成為吃不淨，又當以布之價格，購棉布種穿於身。

འཇིག་རྟེན་རྨོངས་པས་མ་མཐོང་ན།	若癡世人不可見，
དེ་ཉིད་ཤེས་ཀྱིས་བཞག་དེ་ཉིད།	知彼性者彼安立，
ཤེས་དེ་འཇིག་རྟེན་ལ་ཡང་ནི།	彼知亦在世間眾，
ཡོད་པས་ཅི་སྟེ་མཐོང་མ་ཡིན།	因此何故不可見。
འཇིག་རྟེན་ཚད་མ་ཉིད་མིན་ན།	倘若並非世間量，
གསལ་བ་མཐོང་བའང་བདེན་མ་ཡིན།	則見顯現亦非真。

གལ་ཏེ་འཇིག་རྟེན་རྨོངས་པ་སྟེ་མི་ཤེས་པས་རྒྱུ་ལ་འབྲས་བུ་གནས་པ་མ་མཐོང་ངོ་སྙམ་ན། དེ་ཁོ་ན་ཉིད་ཤེས་ཤིང་མ་རྨོངས་པ་རྣམས་ཀྱིས་འཇིག་རྟེན་པ་རྨོངས་པར་བཞག་པ་དེ་ཉིད་རང་ལའང་གནས་པ་ཉིད་དེ་རྒྱུ་ལ་འབྲས་བུ་གནས་པ་མཐོང་བ་མ་ཡིན་ནོ། །འགྱུར་ལ་ལར། དེ་ཉིད་ཤེས་ལའང་དེ་གནས་ཉིད། །ཅེས་སྣང་སྟེ་དོན་ལ་གྲངས་ཅན་པ་དག་ཀྱང་ཟན་ཟ་བ་དང་། རས་བལ་ཉིད་ཉོ་བ་ལ་འཇུག་གི། གཞན་ནི་མ་ཡིན་ནོ་ཞེས་པའི་དོན་ནོ། །རྒྱུ་དང་འབྲས་བུ་ལ་

རྟོག་པའི་ཤེས་པ་དེ་འཇིག་རྟེན་པ་རྣམས་ལ་ཡང་དེ། ཡོད་པ་ཉིད་ཡིན་པས་རྒྱུ་ལ་འབྲས་བུ་གནས་པ་དེ་ཅི་སྟེ་མཐོང་བ་མ་ཡིན། གལ་ཏེ་འཇིག་རྟེན་པའི་ཤེས་པ་ཚད་མ་ཉིད་མིན་པས་མི་མཐོང་ངོ་ཞེ་ན། འཇིག་རྟེན་པའི་ཤེས་པས་སྒྲ་ལ་སོགས་པ་གསལ་བ་མཐོང་བ་བདེན་པ་མ་ཡིན་པས་མེད་པ་ཉིད་དོ།།

若認為愚癡的世人（無知者）不可見因中有果，則知彼性、不愚癡者，為世間愚癡者所做的彼安立，在己身之中亦當存在，然而卻不可見因在果中。某譯本翻譯為："雖知彼性猶住彼"，意思皆是：數論派論師也都是吃食、買棉布，而非其它行徑。妄分別因與果之彼所知亦存在世間眾，因此因中有果之事何故不可見。倘若言：並非世間知量，因此不可見。則曰：以世間之知見聲等等顯現亦非真，因此是無。

གལ་ཏེ་ཚད་མ་ཚད་མིན་ན།།	若量非量則以彼，
དེས་གཞལ་བརྫུན་པར་མི་འགྱུར་རམ།།	衡量豈不成為假，
དེ་ཉིད་དུ་ན་སྟོང་པ་ཉིད།།	於彼性中修空性，
སྒོམ་པ་དེ་ཕྱིར་མི་འཐད་འགྱུར།།	因此亦成不合理。

དེ་ལྟ་བས་ན་དངོས་པོའི་དེ་ཁོ་ན་ཉིད་ཀྱི་རྣམ་པར་བཞག་པ་ཐོབ་པ་མ་ཡིན་པས་འདི་ཁོ་བོ་ཅག་གི་འདོད་པ་སྟེ་ཐ་སྙད་པའི་ཚད་མ་ཐམས་ཅད་དོན་དམ་པ་ཚད་མ་མ་ཡིན་པའི་ཕྱིར་རོ། །དེ་ལ་རྒོལ་བས་སྨྲས་པ། གལ་ཏེ་ཚད་མ་ཡང་དོན་དམ་པར་ཚད་མ་མིན་ན། ཚད་མ་དེས་གཞལ་བ་ཐམས་ཅད་བརྫུན་པར་མི་འགྱུར་རམ། དེ་ཁོ་ན་ཉིད་དེ་དོན་དམ་དུ་ན་ཆོས་ཐམས་ཅད་རང་བཞིན་མེད་པའི་སྟོང་པ་ཉིད། སྒོམ་པ་ཡང་ཚད་མས་ངེས་པ་ཐམས་ཅད་རྫུན་པ་ཡིན་པ་དེའི་ཕྱིར་མི་འཐད་པར་འགྱུར་རོ་ཞེ་ན།

因此，實有彼性之安立不可得故，此為我等之主張，因一切名言量非勝義量之故。為反駁彼而說：若量非勝義量，則以彼量所做的

一切衡量豈不成為假，於彼真如性、勝義之中修一切法無自性的空性，也是以量決定，因此一切皆假之故，亦成不合理。

བརྟགས་པའི་དངོས་ལ་མ་རེག་པར།། 未觸尋思實有時，
དེ་ཡི་དངོས་མེད་འཛིན་མ་ཡིན།། 彼無實有非可掌，
དེ་ཕྱིར་བརྫུན་པའི་དངོས་གང་ཡིན།། 因此一切之假有，
དེ་ཡི་དངོས་མེད་གསལ་བར་བརྫུན།། 彼無實性顯虛假。

འདི་ལ་ལན་བསྟན་པ་བརྟགས་པར་བྱ་བའི་ཆོས་ཀྱི་དངོས་པོ་ལ་མ་རེག་པར། དེ་ཡི་དངོས་པོ་མེད་པའང་འཛིན་པ་མ་ཡིན་ལ། དེ་ཡི་ཕྱིར་བདེན་པར་མ་གྲུབ་པས་བརྫུན་པའི་དངོས་པོ་གང་ཡིན་པ། དེ་ཡི་དངོས་པོ་མེད་པ་དེ་ཡང་གསལ་བར་ཏེ་ངེས་པར་བརྫུན་པ་ཡིན་ནོ།།

說明此回復：未觸所尋思之實有時，彼無實有性非可掌握，因此不成真的一切之假有，彼無實性亦明顯地（確定地）是虛假。

དེས་ན་རྨི་ལམ་བུ་ཤི་ལ།། 是故夢中夢子死，
དེ་མེད་སྙམ་པའི་རྣམ་རྟོག་ནི།། 認為無彼之妄念，
དེ་ཡོད་རྣམ་པར་རྟོག་པ་ཡི།། 乃是有彼妄念阻，
གེགས་ཡིན་དེ་ཡང་བརྫུན་པ་ཡིན།། 然而彼亦為虛假。

དེས་ན་གཉིད་ཀྱིས་ནོན་པའི་རྨི་ལམ་ན་བུ་སྐྱེས་ཏེ་ཤི་བ་རྨིས་པ་ལ། བུ་དེ་མེད་དོ་སྙམ་པའི་རྣམ་རྟོག་ནི། ཐོག་མར་བུ་དེ་ཡོད་པར་འཛིན་པའི་རྣམ་པར་རྟོག་པ་དེ་ཡི། གེགས་ཡིན་མོད་ཀྱི་དེ་ཡང་བརྫུན་པ་ཡིན་ཏེ། རྨི་ལམ་གྱི་བུ་ནི་མ་སྐྱེས་པ་དང་མ་འགགས་པའི་ཕྱིར་རོ། །དེ་ལྟར་ན་ཆོས་ཐམས་ཅད་ཀྱི་སྐྱེ་བ་དང་འགག་པ་རྟོགས་པས་ཏག་པར་བལྟ་བར་བྱའོ།།

是故耽於睡眠的夢中夢見生子後子死，認為無彼子之妄念，起初乃是執著有彼妄念之阻障，然而彼亦為虛假，乃因夢中之子不曾生亦不曾死。如是當以證量尋思一切法之生滅。

༢.༢.༣.༣.༡.༢.༣.༢.༡.༤.གཏན་ཚིགས་ཀྱི་དོན་བསྡུ་བ།
2.2.3.3.1.2.3.2.1.4.總結因理要義

དེ་བས་དེ་ལྟར་རྣམ་དཔྱད་པས། ། 因此如是辨察已，
འགའ་ཡང་རྒྱུ་མེད་ཡོད་མ་ཡིན། ། 絲毫不存無因者，
སོ་སོ་བའམ་འདུས་པ་ཡི།། 又非住於各自因，
རྐྱེན་རྣམས་ལ་ཡང་གནས་མ་ཡིན། ། 或者彙聚種種緣。

དེ་བས་ན་བརྗོད་མ་ཐག་པར་དེ་ལྟར་རྣམ་པར་དཔྱད་པས། དངོས་པོ་འགའ་ཡང་རྒྱུ་མེད་པ་དང་སྐྱེས་བུ་དང་དུས་ལ་སོགས་པས་བྱས་པ་ཡོད་པ་མ་ཡིན་ཞིང་། རྒྱུ་སོ་སོ་རེ་རེ་བའམ་ཐམས་ཅད་འདུས་པ་ཡི། རྐྱེན་རྣམས་ལ་ཡང་སྐྱེ་བའི་ངོ་བོར་གནས་པ་མ་ཡིན་ནོ།།
因此依方才所說如是辨察已，絲毫不存在無因，以及人或時間等等所造之實有者，又非住於各自因，或者彙聚一切種種緣之生之體性。

གཞན་ནས་འོངས་པ་ཡང་མ་ཡིན་ལ། ། 又非從他處而來，
གནས་པ་མ་ཡིན་འགྲོ་མ་ཡིན།། 既非住留亦非去。

གཞན་ཏེ་འདས་པའི་ས་ནས་འོངས་པ་ཡང་མ་ཡིན་ལ། ད་ལྟ་བར་གནས་པ་མ་ཡིན་ཞིང་དེ་ཉིད་མ་འོངས་པའི་སར་འགྲོ་བ་མ་ཡིན་ནོ།།
又非從他處（即過去）而來，既非住留於現在，亦非去未來處。

༢.༢.༣.༣.༡.༢.༣.༢.༢.ངོ་བོ་ལ་དཔྱོད་པ་རྟེན་འབྲེལ་ཆེན་མོ།
2.2.3.3.1.2.3.2.2.伺察本質大緣起性

རྨོངས་པ་བས་བདེན་པར་གང་བྱས་འདི། ། 因癡作真此一切，
སྒྱུ་མ་ལས་ནི་ཁྱད་ཅི་ཡོད།། 比之幻術有何別，
སྒྱུ་མས་སྤྲུལ་པ་གང་ཡིན་དང་། ། 幻師所化是為何，
རྒྱུ་རྣམས་ཀྱིས་ནི་གང་སྤྲུལ་པ།། 諸因所化是為何，

དེ་ནི་གང་ནས་འོངས་གྱུར་ཅིང་། ། 應當於彼做尋思，
གང་དུ་འགྲོ་བ་འདང་བརྟག་པར་གྱིས། ། 從何而來去何處。

འོ་ན་འཇིག་རྟེན་པ་རྣམས་ཀྱིས་ཇི་སྟེ་བདེན་པར་རྟོག་སྙམ་ན། རྨོངས་པ་སྟེ་མི་ཤེས་པའི་དབང་གིས་བདེན་པར་བརྟགས་ཤིང་ཁས་བླངས་པ་གང་བྱས་པ་འདི། སྒྱུ་མ་ལས་ཏེ་མིག་འཕྲུལ་མཁན་གྱིས་བྱས་པའི་གླང་པོ་ལ་སོགས་པ་དང་ནི་ཁྱད་པར་ཅི་ཞིག་ཡོད་དེ། སྒྱུ་མ་མཁན་གྱིས་སྤྲུལ་པ་གང་ཡིན་པ་དང་། རྒྱུ་ལས་དང་ཉོན་མོངས་པ་རྣམས་ཀྱིས་ནི་གང་ཞིག་སྤྲུལ་པ། དེ་དག་ཐོག་མར་ནི་གང་ནས་འོངས་པར་གྱུར་ཅིང་། མཐར་གང་དུ་འགྲོ་བ་འདང་བརྟག་པར་གྱིས་ཤིག །

那麼若世間眾人執為真實，則曰：因為愚癡、無知而尋思、承許作為真，此一切比之幻術魔術師所做的大象等有何別，幻師所化是為何，業與煩惱諸因所化是為何，應當於彼等做尋思，最初從何而來，最終去向何處。

གང་ཞིག་གང་ནི་ཉེ་བ་ཡིས།། 任何因何相近故，
མཐོང་གྱུར་དེ་མེད་ན་མིན་པ།། 可見無彼則非是，
བཅོས་མ་གཟུགས་བརྙན་དང་མཚུངས་པ།། 假造相似於影像，
དེ་ལ་བདེན་ཉིད་ཇི་ལྟར་ཡོད།། 彼中有何真實性。

འབྲས་བུ་གང་ཞིག་རྒྱུ་དང་རྐྱེན་གྱི་དངོས་པོ་གང་ནི་ཉེ་བ་ཡིས། མཐོང་བ་སྟེ་དམིགས་པར་འགྱུར་ལ་དེ་མེད་ན་དམིགས་པ་མིན་པ། གཞན་ལ་རག་ལས་པའི་བཅོས་མ་མེ་ལོང་གི་དཀྱིལ་འཁོར་ལ་མཐོང་བའི་གཟུགས་བརྙན་དང་མཚུངས་པ། དེ་ལ་བདེན་པ་ཉིད་ནི་ཇི་ལྟར་ཡོད། དེ་སྐད་དུ། གང་དག་རྒྱུ་ལས་འབྱུང་བ་རྣམས། །དེ་མེད་པར་ནི་ཡོད་མིན་གང་། །དེ་རྣམས་གཟུགས་བརྙན་དང་མཚུངས་པར། །གསལ་བར་ཅི་ཡི་ཕྱིར་མི་བཞེད། །ཅེས་གསུངས་པ་ཡིན་ནོ།།

任何果，因為何種因與緣之實有相近故，而成為可見，若無彼則非是緣取物，此取決於他之假造，相似於鏡中所見影像，彼中有何真實性。正所謂：“一切由因所生者，若無彼則非有此，何故不說彼等物，猶如影像般顯現”。

༢.༢.༣.༣.༡.༢.༣.༢.༣.འབྲས་བུ་ལ་དཔྱོད་པ་ཡོད་མེད་སྐྱེ་འགག།

2.2.3.3.1.2.3.2.3.伺察果有無生滅

དངོས་པོ་ཡོད་པ་ར་གྱུར་པ་ལ།། 作為存在實有者，
རྒྱུ་ཡིས་དགོས་པ་ཅི་ཞིག་ཡོད།། 有何必要依靠因，
འོན་ཏེ་དེ་ཉི་མེད་ན་ཡང་།། 然而就算無有彼，
རྒྱུ་ཡིས་དགོས་པ་ཅི་ཞིག་ཡོད།། 有何必要依靠因，
བྱེ་བ་བརྒྱ་ཕྲག་རྒྱུ་ཡིས་ཀྱང་།། 依靠上百俱胝因，
དངོས་པོ་མེད་པ་བསྒྱུར་དུ་མེད།། 不存實有無可改。

དེ་ལྟར་ན་ཡང་རྒྱུ་ནི་ཡོད་དོ་ཞེ་ན། འབྲས་བུའི་དངོས་པོ་ཡོད་པ་ར་གྱུར་པ་ལ་ནི། འབྲས་བུ་གྲུབ་ཟིན་པས་རྒྱུ་ཡིས་དགོས་པ་ཅི་ཞིག་ཡོད། འོན་ཏེ་འབྲས་བུ་དེ་ཉི་མེད་ན་ཡང་། རྒྱུ་ཡིས་དགོས་པ་ཅི་ཞིག་ཡོད་དེ་མེད་དོ། །དེ་ཅིའི་ཕྱིར་ཞེ་ན། བྱེ་བ་བརྒྱ་ཕྲག་གི་རྒྱུ་ཡིས་ཀྱང་། དངོས་པོ་མེད་པ་དེ་དངོས་པོར་བསྒྱུར་དུ་མེད་དོ།།

縱使如此，若仍說是有因，則曰：作為存在實有之果者，已成為果故，有何必要依靠因，然而就算無有彼果，有何必要依靠因，無必要。何故？乃因依靠上百俱胝因，不存實有者無可改為實有。

གནས་སྐབས་དེ་དངོས་ཇི་ལྟར་ཡིན།། 當下彼實是如何，
དངོས་འགྱུར་གཞན་ཡང་གང་ཞིག་ཡིན།། 成實復又是何者，
མེད་ཚེ་དངོས་ཡོད་སྲིད་མིན་ན།། 無時有實非可能，
དངོས་པོ་ཡོད་པ་ར་ནམ་ཞིག་འགྱུར།། 則於何時成有實。

མེད་པའི་གནས་སྐབས་དེ་དངོས་པོ་ཇི་ལྟར་ཡིན། མེད་པ་ཉིད་ལས་ཐ་དད་པའི་དངོས་པོར་འགྱུར་བ་གཞན་ཡང་གང་ཞིག་ཡིན། མེད་པའི་རྒྱུ་མཚན་གྱི་ཚེ་དངོས་པོ་ཡོད་པར་སྲིད་པ

མེད་ན། དངོས་པོ་ཡོད་པ་དུས་ནམ་ཞིག་ན་འགྱུར།

無的當下彼實有是如何，成為相異於實有復又是何者，無的因時，有實有非可能，則於何時成為有實有。

དངོས་པོ་སྐྱེས་པར་མ་གྱུར་པར། ། 實有還未生之時，
དངོས་མེད་དེ་ནི་འབྲལ་མི་འགྱུར། ། 不會離開彼無實，
དངོས་མེད་དང་ནི་མ་བྲལ་ན།། 若與無實未分離，
དངོས་པོ་ཡོད་པའི་སྐབས་མི་སྲིད། ། 不可能有實有時。

དངོས་པོ་སྐྱེས་པར་མ་གྱུར་ཅིང་འབྱུང་བར་མ་གྱུར་པར། དངོས་པོ་མེད་པ་དང་ནི་འབྲལ་བར་མི་འགྱུར་ལ། དངོས་པོ་མེད་པ་དང་ནི་མ་བྲལ་ན། དེ་ལ་དངོས་པོ་ཡོད་པའི་སྐབས་མི་སྲིད་དེ། དངོས་པོ་འབྱུང་བ་དང་འགལ་བ་དངོས་པོ་མེད་པ་ཉིད་ཡོད་པའི་ཕྱིར་རོ།།

實有還未生未起之時，不會離開彼無實有，若與無實有未分離，則不可能有實有之時刻，彼與生起實有相違，因為有無實有故。

དངོས་པོ་ཡང་མེད་པར་འགྱུར་མིན་ཏེ། ། 實有亦不轉為無，
རང་བཞིན་གཉིས་སུ་ཐལ་འགྱུར་ཕྱིར། ། 因使自性成二故。

ཇི་ལྟར་དངོས་པོ་མེད་པ་དངོས་པོར་མི་འགྱུར་བ་བཞིན་དུ་དངོས་པོ་ཡང་དངོས་པོ་མེད་པར་འགྱུར་བ་མིན་ཏེ། དངོས་པོ་ཡོད་པ་གང་གི་ཚེ་དངོས་པོ་མེད་པའི་རང་བཞིན་དུ་གྱུར་ན་དེའི་ཚེ་དངོས་པོ་གཅིག་ཉིད་རང་བཞིན་གཉིས་སུ་ཐལ་བར་འགྱུར་བའི་ཕྱིར་རོ།།

正如無實有不轉為實有一般，實有亦不轉為無，乃因具實有者何時皆成為無之自性之故，彼時將使一實有自性相應成為二之故。

དེ་ལྟར་འགག་པ་ཡོད་མིན་ཞིང་། ། 如是滅止亦非有，
དངོས་པོ་ཡང་ཡོད་མིན་དེ་ཡི་ཕྱིར། ། 實有亦非有因此，
འགྲོ་བ་འདི་དག་ཐམས་ཅད་ནི། ། 彼等一切之眾生，
རྟག་ཏུ་མ་སྐྱེས་མ་འགགས་ཉིད། ། 恆常不生不滅性，

འགྲོ་བ་རྨི་ལམ་ལྟ་བུ་སྟེ།།	眾生猶如作夢般,
རྣམ་པར་དཔྱད་ན་ཆུ་ཤིང་འདྲ། །	若做辨察則如蕉,
མྱ་ངན་འདས་དང་མ་འདས་པ་འང་། །	涅槃以及不涅槃,
དེ་ཉིད་དུ་ན་ཁྱད་པར་མེད།།	於彼性中無差別。

དེ་ལྟར་འགག་པ་ཡོད་པ་མིན་ཞིང་། དངོས་པོ་འང་ཡོད་པ་མིན་པ་དེ་ཡི་ཕྱིར། འགྲོ་བ་མ་ལུས་པ་འདི་དག་ཐམས་ཅད་ནི། དུས་རྟག་ཏུ་མ་སྐྱེས་པ་དང་མ་འགག་པ་ཉིད་དེ། འགྲོ་བ་ལྔའི་འཁོར་བར་རྨི་ལམ་ལྟ་བུར་འཁོར་བ་སྟེ། དེ་ལ་རྣམ་པར་དཔྱད་ན་ཆུ་ཤིང་དང་འདྲ་བར་སྙིང་པོ་མེད་པ་ཉིད་ཡིན་ནོ། །ཆོས་ཐམས་ཅད་མ་སྐྱེས་པ་དང་མ་འགགས་པ་དེའི་ཕྱིར་མྱ་ངན་ལས་འདས་པ་དང་མ་འདས་པ་འང་། དེ་ཁོ་ན་ཉིད་དུ་ནི་ཁྱད་པར་ཅི་ཡང་མེད་དོ།།

如是滅止亦非有，實有亦非有。因此，彼等所有一切之眾生，恆常是不生不滅之性，五道眾生之輪迴，猶如作夢一般地輪迴，若做辨察則如芭蕉無實，一切法不生不滅之故，涅槃以及不涅槃，於彼真如性中無差別。

༢.༢.༣.༣.༡.༢.༤.སྟོང་ཉིད་རྟོགས་པའི་བྱེད་ལས།
2.2.3.3.1.2.4.了悟空性之作用

༢.༢.༣.༣.༡.༢.༤.༡.རང་དོན་དུ་ཆོས་བརྒྱད་མགོ་སྙོམས་པ།
2.2.3.3.1.2.4.1.自利上平衡八法

དེ་ལྟར་སྟོང་པའི་དངོས་རྣམས་ལ། །	如是於諸空實有,
ཐོབ་པ་ཅི་ཡོད་ཤོར་ཅི་ཡོད།།	有何所得有何失,
གང་གིས་རིམ་གྲོ་བྱས་པ་འམ།།	何者恭敬侍奉汝,
ཡོངས་སུ་བརྙས་པ་འང་ཅི་ཞིག་ཡོད། །	或盡輕蔑又有何。

ཞེས་པའི་སྐབས་དོན་དམ་པའི་དེ་ཁོ་ན་ཉིད་ཡོངས་སུ་མི་ཤེས་པ་མངོན་པར་ཞེན་པས་སྒྲོ་བཏགས་པས་འགྲོ་བའི་ཚོགས་ལ་ཉེ་བར་བརྟགས་ནས་བདག་ཉིད་ཀྱིས་བདག་ཉིད་འཕྲུགས་

པར་བྱེད་དོ་ཞེས་བསྟན་པའི་ཕྱིར་བཤད་པ། དེ་ལྟར་རང་བཞིན་གྱིས་སྟོང་པའི་དངོས་པོ་རྣམས་ལ། རྙེད་པ་ཐོབ་པ་ཅི་ཞིག་ཡོད་ཅིང་། ཤོར་བའང་ཅི་ཞིག་ཡོད། སེམས་ཅན་གང་གིས་བསྟོད་ཅིང་རིམ་གྲོ་བྱས་པ་འམ། སྨད་དེ་ཡོངས་སུ་བརྙས་པར་བྱས་པ་འང་ཅི་ཞིག་ཡོད།

凡夫完全不懂真如，而以貪著增益之心，於眾生起尋思，實為自庸自擾。為宣說此義故說：如是於諸自性空之實有，有何所得，又有何所失，有情何者恭敬讚歎、侍奉汝，或極盡輕慢、污蔑又有何。

བདེ་བ་འམ་སྡུག་བསྔལ་གང་ལས་ཡིན།། 快樂痛苦從何起，
མི་དགར་ཅི་ཡོད་དགར་ཅི་ཡོད།། 有何不喜有何喜，
དེ་ཉིད་དུ་ནི་བཙལ་བྱས་ན།། 若於彼性中尋求，
གང་ཞིག་སྲེད་ཅིང་གང་ལ་སྲེད།། 何者能愛所愛何。

ཕན་འདོགས་པའི་རང་བཞིན་གྱིས་བདེ་བ་འམ་གནོད་པར་བྱེད་པའི་བདག་ཉིད་ཀྱི་སྡུག་བསྔལ་ཡང་གང་ལས་ཡིན། མི་སྙན་པར་བརྗོད་པས་མི་དགའ་བར་ཅི་ཞིག་ཡོད་ཅིང་སྙན་པར་སྨྲས་པས་དགའ་བར་འགྱུར་བ་ཅི་ཞིག་ཡོད། དེ་ཁོ་ན་ཉིད་དུ་ནི་བཙལ་བར་བྱས་ན། ཡུལ་ཅན་གང་ཞིག་སྲེད་ཅིང་སྲེད་ཡུལ་གང་ལ་སྲེད།

饒益自性之快樂，或者能害自性之痛苦從何起，詆毀有何不喜，讚譽有何喜，若於彼真如性中尋求，有境何者能愛，對境所愛是何者。

དཔྱད་ན་གསོན་པོའི་འཇིག་རྟེན་འདི།། 辨察則此活世間，
གང་ཞིག་འདིར་ནི་འཆི་འགྱུར་ཏེ།། 何者在此將會死，
འབྱུང་འགྱུར་གང་ཡིན་བྱུང་གྱུར་གང་།། 將死是何何已生，
གཉེན་དང་བཤེས་ཀྱང་གང་ཞིག་ཡིན།། 親戚朋友又是何，
ཐམས་ཅད་ནམ་མཁའ་འདྲ་བར་ནི།། 一切恰恰如虛空，
བདག་འདྲས་ཡོངས་སུ་གཟུང་བར་གྱིས།། 如我等眾當受持。

དཔྱད་ན་གསོན་པོའི་འཇིག་རྟེན་འདི་མ་གྲུབ་པས། གང་ཞིག་འདིར་ནི་འཆི་བར་འགྱུར་ཏེ། ཕྱི་མར་འབྱུང་བར་འགྱུར་བ་དེ་གང་ཞིག་ཡིན་ཅིང་སྔ་མ་བྱུང་བར་གྱུར་པ་དེ་ཡང་གང་ཞིག་ཡིན། གཉེན་དང་མཛའ་བཤེས་རྣམས་ཀྱང་གང་ཞིག་ཡིན་ཏེ། དེ་དག་ཐམས་ཅད་ནམ་མཁའ་དང་འདྲ་བར་སྐྱེ་བ་མེད་ཅིང་འགག་པ་མེད་པ་ནི། བདག་དང་འདྲ་བའི་རྒྱལ་སྲས་དེ་ཁོ་ན་ཉིད་ཚོལ་བ་རྣམས་ཀྱིས་ཡོངས་སུ་བཟུང་བར་གྱིས་ཤིག།

辨察則此活世間皆不成立，何者在此將會死，之後將死是何，何為過去已生者，親戚朋友又是何，一切恰恰如虛空無生無滅，如我一般追尋真如的佛子等眾當受持。

༢.༢.༣.༣.༡.༢.༤.༢.གཞན་དོན་དུ་བརྩེ་བའི་སྙིང་རྗེ་རྩོལ་མེད་དུ་འབྱུང་བ།
2.2.3.3.1.2.4.2.利他上無造作地生起悲憫

བདག་ཉིད་བདེ་བར་འདོད་རྣམས་ནི། ། 希求自己安樂眾，
འཐབ་དང་སྤྲོ་བའི་རྒྱུ་དག་གིས། ། 出於對抗意樂因，
རབ་ཏུ་འཁྲུག་དང་དགའ་བར་བྱེད། ། 能極憤怒與歡喜，
མྱ་ངན་འབད་རྩོལ་རྩོད་པ་དང་། ། 受苦辛勞起爭執，
ཕན་ཚུན་གཅོད་དང་འབིགས་པ་དང་། ། 彼此揮砍與戳刺，
སྡིག་དག་གིས་ནི་ཚེགས་ཆེན་འཚོ། ། 以諸罪惡掙扎活。

བདག་ཉིད་བདེ་བར་འདོད་པའི་རྨོངས་པའི་གཞན་དབང་དུ་གྱུར་པ་རྣམས་ནི། རེས་ཕན་ཚུན་འཐབ་པའི་རྒྱུ་དང་རེས་སྤྲོ་བའི་རྒྱུ་དག་གིས། །ཡིད་རབ་ཏུ་འཁྲུགས་པ་དང་དགའ་བར་བྱེད་ཅིང་། ཡང་བདེ་བ་མ་ཐོབ་པས་མྱ་ངན་བྱེད་པ་དང་བདེ་བའི་ཆེད་དུ་འབད་རྩོལ་དང་ཕན་ཚུན་རྩོད་པ་དང་། ཕན་ཚུན་མགོ་དང་རྐང་ལག་གཅོད་པ་དང་མདའ་ལ་སོགས་པས་འབིགས་པ་དང་། སྡིག་པ་མི་དགེ་བ་དག་གིས་ནི་ཚེགས་ཆེན་པོར་འཚོའོ།།

希求自己安樂、受愚癡他力所影響的大眾，出於彼此間的對抗因，與相互間的意樂因，心能極憤怒與歡喜，又因得不到安樂

而受苦，以及為了獲得安樂而辛勞，以及互相起爭執，彼此揮砍斬斷頭手足，與被箭等戳刺，以諸罪惡掙扎地存活。

བདེ་འགྲོར་ཡང་དང་ཡང་འོངས་ཏེ། ། 雖然次次來善趣，
བདེ་བ་མང་པོ་སྤྱད་སྤྱད་ནས།། 享受諸多安樂已，
ཤི་ནས་ངན་སོང་སྡུག་བསྔལ་ཆེ། ། 死後墮於惡趣中，
ཡུན་རིང་མི་བཟད་རྣམས་སུ་ལྟུང་། ། 種種長久大苦處。

དགེ་བ་ཟག་པ་དང་བཅས་པ་བསྒྲུབས་པས་བདེ་འགྲོར་ཡང་དང་ཡང་དུ་འོངས་ཏེ། མཐོ་རིས་ཀྱི་དགའ་བའི་བདེ་བ་མང་པོ་ལ་སྤྱད་སྤྱད་ནས། དེ་ལས་ཚེ་འཕོས་ཏེ་ཤི་བར་གྱུར་ནས་ངན་སོང་གི་གནས་ཀྱི་ཚ་གྲང་དང་བཀྲེས་སྐོམ་གྱི་སྡུག་བསྔལ་ཆེ། ཡུན་རིང་བ་དེ་ལ་བཟོད་པར་དཀའ་བ་མི་བཟད་པ་རྣམས་སུ་ལྟུང་ངོ་།།

雖然次次來到善趣，享受善趣諸多安樂已，命終死後墮於惡趣中，種種長久冷熱饑渴等大苦之處。

སྲིད་པ་ན་ནི་གཡང་ས་མང་།། 有處之中多險地，
དེར་ནི་དེ་ཉིད་མིན་འདི་འདྲ།། 如此彼處非彼性，
དེར་ཡང་ཕན་ཚུན་འགལ་བས་ན། ། 復又彼此相違故，
སྲིད་ན་དེ་ཉིད་འདི་འདྲ་མེད།། 有處不存此彼性。

སྲིད་པ་ན་ནི་སྡུག་བསྔལ་སྐྱེད་པར་བྱེད་པའི་གཡང་ས་མང་ཞིང་། གནས་དེར་ནི་དེ་ཁོ་ན་ཉིད་མིན་པ་འདི་འདྲ་བའི་འཁྲུལ་སྣང་གི་ནགས་ཚལ་མཐུག་པོར་འཁྱམ་པར་འགྱུར་བའི་ཚེ། དེར་ཡང་ཕན་ཚུན་དངོས་སུ་འགལ་བས་ན། སྲིད་པའི་གནས་འདི་ན་དེ་ཁོ་ན་ཉིད་འདི་འདྲ་བའི་གཉེན་པོ་སྟོབས་ཆེ་བ་གཞན་མེད་པས་དེ་ཁོ་ན་ཉིད་སྟོན་པར་བྱེད་པའི་དགེ་བའི་བཤེས་གཉེན་དང་བྲལ་བ་རྣམས་ཀྱི་ཕྱིར་ཡང་མྱ་ངན་བྱ་བ་འོས་སོ།།

有處之中多能生痛苦之險地，如此彼處非彼真如性，徘徊重重迷相森林之時，復又彼此直接相違故，在此有處之中，不存在其它如此彼真如性一般的對治力，因此，為了那些離開了能宣說彼真如性善知識的大眾之故，值得為之憂愁。

དེ་ཡང་དཔེ་མེད་མི་བཟད་པའི། ། 復又殘酷難比喻，
སྡུག་བསྔལ་རྒྱ་མཚོ་མཐའ་ལས་འདས། ། 痛苦大海無邊際，
དེར་ནི་དེ་ལྟར་སྟོབས་ཆུང་ཞིང་། ། 於彼如此氣力小，
དེར་ནི་ཚེ་ཡང་ཐུང་བ་ཉིད། ། 於彼壽命亦短暫。

དེར་ཡང་དཔེ་མེད་པ་མ་རུང་བ་མི་བཟད་པའི། སྡུག་བསྔལ་གྱི་རྒྱ་མཚོ་ཆེན་པོ་མཐའ་ལས་འདས་པས་ཐར་བའི་གོ་སྐབས་དེ་ཡང་ནམ་ཞིག་ཡོད། དེར་ནི་དེ་ལྟར་དགེ་བའི་བཤེས་གཉེན་དང་བྲལ་བས་དམ་པའི་ཆོས་བསྒྲུབ་པ་ལ་སྟོབས་ཆུང་ཞིང་། དེར་ནི་དལ་འབྱོར་ལན་གཅིག་ཐོབ་པ་འདི་ཚེ་ཡང་ཐུང་བ་ཉིད་དོ།།

復又彼處殘酷不堪難比喻，痛苦大海無邊際，因此也不知何時有解脫的機會。於彼處如此遠離善知識之故，修持正法的氣力微小，於彼處偶得一次暇滿的壽命亦短暫。

དེར་ཡང་གསོན་དང་ནད་མེད་ཀྱི། ། 又因活命與無病，
བྱེད་དང་བཀྲེས་དང་ངལ་བ་དང་། ། 解決饑渴與疲勞，
གཉིད་དང་འཚེ་དང་དེ་བཞིན་དུ། ། 睡眠傷害與如是，
བྱིས་དང་འགྲོགས་པ་དོན་མེད་ཀྱིས། ། 結交俗人無義事，
ཚེ་ནི་དོན་མེད་མྱུར་འདའ་ཡི། ། 迅速空度此壽命，
རྣམ་དཔྱོད་ཤིན་ཏུ་རྙེད་པར་དཀའ། ། 極難獲得辨察心，
དེར་ཡང་རྣམ་གཡེང་གོམས་པ་ནི། ། 復又串習放逸故，
བཟློག་པའི་ཐབས་ནི་ག་ལ་ཡོད། ། 豈有遮遣彼之法。

ཅུང་ཟད་གནས་པའི་དུས་དེར་ཡང་གསོན་པའི་རིམ་གྲོ་དང་ནད་མེད་པ་ཉིད་ཀྱི་དོན་དུ་བཅུད་ཀྱིས་ལེན་པ་སོགས་བྱེད་པ་དང་བཀྲེས་སྐོམ་དང་ངལ་བ་རྣམས་གསོ་བའི་ཐབས་དང་། མཚན་མོ་གཉིད་ལོག་པ་དང་གཞན་གྱིས་འཚེ་བ་བསྲུང་བ་དང་དེ་བཞིན་དུ། བྱིས་པ་དང་

འགྲོགས་པ་ལ་སོགས་པ་དོན་མེད་ཀྱི་བྱ་བ་རྣམས་ཀྱིས། ཚེ་ནི་དོན་མེད་པར་མྱུར་དུ་འདའ་ཞི། གནས་ལུགས་ཀྱི་དོན་ལ་རྣམ་པར་དཔྱོད་པའི་བློ་དེ་ཡང་ཤིན་ཏུ་རྙེད་པར་དཀའ་ཞིང་། དེར་ཡང་ལན་འགར་ངོ་བོ་ཉིད་མེད་པར་སྟོན་པའི་བསྟན་བཅོས་མཉན་པར་བྱས་ཀྱང་ཐོག་མ་མེད་པ་ནས་རྣམ་པར་གཡེང་བ་གོམས་པ་འདི་ནི། མྱུར་དུ་བཟློག་པའི་ཐབས་ནི་ག་ལ་ཡོད།

稍許住世之時又因活命的祈福，與為了無病而服丹等，以及解決饑渴與疲勞，夜晚睡眠，以及防止他人的傷害與如是，結交俗人等等無義之事，唯迅速空度此壽命，極難獲得辨察實相道理之心，復又雖然偶爾幾次聽聞宣說無自性的論典，然而無始以來串習放逸，豈有快速遮遣彼之法。

དེར་ཡང་ངན་སོང་ཆེན་པོར་ནི། ། 復又為墮大惡趣，
ལྷུང་ཕྱིར་བདུད་ནི་བརྩོན་པར་བྱེད། ། 魔鬼勤勉做諸行，
དེར་ནི་ལོག་པའི་ལམ་མང་ཞིང་། ། 彼中有多顛倒道，
ཐེ་ཚོམ་ལས་ཀྱང་བརྒལ་དཀའ་སྟེ། ། 懷疑較之更難脫，
སླར་ཡང་དལ་བ་རྙེད་དཀའ་ཞིང་། ། 復又空暇難獲得，
སངས་རྒྱས་འབྱུང་རྙེད་ཤིན་ཏུ་དཀའ། ། 佛陀出世更難得，
ཉོན་མོངས་ཆུ་བོ་སྤང་དཀའ་སྟེ། ། 煩惱之河難斷捨，
ཨེ་མ་སྡུག་བསྔལ་བརྒྱུད་པར་གྱུར། ། 噫噓痛苦已接續。

གལ་ཏེ་སྟོང་པ་ཉིད་ལ་ལན་མང་དུ་གོམས་པར་འདོད་པའི་བློ་འབྱུང་བ་སྲིད་ན་དེར་ཡང་ངན་སོང་ཆེན་པོར་ནི། ལྷུང་བའི་ཕྱིར་བདུད་ནི་བརྩོན་པར་བྱེད་ཅིང་། དེར་ནི་ཡང་དག་པའི་གནས་ལུགས་ལ་རྒྱབ་ཀྱིས་ཕྱོགས་པར་གྱུར་པའི་ལོག་པའི་ལམ་བསྟན་བཅོས་ངན་པར་འདོན་པ་རྣམས་མང་ཞིང་། རང་བཞིན་གྱི་སྟོང་པའི་དོན་ལ་ཐེ་ཚོམ་ཟ་བ་ལས་ཀྱང་བརྒལ་བར་དཀའ་སྟེ། ཐེ་ཚོམ་གྱི་དབང་གིས་གནས་ལུགས་མ་རྟོགས་བཞིན་དུ་འཆི་བའི་དུས་བྱས་ན། སླར་ཡང་དལ་བ་ཕུན་སུམ་ཚོགས་པ་འདི་འདྲ་བ་རྙེད་པར་དཀའ་ཞིང་། སངས་རྒྱས་འཇིག་

ཇེ་ན་དུ་འབྱུང་བ་ཡང་དེ་བས་ཀྱང་རྙེད་པར་ཤིན་ཏུ་དཀའ་ལ། དེ་དཀའ་བས་ཡང་དག་པའི་གདམས་ངག་གི་འབྲས་བུ་ཉོན་མོངས་པའི་ཆུ་བོ་སྤང་བར་དཀའ་སྟེ། དེ་སྤང་བར་མི་ནུས་པ་རྣམས་ནི་ཨེ་མ་ཞེས་སྙི་ཐགས་ཀྱི་ཚིག་དང་བཅས་ཏེ་ཇི་ལྟར་འབད་ཀྱང་སྡུག་བསྔལ་བརྒྱུད་པར་འགྱུར་རོ།།

就算生起想多次串習空性之心，復又為令眾生墮大惡趣，魔鬼勤勉做諸行，彼中有多人宣講違背正等實相的顛倒道的論典，而懷疑自性空較之更難超脫，乃因懷疑不了悟而死時，復又如此空暇圓滿極難獲得，佛陀出世較之更難得，因為難，故正等訣竅之果－煩惱之河難斷捨，不能斷捨彼等的大眾，噫嚧（以悲苦之聲）無論如何努力，然而痛苦已接續。

དེ་ལྟར་ཤིན་ཏུ་སྡུག་བསྔལ་ཡང་།། 如此雖然極痛苦，
རང་སྡུག་མི་མཐོང་གང་ཡིན་པ།། 不見自苦是何故，
སྡུག་བསྔལ་ཆུ་བོར་གནས་འདི་དག། 沉於苦河彼等眾，
ཀྱི་ཧུད་སྙིང་རྗེ་བར་འོས།། 嗟乎憂愁乃該當。

དེ་ལྟར་སྲིད་པའི་གནས་འདིར་ཤིན་ཏུ་སྡུག་བསྔལ་བར་གྱུར་ཡང་། རྨོངས་པའི་དབང་གིས་རང་གི་སྡུག་བསྔལ་གྱི་གནས་སྐབས་མི་མཐོང་བ་གང་ཡིན་པ། སྡུག་བསྔལ་གསུམ་གྱི་ཆུ་བོར་གནས་པ་འདི་དག་གི་ཕྱིར་དུ། ཀྱི་ཧུད་རྒྱལ་སྲས་རྣམས་ཀྱིས་སྙིང་རྗེ་བར་འོས་སོ།།
如此此有處之中雖然極痛苦，然而因為愚癡不見自己痛苦的處境是何故，為了沉溺於三苦之河的彼等眾，嗟乎佛子們為之憂愁乃該當、值得。

དཔེར་ན་འགའ་ཞིག་ཡང་ཡང་ཁྲུས།། 如人數次做沐浴，
བྱས་ཏེ་ཡང་ཡང་མེར་འཇུག་པ།། 而又數次入火中，
དེ་ལྟར་ཤིན་ཏུ་སྡུག་བསྔལ་བར།། 如是雖處極大苦，
གནས་ཀྱང་བདག་ཉིད་བདེར་རློམ་བཞིན།། 然而自詡以為樂。

དཔེར་ན་སྐྱེ་བོ་སྨྱོས་པ་འགའ་ཞིག་ཡང་ཡང་དུ་ཆུར་ཞུགས་ནས་ཁྲུས་བྱས་ཏེ་ཡང་ཡང་མེར་འཇུག་པ། དེ་ལྟར་ཤིན་ཏུ་སྡུག་བསྔལ་བར། །གནས་ཀྱང་དེ་དུང་བདག་ཉིད་བདེ་བར་རློམ་པ་བཞིན་ནོ།།

譬如一神智不清之人，數次入於水中做沐浴，而又數次入火中，如是雖處極大苦，然而尚且自詡以為樂。

དེ་ལྟར་རྒ་དང་འཆི་མེད་པ།། 猶如不老不死般，
བཞིན་དུ་སྤྱོད་པས་གནས་རྣམས་ལ། ། 如是享受在世眾，
དང་པོ་ཉིད་དུ་བསད་བྱས་ནས། ། 首先遭受殺害已，
ངན་སོང་ལྟུང་བ་མི་བཟད་འོང་། ། 殘酷面臨墮惡趣。

དེ་ལྟར་རྒ་བ་མེད་པ་དང་འཆི་བ་མེད་པ་བཞིན་དུ་འདོད་པའི་ཡུལ་དག་ལ་སྤྱོད་པས་གནས་པ་རྣམས་ལ། དང་པོ་ཉིད་དུ་འཆི་བདག་གིས་བསད་པར་བྱས་ནས། དེའི་རྗེས་སུ་ཡུན་རིང་པོར་ངན་སོང་དུ་ལྟུང་བ་མི་བཟད་པ་ཞིག་འོང་ངོ་།།

猶如不會老不會死一般，如是享受所欲境的在世眾人，首先遭受死主的殺害已，之後不久即殘酷地面臨墮落惡趣。

དེ་ལྟར་སྡུག་བསྔལ་མེས་གདུངས་ལ། ། 如是何時我堪為，
བསོད་ནམས་སྤྲིན་ལས་ལེགས་འབྱུངས་པའི། ། 以我福德雲所生，
རང་གི་བདེ་བའི་ཚོགས་ཆར་གྱིས། ། 聚集己之安樂雨，
ཞི་བྱེད་པར་བདག་ནམ་ཞིག་འགྱུར། ། 苦火燥熱能止者。

དེ་ལྟར་སྡུག་བསྔལ་གྱིས་མེ་ས་ཤིན་ཏུ་གདུངས་པར་གྱུར་པ་རྣམས་ལ། བདག་གི་བསོད་ནམས་ཀྱི་སྤྲིན་ཚོགས་ལས་ལེགས་པར་བྱུང་བའི། རང་གི་བདེ་བའི་རྒྱུར་གྱུར་པའི་ཚོགས་བསགས་པའི་ཆར་གྱིས། སྡུག་བསྔལ་དེ་དག་གི་ཞི་བར་བྱེད་པར་བདག་ནམ་ཞིག་ཏུ་འགྱུར་འོང་།

如是何時我堪為，以我福德雲所生，聚集作為己之安樂因之雨，對於受痛苦之火所逼迫而燥熱的大眾，能息止彼等痛苦者。

ནམ་ཞིག་དམིགས་པ་མེད་ཚུལ་དུ། །
གུས་པས་བསོད་ནམས་ཚོགས་བསགས་ཏེ།།
དམིགས་པས་ཕུང་བར་འགྱུར་རྣམས་ལ།།
སྟོང་པ་ཉིད་ནི་སྟོན་པར་འགྱུར། །

何時能以無緣取，
恭敬累積福德資，
而為緣取所殃眾，
宣說空性正等義。

ནམ་ཞིག་ན་བདག་གིས་དམིགས་པ་མེད་པ་སྟེ་མི་དམིགས་པའི་ཚུལ་དུ། གུས་པས་བསོད་ནམས་ཀྱི་ཚོགས་མཐའ་ཡས་པ་བསགས་ཏེ། དམིགས་པས་བཅིངས་ཏེ་ཕུང་བར་འགྱུར་བ་རྣམས་ལ། སྤྲོས་པ་ཐམས་ཅད་དང་བྲལ་བའི་སྟོང་པ་ཉིད་ནི་སྟོན་པར་འགྱུར། ཞེས་སེམས་ཅན་སྟོང་པ་ཉིད་མ་རྟོགས་པ་རྣམས་ལ་བདག་གིས་སྟོང་པ་ཉིད་ཕྱིན་ཅི་མ་ལོག་པར་ཁོང་དུ་ཆུད་པའི་ཐབས་སྟོན་པར་སྨོན་པའོ།།

何時我能以無所緣取、不緣取之理，恭敬累積無邊的福德資糧，而為被緣取所束縛、殃害的大眾，宣說離一切戲論的空性正等義。此乃發願自己為尚未了悟空性的有情，宣說正確不顛倒的趣入空性之道。

༢.༢.༣.༣.༢.མཚན།
2.2.3.3.2.品名

བྱང་ཆུབ་སེམས་དཔའི་སྤྱོད་པ་ལ་འཇུག་པ་ལས། ཤེས་རབ་ཀྱི་ཕ་རོལ་ཏུ་ཕྱིན་པའི་ལེའུ་སྟེ་དགུ་པའོ།། །།

入菩提薩埵行・智慧波羅蜜多第九品竟。

༢.༢.༤.དེ་ལྟར་སྤྲེལ་བའི་འབྲས་བུ་གཞན་དོན་ལ་བསྔོ་བ་དང་སྨོན་པའི་ལེའུ།།

2.2.4.為利他故迴向發願

༢.༢.༤.༡.བསྔོ་བ་བསྡུས་ཏེ་བསྟན་པ།

2.2.4.1.總說迴向

བདག་གིས་བྱང་ཆུབ་སྤྱོད་པ་ལ། །　　以我造此入菩提，
འཇུག་པ་རྣམ་པར་བརྩམས་པ་ཡི། །　　薩埵行持之善德，
དགེ་བ་གང་དེས་འགྲོ་བ་ཀུན།།　　願令一切有情眾，
བྱང་ཆུབ་སྤྱོད་ལ་འཇུག་པར་ཤོག །　　入於菩提薩埵行。

བདག་གིས་བྱང་ཆུབ་སེམས་དཔའི་སྤྱོད་པ་ལ། འཇུག་པ་ཞེས་བྱ་བའི་བསྟན་བཅོས་རྣམ་པར་བརྩམས་པ་ཡི། དགེ་བ་གང་ཡིན་པ་དེས་འགྲོ་བ་ཀུན། བྱང་ཆུབ་སེམས་དཔའི་སྤྱོད་པ་ལ་འཇུག་པར་ཤོག་ཅིག །དེ་ཡང་རྒྱུ་བྱང་ཆུབ་ཀྱི་སྤྱོད་པ་སྤྱད་པར་སྨོན་པ་དང་འབྲས་བུ་སངས་རྒྱས་ཀྱི་གོ་འཕང་ཐོབ་པར་སྨོན་པ་ལ་དོན་གྱི་དབང་ཐ་དད་པ་ཡོད་པ་མ་ཡིན་ནོ།།
以我造此名為“入菩提薩埵行持”論典之善德，願令一切有情眾，入於菩提薩埵行之行持中。又因上為了行持菩提行而發願，與果上為了證得佛果位而發願，其必要性沒有差異。

༢.༢.༤.༢.རྒྱས་པར་བཤད་པ།

2.2.4.2.廣說

༢.༢.༤.༢.༡.གཞན་དོན་ཕན་པ་དང་བདེ་བའི་རྒྱུར་བསྔོ་བ།

2.2.4.2.1.迴向成為利他利樂之因

༢.༢.༤.༢.༡.༡.དམན་པ་སྡུག་བསྔལ་དང་བྲལ་བར་བསྔོ་བ།

2.2.4.2.1.1.迴向下眾遠離痛苦

༢.༢.༤.༢.༡.༡.༡.ཁམས་གསུམ་སེམས་ཅན་སྡུག་བསྔལ་དང་བྲལ་བར་བསྔོ་བ།
2.2.4.2.1.1.1.迴向三界有情普離諸苦

ཕྱོགས་རྣམས་ཀུན་ན་ལུས་དང་སེམས།། 諸方各處盡所有，
སྡུག་བསྔལ་ནད་པ་ཇི་སྙེད་པ།། 身心痛苦患病者，
དེ་དག་བདག་གི་བསོད་ནམས་ཀྱིས།། 以我福德令彼等，
བདེ་དགའ་རྒྱ་མཚོ་ཐོབ་པར་ཤོག། 獲得喜樂之大海。

ཕྱོགས་བཅུའི་འཇིག་རྟེན་གྱི་ཁམས་རྣམས་ཀུན་ན་ལུས་དང་སེམས་ཀྱི་གནས་སྐབས་ལ་སེམས་སྡུག་བསྔལ་བ་དང་ལུས་ནད་ཀྱིས་ཐེབས་པ་ཇི་སྙེད་པ་དེ་དག་ཐམས་ཅད་བདག་གི་བསོད་ནམས་ཀྱི་སྟོབས་ཀྱིས། །ལུས་ལ་བདེ་བ་དང་སེམས་ལ་དགའ་བ་རྒྱ་མཚོ་ལྟ་བུར་ཐོབ་པར་ཤོག་ཅིག།

諸方（十方）世間各處盡所有身心兩階段，心的痛苦者與身體患病者，以我福德力令彼等，獲得心歡喜、身安樂之大海。

དེ་དག་འཁོར་བ་ཇི་སྲིད་དུ།། 願令彼等輪迴時，
ནམ་ཡང་བདེ་ལས་ཉམས་མ་གྱུར།། 永遠不失安樂時，
འགྲོ་བས་བྱང་ཆུབ་སེམས་དཔའ་ཡི།། 願令眾生不間斷，
བདེ་བ་རྒྱུན་མི་འཆད་ཐོབ་ཤོག། 獲得菩薩之安樂。

དེ་ལྟར་ཐོབ་པ་དེ་དག་འཁོར་བ་འདིར་ཇི་སྲིད་གནས་ཀྱི་བར་དུ། ནམ་ཡང་བདེ་བའི་གོ་སྐབས་ལས་ཉམས་པར་མ་གྱུར་ཅིག །འགྲོ་བ་རྣམས་ཀྱིས་བྱང་ཆུབ་སེམས་དཔའ་ཡི། ཏིང་ངེ་འཛིན་གྱི་བདེ་བ་རྒྱུན་མི་འཆད་པ་ཐོབ་པར་ཤོག་ཅིག།

願令如此得樂之彼等，於此處輪迴之時，永遠安樂永遠不失安樂的時機，願令眾生不間斷獲得菩薩禪定之安樂。

༢.༢.༤.༢.༡.༡.༢.ངན་སོང་གསུམ་སོགས་འགྲོ་བ་སོ་སོའི་སྡུག་བསྔལ་བྱེ་བྲག་དང་བྲལ་བར་བསྔོ་བ།

2.2.4.2.1.1.2.迴向三惡趣眾生各離所苦

འཇིག་རྟེན་ཁམས་ན་དམྱལ་བ་དག །　　世間之中地獄等，
གང་དག་ཇི་སྙེད་ཡོད་པ་རྣམས། །　　所有一切之痛苦，
དེ་དག་ཏུ་ནི་ལུས་ཅན་རྣམས།།　　願令彼等有身眾，
བདེ་ཅན་བདེ་བས་དགའ་བར་ཤོག །　　喜於極樂土安樂。

འཇིག་རྟེན་གྱི་ཁམས་ན་སེམས་ཅན་དམྱལ་བ་དག་གི་སྡུག་བསྔལ་གང་དག་ཇི་སྙེད་ཅིག་ཡོད་པ་རྣམས། དེ་དག་ཏུ་ནི་སྐྱེས་པའི་ལུས་ཅན་རྣམས་སྡུག་བསྔལ་དེ་དག་དང་བྲལ་ནས་བདེ་བ་ཅན་གྱི་བདེ་བས་དགའ་བར་ཤོག་ཅིག།

世間之中地獄有情等所有一切之痛苦，願令生於彼等界之有身眾，遠離彼等痛苦已，歡喜於極樂土之安樂。

གྲང་བས་ཉམ་ཐག་དྲོ་ཐོབ་ཤོག །　　冷所困頓願得暖，
བྱང་ཆུབ་སེམས་དཔའི་སྤྲིན་ཆེན་ལས། །　　願以菩薩大祥雲，
བྱུང་བའི་ཆུ་བོ་མཐའ་ཡས་ཀྱིས། །　　所生無邊廣大河，
ཚ་བས་ཉམ་ཐག་བསིལ་བར་ཤོག །　　熱所困頓得清涼。

གྲང་བས་ཉམ་ཐག་པ་ཆུ་བུར་ཅན་དང་ཆུ་བུར་རྡོལ་བ་དང་ཨ་ཆུ་ཟེར་བ་དང་སོ་ཐམ་ཐམ་པ་དང་ཀྱི་ཧུད་ཟེར་བ་དང་ཨུཏྤལ་ལྟར་གས་པ་དང་པདྨ་ལྟར་གས་པ་དང་པདྨ་ལྟར་ཆེར་གས་པ་སྟེ་བརྒྱད་པོ་རྣམས་སྡུག་བསྔལ་དེ་དག་དང་བྲལ་ཏེ་དྲོ་བའི་བདེ་བ་ཐོབ་པར་ཤོག་ཅིག །བྱང་ཆུབ་སེམས་དཔའི་བསོད་ནམས་དང་ཡེ་ཤེས་ཀྱི་སྤྲིན་ཆེན་ལས་བྱུང་བའི་ཆུ་བོ་མཐའ་ཡས་པ་རྣམས་ཀྱིས། ཚ་བས་ཉམ་ཐག་པའི་ཡང་སོས་དང་ཐིག་ནག་དང་བསྡུས་འཇོམས་དང་ངུ་འབོད་དང་ངུ་འབོད་ཆེན་པོ་དང་ཚ་བ་དང་རབ་ཏུ་ཚ་བ་དང་མནར་མེད་པ་རྣམས་སོ་སོའི་སྡུག་བསྔལ་དང་བྲལ་ཏེ་བསིལ་བའི་བདེ་བ་ཐོབ་པར་ཤོག་ཅིག།

受冷所困頓之皰、皰裂、嗁嗁婆、臛臛婆、緊牙、裂如鄔陀羅、裂如紅蓮、裂如大紅蓮等有情，遠離彼等痛苦，願得暖樂。願以菩薩福德與本慧大祥雲所生的無邊廣大河，受熱所困頓之等活、黑繩、燒熱、極熱、號叫、大號叫、眾合、無間等有情，遠離各自之苦，獲得清涼之樂。

རལ་གྲི་ལོ་མའི་ནགས་ཚལ་ཡང་། ། 又願彼等劍葉林，
དེ་ལ་དགའ་ཚལ་སྟུག་གུར་ཤོག ། 成為旃檀莊嚴林（成為悅意喜林苑），
ཤལ་མ་རི་ཡི་སྡོང་པོ་ཡང་།། 又願彼等鐵柱山，
དཔག་བསམ་ཤིང་དུ་འཁྲུངས་པར་ཤོག ། 生於如意寶樹中。

ལོ་མ་རལ་གྲི་རྣོན་པོར་གྱུར་པའི་ནགས་ཐིབ་པོར་སྡུག་བསྔལ་བར་གྱུར་པའི་སེམས་ཅན་རྣམས་སྡུག་བསྔལ་དེ་དང་བྲལ་ཏེ་རལ་གྲི་ལོ་མའི་ནགས་ཚལ་དེ་ཡང་། དེ་དག་ལ་དགའ་བའི་ཚལ་ལྟ་ན་སྟུག་གུར་འགྱུར་བར་ཤོག་ཅིག །ཤལ་མ་རིའི་སྡོང་པོའི་རྩེར་མཛེགས་པ་ན་ལམ་དུ་ཚེར་མ་རྣོན་པོས་འབིགས་པ་དང་། སྲིན་པོ་མ་རུང་བས་ཟ་བར་བྱེད་པ་དག་སྡུག་བསྔལ་དེ་དང་བྲལ་ནས་ཤལ་མ་ལི་ཡི་སྡོང་པོ་དེ་ཡང་། དཔག་བསམ་ཤིང་དུ་འཁྲུངས་པར་ཤོག་ཅིག།

又願在鋒利劍葉稠密的森林中受苦的有情，遠離彼等痛苦，使彼等劍葉林，成為悅意喜林苑。又願在爬上鐵柱山時，路上被鋒利的荊棘所刺，恐怖羅剎所食的受苦者，遠離彼等痛苦，使彼等鐵柱山，生於如意寶樹中。

མཐིང་རིལ་ཏུར་བ་དག་དང་ངང་པ་དང་། ། 野鴨黃鵝以及野雁等，
བཞད་སོགས་སྐད་སྙན་འབྱིན་པས་མཛེས་གྱུར་ཅིག ། 發出悅耳聲等為莊嚴，
པདྨོ་བསུང་ཆེ་ལྡན་མཚོ་དག་གིས།། 芬芳龐大蓮花湖等等，
དམྱལ་བའི་ས་ཕྱོགས་དག་ཉི་ཉམས་དགར་ཤོག ། 以令地獄各地皆舒適。

དེའང་བྱིའི་ཚོགས་ཡོད་དུ་འོང་བ་མཐིང་རིལ་དང་ཏུར་བ་དག་དང་ངང་པ་དང་། བཞད་ལ་སོགས་པ་སྐད་སྙན་པར་འབྱིན་པས་མཛེས་པར་གྱུར་ཅིག །པདྨོ་བསུང་པོའི་ངད་དང

བཅས་པ་ཆེ་ཞིང་བཀོད་ལེགས་པ་དང་ལྡན་པའི་མཚོ་དག་གིས། སྡུག་བསྔལ་གྱི་གནས་དམྱལ་བའི་ས་ཕྱོགས་དག་ཉི་རབ་ཏུ་ཉམས་དགའ་བར་ཤོག་ཅིག།

又賞心悅目的鳥類野鴨黃鵝以及野雁等，發出悅耳聲等為莊嚴，帶有芬芳氣息的龐大且莊嚴的蓮花湖等等，以令痛苦之處-地獄各地皆舒適。

སོལ་ཕུང་དེ་དག་རིན་ཆེན་ཕུང་པོར་གྱུར།།　　彼等炭堆轉為珍寶堆，
ས་བསྲེགས་ཤེལ་གྱི་ས་གཞི་བསྟར་བར་ཤོག །　　燒地轉為嚴整水晶地，
བསྡུས་འཇོམས་རི་བོ་རྣམས་ཀྱང་མཆོད་པ་ཡི།།　　聚合群山轉為所供養，
གཞལ་མེད་ཁང་གྱུར་བདེ་གཤེགས་གང་བར་ཤོག །越量宮殿善逝滿其中。

མནར་མེད་པའི་གནས་སུ་ལྕགས་སྲེག་གི་དུམ་བུ་རི་རབ་ཙམ་དུ་བཅེར་བའི་དབུས་སུ་ཚུད་དེ་སྡུག་བསྔལ་བ་རྣམས་གནོད་པ་དེ་དང་བྲལ་ཏེ་སོལ་བའི་ཕུང་པོ་དེ་ཡང་རིན་ཆེན་གྱི་ཕུང་པོར་གྱུར་པར་ཤོག་ཅིག །ས་གཞི་མེ་ལྕེ་མདོན་པར་འབར་བའི་རང་བཞིན་གྱིས་བསྲེགས་པ་ཡང་ཤེལ་གྱི་ས་གཞི་བསྟར་བ་སྟེ་ཁོད་སྙོམས་པའི་རང་བཞིན་དུ་མཐོང་བར་ཤོག་ཅིག །བསྡུས་འཇོམས་ཀྱི་རི་བོ་རབ་ཏུ་འབར་བ་རྣམས་ཀྱང་མཆོད་པ་ཡི། གཞལ་མེད་ཁང་དུ་གྱུར་ཏེ་བདེ་བར་གཤེགས་པ་རབ་ཏུ་མང་པོས་གང་བར་ཤོག་ཅིག།

無間地獄中，燒紅的鐵塊堆積得像虛彌山，願進入其內受苦的有情，遠離彼等傷害，彼等炭堆轉為珍寶堆。願看見自然燃燒、火舌熾盛的大地，轉為莊嚴平整水晶一般自性的大地。赫赫的聚合群山轉為所供養的越量宮殿，眾多善逝遍滿其中。

མདག་མེ་རྡོ་བསྲེགས་མཚོན་གྱི་ཆར་པ་དག　　煻煨燒石兵刃雨等等，
དེང་ནས་བཟུང་སྟེ་མེ་ཏོག་ཆར་པར་གྱུར།།　　從此以後轉為花之雨，
ལན་ཚུན་མཚོན་གྱིས་འདེབས་པ་དེ་ཡང་ནི།།　　彼等彼此兵刃之攻擊，
དེང་ནས་རྩེ་ཕྱིར་མེ་ཏོག་འཐེན་པར་ཤོག །　　以後轉為戲樂擲花朵。

ཡང་སོས་པ་དག་ལ་མནག་མེ་དང་རྡོ་བསྲེགས་དང་མཚོན་གྱི་ཆར་འབབ་པ་དག །དེ་ནས་བརྗོད་སྐྱེ་མེ་ཏོག་གི་ཆར་པར་གྱུར་པ་དང་། ཕན་ཚུན་གཅིག་ལ་གཅིག་མཚོན་གྱིས་འདེབས་པ་དེ་ཡང་ནི། དེ་ནས་མཛོད་པར་རྩེ་བའི་ཕྱིར་མེ་ཏོག་འཐེན་པར་ཤོག་ཅིག།

等活地獄等塘煨與燒紅石頭、兵刃雨等等，從此以後轉為花之雨，彼等彼此互相兵刃之攻擊，以後轉為純粹為了戲樂而扔擲的花朵。

ཆུ་བོ་རབ་མེད་མེ་དོང་འདྲ་ནང་བྱིང་བ་དག །　無灘河如火坑沉入眾，
ཤ་ཀུན་ཞིག་གྱུར་རུས་གོང་མེ་ཏོག་ཀུནྡའི་མདོག །　肉皆毀壞骨色如茉莉，
བདག་གི་དགེ་བའི་སྟོབས་ཀྱིས་ལྷ་ཡི་ལུས་ཐོབ་ནས། །　願因我力獲得天人身，
ལྷ་མོ་རྣམས་དང་ལྷན་ཅིག་དལ་གྱིས་འབབ་གནས་ཤོག །　與眾天女一同攸然處。

ཆུ་བོ་རབ་མེད་པ་མེ་དོང་འདྲ་བའི་ནང་དུ་བྱིང་བ་དག །ཤ་ཀུན་ཞིག་པར་གྱུར་ཅིང་རུས་གོང་མེ་ཏོག་ཀུནྡའི་མདོག་ལྟར་དཀར་པོར་གྱུར་པ་རྣམས་བདག་གི་དགེ་བའི་སྟོབས་ཀྱིས་གནས་དེ་ནས་ཚེ་འཕོས་ཏེ་ལྷ་ཡི་ལུས་ཐོབ་ནས། ལྷ་མོ་རྣམས་དང་ལྷན་ཅིག་ཏུ་ལྷའི་ཆུ་བོ་དལ་གྱིས་འབབ་པ་ན་དགའ་བས་གནས་པར་ཤོག་ཅིག །

無灘河如火坑一般，沉入其中的大眾，肉皆毀壞骨色轉為猶如茉莉花一般的白色，願因我力，令彼等眾從該處往生天趣，獲得天人身，與眾天女一同在天河攸然處。

ཅི་ཕྱིར་འདིར་ནི་གཤིན་རྗེའི་མི་དང་ཁྲ་དང་བྱ་རྒོད་མི་བཟད་རྣམས་སྐྲག་བྱེད། །
ཀུན་ནས་མུན་བསལ་བདེ་དགའ་བསྐྱེད་པའི་མཐུ་བཟང་འདི་ཀོ་སུ་ཡི་མཐུ་སྙམ་སྟེ། །
གྱེན་དུ་བལྟས་ན་ནམ་མཁའི་དཀྱིལ་ན་ཕྱག་ན་རྡོ་རྗེ་འབར་བ་བཞུགས་མཐོང་ནས། །
རབ་ཏུ་དགའ་བའི་ཤུགས་ཀྱིས་སྡིག་དང་བྲལ་ནས་དེ་དང་ལྷན་ཅིག་འགྲོ་བར་ཤོག །

何故此處殘忍閻羅之人鷂與禿鷲皆生懼，
盡除黑暗能生喜樂妙力疑惑是誰之能力，
舉頭上望而見虛空中央赫赫金剛手存在，

極度歡喜之力使離罪惡願能與彼一同離。

ཅི་ཕྱིར་གནས་འདིར་ནི་གཤིན་རྗེའི་མི་མ་རུངས་པ་རྣམས་དང་ཁྭ་དང་བྱ་རྒོད་མི་བཟད་པ་རྣམས་ཀྱང་སྐྲག་པར་བྱེད་ཅིང་། ཀུན་ནས་མུན་པ་ཐམས་ཅད་བསལ་ཞིང་ལུས་ལ་བདེ་བ་དང་སེམས་ལ་དགའ་བ་བསྐྱེད་པའི་མཐུ་བཟང་པོ་འདི་ཀོ་སུ་ཡི་མཐུ་ཡིན་སྙམ་སྟེ། གྱེན་དུ་བལྟས་པ་ན་ནམ་མཁའི་དཀྱིལ་ན་རྗེ་བཙུན་ཕྱག་ན་རྡོ་རྗེ་འོད་ཟེར་རབ་ཏུ་འབར་བའི་སྐུར་བཞུགས་པ་མཐོང་བར་གྱུར་ནས། དེ་ལ་དད་པ་སྐྱེས་ཏེ་རབ་ཏུ་དགའ་བའི་ཤུགས་ཀྱིས་སྔོན་གྱི་སྡིག་པ་དང་བྲལ་ནས་རྒྱལ་སྲས་དེ་དང་ལྷན་ཅིག་ཏུ་འགྲོགས་པར་ཤོག་ཅིག།

何故此處殘忍不堪、隸屬於閻羅之人，以及鷂與禿鷲皆生畏懼，此盡除一切黑暗，能生心喜、身樂之妙力，疑惑是誰之能力，舉頭上望，而見虛空中央威光赫赫的至尊金剛手存在，對彼生信，極度歡喜之力，使之離別過去之罪惡，願能與彼佛子一同伴隨離去。

མེ་ཏོག་ཆར་པ་སྤོས་ཆུ་དང་འདྲེས་བབས་པ་ཡིས། །
དམྱལ་བའི་མེ་མདག་ཆིལ་ཆིལ་གསོད་པར་མཐོང་གྱུར་ནས། །
གློ་བུར་བདེ་བས་ཚིམ་པ་འདི་ཅི་བསམ་པ་དང་། །
སེམས་དམྱལ་རྣམས་ཀྱིས་ཕྱག་ན་པདྨ་མཐོང་བར་ཤོག །

落下混和香水之花雨,
可見地獄火煨嘶嘶熄,
驟然因樂滿足疑何故,
願彼地獄眾見蓮花手。

མེ་ཏོག་གི་ཆར་པ་སྤོས་ཆུ་དང་འདྲེས་པ་འབབས་པ་ཡིས། དམྱལ་བའི་མེ་དང་མདག་མ་དག་ཆིལ་ཆིལ་ཞེས་གསོད་པ་མཐོང་བར་གྱུར་ནས། བདག་ཅག་རྣམས་གློ་བུར་དུ་བདེ་བས་ཚིམ་པ་འདི་ཅི་ལས་བྱུང་བ་ཡིན་ཞེས་བསམ་པ་དང་། སེམས་ཅན་དམྱལ་བ་པ་རྣམས་ཀྱིས་

རྒྱལ་སྲས་ཕྱག་ན་པདྨ་དེ་ཉིད་མཐོང་བར་ཤོག་ཅིག།
因為落下混和香水之花雨，可見地獄之火與糖煨嘶嘶熄，我等驟然因樂滿足疑惑是因何之故，願彼地獄眾得見彼佛子蓮花手。

གྲོགས་དག་འཇིགས་པ་བོར་ལ་རིངས་པར་ཚུར་ཤོག་ཕྱོགས་འདིར་ཤོག །
གང་གི་མཐུ་ཡིས་སྡུག་བསྔལ་ཀུན་བྲལ་དགའ་བའི་ཤུགས་ཕྱིན་ལ། །
འགྲོ་བ་ཀུན་ནས་ཡོངས་སྐྱོབ་བྱང་ཆུབ་སེམས་དང་བརྩེ་བ་སྐྱེས་གྱུར་པ། །
གཞོན་ནུ་ཟུར་ཕུད་ཅན་འབར་འཇིགས་པ་མེད་པར་བྱེད་པ་ཅི་ཞིག་ཕྱིན། །

眾友放下恐懼從速前來我等這一方,
因誰威力我等盡離痛苦而生歡喜力,
乃是徹底救度眾生具有憐憫心菩薩,
除此赫赫無所畏懼童形五髻者是誰。

རྗེ་བཙུན་འཇམ་དཔལ་གཞོན་ནུའི་མཐུ་ཡིས་དམྱལ་བའི་སེམས་ཅན་དག་གཅིག་ལ་གཅིག་གྲོགས་པོ་དག་ཅེས་བོས་ནས་འཇིགས་པ་བོར་ལ་རིངས་པར་ཚུལ་ཤོག་ཅིག་དང་ཕྱོགས་འདིར་ཤོག། གང་གི་མཐུ་ཡིས་བདག་ཅག་སྡུག་བསྔལ་ཀུན་དང་བྲལ་ཞིང་དགའ་བའི་ཤུགས་ཕྱིན་ལ། འགྲོ་བ་རྣམས་སྡུག་བསྔལ་ལས་ཀུན་ནས་ཡོངས་སུ་སྐྱོབ་པར་བྱེད་པའི་བྱང་ཆུབ་སེམས་དཔའ་འ་བརྩེ་བ་སྙིང་རྗེ་ཆེན་པོ་སྐྱེས་པར་གྱུར་པ་གཞོན་ནུ་ཟུར་ཕུད་ཅན་འོད་ཟེར་འབར་བའི་སྐུ་ཅན་འདི་མ་ཡིན་པ་བདག་ཅག་ལ་འཇིགས་པ་མེད་པར་བྱེད་པ་གཞན་སུ་ཞིག་ཕྱིན།

因文殊童子之威力，地獄有情一一相告：眾友放下恐懼，從速前來我等這一方。因誰威力能令我等盡離痛苦而生歡喜力，乃是徹底救度眾生脫離痛苦、具有憐憫心（大悲心）之菩薩，除此威光赫赫、能令我等無所畏懼的童形五髻者還可能是誰。

བྱེད་ཀྱི་ལྷ་བརྒྱའི་ཕོ་བྲང་ན་དགའ་གིས་ཞབས་ཀྱི་པདྨ་ལ་མཆོད་ཅིང་། །

ཐུགས་རྗེའི་རླན་སྤྱན་དབུ་ལ་མེ་ཏོག་དུ་མའི་ཚོགས་ཀྱིས་ཆར་འབབ་པ།།
ཁང་བརྩེགས་ཡིད་འོང་ལྷ་མོ་སྟོང་ཕྲག་བསྟོད་དབྱངས་སྒྲོགས་ལྡན་འདི་ལྟོས་ཞེས།།
འཇམ་དབྱངས་དེ་འདྲ་མཐོང་ནས་ད་ཉི་སེམས་དམྱལ་ཅ་ཅོ་འདོན་པར་ཤོག།
您受百神所戴玉串飄帶供養於蓮足，
悲心潤澤雙眼頭頂降下諸多花集雨，
看有悅意高樓成千天女歌唱讚歎曲，
一見如此文殊當下地獄有情起喧嘩。

ཁྱོད་ཀྱི་ལྷ་བརྒྱའི་ཅོད་པན་དག་གིས་ཞབས་ཀྱི་པདྨོ་ལ་མཆོད་ཅིང་། ཐུགས་རྗེས་བརླན་པའི་སྤྱན་དཀྲུས་བཟང་པོ་ཅན་དབུ་ལ་རྒྱལ་བ་རྣམས་ཀྱིས་མེ་ཏོག་དུ་མའི་ཚོགས་ཀྱི་ཆར་འབབས་པ། ཕྱོགས་དང་ཕྱོགས་མཚམས་རྣམས་སུ་ཁང་པ་བརྩེགས་པ་ཡིད་དུ་འོང་བ་མང་པོ་ནས་ལྷ་མོ་སྟོང་ཕྲག་དུ་མས་བསྟོད་པའི་དབྱངས་སྒྲོགས་པ་དང་ལྡན་པ་འདི་ལ་ལྟོས་ཞེས། འཇམ་པའི་དབྱངས་དེ་འདྲ་བའི་བསྟོད་པ་དང་བཅས་པ་མཐོང་ནས་ད་ཉི་སེམས་ཅན་དམྱལ་བ་པ་རྣམས་དགའ་བའི་ཅ་ཅོ་འདོན་པར་ཤོག་ཅིག།
您受百神所戴玉串飄帶供養於蓮足，悲心所潤澤、動人細長的雙眼，頭頂有勝者眾降下諸多花集雨，看啊！四面八方有諸多悅意高樓，其中有成千等諸多天女歌唱讚歎曲，一見如此眾神稱讚的文殊，當下地獄眾有情紛紛高興地起喧嘩。

དེ་ལྟར་བདག་གི་དགེ་རྩས་ཀུན་དུ་བཟང་ལ་སོགས།།
བྱང་ཆུབ་སེམས་དཔའ་སྒྲིབ་པ་མེད་སྤྲིན་བདེ་བ་དང་།།
བསིལ་ཞིང་དྲི་ཞིམ་ལྡན་ཆར་པ་འབེབས་མཐོང་ནས།།
སེམས་ཅན་དམྱལ་བ་དེ་དག་མངོན་པར་དགའ་གྱུར་ཅིག།
如此以我善根觀見普賢等，
菩薩由無蓋障祥雲所降下，
安樂清涼並具芬芳氣息雨，

願彼地獄有情當下得歡喜。

དེ་ལྟར་བདག་གི་དགེ་བའི་རྩ་བས་ཀུན་ཏུ་བཟང་པོ་དང་ལ་སོགས་པ་སྟེ་ནམ་མཁའི་སྙིང་པོ་དང་ས་ཡི་སྙིང་པོ་དང་སྒྲིབ་པ་ཐམས་ཅད་རྣམ་པར་སེལ་བ་དང་བྱམས་པ་ལ་སོགས་པ་བྱང་ཆུབ་སེམས་དཔའ་རྣམས་ཀྱི་སྒྲིབ་པ་མེད་པའི་སྤྲིན་ལས་རེག་ན་བདེ་བ་དང་། བསིལ་ཞིང་དྲི་ཞིམ་པོའི་ངད་པ་དང་ལྡན་པའི་ཆར་པ་འབབ་པ་མཐོང་ནས། སེམས་ཅན་དམྱལ་བ་པ་དེ་དག་མངོན་པར་དགའ་བར་གྱུར་ཅིག །

如此以我善根觀見普賢等菩薩（虛空藏、地藏、除蓋障、彌勒等等菩薩），由彼等無蓋障祥雲所降下，觸即能生安樂、清涼並具芬芳氣息之雨，願彼地獄有情當下得歡喜。

དུད་འགྲོ་རྣམས་ནི་གཅིག་ལ་གཅིག　　　願彼畜生道眾生，
ཟ་བའི་འཇིགས་དང་བྲལ་བར་ཤོག །　　　遠離互食之恐懼。

དུད་འགྲོ་རྣམས་ནི་གཅིག་ལ་གཅིག །　　　願彼畜生道眾生，
ཟ་བ་ལ་སོགས་པའི་འཇིགས་པ་ཐམས་ཅད་དང་བྲལ་བར་ཤོག་ཅིག །
遠離互食等等之一切恐懼。

སྒྲ་མི་སྙན་པའི་མི་བཞིན་དུ།།　　　猶如俱盧洲人般，
ཡི་དྭགས་རྣམས་ནི་བདེ་བར་གྱུར། །　　　願餓鬼眾具安樂。
འཕགས་པ་སྤྱན་རས་གཟིགས་དབང་གི།།　　　願以勝者觀自在，
ཕྱག་ནས་འབབ་པའི་འོ་རྒྱུན་གྱིས། །　　　手中所降之乳泉，
ཡི་དྭགས་རྣམས་ནི་ཚིམ་བྱས་ཤིང་། །　　　滿足餓鬼眾生求，
ཁྲུས་བྱས་རྟག་ཏུ་བསིལ་བར་ཤོག །　　　沐浴並常具清涼。

བྱང་གི་སྒྲ་མི་སྙན་པའི་མི་རྣམས་བཞིན་དུ། ཡི་དྭགས་རྣམས་ནི་ཟས་སྐོམ་གྱིས་ཕོངས་པ་མེད་པ་བདེ་བར་གྱུར་ཅིག །འཕགས་པ་སྤྱན་རས་གཟིགས་དབང་ཕྱུག་གི། ཕྱག་ནས་འབབ་པའི་འོ་མའི་རྒྱ་མཚོ་ཆེན་པོའི་རྒྱུན་གྱིས། ཡི་དྭགས་གཏྲའི་ཀླུང་གི་བྱེ་མ་སྐྱེད་རྣམས་ནི་ཚིམ་

པར་བྱས་ཤིང་། ལུས་ལ་བྲན་བྱས་ནས་རྟག་ཏུ་བསིལ་བ་ཐོབ་པར་ཤོག་ཅིག །

猶如北方俱盧洲的人類一般，願餓鬼眾具有飲食無匱乏之安樂。願以勝者觀自在，手中所降之乳海泉，滿足盡恆河沙數餓鬼眾生需求，身受沐浴並常具清涼。

ལོང་བ་རྣམས་ཀྱིས་མིག་མཐོང་ཞིང་།། 　　一切盲者眼可見，
འོན་པས་རྟག་ཏུ་སྒྲ་ཐོས་ཤོག། 　　一切聾者常耳聞。
ལྷ་མོ་སྒྱུ་འཕྲུལ་ཇི་བཞིན་དུ།། 　　猶如摩耶夫人般，
སྦྲུམ་མ་འདད་གནོད་མེད་བཙའ་བར་ཤོག ། 　　一切孕婦無害產。

ལོང་བ་རྣམས་ཀྱིས་གཟུགས་མཐོང་ཞིང་། །འོན་པས་ཀྱང་རྟག་ཏུ་སྒྲ་ཐོས་པར་ཤོག་ཅིག །ལྷ་མོ་སྒྱུ་འཕྲུལ་མ་ལས་བྱང་ཆུབ་སེམས་དཔའ་སྐུ་བལྟམས་པ་ཇི་ལྟར་བཞིན་དུ། སྦྲུམ་མ་ཇི་སྙེད་པ་འདད་གནོད་པ་མེད་པར་བཙའ་བར་ཤོག་ཅིག །

願一切盲者眼可見色，願一切聾者也常耳聞。猶如摩耶夫人誕下菩薩身一般，願一切孕婦無害產。

གཅེར་བུ་རྣམས་ཀྱིས་གོས་དག་དང་།། 　　不蔽體者有衣穿，
བཀྲེས་པ་རྣམས་ཀྱིས་ཟས་དང་ནི།། 　　饑餓等眾有吃食，
སྐོམ་པ་རྣམས་ཀྱིས་ཆུ་དག་དང་།། 　　乾渴等眾有水飲，
བཏུང་བ་ཞིམ་པོ་ཐོབ་པར་ཤོག ། 　　以及美味之飲料。

གཅེར་བུ་ཚ་གྲང་གི་སྡུག་བསྔལ་མྱོང་བ་རྣམས་ཀྱིས་གོས་དག་དང་། བཀྲེས་པའི་སྡུག་བསྔལ་གྱིས་ཉེན་པ་རྣམས་ཀྱིས་ཟས་དང་ནི། སྐོམ་པ་སྐེ་སྐོམ་ཚད་ཀྱིས་གདུང་བ་རྣམས་ཀྱིས་ཆུ་དག་དང་། གཞན་ཡང་བཏུང་བ་ཞིམ་པོའི་རིགས་རྣམས་ཐོབ་པར་ཤོག་ཅིག །

嚐受冷熱之苦的不蔽體者有衣穿，受饑餓之苦威脅等眾有吃食，受乾渴之苦逼惱等眾有水飲，以及其它各種美味之飲料。

བཀྲེན་པ་རྣམས་ཀྱིས་ནོར་ཐོབ་ཤོག ། 　　貧困等眾願得財，
མྱ་ངན་ཉམ་ཐག་དགའ་བ་ཐོབ་ཤོག ། 　　憂愁可憐願得喜，

ཕི་ཆད་རྣམས་ཀྱང་ཡི་དེ་སོས་ཤིང་། །　　灰心等眾能振奮，

བརྟན་པ་ཕུན་སུམ་ཚོགས་པར་ཤོག །　　願得堅定圓滿心。

ཕོངས་ཤིང་དབུལ་བར་གྱུར་པའི་བགྲེན་པ་རྣམས་ཀྱིས་ནོར་རྫས་མང་དུ་ཐོབ་པར་ཤོག་ཅིག། སྐྱ་རྡན་གྱིས་ཉམ་ཐག་པ་རྣམས་དགའ་བ་ཐོབ་པར་ཤོག་ཅིག །བྱ་བ་གང་ཡང་བསྒྲུབ་པར་མི་ནུས་པས་ཕི་ཆད་པ་རྣམས་ཀྱང་ཡི་དེ་སོས་ཤིང་། ཡིད་བརྟན་པ་ཕུན་སུམ་ཚོགས་པར་ཤོག་ཅིག།

貧窮困頓等眾願得多財，憂愁可憐等眾願得喜，因為一事無成而灰心等眾能振奮，願得堅定圓滿心。

སེམས་ཅན་ནད་པ་ཇི་སྙེད་པ།།　　患病有情盡所有，

མྱུར་དུ་ནད་ལས་ཐར་གྱུར་ཅིག །　　願速解脫病之苦，

འགྲོ་བའི་ནད་ནི་མ་ལུས་པ།།　　又願一切有情眾，

རྟག་ཏུ་འབྱུང་བ་མེད་པར་ཤོག།　　病苦恆常不生起。

འཇིག་རྟེན་གྱི་ཁམས་རྣམས་ན་སེམས་ཅན་ནད་པ་ཇི་སྙེད་ཡོད་པ་རྣམས། མྱུར་དུ་ནད་ཀྱི་རིགས་ཐམས་ཅད་ལས་ཐར་བར་གྱུར་ཅིག །འགྲོ་བའི་ནད་ནི་ཡོད་དོ་ཅོག་མ་ལུས་པ་རྣམས་དུས་རྟག་ཏུ་འབྱུང་བ་མེད་པར་ཤོག་ཅིག།

各個世間之中的患病有情盡所有，願速解脫各種一切病之苦，又願一切有情眾所有的病苦恆常不生起。

སྐྲག་པ་རྣམས་ནི་འཇིགས་མེད་ཤོག །　　受怕等眾離恐懼，

བཅིངས་པ་རྣམས་ནི་གྲོལ་བར་འགྱུར། །　　受縛等眾得解縛，

མཐུ་མེད་རྣམས་ནི་མཐུ་ལྡན་ཞིང་། །　　無力等眾具氣力，

སེམས་ནི་ཕན་ཚུན་མཉེན་གྱུར་ཅིག །　　令心彼此轉柔和。

རྒྱལ་པོའི་ཆད་པ་ལ་སོགས་པས་སྐྲག་པ་རྣམས་ནི་འཇིགས་པ་མེད་པར་ཤོག་ཅིག །བཙོན་རར་བཅིངས་པ་རྣམས་ནི་གྲོལ་བར་གྱུར་པ་དང་། བྱ་བའི་ལས་གང་ལ་ཡང་མཐུ་མེད་པ་རྣམས་

ཉི་མཐུ་དང་ལྡན་ཤིང་། དེ་དག་ཀུང་སེམས་ནི་ཕན་ཚུན་མཐུན་པའི་རང་བཞིན་དུ་གྱུར་ཅིག །
因國王刑罰等而受怕等眾離恐懼，受縛於牢獄等眾得解縛，無力做任何事等眾具氣力，令彼等心彼此轉為柔和之自性。

འགྲོན་པོ་དག་ནི་ཐམས་ཅད་ལ། །　　所有一切旅途客，
ཕྱོགས་རྣམས་ཐམས་ཅད་བདེ་བར་ཤོག །　　一切地方皆安樂，
གང་གི་དོན་དུ་འགྲོ་བྱེད་པ།།　　為何目的而出行，
དེ་འབད་མི་དགོས་གྲུབ་གྱུར་ཅིག །　　願彼無勞皆成就。

ཟོང་དོན་དུ་གཉེར་བར་བྱེད་པའི་འགྲོན་པོ་དག་ནི་ཐམས་ཅད་ལ། གང་དུ་འགྲོ་བའི་ཕྱོགས་རྣམས་ཐམས་ཅད་བདེ་བར་ཤོག་ཅིག །དངོས་པོ་གང་གི་དོན་དུ་འགྲོ་བར་བྱེད་པ་ན། དངོས་པོ་དེ་འབད་མི་དགོས་པ་འགྲུབ་པར་གྱུར་ཅིག །
願所有一切致力於貨物的旅途客，所前往的一切地方皆安樂，為何目的而出行，願彼目的無勞皆成就。

གྲུ་དང་གྲུ་ཆེན་ཞུགས་པ་རྣམས། །　　乘坐舟與船等眾，
ཡིད་ལ་བསམ་པ་གྲུབ་གྱུར་ཏེ།།　　皆能成就心所想，
ཆུ་ཡི་དོགས་སུ་བདེར་ཕྱིན་ནས། །　　平安抵達口岸已，
གཉེན་དང་ལྷན་ཅིག་དགའ་བར་ཤོག །　　與親團聚皆歡喜。

གྲུ་དང་གྲུ་ཆེན་པོ་དག་ལ་ཞུགས་པ་རྒྱ་མཚོར་འགྲོ་བ་རྣམས། ཡིད་ལ་གང་བསམ་པ་ཐམས་ཅད་འགྲུབ་པར་གྱུར་ཏེ། ཆུ་ཡི་ཚུ་རོལ་གྱི་དོགས་སུ་བདེ་བར་ཕྱིན་ནས། གཉེན་རྣམས་དང་ལྷན་ཅིག་ཏུ་འཕྲད་དེ་དགའ་བར་ཤོག་ཅིག །
乘坐舟與大船前往大海等眾，皆能成就心中一切所想，平安抵達家鄉口岸已，與親人相逢團聚皆歡喜。

སྐྱ་ངན་ལམ་གོལ་འཁྱམས་པ་རྣམས། །　　憂愁錯路徘徊眾，
འགྲོན་པོ་དག་དང་ཕྲད་གྱུར་ནས། །　　願能值遇旅客等，

ཆོམ་རྐུན་སྟག་སོགས་འཇིགས་མེད་པར།། 無虎盜匪等威脅，
མི་ངལ་བདེ་བླག་འགྲོད་པར་ཤོག ། 輕鬆抵達無疲乏。

མྱ་ངན་གྱི་དགོན་པར་ལམ་གོལ་ཞིང་འཁྱམས་པ་རྣམས། ལམ་མཁན་བཟང་པོ་རྙེད་པའི་འགྲོན་པོ་དག་དང་ལྡན་པར་གྱུར་ནས། ཆོམ་རྐུན་པའི་འཇིགས་པ་དང་སྟག་ལ་སོགས་པའི་གཅན་གཟན་གྱི་འཇིགས་པ་མེད་པར། མི་ངལ་བ་སྟེ་ངལ་དུབ་མེད་པར་བདེ་བླག་ཉིད་དུ་གང་དུ་ཕྱིན་པར་འདོད་པའི་གནས་དེར་འགྲོད་པར་ཤོག་ཅིག།

在憂愁的荒地中，走错路而徘徊等眾，願能值遇得到熟路者的旅客等，無虎等野獸與盜匪等等的威脅，輕鬆抵達所欲前往的去處無疲乏。

དགོན་སོགས་ལམ་མེད་ཉམ་ང་བར།། 無路危險荒野處，
བྱིས་པ་རྒན་པོ་མགོན་མེད་པ།། 幼兒老者無依怙，
གཉིད་ལོག་མྱོས་ཤིང་རབ་མྱོས་རྣམས།། 極度沈迷睡眠眾，
ལྷ་དག་སྲུང་བར་བྱེད་པར་ཤོག ། 願得眾神之守護。

འབྲོག་དགོན་པ་ལ་སོགས་པ་ལམ་མེད་ཅིང་ཉམ་ང་བར། ཕྱིན་པའི་དབང་པོ་མ་སྨིན་པའི་བྱིས་པ་འབྱུང་བ་རྒུད་པར་གྱུར་པའི་རྒན་པོ་དང་མགོན་མེད་པའི་ནད་པ་ལ་སོགས་པ་གཉིད་ལོག་པས་མྱོས་ཤིང་རབ་ཏུ་མྱོས་པ་རྣམས། དཀར་པོའི་ཕྱོགས་ཀྱི་ལྷ་དག་གིས་སྲུང་བ་བྱེད་པར་ཤོག་ཅིག།

前往無路危險荒野牧區等處的未成熟幼兒，年老力衰的老者，以及無所依怙的病人等等，極度沈迷睡眠大眾，願得善方眾神之守護。

མི་དལ་ཀུན་ལས་ཐར་བ་དང་།། 脫離一切無暇處，
དད་དང་ཤེས་རབ་བརྩེ་ལྡན་ཞིང་།། 具信智慧與憐憫，
ཟས་དང་སྤྱོད་པ་ཕུན་ཚོགས་ནས།། 圓滿食與行儀已，

རྟག་ཏུ་ཚེ་རབས་དྲན་གྱུར་ཅིག ། 恆常憶念累世生。

སེམས་ཅན་ཐམས་ཅད་མི་དལ་བའི་གནས་བརྒྱད་པོ་ཀུན་ལས་ཐར་བ་དང༌། ཐེག་པ་ཆེན་པོ་ལ་དད་པ་དང་གསུང་རབ་ཀྱི་དོན་རྣམ་པར་འབྱེད་པའི་ཤེས་རབ་དང་སེམས་ཅན་རྣམས་ལ་སྙིང་བརྩེ་བར་ལྡན་ཞིང༌། ལོག་འཚོ་སྤོང་བའི་ཟས་དང་ཚུལ་ཁྲིམས་ཀྱི་སྤྱོད་པ་ཕུན་སུམ་ཚོགས་ནས། རྟག་ཏུ་ཚེ་རབས་སྔ་མ་རྣམས་རྗེས་སུ་དྲན་པར་གྱུར་ཅིག །

願一切有情脫離一切八種無暇處，對大乘具有信心，具有分辨佛語意義的智慧，與對有情具有憐憫心，圓滿非邪命生活之食與持戒之行儀已，恆常憶念過去累世生。

ཐམས་ཅད་ནམ་མཁའི་མཛོད་བཞིན་དུ།། 一切猶如虛空藏，
ལོངས་སྤྱོད་ཆད་པ་མེད་པར་ཤོག ། 願彼受用無匱乏，
རྩོད་པ་མེད་ཅིང་འཚེ་མེད་པར།། 不起爭執無傷害，
རང་དབང་དུ་ནི་སྤྱོད་པར་ཤོག། 願彼自在受用彼。

སེམས་ཅན་ཐམས་ཅད་ནམ་མཁའ་མཛོད་ཀྱི་ཏིང་ངེ་འཛིན་ཐོབ་པ་བཞིན་དུ་ལོངས་སྤྱོད་རྒྱུན་ཆད་པ་མེད་པར་ཤོག་ཅིག །ལོངས་སྤྱོད་ལ་ཕན་ཚུན་རྩོད་པ་མེད་ཅིང་གཞན་གྱིས་འཚེ་བ་མེད་པར། རང་དབང་དུ་ནི་ལོངས་སྤྱོད་པར་ཤོག་ཅིག།

一切有情猶如獲得虛空藏之三摩地，願彼受用無匱乏、間斷，於受用物不起爭執，無他眾之傷害，願彼有情自在受用彼受用物。

སེམས་ཅན་གཟི་བརྗིད་ཆུང་དུ་གང༌། ། 一切無威之有情，
དེ་དག་གཟི་བརྗིད་ཆེན་པོར་ཤོག ། 願彼具大威德相，
དཀའ་ཐུབ་ཅན་གང་གཟུགས་ངན་པ། ། 苦行者之惡劣身，
གཟུགས་བཟང་ཕུན་སུམ་ཚོགས་གྱུར་ཅིག། 轉為圓滿妙好身。

སེམས་ཅན་གཟི་བརྗིད་ཆུང་དུ་གཞན་གྱི་གདོང་ལ་ལྟ་མི་ནུས་པ་གང་དག་ཡོད་པ་དེ་དག

གཟི་བརྗིད་ཆེན་པོ་དང་ལྡན་པར་ཤོག་ཅིག །དཀའ་ཐུབ་ཅན་གང་ཞིག་གཟུགས་ངན་པར་གྱུར་པ་རྣམས་སྐུའི་ཉམས་བརྟས་ཤིང་། གཟུགས་བཟང་པོ་ཕུན་སུམ་ཚོགས་པར་གྱུར་ཅིག།

一切無威、不敢直視他人之有情，願彼等具有大威德相，願苦行者之惡劣身得以增長，轉為圓滿妙好身。

འཇིག་རྟེན་བུད་མེད་དེ་སྙེད་པ།། 所有世間眾女子，
དེ་དག་སྐྱེས་པ་ཉིད་གྱུར་ཅིག། 彼等咸轉男子身，
མ་རབས་རྣམས་ནི་མཐོ་ཐོབ་ཅིང་།། 底層眾得高尚位，
ང་རྒྱལ་དག་ཀྱང་བཅོམ་པར་ཤོག། 並且消除我慢心。

འཇིག་རྟེན་གྱི་ཁམས་ན་བུད་མེད་དེ་སྙེད་ཡོད་པ་དེ་དག་སྐྱེས་པ་ཉིད་དུ་གྱུར་ནས་སྙིང་སྟོབས་ཕུན་སུམ་ཚོགས་པས་ཆོས་ལ་སྤྱོད་པར་གྱུར་ཅིག །རིགས་དམན་པར་སྐྱེས་པའི་མ་རབས་རྣམས་ནི་མཐོ་བའི་གནས་ཐོབ་ཅིང་། སེམས་ཀྱི་ང་རྒྱལ་དག་ཀྱང་བཅོམ་པར་ཤོག་ཅིག།

所有世間界一切眾女子，彼等鹹轉男子身已，心力圓滿地行持佛法。種姓低下的底層眾得高尚位元，並且消除我慢心。

བདག་གི་བསོད་ནམས་འདི་ཡིས་ནི།། 以我所有此福德，
སེམས་ཅན་ཐམས་ཅད་མ་ལུས་པ།། 願令一切有情眾，
སྡིག་པ་ཐམས་ཅད་སྤངས་ནས་ནི།། 斷除一切罪障已，
རྟག་ཏུ་དགེ་བ་བྱེད་པར་ཤོག། 恆常行持諸善行。

བདག་གི་བསོད་ནམས་ཀྱི་དངོས་པོ་འདི་ཡིས་ནི། མཐའ་ཡས་པའི་སེམས་ཅན་ཐམས་ཅད་མ་ལུས་པ། སྡིག་པ་མི་དགེ་བའི་ཕྱོགས་ཐམས་ཅད་སྤངས་ནས་ནི། དུས་རྟག་ཏུ་དགེ་བ་བྱེད་པར་ཤོག་ཅིག།

以我所有此福德，願令一切有情眾，斷除一切罪障已，恆常行持諸善行。

བྱང་ཆུབ་སེམས་དང་མི་འབྲལ་ཞིང་།། 願心不離菩提心，

བྱང་ཆུབ་སྤྱོད་ལ་གཞོལ་བ་དང་། །　　致力菩提之行持，
སངས་རྒྱས་རྣམས་ཀྱིས་ཡོངས་གཟུང་ཞིང་།།　　並得諸佛所攝受，
བདུད་ཀྱི་ལས་རྣམས་སྤང་བར་ཤོག །　　斷捨一切魔之業。

བསམ་པ་བྱང་ཆུབ་ཀྱི་སེམས་དང་མི་འབྲལ་ཞིང་། སྦྱོར་བ་བྱང་ཆུབ་ཀྱི་སྤྱོད་པ་རྒྱ་མཚོ་ལྟ་བུ་ལ་གཞོལ་བ་དང་། སངས་རྒྱས་རྣམས་ཀྱི་ཐུགས་རྗེས་ཡོངས་སུ་བཟུང་ཞིང་། བདུད་ཀྱི་ལས་ལྟ་སྤྱོད་ཕྱིན་ཅི་ལོག་རྣམས་སྤོང་བར་ཤོག་ཅིག།

願心不離菩提心，致力菩提之行持，並得諸佛所攝受，斷捨一切魔之業。

སེམས་ཅན་དེ་དག་ཐམས་ཅད་ནི། །　　願彼一切有情眾，
ཚེ་ཡང་དཔག་མེད་རིང་བར་ཤོག །　　具有無量數之壽，
རྟག་ཏུ་བདེ་བར་འཚོ་འགྱུར་ཞིང་། །　　恆時安樂為生活，
འཆི་བའི་སྒྲ་ཡང་གྲག་མ་གྱུར།།　　死亡之聲不得聞。

བྱང་ཆུབ་ཀྱི་སྤྱོད་པ་ལ་གནས་པའི་སེམས་ཅན་དེ་དག་ཐམས་ཅད་ནི། ཚེ་ཡང་རྫོགས་ལྡན་གྱི་དུས་ལྟར་ལོ་དཔག་མེད་ཐུབ་པས་རིང་བར་ཤོག་ཅིག །དེ་ཡང་དུས་རྟག་ཏུ་བདེ་བར་འཚོ་བ་འགྱུར་ཞིང་། འཆི་བའི་སྒྲ་ཙམ་ཡང་གྲགས་པར་མ་གྱུར་ཅིག།

願彼等住於菩提行一切有情眾，具有圓劫時一般無量數之年壽，復又恆時安樂為生活，死亡之聲不得聞。

དཔག་བསམ་ཤིང་གི་སྐྱེད་མོས་ཚལ། །　　如意寶樹林苑中，
སངས་རྒྱས་དང་ནི་སངས་རྒྱས་སྲས། །　　佛陀以及眾佛子，
ཆོས་སྙན་སྒྲོགས་པས་གང་བ་ཡིས། །　　充塞悅耳法音聲，
ཕྱོགས་རྣམས་ཐམས་ཅད་གང་བར་ཤོག །　　願彼遍滿一切處。

རྩ་བ་དང་སྡོང་བུ་དང་ཡལ་ག་ལ་སོགས་པ་ཕུན་སུམ་ཚོགས་པའི་དཔག་བསམ་གྱི་ཤིང་གི་སྐྱེད་མོས་ཚལ་དུ་ཡང་དག་པར་རྫོགས་པའི་སངས་རྒྱས་དང་ནི་སངས་རྒྱས་ཀྱི་སྲས་བྱང་ཆུབ་

སེམས་དཔའ་ཟབ་པ་དང་རྒྱ་ཆེ་བའི་ཆོས་སྙན་པར་སྒྲོགས་པ་བས་གདང་བ་ཡིས། ཕྱོགས་བཅུའི་འཇིག་རྟེན་གྱི་ཁམས་རྣམས་ཐམས་ཅད་གང་བར་ཤོག་ཅིག།

根、莖，枝葉等皆圓滿的如意寶樹林苑中，正等圓滿佛陀以及眾佛子菩薩，充塞悅耳深廣法音聲，願彼法聲遍滿十方世間一切處。

ཐམས་ཅད་དུ་ཡང་ས་གཞི་དག །　　願一切處大地上,
གསེག་མ་ལ་སོགས་མེད་པ་དང་། །　　沒有砂石礫等等,
ལག་མཐིལ་ལ་མཉམ་པ་བཻ་ཌཱུརྱའི། །　　平等猶如手掌心,
རང་བཞིན་འཇམ་པོར་གནས་པར་གྱུར། །　　琉璃一般柔軟性。

ཞིང་གི་ཁྱོན་ཐམས་ཅད་དུ་ཡང་ས་གཞི་དག །རྡོ་དང་གསེག་མ་ལ་སོགས་པ་མེད་པ་དང་། གཞོན་ནུ་དར་མའི་ལག་མཐིལ་ལྟར་མཉམ་ཞིང་བཻ་ཌཱུརྱའི། རང་བཞིན་འཇམ་པོར་གནས་པར་གྱུར་ཅིག།

願一切處大地上，沒有砂石礫等等，平等猶如青年手掌心，琉璃一般柔軟性。

འཁོར་གྱི་དཀྱིལ་འཁོར་ཡོད་དགུར་ཡང་། །　　近圍所有壇城中,
བྱང་ཆུབ་སེམས་དཔའ་མང་པོ་དག །　　佛子菩提薩埵眾,
རང་གི་ལེགས་པས་ས་སྟེངས་དག །　　以己善於大地上,
བརྒྱན་པར་མཛད་པས་བཞུགས་གྱུར་ཅིག།　　廣作莊嚴並住世。

འཇིག་རྟེན་གྱི་འཁོར་གྱི་དཀྱིལ་འཁོར་ཡོད་དགུར་ཡང་། ས་ཆེན་པོ་ལ་གནས་པའི་བྱང་ཆུབ་སེམས་དཔའ་མང་པོ་དག །རང་གི་ལེགས་པའི་ཡོན་ཏན་གྱིས་ས་སྟེང་མཐའ་དག་བརྒྱན་པར་མཛད་པས་བཞུགས་པར་གྱུར་ཅིག།

大地上近圍所有壇城中，佛子菩提薩埵眾，以己善功德於大地上廣作莊嚴並住世。

ལུས་ཅན་ཀུན་གྱིས་བྱ་དང་ནི།། 又願一切有身眾，
ཤིང་དང་འོད་ཟེར་ཐམས་ཅད་དང་།། 一切鳥樹與光明，
ནམ་མཁའ་ལས་ཀྱང་ཆོས་ཀྱི་སྒྲ།། 虛空所發之法音，
རྒྱུན་མི་འཆད་པར་ཐོས་པར་ཤོག ། 無有間斷常聽聞。

ལུས་ཅན་གྱི་སེམས་ཅན་ཀུན་གྱིས་སྤྲུལ་པའི་རང་བཞིན་གྱི་བྱ་དང་ནི། ཤིང་ལྗོན་པ་དང་འཇའ་ཚོན་ལ་སོགས་པ་འོད་ཟེར་ཐམས་ཅད་དང་། ནམ་མཁའ་སྟོང་པར་ལས་ཀྱང་ཟབ་ཅིང་རྒྱ་ཆེ་བའི་ཆོས་ཀྱི་སྒྲ། རྒྱུན་མི་འཆད་པར་ཐོས་པར་ཤོག་ཅིག།

又願一切有身的有情眾生，一切化現自性的鳥、樹木，與彩虹光明等等，以及虛空所發之深廣法音，無有間斷常聽聞。

དེ་དག་རྟག་ཏུ་སངས་རྒྱས་དང་།། 彼等常遇正等佛，
སངས་རྒྱས་སྲས་དང་ཕྲད་གྱུར་ཅིག ། 以及佛子菩薩眾，
མཆོད་པའི་སྤྲིན་ནི་མཐའ་ཡས་པས།། 供養之雲無邊際，
འགྲོ་བའི་བླ་མ་མཆོད་པར་ཤོག ། 用以供養眾生師。

སེམས་ཅན་དེ་དག་དུས་རྟག་ཏུ་རྫོགས་པའི་སངས་རྒྱས་དང་། སངས་རྒྱས་ཀྱི་སྲས་བྱང་ཆུབ་སེམས་དཔའ་རྣམས་དང་ཕྲད་པར་གྱུར་ཅིག །མཆོད་པའི་སྤྲིན་ནི་དཔག་ཏུ་མེད་པ་མཐའ་ཡས་པས། འགྲོ་བའི་བླ་མ་འཁོར་བྱང་ཆུབ་སེམས་དཔའི་ཚོགས་དང་བཅས་པ་རྣམས་ལ་མཆོད་པར་ཤོག་ཅིག།

願彼等有情恆常值遇正等圓滿佛，以及佛子菩薩眾，供養之雲無邊際、無量數，用以供養眾生師，以及眷屬菩薩眾。

ལྷ་ཡང་དུས་སུ་ཆར་འབེབས་ཤིང་།། 願神適時降雨露，
ལོ་ཏོག་ཕུན་སུམ་ཚོགས་པར་ཤོག ། 所種莊稼皆圓滿，
རྒྱལ་པོ་ཆོས་བཞིན་བྱེད་གྱུར་ཅིག ། 國王如法理政事，
འཇིག་རྟེན་དག་ཀྱང་དར་བར་ཤོག ། 世間各地皆興隆。

ལྷ་ཡང་དགོས་པའི་དུས་སུ་ཆར་འབེབ་ནས་ཤིང་། ས་གཞིའི་ལོ་ཏོག་ཕུན་སུམ་ཚོགས་པར་ཤོག་ཅིག །རྒྱལ་པོ་རྣམས་ཀྱི་རྒྱལ་སྲིད་ཆོས་བཞིན་དུ་བྱེད་པར་གྱུར་ཅིག །དེའི་མངའ་འབངས་འཇིག་རྟེན་དག་ཀུན་འབྱོར་ཞིང་རྒྱས་ལ་རབ་ཏུ་དར་བར་ཤོག་ཅིག །

願神適需要之時降雨露，大地所種莊稼皆圓滿，各國王如法理政事，彼治下臣民世間各地皆富饒興隆。

སྨན་རྣམས་མཐུ་དང་ལྡན་པ་དང་། །　　各類藥材有效力，
གསང་སྔགས་བཟླས་བརྗོད་འགྲུབ་པར་ཤོག། 　　密咒念誦能成就，
མཁའ་འགྲོ་སྲིན་པོ་ལ་སོགས་པ། །　　空行羅剎一切眾，
སྙིང་རྗེའི་སེམས་དང་ལྡན་གྱུར་ཅིག །　　咸為具有悲心者。

སྨན་རྣམས་ནད་དག་གསོ་བའི་མཐུ་དང་ལྡན་པ་དང་། གསང་སྔགས་ཀྱི་བཟླས་བརྗོད་ཐམས་ཅད་མྱུར་དུ་འགྲུབ་པར་ཤོག་ཅིག །མཁའ་ལ་འགྲོ་བའི་ཡི་དྭགས་དང་སྲིན་པོ་ལ་སོགས་པ་རྣམས་ཀྱང་སྙིང་རྗེའི་སེམས་དང་ལྡན་པར་གྱུར་ཅིག །

各類藥材有治療諸病的效力，一切密咒念誦能快速成就，空中行走之餓鬼，以及羅剎一切眾，亦咸轉為具有悲心者。

སེམས་ཅན་འགའ་ཡང་སྡུག་མ་གྱུར། །　　任一有情不成苦，
སྡིག་པ་མ་གྱུར་ནད་མ་གྱུར།། 　　不為惡者不生病，
འཇིགས་དང་བརྙས་པར་མི་འགྱུར་ཞིང་།། 　　不受威脅與輕蔑，
འགའ་ཡང་ཡིད་མི་བདེ་མ་གྱུར། །　　任一不成意不樂。

སེམས་ཅན་འགའ་ཡང་སྡུག་བསྔལ་བར་མ་གྱུར་ཅིག །སྡིག་པ་བྱེད་པར་མ་གྱུར་ཅིག་ནད་པར་མ་གྱུར་ཅིག །གང་ལ་ཡང་འཇིགས་པ་མེད་པ་དང་སུས་ཀྱང་བརྙས་པར་མི་འགྱུར་ཞིང་། འགའ་ཡང་ཡིད་མི་བདེ་བའི་གནོད་པ་ཡོད་པར་མ་གྱུར་ཅིག །

任一有情不成痛苦者，不為做惡者，不生病，於一切不受威脅與不受任何人輕蔑，任一不成具有意不樂之傷害。

གཙུག་ལག་ཁང་རྣམས་ཀློག་པ་དང་། །　　經堂眾僧以念誦，
ཁ་འདོན་གྱིས་བརྒྱན་ལེགས་གནས་ཤོག །　　以及背誦莊嚴住，
རྟག་ཏུ་དགེ་འདུན་མཐུན་པ་དང་། །　　恆常僧團具和氣，
དགེ་འདུན་དོན་ཡང་འགྲུབ་པར་ཤོག །　　僧伽之事能成就。

དགེ་འདུན་འདུས་པའི་གཙུག་ལག་ཁང་རྣམས་ཀློག་པ་ཐོས་བསམ་གྱི་བྱ་བ་རྒྱ་ཆེན་པོ་ལ་བརྩོན་པ་དང་། གཞུང་ལུགས་དུ་མ་བློར་ཆུབ་པའི་ཁ་ཏོན་ཅན་གྱིས་གང་བས་དར་ཞིང་རྒྱས་ནས་ལེགས་པར་གནས་པར་ཤོག་ཅིག །དུས་རྟག་ཏུ་དགེ་འདུན་འདུས་པའི་སྡེ་ཐམས་ཅད་ཐུགས་མཐུན་པ་དང་། དགེ་འདུན་གྱི་དོན་ཀློག་སྤོང་གི་བྱ་བ་ཡང་ཉམས་པ་མེད་པ་འགྲུབ་པར་ཤོག་ཅིག །

僧團中經堂眾僧以念誦廣大精進於佛法聞思，以及心中通達諸多論典背誦之聲所遍滿莊嚴地令教法廣大興生住世，恆常一切僧團具和氣，僧伽誦經持戒之事不敗損能成就。

བསླབ་པ་འདོད་པའི་དགེ་སློང་དག །　　希求學處之僧伽，
དབེན་པ་དག་ཀྱང་ཐོབ་པར་ཤོག །　　能得隱居之處所，
གཡེང་བ་ཐམས་ཅད་སྤངས་ནས་ནི། །　　斷捨一切放逸已，
སེམས་ནི་ལས་རུང་བསྒོམ་གྱུར་ཅིག །　　自心堪用做禪修。

ཚུལ་ཁྲིམས་ལ་སོགས་པའི་བསླབ་པ་འདོད་པའི་དགེ་སློང་དག་འདུ་འཛི་སྤངས་པའི་དབེན་པ་དག་ཀྱང་ཐོབ་པར་ཤོག་ཅིག ཕྱི་དང་ནང་གི་རྣམ་པར་གཡེང་བ་ཐམས་ཅད་སྤངས་ནས་ནི། སེམས་ནི་ལས་སུ་རུང་བས་ཏིང་ངེ་འཛིན་དང་བདག་མེད་པའི་དོན་བསྒོམ་པར་གྱུར་ཅིག །

希求戒律等學處之僧伽，能得斷除喧囂的隱居之處所，斷捨一切內外的放逸已，使自心堪用，做三摩地與無我義理的禪修。

དགེ་སློང་མ་རྣམས་རྙེད་ལྡན་ཞིང་། །　　比丘尼眾有所得，
འཐབ་དང་གནོད་པ་སྤང་བར་ཤོག །　　斷除爭執與傷害，

དེ་བཞིན་རབ་ཏུ་བྱུང་བ་ཀུན།། 如是一切出家眾，
ཚུལ་ཁྲིམས་ཉམས་པ་མེད་གྱུར་ཅིག ། 持守戒律無敗損。

དགེ་སློང་མ་རྣམས་ཀྱང་རྙེད་པ་དང་ལྡན་ཞིང་། ཕན་ཚུན་འཐབ་པ་དང་གཞན་གྱིས་གནོད་པ་ཐམས་ཅད་སྤྲང་བར་ཤོག་ཅིག །དེ་བཞིན་དུ་རབ་ཏུ་བྱུང་བ་ཇི་སྙེད་ཡོད་པ་ཀུན། །ཚུལ་ཁྲིམས་ཉམས་པ་མེད་པ་རང་གི་སྲོག་བཞིན་དུ་བསྲུང་བར་གྱུར་ཅིག །

比丘尼眾皆有所得，斷除一切相互爭執與他人之傷害，如是所有一切出家眾，如守護己命一般持守戒律無敗損。

ཚུལ་ཁྲིམས་འཆལ་བས་ཡིད་བྱུང་ནས། ། 破戒者能再起意，
རྟག་ཏུ་སྡིག་པ་ཟད་བྱེད་ཤོག། 恆常行持消罪行，
བདེ་འགྲོ་དག་ཀྱང་ཐོབ་གྱུར་ནས། ། 再次獲得善趣已，
དེར་ཡང་བརྟུལ་ཞུགས་མི་ཉམས་ཤོག ། 該生禁行不敗損。

སྔར་བསླབ་པ་ཉམས་པ་དག་ཚུལ་ཁྲིམས་འཆལ་བས་ཡིད་བྱུང་སྟེ་གཉེན་པོའི་སྟོབས་བསྐྱེད་ནས། རྟག་ཏུ་སྡིག་པ་ཟད་པའི་ཐབས་ལ་འབད་པ་བྱེད་པར་ཤོག་ཅིག །དེ་དག་སྡིག་པ་ཟད་དེ་བདེ་འགྲོ་དག་ཀྱང་ཐོབ་པར་གྱུར་ནས། དེར་ཡང་སྔར་གྱི་རྒྱུ་མཐུན་སྤང་བས་བརྟུལ་ཞུགས་མི་ཉམས་པར་ཤོག་ཅིག །

過去學處敗損之破戒者能再起意（生起對治力），恆常努力行持消罪之行，消除彼等罪業，再次獲得善趣已，於該生之中斷除先前等流習氣，使禁行不敗損。

མཁས་པ་རྣམས་ནི་བཀུར་བ་དང་། ། 智者為人所敬重，
བསོད་སྙོམས་དག་ཀྱང་རྙེད་པར་ཤོག ། 乞食者亦有所得，
རྒྱུད་ནི་ཡོངས་སུ་དག་པ་དང་།། 心相續中極清淨，
གྲགས་རྣམས་ཀུན་ཏུ་གྲགས་པར་ཤོག ། 名聲普聞於諸方。

མཁས་པ་རྣམས་ནི་ཀུན་གྱིས་བཀུར་བ་དང་། ཡོ་འཚོ་སྤངས་པའི་བསོད་སྙོམས་དག་ཀྱང་

བདེ་བླག་ཏུ་རྙེད་པར་ཤོག་ཅིག །ང་རྒྱལ་མེད་པ་རྒྱུད་ནི་ཡོངས་སུ་དག་པ་དང་། ཕྱོགས་རྣམས་ཀུན་ཏུ་གྲགས་པར་ཤོག་ཅིག །

智者為所有人所敬重，斷捨邪命生活的乞食者亦能輕易有所得，心無傲慢，心相續中極清淨，名聲普聞於諸方。

ངན་སོང་སྡུག་བསྔལ་མི་མྱོང་ཞིང་། ། 不受惡趣諸痛苦,
དཀའ་བ་སྤྱོད་པ་མེད་པར་ཡང་། ། 雖無種種苦修行,
ལྷ་བས་ལྷག་པའི་ལུས་ཀྱིས་ནི། ། 然以優於天神身,
དེ་དག་སངས་རྒྱས་མྱུར་འགྲུབ་ཤོག ། 彼等快速成佛果。

སེམས་ཅན་ཐམས་ཅད་ངན་སོང་གི་སྡུག་བསྔལ་མི་མྱོང་ཞིང་། ཡུན་རིང་དུ་དཀའ་བ་སྤྱོད་པ་མེད་པར་ཡང་། ལྷ་བས་ལྷག་པའི་དལ་འབྱོར་གྱི་ལུས་རྙེད་པ་ཉིད་ཀྱིས་ནི། ཐེག་པ་ཆེན་པོའི་ལམ་ལ་ཞུགས་ཏེ་དེ་དག་གིས་རྫོགས་པའི་སངས་རྒྱས་མྱུར་དུ་འགྲུབ་པར་ཤོག་ཅིག །

願一切有情不受惡趣諸痛苦，雖然無種種長時間的苦修行，然而以所獲得優於天神的暇滿人身，進入大乘道的彼等快速成就圓滿佛果。

༢.༢.༤.༢.༡.༢.མཆོག་གི་དགོངས་པ་རྫོགས་པར་བསྔོ་བ།
2.2.4.2.1.2.迴向上眾圓滿意趣

སེམས་ཅན་ཀུན་གྱིས་ལན་མང་དུ། ། 願眾有情能多次,
སངས་རྒྱས་ཐམས་ཅད་མཆོད་བྱེད་ཅིང་། ། 供養十方一切佛,
སངས་རྒྱས་བདེ་བ་བསམ་ཡས་ཀྱིས། ། 因佛不可思議樂,
རྟག་ཏུ་བདེ་དང་ལྡན་གྱུར་ཅིག ། 願恆常時具安樂。

སེམས་ཅན་ཀུན་གྱིས་ལན་མང་དུ། །ཡང་དང་ཡང་སངས་རྒྱས་ཐམས་ཅད་ལ་མཆོད་པར་བྱེད་ཅིང་། དེའི་དབང་གིས་སངས་རྒྱས་ཀྱི་བདེ་བ་བསམ་ཡས་པ་རྣམས་ཀྱིས། དུས་རྟག་ཏུ་བདེ་བ་དང་ལྡན་པར་གྱུར་ཅིག །

願眾有情能再再多次，供養十方一切佛，以此，因佛不可思議之樂，願恆常時具安樂。

བྱང་ཆུབ་སེམས་དཔའ་རྣམས་ཀྱིས་ནི།། 願諸菩提薩埵眾,
འགྲོ་དོན་ཐུགས་ལ་དགོངས་འགྲུབ་ཤོག། 利眾心懷能成就,
མགོན་པོ་ཡིས་ནི་གང་དགོངས་པ།། 怙主一切之意趣,
སེམས་ཅན་རྣམས་ལ་དེ་འབྱོར་ཤོག། 有情眾生相得彼。

ས་ཆེན་པོ་ལ་གནས་པའི་བྱང་ཆུབ་སེམས་དཔའ་རྣམས་ཀྱིས་ནི། འགྲོ་བའི་དོན་ཐུགས་ལ་ཇི་ལྟར་དགོངས་པ་བཞིན་དུ་འགྲུབ་པར་ཤོག་ཅིག །མགོན་པོ་རྫོགས་པའི་སངས་རྒྱས་དེ་ཡིས་ནི་གང་དགོངས་པ་ལྟར། སེམས་ཅན་རྣམས་ལའང་དེ་བཞིན་དུ་འབྱོར་པར་ཤོག་ཅིག།
願諸登大地的菩提薩埵眾，利益眾生之心懷是如何，便能如是成就，怙主圓滿佛一切之意趣，願有情眾生如是相應獲得彼。

དེ་བཞིན་རང་སངས་རྒྱས་རྣམས་དང་།། 如是辟支佛以及,
ཉན་ཐོས་རྣམས་ཀྱང་བདེ་གྱུར་ཅིག། 聲聞等眾亦得樂。

དེ་བཞིན་དུ་རང་སངས་རྒྱས་རྣམས་དང་། ཉན་ཐོས་རྣམས་ཀྱང་རྫོགས་པའི་སངས་རྒྱས་ཀྱི་བདེ་བ་དང་ལྡན་པར་གྱུར་ཅིག།
如是辟支佛以及聲聞等眾，亦獲得圓滿佛陀之樂。

༢.༢.༤.༢.༢.རང་དོན་བྱང་ཆུབ་སྤྱོད་པའི་རྒྱུར་བསྔོ་བ།
2.2.4.2.2.迴向成為自利菩提行之因

བདག་ཀྱང་འཇམ་དབྱངས་བཀའ་དྲིན་གྱིས།། 願我能依文殊恩,
ས་རབ་དགའ་བ་ཐོབ་བར་དུ།། 直至證得歡喜地,
རྟག་ཏུ་ཚེ་རབས་དྲན་པ་དང་།། 恆常憶念累世生,
རབ་ཏུ་བྱུང་བ་ཐོབ་པར་ཤོག། 並得出家之因緣。

བདག་ཀྱང་རྗེ་བཙུན་འཇམ་པའི་དབྱངས་ཀྱི་བཀའ་དྲིན་གྱིས། ས་དང་པོ་རབ་ཏུ་དགའ་བ

མ་ཐོབ་ཀྱི་བར་དུ། དུས་རྟག་ཏུ་ཚེ་རབས་སྔ་མ་རྗེས་སུ་དྲན་པ་དང་། སྐྱེ་བ་ཐམས་ཅད་དུ་རབ་ཏུ་བྱུང་བ་ཐོབ་པར་ཤོག་ཅིག།

願我亦能依至尊文殊之恩澤，直至證得初地歡喜地，恆常憶念過去累世生，並生生世世得出家之因緣。

བདག་ནི་ཁ་ཟས་སྐྱི་ནས་ཀྱང་།།　　願我雖然食粗劣，
ཉམས་དང་ལྡན་ཞིང་འཚོ་བར་ཤོག །　　仍具神彩且存活，
ཚེ་རབས་ཀུན་དུ་དབེན་གནས་པར།།　　生生世世皆隱居，
ཕུན་སུམ་ལྡན་པ་ཐོབ་པར་ཤོག །　　獲得具足圓滿義。

བདག་ནི་ཁ་ཟས་སྐྱི་ན་ཙམ་གྱིས་ཀྱང་། ལུས་འདི་ཉམས་དང་ལྡན་ཞིང་འཚོ་བར་ཤོག །ཚེ་རབས་ཀུན་ཏུ་དབེན་པར་གནས་པ། དོན་གཉིས་ཕུན་སུམ་ཚོགས་པ་དང་ལྡན་པ་དེ་འདྲ་བ་ཐོབ་པར་ཤོག་ཅིག།

願我雖然食粗劣，然而此身仍具神彩且存活，生生世世皆隱居，獲得具足二利圓滿義。

གང་ཚེ་བལྟ་བར་འདོད་པ་འམ།།　　何時欲見彼尊容，
ཅུང་ཟད་དྲི་བར་འདོད་ན་ཡང་།།　　或欲請示些許時，
མགོན་པོ་འཇམ་དབྱངས་དེ་ཉིད་ནི།།　　願彼怙主妙吉祥，
གེགས་མེད་པར་ཡང་མཐོང་བར་ཤོག །　　亦無障礙旋即見。

གང་གི་ཚེ་ལྷག་པའི་ལྷའི་ཞལ་བལྟ་བར་འདོད་པ་འམ། དཀའ་བའི་གནས་ཅུང་ཟད་དྲི་བར་འདོད་ན་ཡང་། མགོན་པོ་འཇམ་པའི་དབྱངས་དེ་ཉིད་ནི། སྒྲིབ་པའི་གེགས་མེད་པར་ཡང་མྱུར་དུ་མཐོང་བར་ཤོག་ཅིག།

何時欲見彼殊勝本尊之容，或欲請示些許困難處時，願彼怙主文殊妙吉祥，亦無障礙旋即得見。

ཕྱོགས་བཅུའི་ནམ་མཁའི་མཐས་གཏུགས་པའི།།　　為辦十方虛空際，
སེམས་ཅན་ཀུན་དོན་བསྒྲུབ་པའི་ཕྱིར།།　　一切有情義利故，

ཇི་ལྟར་འཇམ་དབྱངས་སྤྱོད་མཛད་དེ་བ།། 文殊如何饒益行，
བདག་གི་སྤྱོད་པ་འདད་དེ་འདྲར་ཤོག། 我亦如是行持之。

ཕྱོགས་བཅུའི་འཇིག་རྟེན་གྱི་ཁམས་ནམ་མཁའི་མཐས་གཏུགས་པར། རིས་སུ་མ་ཆད་པའི་སེམས་ཅན་གྱི་དོན་ཀུན་བསྒྲུབ་པར་བྱ་བའི་ཕྱིར། ཇི་ལྟར་མགོན་པོ་འཇམ་པའི་དབྱངས་ཀྱི་སྤྱོད་པ་སྣ་ཚོགས་པའི་མཛད་དེ་བ་ཇི་འདྲ་བར་བདག་གི་སྤྱོད་པ་འདད་དེ་དང་འདྲ་བར་ཤོག་ཅིག།

為成辦遍抵十方世間界虛空邊際、無所分別之一切有情的義利之故，文殊怙主如何做各種饒益之行持，我亦如是行持之。

ཇི་སྲིད་ནམ་མཁའ་གནས་པ་དང་།། 凡有虛空存在時，
འགྲོ་བ་ཇི་སྲིད་གནས་གྱུར་པ།། 任一眾生猶在世，
དེ་སྲིད་བདག་ནི་གནས་གྱུར་ནས།། 則我如彼住於此，
འགྲོ་བའི་སྡུག་བསྔལ་སེལ་བར་ཤོག། 願除眾生一切苦。

ཇི་སྲིད་ནམ་མཁའ་འཇིག་པ་མེད་པར་གནས་པ་དང་། འགྲོ་བ་ཇི་སྲིད་གནས་པར་གྱུར་པ། དེ་སྲིད་དུ་བདག་ནི་འགྲོ་བའི་དོན་དུ་འཁོར་བ་འདིར་གནས་པར་གྱུར་ནས། འགྲོ་བའི་སྡུག་བསྔལ་ཐམས་ཅད་བདག་གིས་སེལ་བར་ཤོག་ཅིག།

凡有虛空不毀壞存在之時，任一眾生猶在世，則我如彼為利眾生住於此輪迴之中，我願除眾生一切苦。

འགྲོ་བའི་སྡུག་བསྔལ་གང་ཅི་འདད་རུང་།། 無論眾生任何苦，
དེ་ཀུན་བདག་ལ་སྨིན་གྱུར་ཅིག། 願彼一切由我受，
བྱང་ཆུབ་སེམས་དཔའི་དགེ་འདུན་གྱིས།། 願因菩薩僧伽力，
འགྲོ་བ་བདེ་ལ་སྤྱོད་པར་ཤོག། 眾生受用一切樂。

སེམས་ཅན་རྣམས་ལ་འགྲོ་བའི་གནས་རིས་དྲུག་གི་སྡུག་བསྔལ་གང་ཅི་མཆིས་པ་འདད་རུང་སྟེ། དེ་དག་ཀུན་བདག་གཅིག་པུའི་ལུས་ལ་སྨིན་པར་གྱུར་ཅིག །བྱང་ཆུབ་སེམས་དཔའི་དགེ་

འདུན་གྱི་མཐུ་ཡིས། འགྲོ་བ་རྣམས་བདེ་བ་ལ་སྤྱོད་པར་ཤོག་ཅིག།

無論六道有情眾生有任何苦，願彼等一切苦由我承受，願因菩薩僧伽力，眾生受用一切樂。

༢.༢.༤.༢.༣.གཉིས་དོན་བསྟན་པ་དར་རྒྱས་སུ་བསྔོ་བ།
2.2.4.2.3.為二利法教興盛而迴向

འགྲོ་བའི་སྡུག་བསྔལ་སྨན་གཅིག་པུ།།　　眾生除苦獨藥方，
བདེ་བ་ཐམས་ཅད་འབྱུང་བའི་གནས།།　　一切安樂之所源，
བསྟན་པ་རྙེད་དང་བཀུར་སྟི་དང་།།　　願釋法教得利養，
བཅས་ཏེ་ཡུན་རིང་གནས་གྱུར་ཅིག།　　恭敬長久住於世。

འགྲོ་བའི་སྡུག་བསྔལ་མ་ལུས་པ་ཐམས་ཅད་སེལ་བའི་སྨན་གཅིག་པུ། གནས་སྐབས་དང་མཐར་ཐུག་གི་བདེ་བ་ཐམས་ཅད་འབྱུང་བའི་གནས། རྒྱལ་བའི་བསྟན་པ་རིན་པོ་ཆེ་ལུང་དང་རྟོགས་པའི་བདག་ཉིད་དེ་ནི་རྙེད་པ་དང་བཅས་བཀུར་སྟི་དང་། བཅས་ཏེ་ཡུན་རིང་དུ་འཇིག་རྟེན་འདིར་གནས་པར་གྱུར་ཅིག།

眾生消除一切痛苦的獨一藥方，當下與究竟一切安樂之所源，願勝者釋尊教證二法自性的珍貴法教獲得利養，獲得恭敬，並長久住於此世間。

༢.༣.མཇུག་ཡོངས་སུ་རྫོགས་པའི་བྱ་བ་བཤད་པ།
2.3.結尾宣講圓滿之行

༢.༣.༡.བཀའ་དྲིན་དྲན་པའི་ཕྱག་བྱ་བ།
2.3.1.感恩之頂禮

གང་གི་དྲིན་གྱིས་དགེ་བློ་འབྱུང་།།　　因誰恩澤起善念，
འཇམ་པའི་དབྱངས་ལ་ཕྱག་འཚལ་ལོ།།　　頂禮文殊妙吉祥，

གང་གི་དྲིན་གྱིས་བདག་དར་བ། ། 因誰恩澤我成長，
དགེ་བའི་བཤེས་ལའང་བདག་ཕྱག་འཚལ། ། 頂禮一切善知識。

གང་གི་དྲིན་གྱིས་བདག་ལ་དགེ་བའི་བློ་འབྱུང་བས། མགོན་པོ་འཇམ་པའི་དབྱངས་ལ་གུས་པས་ཕྱག་འཚལ་ལོ། །གང་གི་དྲིན་གྱིས་བདག་གི་དགེ་བའི་ཕྱོགས་ཐམས་ཅད་དར་བའི་རྒྱུ་དགེ་བའི་བཤེས་གཉེན་ལའང་བདག་གིས་བཀའ་དྲིན་རྗེས་སུ་དྲན་པས་ཕྱག་འཚལ་ལོ། །
因誰恩澤令我能生起善念，頂禮怙主文殊妙吉祥，因誰恩澤令我一切善得以成長，為憶念彼等恩澤，頂禮我成長之因一切善知識。

༢.༣.༢.ལེའུའི་མཚན་བཤད་པ།
2.3.2.宣說品名

བྱང་ཆུབ་སེམས་དཔའི་སྤྱོད་པ་ལ་འཇུག་པ་ལས། བསྔོ་བ་ཞེས་བྱ་བའི་ལེའུ་སྟེ་བཅུ་པའོ།། །།
入菩提薩埵行・迴向第十品竟。

༢.༣.༣.གང་གིས་བརྩམས་པའི་མཛད་བྱང་།
2.3.3.由誰所作之跋

བྱང་ཆུབ་སེམས་དཔའི་སྤྱོད་པ་ལ་འཇུག་པ་སློབ་དཔོན་ཤཱནྟི་དེ་བས་མཛད་པ་རྫོགས་སོ།།
入菩提薩埵行乃阿闍黎寂天菩薩所造。

༢.༣.༤.མཇུག་ལོ་ཙཱ་བའི་བསྒྱུར་བྱང་བཤད་པ།
2.3.4.譯師之譯跋

གཞུང་འདི་བསྟན་པ་སྔ་དར་གྱི་དུས་སུ་རྒྱ་གར་གྱི་མཁན་པོ་སརྦཛྙཱ་དེ་བ་དང་། ཞུ་ཆེན་གྱི་ལོ་ཙཱ་བ་བཙེ་དཔལ་ལ་བརྩེགས་ཀྱིས་ཁ་ཆེའི་དཔེ་ལས་ཞུས་ཏེ་གཏན་ལ་ཕབ་པ་ལས། སླད་ཀྱིས་རྒྱ་གར་གྱི་མཁན་པོ་དྷརྨ་ཤྲཱི་བྷ་དྲ་དང་། ཞུ་ཆེན་གྱི་ལོ་ཙཱ་བ་བཙེ་རིན་ཆེན་བཟང་པོ་དང་། ཤཱཀྱ་བློ་གྲོས་ཀྱིས་ཡུལ་དབུས་ཀྱི་དཔེ་དང་འགྲེལ་པ་དང་མཐུན་པར་བཅོས་ཤིང་བསྒྱུར་ཏེ་གཏན་ལ་ཕབ་པའོ།།
此論於前弘時期，由印度堪布一切智天，與大校譯師德積，針對喀什米爾版本進行校定，之後由印度堪布法吉祥賢，大校譯師仁欽桑布（寶賢），與釋迦羅卓（釋迦慧解），配合中印度版本與論釋，進行修正翻譯定稿。

ཡང་དུས་ཕྱིས་རྒྱ་གར་གྱི་མཁན་པོ་སུ་མ་ཏི་ཀཱིརྟི་སྟེ་བློ་བཟང་གྲགས་པ་དང་། ཞུ་ཆེན་གྱི་ལོ་ཙཱ་བ་དགེ་སློང་རྔོག་བློ་ལྡན་ཤེས་རབ་ཀྱིས་དག་པར་བཅོས་ཤིང་བསྒྱུར་ཏེ་ལེགས་པར་གཏན་ལ་ཕབ་པའོ།། །།
又後世有印度堪布蘇瑪迪格地（慧賢稱），與大校譯師歐・羅丹謝惹（具慧智）修正後圓滿定稿。

འཕགས་པའི་ཡུལ་གྱི་གནས་ལྔ་མཐར་སོན་པའི་པཎྜི་ཏ་ཆེན་པོ་རྣམས་ཀྱི་ལེགས་པར་བཤད་པ་ལ་གཞི་བྱས། སྐུ་ཚེ་རིལ་པོར་བྱང་ཆུབ་སེམས་དཔའི་སྤྱོད་འཇུག་གི་ཉམས་ལེན་ལ་བརྟེན་པས་ཆོས་དང་རང་རྒྱུད་གཅིག་ཏུ་འདྲེས་པའི་དགེ་བའི་བཤེས་གཉེན་དཔལ་སྤྲུལ་ཆོས་ཀྱི་དབང་པོའི་

ཞལ་རྒྱུན་དྲིན་ཅན་བླ་མ་ལས་ཇེ་ལྟར་ཐོས་པ་རྣམས་ཀྱིས་ཟུར་བརྒྱན་པའི་མཆན་འདི་ནི་མཉམ་མེད་དྭགས་པོ་བཀའ་བརྒྱུད་ཀྱི་བསྟན་པའི་སྲོག་ཤིང་དུ་གྱུར་པ་དམ་པའི་ཚུལ་དགུའི་ཡོན་ཏན་ཟླ་བ་རྒྱས་པའི་ངང་ཚུལ་ཅན་སྐྱབས་མགོན་སི་ཏུ་རིན་པོ་ཆེའི་ཐུགས་བཞེད་བཞིན་སྤྲང་བན་གཞན་ཕན་བྱམས་པའི་གོ་ཆ་ཞེས་བྱ་བས་རྒྱལ་བསྟན་བཤད་སྒྲུབ་གཉིས་ཀྱིས་སྐྱོང་བའི་གདན་ས་ཤར་དཔལ་སྤུངས་ཀྱི་ཆོས་སྡེ་ཆེན་པོར་སྦྱར་བ་དགེ་ལེགས་སུ་གྱུར་ཅིག ॥

以聖地通達五明的眾多大班智達，彼等善說的版本為基礎，終生精進於修持入菩薩行，使法與自心合而為一的善知識巴珠・曲吉旺波，其教言我從具恩根本上師尊前領受，而造此稍做莊嚴之逐字解釋，是遵奉塔波噶舉法教的核心者、具九正理功德月增長相者・怙主司徒仁波切的指示，貧僧賢遍強貝可恰（利他慈鎧），於護持佛教講修二義的古剎 - 東方八蚌寺完筆，願成妙善!

བསོད་ནམས་ཡོན་ཏན་འདི་དག་གིས།།	願以此等之福德，
སངས་རྒྱས་ཞིང་ཁམས་བརྒྱན་པ་དང་།།	莊嚴一切佛國土，
དྲིན་ཅན་བཞི་པོར་ཡར་ཕུལ་ཞིང་།།	上報四重具恩者，
ངན་སོང་སྡུག་བསྔལ་སེལ་བར་ཤོག།	下除惡趣眾之苦。
གང་གིས་དེ་དག་མཐོང་ཐོས་ནས།།	迴向見聞彼之人，
བྱང་ཆུབ་སེམས་མཆོག་བསྐྱེད་པ་དང་།།	生起殊勝菩提心，
ཚེ་འདིར་ཆོས་ལ་རབ་བརྩོན་ནས།།	此生精進於佛法，
ཕྱི་མར་དག་ཞིང་སྐྱེ་བར་བསྔོའོ།།	來世生於淨土中。
རྣམ་དཀར་འདི་ཡིས་མཐའ་ཀླས་ཞིང་ཀུན་གྱི།།	以此白業能令無邊際，
སྣོད་བཅུད་འབྱོར་བ་ཕུལ་དུ་བྱུང་བ་དང་།།	一切國土情器皆富饒，
བཀའ་དྲིན་ཞིང་མཆོག་བཞི་ཡི་དྲི་ལན་འཕོར།།	殊勝恩德四田討論眷，

ངན་འགྲོའི་གཡང་སར་ནམ་ཡང་མི་ལྟུང་ཞིང་།།	永遠不墮惡趣危險境，
འདི་ལ་ཐོས་སོགས་བགྱིད་པའི་འབྲེལ་ཐོགས་ཀུན།།	一切聞思修此有緣者，
བྱང་ཆུབ་སེམས་ཀྱི་བདུད་རྩིས་ཤེས་རྒྱུད་བརླན།།	菩提心之甘露潤心續，
འདི་སྣང་འགགས་ཚེ་དག་པའི་ཞིང་བཟང་དུ།།	此生終結之時入淨土，
བརྫུས་ཏེ་སྐྱེས་ནས་དོན་གཉིས་མཐར་ཕྱིན་ཤོག།	往生已而圓滿二義利。

ཅེས་པ་འདི་ཡང་པར་སྐྲུན་གྱི་བྱ་བཞག་འདིར་འགྲོ་གྲོན་གཏོང་མཁན་དང་། ལེགས་བཤད་འདི་ཉིད་འཛིན་འཆང་ཀློག་པ་སོགས་ཀྱི་དགེ་བའི་བསྔོའི་སྨོན་ཚིག་ཏུ་བྲིས་པའོ། །སརྦ་མངྒ་ལཾ།།

ཨོཾ་ན་མོ་ཨ་མི་ཏཱ་བྷ་ཡ།

此偈是將出版、出資、持誦此經文之善根做迴向。一切吉祥。阿彌陀佛。

國家圖書館出版品預行編目 (CIP) 資料

入菩薩行注釋／寂天菩薩原著；堪布賢噶．賢遍曲吉囊瓦原注；劉哲安中譯 .-- 第一版 . -- 臺北市：樂果文化事業有限公司，2023.03
面； 公分 . --（樂繽紛；53）
ISBN 978-957-9036-49-8(平裝)

1.CST: 中觀部

222.12　　112002915

樂繽紛 53

༄། །བྱང་ཆུབ་སེམས་དཔའི་སྤྱོད་པ་ལ་འཇུག་པ་ཞེས་བྱ་བའི་མཆན་འགྲེལ་བཞུགས་སོ།།

《入菩薩行注釋》

རྩ་བ།	རྗེ་བཙུན་ཞི་བ་ལྷ།	原　著	／寂天菩薩
འགྲེལ་བ།	མཁན་པོ་གཞན་དགའ།	原　注	／堪布賢噶．賢遍曲吉囊瓦
སློབ་སྟོན་པ།	གྲུབ་དབང་ནུབ་སྤྲུལ།	總指導	／努巴仁波切
ལོ་ཙཱ།	དཀོན་མཆོག་ཕུན་ཚོགས།	譯　者	／劉哲安
འགྲེམས་སྤེལ།	ཐེའི་ཝན་ཤེས་རབ་སྒྲོན་མེའི་རིག་གནས་ཁང་།	發　行	／台灣慧焰文化
དེབ་མཛེས་འཚོས།	འབྲི་འབར་རྒྱལ་དཀོན་བསྟན།	製作統籌	／直詃給貢覺丹增
དེབ་གཟུགས།	འབྲི་འབར་རྒྱལ་དཀོན་བསྟན།	設計美編	／直詃給貢覺丹增
ཞུ་དག	འབྲི་གུང་སྒྲོ་མོ།	校　稿	／何紫彤、吳慧玲

出　　版／樂果文化事業有限公司
讀者服務專線／（02）2795-6555
劃撥帳號／50118837 號　樂果文化事業有限公司
印刷廠／卡樂彩色製版印刷有限公司
總經銷／紅螞蟻圖書有限公司
地　　址／台北市內湖區舊宗路二段 121 巷 19 號（紅螞蟻資訊大樓）
電話：（02）2795-3656
傳真：（02）2795-4100

2023 年 3 月第一版　定價／480 元　ISBN 978-957-9036-49-8
2023 年 5 月第一版第二刷